L'Histoire de France
pour ceux qui ont tout oublié

Direction de la publication
Carine Girac-Marinier

Direction éditoriale
Christine Dauphant

Édition
Laure Sérullaz avec la collaboration de Sarah Osrodka

Direction artistique
Cynthia Savage

Mise en page
David Amiel

Fabrication
Martine Toudert

Dessins
Alain Boyer

Cet ouvrage a été fait à partir des textes du « Grand Larousse de l'Histoire de France ».
Rédaction : Chantal Antier, professeur d'histoire ; Pascal Balmant, maître de conférences à l'Institut d'études politiques de Paris ; Denise Basdevant, historienne ; Régis Bénichi, professeur agrégé d'histoire, maître de conférences à l'Institut d'études politiques de Paris ; Joël Cornette, professeur à l'université Paris-VIII ; Annick Fenet, docteur en histoire ancienne ; Daniela Ferraro, historienne ; Jean-Philippe Genêt, maître de conférences à l'université Paris-I ; Mathilde Larrere, normalienne, agrégée d'histoire, docteur en histoire, maître de conférences à l'université Paris-XIII et à l'Institut d'études politiques de Paris ; Anne-Marie Lelorrain, professeur agrégé d'histoire ; Philippe Masson, historien ; Sabine Melchior-Bonnet, ingénieur de recherches au Collège de France ; Pierre Mignaval, professeur agrégé d'histoire ; Frédéric Munier, agrégé d'histoire, professeur au lycée Henri IV ; Grégory Quenet, agrégé d'histoire, maître de conférences à l'université Versailles-Saint-Quentin-en-Yvelines ; Rémy Rioux, agrégé d'histoire ; Delphine Roger, professeur d'histoire ; Benoît Rolland, agrégé d'histoire, professeur à l'Université catholique de l'Ouest (Angers) ; Catherine Salles, maître de conférences à l'université Paris-X ; Jean-Lou Thierry, historien, professeur au collège Georges Besse de Loches (Indre-et-Loire) ; Jean-Paul Viart ; Michel Zimmermann, maître de conférences à l'université Paris-I.

ISBN : 978-2-03-593650-9

L'Histoire de France

pour ceux qui ont tout oublié

LAROUSSE

SOMMAIRE

La Préhistoire et l'Antiquité

Des origines à 476

Étudier la Préhistoire, c'est essentiellement solliciter l'archéologie pour y puiser les informations qui aideront à établir une chronologie vraisemblable. Du coup, nos certitudes sur cette période évoluent souvent, à la faveur des dernières découvertes archéologiques.
À l'inverse, pour l'Antiquité, le travail de l'historien se fonde sur des textes originels, certes rares, lacunaires, et partiaux, mais qui constituent néanmoins une base solide.

Discours sur la méthode...

L'Histoire de France, comme celle de la planète tout entière, commence par une question existentielle : d'où venons-nous ? La volonté de découvrir les origines de l'espèce humaine naît avec la vague humaniste, vers la fin du XVe siècle. Elle se matérialise notamment avec la multiplication des cabinets de curiosités et d'antiques, où l'on trouve poteries, bijoux, fossiles, animaux empaillés... issus d'horizons disparates.
En marge de ces collectes sans calcul, c'est l'étude des textes antiques qui prévaut, vocation première du Collège de France, fondé en 1530, et de ses lecteurs royaux.
L'âge classique voit pour sa part se développer le goût pour l'archéologie et pour la quête compulsive de vestiges – gallo-romains, gaulois... –, mis au jour à la faveur de travaux de terrassement ou de fouilles moins aléatoires.
La Révolution montre un penchant certain pour le passé. La quête des racines profondes de la nation et de ses citoyens vise sans doute à cette époque à en finir avec le droit divin. L'attention porte plus particulièrement sur les sépultures et les monuments mégalithiques.
La fin du XVIIIe siècle voit également se développer les « voyages pittoresques », en France et ailleurs, pour lesquels sont édités des guides largement illustrés.
Cette vague initiatique, notamment animée par Prosper Mérimée (1803-1870), enfle au XIXe siècle avec la création du Comité historique des arts et monuments qui entame une politique volontariste d'inventaire du patrimoine national.
Les grands travaux sur la préhistoire sont postérieurs. Ils sont largement initiés par Jacques Boucher de Perthes (1788-1968), considéré comme l'un des pères de cette science de l'antédiluvien.

Le chaînon manqué

Au milieu du XXe siècle, affiner les connaissances relatives aux origines de l'espèce humaine impose l'élaboration d'une véritable stratégie d'action rationnalisant à l'extrême les activités sur le terrain.
Le passé recomposé se construit comme un puzzle titanesque où chaque détail contribue à améliorer sans fin la compréhension d'ensemble,

et s'organise aujourd'hui autour d'un découpage chronologique universel – la Préhistoire (paléolithique et néolithique), la protohistoire (âge de bronze, âge de fer) et l'Antiquité romaine – dans lequel viennent s'inscrire toujours plus de périodes de transition, éclairant un à un les pans de l'Histoire restés dans l'ombre.
Certaines découvertes concernant la Préhistoire sont considérables comme le trio magique – *Homo erectus, Homo neandertalensis, Homo sapiens* –, les grottes peintes, les monuments mégalithiques...

Prendre le thé avec Cro-Magnon...
C'est une belle histoire que celle de notre ascendance lointaine, avec des hauts et des bas, mais surtout avec cette irrépressible volonté de survivre et de conquérir. En France, l'un des pères de nos pères est l'homme de Tautavel – Pyrénées-Orientales – dont les restes sont datés de quelque 400 000 ans ; donc très nettement postérieur à Tumaï, vieux de 7 millions d'années environ, découvert à l'ouest du Grand Rift africain, et même à Lucy, une Australopithèque de 3,2 millions d'années, mise au jour en Éthiopie (1974) par une équipe internationale codirigée par Yves Coppens.
L'Histoire retient les temps forts de l'émancipation de l'espèce humaine, riche du travail acharné des géologues, des paléontologues et des paléoanthropologues, œuvrant en détectives des temps immémoriaux pour tracer le possible et le probable. Ils ont à leur disposition un outil précieux, la datation par le carbone 14, manière de preuve par neuf qui mesure l'activité résiduelle de cet élément radioactif pour fixer dans le temps, des fossiles de plusieurs milliers, voire de plusieurs dizaines de milliers d'années...

Les origines de l'homme

D'Habilis à Sapiens, en passant par Erectus...

De l'homme de Tautavel à l'homme du néolithique, les premiers temps de l'évolution humaine de notre territoire se compte en plusieurs centaines de milliers d'années. Si la science préhistorique sait à présent en dessiner les grandes lignes, de nouvelles découvertes viennent sans cesse enrichir, mais aussi bouleverser et modifier les connaissances qu'on croyait acquises.

L'évolution des primates en hommes semble s'être faite en Afrique, il y a plusieurs millions d'années. Les archéologues désignent comme le premier homme *Homo habilis* (« l'homme habile »), qui appartient à la famille des australopithèques, qui vécut il y a environ 2 millions et demi d'années. Le plus ancien squelette connu a été trouvé en Éthiopie : il s'agit d'une femme, bipède, surnommée « Lucy ».

LES PÉRÉGRINATIONS DE L'HOMO ERECTUS

L'évolution humaine se mesure par les évolutions morphologiques (notamment la forme et le volume du crâne, indicateur de la taille du cerveau) et techniques. Depuis 1865, on désigne les très longs premiers temps de l'homme sous le terme de « période paléolithique » à cause de l'usage de la pierre taillée. En Europe, cette

DES GROTTES PEINTES

C'est au paléolithique supérieur que naît et se développe l'art pariétal, nom donné aux peintures ou gravures qui ornent les parois de cavernes ; on en recense aujourd'hui environ 200 dans le sud de la France et le nord de l'Espagne. Depuis la découverte du site du Pech-Merle (Lot) en 1922 ou de celui de Lascaux (Dordogne) par des enfants en 1940, on a trouvé dans les années 1990 d'autres grottes peintes (Chauvet, en Ardèche, ou encore Cosquer, à Cassis) qui ont confirmé la maîtrise technique des hommes du paléolithique.

LE SAVIEZ-VOUS ?

Notre ancêtre, l'homme de Tautavel, avait un front fuyant, très peu de menton, un puissant bourrelet sus-orbitaire (saillie osseuse située au-dessus de l'orbite et au-dessous du front, se trouvant au niveau des sourcils), et... une capacité crânienne (environ 1 200 cm^3) un peu inférieure à la nôtre.

période est divisée en paléolithique inférieur (des origines à - 300 000, époque de *Homo erectus*), moyen (- 300 000/- 40 000, homme de Neandertal) et supérieur (- 40 000/environ - 10 000 : homme de Neandertal et *Homo sapiens*). Ce premier âge de l'humanité est caractérisé par le nomadisme, les hommes se déplaçant sans cesse à la recherche de nourriture. C'est aussi une période d'instabilité climatique, celle du pléistocène, avec des alternances de glaciations et de périodes tempérées ou chaudes qui modifient régulièrement les paysages, la faune et la flore.

Le paléolithique est remplacé – après une période de transition, le mésolithique – par le néolithique (vers - 6 500/- 2 000) : le nouvel âge de pierre, pendant lequel les avancées de l'homme s'accélèrent avec sa sédentarisation.

Avec le passage aux âges des métaux à la fin du IIIe millénaire (âge du bronze, âge du fer), on quitte la préhistoire pour la protohistoire.

À *Homo habilis* succède donc *Homo erectus* (« l'homme redressé »), qui depuis l'Afrique s'est répandu à la surface des terres du globe ; il passe notamment en Europe du Sud (Espagne : site de Venta Micena et Italie) et l'on trouve ses premières traces sur ce qui deviendra le sol français entre - 900 000 et - 500 000. À cause de l'instabilité du climat, sa présence sur le territoire européen n'est pas continue ; elle ne deviendra durable qu'à partir de - 200 000. C'est l'homme de Tautavel (Pyrénées-Orientales) qui est aujourd'hui le plus vieil homme connu en France (environ - 400 000). Il mesure entre 1,40 m et 1,55 m et vit de la pêche, de la cueillette, de la chasse – déjà organisée – aux bovidés, cervidés, éléphants ou rhinocéros. Il se sert de galets et de bifaces comme outils pour couper et dépecer. Il maîtrise désormais le feu, obtenu par percussion de pierres, qui lui procure lumière et chaleur, le protège des attaques des animaux et lui sert peut-être à cuire sa nourriture. Les campements s'organisent autour d'un foyer, en plein air (exemple de Terra Amata) ou dans les abris naturels que constituent les entrées de cavernes.

L'HOMME DE NEANDERTAL

Le paléolithique moyen européen voit peu à peu succéder à *Homo erectus* l'homme de Neandertal, d'après le nom du site allemand où il a été identifié pour la première fois ; en France, c'est dans les Pyrénées que le crâne le plus ancien de ce type a été retrouvé. Cette période se caractérise également par deux phases de glaciation, dites de Riss et de Würm, qui transforment notre continent en une steppe glacée – ce qui explique pourquoi l'occupation humaine se concentre plutôt dans le sud-ouest de la France.

Lucy In The Sky With Diamonds!

Le plus célèbre australopithèque qui ait été découvert est une femme surnommée Lucy. Il doit son nom à une chanson des Beatles, *Lucy In The Sky With Diamonds*, que les archéologues écoutaient lors des fouilles.

COHABITATION PRÉHISTORIQUE

Les hommes de Cro-Magnon et les néandertaliens coexistent en Europe pendant près de 10 000 ans – et même davantage dans les zones orientales et centrales. Si les uns et les autres ont dû vivre en groupes claniques, il y a eu cependant contacts entre eux, ou du moins copies des uns par les autres. Il semble que ce soit la dernière glaciation qui a eu raison des hommes de Neandertal, bien qu'ils aient été mieux adaptés au froid ; *Homo sapiens* a mieux su évoluer grâce à sa supériorité technique. Mêmes si certains préhistoriens envisagent la possibilité de quelque métissage, à ce jour, aucune découverte de métis n'a permis d'étayer cette hypothèse. De manière générale, on considère que l'homme de Neandertal a disparu sans descendance, son ADN n'étant pas compatible avec celui de *Homo sapiens*. Mais quoi qu'il en soit, il a vraisemblablement transmis une part de son héritage culturel à ses contemporains.

NOS ANCÊTRES N'ONT PLUS DE SECRET GRÂCE À L'INTRODUCTION DES SCIENCES « DURES » EN PRÉHISTOIRE

La grande difficulté de la recherche préhistorique est de dater les faits archéologiques. Pour ce faire, la chronologie relative, effectuée à l'aide de la stratigraphie, c'est-à-dire l'étude des couches géologiques, est insuffisante. C'est pour cette raison, et pour faire parler le plus possible les maigres indices subsistant des temps préhistoriques, que s'est développé très vite dans cette discipline le recours aux sciences dites « dures ». Désormais, une grande part du travail se fait dans des laboratoires. En ce qui concerne la datation, la technique la plus connue est celle du carbone 14, une des méthodes basées sur le calcul de la radioactivité naturelle ; mais les géophysiciens peuvent également dater par thermoluminescence, ou par dendrochronologie, c'est-à-dire par l'examen des cernes des arbres. Par ailleurs, les indices naturels du site préhistorique sont pris en considération : les géologues analysent des échantillons du sol ; les paléontologues et les archéozoologues, les ossements des animaux ; les palynologues, les pollens ; les carpologues, les graines... Ces données permettent de comprendre l'évolution de la nature et du climat préhistoriques, ainsi que les actions de l'homme sur son environnement. Les restes humains sont également étudiés avec attention : les dents, les formes, marques et textures des os sont autant de témoins de la vie et des maladies de l'homme à cette époque.

L'homme de Neandertal présente une constitution qui lui permet de résister à ces duretés climatiques : il est trapu et musclé, comme le montrent la taille et la forme de ses os. Plutôt grand (1,60 m environ), il a gardé certains des traits du visage de *Homo erectus* (le menton effacé, les grosses arcades sourcilières), mais en diffère par d'autres : l'absence de pommettes, la forme du crâne et sa plus grande capacité cérébrale, environ 1 500 cm^3. Pour se nourrir, il chasse les animaux de son environnement glacé : mammouths, rennes, rhinocéros laineux – voire les ours. Il pratique la pêche et la cueillette. Pour lutter contre le froid, il s'aménage des foyers bien entretenus où il brûle du bois et des os d'animaux, et emmagasine la chaleur grâce à des galets chauffés. Il occupe des abris sous roche, mais retourne au grand air quand le climat se fait plus doux.

Il diversifie et perfectionne ses outils : avec le débitage dit « Levallois » s'opère une forme de standardisation qui combine une taille fine des pierres avec une multiplication des formes. Outre les bifaces, sont désormais produits couteaux, racloirs, pointes – et même des pointes emmanchées. On qualifie souvent ces objets de « production moustérienne », d'après le site éponyme de Dordogne. En plus de l'évolution technique, on assiste à une évolution psychologique : les néandertaliens sont les premiers dans l'humanité à montrer du goût pour certains objets – cailloux, coquillages, fossiles –, à manifester un certain sens de l'esthétique. Il est aussi très probable qu'ils se peignaient le corps. À la fin du paléolithique moyen, ils pratiquent également l'inhumation des morts, peut-être accompagnée d'offrandes (viande, fleurs, silex ?). Les tombes consistent alors en des fosses ou des couvertures de pierres.

L'homme de Neandertal subsiste en Europe occidentale jusque vers - 30 000, c'est-à-dire au paléolithique supérieur. Les préhistoriens considèrent généralement que ce n'est pas notre ancêtre direct, mais plutôt un lointain cousin. Cet homme disparaît, semble-t-il, sans laisser de descendants.

L'HOMME DE CRO-MAGNON

C'est au paléolithique supérieur qu'arrive notre véritable ancêtre : l'*Homo sapiens* (homme sage), après être parti d'Afrique il y a plus de 100 000 ans pour atteindre l'Europe occidentale vers 40 000 avant notre ère. Avec une tête semblable à la nôtre (véritable menton, disparition du bourrelet sus-orbital, capacité crânienne d'environ 1 500 cm^3), il est cependant plus grand (1,65 m) et plus musclé que nous. On le désigne également sous le nom d'homme de Cro-Magnon, d'après le nom donné à la grotte des Eyzies (Dordogne) où l'on découvrit un spécimen en 1868.

Pour son habitat, il privilégie plutôt le plein air, organisant des campements plus confortables (par exemple tentes en peaux de bêtes, armatures en os de mammouth) et parfois saisonniers, toujours organisés autour du foyer. C'est un formidable chasseur, profitant d'un gibier herbivore alors très diversifié : rennes, cerfs, chevaux, bisons, aurochs, mammouths... sans négliger les oiseaux et mammifères marins. Outre la chasse, il pêche à l'aide d'hameçons. Il invente une nouvelle technique de taille de pierre, qui permet le débitage de lames. Ainsi ses outils s'affinent, se diversifient, se spécialisent (grattoirs, burins, sagaies, javelots, flèches...) et travaillent d'autres matériaux que la pierre : l'os, le bois, l'ivoire. Il choisit ses matériaux et matières premières, les sélectionne selon leur qualité ou leur valeur esthétique et peut les transporter avec lui au cours de ses déplacements, parfois longs. C'est que

UN CHIEN QUI A DU FLAIR !

La grotte de Lascaux est découverte le 12 septembre 1940 par... un chien ! Quatre amis — Marcel Ravidat, Georges Agniel, Jacques Marsal et Simon Coencas — se promenaient près de Montignac lorsque le chien de Marcel s'arrête au niveau d'une faille dans la roche. Pensant avoir trouvé un souterrain légendaire, les adolescents agrandissent le trou et s'aventurent dans la grotte. La mystérieuse découverte est rendue publique et le spécialiste de la préhistoire, l'abbé Breuil, authentifie Lascaux.

C'EST UN COMBLE !

L'accentuation des caractères sexuels dans les « Vénus » a longtemps conduit les préhistoriens à minorer le rôle de la femme dans l'évolution de notre espèce. Mais aujourd'hui, la place de la femme dans les sociétés préhistoriques est reconsidérée...

l'espace est vaste pour *Homos sapiens* : au plus fort de la glaciation, entre - 22 000 et - 20 000 ans, le niveau de la mer se trouve à plus de 100 m plus bas qu'aujourd'hui : les terres continues de l'Eurasie s'étendent bien à l'ouest mais aussi au nord, en englobant l'Angleterre et le sud de l'Irlande.

Homo sapiens est à l'origine d'autres formidables trouvailles : il réalise des vêtements, à l'aide de peaux de bêtes cousues (invention de l'aiguille à chas) ; il s'orne de parures (pendeloques, dents et coquilles percées, rondelles découpées) et joue de la musique (flûtes en os). C'est à lui surtout que l'on doit les premières créations artistiques : des os gravés, des peintures, des sculptures. Parmi ces dernières se distingue un groupe de représentations féminines, que l'on a dénommées « vénus » et qui témoignent de l'attention particulière accordée par nos ancêtres à la fécondité et à la fertilité. Par ailleurs, l'homme de Cro-Magnon enterre ses morts, apparemment dans des zones d'habitat, mais selon des modes différents d'une région à l'autre : sépultures individuelles ou collectives, accompagnées ou non de mobilier funéraire. De manière générale, il possède des croyances qui nous sont encore très mal connues – et sur l'identification desquelles les archéologues sont souvent divisés. Il semblerait cependant que c'est à cette époque que débutent les rites de type chamanique. C'est donc avec *Homo sapiens* qu'apparaît la pensée symbolique et sans doute aussi sociale, avec une certaine organisation au sein des groupes.

À partir de - 12 000 s'amorce un changement définitif : la dernière glaciation du pléistocène cède peu à peu la place à un climat plus tempéré et plus humide ; les glaciers fondent, le niveau de la mer remonte. Avec ce phénomène, c'est le paléolithique qui prend fin. Après la période de transition du mésolithique, une ère nouvelle commence pour l'homme avec la « révolution » du néolithique.

ET LE NÉOLITHIQUE ADVIENT !

Avec le changement climatique, l'environnement se transforme en Europe occidentale : les côtes prennent à peu près leur aspect actuel, les fleuves n'occupent plus que le fond de leurs vallées, la forêt prend la place de la steppe. La faune change elle aussi : des espèces disparaissent (bisons, mammouths) et de nouvelles font leur apparition (sangliers, renards, loups). Les hommes doivent s'adapter à ces nouvelles conditions de vie, c'est pourquoi la culture néolithique se met en place progressivement (entre - 12 500 et - 7 000) depuis le Proche-Orient, dans ce qu'on appelle le « Croissant fertile », pour se diffuser en France par la Méditerranée et par le Danube durant le VIe millénaire avant notre ère.

Au niveau technique, cela se traduit par l'apprentissage du polissage de la pierre, donnant naissance à un nouvel outillage (haches et herminettes) conçu pour faciliter le travail d'abattage, de découpage ou de creusement du bois. Dans cet environnement moins hostile, le nomadisme n'est plus une nécessité de survie. Ainsi, l'homme se sédentarise et domestique les bovins et les porcs, ainsi que les moutons et les chèvres importés du Proche-Orient. Il commence à cultiver des céréales (orge, blé) et des légumineuses (lentilles, pois), dont il moud le grain à l'aide de meules en grès. Le lait commence à être exploité pour faire du fromage, réalisé sous forme de faisselle. La roue fait son apparition, ce qui laisse supposer l'existence du principe d'attelage, tandis qu'à la fin du néolithique s'opère ce que l'on appelle depuis Buffon « la plus noble conquête de l'homme » : celle du cheval. Les villages se forment, la vie s'organise désormais en petites communautés d'une dizaine de maisons. Les activités familiales se diversifient avec l'émergence de nouveaux savoir-faire, avec le travail d'autres matières que la pierre : le tissage, le vannage et la poterie. Les paniers servent à stocker. De même que les vases de terre cuite qui participent aussi à la naissance de la cuisine, pour laquelle on fabrique en outre des plats ou des cuillers en bois.

Ainsi, avec le néolithique, *Homo sapiens* chasseur-cueilleur est-il devenu agriculteur. Parallèlement, la population augmente, les conditions étant réunies pour favoriser l'expansion démographique, mais cela ne va pas semble-t-il sans occasionner des conflits pour l'occupation de l'espace. Au IVe millénaire et plus encore au IIIe millénaire, on observe des phénomènes de violences guerrières (charniers), de fortifications de villages (exemple de Fontbuisse, dans le Languedoc) à l'aide de murs ou de fossés protecteurs, ou de déplacement vers des hauteurs. Par ailleurs, plusieurs signes montrent qu'il existait des différences sociales au sein des communautés néolithiques : notamment le mégalithisme, ou encore la hache polie (souvent percée d'un trou) qui constitue un signe symbolique – sans doute de pouvoir – pour celui qui la porte. En ce qui concerne les croyances, au village des vivants correspond le village des morts : les premières nécropoles où les défunts reposent dans des sépultures individuelles se forment auprès des zones d'habitat. Sans indices écrits, les seuls éléments – et ils sont de taille ! – qui témoignent de pratiques collectives religieuses observées par ces populations relèvent du phénomène mégalithique.

COMMERCE AU NÉOLITHIQUE

Le néolithique marque le début de la spécialisation du travail et des échanges commerciaux. L'archéologie met ainsi au jour des outils de pierre élaborés, exportés bien loin de leur région d'origine, ou des pierres semi-précieuses ornant les parures retrouvées dans les tombes, venues des quatre coins de l'Europe ou de la Méditerranée. En effet, les hommes commencent très tôt à échanger les matières premières et les objets qu'ils estiment précieux et qu'ils ne peuvent trouver sur place. Les coquillages, les pierres semi-précieuses, le bois pour faire les arcs, les fourrures ou le sel font ainsi l'objet d'un commerce très ancien. Plusieurs curiosités sont parvenues d'Afrique en Europe : de l'ivoire, des œufs d'autruche. Le commerce concerne aussi des produits moins rares, mais réputés : le silex, irremplaçable pour la fabrication des armes et des outils tranchants. Parallèlement, l'augmentation des besoins en pierre a pour conséquence la nécessité de chercher le matériau de plus en plus profond : les mines et les carrières qui apparaissent à cette époque sont le fruit du travail d'hommes qui se spécialisent dans une tâche donnée.

LE SAVIEZ-VOUS ?

Les alignements du Ménec à Carnac s'étendent sur plus de 1 km de long et comptent plus d'un millier de pierres dressées – quelle prouesse !

120 HOMMES POUR DÉPLACER UN BLOC DE 32 TONNES

Soucieux de vérifier la validité de leurs hypothèses, les préhistoriens passent de plus en plus de la théorie à la pratique : c'est ce qu'on appelle l'archéologie expérimentale. Ils testent ainsi différentes techniques de taille, de polissage ou d'emmanchement de silex, afin de comprendre et, si possible, de restituer les techniques anciennes ; ils reconstituent des habitats plus ou moins élaborés, s'essaient à la poterie ou à l'agriculture...
Les problèmes soulevés par les travaux mégalithiques ne font pas exception. En Angleterre et en France, différentes expériences ont tenté de lever le voile sur les moyens utilisés par les hommes du néolithique pour déplacer – sur plusieurs kilomètres – et lever d'énormes blocs. En 1979, sur le site mégalithique de Bougon dans les Deux-Sèvres, 200 personnes ont réussi à tirer un bloc de 32 tonnes, que 60 hommes sont ensuite parvenus à dresser. Le nombre de 200 a même été réduit à 120 lors de nouveaux essais tentés une vingtaine d'années plus tard. Ces expérimentations permettent ainsi de mettre un terme définitif à toutes les hypothèses farfelues jusque-là régulièrement émises sur le sujet. L'usage de cordes, de rondins, de leviers et de coins de bois, de silex et surtout d'« huile de coude » a suffi pour permettre aux populations néolithiques de réaliser leurs merveilleux ouvrages.

DOLMENS, MENHIRS ET AUTRES MÉGALITHES

À partir du Ve millénaire avant notre ère, la Bretagne et le Centre-Ouest se couvrent de monuments élaborés à l'aide de pierres de grande taille : c'est ce qu'on appelle le mégalithisme. Ce phénomène, qui est visible dans toute l'Europe occidentale et méditerranéenne – mais aussi dans d'autres zones du globe –, se poursuit durant environ trois mille ans. C'est la première fois que l'homme agit sur le paysage, le façonnant et le transformant par des réalisations visibles de très loin. Ces travaux, qui ont nécessité un nombre important de bras et des connaissances mécaniques pour le déplacement et le levage de blocs pesant jusqu'à plusieurs centaines de tonnes, n'ont été rendus possibles que par la cohésion des groupes et le charisme de leurs chefs.

Ces ouvrages, dont les plus connus sont les tables de pierre (dolmens) et les pierres dressées (menhirs), correspondent à des pratiques funéraires nouvelles. Il s'agit de sépultures collectives, contenant un certain nombre de corps d'une même communauté (depuis quelques dizaines jusqu'à 300 individus). Il semble qu'avec la sédentarisation, les hommes, qui veulent affirmer leur possession d'un territoire et une identité culturelle, se créent une unité autour d'un culte des ancêtres. Dans le cas du dolmen, la chambre sépulcrale est formée par une dalle horizontale posée sur des blocs verticaux. Les tombeaux, qui comportent un couloir et au moins une chambre funéraire, sont recouverts d'un énorme tertre, appelé « tumulus », constitué de terre ou de pierres (cairn) : le tout forme un ensemble de plusieurs dizaines – voire plusieurs centaines – de mètres de long. Le dolmen proprement dit est donc, à l'époque néolithique, invisible depuis l'extérieur. Autour et dans le tumulus doivent se dérouler régulièrement des réunions de la communauté, venue célébrer ses morts et déposer de nouveaux défunts.

D'après l'examen des squelettes retrouvés dans ces chambres funéraires, il s'avère que l'inhumation y a été pratiquée durant de nombreuses générations ; si les morts étaient peut-être parfois regroupés par famille, il est certain en revanche que seul un petit nombre de la communauté – une « élite » pourrait-on dire – y était enterrée. Des offrandes collectives accompagnaient les défunts : flèches, outils, vases, perles, haches polies... Les pierres dressées, organisées de façon à former une ellipse ou des alignements (Carnac), correspondent à d'autres usages cultuels, en liaison avec le Soleil et la Lune. Elles témoignent alors de véritables connaissances astronomiques et d'observations rigoureuses des parcours des astres. Les menhirs isolés, quant à eux, sont peut-être les témoins d'un culte ancien voué à des idoles. Certains sont sculptés ou gravés à l'image de femmes ou d'hommes stylisés : des archéologues proposent de reconnaître dans les premières, par analogie avec le Proche-Orient, la représentation d'une déesse mère.

Avec le passage à l'âge du bronze cessent les constructions mégalithiques ; les monuments, résistant au fil des siècles, font parfois l'objet de pratiques et de croyances qui n'ont plus rien à voir avec leur destination d'origine. Avec l'intérêt naissant pour les antiquités à la fin du XVIIIe siècle, ils commencent à être étudiés, recensés et fouillés. On les rattache alors à la civilisation celtique et aux druides, sur la foi de quelques lignes écrites par des auteurs du temps de César (Ier siècle avant notre ère), soit une erreur de quelques millénaires... Légendes se multiplient à l'époque romantique autour de ces pierres levées. Ce n'est que dans les années 1950 qu'elles sont enfin resituées à leur véritable époque et attribuées à leurs véritables constructeurs.

Celui qui détruira le dolmen d'Essé mourra dans l'année.

Une mystérieuse légende entoure le dolmen de la ville d'Essé datant du néolithique final et mesurant plus de 19 mètres de long et plus de 4 mètres de large ! Le site mégalithique aurait été conçu par des fées qui auraient amené dans leurs tabliers les pierres constituant l'édifice... Le site sacré a pour réputation de prédire la durabilité d'un mariage et de protéger les âmes des défunts.

Bienvenue en Gaule !

L'incroyable transition de l'âge du bronze à l'âge du fer

L'ÉCRITURE GAULOISE S'INSPIRE DE L'ALPHABET GREC

Les Gaulois pratiquent la culture orale. Leurs épopées, poèmes, chants et croyances se transmettent de génération en génération sans l'aide de l'écriture. Ce sont les bardes, les poètes gaulois, et les druides qui sont les détenteurs de cette mémoire collective orale. Cependant, les Gaulois connaissent également l'écriture, dont ils ont emprunté l'alphabet aux Grecs. Le gallo-grec, né au plus tôt à la fin du IIIe siècle avant notre ère des échanges avec les Hellènes installés dans la basse vallée du Rhône, sert à transcrire des contrats commerciaux, des comptes, des listes de noms, des marques de propriété ainsi que des épitaphes.
On recense aujourd'hui plus de 300 inscriptions de cette écriture.
Avant la généralisation du latin comme langue officielle suite à la conquête romaine, les Gaulois ont aussi utilisé un alphabet gallo-latin.

Avec les âges des métaux, durant deux millénaires, la Gaule prospère entre Europe du Nord et Méditerranée. L'âge du fer marque l'éclosion de la civilisation celtique, qui se heurtera aux ambitions romaines à partir du IIe siècle avant notre ère.

La protohistoire précède l'histoire, en ce sens qu'elle étudie les peuples avant le développement de l'écriture. En Europe, cela correspond aux âges des métaux, successivement bronze et fer. Leurs chronologies varient d'une région à l'autre, en fonction de l'apparition des techniques métallurgiques.

UN ÂGE DU BRONZE EUROPÉEN

On date globalement l'âge du bronze en France de - 2 000 à - 750. Cette période voit non seulement apparaître des objets de bronze (dans sa forme la plus pure, c'est un alliage de cuivre à 90 % et d'étain à 10 %), mais aussi des objets d'argent et, en grand nombre, des objets d'or. Dans tous les cas se pose le problème de l'origine des métaux : s'il existait des gisements de cuivre sur le territoire, en revanche ceux d'or et d'étain – mis à part en Bretagne – s'y trouvaient en quantité insuffisante pour expliquer l'existence de tous les objets précieux mis au jour par l'archéologie. L'âge du bronze se caractérise donc par des échanges à longue distance : avec l'Angleterre, l'Irlande, l'Europe centrale et la péninsule Ibérique, qui exploitent des gisements métalliques, mais aussi avec la Baltique, le Danemark et l'Allemagne du Nord, qui possèdent l'ambre, très prisé pour les bijoux et les ornements de vêtements. Pour certains historiens, cette instauration d'échanges à travers tout le continent et le caractère récurrent de certains motifs symboliques dans des populations différentes permettent de faire remonter l'émergence de l'Europe en tant qu'entité culturelle à l'âge du bronze.

LA FIN DE L'ÂGE DU BRONZE : LA RELÈVE DU FER

Même si l'on assiste alors à la multiplication de villages fortifiés le long des routes commerciales, cette période est surtout marquée par ses pratiques funéraires, avec le retour à la sépulture individuelle. Les puissants se font inhumer dans des tumulus, et le riche matériel funéraire qui accompagne leurs dépouilles (armes, parures, cuirasses... de combat ou d'apparat) les désigne comme des chefs guerriers. Les nombreuses trouvailles de mors, de pièces de harnachement et de chars montrent également l'importance du cheval pour ces sociétés. Puis, à la fin de l'âge du bronze, la pratique de l'inhumation cède la place à l'incinération : les cendres des défunts sont recueillies dans des urnes, déposées dans des « champs d'urnes ».

Aux IXe-VIIIe siècle avant notre ère, la métallurgie du fer se diffuse en Europe occidentale ; parallèlement, les populations celtes essaiment peu à peu en Europe. À la théorie ancienne d'une invasion massive des Celtes en Europe occidentale au milieu du Ier millénaire avant notre ère s'est substituée aujourd'hui celle d'incursions et d'installations progressives par petits groupes durant plusieurs siècles.

On distingue deux phases dans l'âge du fer : le premier âge du fer (- 750 à - 450), aussi appelé Hallstatt, du nom d'un site autrichien lié à l'exploitation de mines de sel, et le second âge du fer (- 450 à la conquête romaine), dit civilisation de La Tène, d'après le site suisse homonyme situé au bord du lac de Neuchâtel.

LA CIVILISATION DE HALLSTATT : LE PREMIER ÂGE DU FER

Malgré les grandes qualités du fer et sa plus grande facilité d'acquisition, le bronze ne disparaît pas tout de suite des sociétés protohistoriques : il est encore beaucoup utilisé pour la vaisselle, les parures et les statuettes, le fer étant réservé aux armes. Les objets d'or se trouvent également toujours en quantité notable.

La civilisation de Hallstatt, surtout visible en Bourgogne, se caractérise par des structures « princières », occupant un territoire qui s'étend autour d'un habitat fortifié de plaine ou de hauteur. Cette aristocratie, qui exerce sa domination sur la population locale, vit et meurt dans un véritable luxe : importation de produits rares et lointains, adoption de certains usages étrangers (par exemple grecs

L'IMPORTANCE DES ÉCHANGES

Certains objets, comme la lamelle de plomb de Pech Maho, témoignent des échanges et contacts qui existaient entre les différentes civilisations dès cette époque au sud de la Gaule.
Sur un côté, un texte en grec établit les clauses et les acteurs d'une transaction commerciale, et sur l'autre, un texte est en étrusque.

QUAND LE VIN FINIT DANS L'EAU

En 75-60 avant notre ère, la *Madrague de Giens* a fait naufrage avec toute sa cargaison - plus de 6 000 amphores à vin italiennes !

ou étrusques), inhumation dans des sépultures à haut rang.

L'INFLUENCE DES MÉDITERRANÉENS

Tout l'âge du fer en Gaule est marqué par des contacts entre divers peuples du Nord et du Sud. Les civilisations méditerranéennes étendent cependant leur zone d'influence dans le sud de la France, par le biais du commerce avec les populations indigènes ou, plus directement, par la colonisation.

Aux VIIe et VIe siècles avant notre ère, les côtes méridionales sont fréquentées par des bateaux grecs phocéens (de la cité de Phocée, en Asie Mineure), étrusques et carthaginois, comme l'indiquent certains textes et surtout la céramique. Le développement de l'archéologie sous-marine depuis une quarantaine d'années a permis la fouille d'épaves, dont les cargaisons sont riches d'enseignements sur les denrées exportées ou importées en Gaule, ainsi que sur leurs origines. Le matériel abonde en vaisselle et amphores liées à la consommation du vin et au commerce de l'huile. Cependant,

L'ÉTONNANTE « DAME DE VIX » ACCOMPAGNÉE DU PLUS GRAND VASE DE L'ANTIQUITÉ !

L'un des caractères les plus étonnants et les plus spectaculaires de la civilisation de Hallstatt réside dans le creusement des tombes princières réservées à de hauts personnages. C'était parfois des sépultures dévolues à des femmes, ce qui pourrait sous-entendre que certaines jouaient un rôle de premier plan. La tombe de Vix, près de Châtillon-sur-Seine, en Côte-d'Or, compte parmi les grandes découvertes de l'archéologie française. Trouvée et fouillée en 1953, elle recelait le corps d'une femme d'une trentaine d'années, accompagnée de son char d'apparat et, surtout, du plus grand vase de bronze de l'Antiquité, chef-d'œuvre de toreutique grecque, mesurant 1,64 mètre. Plusieurs autres vases d'argent, de bronze ou céramiques l'entouraient. La « Dame de Vix » portait un torque (collier) terminé à chaque extrémité par une boule rehaussée d'une patte d'animal et d'un cheval ailé. Elle portait aussi un collier d'ambre, des bracelets et huit fibules, de bronze, de fer et d'or pour attacher ses vêtements. La tombe, recouverte d'un vaste tumulus de pierre, se trouvait au pied du mont Lassois, une des grandes résidences princières de la civilisation de Hallstatt, à mi-chemin sur la route de l'étain.

de longues discussions opposent les spécialistes sur l'organisation de ces trafics : avec la navigation de cabotage, les cargaisons peuvent constamment évoluer en fonction des escales, et rien n'empêche par exemple un bateau étrusque de faire commerce de produits grecs avec les populations gauloises... Il est ainsi extrêmement difficile de distinguer sur les routes commerciales les contacts directs et indirects, le commerce de distribution ou de redistribution.

L'IMPLANTATION GRECQUE

Vers - 600, les Phocéens fondent une colonie dans un port naturel : Massalia (Marseille), qui leur sert de base pour leurs échanges en Méditerranée occidentale. Cet *emporion* (« comptoir ») crée ainsi dans les siècles suivants d'autres relais grecs le long du littoral : au sud, Agde et Ampurias, à l'ouest, Hyères (Olbia), Antibes et Nice.

Après sa fondation, la cité de Marseille se développe rapidement et diffuse ses produits dans l'arrière-pays, tout en gardant son caractère profondément hellénique : elle s'entoure de remparts de pierre, puis aménage des îlots d'habitation à plan régulier, émet des monnaies de type grec en argent ou en bronze, écrit et parle ionien, vit selon des institutions grecques et honore des cultes grecs. Alors que certains considèrent Marseille comme un noyau d'hellénisation pour

LA RÉVOLUTION MÉTALLURGIQUE

Le développement de la métallurgie est complexe : elle suppose une parfaite maîtrise non seulement du feu – les fusions nécessitant des températures de plus de 1 000 °C –, mais encore de différentes phases de travail : l'obtention du minerai, grâce à l'exploitation d'alluvions ou de mines, la transformation du ou des minerais en métal puis du métal en objets, par moulage, martelage ou forgeage. Les alliages peuvent également varier : ainsi au bronze final (- 1 200 à - 750) le plomb est-il progressivement mêlé au cuivre à la place de l'étain. Les avantages de ces nouveaux matériaux par rapport au silex ou à la céramique sont considérables : ils sont recyclables et stockables. Par conséquent, c'est toute la société humaine qui se trouve transformée : mutations des groupes dues à l'instauration d'échanges à longue distance ; naissance de rivalités guerrières pour le contrôle de gisements de minerais ou de voies commerciales ; nouvelle organisation du travail, non plus au sein de la structure familiale, mais par spécialisation. Ainsi naît avec les âges des métaux une véritable hiérarchie sociale.

LE SAVIEZ-VOUS ?

Les cuirasses de bronze, comme celles de Marmesse, étaient fabriquées par chaudronnerie : on bat le métal pour obtenir des tôles, rivetées et soudées entre elles, formant le pectoral et la dossière attachés ensemble.

De tous les peuples de la Gaule, les Belges sont les plus braves.

César, *Commentaires sur la Guerre des Gaules.*

« NOS ANCÊTRES LES GAULOIS »

C'est au XIXe siècle que se développe l'intérêt pour l'archéologie gauloise. En 1828 paraît le premier ouvrage traitant de l'histoire des Gaulois sous la plume d'Amédée Thierry, qui instaure la théorie selon laquelle, héritiers du même pays, nous descendons d'une seule et même « race ». L'idée est reprise par d'autres historiens, puis se perpétue dans les manuels scolaires qui enseignent pendant des générations aux écoliers de France, puis des colonies, ce mythe de nos origines, qui répond à cette époque à des aspirations d'union nationale – et non plus dynastique. Vercingétorix incarne ainsi un héros inspiré emmenant la nation dans une lutte contre l'Empire envahisseur... Par effet de miroir, le concept se renforce avec la guerre de 1870. Entre-temps, Napoléon III crée le musée des Antiquités nationales à Saint-Germain-en-Laye, organise des fouilles d'envergure à Alésia en 1861 et entretient la vogue gauloise. Une iconographie se met en place : statues (notamment la sculpture de Vercingétorix à Alise-Sainte-Reine) et tableaux « historiques » représentent à l'envi les Gaulois non sans un certain romantisme. Cette construction idéologique a été si fortement répandue qu'elle a encore malheureusement cours aujourd'hui, malgré les découvertes et travaux de ces cinquante dernières années.

les populations indigènes, d'autres interprètent cette attitude comme une forme de protectionnisme culturel et ce, malgré les échanges commerciaux. Quoi qu'il en soit, la notoriété « internationale » de la ville est grande : à Delphes, sanctuaire panhellénique, elle consacre un Trésor à Apollon, ce qui la place parmi les cités grecques les plus importantes ; Pythéas, célèbre navigateur du IVe siècle avant notre ère qui raconte son voyage d'exploration jusqu'à l'île de Thulé (peut-être l'Islande ?), est lui-même originaire de Marseille.

LES ROMAINS PRENNENT PIED EN GAULE

La richesse de la Gaule ne pouvait qu'attirer l'attention des Romains, qui commencent à partir de - 270 une politique d'expansion en Méditerranée. Le sud de la Gaule, que l'on désigne alors comme transalpine, se trouve fatalement concerné par la deuxième guerre punique, qui oppose Rome aux Carthaginois depuis l'Italie jusqu'à l'Ibérie. Après la conquête de cette dernière, les Romains, soucieux de garder la maîtrise des voies de communication, interviennent au IIe siècle avant notre ère pour défendre Massalia – avec laquelle ils sont alliés depuis le IVe siècle –, menacée par des peuples voisins, et s'assurent ainsi entre - 125 et - 121 la conquête de la Transalpine.

Parallèlement, au niveau du commerce, à partir du IIIe siècle, on note dans les épaves la présence d'importations italiques ; peu à peu, le vin grec semble concurrencé par le vin italien, qui finit par le supplanter. La romanisation de la région est rapide – malgré quelques révoltes vivement réprimées –, grâce notamment à la voie Domitienne et à l'implantation de colonies : en 122 celle d'Aix-en-Provence, en 118 celle de *Narbo Martius* (Narbonne), qui devient capitale de la province plus tard rebaptisée Narbonnaise ; suivent Orange, Valence, Fréjus, Vienne...

DES PEUPLES ET DES PEUPLES !

Les Gaulois se divisent en un certain nombre de peuples (*civitates*), portant un nom dont la liste nous a été notamment transmise par César. Les plus importants d'entre eux sont les Arvernes, établis en Auvergne, et les Éduens, en Bourgogne. Ces peuples, qui possèdent chacun un territoire défini, sont régis d'abord par des rois puis, au Ier siècle avant notre ère, majoritairement par des grandes familles, réunies en sortes d'assemblées aristocratiques. Ils se définissent ainsi comme autant d'États, possédant leurs magistrats, leurs archives... Ils peuvent donc individuellement développer ou non des alliances ou des relations de clientélisme les uns avec les autres, mais aussi avec les non-Gaulois : avec les Romains, les Massaliètes, etc. Les contacts qu'ils développent avec leurs voisins et les étrangers déterminent également un certain nombre d'influences qui donnent un caractère original à chaque peuple : par exemple, les populations gauloises proches de Marseille, Salluviens ou Ligures, présentent plusieurs caractéristiques hellénisantes. Ainsi, loin des poncifs hérités du XIXe siècle, la société gauloise s'affirme comme riche et complexe, ouverte aux autres et aux innovations. Il faut donc pour l'étudier tenir compte des disparités régionales et éviter les généralisations excessives.

DES GAULOIS TRÈS... « FASHIONS » !

Les descriptions données par les auteurs antiques ou par l'iconographie des XIXe et XXe siècles sont par bien des aspects caricaturales. En ce qui concerne la pilosité, il semble bien que si les Gaulois prennent un très grand soin de leur chevelure, les longueurs, coupes et couleurs varient selon les peuples et la chronologie ; il en est de même pour la moustache

Nous ne craignons rien, sinon que le ciel ne tombe sur nos têtes !

Cette phrase célèbre serait une réponse des Gaulois à Alexandre le Grand. Le conquérant leur aurait en effet demandé quelle était leur peur la plus grande.

ON NE DEVINERA JAMAIS QUI A INVENTÉ LE SAVON

Les idées reçues ont la vie dure ! Non, les Gaulois n'étaient pas des rustauds nauséabonds car... rappelons-nous qu'on leur attribue l'invention du savon !

et la barbe, qui perdent progressivement de leur importance. Le costume masculin est composé d'une sorte de pantalon, les braies, et d'une tunique de laine, la saie, tandis que les femmes sont vêtues de jupes et de tuniques. Si l'on en croit les auteurs antiques, les tissus de couleur vive ou à carreaux sont très appréciés. Les bijoux gaulois, extrêmement variés, constituent autant de véritables chefs-d'œuvre : fibules, torques – l'offrande privilégiée aux dieux –, bracelets et anneaux de métal ou de verre coloré, brassards, ceintures, pectoraux...

DE NOMBREUSES SOURCES DE RICHESSES

Contrairement à la période hallstattienne, la richesse des Gaulois de La Tène repose essentiellement sur le travail agricole. Les textes, comme le nombre d'établissements ruraux mis au jour et le degré de technicité de l'outillage, indiquent une intense exploitation des terres.

L'élevage n'est pas en reste, qui permet notamment la fabrication de salaisons réputées. Les Gaulois sont aussi de formidables artisans, qui excellent en particulier dans l'art de la métallurgie, de l'orfèvrerie et de l'émaillage, alors inconnu des Grecs et des Romains. Avec ces derniers, ils font le commerce de céréales, de minerais, de sel, de cuir mais aussi d'esclaves. Une autre source de richesse semble émaner du mercenariat : les Gaulois n'hésitent pas à louer leur savoir-faire dans l'art de la guerre aux royaumes hellénistiques.

DE MULTIPLES INNOVATIONS

Ouverts aux influences extérieures, les Gaulois savent intégrer des usages étrangers pour se les approprier de manière originale. Ainsi se généralise l'usage du fer, devenant omniprésent dans la vie quotidienne jusque dans le bâtiment (longs clous, serrures). Le monnayage apparaît au IIIe siècle avant notre ère ; reproduisant d'abord le modèle des monnaies d'or macédoniennes, il trouve son identité à la fin du IIe siècle en adoptant des types celtiques et propres à chaque peuple qui les frappe.

En matière d'habitat, la Gaule connaît une urbanisation croissante avec la construction aux IIe et Ier siècles avant notre ère d'*oppida*, de plusieurs sites fortifiés à la manière méditerranéenne – mais avec un aménagement intérieur différent, notamment en ce qui concerne les espaces publics –, reliés entre eux par des routes bien entretenues.

L'IMPORTANCE DES DRUIDES ET DE LA NATURE

Les croyances et les pratiques religieuses des Celtes restent encore très mal connues, même si l'archéologie permet peu à peu de nuancer les informations données par des sources écrites insatisfaisantes, car non celtes ou tardives – il était interdit, dans la société gauloise, de transcrire tout fait

L'*INTERPRETATIO* GRECQUE ET ROMAINE

Les descriptions littéraires antiques de la société gauloise connues à ce jour émanent toutes d'auteurs grecs ou romains, les premiers utilisant le terme de Celtes (*Keltoi* en grec), et les seconds, le terme de Gaulois (*Galli* en latin). Si ces sources sont riches d'enseignement en ce qui concerne par exemple les noms des peuples gaulois ou certains traits de civilisation, il faut cependant les utiliser avec une grande circonspection. En effet, pour les Grecs et les Romains, les hommes qui ne partagent pas leur culture et leur mode de vie sont des « Barbares », dont ils décrivent certains traits – souvent les plus curieux – en les interprétant d'après leurs propres points de vue et habitudes : c'est ce qu'on qualifie d'*interpretatio*. Par ailleurs, les historiens ou géographes antiques ne sont pas tous des témoins directs, certains reproduisant par érudition, et sans forcément le signaler, des récits d'auteurs plus anciens dont les écrits ne nous sont pas toujours parvenus. Les textes latins, contemporains de la guerre des Gaules ou postérieurs à la conquête, ont pour vocation d'affirmer la valeur civilisatrice des Romains, d'exalter leur supériorité mais sans dénigrer le courage de l'adversaire vaincu pour ne pas diminuer la valeur de la victoire.

DRÔLE DE MOEURS !

Les piliers en pierre du sanctuaire de Roquepertuse comportaient des petites niches où étaient placés des crânes humains !

religieux. Aujourd'hui, nos connaissances en ce domaine sont encore très incomplètes et sujettes à de futures remises en cause, notamment au niveau de la datation et des évolutions chronologiques.

Le clergé gaulois est constitué des druides et des *vates*, qui les assistent comme sacrificateurs et devins. Issus essentiellement de l'aristocratie gauloise, les druides suivent une longue formation qui leur donne un très large éventail de connaissances. Réputés pour leur science astronomique et leur sagesse, ils ne se contentent pas de présider les cérémonies sacrificielles, ils enseignent également aux jeunes nobles, exercent la justice et jouent un grand rôle politique. Ils tiennent apparemment leur assemblée annuelle dans la forêt des Carnutes (Chartres), un bois sacré, où ils élisent le premier d'entre eux. Rien ne doit en apparence les distinguer des autres hommes ; seule la tradition les associe au gui et au chêne. C'est que dans la religion gauloise une grande importance est accordée à la nature. Les lieux de culte en témoignent, privilégiant points d'eau (sources, fleuves, étangs), roches ou collines.

JULES CÉSAR JUGE LES GAULOIS

Le conquérant justifie, par sa vision politique des Gaulois divisés, son intervention en Gaule : « En Gaule, non seulement dans toutes les cités, dans toutes les bourgades et dans toutes les régions, mais aussi dans presque chaque famille, il y a des partis politiques opposés. À leur tête se trouvent des chefs choisis pour leur prestige. C'est à eux que les Gaulois s'en remettent pour trancher et régler tous les problèmes. Cette coutume remontant à des temps très anciens semble destinée à assurer la protection de chacun contre un plus puissant. En effet, un chef de parti ne permet pas qu'on attaque ou qu'on trompe ses fidèles, car, sinon, il n'a plus aucune autorité dans son parti. Cette même division se retrouve dans l'ensemble de la Gaule, dont tous les peuples sont divisés en deux grandes factions. »

(Commentaires sur la Guerre des Gaules, VI, II.)

DES RITES GUERRIERS

Certaines croyances sont aussi liées à la guerre ; de tradition ancienne, elles semblent néanmoins perdre de l'importance à partir du IIe siècle avant notre ère. Pour exemple, le site de Gournay-sur-Aronde (Oise) : il consiste en un enclos – comprenant une sorte de petit temple en bois et dix fosses – complètement entouré d'un fossé, le tout ceint d'une palissade près de laquelle étaient fichées des armes prises à l'ennemi. Les fosses et le fossé de clôture recueillaient les victimes animales des sacrifices, ainsi que des armes rendues volontairement inutilisables. La viande de certains animaux était consommée lors de banquets religieux, tandis qu'on laissait pourrir d'autres morceaux afin de nourrir les dieux. La présence, dans plusieurs sanctuaires, de squelettes humains a fait croire que la pratique de sacrifices humains, énoncée par les auteurs grecs et romains, était courante chez les Gaulois. Ce lieu commun est à nuancer aujourd'hui. D'une part, on observe que ce rituel, exceptionnel – mais connu aussi chez les Grecs et les Romains –, n'est plus attesté en Gaule, à une exception près, après le milieu du IIe siècle avant notre ère. D'autre part, la grande majorité de ces ossements humains doit correspondre plutôt à des expositions de cadavres d'ennemis morts au combat, comme dans certains sanctuaires celto-ligures, où il est d'usage de clouer sur des poutres et des piliers des crânes, exhibés ainsi comme trophées.

UN PANTHÉON ENCORE FLOU...

À qui donc s'adressaient ces pratiques rituelles et étaient dédiés ces sanctuaires ? À une multitude de divinités gauloises, honorées parfois seulement à un échelon local ou régional, et dont il n'est pas sûr qu'elles aient été représentées avant l'époque romaine. À défaut d'être certains de leur image, on connaît leur nom, du moins pour les plus importantes d'entre elles : Cernunnos, dieu de la nature et du renouveau, Ésus, dieu bûcheron, Taranis, dieu du tonnerre, Teutatès, dieu des guerriers... Certains cultes s'adressent au monde de l'au-delà, d'autres à des eaux guérisseuses ou encore à des déesses mères symboles de fécondité. Outre les sacrifices et trophées, les offrandes offertes aux dieux consistent généralement en des objets précieux (bijoux, monnaies...), des ex-voto de métal ou de bois. La richesse et la variété des conceptions et des conduites religieuses des Gaulois sont telles que certains préfèrent parler de « religions » au pluriel.

LA GUERRE DES GAULES : LES ORIGINES DU CONFLIT

Au-delà de la Narbonnaise – devenue romaine en 118 avant notre ère et qui comprend toute la région méditerranéenne, le couloir du Rhône et le Languedoc – s'étend le riche territoire de la Gaule libre, ou « chevelue » (à comprendre au sens propre ou figuré, à cause de ses nombreuses forêts), divisé en une soixantaine de « cités », c'est-à-dire de peuples. Il recouvre la Gaule belgique au nord, la celtique au centre et l'Aquitaine au sud-ouest.

En 58 avant notre ère, chassés par les Germains, les Helvètes émigrent en masse de leurs terres dans le dessein de s'installer près de l'océan. Directement menacés par cette invasion, les Éduens (établis en Bourgogne), alliés de Rome, font appel à Jules César, qui pénètre en Gaule chevelue. Après avoir facilement dispersé les Helvètes, les Romains obligent également les Germains et leur chef Arioviste à repasser le Rhin. Ainsi commence une guerre que l'histoire a retenue sous le nom de « guerre des Gaules ».

LE DISPOSITIF MILITAIRE ROMAIN

Pendant le siège d'Alésia, que César a décrit en détail dans *la Guerre des Gaules*, l'armée romaine doit faire face à la fois aux défenseurs de la cité et aux armées gauloises venues de l'extérieur leur porter secours. Cinq semaines suffisent aux légionnaires pour construire un système de fortifications inédit jusque-là. Contre les assiégés, la « contrevallation », de 15 km de circonférence, comprend deux fossés profonds, dont le premier est rempli d'eau. Les deux fossés sont surmontés d'un rempart de 4 m, ponctué de tours en bois de 24 m. Un réseau de pieux acérés est disposé de manière à gêner l'avance éventuelle des ennemis. Contre les agresseurs de l'extérieur, une « circonvallation » de 21 km de long est orientée en sens inverse.

UN TERRAIN DE CONQUÊTE POUR UN GÉNÉRAL AMBITIEUX

Au lieu de retourner en Narbonnaise, les six légions de César prennent leurs quartiers d'hiver dans le Jura en 58-57, et elles reçoivent même les renforts de trois autres corps d'armée venus d'Italie. César, n'entendant pas se limiter à une simple protection des frontières romaines, signifie ainsi clairement ses ambitions. La Gaule sera pour lui ce que l'Orient fut à Pompée.

Bien que toutes les opérations se soient déroulées sous le couvert d'une mission d'assistance, cette présence des Romains sur leur sol commence à inquiéter les tribus gauloises : les Belges forment ainsi une coalition des peuples du Nord, comprenant les Nerviens, les Suessons et les Bellovaques. Tirant profit de la défection des Rèmes passés de son côté, usant de la force de ses armées tous les ans plus nombreuses, jouant avec diplomatie de l'alliance de certains peuples et des rancœurs entretenues, intimidant par la terreur au besoin, César l'emporte sur les peuples belges pendant l'été 57 et les repousse au-delà de la Sambre. Pendant ce temps, son légat (c'est-à-dire son envoyé)

BIENVENUE CHEZ LES COQS !

Le coq a toujours été, pour les Romains, le symbole par excellence des Gaulois, à cause du nom latin de cet animal : *gallus*, qui signifie aussi « gaulois ».

ALÉSIA, C'EST ICI OU C'EST LÀ ?

Depuis cent cinquante ans, Alésia a suscité de nombreuses batailles, entre les défenseurs et les opposants de l'identification bourguignonne de son site.

Jusqu'au XIXe siècle, tout le monde s'accorde pour situer Alésia sur le mont Auxois en Côte-d'Or, dans la localité d'Alise-Sainte-Reine. Mais, en 1855, des voix s'élèvent pour affirmer que la célèbre bataille s'est en fait déroulée à Alaise, dans le Doubs.

Cependant, des fouilles menées sur l'ordre de Napoléon III à Alise-Sainte-Reine permettent de découvrir des fossés correspondant à la description faite par César dans *la Guerre des Gaules*.

Depuis lors, malgré les preuves archéologiques indéniables et les confirmations apportées par la photographie aérienne, de nouvelles théories éclosent régulièrement qui témoignent, à défaut de réalité historique, de l'engouement que suscitent le symbole d'Alésia et les écrits de César.

Crassus soumet l'Armorique. Des opérations font connaître le nom de Rome au-delà du Rhin et de la Manche. Certain de laisser le pays pacifié, César rentre alors en Italie. Mais les Vénètes de la région de Vannes se soulèvent et font prisonniers les officiers romains venus réquisitionner du blé.

Pour vaincre les lourds vaisseaux des Vénètes, qui peuvent affronter les tempêtes de l'océan, César, de retour dès 56, livre un combat naval difficile. C'est en coupant les agrès des navires ennemis avec des perches terminées par des faux que les Romains emportent enfin la victoire. De son côté, Crassus ayant triomphé de l'Aquitaine, la Gaule se trouve ainsi encerclée par les troupes romaines, mais le centre du pays, et plus particulièrement le Massif central, échappe encore à la domination étrangère.

VERCINGÉTORIX RASSEMBLE LES GAULOIS

Fort de ses victoires, Jules César mène, en 55 et en 54 avant notre ère, deux expéditions d'intimidation, l'une contre les Germains sur la rive droite du Rhin, l'autre au-delà de la Manche contre la Bretagne (c'est-à-dire la Grande-Bretagne). Ces deux campagnes, en éloignant le général romain, permettent aux Gaulois, poussés par leurs druides, de rallumer la guerre. Pendant l'hiver 54-53, les Éburons de la vallée de la Meuse, dirigés par Ambiorix, anéantissent les cohortes romaines installées dans les Ardennes. Après avoir contraint les chefs gaulois à se réunir dans une assemblée convoquée à Lutèce, et les avoir ainsi réduits à une situation humiliante, César soumet les Sénons (de la région de Sens) et les Trévires (peuple de la Gaule belgique), puis il passe l'été à la poursuite d'Ambiorix et châtie les insurgés en faisant ravager leurs terres.

La faiblesse des Gaulois jusqu'en 53 tient surtout à l'absence de regroupement des « cités » derrière un objectif commun. C'est alors qu'apparaît la figure de Vercingétorix. Appartenant à l'une des plus nobles familles gauloises arvernes (en Auvergne), proche de la trentaine, il est rompu aux techniques militaires romaines pour avoir participé jeune homme aux campagnes de César. Au début de 52, profitant de l'insurrection des Carnutes de Cenabum (Orléans) contre les Romains, il parvient à influencer le cours de la guerre en employant la tactique de la terre brûlée : pour priver les occupants de fourrage et de vivres et les contraindre ainsi à évacuer le territoire, il fait incendier villes et fermes. Il s'impose peu à peu comme le seul chef capable de mettre fin à la domination romaine.

César, alors en Italie, regagne la Gaule à marche forcée, passe les Alpes, dévaste la ville de Cenabum, puis s'empare d'Avaricum (Bourges). Réfugié dans sa capitale de Gergovie (près de Clermont-Ferrand), Vercingétorix met en échec les Romains qui tentent de l'assiéger. Grâce à cette victoire, l'Arverne est nommé commandant en chef des armées par l'assemblée générale des Gaulois, réunie à Bibracte, dans le Morvan. Les Gaulois sont enfin rassemblés devant le danger, mais il est déjà trop tard…

L'ULTIME PHASE DE LA CONQUÊTE ROMAINE

César ayant enrôlé des renforts de cavaliers germains afin de s'opposer à la puissante cavalerie de Vercingétorix, celle-ci est mise en difficulté près de Dijon, en août 52. Les Gaulois doivent alors se réfugier dans l'*oppidum* d'Alésia. Mais leur résistance héroïque ne leur permet pas de briser l'encerclement des Romains, ni de recevoir le secours des armées des autres tribus. Tous leurs assauts se brisent devant les imposantes fortifications construites en un temps record par les légionnaires. À la mi-octobre, réduit à la famine, Vercingétorix, après une dernière bataille terrible et meurtrière, se rend à César. Après la reddition d'Alésia, ce dernier ne rencontre aucune difficulté pour détruire les derniers foyers de la rébellion gauloise. Des morts par milliers, un million d'esclaves ramenés en Italie, Vercingétorix figurant en captif lors du triomphe de César avant de mourir dans une prison romaine : le bilan de ce conflit est lourd pour les Gaulois, devenus désormais des sujets de Rome.

La Gaule unie formant une seule nation, animée d'un même esprit, peut défier l'univers.

Vercingétorix aux Gaulois assemblés (César, *La Guerre des Gaules*, livre VII, 29).

La Gaule romaine

Il faut rendre à César ce qui appartient à César...

LE CULTE DES EAUX THERMALES

Comme leurs ancêtres, les Gallo-Romains sont amateurs de cures thermales, où la dévotion se mêle à la thérapie. Avant la conquête romaine, les sources sont pour les Gaulois des lieux de culte, et cette dévotion n'est pas interrompue par la romanisation. Beaucoup de ces sources aux vertus thérapeutiques continuent à être des lieux de pèlerinage où les noms de divinités romaines coexistent avec ceux de dieux indigènes. C'est ainsi qu'Apollon, considéré comme guérisseur dans de nombreuses localités, côtoie dans ce domaine un dieu celtique des eaux curatives, Borvo, dont le nom se retrouve dans celui de Bourbon-Lancy, Bourbon-l'Archambault ou Bourbon-les-Bains. Des ex-voto, retrouvés près des sources thermales et représentant les parties malades du corps, donnent un panorama complet des affections soignées dans ces sanctuaires.

Durant les cinq premiers siècles de notre ère, une civilisation originale s'épanouit en Gaule au sein de l'Empire romain, avant d'éclater avec lui sous le coup des invasions barbares. Traditionnellement, cette période est divisée en deux : le Haut-Empire, jusqu'en 284, puis le Bas-Empire.

Après sa conquête par César et grâce à l'organisation augustéenne, la Gaule ne tarde pas à bénéficier de son intégration à l'Empire romain. Elle devient rapidement un pays prospère, dans lequel se développent de nombreuses colonies romaines.

QUATRE PROVINCES ROMAINES...

Sous le règne de l'empereur Auguste, la Narbonnaise – notre Provence –, romanisée depuis 121 avant notre ère, est désormais administrée par un gouverneur nommé par le Sénat, tandis que la Gaule dite « chevelue » est divisée en trois provinces, l'Aquitaine, la Belgique et la Lyonnaise, qui relèvent directement de l'empereur ; celui-ci y est représenté par un légat qui dispose de tous les pouvoirs, à l'exception du contrôle des finances, confié à des procurateurs. Le système institutionnel romain impose également, dans toutes ces provinces, la hiérarchisation des *civitates* – administrées par des magistrats locaux –, en pérégrines, municipes ou colonies correspondant à autant de statuts juridiques différents pour leurs habitants. En 12 avant notre ère est fondé à Lyon un sanctuaire fédéral, lieu de réunion annuel de tous les notables des Trois Gaules, qui, chaque 1er août, y renouvellent leur serment à Rome et à Auguste. Après la conquête de la rive gauche du Rhin, les deux provinces de Germanie s'ajoutent à l'ensemble gaulois.

Les régions les plus romanisées sont la Provence, bien sûr, et l'est du pays, à cause de la présence de nombreuses légions, qui veillent sur la ligne défensive appelée le *limes*. Comme dans tout l'Empire, ce sont les villes, souvent fondées par les Romains sur les *oppida* de la Gaule indépendante, qui constituent les foyers de romanisation. Comme à Rome, la vie de la cité a pour centre le forum et ses monuments civils et religieux, ses commerces et ses galeries à colonnades, où se presse une foule dense. Des thermes, alimentés par l'eau de monumentaux aqueducs, servent de lieux de rendez-vous. Théâtres, cirques et amphithéâtres reçoivent les milliers de spectateurs venus assister aux courses de chars ou encore aux sanglants combats de gladiateurs.

UNE AGRICULTURE ET UN ARTISANAT FLORISSANTS

Ces cités très actives ne doivent pas occulter l'importance des campagnes gauloises ; les unes et les autres, dynamisées par un réseau routier remarquable, ont favorisé le développement du commerce et de l'industrie. La Gaule est en effet un pays riche en productions agricoles céréalières, en cheptel (porcs élevés en liberté, différentes races de bœufs et de chevaux, moutons), en mines de fer et en carrières de pierres. Dès avant la conquête, les salaisons gauloises étaient exportées en Italie, et l'on fabriquait de la cervoise à partir de l'orge. Avec les Romains, la culture de la vigne prend pied en Narbonnaise puis se répand dans toute la Gaule, au point d'inquiéter parfois les producteurs italiens. Autres spécificités gauloises en matière d'agriculture : l'utilisation de la charrue et même de la moissonneuse semble-t-il. L'industrie gallo-romaine n'est pas en reste : elle est notamment réputée pour ses céramiques, ses tissus de drap et son travail du bois.

Ainsi La Gaufresenque, près de Millau, et Lezoux, près de Clermont-Ferrand, constituent les deux centres les plus importants de production de poterie dite « sigillée » (car ornée et/ou signée à l'aide de poinçons). Des fours gigantesques permettaient la cuisson simultanée de plusieurs milliers d'objets (bols, assiettes, vases, gourdes...) destinés à être exportés dans tout l'Empire romain.

Quant aux tissus gaulois, ils ne tardent pas à être très appréciés pour leur qualité et leur solidité. Martial, écrivain du Ier siècle, en envoie une pièce à un ami, à qui le « produit

LE SAVIEZ-VOUS ?

Les auteurs romains ont souvent vantés les mérites de l'agriculture gauloise : la fertilité naturelle des sols mais aussi l'outillage spécialisé et les techniques agraires.

MADE IN GAULE

Incroyable mais vrai le fauteuil d'osier est un mobilier de création gauloise et témoigne du développement de l'artisanat de la vannerie en Gaule !

épais d'une tisseuse des bords de la Seine..., présent grossier » tiendra plus chaud que le lin de Tyr, infiniment plus élégant. Les Gaulois portent des vêtements cousus, près du corps, plus pratiques que les drapés romains ; les légionnaires adoptent très tôt leurs braies et leurs chaussures de cuir, les marchands orientaux commercialisent dans tout l'Empire leur manteau à capuchon : le *cucullus*.

Enfin, les artisans continuent à exceller dans le travail du bois : pour la construction, le mobilier, les petits objets de la vie quotidienne, mais aussi les tonneaux – invention gauloise –, plus pratiques que les amphores pour le transport.

LA LÉGENDE DE SAINT DENIS

D'après le récit de Grégoire de Tours, daté du Ve siècle, Denis fait partie des sept évêques qui sont envoyés évangéliser la Gaule. Toujours selon la tradition, il subit le martyre sur la colline de Montmartre, à quelque distance du centre de Lutèce. Avec ses compagnons, Rustique et Éleuthère, Denis est décapité, mais il ramasse sa tête et parcourt encore une bonne lieue avant de s'arrêter là où les fidèles l'enterrent et où sera édifiée l'abbaye de Saint-Denis, future nécropole des rois de France.

PAGANISME ET CHRISTIANISME

Le passage des cultes indigènes à la religion romaine se fait sans grande difficulté, même si les vainqueurs imposent – pour des raisons plus politiques que religieuses – la suppression des druides. Des mythes romains sont adoptés par les Celtes, et, par des correspondances souvent très arbitraires, les divinités celtiques sont assimilées aux dieux du panthéon gréco-romain, à qui l'on donne des attributs gaulois. Cependant, certaines d'entre elles sont réfractaires à toute assimilation, et les Gaulois continuent à honorer les déesses mères, ou *Matres*, Épona, la divinité représentée montant à cheval en amazone, Sucellus, le dieu au maillet, ou Cernunnos, à la tête surmontée de bois de cerfs. En revanche, la déesse Sirona peut être associée dans le culte avec Apollon ; Taranis est assimilé à Jupiter, Ésus à Hercule.

Importées par les marchands et les soldats, les divinités orientales s'implantent en Gaule comme à Rome. Sous le règne d'Antonin, un sanctuaire est édifié à Lyon pour Cybèle, et les légions revenues de Syrie vouent un culte fervent à Mithra, dieu perse de la Lumière, de la Justice et de la Bonté. Le rituel mithriaque se définit essentiellement par l'aurobole, le

LA VILLA GALLO-ROMAINE : LUXE, CALME ET VOLUPTÉ...

D'après les descriptions que des écrivains d'origine gauloise, tels Ausone, Sidoine Apollinaire ou Paulin de Noles, ont laissées de leurs propriétés campagnardes, on sait que celles-ci sont de véritables palais, même si leurs possesseurs les qualifient modestement de « chaumières ». De manière plus générale, les villas gallo-romaines, entourées de leur domaine agricole, le *fundus*, présentent des tailles et des niveaux de richesse très variés, dont l'archéologie aérienne et les découvertes sur le terrain permettent aujourd'hui de se faire une idée. Pour les plus luxueuses, les bâtiments d'habitation consistent en de somptueuses demeures décorées de revêtements peints, placages de marbre, mosaïques, statues et mobilier raffiné, et pourvues du plus grand confort (chauffage central à hypocauste et eau courante). À côté, autour d'une grande cour, se dressent les bâtiments agricoles, les magasins, les ateliers et toutes les installations permettant la pratique de métiers artisanaux. Car ces grandes villas vivent plus ou moins en autarcie, produisant tout le nécessaire à la famille des propriétaires et au personnel, employé ou esclave, pouvant s'élever à plusieurs centaines de personnes.

sacrifice d'un taureau, dont le sang a la vertu de purifier les fidèles. Enfin, le culte impérial est pratiqué dans chaque cité par des prêtres appartenant à l'aristocratie locale.

Si, en ville, les dieux païens sont particulièrement honorés dans des temples de plan romain, comme à la « Maison carrée » de Nîmes, le type plus répandu du sanctuaire rural, le *fanum*, présente des caractéristiques typiquement gauloises. Souvent isolé en pleine campagne, il se compose, dans sa version la plus simple, d'une pièce entourée d'une galerie de circulation.

Le christianisme quant à lui est attesté à Lyon et à Vienne dès le IIe siècle, dans des communautés originaires d'Asie Mineure. Après la persécution de 177 à Lyon, Irénée, successeur de l'évêque Pothin, a composé les premiers écrits chrétiens de Gaule, mais ce n'est qu'à partir du IIIe siècle que l'évangélisation des grandes villes gauloises devient très active, grâce à des évêques de premier plan, Trophime à Arles, Denis à Lutèce, Saturnin à Toulouse, Martial à Limoges. Les campagnes demeurent païennes et ce n'est qu'à la fin du IVe siècle que saint Martin,

100 % GAULOIS

Sucellus est un dieu spécifiquement gaulois, toujours représenté tenant un maillet et un vase.

ancien officier devenu évêque de Tours, convertira au christianisme les habitants de la campagne, ou *pagani* (mot latin *paganus* qui signifie à la fois « paysan » et « païen »). La plupart d'entre eux parlent encore gaulois ; ce sont des paysans sans terre ou de petits propriétaires qui n'ont guère profité de la richesse et de la culture latine.

DES EMPEREURS POUR CHASSER LES BARBARES !

Après la conquête, Rome ne laisse en Gaule qu'un millier de soldats, stationnés à Lyon. En cas de troubles, elle fait intervenir des contingents depuis les légions réparties le long du Rhin, ce qui se produit à plusieurs reprises au cours du Ier siècle après J.-C. Une révolte des peuples du Sud et du Sud-Est est ainsi facilement réprimée en 21 ; puis, avant même la mort de Néron, en 68, une nouvelle révolte porte brièvement au pouvoir Vindex, empereur gaulois respectueux des pouvoirs des élites locales. En 70, une autre révolte allie Gaulois et Germains, sous le commandement de Classicus, Tutor et Civilis, tandis que les notables des cités se prononcent pour la fidélité à Rome. De fait, c'est désormais cette attitude d'attachement à l'Empire qui prévaudra sous les règnes des dynasties impériales suivantes.

Cependant, par sa situation géographique, la Gaule est une région menacée par les Barbares, qui tentent de franchir la ligne du Rhin. Lorsque, vers le milieu du IIIe siècle, après le règne des Sévères, l'anarchie sévit à l'intérieur de l'Empire, les frontières deviennent particulièrement fragiles. Une nouvelle peuplade germanique, les Alamans, s'installe dans les champs Décumates, multiplie les incursions en Bourgogne, chez les Allobroges, et atteint l'Auvergne. Plus au nord, après la mort de Dèce en 251, les Francs profitent du départ des légions du Rhin pour se répandre en Gaule.

Cette situation catastrophique explique le prestige qu'obtient le général gaulois Postumus en repoussant les envahisseurs : il est proclamé empereur par ses soldats en 260. L'Empire gaulois durera quinze ans. À Postumus succèdent Victorinus et Tetricus, qui sera finalement soumis par Aurélien à la bataille de Châlons-sur-Marne, en 273. Il s'agit en réalité moins d'une sécession que d'une réaction d'autodéfense par laquelle les Barbares sont maintenus hors des frontières de la Gaule.

LA GAULE DÉVASTÉE

Au moment où l'Empire gaulois disparaît, en 275, la plus grande invasion barbare jamais connue en Gaule déferle sur le pays. Plus de 60 cités sont prises et incendiées, les campagnes sont ravagées du *limes* à l'Espagne. La situation n'est rétablie qu'à l'arrivée au pouvoir de l'empereur Probus, qui repousse les Alamans et les Francs. En même temps, le pouvoir romain comprend que les peuples germaniques qui se pressent aux frontières ne pourront plus longtemps être contenus : il faut les tolérer dans l'Empire et les sédentariser le long du *limes*, en leur donnant des terres pour qu'ils les cultivent. En échange, ils montent la garde et s'engagent à combattre de nouveaux envahisseurs ; ils deviennent des « fédérés », liés par un traité (*fœdus*) à l'Empire. De nombreux Barbares deviennent « auxiliaires » dans la légion, où on les apprécie pour leurs qualités de cavaliers et d'archers.

C'en est bien fini de la Gaule paisible et prospère du Haut-Empire. Le pays est ravagé par des bagaudes, bandes de brigands qui pillent et saccagent. C'est l'époque où, pour tenir tête aux assaillants de toutes sortes, les villes s'entourent de remparts souvent construits à l'aide de blocs ou de sculptures récupérés sur des monuments civils et religieux. Cependant, la civilisation gallo-romaine n'est pas morte et perdure deux siècles encore.

LE DÉCLIN POLITIQUE DE LA GAULE ROMAINE

L'Empire est de plus en plus difficile à gouverner, et l'empereur Dioclétien instaure en 293 le système de la tétrarchie, où deux « augustes » gouvernent assistés de deux « césars ». L'empereur Constantin, qui lui succède en 306, réunifiera brièvement l'Empire, mais celui-ci est en réalité profondément divisé.

Rome et Constantinople, devenue capitale avec Constantin, s'éloignent l'une de l'autre, et en Gaule le véritable

LES UNIVERSITÉS GAULOISES

Au lendemain de la conquête des Gaules, les Romains, dont le souci principal est d'éliminer le nationalisme local, donnent la priorité à l'enseignement, jusque-là privilège réservé aux druides. Dès sa fondation vers 10 avant notre ère, la ville d'Autun, chez les Éduens, devient le centre de la plus ancienne université gallo-romaine fréquentée par les enfants de la noblesse gauloise, ainsi rapidement romanisés. D'autres universités apparaissent à Lyon, Vienne, Trèves, Toulouse, Arles, Reims, Limoges. La plus prestigieuse, au IVe siècle, est celle de Bordeaux, dont les professeurs sont renommés jusqu'à Rome. L'enseignement porte essentiellement sur l'éloquence et le droit, visant à la formation de rhéteurs et de magistrats.

LA CHASSE, UNE PRATIQUE ANCESTRALE

Les riches Gallo-Romains aimaient pratiquer la chasse, et particulièrement la chasse à courre.

L'herbe ne repousse plus où son cheval a passé.

Cette formule s'applique à Attila qui, avec son armée, a terrorisé tous les peuples européens.

centre du pouvoir est Trèves. C'est à cette époque que le christianisme devient, sur ordre de l'empereur, religion officielle en Gaule comme dans le reste de l'Empire.

En 357, l'empereur Constance II confie la défense de la Gaule à son cousin Julien, le premier souverain « parisien », qui aime vivre dans son palais de la rive gauche de la Seine. Celui-ci bat à Strasbourg les Francs et les Alamans. Devenu empereur, Julien (361-363) se taille une réputation exécrable auprès des apologistes chrétiens pour avoir voulu rétablir le paganisme. Pour lui, en effet, seul un retour aux pratiques romaines traditionnelles pourrait permettre de restaurer la puissance de Rome. Il échoue, tout comme ses successeurs, et de nouveaux envahisseurs, les Goths, attaquent l'Empire en 378. À Rome et à Constantinople, des complots se trament tandis que les Huns s'approchent. En 395, quand meurt l'empereur Théodose, l'Empire est si difficile à gouverner que ses successeurs le partagent définitivement.

Le Ve siècle marque cependant la fin du pouvoir impérial en Occident : empereurs fantoches et usurpateurs se succèdent jusqu'au jeune Romulus Augustule – le dernier empereur, déposé en 476 –, tandis que la Gaule est dominée par des chefs barbares.

LA « RENAISSANCE » DU IVE SIÈCLE

Contrairement à une tradition longtemps répandue d'un déclin des provinces de l'Empire au IVe siècle, cette époque marque le retour en Gaule, comme ailleurs – après les troubles de la seconde moitié du IIIe siècle et malgré les péripéties politiques –, d'une certaine prospérité et d'un renouveau artistique considérés par d'aucuns comme une véritable renaissance. Plusieurs indices archéologiques vont dans ce sens : la construction ou reconstruction de riches villas notamment en Aquitaine, la remise en cause de la datation de certains remparts urbains, l'absence de nouvelles fortifications dans des villes du Nord-Est qui sembleraient pourtant plus menacées... Dans l'art – que les spécialistes qualifient de « constantinien » –, basiliques ou sarcophages chrétiens témoignent entre autres de la vitalité et de la créativité des artistes de l'époque. Plutôt que de parler de décadence pour l'Antiquité tardive, il faut sans douter tenir compte des disparités régionales et nuancer les textes pessimistes des écrivains contemporains.

DANS LA CRAINTE DU « FLÉAU DE DIEU »...

Les frontières du Rhin cèdent le 31 décembre 406 sous la pression de milliers de Germains, Vandales, Suèves et Alains. Ces derniers, avec leurs troupeaux, leurs familles et leurs biens entassés sur des chariots, fuient, affolés par l'irruption des Huns. Nomades originaires d'Asie, les Huns descendent très probablement de peuplades établies dès le VIIe siècle avant notre ère dans les steppes s'étendant entre l'Ienisseï et le lac Baïkal. C'est dans le courant du IIIe siècle après J.-C. qu'ils commencent à se répandre en Europe orientale, où ils sèment la terreur par leur sauvagerie et leur cruauté.

À la fin du IVe siècle, l'écrivain latin Ammien Marcellin décrit la panique suscitée dans les contrées envahies par ces petits hommes noirauds, vêtus de peaux de rat et « cloués » en quelque sorte sur leurs chevaux, car ils mangent, boivent et dorment sur leurs montures. Incapables de se fixer quelque part, ils se déplacent en permanence, traînant derrière eux leurs familles installées avec tout leur attirail dans des chariots.

À partir de 434, le khan – ou roi – des Huns, Attila, gouverne sans conteste sur l'ensemble des hordes hunniques. La réputation de férocité de celui-ci lui vaut le surnom de « Fléau de Dieu », et il se flatte que « l'herbe ne repousse pas là où son cheval a passé ». Cependant, il semble que la légende ait accentué la barbarie de ce chef effrayant. En effet, un historien grec, Priscos, qui a eu l'occasion de rencontrer personnellement le khan lors d'une ambassade, en a laissé un portrait plus circonstancié et mettant en valeur la simplicité et le sens politique de l'homme. Il serait faux aussi de croire que le monde « civilisé » et celui des Huns sont complètement étrangers l'un à l'autre.

ATTILA À L'ASSAUT DE LA GAULE

Après son avènement, le roi des Huns dirige d'abord ses ambitions vers l'Orient puis, sans que la raison en soit vraiment connue, il se tourne vers l'Occident. En 451, Attila traverse le Rhin, détruit Metz, Reims, Troyes, terrorisant les Gaulois par ses raids meurtriers, contourne ensuite Paris et assiège Orléans, dont la prise doit lui permettre d'avancer dans le royaume des Wisigoths. Mais il est arrêté dans sa marche par l'initiative d'Aetius, qui connaît bien les coutumes et les tactiques des Huns. Avec l'aide de Théodoric Ier, roi wisigoth d'Aquitaine, Aetius rassemble une armée composée de Romains, de Francs, d'Alains et de Burgondes. Cette coalition permet de reprendre Orléans et de faire reculer Attila. À l'ouest de Troyes, au lieu dit Campus Mauriacus, en juin 451, le Romain Aetius et le Wisigoth Théodoric, au terme d'une bataille ter-

DES ROIS BURGONDES AU *NIBELUNGENLIED*

En 436, les Huns s'emparent du royaume burgonde établi sur la rive gauche du Rhin. Le roi Gondicaire et la plupart de ses guerriers sont massacrés de façon atroce. Cet épisode historique a probablement donné naissance à des poèmes héroïques consacrés au trépas spectaculaire des rois burgondes, œuvres dont il ne reste rien mais dont on peut trouver des réminiscences dans l'*Edda* nordique. Cet épisode de la mort des rois burgondes, combiné à la légende d'un héros mythique, Siegfried, vainqueur d'un dragon gardien d'un trésor, a donné naissance, au XIIIe siècle, au *Nibelungenlied*, ou « Chanson des Nibelungen ». Une histoire d'amour, de multiples meurtres inspirés par la vengeance ou la convoitise et l'omniprésence du Rhin : tels sont les éléments de ce chef-d'œuvre de la littérature allemande, dont Richard Wagner fera, au XIXe siècle, un cycle de quatre opéras, *l'Anneau du Nibelung*.

CORNU !

On retrouve encore à une époque beaucoup plus tardive (XVe siècle) des pièces gravées qui insistent sur l'aspect diabolique d'Attila, le « Fléau de Dieu », en le dotant de cornes de bouc !

SIDOINE APOLLINAIRE

Aristocrate né à Lyon vers 430 et gendre d'Avitus, éphémère empereur d'Occident, Sidoine Apollinaire, après avoir occupé de multiples fonctions honorifiques en Italie, se retire en Auvergne. Élu en 471 évêque de Clermont-Ferrand, au moment où la région passe sous le contrôle des Wisigoths, il se découvre une vocation, celle de « défenseur de la culture latine ». Par de nombreux écrits, lettres ou poèmes, Sidoine Apollinaire s'est attaché à préserver l'identité culturelle de sa province et son héritage romain.

rible, obligent les Huns à se retirer vers le Rhin. La Gaule est sauvée et Attila se laisse persuader, contre tribut, de quitter le territoire. Mais à peine a-t-il regagné son royaume qu'il meurt, sans doute d'apoplexie. Son empire ne survit pas à sa disparition, et les Huns se replient vers la mer Noire. Malgré leur réputation, ils ont été les premiers de tous les Barbares à être arrêtés dans leur marche vers l'ouest : une coalition de Romains et de Germains, réunis pour la première fois en une force commune « européenne », repousse l'envahisseur asiatique.

LES NOUVEAUX MAÎTRES DE L'OCCIDENT

Tandis que les Romains voient leur puissance décliner en Occident, les peuples germaniques se sont installés en vainqueurs dans les provinces impériales, où ils fondent de nouveaux royaumes.

Même si les Barbares ont considérablement évolué depuis le IIe siècle, en assimilant dans bien des domaines les coutumes romaines, ils ont gardé un certain nombre de leurs caractéristiques propres.

Ils ont certes dans l'ensemble adopté la langue latine, mais celle-ci s'enrichit de nombreux termes germaniques. De même, les institutions municipales romaines subsistent, mais le mode de vie des rois et de leurs guerriers prolonge les traditions ancestrales. Le droit barbare, fondé sur la notion de compensation pécuniaire des délits, se juxtapose au Code romain. Dans l'ensemble, les Gaulois ont accepté sans trop de résistance ces nouveautés.

C'est dans le domaine religieux que l'harmonie a été le plus difficile à atteindre. Certains peuples germaniques, comme les Francs, restent longtemps fidèles au paganisme ; d'autres, comme les Wisigoths et les Vandales, deviennent chrétiens, mais choisissent l'arianisme, ce qui provoquera à long terme leur expulsion.

WISIGOTHS, BURGONDES, VANDALES ET FRANCS

Après s'être emparés de Rome en 410, les Wisigoths se dirigent vers la Gaule, et leur roi Athaulf installe son centre de commandement à Bordeaux. À la demande de l'empereur Honorius, les Wisigoths nettoient l'Espagne des Vandales, des Suèves et des Alains. En compensation, ils obtiennent des Romains le droit de s'installer dans le sud-ouest de la Gaule. Avec le statut officiel de « fédérés », ils sont en fait maîtres de toute l'ancienne Aquitaine, qui constitue le premier royaume germanique installé en Occident.

Théodoric Ier est le premier souverain de cet État, dont la capitale est Toulouse. Après la mort de Théodoric en 451, dans la bataille des champs Catalauniques, ses fils Théodoric II et Euric agrandissent leurs possessions et, vers 476, le royaume wisigoth s'étend de l'Atlantique aux Alpes du Sud et de la Loire à Gibraltar.

Venus des côtes de la Baltique, les Burgondes ont commencé par s'installer sur la rive gauche du Rhin, autour de la ville de Worms. En 436, ils sont battus par des mercenaires à la solde d'Aetius ; celui-ci les force à s'établir en 443 en Savoie, entre Grenoble et Genève. Ayant rompu leur traité avec Rome, ils étendent à partir de 461 leur domination sur les vallées du Rhône et de la Durance. À la fin du Ve siècle, le royaume burgonde couvre la région allant de la Bourgogne actuelle à la basse vallée du Rhône et des Cévennes à la Suisse occidentale. Ayant pris la tête des Suèves et des Alains lors de la grande invasion de 406, les Vandales se livrent pendant deux années à un pillage systématique de la Gaule. Étant ensuite passés en Espagne, certains s'établissent en Galice, d'autres en Andalousie, province dont le nom perpétue leur souvenir. En 429, ils passent en Afrique, puis ils s'emparent des Baléares, de la Corse, de la Sardaigne et de la Sicile. Vers 470, l'empire méditerranéen des Vandales comprend l'Afrique du Nord et les îles méditerranéennes. Enfin les Francs, descendant sans doute d'anciennes tribus germaniques, sont installés en Rhénanie, en Belgique et en Artois. Ils ont le titre de « fédérés », et un de leurs rois, Childéric Ier, est l'allié des Romains contre les Wisigoths. Mais c'est avec le successeur de Childéric, Clovis, que le royaume franc sera unifié. L'empire d'Occident se désintègre au profit des peuples barbares. La résistance commune de ces derniers à l'invasion des Huns leur a permis de prendre conscience de leur force. À la fin du Ve siècle, l'hégémonie des Wisigoths sur la Gaule et l'Espagne est évidente, mais elle est déjà menacée par la puissance montante des Francs.

DRÔLE DE MÉLANGES...

La plupart des soldats wisigoths sont armés d'une lance ibérique et d'une épée germanique, mais revêtent l'uniforme des légionnaires romains !

Petite chronologie de la Préhistoire et de l'Antiquité

POLITIQUE, ÉCONOMIE, SOCIÉTÉ, RELIGION, CULTURE

Des origines à – 6 500
Le paléolithique et le mésolithique

– 900 000/ – 500 000 : *Homo erectus* en France.

– 400 000 : L'homme de Tautavel (Pyrénées-Orientales), le plus vieil homme connu en France ; Premiers outils en pierre (bifaces), maîtrise du feu comme en témoignent les traces d'un foyer à Terra Amata.

– 135 000 : Arrivée des premiers hommes de Neandertal en France ; Perfectionnement des outils (débitage dit « Levallois »), pratique de l'inhumation des morts.

– 40 000 : Arrivée des premiers hommes de Cro-Magnon ; Spécialisation des outils, réalisation de vêtements grâce à l'invention de l'aiguille à chas, développement des parures, premières créations artistiques.

– 30 000 : Disparition des néandertaliens ; Peintures de la grotte Chauvet.

– 22 000/ – 20 000 : Apogée de la glaciation dite de Wurm.

– 15 000/ – 10 000 : Essor de l'art paléolithique : Lascaux, Pech-Merle, Niaux, Tuc-d'Audoubert.

– 12 000 : Fin progressive de la dernière glaciation, et apparition d'un climat plus humide, plus tempéré.

De – 6 500 à – 2 000
Le néolithique

– 6 000/ – 5 000 : Arrivée progressive de la culture néolithique du Proche-Orient en France par le Danube et la Méditerranée ; Apparition de l'agriculture, invention de la roue, domestication du cheval, sédentarisation de l'homme et création des premiers villages ; Début de la spécialisation du travail et des échanges commerciaux.

– 5 000/ – 4 000 : Apparition des premiers mégalithes (dolmens, menhirs...) en Bretagne et dans le Centre-Ouest.

– 4 000/ – 3 000 : Traces de violences guerrières (charniers) et fortifications des villages comme à Fontbouisse dans le Languedoc.

De – 2 000 à – 750
L'âge du bronze

– 2 000 : Apparition de la métallurgie du bronze.

– 1 500/ – 750 : Essor des échanges commerciaux à longue distance ; Multiplication des villages fortifiés, incinération des morts.

De – 750 à – 50
L'âge du fer

POLITIQUE

– 750/ – 450 : Premier âge du fer appelé aussi civilisation de Hallstatt ; la métallurgie du fer se diffuse en France.

– 600 : Les Phocéens fondent Massalia (Marseille).

– 600/ – 500 : Les côtes du Sud de la France sont fréquentées par les Étrusques, les Carthaginois et les Phocéens, qui fondent de nombreux comptoirs dont Agde, Ampurias, Hyères, Antibes et Nice.

– 450/ – 50 : Second âge du fer dit civilisation de La Tène.

– 270 : Début de la politique d'expansion de Rome en Méditerranée.

– 125/ – 121 : Conquête du sud de la Gaule (Transalpine) par les Romains.

– 122 : Fondation de la colonie romaine d'Aix-en-Provence.

– 118 : Les Romains fondent la colonie de Narbo Martius (Narbonne), qui sera suivie par celles d'Orange, de Valence, de Fréjus, de Vienne...

ÉCONOMIE, SOCIÉTÉ, RELIGION, CULTURE

– 530/ – 520 : Tombe princière de Vix en Côte-d'Or.

– 400 /– 300 : Voyage de Pythéas, navigateur originaire de Marseille, jusqu'à l'île de Thulé.

– 300/ – 200 : Apparition du monnayage en Gaule.

– 200/ – 50 : Urbanisation croissante de la Gaule et ère des sites fortifiés, les *oppida*.

	POLITIQUE	ÉCONOMIE, SOCIÉTÉ, RELIGION, CULTURE
De – 750 à – 50 L'âge du fer	**– 100/ – 50 :** Fin des monarchies parmi les peuples gaulois, qui sont désormais dirigés par des assemblées aristocratiques.	
	– 58 : Début de la guerre des Gaules. César intervient contre les Helvètes à la demande des Éduens.	
	– 57 : César soumet les peuples belges, et Crassus conquiert l'Armorique.	
	– 56 : César triomphe des Vénètes et Crassus s'empare de l'Aquitaine.	
De – 50 à 476 **La Gaule romaine**	**– 55/ – 54 :** César mène deux expéditions, l'une contre les Germains sur la rive droite du Rhin, l'autre en Grande-Bretagne.	
	– 54/ – 53 : Reprise de la guerre des Gaules. César soumet les Sénons et les Trévires.	
	– 52 : Insurrection des Carnutes. César s'empare d'Avaricum (Bourges), mais échoue devant Gergovie face à Vercingétorix ; Siège d'Alésia et reddition du chef gaulois.	
	21 : Révolte des peuples du Sud et du Sud-Est de la Gaule, réprimée.	**– 12 :** Fondation du sanctuaire de Lyon, lieu de réunion annuelle de tous les notables gaulois.
	68 : Révolte gauloise menée par Vindex.	
	70 : Révolte de Gaulois alliés à des Germains sous le commandement de Classicus, Tutor et Civilis.	**177 :** Persécution contre les chrétiens à Lyon.
	250 : Incursion des Alamans en Bourgogne.	
	251 : Raid franc en Gaule.	
	260 : Le général gaulois Postumus est proclamé empereur par ses troupes.	
	273 : Aurélien bat Tetricus à Châlons-sur-Marne, fin de l'empire gaulois.	
	275 : Invasions barbares qui dévastent la Gaule, finalement repoussées par l'empereur Probus.	
	357 : L'empereur Constance II confie la défense de la Gaule à son cousin Julien, qui bat les Francs et les Alamans.	**315-397 :** Vie de saint Martin.
	406, 31 décembre : Des milliers de Suèves, Alains, Germains et Vandales envahissent la Gaule ; Les Wisigoths s'installent dans le Sud-Ouest de la Gaule.	**415 :** Jean Cassien fonde l'abbaye Saint-Victor de Marseille.
	443 : Les Burgondes s'installent en Savoie.	**431-487 :** Vie de Sidoine Apollinaire, évêque de Clermont-Ferrand.
	451 : Attila traverse le Rhin, détruit Metz, Reims, Troyes, assiège Orléans et est vaincu aux champs Catalauniques par le Romain Aetius et le Wisigoth Théodoric.	
	461 : Les Burgondes étendent leur domination sur la Bourgogne, la basse vallée du Rhône et les Cévennes.	

Que reste-t-il de la Préhistoire et de l'Antiquité ?

Vouloir brosser l'histoire de notre territoire des origines de l'homme jusqu'au Moyen Âge relève d'un exercice périlleux, et l'état actuel de nos connaissances reste incontestablement lié à l'histoire de l'archéologie, discipline jeune relativement à l'âge de l'humanité...

Le paysage et l'implantation humaine

C'est tout d'abord sur le paysage que l'empreinte de nos « prédécesseurs » est la plus forte. De manière globale, l'organisation de l'espace et l'homogénéité du peuplement des campagnes – qui s'est fortement modifiée au cours du XXe siècle avec l'exode rural – remontent pour une grande part à l'époque gauloise. Les grands défrichements opérés alors, la répartition des peuples gaulois et leur occupation des sols restent encore visibles aujourd'hui. Administrativement, les diocèses ecclésiastiques reposent sur des découpages romains, reprenant eux-mêmes les limites territoriales des peuples gaulois. Mais c'est au niveau régional ou local que les survivances sont notables sur le terrain : limites de champs, haies ou chemins actuels peuvent ainsi parfois, comme entre Bourgogne et Jura, continuer à dessiner la campagne d'il y a plus de deux mille ans. La diversité des paysages français constitue de ce fait un lointain héritage de la variété de l'aménagement à l'époque protohistorique ; cette dernière explique les différences régionales, particulièrement marquées par exemple entre le Nord et le Sud.

L'organisation de l'espace doit également beaucoup aux Romains, même si parfois des installations romaines laissent présupposer des antécédents gaulois : les cadastres parcellaires, le réseau des routes et les agglomérations qu'elles relient entre elles. L'emplacement d'un très grand nombre de villes françaises remonte à une haute antiquité : ainsi Condate (Rennes) ou Vesontio (Besançon) furent-elles des localités celtes avant d'être des centres gallo-romains ; Autun (Augustodunum), quant à elle, est une pure fondation romaine. Certains lieux de culte chrétiens furent implantés sur des lieux de culte païens (*fanum* gaulois, sanctuaire gallo-romain) ou, comme c'est le cas pour la cathédrale d'Aix-en-Provence, sur des basiliques où l'on rendait la justice sur le forum.
Nos concepts d'urbanisme sont romains, comme en témoignent les places centrales et les rues en damier, ou encore l'architecture

des bâtiments publics. Notre patrimoine abonde en sites urbains et en monuments romains (théâtres, arcs de triomphe, arènes, temples...) nés de l'évergétisme (forme de mécénat), qui a poussé les notables de l'époque à multiplier les édifices de prestige. L'influence de cette architecture a perduré sous la royauté et reste toujours d'actualité.

Une culture latine et européenne

L'âge du bronze mais surtout la civilisation romaine nous ont donné une culture qu'on désigne souvent sous le nom de « latine ». De fait, les métissages et contacts très nombreux entre les populations celtiques, grecques, ibères et romaines sont à l'origine d'un certain nombre de points communs, qui ont pu être transformés et réappropriés au cours des siècles. Citons l'enseignement, le sport, les spectacles et leurs édifices, les formations militaires, etc.

Notre langue française constitue un trait essentiel de cette culture. Elle appartient au groupe des langues romanes, c'est-à-dire directement issues du latin (comme, par exemple, l'espagnol ou l'italien). Le latin écrit est resté longtemps la langue des religieux et du pouvoir, tandis que dans la pratique orale il a constamment évolué dans sa prononciation, sa syntaxe et son vocabulaire, pour donner le français d'aujourd'hui.

Outre son origine latine majoritaire, il comporte – rares témoignages de la langue gauloise – un certain nombre de mots appartenant aux lexiques de la nature et de l'artisanat (bouc, marne, charrue, etc.), ainsi que des noms de lieu (montagnes, rivières, lieux-dits). Quant à l'écriture, elle repose uniquement sur l'alphabet latin.

La politique et le droit sont également hérités de l'Antiquité. Les pratiques républicaines, qui ont pour certaines subsisté sous l'Empire romain, ont largement inspiré les révolutionnaires et les hommes politiques depuis plus de deux siècles ; tout ce qui concerne le droit français se fonde sur des notions, des codes et des textes romains, c'est pourquoi le latin est resté si longtemps la langue des juristes. Enfin, c'est avec la fin de l'Antiquité que s'organise le christianisme en Gaule. L'Église se structure ; le souvenir des martyrs se perpétue avec le culte des saints ; avec la fin du paganisme, certaines fêtes païennes sont remplacées par des fêtes chrétiennes, tandis que d'autres subsistent peut-être sous forme de superstitions, mais il est très difficile pour l'historien de déterminer les origines et la chronologie exactes des rites.

L'héritage, on le voit, est important ; il reste encore à approfondir et à nuancer, et nul doute que l'avancée des découvertes nous ouvrira dans un avenir proche de nouvelles perspectives. C'est aussi sans compter avec l'influence qu'a pu avoir une certaine vision que le Moyen Âge, le siècle de Louis XIV, ou encore la période révolutionnaire ont portée sur l'Antiquité.

Le Moyen Âge

de 476 à 1492

Le Moyen Âge est une période qui s'étend sur plus de mille ans. Traditionnellement, les historiens le font débuter en 476 lorsque Odoacre dépose l'empereur Romulus Augustus, précipitant la chute de l'empire romain d'Occident. Quant à son terme, on le situe soit en 1453 au moment où Byzance, capitale de l'empire romain d'Orient, s'effondre face aux Turcs, soit en 1492 quand Christophe Colomb découvre l'Amérique. Plus récemment, certains médiévistes, à l'instar de Jacques Le Goff, ont évoqué un « long Moyen Âge » qui s'étendrait jusqu'à la fin du XVIIIe siècle, lorsque commence la révolution industrielle, véritable rupture entre le monde médiéval et le monde moderne.

Des « siècles obscurs » à la mode du Moyen Âge

On associe encore trop souvent le Moyen Âge au chaos et à la barbarie comme en témoigne l'emploi du très péjoratif « moyenâgeux ». C'est que, en effet, l'expression « Moyen Âge » est née durant la Renaissance sous la plume d'hommes de lettres et d'artistes qui voyaient dans cet « âge intermédiaire » une sorte de parenthèse entre leur époque et celle de l'Antiquité qu'ils chérissaient tant. Cette conception est à l'origine de la légende noire entourant ces prétendus « siècles obscurs ». Toutefois, depuis quelques décennies, le public a pu découvrir la richesse de cette période lointaine : de l'éclat des enluminures ornant des manuscrits précieux à la visite de hauts lieux médiévaux, en passant par le cinéma ou la littérature – comme *le Nom de la rose* d'Umberto Eco –, le Moyen Âge est même en quelque sorte devenu à la mode.

À la recherche d'une unité territoriale et religieuse

On évoque aussi souvent le Moyen Âge comme s'il s'agissait d'une période homogène formant un bloc compact et cohérent. Et pourtant, que de diversité derrière ce terme ! Son commencement, à la charnière de l'époque romaine, rime avec la naissance des royaumes barbares. Parmi eux se détache celui des Francs, gouverné par Clovis, dont le grand-père mythique, Mérovée, donnera son nom à la dynastie. Roi conquérant, unificateur, Clovis lègue à ses successeurs, dont le célèbre Dagobert, un vaste ensemble territorial dont l'unité est avant tout religieuse. Toutefois, les rivalités entre rois et royaumes mènent à des luttes incessantes. C'est dans ce contexte trouble qu'émerge la dynastie des Carolingiens. On doit à son plus illustre représentant, Charlemagne, d'avoir repoussé à l'est les frontières du royaume des Francs mais aussi d'avoir rétabli la dignité impériale. Celui-ci restaure en outre les lettres et les sciences. Cette « Renaissance carolingienne » est de courte durée. Malgré tout, cette époque donne naissance, avec le partage de Verdun de 843, aux premiers contours du territoire actuel où l'on parle déjà un dialecte roman, lointain ancêtre du français.

Le temps des chevaliers

Commence alors le Moyen Âge « classique ». Tandis que l'autorité impériale décline, que le royaume est menacé par les invasions sarrasines, normandes et hongroises, le pouvoir s'émiette jusqu'à la base. C'est le temps des seigneurs, des châteaux et de la féodalité, qui fait du lien d'homme à homme le ciment de l'édifice politique. À la fin du Xe siècle, un représentant de la puissante famille des Robertiens est élu afin de succéder au dernier Carolingien : Hugues Capet devient roi des Francs. Le nouveau souverain fait sacrer son fils de son vivant. Avec lui s'instaure la plus longue dynastie de l'histoire de France. Sous le règne de son fils, le royaume franchit le cap d'un an mille qui n'a pas provoqué les terreurs auxquelles on a longtemps cru mais qui représente un tournant dans l'histoire : celui du décollage économique et démographique de la France et de l'Occident en général. Cette époque est également le temps de la foi, de la réforme grégorienne et des grandes abbayes romanes sous l'empire de la règle bénédictine dont Cluny représente le sommet. L'Église, bien que puissante, est toutefois soumise à l'autorité des féodaux, qu'elle tente de maîtriser. Outre la promotion de modèles de parfaits combattants (les chevaliers), elle s'oppose, par le mouvement de paix et de trêve de Dieu, aux seigneurs qui maltraitent leurs paysans.

Durant cette période, les efforts patients des premiers Capétiens portent leurs fruits : rois « sacrés », ils étendent leur pouvoir aux dépens de leurs vassaux parfois remuants, en particulier dans le sud du royaume. Signe de leur puissance, ils sont appelés par le pape à partir en croisade afin de délivrer les Lieux saints. Philippe Auguste participera à la troisième croisade en compagnie de Richard Cœur de Lion et de Frédéric Barberousse, avant de faire face, des années plus tard, à une alliance anglo-germanique dont il triomphera à Bouvines. Son petit-fils, Louis IX, futur Saint Louis, poursuit l'œuvre unificatrice de ses prédécesseurs, en lui ajoutant une dimension spirituelle de grande ampleur. Sous son règne, l'art gothique rayonne dans des villes qui, émancipées depuis le mouvement communal, sont désormais le centre de la richesse.

Ce siècle est notamment celui de l'Université et de ses clercs, qui font de Paris le centre intellectuel de la chrétienté.

Un royaume « saigné » par la peste et la guerre

Mais la mort de Saint Louis inaugure une période que l'on a parfois appelée « l'automne du Moyen Âge ». Tandis que la situation économique se dégrade, que l'épidémie de peste noire décime l'Occident, la menace anglaise se précise. Les souverains d'outre-Manche font valoir leurs droits à la couronne et humilient à plusieurs reprises la fine fleur de la chevalerie française. La guerre de Cent Ans va durer de 1337 à 1453 ; l'épopée de Jeanne d'Arc révélera l'existence d'une conscience nationale nouvelle. Car cette période est aussi le prélude des Temps modernes : l'État se centralise, l'impôt régulier apparaît et le royaume gagne en unité. L'époque moderne, bien qu'elle s'en soit défendu, est bien fille du Moyen Âge.

Le royaume franc

L'avènement des Francs, ces hommes courageux et hardis !

LA MALADIE GOTHIQUE

À la monarchie héréditaire des Francs les historiens opposent la monarchie élective des Wisigoths. Jusqu'en 507, les rois germaniques wisigoths étaient choisis au sein d'une même famille. Toutefois, après qu'ils eurent envahi l'Espagne, les grandes familles de l'aristocratie se disputèrent l'accès au pouvoir. L'assassinat du roi devint si fréquent que Grégoire de Tours l'appelle « maladie gothique ». En 633, le concile de Tolède établit la nécessité de l'élection. Jusqu'à la chute du royaume, seules deux élections sont cependant attestées ; les autres rois arrivaient au pouvoir par la force ou succédaient à leur père. Aucune dynastie ne dépassa trois générations. C'est sans doute pour remédier à cette instabilité qu'est institué le sacre royal, qui a lieu pour la première fois en 672.

En 482, l'avènement de Clovis marque une étape décisive dans l'histoire occidentale. Durant son règne, le nouveau roi ne cesse de poursuivre les conquêtes franques jusqu'à unifier la presque totalité de la Gaule sous son autorité. Le royaume des Francs s'étend désormais de la vallée du Rhin aux Pyrénées. Rallié au christianisme, baptisé à Reims, Clovis est également celui par lequel le catholicisme est confirmé comme religion dominante en Occident. Il préside enfin à la fusion entre le monde gallo-romain et le monde franc.

Lorsque Clovis vient au monde, vers 466, l'empire romain d'Occident vit ses dernières années. Pour maintenir leur pouvoir aux confins de l'Empire, les autorités romaines s'appuient sur la force militaire des Barbares francs. Elles ont ainsi installé, dans la région de Tournai, un rameau du peuple franc dont le chef est le père de Clovis, Childéric. Ce dernier était général romain, comme l'attestent les insignes retrouvés dans sa tombe, mise au jour en 1653.

DES BARBARES AU SERVICE DE ROME

« Nous avons tué des milliers de Francs ! » C'est au milieu du IIIe siècle, dans un chant de guerre de l'armée romaine, que le nom des Francs apparaît dans l'histoire. Les tribus franques appartiennent au groupe des Germains occidentaux, installés au début de l'ère chrétienne entre Rhin et Weser. « Franc » vient de *frekkr*, « hardi », « courageux ». À la faveur des troubles de la fin du IIIe et du IVe siècle, les Francs mènent des raids sur le sol romain. Ils s'installent sur la frontière de l'Empire, qu'ils s'engagent à défendre en échange de terres à cultiver. Au IVe siècle, certains chefs occupent des charges importantes dans l'administration et l'armée romaines.

À partir de 407, les Francs profitent de l'affaiblissement des défenses de l'Empire pour progresser vers l'ouest. Sans conquérir le territoire, ils s'y installent, à la faveur du vide créé par la désorganisation de l'autorité romaine.

Vers 450, ils se répartissent en deux grands groupes : d'une part les Francs rhénans, installés sur le Rhin moyen, entre Trèves et Cologne, d'où ils gagnent la vallée de la Moselle ; d'autre part, les Francs saliens, entre Rhin et Escaut, qui progressent vers la vallée de la Somme. Ils sont divisés en multiples royaumes, dont celui de Chilpéric dans la région de Tournai. On donne à la famille de ce dernier le nom de « Mérovingiens », de Mérovée, le fondateur plus ou moins mythique de la dynastie.

LE « PRIX DU SANG »

Même là où ils cohabitent avec les Romains, les Barbares gardent leur propre loi, qui recense les différents délits et fixe le « prix du sang ». Dans les tribus barbares, la *faida* (« vengeance ») est un devoir imprescriptible, et la loi a pour but de faire cesser cette succession de vengeances. Pour chaque délit, elle fixe une valeur de rachat, dont le versement apaise la *faida* de la victime ou de sa famille. Par conséquent, les lois barbares sont des catalogues de délits et du *Wergeld* (« prix du sang ») correspondant. Celui-ci varie selon la nature de la faute et la qualité de la victime. Tout délit étant une atteinte à l'ordre et à l'autorité publics, le roi perçoit un tiers du *Wergeld*. La loi des Francs saliens, appelée encore loi salique, est l'exemple le plus ancien de législation barbare.

COUP D'ÉTAT À SOISSONS !

Chilpéric et son fils Clovis sont des chefs de guerre. Toutefois, si le premier a défendu les Romains, le second s'est opposé à eux. À l'avènement de Clovis, en 482, il n'y a plus d'empire d'Occident. Seul subsiste, autour de Soissons, un dernier foyer d'autorité romaine, dirigé par Syagrius. En 486, Clovis attaque ce dernier et s'installe à Soissons. Son intervention tient plus du coup d'État que de la conquête : un puissant chef militaire s'empare du pouvoir civil dans une partie de l'ancien Empire.

Remi, archevêque de Reims, lui adresse alors une lettre de

LA GRANDE COLÈRE

On trouve dans certaines œuvres d'art de l'époque une représentation du Christ équipé comme un guerrier franc, et triomphant du Mal symbolisé par un serpent.

DU STATÈRE À L'EURO

La pratique de la monnaie en France participe d'un double héritage bimillénaire. Le monnayage naît en Lydie (Asie Mineure), au VIIe siècle avant notre ère. Par contact, son usage se développe à travers les États grecs puis en Macédoine, systématisant un modèle dont s'inspireront les autres peuples occidentaux, en l'occurrence les Celtes et les Romains.

On frappe des pastilles de métal appelées « flans » entre deux « coins » en relief, de façon à ce que les deux faces (appelées droit et revers, le droit étant la face posée sur le coin fixe lors de la frappe) présentent des motifs et parfois des inscriptions. Ces dessins, ou types monétaires, d'une extrême variété, renvoient à la communauté émettrice : personnages ou visages (hommes politiques, divinités ou allégories), emblèmes ou symboles (cheval, figure géométrique).

Les peuples gaulois frappent des monnaies d'or, d'électrum (alliage naturel d'or et d'argent), d'argent et de bronze ; leurs noms nous étant inconnus, certaines d'entre elles sont appelées par les numismates « statères » d'après le modèle macédonien qu'elles ont imité.

Avec la conquête, les Romains imposent leur monnayage (en ordre décroissant, deniers, sesterces, as) de bronze, d'argent ou d'or, mais dont la diversité des types monétaires se réduit, de la République à l'Empire, avec la mise en place d'ateliers officiels et d'un pouvoir centralisé. Depuis, traversant les siècles, rien n'a pu encore dans nos échanges détrôner ces espèces sonnantes et trébuchantes.

Souviens-toi du vase de Soissons !

Paroles attribuées à Clovis par Grégoire de Tours qui présente ainsi le chef franc comme le protecteur des biens de l'Église.

félicitations. De son côté, Clovis ménage les autorités ecclésiastiques, seule structure administrative encore en place, comme l'illustre le célèbre épisode du vase de Soissons. L'historien Grégoire de Tours rapporte que, après la prise et le sac de Soissons, Clovis voulut soustraire du butin un magnifique vase d'église au bénéfice de l'évêque qui le lui avait réclamé. Furieux de cette entorse aux usages de la guerre qui prônaient un partage équitable, un des soldats préféra briser le vase plutôt que de l'accorder à son roi. Clovis se vengera, l'année suivante, en tuant le récalcitrant d'un coup de hache.

En fait, à une époque où les autres rois barbares sont convertis à l'hérésie arienne, la chance de Clovis est d'être resté païen : il demeure ainsi ouvert à la prédication de l'Évangile et à une conversion possible au christianisme, qui lui vaudra l'appui de l'Église...

LE BAPTÊME DE CLOVIS

En dix ans, Clovis s'empare des dernières propriétés impériales, et s'efforce de redonner vie aux derniers vestiges des institutions romaines qui avaient prouvé leur efficacité. Poursuivant son expansion territoriale, il atteint la Loire, lance des raids en Aquitaine, entre en contact avec les Bretons d'Armorique. Soucieux d'imposer sa suprématie aux autres peuples germaniques, il porte son plus gros effort vers l'est : en 491, il attaque les Thuringiens et, en 496, affronte les Alamans.

C'est à cette époque qu'il épouse la nièce du roi burgonde Gondebaud, la catholique Clotilde. Mais l'événement décisif de cette période est la conversion de Clovis au catholicisme. On rapporte que, au cours de la bataille de Tolbiac (aujourd'hui Zülpich, près de Cologne) qui l'oppose aux Alamans (en 496 ou en 506), Clovis aurait fait le vœu de se convertir au christianisme si « Jésus-Christ, que Clotilde proclame fils du Dieu vivant », lui accorde la victoire.

Ayant été exaucé, Clovis accepte de suivre l'enseignement de Remi. Son baptême est solennellement célébré à Reims le 25 décembre 498 (ou 508). L'archevêque Remi lance au nouveau chrétien un appel qui traduit l'importance de l'événement : « Dépose humblement tes colliers, ô Sicambre, adore ce que tu as brûlé, brûle ce que tu as adoré. » Le baptême est célébré en grande pompe dans toute la cité : Clovis y est accompagné de 3 000 soldats francs, qui sont également baptisés le même jour. À cette date, il est le seul souverain catholique d'Occident. Devenu le champion de l'orthodoxie chrétienne, il reçoit l'appui de l'Église non seulement dans son royaume mais aussi dans les autres royaumes barbares, soumis à des souverains ariens. L'évêque Avit, de Vienne, sujet du royaume burgonde, lui écrit ainsi : « Votre foi est notre victoire. »

Clovis obtient ainsi le soutien sans faille du clergé dans son entreprise d'expansion territoriale du royaume des Francs. En outre, la conversion du peuple franc favorise la fusion entre Gallo-Romains et peuples germaniques. Dès le milieu du VIe siècle, le terme « Franc » désigne d'ailleurs tous les sujets du roi.

À LA CONQUÊTE DE LA GAULE !

Au début du VIe siècle, Clovis poursuit inlassablement ses conquêtes. En 505, il refoule les Alamans au-delà du Rhin. En 506, il forme une coalition contre le roi wisigoth Alaric II, maître du quart sud-ouest de la Gaule, et, en 507, il écrase son armée à Vouillé, près de Poitiers. Voilà Clovis maître de l'Aquitaine. L'intervention de Théodoric, roi des Ostrogoths, lui interdit l'accès à la Méditerranée. Le Languedoc continue d'appartenir au royaume wisigoth, replié en Espagne. Clovis passe les dernières années de son règne à éliminer les autres rois francs saliens, ses parents, et à imposer la reconnaissance de son autorité aux Francs du Rhin. En 511, maître d'un ensemble s'étendant

Dépose humblement tes colliers, ô Sicambre, adore ce que tu as brûlé, brûle ce que tu as adoré.

L'archevêque Remi à Clovis lors de son baptême.

LES REINES... FEMMES POLITIQUES !

Les Mérovingiens possèdent souvent plusieurs épouses ; à l'une de celles-ci est réservé le titre de reine. En Gaule et dans les autres royaumes barbares, les reines jouent parfois un rôle politique important. Elles sont à l'origine de la conversion de plusieurs rois au catholicisme. Ainsi en aurait-il été de Clotilde avec Clovis même si la légende paraît ici devoir l'emporter sur la réalité. Certaines sont régentes et interviennent dans la succession royale. D'autres renoncent au pouvoir et parviennent à la sainteté. L'exemple de Radegonde, troisième épouse de Clotaire Ier, fils de Clovis, est le plus illustre. Le roi ayant fait exécuter l'un de ses frères (555), elle quitte la cour et prend le voile à Noyon ; puis elle fonde à Poitiers l'abbaye de Sainte-Croix (vers 560), où elle mène jusqu'à sa mort (587) une existence digne d'une sainte.

de la vallée du Rhin aux Pyrénées, il s'installe à Paris, dont il fait le « siège du royaume ». La même année, il réunit à Orléans le premier concile national des Gaules, qui rassemble trente-deux évêques. Il meurt le 27 novembre 511 et est enterré dans la basilique des Saints-Apôtres, qu'il a fait construire sur le tombeau de sainte Geneviève.

Chef de guerre, conquérant barbare, Clovis a construit son autorité sur la préservation des structures romaines et la collaboration avec l'Église. Considérant le royaume qu'il dirige comme son bien propre, il en dispose en faveur de ses quatre fils. Ceux-ci devront se partager l'héritage, mais en respecter les anciennes limites politiques et montrer, par la proximité de leurs capitales, leur volonté de préserver l'unité du « royaume des Francs ».

LES TRÉSORS DES FRANCS

Avec les conquêtes de Clovis, la culture franque s'implante en Gaule, en particulier entre Rhin et Seine. C'est dans cette zone que les archéologues ont trouvé de nombreuses tombes de chefs. Celles-ci recèlent de véritables trésors : des armes telles des épées, des lances ou des francisques, des bijoux en or, des équipements de cavalier avec bride et harnais. Le style franc, d'origine germanique, laisse entrevoir des influences byzantines particulièrement dans les décors d'orfèvrerie. Le choix de Paris comme capitale concourt également à forger une culture franque originale qui intègre l'héritage romain et gallo-romain. Ainsi, Clovis établit-il son palais à proximité des monuments romains, tels que les arènes ou les thermes. Il fait également édifier une basilique en l'honneur de sainte Geneviève (morte en 502), qui avait été inhumée dans une nécropole périphérique. Son enterrement, ainsi que celui de Clotilde, à proximité des reliques de la sainte montre d'ailleurs la christianisation indéniable des pratiques funéraires franques. Enfin, les influences franques se font sentir en Aquitaine, par-delà le Rhin en Germanie et même en Angleterre.

L'HÉRITAGE DE CLOVIS : QUERELLE DE FILS !

Au cours du VIe siècle, la conquête franque se poursuit sous la conduite des successeurs de Clovis et, vers 535, le royaume prend pour près de deux siècles une physionomie durable : principale puissance d'Europe occidentale et centrale, allié privilégié de l'Empire byzantin contre les Ostrogoths, puis contre les Lombards, il reste cependant déchiré par les querelles des fils de Clovis. Réunifié en 558 au profit de Clotaire Ier, il est à nouveau divisé en 561 entre les quatre fils de ce dernier ; à partir de 570, une lutte farouche oppose Sigebert Ier à Chilpéric Ier et surtout leurs femmes, Brunehaut et Frédégonde.

LE BON ROI DAGOBERT...

Les longues années de conflit ont accentué le particularisme des diverses régions composant le royaume ; la Neustrie (Gaule du Nord-Ouest), la Bourgogne, l'Austrasie (France de l'Est) et l'Aquitaine.

En 623, Clotaire II nomme son fils Dagobert roi d'Austrasie. Celui-ci s'installe à Metz, sous la tutelle de l'évêque Arnoul et du maire du palais (intendant qui détient un important pouvoir de décision) Pépin de Landen. À la mort de son père, Dagobert s'empare de la Bourgogne et de la Neustrie ; son demi-frère Caribert, auquel il avait donné l'Aquitaine, disparaît en 632. Dagobert redevient alors seul maître de l'empire franc. Il s'établit alors en Neustrie, berceau de la puissance franque, et parvient, à partir de là, à imposer la reconnaissance de l'autorité royale. Il écarte la menace basque au sud et, en 637, soumet le « roi des Bretons », Judicaël. Dans la basse vallée du Rhin, une ligne de défense est établie contre les Frisons (peuple germanique parent des Saxons), dont la conversion est entreprise à partir de l'évêché d'Utrecht. Dagobert intervient directement à l'est du Rhin, en Germanie, et repousse les frontières du royaume jusqu'à l'Elbe.

Soucieux de l'unité et de l'administration du royaume, Dagobert réunit autour de lui les fils de la haute aristocratie, qu'il initie à l'exercice du pouvoir. Ces derniers assument des responsabilités palatines avant de retourner dans leur province, pourvus d'une charge épiscopale. Éloi, Didier et Ouen exercent ainsi les fonctions de monétaire, trésorier et référendaire (officier de chancellerie), avant de devenir évêques de Noyon, de Cahors et de Rouen. Enfin, Dagobert fait construire, sur l'emplacement du martyre de saint Denis, une abbaye dans laquelle il se fait enterrer.

UN ROYAUME FRAGILE...

La royauté franque est héréditaire et patrimoniale. Cette conception explique que les rois mérovingiens aient

LE GRAND SAINT ÉLOI...

Saint Éloi (vers 588-660) fut le principal conseiller de Dagobert ; c'est à ce titre qu'il est entré dans la légende et la chanson. Orfèvre d'origine limousine, Éloi entre au service du trésorier royal de Clotaire II et réalise de magnifiques ouvrages d'orfèvrerie (calice de Chelles, croix de Saint-Denis). Nommé maître de la monnaie en 625, il s'efforce de restaurer l'autorité royale sur la frappe, et est probablement à l'origine de la création du denier d'argent. Devenu l'homme de confiance de Dagobert, Éloi, soucieux de ses devoirs de chrétien, fonde l'abbaye de Solignac et, en 640, est élu évêque de Noyon-Tournai. Dès le lendemain de sa mort, un culte lui est rendu dans la France du Nord et en Belgique.

LE SAVIEZ-VOUS ?

... que la Basilique Saint-Denis fut commandée par le roi Dagobert en 630 puis reconstruite et agrandie au cours du IIe siècle par l'abbé Suger.

tendance à estimer que le royaume leur appartient par droit de conquête à la manière d'un bien privé.

Leur respect pour Rome incite les souverains à maintenir en état de fonctionnement les institutions romaines, même lorsqu'elles sont dégradées ; ils continuent de lever l'impôt direct, dont ils tentent, le plus souvent sans succès, de modifier l'assiette ; ils s'entourent d'un personnel gouvernemental compétent – formé à la Cour –, presque exclusivement laïque. Au niveau local, les structures administratives sont très précaires ; le comte, placé à la tête de chaque cité, est surtout un chef de guerre. Dans les villes du royaume, la réalité du pouvoir est détenue par l'Église, à travers la personne de l'évêque : celui-ci apparaît comme le responsable de l'autorité et le représentant du roi, même si, de temps à autre, il prend la tête de la résistance locale opposée aux exigences fiscales du pouvoir central.

La société mérovingienne est marquée par une violence endémique ; le devoir de vengeance (*faida*), qui s'étend à toute la famille de la victime, entraîne d'interminables représailles. Pour y mettre un terme, la loi salique, promulguée par Clovis peu avant sa mort, prévoit le rachat de la faute par une compensation pécuniaire (*wergeld*).

Malgré cette mesure, les luttes entre seigneurs sont permanentes, et l'insécurité qui en résulte entraîne un besoin généralisé de protection. Cette situation favorise, à tous les niveaux de la société, le développement des liens de dépendance privée, à l'origine de la vassalité. Les rois eux-mêmes s'entourent d'une garde personnelle et entretiennent dans leur royaume un réseau de fidèles, ou leudes, rémunérés par des concessions de biens fonciers.

Les leudes devenant de plus en plus exigeants, les souverains sont amenés à dilapider leur patrimoine et, de ce fait, s'appauvrissent. D'immenses transferts de fortune s'opèrent au profit de l'aristocratie, en échange de la fidélité de celle-ci aux souverains.

DES « ROIS FAINÉANTS » ?

Après la naissance d'un second fils, Dagobert doit consentir à la perspective d'un partage successoral. À sa mort, en 639, Sigebert III conserve l'Austrasie, tandis que Clovis II reçoit la Neustrie et la Bourgogne. Les règnes suivants sont marqués par un éloignement croissant entre les différents royaumes. Des rois-enfants qui ne gouvernent que quelques années assistent, impuissants, aux conflits divisant leurs aristocraties, sous la direction des maires du palais. Profitant de l'affaiblissement du pouvoir des souverains, ces hommes, qui ont longtemps géré la demeure royale,

LE MYSTÈRE DES ORIGINES...

S'il ne fait aucun doute aujourd'hui que le sentiment d'une « nation-France » est né à la fin du Moyen Âge, la plupart des historiens du XIXe siècle faisaient remonter les origines de la France aux Gaulois antiques décrits par César et Tacite, mais aussi et surtout aux Francs.
« Pharamond, premier roi de France, régna de 420 à 428. La dynastie dont il est le chef a donné 22 rois, dont les plus illustres sont Mérovée, Clovis Ier et Clotaire Ier », apprennent les écoliers français de la IIIe République. Au VIe siècle pourtant, Grégoire de Tours puis le pseudo-Frédégaire, historiens des Mérovingiens, établissaient une généalogie légendaire qui faisait des Francs les descendants des Troyens. Selon eux, les Francs descendent en droite ligne de Priam, père d'Hector, qui aurait eu un fils, Francion. Primat, auteur des *Grandes Chroniques de France*, en 1274, ajoute que les Francs, sous la pression des Romains, s'installèrent en Gaule où ils se donnèrent pour chef Pharamond. Ce dernier fit construire Lutèce, à qui il donne le nom de « Paris » en l'honneur du héros troyen Pâris.
Que ce mythe se soit formé dès le haut Moyen Âge témoigne de la résistance de la culture antique aux invasions et de son utilisation pour légitimer le pouvoir mérovingien face à l'aristocratie gallo-romaine.

Hélas ! qu'est devenu ce temps, cet heureux temps où les rois s'honoraient du nom de fainéants ?

Boileau, *Le lutrin.*

sont devenus de véritables intendants des royaumes francs. Deux tendances s'affrontent : celle, unitaire et centralisatrice, des maires neustriens, et celle des maires austrasiens et bourguignons, porte-parole des noblesses locales. Le point culminant de cet antagonisme est atteint par la lutte impitoyable qui oppose Ebroïn, maire neustrien, à l'évêque Léger d'Autun, chef de la noblesse bourguignonne, de 663 à 678.

Les derniers rois mérovingiens ne sont plus que les « rois fainéants » dont l'historiographie a popularisé l'image, imposée par leurs successeurs : sans pouvoir et sans fortune, ces rois sont condamnés à circuler entre les dernières parcelles de leurs domaines pour y trouver de quoi subvenir à leurs besoins. Dans ce contexte, le règne de Dagobert apparaît rétrospectivement comme un âge d'or ; cette ultime réussite de la dynastie issue de Clovis explique la légende du « bon roi » qui entoure la mémoire de ce souverain, enracinée dans la fidélité des moines de Saint-Denis à leur roi.

La victoire des Carolingiens

De la fin des « fainéants » à Charlemagne « le très grand »...

LA NAISSANCE DES ÉTATS DE L'ÉGLISE

Après s'être emparés de la ville de Ravenne, les Lombards s'approchent de Rome. Durant l'hiver 754, le pape Étienne II se rend en personne au palais royal de Ponthion : il y rencontre Pépin, qui s'engage à l'aider. Pour convaincre le roi d'intervenir, Étienne II a peut-être évoqué la « fausse donation de Constantin » selon laquelle, au moment de fonder Constantinople, l'empereur aurait abandonné au pape Sylvestre le gouvernement de l'Occident. Quoi qu'il en soit, en 756, au terme d'une campagne victorieuse en Italie, Pépin se fait remettre des mains du roi lombard Aistolf les clés de vingt-deux villes d'Italie, dont Ravenne. Le roi franc les fait solennellement déposer sur l'autel de Saint-Pierre, à Rome : ainsi naît l'État pontifical. Cette zone allant de la Méditerranée à l'Adriatique demeurera sous le contrôle des papes jusqu'en 1870.

En 751, le maire du palais d'Austrasie Pépin le Bref dépose Childéric III, dernier descendant de Clovis, et se fait proclamer roi des Francs à Soissons avec l'assentiment de l'Église. Une nouvelle dynastie, les Carolingiens, accède à la royauté franque. Cinquante ans plus tard, l'un d'eux, Charlemagne, devient empereur d'Occident, relevant ainsi l'héritage romain de ses cendres. Cette période correspond non seulement à une véritable renaissance des lettres et de la culture mais également à une mise en ordre politique et administrative du royaume.

Avec l'affaiblissement de l'autorité royale et le fractionnement du royaume, l'autorité des souverains mérovingiens décline inexorablement au bénéfice de leurs intendants, les maires du palais. C'est parmi eux que se profile au VIIIe siècle la famille des Pippinides.

LES MAIRES PRENNENT LE POUVOIR !

Elle commence à la mort de Dagobert, en 639. Alors que le pouvoir de ses successeurs, les rois dits « fainéants », décline, le maire acquiert un rôle politique décisif : il dirige l'armée royale, lève les impôts et préside le tribunal du palais. Il devient en somme un véritable chef du gouvernement et se fait d'ailleurs appeler *princeps Francorum* (« le premier des Francs »). Son rôle prend encore plus d'ampleur au moment où se cristallise la division du royaume en trois territoires : la Neustrie au nord-ouest, entre Loire et Meuse ; l'Austrasie au nord-est, entre Meuse et Rhin ; et la Bourgogne. Chacun des maires de ces territoires devient le porte-parole de l'aristocratie et gagne en autorité. Sous l'autorité intermittente des successeurs de Dagobert, ce sont eux qui mènent la guerre opposant la Neustrie à l'Austrasie. En 687, Pépin de Herstal, le puissant maire du palais d'Austrasie, défait les troupes neustriennes à Tertry ; il devient alors le maître incontesté de la France du Nord, préparant ainsi l'ascension de sa famille, les Pippinides.

LE « PETIT MARTEAU », PRINCE DES FRANCS

La famille des Pippinides, qu'on appelle les Carolingiens à partir du règne de Charlemagne, entre sur la scène politique dès le règne de Dagobert. Ce dernier a pour principaux conseillers le maire du palais d'Austrasie, Pépin de Landen, possesseur de vastes domaines dans la vallée de la Meuse, et l'évêque de Metz Arnoul. Ansegisel, fils d'Arnoul, épouse Begga, fille de Pépin, et la charge de maire du palais se transmet à leur fils Pépin de Herstal. Lorsque celui-ci meurt en 714, il ne laisse qu'un fils bâtard, Charles. Très vite, celui-ci démontre de rares qualités de chef de guerre : il écrase la révolte des Neustriens en 719 et reconstitue le royaume de son père. S'il reste sous l'autorité nominale du roi Thierry IV, il n'en porte pas moins le titre de « prince des Francs ».

Pendant ces années-là, Charles se bat afin d'étendre la domination franque. Thuringiens, Alamans, Bavarois et Frisons sont défaits ; l'Aquitaine est contrainte de reconnaître la supériorité franque. En 732, Charles stoppe un raid arabe dans la région de Poitiers. Même si elle n'a pas eu l'ampleur qu'on lui prête souvent, cette victoire lui vaut l'admiration de tout l'Occident. Le nom de « Martel », que lui donnent les chroniqueurs du temps, est sans doute une allusion au Judas Maccabée (« petit marteau » en hébreu) de la Bible, qui défendit son peuple avec vaillance. Au cours des années suivantes, Charles intervient en Provence, d'où il expulse

Roi par la grâce de Dieu.

Le premier sacre d'un roi en France est celui de Pépin le Bref et le dernier celui de Charle X.

SACRÉ PÉPIN !

Au lendemain de son élection, en 751, Pépin le Bref se fait sacrer par les évêques de son entourage, en présence de saint Boniface. En 754, Pépin est sacré une seconde fois. La cérémonie a lieu à Saint-Denis et c'est le pape Étienne II en personne qui confère l'onction au souverain franc. La portée de ce sacre est immense puisque les deux fils de Pépin sont oints le même jour ; il s'agit de légitimer la nouvelle dynastie. Le rite est peut-être emprunté à l'Espagne wisigothique, où, de 672 à 711, les rois ont été oints par le métropolitain de Tolède, mais les clercs carolingiens peuvent également avoir trouvé le modèle du rituel dans l'Ancien Testament. Par l'onction, le roi franc est élevé au rang des anciens rois d'Israël et il peut se comparer lui-même à David. Choisi directement par Dieu (« roi par la grâce de Dieu »), il est responsable devant Dieu seul et doit, dans son gouvernement, se conformer à la volonté divine : la royauté patrimoniale se transforme en ministère sacerdotal.

LA BATAILLE DE POITIERS, ON EN PARLE ENCORE !

Cette bataille met un terme aux raids sarrasins dans le sud du royaume. L'épisode connaît un grand retentissement et procure à Charles Martel un immense prestige !
Des siècles après, *les Grandes Chroniques de France*, enluminées pour Charles V en 1375, revisitent l'événement...

LA VIE RELIGIEUSE MODERNISÉE

En 754, Boniface, qui a évangélisé la Germanie, meurt. Le pape Étienne II lui désigne comme successeur l'évêque de Metz, Chrodegang. Pépin est décidé à unifier les pratiques et les modes de vie du clergé. Chrodegang utilise son évêché de Metz comme terrain d'essai. Il élabore une règle destinée aux clercs qui l'assistent, créant ainsi l'ordre des chanoines. Ces derniers devront désormais vivre en communauté et chanter ensemble l'office. À ce titre, Chrodegang est aussi l'inventeur d'un nouveau type de chant, le plain-chant, que l'on appellera plus tard le « chant grégorien ». Enfin, en plein accord avec Pépin, l'évêque de Metz développe une nouvelle liturgie inspirée de celle pratiquée à Rome. Lentement, ces innovations contribuent à unifier la pratique religieuse des Francs.

les Arabes, s'empare d'Avignon et pénètre en Septimanie, riche province qui s'étend entre le Rhône et les Pyrénées.

CHARLES MARTEL FINIRA-T-IL EN ENFER ?

Les progrès de la cavalerie, dus entre autres à la diffusion de l'étrier, rendent l'armée franque invincible, mais l'armement, l'entretien des montures et les campagnes militaires elles-mêmes constituent une charge très lourde. Afin de financer ses conquêtes et s'assurer le soutien de l'aristocratie, Charles distribue des biens d'Église aux Grands du royaume. Il tisse ainsi un réseau de fidélité qu'on appelle la vassalité. Cette pratique lui vaut la réputation de spoliateur de l'Église et certains membres du clergé vont même jusqu'à lui prédire l'enfer. Charles Martel n'en demeure pas moins le véritable homme fort du royaume franc. Ainsi, en 737, quand le roi Thierry IV meurt, Charles se sent assez puissant et incontesté pour ne pas lui donner de successeur sans toutefois oser s'emparer de la couronne. Et le 22 octobre 741, quand Charles s'éteint, il est inhumé à la manière d'un roi en la basilique de Saint-Denis. Avant sa mort, il avait eu le temps de partager son royaume entre ses deux fils, Pépin dit « le Bref » et Carloman. Toutefois, sa succession engendre des troubles au sein de l'aristocratie. Les deux héritiers organisent alors une défense victorieuse contre les prétentions des Grands du royaume. En signe d'apaisement, ils rétablissent sur le trône un roi mérovingien en la personne de Childéric III. Puis, avec l'aide de saint Boniface, ils réorganisent l'Église en

réunissant des conciles réformateurs. Au terme de cette période, Carloman se retire au monastère du mont Cassin en 747 et Pépin se retrouve seul maître véritable du royaume. Cependant, ce dernier souhaite aller plus loin et, pour cela, consulte le pape Zacharie. Celui-ci l'encourage à prendre le titre de roi.

LE DERNIER DES MÉROVINGIENS

Pépin le Bref, en accord avec la papauté, dépose donc Childéric III en 751 et se fait proclamer puis sacrer roi à Soissons la même année. Afin d'obtenir l'approbation des Grands, qui étaient très attachés à la légitimité de la famille royale, Pépin fait renouveler l'opération trois ans plus tard : en 754, à Saint-Denis, le pape Étienne II oint le roi franc ainsi que ses deux fils et interdit dorénavant de choisir un roi en dehors de la famille élue. Désormais, le souverain franc, qui avait pu apparaître comme un usurpateur, est « roi par la grâce de Dieu ». Afin d'asseoir son autorité sur des bases solides, le nouveau roi des Francs va pourtant devoir briser de vives résistances.

LA GAULE ENFIN SOUMISE !

Pépin pacifie son territoire. Il soumet le duc de Bavière, l'Aquitaine et reprend la Septimanie aux Arabes. L'ancienne Gaule romaine est enfin rassemblée sous l'autorité des rois francs. Dans le même temps, Pépin poursuit la réforme de l'Église : il impose la dîme à tous les cultivateurs du royaume pour l'entretien du culte et renforce ses liens avec Rome en adoptant la liturgie romaine. Le nouveau roi réforme aussi la monnaie. Il s'efforce de rétablir le monopole royal sur la frappe. Ainsi, sur les deniers d'argent, qui deviennent pour cinq siècles la monnaie de l'Europe, on constate la disparition des noms des monétaires privés qui battaient monnaie dans un millier de localités différentes.

LA SUCCESSION DE PÉPIN : LE SORT EN EST JETÉ...

Souverain d'un grand royaume unifié, défenseur de la chrétienté, Pépin noue des relations avec le nouveau calife de Bagdad et songe à marier son fils à une princesse grecque. Il meurt en 768 à Saint-Denis, où il est inhumé. Son royaume est partagé entre ses deux fils, Charles et Carloman. Les deux frères ne s'entendent pas et, sans la mort inattendue de Carloman en 771, la mésentente aurait pu déboucher sur un conflit ouvert. À cette date, celui qu'on surnommera après sa mort Charles le Très Grand (*Carolus Magnus*, Charlemagne) devient le seul maître du royaume. Fils aîné de Pépin le Bref, né en 742, il a été très tôt associé au pouvoir. Il a en outre reçu une éducation guerrière qu'il a parfaite en accompagnant très jeune son père sur les champs de bataille. De fait, son règne est marqué par des

Vous comptez sur votre naissance et vous en concevez de l'orgueil ! Sachez que vous n'aurez ni gouvernement ni évêchés si vous n'êtes pas plus instruits que les autres !

Charlemagne.

MODESTIE OBLIGE !

À Aix-la-Chapelle, Charles fit édifier un palais qui était deux fois plus petit que le palais des empereurs byzantins !

ÉPOUSES ET CONCUBINES...

Entre ses campagnes, Charlemagne vit en patriarche, entouré de ses nombreux enfants, légitimes ou bâtards.
À côté du mariage proprement dit qui est un simple contrat, subsiste le mariage germanique, union libre de durée limitée n'imposant aucun engagement. Charlemagne choisit toutes ses épouses pour des raisons diplomatiques autant que sentimentales ; il en eut cinq et quelques concubines. Son biographe, Eginhard, évoque « les colombes couronnées qui volent dans la chambre du palais ». À Aix-la-Chapelle vit aussi une foule composée de ses enfants, de ses parents, frères, sœurs. L'empereur « ne soupait jamais sans eux et ne se mettait jamais en route sans eux ».

conquêtes incessantes et un souci constant d'ordonner le royaume.

UN ROI HAUT EN COULEUR

Le règne de Charlemagne est bien connu grâce aux *Annales* royales et aux nombreux textes législatifs, les « capitulaires », rédigés sous son règne. Mais, surtout, Charlemagne a trouvé un biographe attentif en la personne de Eginhard, un clerc originaire de Germanie. On apprend ainsi qu'il mesure 1,92 mètre et possède une santé de fer ; à plus de 70 ans, il pratique encore la chasse.

Rompu dès sa jeunesse aux exercices sportifs et militaires, il est excellent nageur. Il admire les arts, parle latin et aime à écouter des récits historiques durant les repas. Bien qu'il ne soit jamais parvenu à apprendre à lire et à écrire, il s'initie à la grammaire et à la rhétorique. Modèle même du souverain, il se montre capable de la plus grande générosité comme de la cruauté la plus extrême. Responsable seulement devant Dieu, protecteur de la papauté, il s'efforcera tout au long de son règne de réaliser l'unité de la chrétienté, de faire de la société des hommes un État chrétien, condition nécessaire selon lui au salut de l'humanité.

LE FRACAS DES ARMES

Charles hérite d'un royaume restauré, et consacre tous ses soins à l'étendre : la guerre est, en effet, l'« institution nationale » du peuple franc, et le roi, ministre de Dieu, a pour mission de faire progresser la foi jusqu'aux limites de l'univers.

À chaque printemps commence une nouvelle campagne. Le service militaire, ou service d'ost, est dû par tous les hommes libres. L'armement, l'entretien des montures, le ravitaillement des hommes sont à la charge des combattants. Le coût de l'équipement est tel que plusieurs hommes libres sont souvent contraints de se grouper pour payer l'équipement d'un seul. Les armées de Charlemagne comptent peu d'hommes, mais elles disposent d'une puissante cavalerie. Les combattants sont équipés d'une longue épée de fer, d'une lance, d'un bouclier et surtout de la brogne, une sorte de blouson de cuir recouvert d'écailles métalliques. Soucieux de conserver sa supériorité technique, Charlemagne interdit, en 779, l'exportation des brognes hors du royaume.

La tactique militaire est sommaire : au printemps, plusieurs armées convergent vers le cœur du pays ennemi, où elles occupent les points stratégiques et installent des garnisons. Une partie des peuples soumis est réduite en esclavage ; elle va servir l'aristocratie franque sur ses vastes domaines. Mais les pays envahis ne sont pas vraiment tenus, et il faut souvent recommencer l'opération au printemps suivant. Aussi le roi a-t-il à cœur la sécurité des réseaux de communication : il maintient l'état des voies romaines, fait édifier des ponts et entreprend même la construction d'un canal entre Rhin et Danube. Mais la lente pacification des territoires conquis est moins la conséquence des victoires militaires que celle de la christianisation, de la colonisation et surtout de la prestigieuse civilisation franque.

Les premières campagnes de Charles se déroulent en Italie : à l'appel du pape, il s'empare de Pavie en 774, et ceint la couronne de fer de Didier, roi des Lombards. Il peut ensuite « protéger » l'État pontifical, puis étendre son influence au duché lombard de Bénévent et à l'Istrie, conquise en 805.

Charles a probablement rêvé de délivrer l'Espagne tout entière du pouvoir musulman. Il profite des querelles locales pour franchir les Pyrénées en 778, mais il échoue devant Saragosse. Au cours de la retraite, son arrière-garde, commandée par Roland, comte de la Marche de Bretagne, est taillée en pièces au col de Roncevaux par des montagnards basques. Après la contre-offensive sarrasine de 781, qui révèle la fragilité des défenses du royaume, Charles crée, au profit de son fils Louis, la Marche de Gascogne, renforcée par la conquête de Barcelone, en 801, et par celle de Pampelune, capitale de la Navarre.

CHARLEMAGNE EN GERMANIE

Poursuivant les conquêtes orientales de ses aïeux, Charles s'empare en 788 du duché de Bavière, qu'il annexe au royaume. Il lui faudra en revanche de multiples campagnes et une politique de terreur pour venir à bout de la Saxe, finalement convertie vers 800.

Vox populi, vox Dei. (La voix du peuple est la voix de Dieu.)

Formule du moine Alcuin, dans une lettre adressée à Charlemagne en 798. Le proverbe sert aujourd'hui à souligner les vertus de la démocratie, mais la vraie phrase a été détournée de son sens. Le conseiller du roi franc écrivait en fait : « Il ne faut pas écouter ceux qui affirment que la voix du peuple est la voix de Dieu, car le tumulte de la foule est toujours proche de la folie. »

LA CHANSON DE ROLAND

Roland inspira la première chanson de geste. Cette chanson narre la campagne infructueuse de l'empereur Charlemagne en Espagne en 778 et surtout la mort héroïque de Roland, qui voulut protéger l'armée franque attaquée de revers. Mais attention, *la Chanson de Roland* fut écrite bien après ces épisodes, à la fin du XIe siècle.

Après les Germains, Charles se tourne vers les peuples d'Europe centrale. La conquête de la Bavière a mis les Francs au contact des Avars, un peuple d'origine asiatique installé dans la vallée du Danube. Sous les ordres de leur kagan, ceux-ci pillent l'Europe centrale et amassent leur butin dans le *ring*, camp fortifié par neuf enceintes concentriques. Les armées franques s'emparent de celui-ci en 796, et 15 chars à bœufs sont alors nécessaires pour le transport du trésor qu'il renfermait.

En 805, le kagan se convertit au christianisme et se reconnaît vassal de Charlemagne. Sur l'Elbe, qu'ils ont atteint après la conquête de la Saxe, les Francs se heurtent aux tribus slaves. Plusieurs expéditions sont lancées en direction de la Bohême, qui accepte la tutelle franque à partir de 805. La conquête s'interrompt : l'empire couvre alors un espace grand comme deux fois la France et Charles se préoccupe désormais de défendre les limites de son royaume. Il perfectionne le système des marches, territoires frontaliers confiés à des « comtes de la Marche » ou « marquis », lesquels administrent ces glacis protecteurs menacés par les peuples barbares (Marche d'Espagne au pied des Pyrénées ; Marche des Avars, ou « Marche de l'Est » [*Ostmark*], au-delà de l'Enns, la future Autriche ; mais aussi Marches de Bretagne, de Gothie, etc.). En 811, Charles part inspecter les flottes de Boulogne et de Gand, afin de lutter contre les raids des Normands.

CHARLES, EMPEREUR DES ROMAINS

La puissance franque est reconnue par tous les souverains, des roitelets de Grande-Bretagne et d'Espagne, du calife de Bagdad à l'impératrice de Byzance. Dans l'entourage de Charles, on ne cesse d'opposer sa grandeur, digne de la Rome antique, à la crise que traverse l'empire byzantin, où l'impératrice Irène a usurpé le trône de son fils Constantin VI, mais surtout à celle qui ébranle alors la papauté.

En effet, à Rome, le pape Léon III est en butte aux accusations de l'aristocratie locale qui lui reproche d'avoir fait acte de parjure et d'adultère : le 25 avril 799, il est même victime d'un attentat. Il parvient à s'enfuir et se réfugie auprès de Charles à Aix-la-Chapelle. Ce dernier le raccompagne à Rome et convoque une assemblée composée de clercs et de nobles. Le 23 décembre, en présence de ces hauts dignitaires et sous l'autorité du roi des Francs, Léon III se disculpe des accusations qui pesaient sur lui en prononçant un « serment purgatoire », acceptant la punition divine s'il ment. L'assemblée propose ensuite à Charles de rétablir l'autorité impériale. Le 25 décembre 800, le pape sacre Charles empereur des Romains. Il le fait acclamer par la foule au cri de « Charles, empereur très pieux, Auguste, couronné de Dieu, grand et pacifique empereur des Romains, vie et victoire ! ». Après plusieurs siècles d'occultation, l'empire romain d'Occident est restauré.

LA SOUMISSION DES SAXONS

« Quiconque refusera de respecter le saint jeûne du carême et mangera de la viande, qu'il soit mis à mort. » Tel est l'article 4 du « capitulaire des Saxons », datant de 785, qui prévoit, en outre, la mort pour ceux qui refusent le baptême, qui entrent de force dans une église ou qui incinèrent leurs morts à la manière païenne. Si Charles combat pour le Christ, les Saxons, eux, luttent pour conserver leur culte païen, fondé sur le culte de l'Irmensul, un tronc sacré qui, telle une colonne, soutient le Ciel. En 772, Charles fait abattre l'arbre, mais il lui faudra trente ans pour soumettre ce peuple. Le capitulaire de 785 instaure un régime de terreur dans le pays et, en 794, l'empereur impose des déportations massives... Ce n'est qu'à la fin du règne, quand une Église réellement saxonne aura été mise en place, que le pays fera enfin partie de l'Empire.

UN EMPIRE ORGANISÉ

C'est avant tout par sa présence physique et par sa parole que Charles gouverne, s'attachant à garder un lien personnel avec le peuple franc. Excepté à la fin de son règne, lorsqu'il vit dans son palais d'Aix-la-Chapelle, l'empereur se déplace sans cesse, tient chaque printemps des assemblées publiques où il annonce ses décisions, transcrites dans les « capitulaires ». Ses sujets lui doivent un serment personnel de fidélité, qu'ils renouvellent à plusieurs reprises.

Le gouvernement central, réduit, se compose du personnel du palais, des chefs des services domestiques et des clercs de la chapelle, à la tête desquels se trouve le chancelier, chargé d'expédier les actes officiels.

Quant au territoire, il est divisé en 300 comtés environ, confiés à quelques dizaines de familles apparentées à la dynastie. Les comtes, chargés de percevoir les impôts et de rendre la justice, sont en partie rémunérés par le produit des amendes. Afin d'éviter qu'ils ne cèdent à la tentation de l'autonomie, Charles institue les fameux *missi dominici*, qui se déplacent par deux, un comte et un évêque, afin d'inspecter chaque année pendant quatre mois une zone donnée de l'empire. Il confie la justice à des professionnels du droit, les *scabini* (futurs échevins).

LE « SOLDAT DU CHRIST »

Charles est un *miles Christi*, un « soldat du Christ ». Seul responsable devant Dieu du salut de son peuple, il appuie son pouvoir sur l'Église, qu'il organise durant son règne. Ainsi, il

« QUI A EU CETTE IDÉE FOLLE... »

La réforme scolaire doit surtout redonner au clergé sa dignité intellectuelle et morale. Parmi les lettrés étrangers que Charlemagne attire à sa cour, Alcuin d'York est le plus important : ses mérites intellectuels lui vaudront le titre de « précepteur de la Gaule ». Principal artisan de la renaissance carolingienne, il entreprend de rénover le latin et de réorganiser la liturgie. Sous son influence, un capitulaire, rédigé en 789, fixe un véritable programme scolaire, prévoyant la création d'une école dans chaque diocèse et déterminant les matières qui devront y être enseignées. L'empereur visite souvent l'école du palais et tente même d'apprendre à écrire, mais n'y parviendra jamais. Outre les fils des hauts dignitaires, quelques enfants pauvres y sont admis.

AVERTISSEMENT GÉNÉRAL !

En 789, Charles promulgue l'un des plus importants textes de loi de son règne en matière religieuse, l'avertissement général, ou *admonitio generalis*.
Dans ce long texte, le roi des Francs s'affirme à la fois comme représentant de Dieu sur terre et comme chef de l'Église car responsable du salut de son peuple. À ce titre, il fait préciser plusieurs points du dogme et recommande aux membres du clergé de mieux diffuser et enseigner le message biblique. Afin de donner une portée concrète à ce souhait, Charles engage les évêques à multiplier les écoles dans lesquelles les savoirs fondamentaux seront dispensés aux futurs clercs. Il réaffirme en outre l'importance des circonscriptions ecclésiastiques qui se divisent entre archevêché, évêché et paroisse. Le texte insiste sur le rejet des pratiques païennes et l'adoption nécessaire de la morale chrétienne par tous les sujets du roi.

précise la hiérarchie entre archevêque et évêque et cherche à améliorer la formation des prêtres dont beaucoup étaient illettrés au début de son règne. L'évêque est la pièce maîtresse de l'édifice carolingien ; à lui revient la charge des âmes de son diocèse, la formation intellectuelle et la pureté morale de son clergé. Il est assisté par un chapitre de chanoines qui réside à proximité de la cathédrale.

L'empereur intervient en outre dans les débats théologiques, se charge de l'évangélisation des païens soumis, mais refuse toute ingérence de l'Église dans la société et estime que le pape doit se cantonner au rôle de pasteur.

LA RENAISSANCE CAROLINGIENNE

Le règne de Charlemagne est certes marqué par des guerres incessantes, mais il correspond aussi à une période d'épanouissement des arts et des lettres qu'on appelle la « renaissance carolingienne ». Charles attire à sa cour les plus grands savants de son temps venus d'Angleterre (Alcuin), d'Italie (Paul Diacre) ou encore d'Espagne (Théodulphe). Sous leur influence, la langue latine est restaurée dans sa forme classique pour devenir une langue de culture réservée aux seuls clercs. À la même époque, la mise au point et la généralisation d'une écriture nouvelle, la minuscule caroline, rend plus aisée la copie et la diffusion des manuscrits. La multiplication des livres donne alors une importance particulière à l'enluminure. L'architecture, enfin, connaît un développement intense comme l'illustre le majestueux palais de Charles à Aix-la-Chapelle.

ESCLAVES ET HOMMES LIBRES...

La base matérielle du pouvoir carolingien repose sur les domaines royaux fortement concentrés au nord de la Loire, notamment dans la région parisienne ainsi que dans les bassins de l'Oise, de la Marne, de l'Aisne et de la Meuse. Cœur du royaume, ces régions sont également celles où domine la grande propriété.

Le mode de vie de l'aristocratie suppose en effet un large ravitaillement, des greniers toujours pleins, des champs de dimensions exceptionnelles, compte tenu du bas niveau des rendements, la disposition enfin de vastes étendues incultes pour l'approvisionnement en gibier, l'élevage des chevaux et les plaisirs de la chasse. Pour les exploiter, l'aristocratie dispose d'une main-d'œuvre composée d'esclaves comparables, à bien des égards, à ceux de la Rome antique. Toutefois, dès la fin des conquêtes carolingiennes, les grands propriétaires commencent à « caser » leurs esclaves, c'est-à-dire à les installer en nombre croissant sur une terre où ils peuvent s'établir avec leurs familles et dont ils peuvent tirer leur subsistance. En échange, ils doivent au domaine du maître des prestations diverses, principalement sous forme de travail. Outre ces exploitations serviles, beaucoup de grands domaines intègrent à cette époque des terres cultivées par des paysans libres. D'autres domaines, enfin, s'agrandissent par voie de défrichements, opérés par des « hôtes » venus d'ailleurs.

L'UNITÉ DE L'EMPIRE : UNE ILLUSION ?

Les dernières années du règne de l'empereur témoignent de la distance entre l'idéal et la réalité.

Dans ses ultimes lettres, Charles manifeste son angoisse devant la négligence des hommes et son regret de ne pouvoir rendre la justice, fondement d'une société chrétienne. C'est sans doute le constat qui l'amène à promouvoir la vassalité, laquelle, à terme, affaiblira les pouvoirs du souverain. Charles oblige, en effet, les comtes à devenir ses vassaux, s'assurant leur fidélité personnelle en leur octroyant une partie de ses domaines. Les forces centrifuges l'emportent...

Toutefois, l'unité de l'Empire est sauvegardée. En 813, Charles n'a plus qu'un fils légitime, Louis, qu'il fait couronner empereur, sans l'aide du pape cette fois. À la fin de sa longue vie, il peut espérer que l'Empire lui survivra...

Que les prêtres attirent vers eux non seulement les enfants de condition servile, mais aussi les fils d'hommes libres.

Charlemagne, *l'Avertissement général.*

L'éclatement de l'Empire carolingien

Un roi sans royaume, un royaume sans roi...

LE « MIROIR DU PRINCE »

Hincmar archevêque de Reims domine de sa personnalité le royaume de Francie occidentale. Préoccupé de la vie religieuse des fidèles, il pourchasse l'hétérodoxie. Il défend les droits de l'Église de Reims et fait reconnaître le privilège de celle-ci à sacrer les rois. Fidèle conseiller de Charles le Chauve, il écrit à son intention un *Miroir du prince*, prend la tête de la résistance à l'invasion de la Francie occidentale par Louis le Germanique en 858, et exerce une véritable régence à la mort du roi, en 877. Il défend ensuite les droits de la descendance royale, et ne cesse de proposer un retour à l'« époque idéale » de Charlemagne. Après avoir fui sa ville, menacée par les Normands, il meurt en 882. Ses écrits font de lui l'un des meilleurs représentants de la renaissance carolingienne.

Quarante ans après la mort de Charlemagne, le rêve carolingien d'une l'unité impériale s'effondre : l'empire d'Occident vole en éclats. Il est tout d'abord partagé entre les trois fils de Louis Ier le Pieux avant d'être dépecé par leurs successeurs. Assailli aux frontières, l'Empire cède la place à cinq royaumes dans lesquels les seigneurs gagnent en puissance, marquant ainsi le déclin de l'autorité centrale et les débuts de la féodalité.

Troisième fils de Charlemagne, roi d'Aquitaine depuis 781, couronné empereur en 813, Louis Ier le Pieux succède à son père en 814. Il a une conscience élevée des devoirs de sa charge : à ses yeux, l'Empire est le cadre institutionnel de l'Église avec laquelle il se confond.

L'EMPIRE RÊVÉ...

Le temps des grandes conquêtes est achevé. Il revient à Louis de poursuivre la politique de son père en vue de la rénovation du royaume des Francs (*Renovatio Regni Francorum*). Avec l'aide de Benoît d'Aniane, réformateur des monastères du Languedoc, il poursuit la réforme de l'Église dans le sens d'une unification des pratiques liturgiques : en 817, la règle bénédictine s'impose à toutes les abbayes.

Louis encourage les missions de conversion des Slaves et des Scandinaves. Ses contemporains sont convaincus d'être entrés dans une ère de paix et de bonheur. « Jamais on n'avait tant travaillé pour la cause du bien public », reconnaît Adalard, abbé de Corbie. En 817, par l'Ordonnance d'empire, Louis Ier le Pieux organise sa succession : il établit son fils aîné Lothaire comme unique héritier de la couronne impériale. Ses deux autres fils et son neveu seront rois d'une région de l'Empire, mais resteront soumis à Lothaire. À l'encontre de la séculaire tradition des Francs, Louis inaugure ainsi le droit d'aînesse, poussé par son unique souci : préserver l'unité de l'Empire.

FILS CONTRE PÈRE

Veuf d'Irmingarde, Louis se remarie en 819 avec Judith, fille du comte Welf d'Alamannie et de Bavière, bientôt très influente au palais. Le 13 juin 823, celle-ci met au monde un fils, Charles, auquel l'empereur souhaite abandonner une part d'héritage en revoyant l'Ordonnance de 817. Aussitôt, la cour se divise : les partisans de l'unité impériale, groupés derrière Lothaire, s'opposent aux partisans de Judith, qui souhaitent revenir à la pratique du partage. Louis élabore des plans successifs qui ne satisfont personne. En 833, ses trois fils se coalisent contre lui. Le 30 juin, l'empereur tombe entre leurs mains. Dès le mois d'octobre, il est déchu de la dignité impériale. Devant l'incapacité des vainqueurs à s'unir, Louis le Pieux est à nouveau couronné empereur, à Metz, en février 835.

Le 30 mai 839, il procède à un dernier partage de l'empire entre ses trois fils survivants (Lothaire, Louis et Charles), avant de mourir en 840. Revêtu du titre impérial, Lothaire réclame la totalité de l'héritage. Mais ses deux frères coalisés lui infligent une défaite à Fontenoy-en-Puisaye, près d'Auxerre (25 juin 841). Quelques mois plus tard, en février 842, Charles et Louis échangent des serments d'alliance à Strasbourg : ils se jurent fidélité et assistance, chacun dans la langue de l'autre, devant leurs hommes rassemblés. À la suite de cette entente, ils marchent sur Aix-la-Chapelle où Lothaire s'est retranché.

L'historien du IXe siècle Nithard a fait le récit de cet épisode et c'est ainsi que la retranscription des premières traces écrites d'une langue romane, lointain ancêtre du français, nous est parvenue.

LA PARTITION INÉVITABLE

Face à la menace, Lothaire est contraint de traiter avec ses deux frères. En août 843, il signe le traité de Verdun qui organise un partage de l'Empire carolingien en trois royaumes : l'empereur demeure, mais l'Empire est mort. Le diacre de Lyon, Florus, déplore la perte de l'unité chrétienne : « Au lieu d'un roi, un roitelet ; au lieu d'un royaume, des fragments de royaume. » En revanche, les premiers contours de l'Europe à venir se dessinent. Quand Lothaire meurt,

UNE PART DU GÂTEAU

En août 843, Lothaire l'aîné, Louis le Germanique et Charles le Chauve se rassemblent sur les bords de la Meuse à Verdun. Ils décident de mettre un terme aux luttes qui les opposent depuis quelques années.
Il s'agit de concilier deux principes irréductibles : la logique des royaumes, qui impose une division, et la logique de l'Empire, qui voudrait conserver l'unité chèrement constituée sous Charlemagne et Louis Ier le Pieux. Le traité résulte donc d'un compromis. Il organise un partage de l'Empire en trois royaumes : la Francie occidentale revient à Charles, la Francie orientale à Louis. Quant à la partie médiane, qui s'étire de la mer du Nord à l'Italie du Sud, englobant Rome et Aix-la-Chapelle, elle est accordée à Lothaire, qui conserve en outre le titre d'empereur. L'unité impériale est maintenue dans les apparences seulement. En effet, le traité de Meersen (870) met fin à la Lotharingie, que se partagent Louis et Charles. Quant au titre d'empereur, il disparaît à la fin du IXe siècle...

LES NORMANDS SONT ENTRÉS DANS PARIS !

En novembre 885, le chef normand Siegfried met le siège devant Paris. La ville, à cette date, se réduit encore à l'île de la Cité, défendue par la muraille romaine et flanquée d'un bourg sur la rive gauche.

L'évêque Gauzlin et Eudes, le jeune comte de Paris, organisent la résistance. La population se concentre dans la Cité, où elle transporte en procession les reliques de saint Germain et de sainte Geneviève. La rive gauche est dévastée, mais, sur la rive droite, la tour qui défend l'accès à l'île résiste encore. En octobre 886, l'empereur Charles le Gros vient camper sur les hauteurs de Montmartre. Il finit par traiter avec les assiégeants : moyennant un tribut de 700 livres d'argent et l'autorisation d'hiverner en Bourgogne, les Normands s'engagent à regagner leur pays...

le 29 septembre 855, son royaume est, à son tour, partagé entre ses trois fils : cinq royaumes occupent désormais les ruines de l'Empire carolingien.

L'aîné, Louis, avec l'Italie, hérite du titre impérial. Entouré de souvenirs romains, il se présente comme l'héritier des anciens empereurs. En réalité, il n'est que l'empereur d'une Italie assaillie par les Sarrasins. En 875, qui plus est, il meurt sans descendance.

L'EMPIRE AUX MAINS DE LA PAPAUTÉ

Des rois francs, Charles le Chauve est alors le plus puissant. Avec l'appui du pape Jean VIII, il est proclamé empereur et couronné à Rome, le 25 décembre 875. Face à la menace musulmane, le pape appelle Charles le Chauve à l'aide. Celui-ci gagne l'Italie en 877, mais tombe malade en franchissant le col du Mont-Cenis ; il meurt le 6 octobre 877, dans un village de Maurienne.

L'empire reste vacant pendant quatre ans. En 881, Jean VIII choisit comme protecteur Charles le Gros, qui vient de réunifier sous son autorité le royaume de Francie orientale ; il est couronné à Rome le 12 février. En juin 885, le nouvel empereur reçoit aussi la couronne de Francie occidentale : la totalité de l'empire de Charlemagne est à nouveau réunie entre ses mains. Mais le manque de cohésion de cet empire, ajouté à la faiblesse de Charles dans la lutte contre les Normands, entretient le mécontentement de l'aristocratie. L'empereur est contraint d'abdiquer en novembre 887 et meurt quelques semaines plus tard. Son échec marque le terme de l'épopée impériale des Carolingiens.

LES « PIRATES DES BAIES » EN FRANCIE !

Charlemagne, mais surtout ses successeurs, ont dû faire face à des envahisseurs puissants, au premier rang desquels les Normands, ou Vikings. Ce terme, tiré du scandinave *vik*, signifie « pirates des baies ». D'abord marins et commerçants, les Vikings se sont en effet peu à peu transformés en pillards. Venant de Norvège et du Danemark, ils se lancent dès la fin du VIIIe siècle à l'assaut de l'Empire grâce à leurs longs bateaux appelés drakkars. Robustes, rapides et stabilisés par une quille, ces derniers sont capables de résister aux houles de l'Atlantique et de la mer du Nord. Leur fond plat leur permet de remonter facilement les cours d'eau jusqu'à l'intérieur des terres. Ce mouvement d'expansion a sans doute pour origine un grand dynamisme démographique et des bouleversements politiques en Scandinavie.

Les premières expéditions vikings en Francie datent de 810. Les chroniqueurs évoquent ces Normands, ou « hommes du Nord », en les présentant comme de redoutables guerriers venus pour semer la terreur et la mort sur leur passage. À partir de 833, les raids vikings se multiplient : Rouen brûle en 841, Nantes en 843, Paris en 845 et Tours en 853. Les envahisseurs marquent les esprits en s'attaquant à l'Église : l'évêque de Nantes est massacré pendant la messe dans sa cathédrale, puis ce sera le tour de l'évêque de Beauvais et, plus tard, de celui de Noyon. Les Vikings établissent des têtes de pont permanentes à l'embouchure de la Seine et de la Loire. Ils les entourent de fortifications, y installent entrepôts et ateliers et hivernent sur place, soumettant les régions environnantes à des incursions incessantes. Tour à tour, la Flandre, les grandes vallées (Seine, Loire, Garonne) sont dévastées. À partir de 859, les Normands investissent le sud-est de la France. Ayant sans doute débarqué à Port-Vendres, ils naviguent jusqu'à l'embouchure du Rhône, s'installent en Camargue et pillent Arles, Nîmes et Valence. En 862, les Normands s'attaquent à une autre région de France : la Bretagne.

NAISSANCE DE LA NORMANDIE

Face à ce danger, les Francs résistent mal. Leur armée puissante et centralisée n'est pas efficace contre les raids surprises des pillards. Ainsi, l'arrivée des Normands déstabilise la société à différents niveaux. De nombreuses villes sont ravagées et livrées au pillage. Les attaques occasionnent des déplacements de population, surtout de paysans en fuite. Les atrocités perpétrées par les envahisseurs frappent les esprits. Bien souvent, les chefs de guerre francs préfèrent acheter la trêve plutôt que de combattre ces envahisseurs insaisissables. Toutefois, une victoire décisive des troupes franques en 911 permet au roi de Francie, Charles le Gros, d'obtenir un compromis équitable avec le roi des Normands, Rollon ; en échange de l'administration des cités de Rouen, d'Évreux et de Lisieux, ce dernier s'engage à se soumettre au roi et à se convertir au christianisme. Ce traité, signé à Saint-Clair-sur-Epte, donne naissance à la Normandie.

LE « BÉNÉFICE » DES VASSAUX

Minés par les successions, assaillis par les Normands, les royaumes francs doivent, en outre, compter avec les révoltes qui se succèdent en Francie occidentale. Pour gouverner, les fils de Louis Ier le Pieux se sont donc appuyés sur des groupes de guerriers privés, les vassaux (ou fidèles), payés à l'aide d'un bien foncier (le « bénéfice ») accordé à titre viager. Ainsi, tandis que le pouvoir des rois s'érode, celui de l'aristocratie ne cesse de grandir.

UN CONTRAT IRRÉVERSIBLE

Dès avant 840, la vassalité est devenue héréditaire de fait. Le roi n'a donc plus la possibilité de reprendre un bénéfice à la mort de son vassal. Une nouvelle morale politique se développe, fondée sur l'idée de contrat : en échange de sa fidélité, le comte s'estime libre possesseur de sa charge. Et, en juin 877, par le capitulaire de Quierzy, Charles le Chauve consacre officiellement le droit des fils de vassaux à conserver les bénéfices octroyés à leur père. Cette ordonnance admet aussi le privilège des fils de comtes à succéder à leur père. Une étape décisive est franchie sur le chemin de la féodalité.

Le temps de la foi

Religion et superstitions, de la vie à la mort...

LE « JUGEMENT DE DIEU »

Malgré les protestations de l'Église, qui refuse d'admettre comme preuves des procédures qui ne sont pas reconnues par le droit canon, les juges du haut Moyen Âge, qu'ils soient laïques ou religieux, aiment à recourir à l'épreuve judiciaire, ou jugement par ordalie (du francique *urdeili*, « jugement de Dieu »). Puisque Dieu est capable de tous les miracles, puisqu'il est juste, il se doit d'envoyer un signe pour trancher dans un litige : il désigne le vainqueur du duel judiciaire, permet aux innocents de marcher sur un lit de braises sans se brûler les pieds, de porter une barre de fer rougie au feu à pleines mains, de résister à l'épreuve de l'eau bouillante. Il est vrai que la magie peut tromper Dieu lui-même : un coupable qui porte sur lui une amulette efficace peut triompher de l'épreuve ! Sa pénitence peut être alors terrible si la ruse est découverte.

Dans un monde où Dieu et Diable s'affrontent, la religion constitue le quotidien des hommes. C'est elle qui rythme leur vie de la naissance jusqu'à la tombe. Parmi les croyants, un rôle particulier est dévolu aux moines, qui adoptent progressivement la règle de saint Benoît : par la prière, ils sont chargés d'obtenir le salut du peuple chrétien.

L'Église a mal résisté à la tourmente déchaînée par les grandes invasions. Les clercs, dont l'existence aurait dû être vouée à l'étude et à la prière, ont été happés par les grands conflits du moment et ont dû prendre parti dans les querelles qui ont déchiré l'Occident.

L'ÉGLISE SOUMISE AUX LAÏQUES

Alors qu'au temps des Carolingiens les princes devaient respecter l'autorité et le savoir des évêques et des abbés, ils ont, aux IXe et Xe siècles, profité du désarroi de l'Église pour mettre la main sur ses immenses propriétés. Ce sont désormais les ducs et les comtes qui nomment les titulaires des évêchés et des grandes abbayes, qu'ils vendent parfois au plus offrant. Ces hautes charges peuvent être la propriété d'une seule famille, où elles sont transmises de l'oncle au neveu ou de père en fils, au grand scandale des chroniqueurs. Détenteurs de terres qu'ils tiennent d'un seigneur, les dignitaires religieux deviennent ainsi des rouages du système féodal. Seigneurs à part entière, insérés dans des réseaux de fidélité, ils ont des obligations militaires, rendent la justice et perçoivent des redevances.

Alors qu'au siècle précédent la renaissance culturelle carolingienne était le fruit de l'élite cléricale, l'autorité morale de l'Église s'affaiblit et le clergé des paroisses est régulièrement dénoncé comme ignorant – voire débauché. L'activité intellectuelle s'est considérablement réduite, les ateliers des monastères et des chapelles princières ont cessé d'être des lieux d'intense production écrite, les écoles des palais sont en crise, on ne construit plus de grandes églises qu'en Germanie. Ce déclin atteint tous les types de production artistique, à l'exception d'un seul, l'orfèvrerie, qui fabrique en quantité croix, médailles et médaillons, reliures, mais surtout châsses et coffrets pour enfermer le bien le plus précieux des hommes désemparés : les reliques des saints qu'ils vénèrent.

LA PEUR : L'ANARCHIE ET LE RÈGNE DE LA FOI

Pour un paysan du xe siècle, qui vit dans une simple masure et un dénuement culturel total, l'Évangile et son enseignement restent hermétiques. Pourtant il croit. Il se rend à l'église, pour prier Dieu et implorer son pardon. Car, plus fort que sa foi et plus irraisonné aussi, un sentiment terrible l'habite : la peur. Peur de la famine, des épidémies, de l'obscurité, des forces de la nature, des plus puissants. Pour ces populations illettrées, tout est signe : les phénomènes dont les causes leur échappent (inondations, tempêtes, désordres célestes) semblent des manifestations de puissances mystérieuses, qu'il faut se concilier par tous les moyens. Les antiques croyances héritées du paganisme, mal recouvertes par quatre siècles de christianisation, resurgissent très vite. Les moines eux-mêmes peuvent se livrer à un trafic d'objets porte-bonheur, phylactères, amulettes, talismans ; on leur attribue une origine sainte pour expliquer leurs propriétés magiques, propres à contraindre les forces de la nature. La crainte la plus effroyable est celle de la mort, la peur de l'enfer où le poids des fautes peut plonger à jamais le pécheur. Dans l'espoir d'obtenir le salut, les hommes et les femmes de ce temps rendent un culte tout particulier aux saints auxquels ils demandent protection ici-bas et intercession au jour du Jugement dernier. L'Église promeut d'ailleurs des modèles de bons chrétiens en canonisant certains hauts personnages tels des saints hommes, des évangélisateurs, voire des souverains. Leurs reliques font l'objet d'une grande vénération. La présence d'un saint rapproche de Dieu, pense-t-on. Les églises de la chrétienté s'enorgueillissent de posséder les restes glorieux d'un martyr romain et, plus souvent, ceux d'un saint. Ainsi en est-il de Boniface en Germanie ou encore de Willibrord en Frise. Leurs

SAINT BENOÎT

Benoît naît vers 480, à Nursie, en Italie centrale. Destiné à la carrière administrative, il part étudier à Rome. Il n'a pas 20 ans lorsqu'il décide d'abandonner ses études pour rejoindre une communauté d'ermites. Il se retire ensuite, pendant trois ans, dans une grotte près du lac de Subiaco. Appelé à diriger une abbaye, il se heurte à l'incompréhension des moines, qu'il rebute par la dureté de ses exigences, et revient à Subiaco. En 529, il fonde un monastère sur le mont Cassin dominant la plaine de Campanie. Convaincu de l'importance de la communauté pour la vie monastique, Benoît édicte une règle qui est l'aboutissement de longues années d'expérience et de réflexion. Saint Benoît meurt vers 547 et, en 672, un moine de Fleury-sur-Loire ramènera ses reliques, abandonnées après le pillage du mont Cassin par les Lombards en 577. De la vie de saint Benoît, « patriarche des moines d'Occident », il n'existe qu'un récit : le livre II des *Dialogues* du pape Grégoire le Grand.

GÉRAUD D'AURILLAC

Si, pour Odon, abbé de Cluny, la communauté des moines est la seule qui puisse tendre à la perfection, il existe néanmoins des voies de salut pour les laïques. Elles ont été tracées par Géraud d'Aurillac, qui put prétendre à la sainteté en n'étant ni martyr ni moine, ni même prêtre. Né vers 850, comte d'Auvergne, Géraud est un bon seigneur, rendant la justice, assistant aux offices, essayant de défendre sa ville contre les Normands, refusant de devenir vassal du comte d'Aquitaine. Pour son biographe, il mérite d'être canonisé car il se montre un chrétien exceptionnel : il jeûne comme un moine, se fait lire des textes saints durant les repas, distribue lui-même les aumônes aux pauvres, refuse de se marier et résiste héroïquement à la tentation, avec l'aide de Dieu. En 874, il fonde sur ses terres une abbaye, Saint-Clément. Malgré son comportement exemplaire, Odon tente de justifier son héros : si Géraud ne s'est pas fait moine, écrit l'abbé de Cluny, c'est qu'il est mort en 909, avant la fondation de Cluny, et qu'il n'existait donc pas de son vivant de communauté assez exemplaire pour qu'il pût avoir envie de s'y joindre...

reliques sont pieusement conservées ; elles servent à consacrer l'autel d'une église, pratique rendue obligatoire sous les Carolingiens. Mais les plus précieuses sont celles qui remontent à l'époque du Christ ; dents de lait, cheveux, prépuce, larmes ou lait de la Vierge sont tant convoités qu'un véritable trafic s'est organisé pour en doter nombre d'églises. Ces reliques insignes attirent en outre de toute la chrétienté des masses de pèlerins venus les prier.

SUR LA ROUTE DES PÈLERINAGES

Parmi les pèlerinages entrepris au Xe siècle, celui de Compostelle connaît une ferveur particulière : c'est là en effet que Jacques, le cousin du Christ, aurait accosté un jour et serait enterré. Venus de tous les horizons, rois, chevaliers, marchands, clercs et manants entreprennent le voyage. Avec leur ardeur habituelle, les moines participent à son organisation : pour éviter aux pèlerins de prendre des chemins hasardeux, ils tracent, à travers la France, de grands itinéraires menant d'une abbaye à l'autre, où les voyageurs sont sûrs de trouver le gîte et le couvert. Les moines mettent au point une sorte de guide du pèlerin, qui indique non seulement les étapes, mais signale aussi les pièges à éviter en route : passeurs qui dévalisent les pèlerins, aubergistes malhonnêtes, lieux de rendez-vous des brigands... Le chemin de Compostelle est ponctué d'églises où s'arrêtent les fidèles le temps d'une prière : c'est le réconfort de ceux qui marchent depuis des jours, qui traversent des contrées étrangères aux côtés de compagnons de route dont ils ne comprennent pas toujours la langue. Pour les chrétiens, pèlerins ou sédentaires, les monastères manifestent la présence de Dieu.

LES PREMIERS MONASTÈRES

Le monachisme est apparu au moment des persécutions, pour se développer avec l'édit de Constantin (312). En Égypte, les premiers ermites, comme saint Antoine, ont gagné le désert de la Thébaïde, s'imposant la plus grande austérité pour soustraire leur corps aux tentations. Beaucoup de chrétiens ont préféré ensuite se grouper en communautés, soumises à l'autorité d'une règle. D'Orient, le monachisme a gagné l'Italie puis la Gaule. Peu après 360, saint Martin a entrepris d'évangéliser les campagnes gauloises. Devenu évêque de Tours, il s'est établi à Marmoutier, au milieu d'une communauté monastique. Césaire d'Arles a installé deux abbayes dans sa ville. Et, vers 415, Jean Cassien a fondé Saint-Victor de Marseille... Les fondations n'ont pas cessé de se multiplier. Nées d'initiatives privées, elles sont restées indépendantes les unes des autres. Chaque monastère a élaboré et a suivi sa propre règle. Ainsi, au VIIe siècle, le moine irlandais Colomban (543-615) se rend-il sur le continent où il implante sa règle austère dans les monastères de Saint-Gall et de Bobbio. Toutefois, celle-ci sera détrônée par celle de saint Benoît.

LE TRIOMPHE DE LA RÈGLE BÉNÉDICTINE

Instaurer « une école de service du Seigneur » : tel est le but de Benoît de Nursie, lorsqu'en 534 il rédige un règlement de vie pour son monastère du mont Cassin, en Italie. Cette règle – « une toute petite règle, écrite pour des débutants » – connaîtra, à partir du VIIe siècle, une très grande diffusion. En 817, elle deviendra l'unique règle des abbayes d'Occident.

Le moine est un solitaire. Il fuit le monde et les tentations terrestres afin de rencontrer Dieu et prier pour le salut des hommes. Toutefois, Benoît inscrit cette solitude dans la vie communautaire et la soumission à une règle. En entrant au monastère, le moine abandonne tous ses biens, et doit complète obéissance au père abbé. Il doit en outre prier – la prière collective rythme sa vie quotidienne –, travailler – pour combattre l'oisiveté et assurer la subsistance de la communauté – et se nourrir de la parole divine.

La règle de saint Benoît s'est imposée par sa brièveté, sa modération et sa facilité d'adaptation. La première mention explicite de la règle bénédictine date de 620, à Hauterive, et le triomphe de cette règle est, d'abord, le résultat de l'action du pape Grégoire le Grand (590-604). Né dans une grande famille romaine, ce dernier est préfet quand il décide en 573 d'embrasser la vie monastique. Il vend ses biens, transforme sa maison du mont Caelius en monastère soumis à la règle de saint Benoît et fonde six autres abbayes dans ses domaines de Sicile. Élu pape en 590, Grégoire n'est pas un théologien spéculatif, il reste un moine plus soucieux de pastorale et de chant liturgique que d'enseignement dogmatique : il veille à l'unité et à la ferveur de son troupeau. Il se considère comme le pédagogue de l'Occident, particulièrement de l'Italie ! C'est lui qui envoie, en 596, Augustin et quarante moines de l'abbaye du mont Caelius évangéliser l'Angleterre.

Égrainant ses monastères de l'Elbe aux Pyrénées, l'ordre bénédictin s'était donné pour mission de faire rayonner la gloire de Dieu parmi les peuples barbares. Mais pour les moines, le temps des invasions est aussi celui de la tourmente et du pillage et ils cherchent à préserver tant bien que mal les saintes reliques dont ils ont la charge. Ils trouvent souvent alors refuge auprès de seigneurs locaux qui, pour assurer leur salut, fondent des monastères qu'ils dotent généreusement. Tel fut le cas de Guillaume d'Aquitaine, qui donna des terres à des moines et permit en 910 la fondation de l'abbaye de Cluny, où la règle de saint Benoît atteignit son apogée.

L'oisiveté est l'ennemie de l'âme, les frères doivent consacrer certaines heures au travail des mains et d'autres à la lecture des choses divines.

Benedicte Regula.

Le début des Capétiens

D'Hugues « le Grand » à Guillaume le Conquérant

L'ÉLECTION DU « MEILLEUR »

En juin 987, l'archevêque Adalbéron énumère ses arguments en faveur de Hugues Capet, « duc des Francs » contre le Carolingien Charles : « [...] Charles, frère du roi Lothaire, a ses partisans [...]. Mais le trône ne s'acquiert pas par droit héréditaire, et l'on ne doit mettre à la tête du royaume que celui qui se distingue non seulement par la noblesse corporelle, mais encore par les qualités de l'esprit... Quelle dignité pouvons-nous conférer à Charles [...] ? Donnez-vous donc pour chef [...] le duc en qui vous trouverez un défenseur de la chose publique et de vos intérêts privés. »

L'accession d'Hugues Capet au trône en 987 met un terme définitif au règne des Carolingiens. C'est un royaume de France instable qui accueille le premier souverain de la nouvelle dynastie. Les règnes des premiers Capétiens confirment l'installation de la féodalité tandis que l'Occident entre dans le deuxième millénaire.

Le passage de la dynastie carolingienne à la dynastie capétienne est le résultat d'une longue histoire. Pendant plus d'un siècle, de la mort de Robert le Fort (866) à l'avènement d'Hugues Capet (987), les deux lignées règnent tour à tour. Elles sont subordonnées toutes deux aux intérêts des grands féodaux dont la puissance ne cesse de croître.

LA PUISSANCE D'UNE FAMILLE...

Robert le Fort est l'ancêtre des Capétiens. Il est nommé comte d'Angers et de Tours en 852. À la même époque, on lui confie l'organisation de la défense du royaume contre les Normands. En 866, il écrase leurs troupes à Brissarthe, mais il est mortellement blessé au cours du combat. Son fils aîné, Eudes, comte de Paris, suit ses traces et défend victorieusement la cité contre les Normands lors du siège de Paris en 885-886. La royauté est encore élective à cette époque. Et c'est assez naturellement que les Grands du royaume choisissent Eudes comme roi en 888 après avoir déposé Charles III le Gros. Mais les partisans des Carolingiens, encore nombreux et puissants, s'y opposent ; l'archevêque de Reims, Foulques, fait sacrer en 893 le prétendant légitime au trône, Charles le Simple. Jusqu'à la mort d'Eudes, en 898, la France est donc gouvernée par deux rois, en lutte ouverte l'un contre l'autre. Cependant, en 896-897, Eudes conclut un accord avec le Carolingien, prévoyant qu'à sa mort Charles lui succédera. Lorsqu'il décède en 898, la dynastie carolingienne semble rétablie. Pourtant, en 922, une crise éclate : les Grands élisent contre Charles le frère d'Eudes, Robert, qu'ils font sacrer par l'archevêque de Sens. La guerre entre les deux partis devient inévitable : le nouveau roi y trouve la mort le 15 juin 923. Mais Charles le Simple est détrôné la même année. Les Grands offrent alors la couronne à Raoul, fils de Robert. En 923, la couronne échappe encore une fois aux Carolingiens.

HUGUES, PÈRE ET FILS

À la mort de Raoul en 936, son frère Hugues est le plus puissant personnage du royaume, mais il ne souhaite pas devenir roi. Bien au contraire, il organise la restauration des Carolingiens et place Louis IV d'Outremer sur le trône. Le roi le remercie en lui reconnaissant le titre de *dux Francorum*, ou *dux Franciae* (duc des Francs) ; Hugues, surnommé « le Grand », exerce désormais une véritable vice-royauté sur la Francie, territoire s'étendant entre Loire et Meuse. Il meurt en 956, léguant à son fils, prénommé Hugues lui aussi, ses titres et ses fonctions.

Hugues a 16 ans, le nouveau roi Lothaire en a 13. Ils sont placés sous la tutelle de leurs oncles : le roi de Germanie Otton Ier et Brunon, l'archevêque de Cologne. Outre son titre, le nouveau duc des Francs possède une dizaine de comtés (Paris, Senlis, Orléans, etc.) et administre plusieurs abbayes dont celle de Saint-Martin à Tours, d'où il tire son surnom : Capet vient de *capa*, allusion probable aux nombreuses chapes d'abbé laïque détenues par Hugues. Des liens de famille l'attachent aux plus Grands : sa sœur est l'épouse du duc de Normandie ; son frère cadet, Otton, est duc de Bourgogne ; lui-même se marie en 970 avec la fille du duc d'Aquitaine, Adélaïde. Sa puissance dépasse bientôt celle du roi.

LA TRAHISON D'ADALBÉRON

Les tentatives menées par Lothaire, successeur de Louis IV d'Outremer, pour reprendre la Lorraine à l'empereur entraînent la rupture entre le roi et Hugues. En 984, Lothaire profite de la minorité du souverain germanique, Otton III, pour s'emparer de Verdun. L'archevêque de Reims, Adalbéron, chef d'un parti impérial favorable à l'unité de l'Occident sous l'hégémonie des empereurs saxons, pousse Hugues à se rapprocher de l'empereur et de

Qui t'a fait roi ?

C'est la réponse qu'Adalbert, comte de Périgord, fit à Hugues Capet, qui avait été « élu » roi par ses pairs en 987 et qui lui rappelait que c'est lui qui l'avait élevé à son rang. La formule a servi durant les premiers siècles de l'Ancien Régime à « remettre le roi à sa place » face au pouvoir des grands féodaux qui furent souvent de grands rivaux de la couronne.

L'ÉMERGENCE DE LA CATALOGNE

En 987, les premiers linéaments d'une conscience catalane se manifestent, bien que la Catalogne n'existe pas encore. Formant un ensemble original, elle devient une marche sous les Carolingiens, un bastion avancé de la chrétienté contre l'islam. Les comtes catalans ont toujours témoigné une fidélité indéfectible à la famille carolingienne. Pourtant, en 987, le marquis Borel reconnaît Hugues Capet, à qui il fait appel pour combattre les Arabes. Hugues ne répond pas à sa demande, mais saisit le prétexte pour faire couronner son fils Robert. Ce n'est que plus tard que se distendront les liens entre le roi et les principautés méridionales, Languedoc et Catalogne. On y datera alors les documents « du règne du Christ, dans l'attente du roi » et non de l'avènement du roi de France.

l'aristocratie lorraine pro-impériale. Le 11 mai 985, Adalbéron est accusé de trahison et traduit en justice à Compiègne ; l'intervention d'Hugues Capet disperse l'assemblée.

En 986, Lothaire meurt. Son fils, Louis V, relance le procès, et dénonce alors « l'homme le plus scélérat que la terre eût supporté ». Il convoque une assemblée à Compiègne, mais il meurt le 21 mai 987. La situation bascule alors : non seulement Adalbéron est lavé de tout soupçon, mais une nouvelle assemblée, qui se tient à Senlis, désigne Hugues comme roi.

LA FIN DES CAROLINGIENS

Le 3 juillet 987, Adalbéron procède au sacre d'Hugues Capet dans la cathédrale de Noyon. La couronne est passée à l'héritier d'une dynastie qui a déjà donné deux souverains à la *Francia* ; les grands vassaux, qui n'ont pas tous assisté à l'élection, acceptent dans le calme le changement de dynastie. Toutefois, les Carolingiens ont encore des fidèles, en particulier au sud du royaume. Devant ces réticences, Hugues saisit le prétexte d'une expédition lointaine pour associer au trône son fils Robert, sacré le 30 décembre 987 à Orléans. Pendant deux siècles, l'association du fils aîné au trône évitera toute crise de succession, rendant *de facto* la royauté héréditaire. En 988, Charles de Lorraine, frère de Lothaire et candidat malheureux à la couronne en 987, tente une dernière fois de s'opposer à Hugues : il s'empare de Laon par surprise, mais une ruse de l'évêque Adalbéron rend la ville au roi légitime en 991. Charles est capturé, il finira ses jours en prison.

LE ROI FACE AUX PRINCES

On insiste généralement sur la faiblesse des quatre premiers Capétiens, et il est vrai que le roi semble bien faible, soumis à la tutelle de l'empereur, menacé par les châtelains de son propre domaine. Mais il jouit d'un prestige sans commune mesure avec celui que détiennent les princes les plus puissants du royaume. Héritier des Carolingiens, sacré, il a été choisi par Dieu pour exercer sa charge ; il est garant de l'ordre du royaume et du salut de son peuple. Quant à ses possessions personnelles, elles sont importantes : le domaine royal, groupé autour de Paris, d'Étampes et d'Orléans, entre Seine et Oise, est composé d'un ensemble de biens matériels et fonciers (châteaux, terres, moulins), de droits et de redevances, qui est plus vaste que le domaine direct de bien des vassaux. Les Capétiens sont en outre abbés laïques d'un grand nombre de monastères dont ils tirent des revenus et un prestige importants. Sous leur contrôle, le Bassin parisien connaît un essor économique, notamment grâce à un défrichement énergiquement mené et à une forte poussée démographique.

Le royaume n'en est pas moins divisé en grandes unités territoriales : le duché de Bourgogne, dont hérite Robert le Pieux, mais qu'il confie à son fils cadet, le duché de Normandie, le duché d'Aquitaine, le marquisat de Gothie, le marquisat de Provence, les comtés de Flandre, de Champagne, d'Anjou. Princes parmi les princes, les premiers Capétiens gouvernent dans la continuité des pratiques carolingiennes : ils réunissent au conseil royal les évêques et les Grands du royaume avec lesquels ils prennent leurs décisions. Finalement, le changement de dynastie s'est fait dans la continuité. Seul l'est du royaume échappe à cette règle : la Lotharingie, berceau des Carolingiens, longtemps ballottée entre la Germanie et la Francie occidentale, bascule pour des siècles dans l'orbite germanique. Les Capétiens, originaires d'Île-de-France, n'y attachent pas la même importance que les souverains saxons.

ROBERT LE PIEUX, UN SAINT ROI ?

Le successeur d'Hugues Capet, son fils Robert II (996-1031), jouit d'une réputation de piété et de sainteté. Cette réputation, Robert II la doit à la *Vita* que lui consacre, vers 1033, le moine Helgaud de Fleury. À travers une série d'anecdotes, l'ouvrage définit le modèle du roi chrétien : d'une foi irréprochable, pieux, miséricordieux, humble, bienfaiteur des églises. Robert apparaît comme un moine installé sur le trône, d'où il accomplit de nombreux miracles. Or, ce portrait idéal correspond mal à la figure de ce roi qui fut un temps excommunié à la suite d'un second mariage, considéré comme consanguin, avec sa maîtresse Berthe de Blois ! Cette œuvre d'exaltation est sans doute destinée à renforcer la monarchie capétienne qui, en 1031, reste encore faible et bien peu assurée de son avenir.

[...] Ici le duc Guillaume harangue ses soldats afin qu'ils se préparent courageusement et sagement au combat contre l'armée anglaise.

La Bataille d'Hastings contée par la tapisserie de Bayeux.

LA TAPISSERIE DE BAYEUX

Attribuée à tort à la reine Mathilde, la « tapisserie de Bayeux » a probablement été réalisée en Angleterre.
Commandée par l'évêque de Bayeux, Odon, alors demi-frère de Guillaume le Conquérant, cette « tapisserie » est en fait une toile de lin brodée. Sur 70 mètres de long, dont une partie a disparu, elle raconte la bataille d'Hastings et les événements qui l'ont précédée. Cette « histoire de la conquête » (*Telle du Conquest*) accrédite la thèse du serment prêté par Harold à Guillaume : la bataille est donc la punition du parjure. Les représentations des 58 scènes, d'un réalisme minutieux, donnent une idée précise de l'armement des soldats et du déroulement de la bataille.

GUILLAUME LE CONQUÉRANT ET LA LUTTE POUR L'ANGLETERRE

À cette époque, certains princes, vassaux du roi de France, lui sont égaux, si ce n'est en dignité, du moins en puissance. C'est le cas des ducs d'Aquitaine mais aussi des ducs de Normandie. Descendants du Viking Rollon qui s'était vu reconnaître des possessions dans la région en 911, ils n'ont cessé, depuis, de gagner en influence. Le duché connaît son apogée sous le règne de Guillaume le Conquérant (1027-1087), qui est le contemporain de trois rois de France : Robert le Pieux (996-1031), Henri Ier (1031-1060) et Philippe Ier (1060-1108). Le nouveau prince, après avoir affermi son autorité, tourne ses regards vers l'Angleterre. Depuis le IXe siècle en effet, l'île est sous domination viking. Les Danois y ont reconstitué une société scandinave, le Danelaw, au nord d'une ligne qui va de Chester à l'estuaire de la Tamise. Ainsi, autour de l'an mille, le roi Knut le Grand règne sur un vaste empire réunissant le Danemark, la Norvège et l'Angleterre. Cependant, à sa mort, une guerre de succession éclate au terme de laquelle, en 1042, les nobles anglais désignent pour souverain Édouard le Confesseur, cousin de Guillaume. Édouard devient roi mais peine à installer son pouvoir. Il fait appel à Guillaume ; en échange de son aide, il lui promet la couronne. Toutefois, lorsqu'Édouard décède, en 1066, c'est Harold, comte de Wessex, qui s'empare de la couronne avec le soutien de toute l'aristocratie anglo-saxonne. Ce faisant, Harold brave Guillaume à qui il avait fait serment d'allégeance un jour où une tempête avait déporté son bateau vers les côtes normandes. Le duc de Normandie réclame son dû.

LA BATAILLE D'HASTINGS

Après l'échec de médiations diplomatiques, Guillaume se prépare à la guerre contre Harold. Il reçoit le soutien de son suzerain, le roi de France, et du comte de Flandre, son beau-père. Réunis en assemblée à Lillebonne, ses vassaux acceptent également de fournir hommes et navires. À la fin du mois de juillet 1066, une immense flotte d'un millier de navires est en place : elle compte 12 000 hommes dont 3 000 chevaliers. Mais les vents favorables se font attendre ; ce n'est que le 29 septembre, jour de la Saint-Michel, le patron de la Normandie, que Guillaume et son armée débarquent en Angleterre. Le 14 octobre, ils rencontrent les armées anglaises à proximité du bourg d'Hastings. Alors que la bataille semble mal engagée pour les Normands, une flèche perdue tue Harold. Ses partisans se dispersent, Guillaume a gagné. Il lui faudra pourtant d'autres batailles pour asseoir son pouvoir dans l'île.

Le 25 décembre 1066, il est enfin couronné roi dans l'abbaye de Westminster qu'avait restaurée Édouard le Confesseur. Au printemps, Guillaume retourne en Normandie pour y célébrer son triomphe et distribuer un énorme butin. C'est alors qu'est réalisée la tapisserie de Bayeux, qui relate la geste du conquérant.

UN ROYAUME FORTIFIÉ ET QUADRILLÉ

Pendant quelques années, Guillaume se heurte à des révoltes, mais, en 1075, la conquête de l'Angleterre s'achève. Il se lance alors dans l'organisation du pays avec le soutien de l'Église. Tout en conservant le cadre anglo-saxon des *shires* (comtés administrés par des *sheriffs*), il fait quadriller le royaume par un réseau de châteaux fortifiés et installe un système féodal comparable à celui du royaume de France. Pour connaître l'état de toute l'Angleterre, Guillaume fait entreprendre en 1086 une enquête dans chaque comté afin de connaître la valeur des fiefs qu'il peut attribuer. Les résultats de cette enquête sont consignés dans le *Domesday Book*, qui témoigne de l'écrasante domination des Normands à la fin du XIe siècle : la famille royale possède un cinquième du pays, la terre est contrôlée par 250 personnes, mais aucune n'est anglo-saxonne. Guillaume le Conquérant meurt en 1087 et laisse la Normandie à son fils aîné, Robert Courteheuse, et l'Angleterre à son deuxième fils, Guillaume le Roux. Le troisième, Henri, ne reçoit qu'une somme d'argent. Mais c'est lui qui hérite des deux territoires après la mort de Guillaume le Roux (1100) d'une part, et après avoir fait emprisonner son frère aîné, Robert, d'autre part. Ayant épousé une princesse anglo-saxonne, Henri, devenu Henri Ier Beauclerc, est à la tête d'un véritable empire anglo-normand.

L'archevêque Aeldred sacra le duc des Normands, Guillaume, roi des Anglais, et lui imposa sur la tête le diadème royal.

Orderic Vital,
Historia ecclesiastica.

La France de l'an mille

Développement des villes, développement des champs...

L'AN MILLE ET SES TERREURS...

La thèse des terreurs de l'an mille est née après le Moyen Âge. C'est le grand historien romantique Jules Michelet qui l'a popularisée au XIXe siècle. On a longtemps évoqué les fameuses « terreurs de l'an mil » qui auraient parcouru l'Occident lors du passage au IIe millénaire de l'ère chrétienne. Mais rien dans les sources dont nous disposons ne permet d'étayer cette thèse d'une peur qui aurait saisi le monde chrétien. À part un document rédigé par l'abbé de Fleury, Abbon, toutes les sources dont nous disposons font plutôt état d'un climat d'inquiétude diffuse. Dans sa description d'un Moyen Âge haut en couleur, Michelet estima que les excès des éléments, la peur du diable qui tenaillait certains moines, témoignaient d'une atmosphère générale de panique à la veille du nouveau millénaire. S'il semble incontestable que les hommes de l'époque étaient angoissés quant à leur salut, rien ne permet d'en conclure qu'ils ont traversé une époque de terreur.

Entre 950 et 1030, la France traverse une période charnière de son histoire. Alors que les contours d'une réforme religieuse s'esquissent dans un climat d'angoisse, le royaume connaît une embellie indéniable : sa population augmente, villes et villages se multiplient tandis qu'un essor économique prodigieux se prépare. Au même moment, la châtellenie devient le cadre central du pouvoir politique.

L'an mille a généré un bon nombre d'idées reçues et de fantasmes de toutes sortes.

En vérité, bien peu d'hommes et de femmes de l'époque ont été sensibles à cette date.

Outre le fait que le *Millenium* annonce dans la Bible mille ans de bonheur et non la fin des temps, peu de gens, hors du cercle des clercs, connaissaient l'année en cours...

Ce fut cependant une période de mutation – plus ou moins brutale selon les régions –, qui a donné à la France un nouveau visage.

UN MONDE « SECOUÉ » ENTRE OMBRE ET LUMIÈRE

Au tournant des Xe-XIe siècles, un certain nombre de dérèglements climatiques se succèdent : pluies diluviennes, hivers interminables, inondations, invasions de sauterelles provoquent disettes et famines. Le paroxysme est atteint dans les années 1030-1032, où une famine ravage une partie du royaume ; les gens se nourrissent de racines et d'herbes, mêlent de l'argile blanche à leur farine. Le chroniqueur bourguignon Raoul Glaber rapporte même des cas d'anthropophagie. Les moines, sensibles à ces événements qu'ils interprètent comme des signes de Dieu, sont attentifs aux manifestations célestes. À cette époque, il leur semble en effet que se multiplient passages de comètes, éclipses de soleil, lunes de sang et chutes de météorites. Certains affirment avoir vu des dragons dans le ciel ! Il faut dire que certains événements politiques affolent les chrétiens : en 997, al-Mansur détruit Saint-Jacques-de-Compostelle tandis qu'en Orient le calife al-Hakim inaugure une politique antichrétienne et fait détruire le Saint-Sépulcre de Jérusalem.

Pourtant, l'époque est double. Aux malheurs du temps succède une soif de renouveau. Raoul Glaber explique qu'une véritable frénésie de construction anime alors le peuple chrétien : « Comme approchait la troisième année qui suivit l'an mille, on vit dans presque toute la terre, mais surtout en Italie et en Gaule, rénover les basiliques des églises. [...] C'était comme si le monde lui-même se fût secoué et, dépouillant sa vétusté, ait revêtu de toutes parts un blanc manteau d'églises », note-t-il. L'Occident entre en effet dans un grand mouvement d'expansion.

À LA CONQUÊTE DU SOL

Entre 1000 et 1300, une température moyenne plus élevée et une plus grande sécheresse autorisent la mise en culture de terres jusqu'alors abandonnées à la friche. Les défrichements les plus nombreux restent discrets et anonymes : les paysans essartent quelques ares sur la forêt ou la friche limitrophe. Parfois même, ils assèchent des marais qu'ils transforment en terres agricoles. Plus spectaculaires sont les entreprises de colonisation entraînant la création de villages nouveaux, dont la toponymie garde la mémoire : Villeneuve, Abergement, Sauveté... Un seigneur désireux de rentabiliser une terre inculte réunit une équipe de colons défricheurs, qu'il attire par des conditions favorables ; parfois, deux seigneurs s'associent et partagent ensuite les revenus de la terre : c'est ce qu'on appelle l'« accord de partage ».

De vastes régions sont gagnées à l'agriculture dans toute l'Europe, notamment dans les pays de la mer du Nord, où sont constitués les premiers polders. L'équipement des campagnes connaît une amélioration spectaculaire. La charrue et le moulin à eau se diffusent rapidement, et le travail du fer gagne la plupart des villages. Les paysans diversifient leur production et accordent une large place aux cultures commercialisables, telles que la vigne et le lin : l'esprit de profit apparaît. Seul l'élevage reste négligé. Le bétail est laissé sur les terres en jachère ou sur les chaumes après la moisson.

On m'a appris que dans l'année 994, des prêtres dans Paris annonçaient la fin du monde. Ce sont des fous.

Abbon de Fleury, *Plaidoyer aux rois Hugues et Robert*, v. 998.

SANS PUDEUR !

Les manants les plus aisés ont des sarcloirs de fer pour désherber. Leur robe retroussée laisse voir leurs chausses...

RAOUL GLABER : L'HISTORIEN DE L'AN MILLE

Moine instable et indocile, Raoul Glaber est le meilleur témoin d'une époque tumultueuse et contrastée.
Appartenant à la congrégation clunisienne, il écrivit une *Histoire de son temps* en cinq livres. Dans ce récit, le chroniqueur ne se soucie guère de précisions géographiques ou chronologiques et ce qu'il raconte reflète une manière de penser très différente de la nôtre.
C'est le principal intérêt de son œuvre, tableau vivant et coloré des événements qui marquent profondément le monde occidental autour de l'an mille : une angoisse eschatologique diffuse, la course aux reliques, la foule de pèlerins sur la route de Jérusalem, les signes avant-coureurs de l'Apocalypse, le mouvement de la paix de Dieu et les premières hérésies. Sa description minutieuse de la famine de 1033 fourmille de détails réalistes... Raoul Glaber est mort à Auxerre en 1047.

DE « BOURGS » EN VILLAGES

Les premières années du XIe siècle sont le théâtre d'une renaissance urbaine, conséquence de la poussée démographique qui touche tout le royaume. À proximité d'une cité épiscopale, d'un monastère ou d'un château, à un croisement de routes ou au passage d'une rivière apparaissent de nouvelles agglomérations appelées « bourgs ». Les habitants, qui reçoivent dès la fin du Xe siècle le nom de « bourgeois », se consacrent aux activités marchandes et artisanales. Les bourgs naissent car l'Occident entame alors une croissance démographique et économique sensible. Les campagnes s'ouvrent aux échanges ; les marchands commercialisent leurs surplus agricoles. Dans les villes, les artisans satisfont des besoins nouveaux. Bientôt, ils se regroupent en guildes pour défendre leurs intérêts et pour obtenir de leur seigneur les libertés nécessaires à l'exercice de leur profession.

Parallèlement à la ville s'affirme le village. Désormais fixe, parfois enclos, construit en matériaux durables, occupant une superficie réduite au cœur d'un terroir réparti entre les chefs de famille, il devient le cadre de la vie paysanne. La conscience d'intérêts communs se cristallise autour de points d'ancrage : le château, l'église entourée du cimetière, mais aussi la place publique, et divers lieux de convivialité comme le moulin, le lavoir ou la forge. Progressivement, chaque village devient une paroisse autonome : les habitants, regroupés autour d'une église, célèbrent le culte d'un saint patron garant de l'identité collective. Le fidèle accomplit devant l'assemblée villageoise les rites qui ponctuent la vie du chrétien : le baptême, le mariage, la communion... Outre son rôle religieux, l'église sert de lieu de réunion. Espace de paix inviolable, c'est aussi l'endroit où ont lieu les spectacles et les marchés. Le cimetière qui l'entoure est l'expression de la croyance à la résurrection.

LA CHÂTELLENIE, NOUVELLE UNITÉ POLITIQUE

Outre la transformation des campagnes, c'est toute la structure politique du royaume qui se réorganise à l'échelle locale. En effet, dans un contexte général de régression de l'État, consécutif aux invasions, le pouvoir a tendance à glisser du sommet à la base. Désormais, la châtellenie est un échelon essentiel. Organisée autour d'un château, d'un donjon et d'un ou de plusieurs villages environnants, elle apparaît comme l'unité politique de base dans laquelle s'exerce la féodalité naissante. C'est au seigneur, ou châtelain, qu'il revient d'assurer la paix, de rendre la justice, d'organiser les voies de communication et d'installer les péages. En échange, il exige des habitants des redevances en argent et en nature le plus souvent sous la forme de prestations de travail, les corvées. Le paysan est plus ou moins libre suivant la lourdeur des charges auxquelles il est soumis. Même les alleutiers, qui sont propriétaires de leur terre, restent sous contrôle seigneurial. Quant aux serfs, ou hommes

LA THÉORIE DES TROIS ORDRES

C'est sous le règne de Robert le Pieux (996-1031) que l'évêque de Laon, Adalbéron, rédige son fameux poème dans lequel il expose une vision de la société appelée à durer jusqu'au XVIIIe siècle : « Aux clercs, Dieu ordonne d'enseigner à garder la vraie foi. [...] Ils doivent prier sans cesse pour les misères du peuple et pour les leurs. [...] Les nobles sont les guerriers, protecteurs des églises ; ils sont les défenseurs du peuple, des grands comme des petits. [...] L'autre classe est celle des serfs : argent, vêtement, nourriture, les serfs fournissent tout à tout le monde. [...] La maison de Dieu, que l'on croit une, est donc divisée en trois ; les uns prient, les autres combattent, les autres enfin travaillent. »

LE SAVIEZ-VOUS ?

Depuis l'Antiquité, on sait recueillir le miel et la cire après avoir enfumé la ruche pour en chasser l'essaim d'abeilles.

Les gens cultivés le savent, les incultes souvent s'en sont étonnés : une vertueuse alliance, une sainte amitié, quand elles ont bien commencé et qu'elles sont mieux encore entretenues, sont causes de grands biens.

Gerbert d'Aurillac, *Correspondance*, Annexe I, Lettre n° 217 à Wilderod, *op. cit.*

de corps, ils ajoutent à leur dépendance territoriale une dépendance domestique envers la personne de leur seigneur, à qui ils appartiennent dès leur naissance et paient certaines redevances, telles que la mainmorte, qui leur permet d'entrer en possession de leur héritage, ou le formariage, qui les autorise à épouser une femme n'appartenant pas à la même seigneurie.

LA PAIX ET LA TRÊVE DE DIEU CONTRE « L'ANARCHIE FÉODALE »

L'affirmation du pouvoir des châtelains entraîne une montée des violences. Les cavaliers, les hommes en armes, chargés d'aider les seigneurs dans l'exercice de leurs droits, entretiennent l'insécurité. Voilà pourquoi le XIe siècle est le temps des guerres privées, parfois qualifiées d'« anarchie féodale ». L'Église réagit en initiant le mouvement de la paix de Dieu. Des conciles réunis en Aquitaine et en Catalogne placent sous la protection divine les personnes « désarmées » (clercs, femmes, marchands, pèlerins...) et menacent les fauteurs de troubles de sanctions ecclésiastiques graves, telles que l'excommunication. Les chevaliers doivent alors jurer sur des reliques qu'ils observeront les règles suivantes : ne plus envahir ni piller d'église, ne pas s'attaquer à un clerc ou à un moine, ne voler aucune bête appartenant à des paysans, même à ceux relevant de son autorité. Ces serments donnent à penser que ce genre de pratiques étaient alors répandues. Il faut ajouter que les chevaliers batailleurs s'engagent

LE PAPE DE L'AN MILLE : UN SAVANT MAGICIEN

Auvergnat « sans naissance ni fortune », devenu savant et pape, Gerbert est l'une des personnalités les plus remarquables du Xe siècle. Formé au couvent Saint-Géraud d'Aurillac, Gerbert se rend en Catalogne en 967 pour apprendre l'arithmétique, ignorée en Gaule ; en 970, le pape Jean XIII le retient à Rome. Gerbert dirige ensuite l'école épiscopale de Reims, l'une des plus renommées, et fait de la ville une capitale intellectuelle. L'empereur Otton III le fait élire archevêque de Ravenne puis il devient pape en 999 sous le nom de Sylvestre II. Gerbert laisse derrière lui une intéressante correspondance qui témoigne de sa passion pour les livres et le savoir. Ses contemporains ont été frappés par l'étendue de ses connaissances en géométrie, en astronomie et en musique. Il passe pour avoir amélioré un instrument servant à calculer en chiffres romains, l'abaque. Plus tard, une légende le présentera comme un magicien.

également à ne pas incendier les maisons de villageois innocents ni à attaquer des pèlerins, et encore moins à protéger des brigands ou des meurtriers. Le serment de paix est prêté dans un climat de pénitence par lequel le clergé cherche à moraliser la vie de ses fidèles, nobles comme paysans.

Avec la trêve de Dieu, l'Église va plus loin encore : elle s'efforce de limiter la violence en interdisant l'usage des armes aux jours anniversaires de la Passion du Christ, du mercredi au lundi. Elle cherche ensuite à canaliser la violence des chevaliers, en moralisant ce groupe d'hommes en armes. L'Église va ainsi chercher à promouvoir l'éthique chevaleresque qui transformerait le simple homme d'arme en chevalier respectueux du peuple et défenseur des valeurs chrétiennes.

L'ÉGLISE ENTRE RÉFORMES ET HÉRÉSIES

Dans le sillage du vaste mouvement de recomposition qui touche alors l'Occident, l'aspiration à la réforme religieuse est grande. Elle s'opère au sein de l'Église bien sûr, mais aussi sur ses marges. Ainsi, certains fidèles s'efforcent de définir eux-mêmes de nouvelles exigences évangéliques. Le début du XIe siècle est alors marqué par l'apparition d'hérésies qui sont très vite sévèrement réprimées : le premier bûcher connu de l'histoire occidentale est allumé à Orléans en 1022. À Rome, le mouvement de réforme religieuse affirme la « liberté de l'Église », fondée sur la séparation du temporel et du spirituel. Les papes, en particulier Grégoire VII, père de la « réforme grégorienne », cherchent à émanciper l'Église de la tutelle laïque qui pèse sur elle depuis plusieurs siècles. Ils insistent sur la distinction nécessaire entre la vie du clergé, dédiée au service de Dieu, et celle des laïques : les clercs doivent se vouer au célibat et tendre à une existence jusqu'alors réservée aux moines, basée sur la pauvreté et la vie commune. Quant aux laïcs, ils doivent rester en dehors des affaires de l'Église. *A contrario*, les papes affirment désormais leur pouvoir sur les affaires temporelles et leur droit de juger tous les chrétiens, mêmes les rois. C'est une véritable monarchie pontificale qui s'instaure.

UN MONDE EN MOUVEMENT

Dans tous les domaines, le XIe siècle apparaît comme une époque de mouvement et d'innovation. C'est une époque ambivalente, partagée entre les désordres et la violence, l'arbitraire et l'asservissement mais aussi les initiatives et le progrès. À partir de l'an mille, la chrétienté aborde un grande phase de croissance qui va durer près de trois siècles.

JUSTICE OBLIGE !

Tout faux témoin a la langue percée et est condamné à parcourir la ville précédé par un héraut !

La naissance de l'art roman

« Le ciel commença de rire, de s'éclairer... »

VÉZELAY

Élevé en bordure du Morvan aux environs de 1120 pour abriter les reliques de Marie-Madeleine, Vézelay marque l'accomplissement de l'art roman. Depuis plus d'un siècle déjà, les bâtisseurs d'églises ont mis en œuvre toutes les solutions qui peuvent assurer l'équilibre de la voûte de pierre en berceau. Mais Vézelay, église de pèlerinage construite sur une butte dominant la vallée de la Cure, attire une foule de plus en plus nombreuse. Ainsi, ses moines adoptent le principe des voûtes d'arêtes : deux arêtes traversent la voûte, la divisant en quatre parties dont le poids retombe sur quatre piliers. Les charges étant de ce fait mieux réparties, on peut se permettre de bâtir de très grands édifices. À Cluny d'abord, à Vézelay ensuite, les moines édifient de hauts murs, percés de grandes fenêtres par lesquelles la lumière entre à flots : c'est déjà l'art gothique qui s'annonce.

À partir du IXe siècle, le monachisme prend un essor qui ne se démentira plus de tout le Moyen Âge. Dans le sillage des ordres bénédictins naissants, de nouvelles formes architecturales s'ébauchent pour donner naissance à l'art roman. Les deux grands ordres monastiques de Cluny et de Cîteaux porteront cette architecture à son apogée.

Au début du XIe siècle, le chroniqueur français Raoul Glaber avait noté la fièvre de construction qui s'était emparée de l'Occident : « C'était comme si le monde lui-même s'était secoué et, dépouillant sa vétusté, avait revêtu de toutes parts une blanche robe d'églises. »

Dans le deuxième tiers du siècle, mille ans après la Passion du Christ, le renouveau s'accentue, et, toujours selon Glaber, « le ciel commença de rire, de s'éclairer, et s'anima de vents favorables. Par sa sérénité et sa paix, il montrait la magnanimité du Créateur... » Ce renouveau, qui s'accompagne de nombreuses réformes, est manifeste à Cluny, « fleur de l'an mille », mais aussi dans d'autres abbayes.

DES ÉGLISES DE PIERRE ILLUSTRÉES...

L'architecture de l'église romane se distingue de toutes celles qui l'ont précédée par sa voûte en pierre, remplaçant désormais, en dépit de son poids, la charpente de bois, qu'il fallait reconstruire après chaque incendie : voûte en berceau simple, comme à Saint-Savin, ou voûte en berceaux transversaux, caractéristique du premier art roman bourguignon, comme à Saint-Philibert de Tournus, où les moines de Noirmoutier ont installé en 949 les reliques de leur protecteur.

Les magnifiques parois peintes de l'église romane et la courbe pure de ses voûtes enseignent aux fidèles l'histoire sainte. Saint-Savin-sur-Gartempe, dans le Poitou, en est un exemple spectaculaire. Autre lieu privilégié où s'inscrit le décor, le chapiteau a une triple fonction : architecturale, d'abord, puisqu'il transmet à la colonne qu'il coiffe la poussée de la voûte et assure ainsi l'équilibre de l'ensemble ; décorative, ensuite, puisqu'il invite l'artiste du Moyen Âge à renouer avec la tradition antique du chapiteau historié (à partir de là, la sculpture va connaître un nouvel essor) ; édifiante, enfin, car les scènes représentées s'inspirent toutes de l'histoire religieuse.

Quant au tympan, il est entouré de larges cintres, les voussures, qui retombent de chaque côté du portail sur des demi-colonnes engagées dans les murs. Ce cadre rigoureux est lui-même peuplé d'une multitude de sculptures qui ont aussi une finalité didactique ; le clergé pouvait ainsi transmettre les principaux enseignements du Christ à la masse des fidèles dont tous ou presque étaient illettrés. Ces techniques complexes nécessitent l'intervention d'hommes de métier : carriers, tailleurs de pierre, maçons, organisés en compagnies itinérantes. Des chantiers s'élèvent partout dans la chrétienté.

Dans l'année qui suivit cette effroyable calamité, ce fut la millième année de la Passion du Seigneur [...], la face du ciel se mit à resplendir [...].

Raoul Glaber, *Histoire*, IV, 5, 14-16.

LA NAISSANCE DES PAROISSES

Certains seigneurs, voulant se donner des sépultures dignes d'eux et assurer le salut de leurs âmes, font édifier, dans l'enceinte de leur château, ou tout près de lui, des églises collégiales desservies par une communauté de clercs dotée par leur famille. Mais les constructions les plus nombreuses sont destinées au culte paroissial. Le réseau des paroisses rurales se met en effet en place, en même temps que le système féodal dans un contexte de croissance démographique. Tout châtelain tient à doter son domaine d'un oratoire, qui devient l'église de la paroisse. Fondées ou protégées par des seigneurs, qui nomment les desservants, les nouvelles églises dépendent d'eux, s'occupant d'une partie de leur patrimoine. Dans le Midi, ces nouvelles églises usurpent les droits des anciennes, qui étaient seules à détenir les fonts baptismaux. Dans le Nord, les zones défrichées se dotent d'une église, dont le saint patron donne en général son nom au village. Et le nouveau clocher signale un lieu de refuge inviolable et sacré, à côté duquel s'étend le cimetière.

Je fais ce don stipulant qu'un monastère régulier devra être construit à Cluny en l'honneur des saints Pierre et Paul, dont les moines vivront en communauté selon la règle du bienheureux Benoît.

Recueil des chartes de l'abbaye de Cluny, t. I.

À cette époque, nul autre lieu mieux que les monastères n'incarne ce renouveau architectural tant il est inséparable du vent de réforme religieuse qui parcourt l'Occident.

LE MONDE DE DIEU EN IMAGES

L'art roman se risque à présenter au regard du peuple de grandes images décorées, sculptées dans la pierre. Ces débuts remontent aux premières décennies du XIe siècle, qui voient s'élever les églises voûtées. La sculpture envahit les linteaux, traités comme des bas-reliefs, très plats. Le plus célèbre est celui de Saint-Génis-des-Fontaines.

La figure humaine, longtemps tenue en suspicion, y fait sa réapparition. On y voit le Christ en majesté dans une mandorle – motif géométrique en forme d'amande qui sera utilisé pendant tout l'âge roman – porté par des anges. Il fait le geste de la bénédiction, tandis que les apôtres se pressent autour de lui. La facture est encore grossière. Le sujet sera repris par les plus grands sanctuaires.

L'INVENTION DU CHÂTEAU

Dans les dernières décennies du Xe siècle apparaît, entre Loire et Rhin, un nouveau type de fortification auquel les documents donnent le nom de « château ». Au cours du XIe siècle, le phénomène s'étend à tout l'Occident. L'élément fondamental du château est la motte, butte artificielle faite de terre rapportée ; elle est entourée à sa base d'un fossé, que surmonte une palissade de bois ; le sommet aplani en plate-forme porte une tour quadrangulaire en bois, ou « donjon », qui est la demeure du seigneur. L'accès au donjon se fait par une échelle conduisant à une porte unique. Les dimensions de la motte sont modestes : 15 mètres de hauteur pour 30 mètres de diamètre à la base ; la superficie enclose dépasse rarement un demi-hectare. À la motte est associée une basse-cour, ou « bayle », protégée par un talus de terre surmonté d'une palissade. Dans le château vivent les chevaliers, qui ont pour fonction de défendre le site et ses dépendances. Autour vivent les paysans soumis au ban seigneurial : ils travaillent la terre pour leur seigneur, lui versent des redevances et sont tenus, s'il l'exige, de se battre pour lui. En échange de quoi, ils peuvent se réfugier dans la basse-cour du château s'il y a du danger. Trop vulnérables en cas d'incendie, les châteaux, à l'origine en bois, seront construits en pierre à partir du XIIe siècle.

L'EMPIRE DE CLUNY

Traditionnellement, les abbayes se trouvaient dans l'étroite dépendance d'un seigneur. Dès le xe siècle toutefois, certaines d'entre elles cherchent à échapper à l'emprise des laïques. À la tête de ce mouvement, qui ne cesse de progresser, se trouve l'abbaye de Cluny, en Bourgogne. Le monastère a été fondé en 910 par Guillaume Ier, duc d'Aquitaine et comte d'Auvergne. Très pieux, Guillaume a placé la nouvelle abbaye sous l'autorité immédiate du pape ; bénéficiant du privilège de « l'exemption », elle échappe à l'autorité seigneuriale et épiscopale. Cette innovation conduit à une réforme générale du monachisme.

En effet, sous l'impulsion de ses premiers abbés, Bernon (928), Odon (942), Mayeul (994) et Odilon (1048), Cluny diffuse son modèle à d'autres monastères. Ainsi, en quelques décennies, il se trouve à la tête d'un réseau d'abbayes et de prieurés unique en Occident. Dans tout l'ordre, c'est la règle bénédictine revue par Benoît d'Aniane qui prévaut. Cluny est alors considéré comme un « empire monastique » au sein duquel les moines circulent d'un monastère à un autre. Les abbayes réformées par le monastère bourguignon relèvent directement de l'abbé de Cluny, qui devient le deuxième personnage de l'Église derrière le pape. Ainsi, le prestige de saint Hugues, abbé de 1049 à 1109, s'étend sur toute la chrétienté : conseiller des rois, ami du pape Urbain II, qui est lui-même un ancien clunisien, il étend son autorité sur 1 450 « maisons », réparties de l'Espagne à l'Angleterre, de l'Allemagne à la Pologne et à la Scandinavie, et au cœur même du domaine capétien ; en 1079, le roi Philippe Ier confie aux clunisiens le couvent parisien de Saint-Martin-des-Champs. À côté de grandes abbayes, telles que Conques, fleurissent de nombreux prieurés. C'est également à Hugues que l'on doit, à la suite d'un songe qu'il aurait fait, la construction d'une nouvelle église abbatiale qui devrait refléter l'importance de l'ordre. L'édifice, commencé en 1088 et achevé en 1130, est gigantesque puisqu'il approche les dimensions de Saint-Pierre de Rome avec une nef de 190 mètres de long, haute de 30 mètres. La nouvelle abbaye est tout entière tournée vers la prière : pas moins de quinze chapelles secondaires y ont été aménagées.

À la fin du XIe siècle, des moines indignés par la richesse de Cluny, vont chercher à restaurer la pureté de la règle de saint Benoît. Sous le nom de cisterciens, ils fondent à leur tour nombre de monastères. Cîteaux, fondé en 1098 par Robert de Molesme, et Clairvaux, dont saint Bernard sera abbé, sont les plus célèbres d'entre eux. Les bâtiments sont d'un dépouillement absolu, bâtis dans des « déserts », loin des tentations du monde : les moines y travaillent durement.

LE SAVIEZ-VOUS ?

Le clocher sud de l'Eau-Bénite de Cluny, de forme octogonale, surmontant le croisillon sud du transept est tout ce qui reste de la troisième église abbatiale, qui fut rachetée pendant la Révolution par un marchand de biens de Mâcon et servit de carrière de pierre.

La France féodale

Comment préparer l'aménagement du territoire et du pouvoir ?

ALIÉNOR D'AQUITAINE : LA REINE BIGAME

Aliénor d'Aquitaine apporte en dot de nombreux territoires et marque la dynastie des Plantagenêts par sa personnalité. Toute sa vie, elle continue de gouverner elle-même son duché. Répudiée par son premier époux, le roi de France Louis VII, qu'elle ridiculise en lui étant infidèle, elle conspire contre son second mari, soutenant l'un ou l'autre de ses fils contre leur père. Après l'échec d'une révolte en 1173, elle est emprisonnée par Henri II dans un couvent et y restera jusqu'à ce que son fils Richard monte sur le trône. Ce dernier lui confie la régence pendant qu'il part à la troisième croisade. Petite-fille du comte troubadour Guillaume IX, c'est aussi une esthète. Elle compte dans sa suite plusieurs poètes et anime à Poitiers une cour raffinée et brillante. Elle introduit la mode de l'amour courtois dans ses territoires et en Angleterre.

À partir du XIIe siècle, la dynastie capétienne s'affirme. Louis VI, Louis VII et plus encore Philippe Auguste, le premier « roi de France » en titre, mènent une politique active de reconquête du royaume sur leurs vassaux. Toutefois, cette montée en puissance annonce le début de l'antagonisme avec la dynastie des Plantagenêts.

Lorsque Philippe II, qu'on appellera plus tard « Auguste », arrive au pouvoir, en 1180, la dynastie capétienne a réussi à imposer sa légitimité. Louis VI et Louis VII ont accru les possessions royales et ont élargi leur champ d'action. Le domaine royal s'étend à l'Île-de-France, à l'Orléanais et à une partie du Berry. Mais il est menacé à l'ouest par les possessions du duc de Normandie, qui est également roi d'Angleterre, à l'est et au sud par le comte de Blois-Champagne.

Philippe Auguste entreprend sans tarder de transformer ce désordre féodal en ordre monarchique. Pour

« conquérir son royaume », il va utiliser habilement toutes les ressources du droit féodal, et réussir là où son grand-père et son père ont échoué.

MATER LES SEIGNEURS

Sous Louis VI (1108-1137) et Louis VII (1137-1180), la monarchie capétienne élargit ses bases et s'affermit. Louis VI a compris que renforcer le pouvoir royal exigeait de pacifier et de bien administrer son domaine. Il a obtenu la soumission des châtelains de l'Île-de-France, développé l'institution des prévôts, qui gèrent les revenus du domaine, confié des charges d'officiers à des familles de la petite aristocratie locale. Outre les seigneurs remuants qu'il doit mater, Louis cherche à contenir le puissant duc de Normandie, Henri Ier Beauclerc, qui est de surcroît roi d'Angleterre. Parallèlement, il soutient, hors du domaine royal, le mouvement des communes qui, réclamant leur indépendance, affaiblissent l'autorité de ses vassaux. Dans ses combats, Louis VI s'appuie sur l'Église, dont il bénéficie du soutien en la personne de Suger, abbé de Saint-Denis, son principal conseiller. C'est d'ailleurs Suger qui, en 1124, conseille au roi de brandir l'étendard de Saint-Denis face aux armées de l'empereur Henri V qui menaçaient Reims. À cette occasion, les vassaux de Louis sont venus de Bourgogne, de Champagne, de Flandres, de Nevers ou encore de Vermandois pour aider leur roi, preuve que sa prééminence s'est imposée.

LOUIS VII ET ALIÉNOR : UN MARIAGE AVANTAGEUX ?

Associé au trône dès son plus jeune âge, le jeune roi Louis VII poursuit la politique de son père ; avec lui, la vision de l'édifice féodal, avec au sommet le roi, s'impose. La couronne acquiert une prééminence nouvelle qui fait du roi le suzerain de tous. Le gouvernement royal s'appuie sur des hauts personnages, dont Suger, et des clercs qui lui prodiguent de précieux conseils. Le domaine royal s'étend. En effet, quelques jours avant la mort de son père, Louis VII a épousé Aliénor, seule héritière de Guillaume X d'Aquitaine. Cette union avantageuse repousse les frontières du domaine capétien jusqu'aux Pyrénées, y ajoutant des villes aussi prestigieuses que Limoges, Poitiers, Bordeaux ou encore Angoulême.

La grande affaire du règne est la deuxième croisade, prêchée par saint Bernard en 1146. De 1147 à 1149, le roi est retenu en Terre sainte. Durant cette période, les écarts d'Aliénor inquiètent la cour. De retour d'Orient, le roi se décide à se séparer de la reine d'autant qu'elle ne lui a donné jusque-là que des filles et qu'un doute pourrait survenir sur l'éventuelle naissance d'un fils. Louis fait prononcer un divorce en mars 1152 sous le

Le roi, animé d'une passion véhémente envers sa toute jeune femme, jugea qu'il ne devait à aucun prix la laisser, mais qu'elle devait l'accompagner au combat.

Le chanoine augustin Guillaume de Newburgh (vers 1136-vers 1198) met, dans son *Historia rerum Anglicarum*, sur le compte d'Aliénor et sur celui des épouses des croisés et de leurs servantes une partie de la responsabilité de la défaite de la deuxième croisade.

L'AMOUR COURTOIS S'EXPORTE

Les troubadours qui accompagnent Aliénor d'Aquitaine, font découvrir l'amour courtois à l'Angleterre et en rapportent les légendes celtiques.

commode prétexte de consanguinité. Deux mois plus tard, Aliénor épouse Henri II Plantagenêt (1133-1189), comte d'Anjou. Ce mariage modifie profondément l'équilibre politique du royaume de France.

DEUX CANDIDATS POUR UN SEUL TRÔNE : LA GUERRE CIVILE ASSURÉE !

L'édification de ce qui s'avère être un véritable empire remonte à la mort d'Henri Ier Beauclerc, fils et héritier de Guillaume le Conquérant. Lorsqu'il meurt sans héritier mâle en 1135, ses vassaux se divisent autour des deux candidats à la succession : la fille du roi défunt, Mathilde, remariée à Geoffroi Plantagenêt, comte d'Anjou et duc de Normandie, et Étienne de Blois, petit-fils de Guillaume le Conquérant par sa mère. Leur affrontement déclenche une guerre civile à l'issue de laquelle Étienne accède au trône d'Angleterre tandis que Geoffroi lui arrache la Normandie. En 1151, Geoffroi meurt. Son fils Henri II (1133-1189) lui succède. Un an plus tard, il se marie avec Aliénor d'Aquitaine, qui lui apporte en dot ses riches terres du Poitou, de l'Aquitaine, de la Gascogne, du Limousin et de l'Agenais, ainsi qu'un ensemble de droits de suzeraineté sur d'autres territoires comme le comté de Toulouse. En 1153, Étienne de Blois, dont le fils unique vient de mourir, désigne Henri comme son successeur avant de mourir l'année suivante. En décembre 1154, Henri est sacré roi d'Angleterre. À cette date, il règne sur un ensemble relativement compact qui s'étend des Pyrénées au sud jusqu'aux marges de l'Écosse au Nord. Il est désormais l'un des princes les plus puissants d'Europe.

LES « SHÉRIFS » D'HENRI II

Pour administrer l'empire des Plantagenêts, Henri II s'appuie sur ses shérifs, qui le représentent dans les comtés. Les tribunaux assurent le développement d'une loi commune à tout le pays, la *Common Law*. À la cour du roi se met en place une forme de bureaucratie. La principale administration financière est l'Échiquier, ainsi nommé à cause du damier sur lequel on effectuait primitivement les comptes au moyen de jetons. L'Échiquier est installé à Westminster dès les années 1170, bientôt rejoint par la chancellerie, chargée de la justice. Le roi convoque parfois des cours générales, représentant l'élite de la population ; ses successeurs, pour lutter contre des troubles, devront les réunir plus souvent, ce qui donnera naissance au Parlement anglais. Par ailleurs, la masse monétaire en circulation dans les royaumes des Plantagenêts est importante ; elle permet au roi de solder un grand nombre de

SUGER : UN ABBÉ DIPLOMATE...

Ami et compagnon d'étude de Louis VI, Suger est appelé à jouer un rôle déterminant au cours du XIIe siècle. Moine entreprenant, il démontre des qualités rares d'administrateur et de diplomate. Nommé abbé de Saint-Denis en 1122, il participe au premier concile du Latran un an plus tard et saisit l'occasion de son voyage en Italie pour réformer le monastère du Mont-Cassin qui avait accueilli saint Benoît. De retour en France, il supervise la reconstruction en style gothique de l'abbaye Saint-Denis, qu'il dote d'une série de vitraux exceptionnels. Proche conseiller de Louis VI, mentor de Louis VII, il devient régent du royaume durant la deuxième croisade (1147-1149). Suger met toute son ardeur au service de la monarchie capétienne mais aussi de son abbaye. Sous son abbatiat, en effet, Saint-Denis devient, outre la nécropole royale qu'elle est déjà, un haut lieu de la monarchie capétienne : lors d'un conflit entre Louis VI et l'empereur Henri V, Suger confie au roi l'oriflamme, étendard dont l'extrémité est découpée en pointe, de Saint-Denis, qui devient un des symboles de la dynastie.

mercenaires qui peuvent intervenir rapidement en plus de l'armée féodale traditionnelle, plus difficile et longue à lever. En outre, Henri multiplie la dotation de fiefs sous forme de rentes, ce qui lui garantit un nombre important de vassaux, fidèles et mobiles. Par son organisation, le territoire des Plantagenêts est très en avance sur ce qui existe ailleurs en Europe à la même époque.

CAPÉTIENS ET PLANTAGENÊTS : L'AFFRONTEMENT

Les tensions qui existaient depuis longtemps entre les rois de France et les ducs de Normandie croissent à partir de 1154. Désormais, Henri Plantagenêt est à la tête d'un vaste empire. Bien qu'il ait prêté l'hommage à Louis VII pour la Normandie, il est désormais roi et souverain d'un ensemble géographique qui lui permet de rivaliser sans peine avec le Capétien. L'affrontement est inévitable d'autant qu'Henri II poursuit une politique ambitieuse ; il prend pied dans le Vexin, le Poitou, devient suzerain d'Amboise. C'est lorsqu'il fait valoir ses droits sur Toulouse en 1158 que Louis VII décide d'intervenir en dépêchant des troupes. La situation dégénère en une guerre ouverte dans laquelle le roi de France apporte son soutien à la noblesse aquitaine contre Henri. Malgré une trêve, les hostilités continuent. En 1173, face à la politique de plus en plus autoritaire d'Henri, les rois de France, d'Écosse et les comtes de Flandre et de Champagne se coalisent et attaquent la Normandie, où ils essuient une suite de revers. Les positions de leurs ennemis s'effritent pourtant, mais de

LE SACRE ROYAL

En France, c'est le sacre qui inaugure le règne. Roi « par la grâce de Dieu », le souverain est désormais intouchable. Depuis 816, les cérémonies du sacre et du couronnement sont regroupées. En souvenir du baptême de Clovis, le sacre se déroule à la cathédrale de Reims. Le roi fait le serment de gouverner avec justice, et de protéger l'Église. Puis l'archevêque procède à l'onction, à l'aide du saint chrême, l'huile consacrée. Jusqu'en 1223, les rois capétiens sont sacrés sur la tête, comme des évêques. L'archevêque remet au roi les insignes de son pouvoir : sceptre, épée, main de justice, anneau, couronne ornée de huit fleurs de lis et de deux cent soixante-treize perles. Les Grands du royaume et l'archevêque conduisent le roi jusqu'à son trône, où l'assistance l'acclame. L'onction fait des souverains des rois-thaumaturges : après la cérémonie, ils touchent les malades atteints d'écrouelles (scrofule tuberculeuse) pour les guérir.

l'intérieur : Henri doit faire face à une fronde menée par sa propre femme Aliénor et leurs deux fils, Richard Cœur de Lion et Jean sans Terre.

UNE NOUVELLE IDÉE DU POUVOIR

C'est dans ces circonstances que Philippe II Auguste monte sur le trône. Il n'a pas 15 ans. Mais il est actif, opportuniste, dénué de scrupules. Surtout, il a retenu la leçon de Suger. Dans sa *Vie de Louis VI*, l'abbé de Saint-Denis a développé une théorie de la monarchie féodale. Le roi, suzerain suprême, est au sommet de la pyramide féodale. Il ne rend hommage à personne et exerce des droits de suzeraineté. De plus, roi sacré, il ne tient son pouvoir et sa légitimité que de Dieu.

Sur la base de cette idéologie, Philippe Auguste cherche à se faire reconnaître comme le souverain de tout le royaume. Sans jamais s'écarter du droit, il utilise toutes les occasions qui se présentent d'agrandir son domaine : mariage, achat, saisie d'un fief tombé en déshérence, confiscation des biens d'un vassal félon... Fin politique, il intervient dans les querelles qui opposent les princes entre eux, rendant indispensable l'arbitrage de la royauté.

Très rapidement, il écarte ses proches, sa mère, Adèle de Champagne, et son oncle, l'archevêque de Reims, Guillaume aux Blanches Mains. Puis il épouse Isabelle de Hainaut, descendante de Charlemagne, nièce du comte Philippe d'Alsace.

L'ENLÈVEMENT D'UNE FIANCÉE : PRÉTEXE ROYAL ?

Tout comme son père, Philippe Auguste s'oppose aux ambitions d'Henri Plantagenêt. Il soutient les fils révoltés de celui-ci. Et lorsque leur père meurt en 1189, il conclut une paix avec son héritier, Richard Cœur de Lion. En 1190, les deux souverains partent d'ailleurs pour la troisième croisade (1190-1192). À son retour, il se lance dans une politique d'extension du domaine royal.

Richard Cœur de Lion étant prisonnier, Philippe Auguste aide Jean sans Terre à s'emparer de l'Angleterre. Dans le même temps, il prend pied en Touraine et dans une partie de la haute Normandie si bien que Richard, à son retour, se lance dans une guerre de reconquête où il trouve la mort en 1199. La royauté des Plantagenêts est affaiblie. Philippe saisit le prétexte de l'enlèvement par Jean de la fiancée de son vassal Hugues de Lusignan pour l'appeler à comparaître devant un tribunal. Ce dernier s'y refuse. La Cour royale prononce alors la confiscation de ses fiefs. Reste à faire exécuter la sentence par la force : Rouen est prise en 1204, la Normandie est conquise et réintègre le domaine royal. Dans les années qui suivent, le Capétien reprend la Touraine et l'Anjou. Sur le

LA FLEURS DE LIS DEVIENT À LA MODE

Lorsque les rois commencent à fixer leurs armoiries, Philippe Auguste choisit la fleur de lis comme emblème de la royauté. Depuis Louis VI, les rois de France brandissent en temps de guerre l'étendard de cendal rouge de Saint-Denis. Pour les chroniqueurs, chantres de la dynastie capétienne, celui-ci est directement hérité de Charlemagne, précurseur de la « troisième race » des rois de France. Mais, dès le XIe siècle, les lis héraldiques font reculer les léopards et les lions germaniques, et l'azur et l'or s'imposent progressivement comme couleurs royales. Louis VI et Louis VII frappent des deniers sur lesquels figurent des fleurs de lis, mais celles-ci ne deviennent l'emblème de la royauté que sous Philippe Auguste. Sous Louis VIII, les vêtements du sacre sont à leur tour semés de fleurs de lis, symbole de pureté. Vers 1250, la fleur, stylisée, devient la marque du pouvoir royal, le roi de France est « le prince aux fleurs de lis ».

Ma couronne au plus brave !

Formule qui résume les mots adressés par Philippe Auguste à ses chevaliers avant la bataille de Bouvines le 27 juillet 1214 : « Et si la couronne devait par l'un de vous mieux être portée, je l'ôterai et la lui remettrai de bon cœur. »

continent, le Plantagenêt ne conserve plus que l'Aquitaine. Le domaine de Philippe a quadruplé depuis son accession au trône.

L'EXPÉDITION EN LANGUEDOC

Accaparé par les affaires du Nord, Philippe Auguste a longtemps temporisé dans l'affaire de l'hérésie albigeoise, tout en réservant ses droits de suzerain. Devant l'insistance du pape et, surtout, les menées de Pierre II d'Aragon, qui se pose en défenseur des principautés du Sud, le roi laisse prêcher la croisade sur ses terres, mais n'en prend pas la tête. C'est Simon de Montfort, un petit seigneur d'Île-de-France, qui conduit l'expédition, hérite des dépouilles du vicomte de Béziers et soumet le comte de Toulouse. Investi de ses possessions par le concile de Latran, Simon rend hommage à Philippe Auguste et devient un des grands feudataires de son royaume.

La défaite finale des albigeois à Muret, en 1213, rattache solidement le Languedoc au royaume de France. Le prince Louis, futur Louis VIII, a rejoint les rangs des croisés dès 1215, et manifeste ainsi la volonté du Capétien de maintenir le Midi dans sa mouvance. Quelques années plus tard, le petit-fils de Philippe Auguste, Alphonse de Poitiers, recevra le comté de Toulouse.

Ah, Ferrand, te voilà ferré [enchaîné] !

Quolibets de la foule parisienne lorsque le comte de Flandres, vaincu à Bouvines, est conduit à Paris.

LA VICTOIRE DE BOUVINES

Si l'empire angevin est démantelé, Jean sans Terre menace toujours le royaume, d'autant que son neveu Otton de Brunswick, empereur depuis 1208, noue les fils d'une coalition à laquelle adhère Ferrand de Portugal, comte de Flandre. Les coalisés attaquent la France en 1214 sur deux fronts. Tandis que Jean débarquera dans le Poitou, l'empereur et le comte de Flandre dirigent l'offensive dans le royaume par le nord. L'opération échoue. L'armée de Jean sans Terre est défaite le 2 juillet 1214 à La Roche-aux-Moines par les troupes du prince Louis. Philippe profite de cette victoire pour aller au devant des armées germaniques. La bataille a lieu le 27 juillet, un dimanche – car ainsi l'a voulu Otton –, à proximité d'un bourg situé non loin de Lille, appelé Bouvines. Véritable jugement de Dieu, elle voit Philippe Auguste triompher de ses adversaires.

Le retentissement est énorme : sur le chemin du retour, le roi est reçu en triomphe. Le peuple court spontanément à Paris pour voir le comte de Flandre enchaîné. Un témoin raconte : « Les bourgeois parisiens, et, par-dessus tout, la multitude des étudiants, le clergé et le peuple allaient au-devant du roi, chantant des hymnes et des cantiques. » Après Bouvines, première victoire « nationale », la monarchie capétienne s'est définitivement affranchie de la tutelle impériale.

UN SUZERAIN OMNIPOTENT

Philippe Auguste aura été le dernier roi associé au trône et sacré du vivant de son père. À sa mort, en 1223, son fils Louis VIII lui succédera, avant même d'être sacré : la monarchie est devenue vraiment héréditaire.

Au moment où la dynastie des Plantagenêts affronte les barons anglais révoltés, Philippe Auguste utilise sa position au sommet de la hiérarchie vassalique pour édifier une monarchie féodale. Il intervient dans la succession des fiefs, oblige les vassaux au respect de leurs obligations... Surtout, il promulgue, avec le consentement des vassaux, des ordonnances pour tout le royaume. Peu à peu se répand l'idée que le pouvoir royal dépasse la notion de suzeraineté, que le roi a, en vertu des engagements du sacre, le droit d'intervenir dans tout le royaume, sans autres limites que l'intérêt commun et la justice qu'il doit servir. La suzeraineté se mue en souveraineté.

Le développement de la puissance royale entraîne une transformation des méthodes gouvernementales. Le souverain se préoccupe de ses ressources, recrute vassaux, clercs et juristes pour se constituer une administration permanente et dispose d'une armée forte de 2 000 à 3 000 hommes, les « chevaliers de l'Hôtel », des professionnels de la guerre.

PARIS DEVIENT CAPITALE DU ROYAUME

Après avoir perdu une grande masse de documents royaux lors de la bataille de Fréteval en 1194, qui s'était soldée par la défaite de Philippe Auguste contre Richard Cœur de Lion, le roi décide de fixer à Paris, au palais du Louvre, les principaux organes de gouvernement : archives, Trésor et comptes. La Cour royale commence à siéger en sessions séparées, selon qu'elle traite de finances ou de justice.

Paris, où Philippe Auguste fait de fréquents séjours, amorce son destin de capitale. La cité atteint 50 000 habitants. Le souverain fait enclore la ville et construire à l'ouest la forteresse du Louvre – bastion défensif mais aussi affirmation symbolique de la prééminence royale. Il ordonne de paver les rues, de transformer les halles en marché permanent et fait édifier la Maison aux Piliers, en place de Grève, pour y installer la Hanse qui représente les intérêts de la bourgeoisie parisienne. Il fait également de Paris une grande capitale intellectuelle en accordant

Rex est imperator in regno suo. (Le roi est empereur en son royaume.)

Déclaration du Pape Innocent III en 1202.

JOUR DE FOIRE

Dans la seconde moitié du XIIe siècle, les comtes de Champagne organisent un cycle de foires dans leurs villes. Les foires de Champagne sont le carrefour commercial de l'Europe. Chacune des six foires dure sept semaines : la première est consacrée aux préparatifs ; les cinq suivantes, aux ventes et achats ; et la dernière, aux règlements. Peu à peu se met en place un véritable droit, destiné à assurer la sécurité des transactions. Celles-ci sont considérables : en 1280, il se négocie cinquante-cinq mille pièces de drap à Lagny ! Les ventes sont si nombreuses qu'elles ne peuvent se régler au comptant. Les marchands prennent l'habitude de régler leurs dettes par « compensation », en transférant leur crédit d'une foire à une autre. Sous l'influence des Italiens s'élabore une technique de crédit : lettres de foire, contrats de change. À la fin du XIIIe siècle, les foires de Champagne perdent leur importance commerciale face à la concurrence de Paris et des villes du Nord, Bruges en particulier. Mais leur rôle financier reste prédominant.

LES CHEVALIERS : MILICE DU CHRIST ?

À l'origine, les chevaliers ne sont rien d'autre que des guerriers armés et chevauchés. On trouve trace de ces *milites* dès le IXe siècle alors que la cavalerie est devenue l'élément déterminant de la tactique militaire. Ces hommes proviennent d'horizons différents : ils peuvent descendre de grandes familles de l'époque carolingienne ou bien être des hommes libres entrés au service d'un seigneur qui leur fournit armes et montures.

Aux alentours de l'an mille, alors que le système féodal se met en place, ils se voient du même coup promus au rang de chefs locaux. En effet, souvent, le seigneur dont ils dépendent leur a octroyé, outre l'équipement, une terre sur laquelle ils doivent maintenir l'ordre en son nom. Leur comportement, souvent brutal, leur vaut d'ailleurs d'être la cible des mouvements de paix et de « trêve de Dieu ».

Ce n'est qu'à partir du XIIe siècle que l'Église parvient à récupérer la chevalerie en la christianisant. L'ordre chevaleresque se voit paré d'une haute éthique, respectueuse et protectrice des valeurs chrétiennes. La chevalerie devient une milice au service du Christ dont les croisades sont la première expression. À partir de cette époque seulement, chevalerie et noblesse se superposent ; les grands du royaume commencent à se faire adouber à grands frais lors d'une cérémonie. La chevalerie des romans est née.

une charte de privilèges à la nouvelle université en 1200.

Au niveau local, dès 1185, le roi veut faire surveiller la gestion des prévôts domaniaux. Il confie à des familiers une mission d'enquête temporaire. Ces administrateurs, appelés baillis (leur charge deviendra permanente au XIIIe siècle), se voient confier une circonscription à l'intérieur de laquelle ils représentent le roi. Ils sont ainsi amenés à rendre la justice en son nom aux dépens des justices seigneuriales, ce qui participe au renforcement du pouvoir central. L'institution s'étend peu à peu aux territoires incorporés au domaine royal. Dans l'Ouest et le Midi, les sénéchaux ont des attributions semblables. Baillis et sénéchaux sont tenus de venir à Paris trois fois par an afin de rendre compte de leur activité. Parallèlement, le pouvoir développe une gestion centrale des revenus royaux. Le royaume est ainsi quadrillé par le pouvoir royal.

LIBERTÉS DES CHAMPS ET LIBERTÉS DES VILLES

La croissance agricole est à son apogée au XIIe siècle. C'est entre 1140 et 1225 que les défrichements atteignent leur maximum. Les grands établissements religieux d'Île-de-France font défricher et lotissent leurs terres à des conditions très favorables, attirant autant de « colons ».

Les terroirs anciens sont menacés d'abandon, et les paysans possèdent un moyen de pression face à l'arbitraire seigneurial. Les seigneurs finissent par vendre des « chartes de franchises » (ou libertés) qui fixent et codifient charges et coutumes. D'un village à l'autre, d'une seigneurie à l'autre, les conditions varient. Les affranchissements individuels entraînent la quasi-disparition du servage.

Au même moment, les villes connaissent un essor sans précédent ; il s'y concentre le pouvoir à la fois économique et intellectuel, avec la naissance des universités.

Outre Paris, qui est la plus grande ville du royaume, Lille, Arras, Troyes, Bordeaux, Rouen apparaissent comme des centres importants. Dans ces villes, les bourgeois, conscients de leurs intérêts communs et de l'obstacle que constitue la contrainte seigneuriale à leurs activités, s'organisent en guildes professionnelles, ou alors en confréries religieuses, pour aménager les conditions d'exercice de leurs professions. Puis ils se coalisent afin de réclamer au seigneur des franchises, que celui-ci leur vend très cher.

INSURRECTION CHEZ LES BOURGEOIS !

Parfois, la revendication prend un tour révolutionnaire. Les bourgeois s'unissent par un serment collectif, la « conjuration », et forment une « commune ». L'expression « insurrectionnelle » de cette solidarité contre l'autorité seigneuriale choque les clercs. Le mouvement communal, limité au nord du royaume, entre Loire et Rhin, est parfois sanglant comme à Laon, en 1112. Mais, le plus souvent, l'autorité seigneuriale reconnaît la commune, et lui concède des franchises qui suppriment les entraves au commerce.

Dans la société féodale, la ville apparaît comme un espace de liberté. « L'air de la ville rend libre », affirme un dicton allemand. Mais à l'unanimité première succèdent bientôt de vifs antagonismes entre le peuple et les « meilleurs », l'oligarchie marchande. Les rois capétiens tolèrent ce mouvement d'émancipation urbaine. Ils accordent des franchises aux villes du domaine et encouragent les communes à l'extérieur. En fait, l'autonomie urbaine va à l'encontre des progrès de la monarchie. Au XIIIe siècle, les Capétiens reprendront en main les villes du royaume, leur imposant de lourdes charges financières et militaires.

LE SAVIEZ-VOUS ?

Les communes, dans leur lutte contre l'autorité seigneuriale, se dotent d'instances représentatives et de symboles de pouvoir comme les sceaux.

Les femmes et l'amour courtois

Troubadours, chevaliers servants & Cie...

Dans la France médiévale, l'image féminine oscille entre Ève, la pécheresse, et Marie, mère de Dieu. Loin de ces modèles théologiques, la femme « réelle » est à la fois épouse, mère, éducatrice et travailleuse. À la même époque, la littérature courtoise s'empare de la femme pour en faire un personnage de premier plan, à la fois initiatrice et objet de la quête chevaleresque.

LA COMTESSE DE DIE, POÉTESSE DU DÉSIR...

La comtesse de Die est l'une des rares femmes troubadours, ou *trobairitz*, du XIIe siècle. Elle exprime dans ce poème son désir...

« J'ai été en cruelle douleur
Pour un chevalier que j'ai eu.
Je veux qu'il soit pour toujours su
Que je l'aimais par-dessus tout,
Mais je vois que je suis trahie
Car je ne lui donnai pas tout l'amour.
J'ai fait une terrible erreur
Au lit ou encore vêtue. [...]
Bel ami élégant et bon,
Quand vous tiendrai-je en mon pouvoir ?
Quand coucherais-je avec vous un soir,
Vous donnant un baiser amoureux ?
Sachez que j'ai grand désir
De vous à la place du mari,
Pourvu que vous m'ayez promis
De faire tout ce que je voudrais. »

Cité par Jacques Roubaud, *les Troubadours, anthologie bilingue*, Paris, Seghers, 1971.

Au cours de l'époque féodale, certaines figures féminines émergent au sein d'un monde exclusivement masculin : Héloïse, l'amante d'Abélard, ou, plus tard, Blanche de Castille, qui exercera le pouvoir durant la minorité de son fils Louis. Leur caractère exceptionnel ne rend que plus marquantes encore ces personnalités féminines d'un genre nouveau.

LA FEMME : PURE OU IMPURE ?

Tout au long du Moyen Âge, la perception de la femme est ambiguë. Elle est d'abord perçue comme un être luxurieux lié au péché originel, comme le souligne à l'envi la littérature morale des sermons rédigés par des clercs qui reprennent l'Ecclésiaste : « C'est par la femme que le péché a commencé et c'est à cause d'elle que nous mourrons. » Contenir la luxure, supposée féminine avant tout, passe par la valorisation de la virginité, qui est encouragée sur le modèle de Marie. Néanmoins, la procréation est également un commandement biblique. C'est pourquoi, dès le XIIe siècle, l'Église institue le sacrement du mariage par lequel elle cherche à encadrer la sexualité des époux autour d'une promesse sacrée de fidélité de l'un à l'autre. On aime rappeler à cette époque la parole de saint Jérôme : « Les noces peuplent la terre, la virginité, le paradis. » Par le mariage, la femme, soumise à l'homme parce que éternelle mineure, passe de la tutelle de son père à celle son mari.

En même temps, l'institution nouvelle protège la femme des mariages forcés, très fréquents alors ; l'Église oblige en effet les futurs mariés à publier les bancs quarante jours avant la cérémonie de sorte qu'une union précipitée devient impossible.

C'est ici qu'apparaît l'autre versant des femmes. Êtres fragiles, elles sont par là même protégées par un certain nombre d'usages : dans toutes les couches de la société, leur père ou leur mari les dotent de biens qui, le cas échéant, peuvent les prémunir en cas de veuvage. Dans la noblesse, ce sont des seigneuries entières qui leur appartiennent et qu'elles peuvent être amenées à diriger en l'absence de leur mari – c'est le cas notamment lors des croisades.

En outre, l'Église a offert aux femmes la possibilité d'une valorisation sociale par l'entrée dans les ordres féminins. Certaines sont même reconnues comme saintes : c'est le cas de Geneviève, patronne de Paris. Enfin, la figure féminine fait l'objet d'une attention accrue à l'époque féodale avec l'éclosion d'un nouveau code de comportement amoureux : la courtoisie.

TRISTAN ET ISEUT : UN AMOUR INTERDIT ET ÉTERNEL

L'un des plus célèbres récits de la littérature médiévale, Tristan et Iseut, met en scène un amour impossible et tragique. Tristan, jeune chevalier de la cour du roi Marc de Cornouailles, est envoyé en ambassade en Irlande afin d'y quérir Iseut, la future femme de son seigneur. Sur le bateau qui les amène en Cornouailles, Tristan et Iseut boivent par mégarde un philtre d'amour qui aurait dû servir le jour du mariage. « C'était la passion, c'était l'âpre joie et l'angoisse sans fin, et la mort », note le conte. Désormais, le lien qui unit les deux amants est indissoluble, ce qui plonge Tristan dans la pire des situations, prisonnier qu'il est de sa fidélité à Marc et de son amour pour sa dame. Il devra fuir la cour et épouser une autre femme. Afin de surmonter la douleur de la séparation, il recherche l'aventure et brave tous les dangers qui se présentent à lui. Un jour cependant, il est blessé à mort lors d'un duel. Iseut meurt de douleur à l'annonce de cette funeste nouvelle. Mais leur amour est si fort qu'il continue à les unir par-delà la mort. Ce récit illustre sur un mode tragique un amour interdit, celui précisément que met en scène *le fin'amor.*

CHANTER L'AMOUR !

À partir du XIe siècle en effet sont composés les premiers textes littéraires en langue vulgaire. Abandonnant le latin, des auteurs laïques de la France du Sud, le pays de la langue d'oc (où « oui » se dit « oc », alors que l'on dit « oïl » au nord de la Loire), composent poèmes et ballades dans lesquels ils célèbrent l'amour. Ces hommes, – on

Belle Iseut, buvez ce breuvage.

Le philtre représente l'obsession des amants : assouvir leur désir.

Car que me reste-t-il à espérer si je te perds ?

Deuxième lettre d'Héloïse à Abélard.

trouve parmi eux quelques femmes –, qu'on appelle « troubadours » (« ceux qui trouvent ») se nomment Guillaume IX, comte d'Aquitaine, Bernard de Ventadour ou encore Raimbaud, comte d'Orange. Tous sont les créateurs d'une nouvelle manière de dire l'amour, de parler de la femme aimée, souvent sur le ton de la complainte ou du sentiment contrarié. Ainsi, Guillaume IX, critiqué par l'Église pour ses mœurs jugées trop libres, s'adresse-t-il en ces termes à sa maîtresse : « Elle est plus blanche que l'ivoire / Aussi aucune autre je n'adore. / Mais si bientôt je n'ai pas d'aide / Si ma dame bonne ne m'aime, / Je meurs par la tête de saint Grégoire / Sans baisers en chambre ou sous branches. » Guillaume est l'un des initiateurs de l'école courtoise qui invente les sentiments et les mots modernes de l'amour. À la génération suivante, cette littérature s'épanouit encore autour de la personne de Jaufré Rudel. On rapporte de ce dernier qu'il serait tombé amoureux de la comtesse de Tripoli en entendant parler de sa beauté. Il se serait embarqué pour l'Orient, où il serait mort dans les bras de la princesse. Nombreux sont ses poèmes qui évoquent « l'amour de loin » et la douleur de la séparation.

CHRÉTIEN DE TROYES : LE ROMANCIER DU SENTIMENT AMOUREUX

Considéré comme le plus grand romancier du Moyen Âge, Chrétien de Troyes (v. 1140 – v. 1190) a créé une littérature d'une richesse exceptionnelle. Malgré son prestige, on connaît mal sa vie. Son activité littéraire s'est exercée à la cour de Marie de Champagne, puis de Philippe de Flandre. Il est l'auteur de cinq grands romans en vers français : *Érec et Énide, Cligès ou la Fausse Morte, Lancelot ou le Chevalier à la charrette, Yvain ou le Chevalier au lion* et enfin *Perceval ou le Conte du Graal.* Selon ses propres dires, Chrétien a puisé dans la « matière de Bretagne », qui rapporte les hauts faits du roi Arthur et de ses preux chevaliers. Dans chacun de ses romans, le thème de l'amour est central. Il a légué des portraits d'amoureux tout en nuances, illustrant par là les multiples postures du sentiment amoureux : Lancelot et Guenièvre incarnent le pan charnel du *fin'amor* tandis que l'amour bien chaste de Perceval pour Blanchefleur se mue en une quête mystique de la grâce divine incarnée par le Saint-Graal. Les thèmes inventés par Chrétien connaîtront une immense postérité tout au long du Moyen Âge, inspirant bien des écrivains après lui.

LE BAISER CHASTE

Les troubadours appartiennent souvent à des couches élevées de la société, mais leurs poèmes sont chantés par des musiciens et des jongleurs qui, de château en château diffusent cette nouvelle conception de l'amour que l'on nomme « courtois » car, né dans les cours seigneuriales du sud de la France, il est fondé sur la passion de l'amant pour sa dame. Au cours du XIIe siècle, les sentiments développés par les troubadours viennent se mêler à l'éthique chevaleresque. À cette époque existe tout un univers de jeunes chevaliers, cadets de familles nobles, auxquels le mariage est interdit ou difficile car il fractionnerait l'héritage. Vassaux d'un seigneur, ils vivent à sa cour et attendent de sa femme qu'elle les distingue par un amour qui liera leur cœur et non pas leur corps.

Ainsi apparaît une nouvelle conception de l'amour courtois dans laquelle l'épouse du prince donne au plus valeureux des chevaliers un témoignage d'amour qui se limitera le plus souvent à un chaste baiser. Ce *fin'amor* (« amour pur ») est la forme moralisée de l'amour courtois originel : le jeune chevalier reçoit l'amour de sa dame en éprouvant sa propre chasteté. Il y trouve la joie d'une haute distinction morale, le seigneur y voit le dévouement de ce dernier à sa cause et la femme aimée, la prouesse accomplie pour l'amour d'elle. Cette conception irrite malgré tout l'Église, qui condamne ce système mettant des jeunes hommes en concurrence pour une seule et même femme et reposant, au fond, sur le désir d'adultère.

AMOUR SPIRITUEL OU AMOUR CHARNEL ?

Les troubadours du Midi inspirent les trouvères du Nord, le pays de la langue d'oïl, notamment le comte Thibaut de Champagne, Conon de Béthune, Gauthier d'Épinal et, surtout, Chrétien de Troyes, avec lequel, le *fin'amor* trouve son expression la plus achevée, sous forme de romans. Le premier roman de Chrétien, rédigé vers 1170, *Érec et Énide*, évoque les tensions entre la chevalerie et le mariage ; Érec, marié à Énide, en a oublié les prouesses chevaleresques, et il lui faudra à nouveau montrer qu'il est un digne chevalier pour succéder à son père et obtenir le plein amour de sa dame.

Avec Chrétien, la tension entre amour spirituel et charnel atteint son comble : le personnage de Lancelot du Lac, à la fois meilleur chevalier du roi Arthur et amoureux fou de la reine Guenièvre, illustre à la perfection cette dualité. Dans *le Chevalier à la charrette*, alors que la reine vient d'être enlevée, le preux Lancelot, privé de monture, monte à l'arrière d'une charrette en pensant retrouver sa belle : il préfère encourir l'humiliation d'un geste considéré comme dégradant pour un chevalier de son rang plutôt que de voir disparaître Guenièvre.

Enfin, dans Perceval, l'amour courtois est relégué au second plan derrière l'amour de Dieu et la quête du Graal, « vaisselle » qui aurait recueilli le sang du Christ sur la croix. À la fois thème littéraire mais aussi fait social, l'amour courtois irrigue l'ensemble de la littérature féodale.

TRISTE RÉALITÉ

L'amour, tel qu'il est chanté dans la littérature du Moyen Âge, n'est pas une réalité vécue. Dans l'aristocratie féodale, le mariage est en fait l'objet de négociations qui ne tiennent guère compte des inclinations du cœur.

Les croisades

Combattre pour Dieu et la Terre sainte

UNE PRINCIPAUTÉ DISPUTÉE

Avant que l'armée parvienne devant Jérusalem, Baudouin, jeune frère de Godefroi de Bouillon, se rend maître de la principauté chrétienne d'Édesse. Le curopalate Thoros, prince arménien de la ville, a fait appel à lui pour lutter contre les Turcs, mais Baudouin exige, en échange, d'être désigné comme héritier. Thoros, qui lui a donné sa fille en mariage, l'adopte donc. Malgré cela, Baudouin laissera la population massacrer sa femme et son « père » adoptif. Édesse devient ensuite un État féodal, où les seigneurs francs s'allient par mariage aux Arméniens. La principauté s'étend sur le nord de la Mésopotamie, mais elle ne résistera pas aux incursions turques, qui la reprennent dès 1100. En 1146, elle tombera finalement aux mains de Zangi, seigneur de Mossoul, ce qui provoquera la deuxième croisade.

En 1097, à l'appel du pape, la chevalerie franque s'ébranle en direction de Jérusalem : la première croisade commence. Durant près de deux siècles, des croisés occuperont la Terre sainte afin de protéger le Saint-Sépulcre. Si les croisades s'avèrent finalement un échec, elles n'en ont pas moins profondément transformé les rapports entre Orient et Occident.

En 1095, au concile de Clermont, le pape Urbain II incite les barons chrétiens à délivrer le tombeau du Christ. Quatre ans plus tard, quelques dizaines de chevaliers se rendent maîtres de Jérusalem. Ils deviennent seigneurs de Syrie et de Palestine, où vivent des populations musulmane, juive et chrétienne auxquelles ils imposent l'ordre féodal, et résistent pendant deux siècles aux contre-offensives musulmanes.

POURQUOI LA CROISADE ?

Depuis plusieurs siècles déjà, des chevaliers chrétiens combattent en Espagne contre les musulmans dans le cadre de la *Reconquista*. D'autres se rendent en Terre sainte pour accompagner les pèlerins qui veulent aller sur le tombeau du Christ. En 1071, la victoire des Turcs à Mantzikert leur livre toute l'Asie Mineure, aux dépens de l'Empire byzantin. Celui-ci, affaibli, fait appel à la chrétienté occidentale. En 1095, au concile de Plaisance, une délégation byzantine vient quérir de l'aide. Dans l'esprit des Orientaux, il s'agissait probablement d'obtenir des mercenaires ; pour cela, les envoyés de Constantinople ont exagéré les persécutions dont auraient été victimes les chrétiens en Orient. Au début du XIe siècle, le calife al-Hakim avait certes persécuté quelques pèlerins et profané le Saint-Sépulcre, mais la situation était depuis longtemps redevenue normale. Toutefois, dans un Occident chrétien peu informé, ces arguments sonnent aux oreilles du pape comme autant de raisons d'intervenir en Terre sainte.

POUR LA RÉMISSION DES PÉCHÉS...

Dans les mois qui suivent, au cours d'un séjour en France, le pape Urbain II réunit à Clermont un concile lors duquel il appelle la noblesse franque à prendre le chemin de l'Orient ; il promet la rémission des péchés à ceux qui se lanceront dans cette expédition périlleuse. Avant même le départ des chevaliers, des bandes de pèlerins sans ressources se lancent sur les routes d'Europe. Ils massacrent sur leur passage des juifs que l'on commence à considérer comme les ennemis du Christ dans un climat d'intolérance croissante. Conduite par Pierre l'Ermite et Gautier Sans Avoir, la horde arrive sous les murs de Constantinople ; habilement, l'empereur lui fournit des bateaux pour franchir le Bosphore, et la « croisade des pauvres gens » se perd en Anatolie, avant d'être massacrée par les Turcs.

La croisade des barons est, quant à elle, bien préparée. Organisée par les grands féodaux, elle comprend quatre groupes distincts, qui se retrouvent en Asie Mineure après être passés par Constantinople. Godefroi de Bouillon commande les chevaliers de France du Nord et de Basse-Lorraine, qui suivent la vallée du Danube ; Raimond de Saint-Gilles, comte de Toulouse, et le légat du pape Adhémar de Monteil, à la tête des troupes du Midi, passent par la côte dalmate et le nord de la Grèce ; les Normands de Sicile, conduits par Bohémond de Tarente, empruntent la voie maritime, de même que le quatrième groupe, venu du centre de la France sous la conduite d'Étienne de Blois et de Robert de Normandie.

Dès son arrivée à Constantinople, Godefroi de Bouillon se querelle avec l'empereur Alexis Ier Comnène, à qui il promet toutefois de restituer toutes les villes autrefois byzantines qu'il conquerra. Ainsi en est-il de Nicée, d'Antioche et d'autres villes d'Asie Mineure. La croisade change alors de but : alors qu'elle avait été lancée pour libérer Jérusalem, elle devient un mouvement de conquête et d'occupation de la Terre sainte. Ainsi, les villes de Nicée, d'Édesse et d'Antioche tombent-elles aux mains des Francs. Jérusalem est proche désormais.

LA PRISE DE JÉRUSALEM

La ville sainte est alors dirigée par les Fatimides, la dynastie chiite qui gouverne l'Égypte. Lorsque, le 7 juin 1099, l'armée franque parvient sous les murs de la cité, la garnison égyptienne l'observe depuis la tour de David. Les murailles ont été réparées, le pétrole

Exultant d'allégresse, nous parvînmes jusqu'à la cité de Jérusalem un mardi, le 7 juin [1099], et nous l'assiégeâmes admirablement.

Histoire anonyme de la première croisade.

LES JUIFS ET LA CROISADE

En 1095, la croisade populaire conduite par Pierre l'Ermite s'ébranle en direction de la Terre sainte. Elle traverse le Rhin et rencontre sur son chemin des communautés de juifs ashkénazes (terme qui désigne l'espace germanique en hébreu), qui ont alors une vie intellectuelle et spirituelle très active et bénéficient souvent de la protection des princes et des évêques. Les croisés vont exterminer sans pitié ceux qu'ils rendent responsables de la passion du Christ : ce sont les premiers pogroms de l'histoire européenne. La chrétienté est déjà traversée par deux visions irréconciliables formalisées quelques décennies plus tard par deux de ses plus hauts représentants : à celle de Bernard de Clairvaux (1090-1153) qui entend protéger les juifs, peuple témoin de l'existence de Jésus, s'oppose celle de Pierre le Vénérable (1094-1156), abbé de Cluny, pour qui les juifs portent tout entier le poids de la mort du Christ. Dans l'histoire sombre de l'antijudaïsme médiéval, la première croisade est un tournant majeur, annonciateur d'une intolérance grandissante à l'égard des communautés juives.

et le soufre sont préparés pour faire des feux grégeois. Tous les puits des environs sont comblés ou empoisonnés. Dès lors, les assiégeants ont recours à deux armes. La première est religieuse : telle Josué à Jéricho, l'armée organise des processions autour de la ville. La seconde est militaire : après l'arrivée de renforts génois, les croisés édifient deux hautes tours de bois ; la garnison incendie la première, mais, le 15 juillet, tandis qu'elle s'en prend à la seconde, les croisés parviennent à entrer dans Jérusalem par le nord.

Les chroniqueurs francs eux-mêmes stigmatisent l'horreur qui déferle alors sur la ville. La garnison réfugiée dans la tour de David est massacrée alors qu'on lui avait garanti la vie sauve en échange de sa reddition ; des centaines de juifs sont brûlés vifs dans leurs synagogues, la ville est livrée au pillage et à la destruction durant une semaine entière : on compte de très nombreuses victimes ; le partage des trésors du Temple dure deux jours pleins. Le dimanche suivant, les barons désignent l'un des leurs, Godefroi de Bouillon, non comme roi – il refuse ce titre – mais comme « avoué du Saint-Sépulcre ». Quelques jours plus tard, les Francs battent à Ascalon l'armée de secours envoyée par les Fatimides.

Un an après la prise de Jérusalem, Godefroi de Bouillon meurt pendant le siège d'Acre ; et c'est son frère, Baudouin d'Édesse qui, le 25 décembre 1100, est alors sacré premier roi de Jérusalem.

LE SURSAUT MUSULMAN

Après la chute des villes de la côte et du désert de Transjordanie, le roi de Jérusalem devient, de fait, le suzerain suprême d'un royaume féodal semblable à ceux d'Occident. Les États latins d'Orient sont au nombre de quatre : au nord, le comté d'Édesse, puis, le long de la côte, la principauté d'Antioche, le comté de Tripoli au pied des monts du Liban et, enfin, le royaume de Jérusalem, qui s'étend jusqu'au-delà du Jourdain. La puissance des Francs n'est pourtant qu'apparente : dès le début de leur présence, embuscades et défaites prouvent combien les États latins, tenus par une poignée d'hommes, sont vulnérables. Après la prise de Jérusalem, les musulmans harcèlent sans répit les armées franques et les princes de Mossoul, tel Zangi, leur infligent de graves défaites. En 1146, ce dernier s'empare d'Édesse.

L'ÉCHEC DES PRINCES...

La chute d'Édesse provoque un choc en Occident. Mais, alors que la première croisade avait été l'affaire des chevaliers, la deuxième (1147-1148) devient celle des princes. Poussé par son conseiller Suger, le roi Louis VII y voit un moyen d'accroître son prestige religieux, et sollicite le pape

Eugène III. Le pontife demande à saint Bernard d'assurer la prédication de la croisade. Le jour de Pâques 1146, à Vézelay, Louis VII prend la croix, et réunit entre 25 000 et 50 000 personnes qui se joignent aux troupes de l'empereur germanique Conrad III. Mais la croisade, mal préparée, échoue, comme la plupart des expéditions organisées par la suite. L'armée des croisés est défaite devant Damas secourue par Nur al-Din, fils de Zangi et nouveau seigneur de Mossoul. Louis VII et Conrad sont mis en déroute. Le roi de France sort pourtant grandi de cet épisode : les chroniqueurs le comparent au roi des Derniers Jours, qui, dans l'Apocalypse, est le défenseur de Jérusalem. Sa popularité est à son comble, les foules se précipitent sur son passage, qu'il visite son royaume ou se rende à un pèlerinage.

Pourtant, dès cette époque, l'idée de croisade a perdu de sa force, écartelée entre le désir de fédérer la chrétienté, les ambitions des princes et les besoins concrets des États latins. Au même moment, les musulmans s'unissent autour de Saladin, un Kurde vassal de la dynastie zangide, dont les Francs vantent la noblesse et l'habileté.

LE ROI LÉPREUX

Baudouin IV (1160-1185) est sans doute l'une des figures les plus attachantes de l'histoire médiévale. Fils du roi de Jérusalem Amaury Ier, Baudouin IV n'a que 14 ans quand il accède au pouvoir, et c'est donc son oncle Raimond III qui exerce la régence. Dès son adolescence, le jeune roi est atteint de la lèpre qui, peu à peu, lui enlève toute sa mobilité. Malgré sa jeunesse et sa maladie – il doit se faire porter en litière sur les champs de bataille –, Baudouin IV bat Saladin en 1176 et 1177, et conclut la paix avec lui en 1180. Mais la noblesse de Palestine profite de la faiblesse du roi pour jouer son propre jeu. Renaud de Châtillon, seigneur d'outre-Jourdain retranché dans son château fort de Moab, rompt la trêve jurée et menace la sécurité des croisés en attaquant les musulmans. Quand le roi meurt, âgé de 25 ans, en 1185, ses successeurs ne peuvent empêcher le désastre de Hattin (1187), après lequel Renaud de Châtillon sera exécuté par Saladin.

LA CROISADE CONTRE SALADIN

Les chevaliers latins sont de nouveau battus à Hattin, près du lac de Tibériade, en 1187 ; peu après, le roi de Jérusalem Gui de Lusignan est capturé, et la ville tombe aux mains de Saladin. Ce désastre suscite une troisième croisade (1190-1192), à laquelle participent trois souverains de grand renom : l'empereur germanique Frédéric Barberousse, le roi de France Philippe Auguste et le roi d'Angleterre Richard Cœur de Lion, qui voit dans la Terre sainte le lieu de tous les exploits.

Contre lui, Saladin, l'émir chevaleresque, fait d'abord assaut de courtoisie : apprenant que le roi d'Angleterre est malade,

À tous ceux qui y partiront et mourront en route, que ce soit sur terre ou sur mer, ou qui perdront la vie en combattant les païens, la rémission de leurs péchés sera accordée.

L'appel de Clermont, rapporté par Fourcher de Chartres.

HOSPITALIERS ET TEMPLIERS

Les besoins de la défense de la Terre sainte sont tels que certains chevaliers décident de s'y vouer toute leur vie. Les premiers sont ceux de l'ordre des Hospitaliers, fondé en 1113 pour accueillir les pèlerins de Terre sainte. C'est pour défendre ceux-ci que ces chevaliers ont été amenés à combattre et à devenir des soldats, tout en restant moines. Ils sont à l'origine des chevaliers de Malte, car ils se sont fait donner cette île par Charles Quint après avoir perdu leurs possessions en Orient. L'histoire des Templiers, fondés en 1120 par Hugues de Payns, est plus mouvementée. Cet ordre, dont les statuts ont été rédigés par saint Bernard lui-même, connaît un essor prodigieux au point que les chevaliers du Temple, collectant et convoyant les dons faits pour la Terre sainte, deviennent des banquiers royaux, à la richesse insolente. Cela leur a valu d'être condamnés par Philippe le Bel en 1314.

le souverain musulman lui fait porter des sorbets à la neige du Liban ; on raconte aussi que, lorsqu'une chrétienne en pleurs lui demande son fils prisonnier, il le lui rend sans exiger d'argent. Mais le climat change vite ; devant Acre, Richard ordonne : « Égorgez cette chiennaille » et fait exécuter les 3 000 prisonniers turcs dont Saladin voulait payer la rançon. Malgré quelques succès, les Francs ne peuvent reprendre Jérusalem et doivent conclure un compromis avec Saladin.

Richard regagne alors l'Europe. Sur le chemin du retour, il est fait prisonnier par le duc d'Autriche, ce qui convient fort bien à Philippe Auguste, qui, de retour en France, prépare un assaut contre les possessions continentales du Plantagenêt. Quant à Frédéric Barberousse, il a trouvé la mort en Cilicie avant même d'avoir atteint Jérusalem…

Désormais, sauf lors de brefs épisodes, les possessions franques en Orient ne cessent de diminuer, quels que soient la conviction des papes qui prêchent les croisades suivantes et l'enthousiasme des princes qui les mènent.

UNE CROISADE DÉTOURNÉE…

Au début du XIIIe siècle, le puissant pape Innocent III décide de reprendre en main la direction de la croisade, qu'il juge monopolisée par les princes laïques. Il lance en 1202 un appel à la chevalerie d'Occident afin de délivrer Jérusalem : la quatrième croisade commence. Les barons qui affluent décident d'emprunter la voie maritime mais, face au coût du trajet, ils acceptent la proposition de Venise : en paiement des navires prêtés par la Sérénissime, ils acceptent de prendre la ville de Zagreb, puis, le 13 juin 1203, Constantinople. Pendant trois jours, les chevaliers mettent la ville à sac, volant et raflant tout sur leur passage. Ils rétablissent ce faisant sur le trône d'Orient l'empereur démis Alexis III et son fils Isaac II, qui leur avaient promis une forte récompense.

Lorsqu'il apparaît quelques mois plus tard que les souverains ne pourront disposer de la somme d'argent due, les croisés réoccupent la ville, qu'ils pillent une seconde fois (avril 1204) avant de se diviser l'Empire lui-même. L'un des barons, le comte de Flandre Baudouin IX, se fait proclamer empereur. Il établit un empire latin de Constantinople, qui se maintiendra jusqu'en 1261. Geoffroy de Villehardouin fonde la principauté de Morée, dans le Péloponnèse, tandis que la famille de Lusignan prend le contrôle de Chypre. Le pape, impuissant, ne peut que constater l'échec de sa croisade...

LA FIN DES CROISADES

Proclamée en 1215 par le IVe concile du Latran, la cinquième croisade (1217-1219) est prêchée par le pape Innocent III et conduite par André III, roi de Hongrie, puis par Jean de Brienne, qui porte le titre de roi de Jérusalem. Elle tente, sans résultat durable, de libérer le mont Thabor et de combattre les musulmans en Égypte. La sixième croisade est celle de Frédéric II Hohenstaufen, suspecté de complaisance envers les musulmans ; il ne se décide à partir que sous la menace d'une excommunication.

En 1229, il signe avec al-Kamil le traité de Jaffa, par lequel il obtient la restitution de Jérusalem, Bethléem et Nazareth. Malgré l'indignation du pape et de l'ensemble de l'Europe, c'en est fait de l'idéal de croisade.

Quand les musulmans reprennent Jérusalem en 1244, Louis IX, le roi saint, est le seul souverain à se croiser pour mener sans succès les deux dernières expéditions destinées à conquérir l'Égypte et à reprendre aux infidèles le tombeau du Christ.

Après sa mort devant Tunis, en 1270, le concile de Lyon décide d'une autre croisade, qui ne partira cependant jamais. En 1291, Acre, dernière possession latine en Orient, tombe. La présence franque se maintiendra jusqu'en 1248 dans le Péloponnèse, et jusqu'en 1570 à Chypre, date à laquelle l'île tombe aux mains des Turcs.

INCROYABLE SALADIN !

La « courtoisie » du prince musulman en fait un personnage populaire des romans de chevalerie.

Les Cathares

Une hérésie menant à l'Inquisition...

LE PETIT MANUEL DES INQUISITEURS

Fort de son expérience, Bernard Gui, juge à Toulouse de 1310 à 1323, a écrit un guide pratique pour ses successeurs. Il y donne des conseils aux inquisiteurs :

« ... Si l'on n'obtient rien et si l'inquisiteur et l'évêque croient en toute bonne foi que l'accusé leur cache la vérité, alors, qu'ils le fassent torturer modérément, et sans effusion de sang... Si l'on n'avance pas par ces moyens, on torture l'accusé de la manière traditionnelle, sans chercher de nouveaux supplices... S'il n'avoue pas, on lui montrera les instruments d'un nouveau type de tourment en lui disant qu'il lui faudra les subir tous. Lorsque l'accusé, soumis à toutes les tortures prévues, n'a toujours pas avoué, il part libre. »

Hérétiques pour l'Église, sujets rebelles du comte de Toulouse pour le roi de France, les cathares, ou albigeois, prêchent un retour à la pureté originelle du christianisme. Ils sont pourchassés et finalement vaincus au XIIIe siècle. C'est pour les combattre que l'Église a créé l'Inquisition.

Au début du XIIIe siècle, une hérésie parcourt le midi de la France. Le pouvoir royal engage un combat contre ces « albigeois », qui lui permet de mettre au pas une région lui échappant jusque-là.

PATARINS, CATHARES ET ALBIGEOIS

Dès 1020, les chroniqueurs attestent la présence d'hérétiques dans le comté de Toulouse. La doctrine de ces derniers est fondée sur un dualisme et puise son inspiration dans une lecture littérale de la Bible : Dieu, source du Bien et de la Lumière, ne cesse de lutter contre Satan, principe du Mal et des Ténèbres, enraciné dans la matière. L'homme, dont le corps est corrompu, doit se soumettre à une ascèse rigoureuse s'il veut rejoindre la Lumière.

Les cathares se réunissent chaque dimanche pour prier et consommer ensemble le pain consacré. Après une instruction qui dure trois ans, chaque fidèle peut recevoir le sacrement du *consolamentum*, qui fait de lui un « parfait ». Formant le clergé cathare, ces « parfaits » se vouent à la chasteté, refusent de tuer même pour se défendre, et suivent en tout point les préceptes du Sermon sur la montagne. Ils ne mangent jamais de viande, de fromage ni de lait et respectent des jeûnes rigoureux. Cette vie difficile n'est pas à la portée de tous, et la masse des fidèles, les « bons hommes », ne reçoit le *consolamentum* qu'au moment de mourir. L'hérésie a connu un grand succès en Italie, où ses adeptes sont nommés *patarini* (« patarins »), par assimilation aux révoltés du XIe siècle. Du fait de leur concentration dans la région d'Albi, les cathares du Midi sont appelés « albigeois » par leurs contemporains.

En 1206, un prédicateur castillan d'une trentaine d'années, Domingo de Guzmán – le futur saint Dominique – entreprend de les convertir. Pour se démarquer du clergé ordinaire, riche et fastueux, le prédicateur se déplace pieds nus, vêtu d'une simple robe blanche, et mendie sa nourriture.

UN MEURTRE QUI DÉCLENCHE TOUT...

Même si l'hérésie est dénoncée à de nombreuses reprises par l'Église, il faut attendre le meurtre de Pierre de Castelnau, légat du pape, en 1208 pour que les événements se précipitent. Le légat a été assassiné par un proche du comte de Toulouse Raimond VI, favorable à l'hérésie. Le pape excommunie ce dernier et prêche la croisade. Philippe Auguste n'y participe pas, mais des seigneurs de la France du Nord, menés par Simon de Montfort, saisissent cette occasion de combattre. Par la vallée du Rhône, l'armée des croisés déferle sur les États de Raymond VI, accumulant violences, pillages et atrocités, rapportés par les chroniqueurs qui chantent la destruction des hérétiques : en 1209, Béziers est mise à sac, ses habitants sont massacrés. « Tuez-les tous, Dieu reconnaîtra les siens », aurait dit le légat du pape... Quant au comte de Toulouse, il est vaincu à Muret en 1213 et abandonne ses États à Simon de Montfort. Toutefois, son héritier Raimond VII poursuit la lutte et parvient à arracher Toulouse ; Simon de Montfort meurt en 1218 en tentant de la lui reprendre. Les croisés cessent alors la lutte ; l'hérésie continue de se développer, jusqu'à l'intervention du roi.

Louis VIII, fils de Philippe Auguste, s'intéresse depuis longtemps aux affaires du Languedoc. Lorsque le pape excommunie Raimond VII, il saisit l'occasion pour intervenir. À la tête d'une croisade, Louis conquiert le Languedoc, mais renonce à attaquer Toulouse, avant de mourir sur le chemin du retour, en novembre 1226. L'année suivante, le traité de Paris met fin à la guerre entre le comte de Toulouse et le nouveau roi de France Louis IX, représenté par la régente Blanche de Castille. Ce dernier acquiert le Languedoc ; le comte garde Toulouse, mais marie sa fille unique, Jeanne, à Alphonse de Poitiers, frère du roi. Une université est en outre

Tuez-les tous, Dieu reconnaîtra les siens !

Dit par le légat du Pape Amaury avant le sac de Béziers en 1209, au début de la croisade contre les albigeois.

LE SAVIEZ-VOUS ?

Pour obtenir des aveux, l'Inquisition autorise le recours à la torture.

LE DÉBAT SUR L'OCCITANIE

Les pays de langue d'oc ont été battus par des barons de langue d'oïl. Les causes de cette défaite et les motivations des vainqueurs ont fait l'objet de centaines d'ouvrages. Pour expliquer la défaite des cathares, les historiens évoquent le manque de cohésion de la société méridionale ; certes, le catharisme a été un phénomène avant tout urbain, dans une région aux villes nombreuses, mais la société cathare demeure mal connue. Dès le XIIe siècle, les Toulousains sont hostiles aux « Français », dont ils décrivent tous l'avidité et la cruauté. Mais peut-on cependant parler d'une « colonisation » de l'Occitanie et « d'acculturation », comme on l'a fait au XXe siècle ? Rien n'est moins sûr ; car, durant la guerre de Cent Ans, le Midi a été fidèle au roi de France.

fondée à Toulouse, pour diffuser la doctrine catholique en pays cathare. Raimond VII se révolte une dernière fois, en 1242, avant de se soumettre définitivement à Louis IX. À sa mort, en 1249, le frère du roi de France hérite de ses possessions. Quand Alphonse de Poitiers et Jeanne de Toulouse mourront, sans héritier, en 1271, le Toulousain sera réuni au domaine royal.

L'INQUISITION : TORTURE ET DÉLATION

À partir de 1229, le but principal de la papauté est d'extirper l'hérésie. Cette mission est confiée à l'Inquisition, organisée par Grégoire IX et confiée aux Dominicains. Dès 1215, l'ordre des Frères prêcheurs, fondé à Toulouse par saint Dominique, avait été reconnu par le IVe concile du Latran, qui, tout en prêchant la croisade, définissait les modalités de conversion des hérétiques. L'Inquisition fonctionne comme un tribunal d'exception permanent, qui doit son nom à une procédure, originale à l'époque, de recherche de la faute : toute personne soupçonnée est poursuivie, et la vérité doit lui être arrachée ; à partir de 1260, le pape admet le recours à la torture. La délation est encouragée et stimulée par la confiscation des biens des hérétiques au profit du seigneur. L'application de la peine est confiée aux autorités civiles (le bras séculier), la peine de prison (le mur) étant considérée comme une pénitence nécessaire au salut des âmes.

LA FIN DES CATHARES

Après l'échec de la dernière révolte de Trencavel, en 1242, et la soumission définitive de Raimond VII de Toulouse, plus d'un millier de cathares s'enferment dans la place forte de Montségur, qui est assiégée du 14 mai 1243 au 14 mars 1244. Les vainqueurs découvrent 200 personnes, hommes et femmes, qui refusent d'abjurer l'hérésie et sont brûlés séance tenante, le 16 mars 1244.

Après cet épisode tragique, dont la légende s'empare très vite, les cathares vont être systématiquement traqués. L'Inquisition, aidée de façon efficace par les agents royaux en la personne des sénéchaux, pourchasse les hérétiques partout où ils sont. Elle met en place toute une organisation qui infiltre les assemblées cathares et recoupe les dépositions et les aveux. Paradoxalement, assez rares sont les hérétiques condamnés au bûcher. Il faut pour cela qu'ils aient refusé d'avouer, c'est-à-dire de reconnaître qu'ils étaient dans l'erreur. En effet, la conversion reste le but final de l'inquisiteur, et tout repenti doit convertir à son tour, donc dénoncer ses anciens coreligionnaires dont il assure ainsi le salut. Pour convaincre, la torture physique est rarement employée, et, lorsqu'elle l'est, c'est surtout pour terrifier d'éventuels témoins. En revanche, les inquisiteurs semblent maîtriser parfaitement les ressorts de la psychologie individuelle et collective : ils savent repérer l'élément le plus faible pour le désolidariser du groupe, jouer sur les doutes et les angoisses des « parfaits », utiliser l'Écriture.

LES VAUDOIS : PREMIERS PROTESTANTS ?

En 1173, un riche marchand lyonnais, Pierre Valdès, entraîne de nombreux laïques à vivre dans la pauvreté comme le Christ. D'abord approuvés par le pape, les Vaudois deviennent vite suspects car ils comptent dans leurs rangs des laïques et même des femmes. Plus grave, ils traduisent en français l'Évangile, qu'ils prétendent comprendre sans passer par l'Église, car il leur importe avant tout de mener une « vie évangélique », conforme en tout point aux Écritures. L'Église les condamne comme hérétiques en 1184. Mais les vaudois s'implantent solidement dans la vallée du Rhône et dans le Languedoc. Opposés aux cathares, qu'ils côtoient, ils annoncent les mouvements spirituels des derniers siècles du Moyen Âge. D'ailleurs, leurs descendants décideront de rejoindre la Réforme protestante au XVIe siècle.

Les albigeois paraissent peu nombreux à la fin du XIIIe siècle. Quelques-uns ont trouvé refuge en Lombardie, où l'Inquisition brûle 178 d'entre eux en 1277.

Dans la région toulousaine, les derniers cathares semblent avoir été traqués au début du XIVe siècle par le redoutable inquisiteur de Toulouse, Bernard Gui. Le Midi n'en continuera pas moins à avoir une spiritualité originale, voire « déviante », avec les vaudois, les fraticelles et autres dolciniens...

SAINT LOUIS

Un roi juste et pieux canonisé mais à la bonté limitée ?

L'AUTODAFÉ...

La volonté de Saint Louis d'instaurer sur terre la cité de Dieu l'amène à exclure de la société dissidents et non-chrétiens. Le roi n'a jamais forcé les juifs à se convertir, ce qui était contraire aux *décrétales* de Grégoire IX, mais il les y a fortement incités par des mesures financières parfois brutales. S'il n'ordonne jamais d'exécution ou d'expulsion de juifs, Louis IX fait appliquer à la lettre les recommandations de l'Église, qui interdisent aux chrétiens de servir chez des juifs, de partager leur table ou de fréquenter les bains publics avec eux. En 1242, il fait brûler à Paris 24 charrettes remplies de manuscrits talmudiques, réduisant quasiment à néant la production des écoles talmudiques parisiennes. Enfin, une ordonnance de 1269 oblige les juifs à coudre sur leurs vêtements un signe distinctif, la rouelle, faite de deux croix entrelacées.

Au milieu du XIIIe siècle, Louis IX règne sur la France depuis plus de vingt ans. Il est alors le souverain le plus puissant et le plus prestigieux d'Occident, le plus populaire aussi pour sa foi profonde et son amour de la justice et de la paix. Souverain dévot qui s'est lancé à plusieurs reprises dans la croisade, il est canonisé peu de temps après sa mort, offrant à la dynastie des Capétiens son premier roi saint.

En 1226, de retour d'une expédition militaire, Louis VIII, subitement pris de fièvre, meurt. Son fils aîné, Louis, n'a que 12 ans. La reine, Blanche de Castille, est alors chargée de la régence. Sans appui en France, elle va réussir à maintenir la faible cohésion du royaume.

LA PAIX DU ROI EN PÉRIL

À l'avènement de Louis IX, le royaume semble menacé. En effet, les possessions des Plantagenêts, conquises notamment par Philippe Auguste, sont convoitées par le roi d'Angleterre Henri III. Ce dernier, fils de Jean sans Terre et descendant de la dynastie angevine, aimerait regagner la Normandie, l'Anjou, la Touraine et le Poitou, terre de ses ancêtres. Quant aux seigneurs du Midi, ils n'ont pas pardonné la croisade des albigeois, ordonnée par le pape Innocent III en 1208, relancée en 1221, et qui s'était traduite par une mise à sac de toute la région et la confiscation des fiefs.

Les grands lignages jouent leur jeu en fonction de leurs seuls intérêts. Les barons voient dans l'affaiblissement soudain et inattendu du pouvoir royal l'occasion de regagner un pouvoir que les derniers Capétiens leur avaient progressivement pris. Ainsi, les premières années du règne sont-elles marquées par des guerres. Si toutes ne visent pas la royauté, elles n'en ont pourtant pas moins mis en péril l'ordre et la cohésion d'un royaume trop vite grandi. Toutefois, Blanche de Castille a su s'appuyer sur l'équipe d'administrateurs hors pair rassemblée par Philippe Auguste et conservée par Louis VIII. Elle sait en outre trouver des appuis quand il le faut, tel celui de Thibaud IV, pour venir à bout de la révolte féodale. Dans le Sud, la guerre contre Raimond VII de Toulouse se termine par le traité de Meaux-Paris, conclu en 1229.

LA FIN DE LA RÉGENCE À LA MAJORITÉ

La jeunesse de Louis s'est déroulée dans une atmosphère mouvementée. Longtemps, le jeune roi est resté soumis à l'influence de sa mère, dont la forte personnalité paraît avoir un peu étouffé celle de son fils. En 1234, Louis, dans sa vingt et unième année, atteint l'âge de la majorité. La régence cesse officiellement. Toutefois, Blanche de Castille reste étroitement associée aux affaires politiques jusqu'à sa mort, en 1252. Elle exercera même la régence une seconde fois, durant la croisade d'Égypte en 1248.

Aux côtés de Louis, on trouve sa jeune femme, Marguerite de Provence, dont le mariage a contribué à ancrer la remuante province méridionale dans le camp royal. Toutefois, Marguerite sera tenue à l'écart de la politique royale jusqu'à la mort de Blanche de Castille. Rapidement, le roi s'engage dans la répression des dernières grandes guerres féodales, notamment celle menée par Hugues de Lusignan, auquel se sont ralliés Raimond VII de Toulouse et le roi d'Angleterre, Henri III. Ce dernier débarque à Royan en mai 1242 tandis que Raimond occupe Narbonne. La riposte de Louis est foudroyante : à la tête de l'armée royale, il remporte les victoires de Taillebourg et de Saintes contre le Plantagenêt. Dans ces conditions, Raimond VII doit accepter de négocier alors que les troupes royales traquent les derniers hérétiques (Montségur a été incendié en 1244).

La tranquillité est revenue. Mais Louis a d'autres projets. En 1244, gravement malade, et ému par l'annonce de la chute de Jérusalem et le massacre de l'armée chrétienne, en octobre, il a décidé de « prendre la croix ». La reine, comme la majorité des barons, se désole : la perspective d'une nouvelle régence rouvre l'ère des difficultés dont le royaume sort à peine. Mais le choix de Louis est fait : il participera à la septième croisade.

Il eut bien besoin, dans sa jeunesse, de l'assistance de Dieu, car sa mère, qui était venue d'Espagne, n'avait ni parents ni amis dans tout le royaume de France.

Jean de Joinville, *Vie de Saint Louis.*

BLANCHE DE CASTILLE : UNE REINE HORS DU COMMUN

Reine à 36 ans, veuve à 39, Blanche se montre une régente hors du commun. Mariée à 12 ans au futur Louis VIII, Blanche est la fille du roi Alphonse VIII de Castille. En 1226, à la mort de son époux, elle est contrainte d'assurer la régence du royaume avec l'aide d'un légat italien, le cardinal de Saint-Ange. Si les chroniqueurs s'accordent pour reconnaître le grand sens politique de cette femme, certains contemporains la perçoivent comme une étrangère dont ils doutent de la fidélité au royaume. Pourtant, sa politique est tout entière tournée vers l'affirmation du pouvoir central, ce qui lui vaut les critiques des barons, soucieux de préserver leur pouvoir. C'est une éducation sévère – les principes religieux y tiennent une grande place – qu'elle fait donner à son fils aîné, le futur Louis IX. Le jeune roi restera d'ailleurs proche de sa mère, qui jouera jusqu'à sa mort le rôle de proche conseillère et même de régente lorsque celui-ci partira pour la croisade d'Égypte en 1248. Blanche fait partie de ces quelques figures féminines entièrement dévouées à l'État, ce qui leur vaudra des siècles plus tard les honneurs des manuels de la IIIe République.

LE ROI ET LA CROISADE

Le roi s'est déjà intéressé à la croisade. En 1239, il a soutenu financièrement une expédition afin de secourir l'empire latin de Constantinople, ainsi que la « croisade des barons » conduite par Thibaud IV de Champagne en Terre sainte. Mais à partir de 1244, il prépare activement et personnellement son départ pour la prochaine croisade. Organisée avec un sérieux exemplaire, l'expédition réunit surtout des participants français. Pour en permettre l'embarquement dans de bonnes conditions, le roi fait créer le port d'Aigues-Mortes. C'est là qu'avec son armée il prend la mer, en août 1248. La croisade dure près de six ans, mène les armées françaises d'Égypte en Syrie et, après un certain nombre de revers, se solde finalement par un échec : Jérusalem reste aux mains des Turcs. Toutefois, Louis, qui a réorganisé les défenses de la Terre sainte et laissé des troupes à Acre (payées par le roi de France jusqu'à la chute de la cité, en 1291), apparaît avant tout comme le défenseur de la foi. Lorsqu'il revient, en 1254, il est le souverain le plus prestigieux et le plus puissant d'Occident – son seul rival à ce titre, l'empereur Frédéric II, étant mort en 1250. Pénitent marqué par la croisade, il se présente comme le dernier rempart d'une chrétienté éprouvée depuis le début du siècle par la tourmente mongole, inquiète de l'arrivée des Mamelouks en Égypte, désespérée par la chute de Jérusalem.

UN ROYAUME RÉFORMÉ

À son retour de la croisade, Louis ne retrouve pas sa mère, qui est morte en 1252. Il se lance alors dans une vaste réforme du gouvernement royal, qu'il veut plus juste et plus efficace. Pour cela, il confirme le pouvoir de ses officiers, les baillis et les sénéchaux, chargés de fonctions administratives, militaires et judiciaires. Si ces derniers agissent bien au nom du roi, certains de leurs subordonnés utilisent leur autorité avec excès. C'est pourquoi Louis fait mener une grande enquête sur les agissements de ses officiers, afin de permettre à tous ceux qui s'estiment spoliés de se faire rendre justice. Menée en grande partie par des franciscains et des dominicains, l'enquête aboutit à de nombreuses restitutions. Elle débouche surtout sur l'ordonnance de 1254 qui cherche à moraliser le personnel en obligeant désormais les officiers à jurer de rendre une justice impartiale, de n'accepter aucun don et de rendre compte de leurs décisions à des inspecteurs royaux.

L'effort d'organisation du royaume s'exerce dans tous les domaines. Le roi reste intransigeant sur les droits de la Couronne. Son règne voit l'essor du parlement, qui se superpose aux juridictions privées en devenant la juridiction d'appel de tous les tribunaux du royaume. Parallèlement, le souverain s'oppose fortement aux guerres intérieures que les nobles continuent à mener selon leur gré. Dans le domaine fiscal, les finances des communes sont mises sous étroite surveillance, moins par souci d'économie que pour permettre au roi de recourir à l'emprunt. Enfin, le roi réforme le cours des monnaies, en 1263, autant pour étendre l'usage de la monnaie royale (« tournois » ou « parisis ») que pour garantir aux utilisateurs la qualité de la frappe. Certes, Louis a d'abord agi dans un souci de purification. Mais il a aussi incroyablement amélioré l'administration du royaume. Il ressort de cette politique une réelle modernisation du fonctionnement de l'État qui va de pair avec une affirmation de la souveraineté royale. C'est un État rénové que lègue Saint Louis à ses successeurs.

« ROI DE JUSTICE, ROI DE PAIX », LOUIS IX LE JUSTICIER

Si l'État est justicier, le souverain l'est également. Aussi vient-on, de partout, soumettre au « roi de justice » les conflits qui paraissent insolubles. En 1256, par le *dit* de Péronne, Louis IX met fin à la querelle des deux grandes familles nobles, les Avesnes et les Dampierre, querelle qui agite le nord du royaume et les Pays-Bas depuis plus de vingt ans. De même, il réconcilie le roi de Navarre et sa demi-sœur, son frère Charles d'Anjou et sa belle-mère, la comtesse douairière de Provence. Enfin, le traité de Corbeil règle en 1258 le différend qui opposait jusqu'alors la France et l'Aragon : le roi de France renonce à ses prétentions en Catalogne, et le roi d'Aragon, aux siennes en Languedoc.

« Roi de paix », Louis IX se rapproche du roi d'Angleterre, Henri III – son beau-frère, puisque ce dernier a épousé Éléonore de Provence, sœur de Marguerite. Aux prises avec une noblesse turbulente, Henri III est prêt à abandonner ses préten-

Après que le roi Louis fut revenu d'outre-mer en France, [...] il considéra et pensa que c'était une bonne chose d'amender le royaume de France [...].

Jean de Joinville, *Vie de Saint Louis.*

LA NAISSANCE DU PARLEMENT

À partir de la fin du XIIe siècle, le droit romain gagne la France du Nord. Peu à peu se répand l'idée que toute justice émane du roi. Par ses enquêtes, Saint Louis prouve que la justice est son souci premier. Il devient de plus en plus fréquent de faire appel de toute décision de justice à une section spécialisée de la Cour du roi : le « parlement », dont on a la trace dès 1252, et dont le fonctionnement est attesté en 1254. À cette époque, déjà, les barons n'y viennent plus guère. Y siègent des laïques, officiers royaux, et des « maîtres » bien formés au droit. L'essor de l'institution provoque la rage des barons, qui tiennent à leurs droits de haute justice. Saint Louis ne dédaigne pas de venir participer aux séances de travail du parlement, imposant respect et silence aux adversaires de la cour. C'est par ce biais entre autres que le roi enracine son autorité dans le royaume.

[...] car au moment de mourir il invoquait en ses dernières paroles Dieu et ses saints, et particulièrement monseigneur Saint Jacques et madame Sainte Geneviève.

Jean de Joinville, *Vie de Saint Louis.*

tions sur les territoires conquis par Philippe Auguste. Par le traité de Paris, signé en 1258, Louis reconnaît Henri comme duc de Guyenne, lui restitue des fiefs et des droits dans les diocèses de Cahors, Limoges et Périgueux ; en contrepartie, Henri se reconnaît vassal du roi de France pour toutes ses terres, y compris la Gascogne. Louis doit aussi arbitrer le conflit entre Henri III et Simon de Montfort, fils de Simon IV de Montfort, chef de la croisade contre les albigeois. Préoccupé de l'intégrité du pouvoir royal, le roi prononce, en 1264, la *mise* (« arbitrage ») d'Amiens en faveur du souverain anglais. S'appuyant sur cette décision, le futur Édouard Ier, fils d'Henri III, renforce l'armée royale, écrase les barons anglais et tue Simon de Montfort à la bataille d'Evesham, en 1265.

LE « ROI TRÈS CHRÉTIEN »

Louis IX a toujours été d'une profonde piété. Dès sa jeunesse, il a voué une grande admiration aux cisterciens, qui incarnent à ses yeux l'idéal monastique : c'est ainsi qu'il participe aux travaux d'édification de l'abbaye royale de Royaumont, fondée en 1228. Cela ne l'empêche cependant pas d'être vigilant à l'égard des prétentions excessives du clergé et de taxer lourdement l'Église, en particulier pour préparer les croisades.

Au cours de son règne, son besoin d'humilité le rapproche davantage des ordres mendiants franciscains et dominicains, dont il écoute les sermons avec passion. Il s'adonne ardemment à la prière et collectionne avec une dévotion extrême les reliques, dont la couronne d'épines du Christ chèrement acquise aux Vénitiens, pour laquelle il fait édifier la Sainte Chapelle où elle est solennellement entreposée en 1248.

Cette piété se traduit aussi dans ses actes. Ainsi, il soutient hospices, hôpitaux et léproseries, et fait montre d'une charité constante pour les pauvres (10 % des dépenses de la maison royale leur sont consacrés).

Mais la prise par les Mamelouks des dernières places chrétiennes (Césarée en 1265, Safed, Jaffa et Beaufort en 1268) oblige Louis à reprendre le chemin de la croisade dès 1267. Soutenu par ses frères, Alphonse de Poitiers et Charles d'Anjou (désormais roi de Sicile), il obtient le concours d'Édouard Ier et ramène, par sa médiation, la paix entre les trois grandes cités maritimes italiennes, Pise, Gênes et Venise, dont les flottes sont nécessaires au succès de l'expédition.

Louis IX est un personnage complexe qui nous est connu par une multitude de récits, dont chacun a participé à l'élaboration de la figure royale. Outre les documents officiels datant du règne, nous conservons un grand nombre de biographies relatives au roi. Issue des milieux franciscains, celle de Guillaume de Saint-Pathus s'inspire des témoignages relatés dans le procès de canonisation, et fait de lui le saint roi des mendiants. *La Vie de Saint Louis* rédigée par Guillaume de Nangis, moine de Saint-Denis, dresse un portrait dans une perspective dynastique et nationale dont l'abbaye royale est dépositaire. Le témoignage de Jean de Joinville est fondamental. Ce seigneur a participé à la croisade aux côtés du roi dont il a même partagé la captivité. Témoin central lors du procès de canonisation, il est un des meilleurs connaisseurs du souverain et de son règne.

LE ROI SAINT

La huitième croisade commence donc en 1270, mais avec une armée moins nombreuse qu'en 1248. Elle part d'abord pour Tunis, dans l'espoir d'obtenir le soutien de l'émir, qui est, croit-on, prêt à se convertir. Cependant, le siège de la ville tourne au cauchemar. Une épidémie de choléra ravage le camp croisé. Jean-Tristan, le fils du roi, meurt. Louis IX succombe à son tour, le 25 août 1270. Édouard poursuit seul jusqu'à Acre, tandis que Charles d'Anjou et le fils aîné de Louis, Philippe III, reviennent en France. Mais le corps du roi de France est déjà celui d'un saint. Des miracles se produisent sur son passage, et la papauté entame très vite le procès de canonisation, l'un des premiers du genre, qui aboutit en 1297. Louis IX devient « Saint Louis », le parfait modèle du roi juste, qu'un récit de son biographe Joinville a immortalisé en le décrivant en train de rendre la justice sous un chêne de son palais de Vincennes.

Il rappelait que sa mère lui avait quelquefois déclaré qu'elle aurait mieux aimé qu'il fût mort plutôt qu'il ait commis un péché mortel.

Jean de Joinville, *Vie de Saint Louis.*

L'art gothique

Le temps des cathédrales, un mélange de lumière et de prouesses

L'ARC-BOUTANT : UNE DENTELLE DE PIERRE...

À la fin du XIIe siècle, l'arc-boutant crée l'originalité de l'architecture ogivale. Reposant sur un massif de maçonnerie, il est maintenu en place par la masse verticale du pinacle. Il chevauche les bas-côtés de l'édifice et s'appuie au point précis où les ogives de la voûte retombent sur les piliers qui les portent. L'arc-boutant vient ainsi renforcer de l'extérieur la stabilité de l'ensemble. Comme tous les éléments de construction, il gagnera en légèreté, jusqu'à prendre l'aspect d'une dentelle de pierre, et s'élancera toujours plus haut. Grâce à lui, les nefs des églises peuvent atteindre des hauteurs inconnues jusqu'alors.

Nouveau style architectural qui naît en Île-de-France au XIIe siècle, le gothique caractérise le dernier tiers du Moyen Âge, en particulier dans ses édifices religieux. Témoignages de piété et de puissance, lieux de prière et de rencontres, moteurs de l'activité économique, les cathédrales gothiques sont tout cela à la fois.

Vers 1100, une technique de construction révolutionnaire apparaît en France du Nord, en Normandie, mais surtout en Île-de-France. Héritée de la voûte d'arêtes, la croisée d'ogives est utilisée pour la première fois à Morienval, dans l'Oise, en 1122. Les ogives sont construites avant la voûte, et combinées aux arcs-doubleaux. On obtient une armature, qu'il suffit de recouvrir par de minces parois. Ainsi, les piliers peuvent s'élever très haut et la nef gagner en élévation. De Morienval, cette technique se répand dans les petites églises du domaine royal, avant d'être utilisée pour de plus vastes édifices : Sens, La Charité-sur-Loire, la cathédrale de Langres. Mais c'est à Saint-Denis qu'elle s'affirme comme un style nouveau.

SAINT-DENIS, OU LA NAISSANCE DE L'ART GOTHIQUE

Suger, précepteur et conseiller de Louis VII, est abbé de Saint-Denis, « le plus royal de tous les établissements monastiques ». Pour témoigner devant Dieu et devant les hommes de la puissance royale, il fait édifier, entre 1132 et 1144, une nouvelle abbatiale, dont la conception est marquée par la volonté de faire entrer la lumière dans l'édifice. Les âmes des fidèles, inondées par ce flot lumineux, pourront ainsi plus facilement s'élever vers Dieu. L'architecture du bâtiment, résolument nouvelle, est caractérisée par le parti pris de verticalité et le percement de vastes baies vitrées dans les murs.

La sculpture évolue de la même façon. Dès le porche de Saint-Denis, l'attention des fidèles est attirée vers ce qu'il y a d'humain dans le mystère du Christ. L'iconographie gothique rejette les chimères terrifiantes et les créatures imaginaires des sculpteurs romans. Les statues-colonnes font toujours corps avec l'architecture, mais elles s'individualisent de plus en plus ; le naturalisme des personnages est désormais la règle, une vision nouvelle de l'humanité se fait jour. Le nouveau chœur de Saint-Denis est consacré en présence de Louis VII et d'Aliénor d'Aquitaine, lors d'une somptueuse cérémonie. Autour du chœur rayonnent onze chapelles, où onze messes sont dites simultanément. À partir de Saint-Denis, la mode se répand vite, et les équipes de maçons, de verriers, de sculpteurs appelées par Suger la diffusent : portail royal de Chartres (1145-1155), Sens (vers 1140), Senlis (1155) et Laon (1155-1160). Le chœur de Notre-Dame de Paris surgit de terre en 1163. Cette concentration exprime la primauté des Capétiens et la richesse des villes.

LA PROSPÉRITÉ DES VILLES ET DES CAMPAGNES

Cet essor de l'art gothique est en effet indissociable de celui des villes. Au début du XIIe siècle, celles-ci connaissent une prospérité nouvelle. La population augmente, les activités se multiplient, les cités s'étendent et édifient de nouveaux remparts.

À la suite des premières croisades, les échanges reprennent en effet entre l'Orient et l'Occident, et donnent une impulsion décisive au commerce en Méditerranée. Des foires à dates fixes s'installent en Champagne, en Flandre, jusqu'à la mer du Nord. La richesse afflue, les cités les plus dynamiques prennent leur destin en main et, s'affranchissant de la tutelle seigneuriale, se constituent en communes.

Dans une société profondément chrétienne, les cathédrales forment le centre de la vie urbaine. Toutefois, elles n'en sont pas le produit. En effet, leur construction est avant tout financée par des évêques dans le Midi et des chanoines dans le nord du royaume. Or, tous tirent leurs revenus de possessions foncières ; les cathédrales, symboles urbains par excellence, reflètent en réalité la richesse des campagnes qui accompagne l'essor économique des XIIe et XIIIe siècles.

LE SAVIEZ-VOUS ?

Les gargouilles de Notre-Dame de Paris ont été redessinées au XIXe siècle par Viollet-le-Duc.

Les fenêtres vitrées sont des écritures divines qui versent la clarté du vrai soleil, c'est-à-dire de Dieu.

Guillaume Durand, *Rationale.*

LA CATHÉDRALE, LIEU D'ÉCHANGE, DE THÉÂTRE ET... DE PRIÈRE

Les grandes églises que font construire les évêques des villes riches ne sont pas seulement des lieux de prière.

La cathédrale est la maison de tous et de chacun – on dit qu'Amiens ou Paris peuvent accueillir dans leurs amples vaisseaux toute la population de la ville. Humbles ou puissants s'y retrouvent pour prier ou participer au culte. Mais le parvis est aussi le lieu où l'on parle et où l'on règle ses affaires. C'est là que seront représentés les premiers mystères, sortes de pièces de théâtre à caractère religieux. La cathédrale est entourée de tout un ensemble de constructions serrées les unes contre les autres dans un lacis de ruelles, et il est rare qu'on ait un recul suffisant pour admirer sa façade.

UNE ARMÉE DE BÂTISSEURS

Édifier une cathédrale coûte très cher et nécessite le travail de spécialistes expérimentés, à commencer par des tailleurs qui sachent découper la pierre dans les carrières à la forme de l'arc ou du portail. Il faut des ingénieurs pour les appareils de levage ; des charpentiers pour échafauder les chemins de ronde, de plus en plus élevés ; des maçons pour appareiller les voûtes ; des peintres pour les vitraux ; des sculpteurs pour les statues...

L'évêque qui décide de faire bâtir, ou d'agrandir, une cathédrale sait qu'il faudra faire venir toute une armée de bâtisseurs et, surtout, s'assurer les services d'un maître d'œuvre éprouvé. On ignore presque tout des architectes qui dessinent les plans d'ensemble et le détail des cathédrales. Quelques-uns seulement sont passés à la postérité : parmi les plus importants, Pierre de Montreuil, qui travailla sur le chantier de Notre-Dame de Paris, ou encore Gauthier de Varinfroy, qui supervisa la construction de la cathédrale de Meaux au XIIIe siècle. À cette époque, le mouvement de construction atteint une telle intensité que, pour un chantier qui se ferme faute d'argent, un autre s'ouvre ailleurs.

DU GOTHIQUE AU FLAMBOYANT

L'exemple donné par les cathédrales du domaine royal, répandu dans le royaume, rayonne bien au-delà de ses frontières. La cathédrale de Trondheim, en Norvège, celle de Nicosie, dans l'île de Chypre, s'inspirent de celle de Sens. La cathédrale d'Uppsala et celle de Visby, en Suède, se réclament de Notre-Dame de Paris. Dantzig, Cracovie, la Hongrie adoptent la « manière française ». Et si, dans le nord de l'Italie, les cathédrales gardent une facture byzantine, Tolède en Espagne ou Cologne en Allemagne empruntent à Bourges et à Amiens.

À la fin du XIVe siècle, cependant, le décor change pour devenir plus exubérant. L'Angleterre donne l'exemple : un enchevêtrement de nervures de pierre se déploie sur les voûtes de ses édifices ; les façades s'enrichissent d'un réseau de courbes et contre-courbes qui montent comme des flammes. Cet art « flamboyant » va se répandre et s'épanouir en France au XVe siècle. Mais, au début du XVIe siècle, l'ogive ne joue plus qu'un rôle décoratif. La rigoureuse architecture à laquelle elle a donné naissance a vécu son âge d'or. C'est avec les débuts de l'architecture Renaissance que le terme de « gothique » voit le jour et se répand. D'emploi péjoratif, il désigne alors un art du passé, considéré désormais comme barbare.

LES VITRAUX DE LUMIÈRE

C'est à Saint-Denis que l'on peut voir les plus anciens vitraux datés avec certitude. Le but manifeste des constructeurs des églises gothiques a été « d'éclairer les esprits et de les mener par la lumière à la lumière » (Suger), c'est-à-dire à Dieu. Celle-ci entre dans l'édifice par les larges verrières, baies percées entre les colonnes dans les premières églises gothiques, larges rosaces qui découpent la façade et remplacent le tympan des portails. L'art du verrier, connu depuis l'Antiquité, ressuscite : les innombrables fragments de verre coloré, reliés par réseaux de plomb, évoquent des figures majestueuses, tout à la fois présentes et inaccessibles, ou racontent de petites scènes pittoresques, tirées de la vie quotidienne des paroissiens. Bleu de Chartres ou rouge de Bourges mettent en valeur les figures de Jésus et Marie, entourés de médaillons qui racontent l'Apocalypse ou représentent les signes du zodiaque.

Rois et seigneurs se font représenter en donateurs sur les verrières qu'ils ont offertes aux sanctuaires, marchands et artisans se retrouvent dans les chapelles consacrées à leur saint patron, où les vitraux décrivent leurs métiers.

Ailleurs encore, les vitraux illustrent des légendes saintes, des épisodes de la Bible, scène après scène, instruisant les fidèles comme un livre d'images. Les vitraux ont en outre une fonction pédagogique : édifier les fidèles dont l'immense majorité est illettrée.

WHO'S WHO ?

Les statues-colonnes qui ornent le portail de la cathédrale de Chartres sont des rois et des reines de l'Ancien Testament.

La culture aux XIIe et XIIIe siècles

De la naissance au développement de l'Université

Apparue à la fin du XIIe siècle, l'Université est le socle sur lequel s'est construite la culture européenne. Succédant aux écoles monastiques, elle contribue à former une élite intellectuelle maniant les savoirs religieux autant que laïques. Elle est considérée comme l'une des créations les plus originales et les plus importantes de la civilisation occidentale de cette époque.

LES PREMIERS COLLÈGES...

Le premier collège, destiné aux étudiants pauvres, a été créé à Paris par Robert de Sorbon (1201-1274), maître en théologie. Conçus à l'origine comme des internats destinés aux « pauvres clercs » afin que ceux-ci puissent étudier à l'Université, les collèges changent vite de nature. En effet, ils deviennent eux-mêmes des lieux d'enseignement où des maîtres viennent refaire les cours dispensés à l'Université afin d'aider les pensionnaires à mieux les assimiler. C'est pourquoi le système des collèges connaît un grand succès. À Paris, ils seront plus de cinquante, dont les plus illustres sont le collège de Sorbon (1257) et celui de Navarre (1304) ; les sorbonnards dominent la faculté de théologie, tandis que les navarrais, souvent champenois d'origine, peuplent la chancellerie royale.

Dans la France du Moyen Âge, les ecclésiastiques ont le monopole du savoir. L'enseignement, basé sur la grammaire qui permet de comprendre les textes sacrés, lus avec les commentaires des Pères de l'Église – saint Augustin, saint Grégoire, saint Ambroise – est uniquement dispensé dans les écoles monastiques.

LES ARTS LIBÉRAUX

Ces écoles relèvent des grands monastères comme Saint-Martin-de-Tours ou Fleury-sur-Loire. Les jeunes clercs y reçoivent un enseignement destiné à les former aux plus hautes charges ecclésiastiques. Au XIe siècle, la situation évolue. Avec le renouveau urbain apparaissent des écoles dépendant des cathédrales. Les plus brillantes se trouvent dans la France royale à Laon, à Chartres et à Paris..., ainsi qu'en Italie du Nord, à Bologne. Quelle que soit la nature de l'école, les élèves étudient les « arts libéraux », un ensemble de disciplines réparties en deux groupes : le *trivium*, avec la grammaire, la rhétorique, la dialectique, et le *quadrivium*, avec l'arithmétique, la musique, la géométrie et l'astronomie. Mais, si les écoles monastiques fondent leur enseignement sur la Bible et les œuvres des Pères de l'Église, les écoles des cathédrales se tournent quant à elles volontiers vers les textes profanes : ainsi, de Paris à Montpellier, circulent les textes des grands médecins grecs, Galien et Hippocrate.

« *UNIVERSITAS* »

Progressivement, le corps des maîtres et celui des étudiants s'unifie, à l'image des corporations de métiers, sous la forme d'une communauté juridique, *l'universitas*. Les premières universités naissent à la fin du XIIe siècle.

Chacune possède son sceau, ses statuts, définit librement ses programmes d'études, les grades qu'elle accorde. Parmi ceux-ci, l'un des plus importants est la *licencia docendi*, le « permis d'enseigner », qui permet à celui qui l'a obtenu d'être maître à son tour.

Il existe cinq types d'universités : celle des arts enseigne les bases nécessaires aux quatre autres, qui sont celles de théologie, de médecine, de droit canon et de droit civil. Des privilèges royaux ou papaux viennent en général confirmer l'indépendance de l'Université. Ses membres relèvent alors d'une juridiction qui leur est propre et leur permet d'échapper à la justice royale, souvent sévère.

PARIS L'EXEMPLAIRE

Parmi les plus anciennes, l'université de Paris reçoit ses premiers privilèges du pape Célestin III en 1174. Élaborés de 1200 à 1246, ses statuts définitifs soulignent son autonomie sur les plans judiciaire – elle possède ses propres tribunaux pour juger ses membres –, financier – elle dispose comme elle l'entend de l'argent que lui alloue l'Église – et administratif. Sous contrôle ecclésiastique, elle décerne le baccalauréat, la licence et la maîtrise. Professeurs et élèves disposent d'une arme efficace, le droit de faire grève, et d'un allié tout-puissant, le pape, maître suprême des universités, auquel ils peuvent faire appel dans les cas graves.

L'université de Paris jouit rapidement d'une excellente réputation pour son enseignement de la théologie, suivi par des étudiants venus des quatre coins d'Europe. Des professeurs réputés, comme Thomas d'Aquin ou Albert le Grand, y enseignèrent.

D'UNIVERSITÉ EN UNIVERSITÉS !

Presque aussi ancienne que Paris, l'université de Montpellier est réputée pour ses cours de médecine, basés sur l'étude des auteurs arabes et grecs. Les travaux pratiques d'anatomie se font sur des porcs. Le royaume se couvre de nouveaux établissements créés généralement dans un but bien précis :

DE TRÈS LONGUES ÉTUDES...

Au Moyen Âge, le cursus universitaire, strictement organisé, est déjà trop chargé et trop long... Les universités sont organisées, selon la discipline étudiée, en facultés, au sein desquelles les étudiants sont regroupés en nations : ainsi les quatre nations de la faculté des arts à Paris (française, normande, picarde, anglaise). Sauf s'il est moine, l'étudiant doit en principe passer par la faculté des arts, où il apprend la philosophie, la logique et les disciplines scientifiques. Après cinq ou six ans d'études, vers 21 ans, devenu maître ès arts, il peut accéder aux facultés supérieures (droit, médecine, théologie) ou enseigner à la faculté des arts. Pour la théologie, discipline la plus prisée de toutes, il faut encore au moins quinze ans pour arriver au doctorat ; pendant toutes ces années, on enseigne et on étudie en même temps.

UN MAÎTRE TROP HARDI ?

Pierre Abélard (1079-1142), l'un des plus grands maîtres parisiens du XIIe siècle, est la première figure de l'intellectuel médiéval.

Né dans la région de Nantes, Pierre Abélard apparaît rapidement comme un élève brillant. Étudiant à Paris, il met en difficulté Guillaume de Champeaux, un maître alors réputé, en récusant publiquement ses principales thèses. Cela lui vaut une renommée certaine, mais suscite des jalousies tenaces. Dans les années qui suivent, Abélard s'installe sur la montagne Sainte-Geneviève où une foule d'étudiants le suivent, faisant définitivement de ce lieu le centre intellectuel de la capitale. Sa relation avec Héloïse, la nièce d'un chanoine parisien qui avait confié l'éducation de la jeune fille à l'éminent professeur signe le début de ses malheurs : l'oncle se venge en faisant émasculer Abélard. Le maître, inquiété un moment pour la hardiesse de ses positions théologiques, continue pourtant d'enseigner jusqu'à sa mort. Il ne cessera de correspondre avec Héloïse, ce qui donnera lieu à l'un des échanges épistolaires les plus célèbres de l'histoire...

fondée en 1229, l'université de Toulouse est destinée à former des théologiens compétents afin de réprimer l'hérésie cathare qui sévit encore dans le sud de la France. D'autres naissent par suite de la sécession d'anciennes universités. C'est le cas de celle d'Orléans notamment : l'Église ayant interdit l'enseignement du droit romain à Paris, cette ville proche de la capitale devient l'université juridique la plus importante de l'Europe du Nord. Enfin, le Grand Schisme d'Occident amène les pays qui suivent l'obédience romaine à retirer leurs étudiants de Paris, restée fidèle à Avignon où résident les papes dissidents : c'est notamment le cas de l'Allemagne, qui se dote de deux universités, l'une à Heidelberg, l'autre à Cologne.

LA SCOLASTIQUE

La naissance des universités se double de l'élaboration d'une méthode nouvelle d'enseignement : la scolastique. Méthode de commentaire fondée sur la dialectique d'Aristote et sur l'usage des Pères de l'Église, souvent caricaturée, celle-ci consiste en une quadruple analyse d'un texte. Le premier moment est une lecture, la *lectio*, destinée à s'assurer de la bonne compréhension du passage à commenter. Puis, l'étudiant, ou le maître, passe à la *quaestio*, qui est la formulation d'une question ou d'un problème soulevé par le texte. Afin d'y répondre, il lui faut déployer une argumentation raisonnée, la *disputatio*. C'est ici que l'on peut donner la pleine mesure de son savoir et de son agilité intellectuelle. En effet, discuter un passage biblique demande de convoquer des *auctoritates*, des Pères de l'Église qui font autorité en la matière : ainsi, l'étudiant en théologie devra-t-il être capable d'éclaircir un passage biblique particulièrement ardu. Au terme de cette troisième étape intervient la *determinatio*, qui apporte une solution à la question posée. Plusieurs fois par an, les maîtres devaient se livrer à un exercice périlleux : devant leurs étudiants réunis, il leur fallait improviser ce type de démarche à propos d'une question pouvant concerner tous les sujets possibles. C'était alors le moment pour un professeur aguerri de briller devant son auditoire. À ce jeu, Thomas d'Aquin passe pour avoir été particulièrement doué.

LES QUERELLES UNIVERSITAIRES

L'Université est un monde traversé par toutes sortes de conflits. L'un de ceux qui secouent l'institution oppose, au XIIIe siècle, les séculiers aux réguliers. La naissance des ordres mendiants a en effet bouleversé le monde de l'enseignement. Les franciscains Albert le Grand et Thomas d'Aquin, le dominicain Bonaventure et bien d'autres encore enseignent la théologie à Paris. Cette situation génère rapidement des rancœurs chez les maîtres séculiers de l'université. En effet, les mendiants ne réclament pas d'argent à leurs élèves, à la différence des séculiers qui se considèrent comme des travailleurs de l'intellect et demandent à ce titre un dédommagement à leurs étudiants. En outre, les réguliers restent à l'écart de tous les mouvements de grèves qui secouent l'Université à cette époque. Par là même, ils apparaissaient, aux yeux des séculiers, en retrait de la corporation enseignante, presque traîtres à ses intérêts. Cette querelle, tranchée par la papauté en faveur des réguliers, laissera un goût amer aux maîtres séculiers qui avaient été les fondateurs de l'Université.

QUE FAIRE D'ARISTOTE ?

Un autre sujet, intellectuel cette fois, divise le monde universitaire au XIIIe siècle ; il s'agit du statut et de l'interprétation à donner à celui que beaucoup considèrent comme le philosophe par excellence : Aristote. Son œuvre, connue partiellement depuis le XIIe siècle à partir de manuscrits arabes traduits en Espagne, est alors enrichie de nouvelles traductions dont certaines sont réalisées à partir des textes grecs originaux. Or, autant Aristote fascine les grands professeurs, autant il inquiète l'Église, consciente que certaines de ses affirmations sont peu compatibles avec la foi chrétienne. Rechercher une synthèse entre son œuvre et la Bible devient l'une des grandes affaires des universitaires, en particulier des réguliers. Cette entreprise est à hauts risques ; la *Somme théologique* de Thomas d'Aquin, qui visait à réconcilier la raison grecque et la foi, est finalement condamnée en 1277 par l'évêque de Paris, Étienne Tempier.

L'ENJEU INTELLECTUEL...

L'université ne forme pas que des théologiens de haut vol. Ses débouchés sont très divers. Les facultés de droit et de médecine ouvrent des perspectives de carrières lucratives. Quant aux jeunes gens formés au droit, ils sont amenés à jouer un rôle de plus en plus important dans un monde politique qui se laïcise. C'est l'époque où les juristes commencent à faire leur apparition dans l'entourage royal. Ainsi, on voit de plus en plus les maîtres de l'Université accaparer les hautes charges du royaume : ils deviennent évêques, chanoines, conseillers à la cour... Dans le même temps, les travaux très complexes des universitaires se concentrent sur des problèmes de logique formelle, qui finissent par masquer les vraies questions. La scolastique, qui est à l'origine un enseignement philosophique subtil et rigoureux, tombe dans l'abstraction stérile si bien que la vitalité intellectuelle de l'Université médiévale se tarit au cours du XVe siècle pour renaître avec l'humanisme au siècle suivant.

« NAISSANCE DU PURGATOIRE »

Selon certains historiens, le Purgatoire en tant que lieu imaginaire naît au XIIe siècle. Des croyances de l'époque le situent même en Sicile, dans l'Etna, ou bien en Irlande. Les moines cisterciens créent pour leur part une géographie de l'au-delà. Le Purgatoire serait ainsi un lieu intermédiaire entre l'Enfer et le Paradis, dans lequel les chrétiens peuvent accomplir leurs peines. Ce lieu permet entre autre à certains grands pécheurs de se racheter et d'échapper à l'Enfer, ce qui auparavant semblait impossible.

La France au XIIIe siècle

Ordres mendiants et développement économique

L'INDUSTRIE TEXTILE

L'activité de la draperie se concentre dans les villes et se répand dans tout le nord de la France jusqu'à la Seine. Les centres du textile français sont Amiens, Beauvais, Rouen, Reims... On travaille à y imiter les plus beaux draps : ceux de la Flandre belge, tels les draps lourds de Gand, ou ceux de la Flandre française, telles les étoffes légères d'Arras. Le travail est très contrôlé. Des règlements définissent dans chaque ville la qualité des matières premières et des produits finis ainsi que les conditions de travail et de vente. Les meilleurs draps sont fabriqués à partir de laines anglaises. Les tissus portent une marque officielle qui garantit leur qualité et leur métrage. Leur fabrication fait intervenir une trentaine de corporations différentes : fileurs, peigneurs, foulons, teinturiers, tisserands. Celui qui contrôle tout est le marchand drapier, qui achète la laine et fait circuler la pièce de sa fabrication jusqu'à sa mise en vente.

Au XIIIe siècle, l'Occident connaît un essor économique et démographique spectaculaire. La France en est alors le royaume le plus prospère alors que l'autorité des rois s'y est affirmée de façon décisive.

Le royaume de France se trouve au carrefour des échanges entre les produits venant d'Orient et ceux des pays du Nord, à une époque où le commerce augmente considérablement. L'expansion démographique commencée deux siècles plus tôt se poursuit. Les crises de subsistance s'espacent et deviennent plus brèves cependant que le royaume connaît de grandes phases de paix. La croissance démographique s'explique notamment par des progrès dans l'alimentation : nombre de Français peuvent désormais manger des céréales nobles, voire du pain de froment. Fromage, viande et vin ne sont plus réservés à une mince élite aristocratique. Ces changements contribuent à une augmentation de la population, dont les agglomérations sont les premières à profiter. La Flandre, le Languedoc et l'Île-de-France sont les régions où cette expansion urbaine est la plus forte. Paris se développe de façon remarquable. Avec 200 000 habitants, c'est la plus grande ville d'Occident à la fin du XIIIe siècle. Mais, un peu partout, autour d'abbayes ou de forteresses, des villes nouvelles se créent qui rassemblent les habitants des quelques villages alentour. Le commerce redevient très actif même si un fléchissement de l'activité économique est perceptible dans le dernier tiers du siècle. Les richesses affluent vers ces villes qui voient se dresser les grandes cathédrales gothiques et naître les premières universités.

LE DÉVELOPPEMENT DES ACTIVITÉS COMMERCIALES ET FINANCIÈRES

Plusieurs facteurs contribuent au développement des échanges : tout d'abord la production croissante et régulière de surplus agricoles, à partir du XIe siècle, puis les progrès techniques, dans le domaine textile notamment, qui permettent de répondre à une demande toujours plus importante. La monnaie circule à nouveau régulièrement alors que la monarchie commence à imposer sa propre monnaie dans tout le royaume au détriment des monnaies locales, et se réserve même l'émission des pièces les plus grosses. C'est un pas vers l'unification du territoire. Des marchés et des foires assurent les échanges dans toutes les villes, à différentes échelles, comme la foire du Lendit à Saint-Denis. Progressivement cependant, l'Europe médiévale s'organise en trois réseaux d'échanges internationaux : la Méditerranée, la Baltique et, entre les deux, les foires de Champagne. Ces dernières se développent grâce à leur situation géographique et aux efforts des comtes de Champagne. Six foires tournent dans la région, entre Lagny, Bar-sur-Aube, Troyes et Provins. Elles attirent des marchands de toute l'Europe, organisés en nations ou groupes d'intérêts. Des banquiers italiens, surtout de Florence, y assurent d'importantes facilités de crédit. Les draps flamands s'y échangent contre les épices de l'Orient et les fourrures du Nord. Mais à la fin du XIIIe siècle, les guerres entre la France et l'Angleterre sonnent le glas de ces foires, au profit de Bruges.

UN NOUVEAU DYNAMISME

Depuis le mouvement communal, les villes sont dirigées par des élites issues de la bourgeoisie urbaine. Les citadins bénéficient en outre de la garantie d'une liberté qui contraste avec la servitude imposée dans les campagnes. Les villes deviennent des espaces attractifs. Cette situation favorable en fait des centres économiques majeurs auxquels vient s'ajouter au XIIIe siècle une dimension culturelle avec la naissance des universités.

Le paysage urbain est à l'image de ce dynamisme parfois désordonné. À cause de la cherté du sol et de la pression démographique, les maisons se font étroites et hautes. Les villes sont donc sombres, les bâtiments s'y entassent dans des ruelles étroites qui favorisent la propagation des épidémies et des incendies. L'hygiène

Ici les marchandises se vendent si mal qu'il semblerait impossible d'en écouler aucune ; et il y en a en abondance.

Lettre envoyée par un marchand de la foire de Troyes, l'an 1265.

Le bon argent de Fribourg vaut 57s. 6 d. […]. La poudre d'or, selon la qualité […]. L'augustale, 11 s. pièce. Le florin à la foire de Saint-Ayoul valait 8 s. pièce […].

Lettre envoyée par un marchand de la foire de Troyes, l'an 1265.

y est précaire : une source ou un puits fournissent l'eau potable pour tout un quartier tandis qu'un ruisseau au milieu de la rue sert à évacuer les immondices.

À la fin de la période, les maisons se font plus grandes et plus espacées. La pierre apparaît pour les demeures des plus riches. Des bâtiments d'un genre nouveau marquent concrètement l'affirmation politique de la ville : palais communaux et hôtels de ville, dotés souvent d'un beffroi ou d'une grande tour. Les maisons et les chapelles des guildes et des confréries se multiplient. Les riches marchands fondent des hôpitaux pour soigner les vieillards et les pauvres. Halles et marchés sont édifiés pour faciliter l'activité commerciale. Des fortifications protègent les villes. Pour s'étendre, celles-ci sont obligées parfois de sortir de leurs murs. Les anciens fossés deviennent alors des canaux.

Tout comme les villes, les campagnes connaissent une réelle vitalité à cette époque. Les défrichements initiés au siècle précédent se poursuivent et s'accompagnent de la fondation de villages et d'une multiplication des fermes isolées. C'est également la période où l'on voit fleurir des bastides dans le sud-ouest du royaume. Les techniques agricoles progressent, en particulier en France du Nord : le cheval de labour remplace peu à peu le bœuf, tandis que l'usage de la charrue se généralise. L'assolement se perfectionne : les paysans divisent leurs champs en trois parcelles sur lesquelles ils pratiquent, par roulement, cultures d'été, cultures d'hiver et pâture. Les moulins se multiplient et le commerce de céréales augmente au cours du siècle. Si l'économie monétaire pénètre peu les campagnes, certaines cultures s'avèrent pourtant lucratives ; c'est le cas en particulier du vin. À ce titre, le vignoble du Bordelais en Aquitaine tire un grand bénéfice de ses liens avec le royaume d'Angleterre.

LA CRISE DE L'ÉGLISE ET LES ORDRES MENDIANTS

L'Europe du XIIIe siècle est touchée par de nombreux bouleversements et l'Église elle-même est atteinte par une crise profonde. De grandes abbayes comme celles de Cluny et de Cîteaux marquent certes le renouveau de la vie monastique, mais la croissance rapide des villes vient poser de nouvelles questions aux croyants. La richesse y est très inégalement répartie : l'idéal d'égalité des premières communautés chrétiennes semble bien loin. De nouveaux chrétiens instruits veulent réagir contre ces disparités et les hérésies se multiplient : celles des cathares ou des vaudois, par exemple. Il faut donc créer une voie spirituelle nouvelle au sein de l'Église pour résoudre ces tensions. Dans les villes, de nouveaux ordres religieux s'installent : les ordres mendiants, créés par Dominique de Guzmán et par François d'Assise. Vivant de la charité des fidèles, les frères mendiants vont au-devant des laïques. Ils entretiennent aussi des

GUILDES ET MÉTIERS

Au Moyen Âge, tout individu est intégré dans des structures collectives, la famille et la paroisse constituant les structures de base. Le développement économique urbain, dont les marchands et artisans sont les acteurs principaux, s'accompagne de la naissance des « métiers ». Ces organisations professionnelles, lointains ancêtres des corporations, disposaient chacune de statuts qui leur étaient propres, approuvés par le roi, et qui leur accordaient *de facto* un monopole sur leur secteur d'activité. Ces guildes se doublaient parfois d'une confrérie religieuse car elles vénéraient généralement un saint patron censé les protéger. Quant à leurs membres, ils se juraient fidélité et assistance mutuelle, constituant ce que l'on appelle une « jurande ». Ils se répartissaient entre maîtres, apprentis et compagnons selon le degré de maîtrise acquis dans leur discipline. Progressivement, les associations de métiers entrent dans les gouvernements urbains. C'est le cas notamment à Paris où le prévôt des marchands exerce l'autorité de maire.

LE SAVIEZ-VOUS ?

L'Église médiévale condamne sévèrement le prêt à intérêt, qu'elle assimile à l'usure, car l'argent acquis n'est pas dû à un travail honnête.

liens étroits avec les universités dans lesquelles ils prononcent des sermons et diffusent des textes en langue vulgaire (et non en latin), adaptés aux différents publics. Ils sont le reflet d'une spiritualité plus en phase avec leur temps que celle des moines des siècles passés.

DOMINICAINS ET FRANCISCAINS

Au XIIIe siècle naissent deux ordres monastiques originaux : les dominicains et les franciscains. Ils prônent l'absolue pauvreté de leurs membres. L'ordre des dominicains se rattache à la figure de Dominique de Guzmán (1172-1121) qui, dans le contexte de la croisade contre les albigeois, prêcha la foi catholique contre les cathares. En 1217, son action fut confirmée par une série de bulles pontificales qui fondèrent l'ordre des Frères prêcheurs. Certains de ses membres s'installèrent à Paris, rue Saint-Jacques, d'où ils tirèrent leur surnom de Jacobins. Quant aux franciscains, ou Frères mineurs, ils sont nés dans le sillage d'une figure charismatique, François d'Assise (1182-1226), qui abandonna sa vie de riche citadin pour devenir ermite. Il prêcha l'amour de Dieu, l'humilité et la pratique de la pénitence, ce qui lui valut un succès immédiat et la reconnaissance de son mouvement par le pape Innocent III. On appelle souvent les franciscains les « cordeliers », à cause de la petite cordelette qui leur sert de ceinture.

PHILIPPE IV LE BEL

Le « roi de fer » de guerre en guerre...

LA BATAILLE DES ÉPERONS D'OR

Le 11 juillet 1302, l'armée de Philippe le Bel, sûre de sa puissance, rencontre l'ennemi flamand à Courtrai. Conduit par Robert d'Artois, l'ost royal, réjoui de voir que l'armée flamande ne compte que des piétons, ne peut contenir plus longtemps son impatience. La charge est lancée mais, au bas de la plaine marécageuse où se tiennent les Flamands, il y a un profond fossé, bien masqué, dans lequel viennent s'écraser les lourds chevaux et leurs cavaliers. Les Flamands achèvent leurs ennemis en les égorgeant ; seule l'arrière-garde réussit à échapper au massacre. Les éperons d'or des chevaliers français sont déposés dans l'église de Courtrai : pour la première fois, la « piétaille » a triomphé d'une armée de chevaliers.

En 1285, Philippe IV, petit-fils de Saint Louis, monte sur le trône de France. À la différence de son père, Philippe a été élevé pour être roi. Préparé à cette tâche, il s'efforce tout au long de son règne d'édifier une monarchie puissante et centralisée, affranchie de la tutelle des féodaux et du pape.

Philippe IV le Bel est hanté, lorsqu'il accède au pouvoir, par le modèle de Saint Louis, qu'il veut égaler en justice et en piété. Il succède à Philippe III le Hardi dont le court règne de quinze ans (1270-1285) s'est achevé sans gloire. Il a été marqué par les sanglantes Vêpres siciliennes : en 1282, à l'appel du roi d'Aragon qui revendiquait ses droits sur la Sicile, la population de l'île s'était retournée contre l'impopulaire Charles d'Anjou, frère de Louis IX et roi de Sicile depuis 1266. Philippe III avait cherché à laver l'affront de cette défaite en organisant une croisade contre le roi d'Aragon. Cependant, l'expédition, menée en 1284-1285, s'était soldée par un échec militaire et par la mort du roi sur le chemin du retour. Dans ces circonstances difficiles, son fils Philippe IV, à peine parvenu sur le trône, est bien décidé à poursuivre l'œuvre de son illustre grand-père et rebâtir une monarchie forte. Ses contemporains tremblent devant cet homme impassible et muet, pieux et autoritaire, qui laisse ostensiblement la parole à ses conseillers pour préserver sa majesté.

ENTRE AQUITAINE ET FLANDRE...

Philippe le Bel se heurte à deux puissants vassaux. Le premier est Édouard Ier, duc d'Aquitaine et roi d'Angleterre, avec lequel les motifs de conflit sont fréquents. Le second est le comte de Flandre, Gui de Dampierre.

Depuis l'époque de Saint Louis, deux familles, les Dampierre et les Avesnes, comtes de Hainaut, se disputent la possession de la Flandre. Flattant le petit peuple, les « *clauwaerts* », Gui de Dampierre s'attire inévitablement l'animosité des bourgeois et marchands, appelés « gens du lis », ou « *leliaerts* », dont la sympathie va au roi de France. Or, la Flandre représente un enjeu considérable pour Philippe et pour Édouard : grâce à sa draperie et à ses grandes villes, elle représente, pour le premier, la plus riche de ses provinces ; pour le second, elle est le débouché de la production lainière de l'Angleterre.

L'INÉVITABLE CONFLIT

En 1292, le roi d'Angleterre et Gui de Dampierre nouent une alliance contre le Capétien, ce qui amène ce dernier à réagir. En 1296, les hostilités commencent ; les troupes françaises envahissent l'Aquitaine au sud et la Flandre au nord. Philippe obtient plusieurs victoires militaires qui le mettent à l'abri des ambitions du Plantagenêt. Mais en Flandre, où seuls les riches bourgeois prennent le parti de la France, la lutte est rude. Elle s'achève par la victoire des Français, qui occupent le territoire. Les Flamands ne se soumettent pas pour autant : en 1302, à Bruges, les *clauwaerts* se soulèvent et massacrent impitoyablement la soldatesque royale lors de ce qu'on appelle les « Matines brugeoises ». À la stupéfaction générale, les chevaliers de l'armée royale de secours sont à leur tour écrasés à Courtrai par les fantassins des milices flamandes. De nouvelles troupes, levées à grands frais, remportent enfin la victoire à Mons-en-Pévèle en 1304. Le traité imposé aux Flamands à l'issue de cette guerre ne sera jamais réellement accepté et, jusqu'à la fin de son règne, Philippe devra envoyer de fortes armées aux portes de la Flandre.

DE LA FÉODALITÉ À L'ÉTAT

Le règne de Philippe le Bel est placé sous le signe de la guerre perpétuelle, guerre qu'il faut bien financer. Pour cela, tous les moyens sont bons. Devant l'insuffisance des ressources féodales et domaniales, le roi a recours à nombre d'expédients : en 1291, il expulse la colonie de banquiers lombards qui s'est installée en France et confisque leurs biens. Les juifs subissent le même sort en 1306. Puis, pour la première fois, on essaie de faire appel à l'impôt direct, sans succès. Afin de renforcer l'action de la monarchie, Philippe accroît le poids de l'administration royale. Soucieux d'efficacité en matière fiscale, il fait consulter bourgeois et clergé, à travers une multitude d'assemblées de villes, de bailliages, afin de fixer l'assiette de l'impôt qui est d'autant mieux payé qu'il a été négocié.

Comme le pape s'était installé pour longtemps à Poitiers avec la Curie, le roi quitta la France pour lui rendre visite et s'entretenir avec lui et avec les cardinaux de beaucoup de points et spécialement de l'affaire des Templiers.

Entretien de Philippe IV le Bel et du pape Clément V au sujet de l'affaire des Templiers (1308).

PROBLÈME DE DESCENDANCE

C'est d'Isabelle, fille de Philippe IV et de Jeanne de Navarre, que les rois anglais tiennent leur prétention au trône de France, ce qui sera l'une des causes principales de la guerre de Cent Ans.

LES PAPES EN AVIGNON

En 1309, le pape Clément V fuit Rome où les factions se déchaînent pour s'installer à Avignon sous la tutelle du roi de France. La cité connaît alors une période de prospérité. Tous les successeurs de Clément sont des prélats français, fidèles du roi de France. L'apogée d'Avignon se situe sous le pontificat de Clément VI (1342-1352) qui fait construire le magnifique Palais Neuf par l'architecte Jean de Louvres. Durant cette période, la papauté devient une véritable monarchie pontificale ; cardinaux et abbés rivalisent de faste, édifiant couvents, églises et résidences à Avignon même ou dans les environs. L'activité culturelle n'est pas en reste avec la fondation en 1312 d'une université spécialisée en droit canon. Ce n'est qu'en 1376 que le pape Grégoire XI regagne Rome alors que l'Église d'Occident s'apprête à traverser le Grand Schisme.

Mais le règne de Philippe le Bel reste surtout associé aux premières tentatives de politique monétaire : face au manque de monnaie disponible, le roi est contraint de dévaluer sa valeur à plusieurs reprises, ce qui lui vaudra, chez Dante, la qualificatif de « faux-monnayeur ». Les mutations monétaires étaient en effet perçues comme des manipulations proches de l'escroquerie alors qu'elles répondaient à un besoin économique. Ce qualificatif peu glorieux est en tout cas resté longtemps accolé à la figure de Philippe IV. Enfin, c'est sous son règne que le Parlement se fixe à Paris et qu'il joue de plus en plus systématiquement le rôle de cour d'appel, au détriment des justices seigneuriales. L'État s'affirme face aux féodaux.

LE CONFLIT AVEC LA PAPAUTÉ

Philippe le Bel fait tout pour maintenir le prestige de la monarchie capétienne et pour affirmer sa souveraineté. Ainsi, il entend que nul dans son royaume – pas même les clercs – n'échappe à sa justice. Ce faisant, il se heurte au pape Boniface VIII, qui défend, quant à lui, la souveraineté suprême et universelle du Saint-Siège, doctrine qu'il réaffirme en 1302 par la bulle *Unam sanctam*.

Le conflit entre royauté et papauté éclate avec une violence extrême. Philippe et son conseiller Guillaume de Nogaret sont décidés à faire plier Boniface en convoquant un concile œcuménique afin de suspendre l'éventuelle excommunication du roi. De son côté, Boniface appelle à Rome les représentants du clergé français et s'apprête à excommunier le roi. Une course de vitesse s'engage : Guillaume de Nogaret se rend à Anagni où réside Boniface. Au cours de l'entrevue, peut-être violente, il somme le souverain pontife de comparaître devant le futur concile. Boniface, qui est déjà un vieillard, meurt peu après, profondément choqué par ces douloureux événements. Dans une Italie agitée, ses successeurs recherchent la protection du roi de France. Bientôt, ils s'installent aux frontières du royaume, à Avignon. L'échec de Boniface est total.

LES VICTIMES DU « ROI DE FER »...

Philippe, qui a tenu tête au pape, montre la même intransigeance dans deux autres affaires qui ont laissé une ombre sanglante sur le règne. La première est le procès du Temple. Créé au XIIe siècle, à Jérusalem, pour défendre les territoires chrétiens en Terre sainte, l'ordre des chevaliers du Temple est d'une richesse qui a de quoi faire pâlir d'envie le roi. Profitant de la faiblesse du pape Clément V et s'appuyant sur des dénonciations accusant les Templiers d'hérésie et d'idolâtrie, Philippe lance l'attaque en 1307. Le pape consent à supprimer l'ordre, transférant ses biens à l'ordre des Hospitaliers. Philippe, dont la piété est réelle, tient à faire traduire en justice les Templiers soupçonnés de comportements déviants. Arrêtés, les principaux chefs de l'ordre « avouent » sous la torture tous les crimes dont on les accuse. Ceux qui reviennent sur leurs aveux – cinquante-quatre au total – sont considérés comme relaps et condamnés au bûcher. L'affaire se termine en 1314 par l'exécution du grand maître de l'ordre, Jacques de Molay.
Peu de temps après éclate le scandale de l'adultère des brus du roi : Marguerite de Bourgogne, épouse de son fils aîné Louis – le futur Louis X le Hutin –, et sa cousine Blanche d'Artois, mariée à Charles – qui régnera sous le nom de Charles IV. Convaincues d'avoir eu pour amants des gentilshommes normands, Philippe et Gauthier d'Aulnay, qu'elles voyaient en cachette dans la tour de Nesle, les princesses sont impitoyablement jetées en prison : Marguerite mourra étranglée sur l'ordre de son mari et Blanche devra prendre le voile, tandis que les deux frères seront atrocement suppliciés en public.

C'est dans ce contexte sombre que s'achève le règne de Philippe le Bel (1314), qui aura participé au renforcement du pouvoir royal. Ses trois fils lui succèdent : Louis X le Hutin (1314-1316), Philippe V le Long (1316-1322) et Charles IV (1322-1328).

En quatorze ans, le royaume épuise trois souverains capétiens dont, fait unique jusqu'alors, aucun n'a d'héritier mâle. C'est alors le cousin de Charles IV, Philippe de Valois, qui devient roi sous le nom de Philippe VI.

Soyez maudits, vous et votre descendance !

Malédiction proférée par Jacques de Molay, grand maître des Templiers, avant son supplice le 18 mars 1314. Le pape Clément V mourra un mois après, le 20 avril, et Philippe le Bel le 2 novembre de la même année... Guillaume de Nogaret, lui, était mort un an auparavant.

La mutation du Moyen Âge

De la famine à la peste noire, tous égaux face aux maux...

UNE PIÉTÉ RENOUVELÉE

Une dévotion nouvelle se développe dans la chrétienté. En France, des théologiens comme Pierre d'Ailly (1350-1420), évêque du Puy et scientifique de haut niveau, ou son disciple Jean Gerson (1363-1429), « le docteur très chrétien », expriment bien ces sentiments. Dans leurs sermons, les deux hommes exposent les fondements d'une sensibilité basée sur l'intuition, qui accorde une grande place à la lecture, à la prière individuelle et à la méditation. Elle ouvre la voie à la « dévotion moderne » née en Flandre sous la plume du théologien Jan Van Ruysbroeck (1293-1381). S'inscrivant dans cette nouvelle recherche spirituelle, apparaissent des ordres comme ceux des observants ou des chartreux, qui prônent une foi austère, dépouillée, fondée sur l'engagement personnel des fidèles, et qui se développent rapidement. Ce rapport plus individuel à Dieu annonce, dans une certaine mesure, l'humanisme du siècle suivant.

« De la famine, de la peste et de la guerre, délivre-nous, Seigneur », telle est la prière des hommes du XIVe siècle, accablés par le malheur des temps. Outre la peste noire, la guerre et des difficultés économiques viennent assombrir le quotidien des contemporains.

L'essor économique que connaît l'Occident du Xe au XIIIe siècle est exceptionnel par son ampleur et sa durée. Les défrichements et le réaménagement général des terroirs permettent un formidable accroissement de la production, qui favorise l'augmentation de la population. Ce cycle de croissance s'achève pourtant au début du XIVe siècle.

DE NOUVELLES INQUIÉTUDES...

À la fin du « beau XIIIe siècle », la France est de loin le royaume le plus peuplé d'Europe. Elle compte en effet près de vingt millions d'habitants vers 1320, soit six à sept millions de plus qu'au début du siècle précédent. Cependant, l'optimum climatique qui a permis de réaliser une bonne partie des excédents agricoles a cédé la place à un refroidissement général du climat. Hivers froids et printemps pluvieux se succèdent, tandis que les défrichements cessent. Dans ces conditions, des difficultés de subsistance surviennent : la majorité de l'espace agricole cultivable est occupée par les céréales (seigle, orge, méteil) nécessaires pour procurer à tous le brouet (sorte de bouillon) et la galette que quelques oignons ou un morceau de lard enrichissent à peine. Les autres cultures et l'élevage sont réduits à la portion congrue. Le seul résultat de la mise en culture des mauvaises terres est, en fait, l'abaissement général du rendement de l'agriculture. On considère alors que, sur dix paysans, deux seulement vivent dans l'aisance alors que quatre vivent dans la misère... Une série de mauvaises récoltes entraîne même le retour de la famine en 1315. C'est ainsi que les grandes villes drapières flamandes, Gand, Ypres et Bruges, pourtant exceptionnellement riches, voient disparaître une partie de leur population (10 % de la population d'Ypres en six mois, en 1316). La rareté des cultures fait aussi augmenter les prix alors même que la dépression continuelle dans les villes entraîne le chômage et la baisse des salaires.

LES RAVAGES DE LA GUERRE DE CENT ANS

Mais un autre mal frappe aussi l'Europe. Les heurts fréquents qui opposent la France à l'Angleterre depuis 1291 prennent, au fil des ans, la tournure d'une véritable guerre, le début de la guerre dite « de Cent Ans », en 1337, n'étant en réalité qu'un épisode parmi d'autres dans une longue suite d'incidents. Pour lever les armées qu'exige cette lutte interminable, les rois ont mis en place un nouveau circuit de prélèvement, celui de l'impôt national, qui vient se superposer à celui de

LA JACQUERIE

L'insurrection des paysans, les « Jacques » – du surnom de « Jacques Bonhomme » donné par les nobles aux paysans –, se déchaîne dans la région de Beauvais au printemps 1358.
Ravagée par la guerre, livrée au pillage d'une soldatesque assez mal contrôlée depuis des années, la paysannerie vit de plus en plus difficilement. L'annonce de la défaite de Poitiers (1356), à l'issue de laquelle le roi Jean le Bon est capturé par les Anglais, est l'événement déclencheur. Tenant la noblesse pour responsable de cet échec militaire, dans un contexte où les taxes seigneuriales ne cessent d'augmenter, les paysans laissent exploser leur colère. Menés par un ancien soldat, Guillaume Karle, les insurgés déferlent alors dans la plaine de France, tuant les nobles, qu'ils accusent de gaspiller leur argent dans une guerre sans fin, et incendiant leurs châteaux. Le mouvement, qui débute le 21 mai, est rejoint par les troupes parisiennes d'Étienne Marcel, le prévôt des marchands, lesquelles au même moment, cherchaient l'épreuve de force contre le pouvoir royal affaibli. Mais l'insurrection est de courte durée. Elle est écrasée à Clermont-en-Beauvaisis dès le 10 juin : par dizaines de milliers, les paysans sont massacrés à leur tour par les nobles.

À la famine et à la guerre qui existaient déjà vinrent s'ajouter dans les diverses parties du monde les épidémies et les tribulations.

Jean de Venette.

la seigneurie pour écraser encore plus les campagnes. Celles-ci subissent en outre les effets des destructions, car la guerre franco-anglaise s'étend, par alliances successives, à l'Écosse, aux Pays-Bas, à l'Espagne... Les circuits économiques sont totalement désorganisés : les foires de Champagne déclinent. En effet, outre les dangers liés à la guerre, les marchands italiens ont tendance à privilégier la voie maritime pour se fournir en coton anglais, ce qui anéantit la voie de passage champenoise. À cela s'ajoute un nouveau fléau : la peste.

LA PESTE NOIRE

En novembre 1347, des navires génois accostent au port de Marseille. Ils proviennent de Caffa, aux abords de la mer Noire. À l'insu de leur équipage, ils portent avec eux la mort : lorsque les habitants de la cité phocéenne s'en rendent compte, il est déjà trop tard pour réagir. Avant la fin de l'année 1347, Aix, Arles et Avignon sont contaminées par le bacille de la peste. Ce dernier, appelé *Yersinia pestis*, contamine les rats et se propage par les puces. Il est extrêmement virulent et il entraîne, selon le mode de transmission, deux cas de maladie. Le premier cas survient après qu'une puce a piqué un individu ; un bubon se forme à l'aisselle ou au cou et la maladie est alors mortelle dans 85 % des cas après une période d'incubation de trois jours. Le deuxième cas, plus terrible encore, est celui de la peste pulmonaire transmise par les gouttes de salive d'une personne contaminée : la maladie est alors mortelle à 100 %.

À partir du sillon rhodanien, l'épidémie se répand et prend une ampleur inconnue jusqu'alors. À l'été 1348, presque toute la France du Sud est touchée. À partir des ports de l'Atlantique, le fléau atteint l'Angleterre. En août, c'est au tour de Paris d'être contaminée. La peste sévit jusqu'en 1349 et réapparaît par spasmes jusqu'en 1352. Seules quelques régions ont été épargnées, dont l'Auvergne, le Béarn et les hautes montagnes de Savoie. Le bilan est effrayant mais difficile à établir : la population de certaines zones a été entièrement décimée tandis que d'autres ont mieux résisté, comme ce fut le cas à Avignon. Il est certain que le contexte général de baisse des rendements agricoles, du retour à la disette, a entraîné des carences alimentaires qui ont facilité l'extension du mal ; on constate d'ailleurs qu'il a moins sévi dans certaines couches aisées de la population. Toutefois, on s'accorde à penser que 20 à 25 % de la population du royaume est décédée entre 1347 et 1348.

Certaines régions ne retrouveront leur niveau démographique de 1300 qu'au XIXe siècle.

LES RÉVOLTES PAYSANNES

Cette brutale disparition du « trop-plein » démographique transforme profondément l'agriculture et la société rurale. Elle pose le problème de la valeur du travail : la main-d'œuvre étant devenue rare, les salaires augmentent. Les paysans refusent les conditions de leurs seigneurs, n'acceptent les terrains que si les rentes seigneuriales sont abaissées, abandonnent les mauvaises terres. Les paysans plus riches se détournent des céréales et produisent pour le marché vin, légumineuses, plantes destinées à la teinture. L'élevage et la production de viande de boucherie progressent. Paradoxe de la période : la vie des survivants des épidémies et de la guerre est meilleure que celle de leurs prédécesseurs, leur alimentation, plus riche et plus variée. Les rations des moissonneurs ou des ouvriers comprennent viande et vin à tous les repas, quand leurs ancêtres n'avaient qu'une galette arrosée de cervoise. La société paysanne se diversifie et se transforme, remettant en cause le servage et, par là, l'emprise seigneuriale. De sanglantes révoltes explosent un peu partout dans le royaume et dans l'Europe tout entière : qu'il s'agisse des Karls de la Flandre en 1323-1328 ou des Jacques de la plaine de France en 1358,

LA CRISE URBAINE

Avec la hausse des salaires, les métiers se désorganisent et réagissent en renforçant leur protectionnisme et en restreignant l'accès à la maîtrise. Des luttes violentes s'engagent entre différents métiers qui n'ont ni les mêmes intérêts ni les mêmes aptitudes ; c'est le cas notamment des tisserands et des foulons en Flandre. Dans un climat houleux, les tensions sociales s'accroissent. C'est l'époque des révoltes urbaines. En 1382 éclatent coup sur coup deux insurrections, l'une à Rouen, l'autre à Paris. La première, surnommée la « Harelle », est dirigée par des bourgeois hostiles à l'accroissement des impôts.
Une semaine plus tard éclate, pour les mêmes raisons, mais cette fois-ci dans la capitale, la deuxième, celle des Maillotins.
Le peuple, qui s'est emparé de maillets de plomb (d'où son nom), saccage et incendie les demeures des plus riches. Dans les deux cas, la répression est terrible : mises à mort, emprisonnements et bannissements mettent un terme à ces révoltes, qui témoignent de la profonde recomposition sociale qui est en cours.

Pour soigner ces maladies, il n'y avait ni diagnostic de médecin, ni vertu de médicament qui parût efficace ou portât profit.

Boccace, *Décaméron.*

[...] car des gens des villages s'assemblèrent partout, sans chef ; ils ne furent d'abord pas cent, mais ils dirent que les nobles chevaliers et écuyers honnissaient et gâtaient le royaume, et que ce serait bien fait que de les détruire tous.

Jean Le Bel, *Vrayes chroniques* ; extrait sur la Jacquerie.

CHRONIQUE DE LA PESTE NOIRE : UNE ÉPIDEMIE MORTELLE JAMAIS ENCORE VUE !

L'épidémie de peste noire qui ravage le royaume est la pire jamais connue jusque-là. Son ampleur a sidéré ceux qui l'ont vécue. Le chroniqueur Jean de Venette (v. 1308-apr. 1368) note que « cette année-là, à Paris et dans le royaume de France et non moins – dit-on – dans le reste du monde, et aussi l'année suivante, il y eut une si grande mortalité d'êtres humains des deux sexes qu'à peine les pouvait-on ensevelir. [...] Et cette pestilence ou maladie était appelée par les médecins épidémie. En ce temps-là, c'est-à-dire en l'an du Seigneur 1348 et 1349, il mourut tant de monde que, d'une pareille chose dans le passé, on n'avait ni entendu parler ni rien lu : cela ne s'était jamais vu. Et ladite mort et maladie venait par contact et contagion, car l'homme en bonne santé qui visitait un malade n'échappait que de peu, et rarement, à la mort. » L'épidémie désorganise toute la vie religieuse : Jean de Venette rapporte qu'un grand nombre de prêtres préféraient fuir leur paroisse plutôt que d'administrer l'extrême-onction aux mourants. Quant aux liens sociaux, ils se distendent eux aussi, comme le note le chroniqueur : « La charité commença alors à se refroidir beaucoup et l'injustice abonda, ainsi que l'ignorance et le péché. »

elles mettent en branle les couches les plus aisées et les plus dynamiques de la société paysanne, parfois même des petits gentilshommes qui prétendent ensuite avoir été contraints de suivre les révoltés. Ceux-ci visent les groupes dirigeants de la société : la noblesse militaire pour les Karls et surtout pour les Jacques, exaspérés par la guerre et les impôts énormes que celle-ci entraîne ; les juges et les administrateurs royaux en Angleterre où, à l'exaspération provoquée par l'impôt s'ajoute la rancœur contre les seigneurs qui intensifient le servage. Mais ces mouvements violents, qui s'accompagnent de massacres de nobles – femmes et enfants compris – et de destruction de châteaux, manquent de leaders. Leur inorganisation explique leur échec. La répression est d'ailleurs sévère ; elle permet au pouvoir royal et aux seigneurs de reprendre la main sur le monde des campagnes.

LA TRANSFORMATION DES MENTALITÉS

L'irruption de la mort, apportée par les épidémies de la peste et la guerre, les mutations brusques d'une société et d'un système économique qui paraissaient immuables ont aussi profondément et durablement transformé les mentalités. Chez les hommes cultivés et les grands, la roue de la Fortune, qui abaisse soudain ceux qu'elle a élevés au sommet, devient, avec l'allégorie de la Mort dont la faux est omniprésente, l'emblème de l'époque. Le thème et les représentations de danses macabres, ou « macabrés », se répandent dans les églises et les manuscrits : on peut y voir un cortège d'hommes, rois, évêques, moines, bourgeois ou seigneurs, rejoindre des squelettes qui préfigurent le funeste destin auquel ils ne pourront échapper malgré leur statut social enviable. Ces scènes indiquent une profonde angoisse qui, parfois, dégénère en débordements tumultueux : après la peste, des cortèges de flagellants se répandent dans les vallées du Rhin et de ses affluents, vivant de la charité publique, se fouettant avec des cordes terminées par des clous. Boucs émissaires des terreurs populaires, les juifs sont à nouveau victimes de terribles pogroms : outre ceux d'Espagne, d'autres ont lieu notamment à Avignon, où le pape Clément VI les prend sous sa protection. Ailleurs, des massacres sont perpétrés. Enfin, la guerre, omniprésente avec ses « brigands » et ses « écorcheurs » et leur cortège de crimes et d'horreurs, achève de déséquilibrer les cadres mentaux.

Pourtant, la société réagit avec vigueur et engendre des comportements nouveaux. À l'horreur de la guerre, la noblesse oppose l'exaltation de l'idéal chevaleresque dans le cadre des ordres de chevalerie fondés à l'instigation des divers souverains : de la Toison d'or bourguignonne à l'ordre de Saint-Michel, les élites militaires donnent un cadre à la fois moral, religieux et politique à leur existence. La bourgeoisie et les métiers affirment leur identité en fondant des hôpitaux et des associations d'entraide religieuses, en organisant les grandes fêtes religieuses et les mystères. L'expérience chrétienne, sous l'impulsion des ordres mendiants d'abord, puis des mystiques, s'individualise. La pratique de la prière individuelle et, dans les couches cultivées de la population, celle de la lecture solitaire des livres d'heures ou d'ouvrages de dévotion se répandent. La crise secoue la société en tous sens : ses différentes composantes répondent à cela par l'affirmation et l'approfondissement de leur identité. Cette société mouvante, fractionnée, est sensible aux idées nouvelles : la « dévotion moderne » des clercs des Pays-Bas se diffuse dans toute l'Europe, laissant déjà présager la Réforme.

LE SAVIEZ-VOUS ?

La roue de la Fortune symbolise la vie humaine où riches et pauvres sont égaux et où se suivent succès et revers, naissances et morts.

La guerre de Cent Ans

France et Angleterre, un conflit à durée indéterminée...

DU BON GOUVERNEMENT

Au temps de Charles V, penseurs et philosophes réfléchissent à la nature de l'État. *Le Songe du verger*, traité anonyme rédigé en 1376 par un proche de Charles V, illustre bien la nouvelle conception de la souveraineté : la Couronne est au-dessus du roi, qui, lui-même, ne doit rendre de comptes qu'à Dieu et à la « communauté du royaume ». Les règles de succession doivent être fixes et stables, les finances saines, et les lois justes. À la même époque, le mathématicien et philosophe Nicole Oresme rédige un traité, *De la monnaie*, où il affirme que les ressources propres du souverain doivent être distinctes des finances publiques, et que la monnaie doit être stable. Il permet cependant des « mutations » (dévaluations) monétaires, si c'est pour le bien du royaume.

Depuis le temps de Philippe Auguste, de Richard Cœur de Lion et de Jean sans Terre, le conflit direct franco-anglais était presque oublié. Pourtant, la rivalité entre la France et l'Angleterre n'a jamais disparu. À partir de 1337, les deux royaumes s'engagent dans un conflit qui va durer plus d'un siècle : la guerre de Cent Ans. De batailles en trêves, les deux pays s'opposeront en effet jusqu'en 1453.

Après la mort de Philippe le Bel en 1314, le royaume de France est fragilisé par une série inhabituelle de règnes courts. En moins de quatorze ans, les trois fils de Philippe se succèdent : Louis X (1314-1316), Philippe V (1316-1322) et Charles IV (1322-1328). Quant à Isabelle, leur sœur, elle est devenue reine d'Angleterre par son mariage avec Édouard II, mort en 1327. Quelques décennies très sombres s'écoulent avant que le roi Charles V, dit le « Sage », parvienne à rétablir le pouvoir royal.

LES ORIGINES DU CONFLIT

En 1328, à la mort de Charles IV, pour la première fois depuis leur installation sur le trône, les Capétiens n'ont plus de successeur direct. Le prince Édouard, futur Édouard III d'Angleterre et petit-fils de Philippe le Bel par sa mère Isabelle, peut apparaître, à ce titre, comme le plus proche héritier du trône de France, mais il est anglais. Aussi, malgré ses prétentions, la noblesse française l'écarte-t-elle au profit d'une branche collatérale issue du fils cadet de Philippe le Hardi : ainsi Philippe VI de Valois est-il proclamé roi de France en 1328. Sur le moment, personne ne conteste la succession. Édouard prête d'ailleurs hommage en 1329 au nouveau souverain duquel il tient le comté de Ponthieu et le duché de Guyenne – une partie de l'actuelle Aquitaine. Cette région est une zone d'affrontement depuis des générations entre les deux souverains ; alors que le roi d'Angleterre aimerait en faire un alleu, une terre libre de tous droits seigneuriaux, le roi de France ne cesse d'y intervenir, faisant prévaloir son droit de justice. Cette vassalité, vécue comme une soumission humiliante par Édouard, n'est pas la seule raison pour laquelle il modifie sa stratégie au cours des années 1330. En effet, au même moment, les Écossais revendiquent leur indépendance et sont soutenus, tant diplomatiquement que militairement, par la France de Philippe VI. Sincèrement convaincu du bien-fondé de ses prétentions au trône de France, ce qui résoudrait son problème territorial et ses démêlés avec l'Écosse, Édouard déclare en 1337 Philippe VI usurpateur et revendique sa couronne. L'affrontement commence.

DEUX CHEVAUX DE BATAILLE

Les souverains français et anglais préparent l'affrontement à coups d'alliances fort coûteuses. Le combat s'engage en juin 1340 dans le port de l'Écluse, en Flandre, et se solde par la destruction de la flotte française, incapable de faire face aux redoutables arcs gallois, les *long bows*. Après ce triomphe, Édouard III adopte la stratégie de la « chevauchée ». Jouant de ses alliances en Bretagne et en Normandie – notamment avec Charles de Navarre, dit « le Mauvais », un ennemi des Valois qui possède de grands domaines normands –, il fait débarquer ses cavaliers anglais sur le sol français. Montés sur leurs chevaux, ces derniers font de rapides incursions, pillent villages et campagnes, avant de regagner sans encombre l'Angleterre. Cette tactique révèle une différence fondamentale entre les armées anglaise et française. En effet, tandis que les troupes anglaises sont constituées de *retenues* – des professionnels, bien entraînés et bien armés – l'ost français, au contraire, compte surtout des levées féodales, sans cohésion ni discipline. Toutefois, leur supériorité numérique laisse croire aux Français qu'ils pourront aisément intercepter les troupes d'Édouard III. La première tentative a lieu à Crécy le 26 août 1346. Alors que les troupes anglaises avaient débarqué dans le Cotentin, elles sont rejointes par l'armée de Philippe VI à la hauteur de Crécy. Les Anglais mettent pied à terre et, couverts par les archers gallois, attendent la charge : les Français sont écrasés sous une pluie de flèches et doivent fuir. Édouard, victorieux, prend Calais sur le chemin du retour.

Qui m'aime me suive !

En 1328, Philippe VI de Valois, qui vient de monter sur le trône, s'apprête à partir au secours du comte de Flandres et encourage ses barons à chevaucher avec lui.

CALAIS, *SO BRITISH* !

Le chroniqueur Jean Froissart (1337-1404) a fait du siège de Calais un des épisodes les plus célèbres de la guerre de Cent Ans.

Après sa victoire de Crécy, en 1346, Édouard III met le siège devant Calais, mais la ville lui résiste près d'un an. Fou de rage, le roi jure que, dès que la ville sera prise, il passera ses habitants au fil de l'épée. Calais se rend le 4 août 1347. Édouard III aurait alors exigé que six des plus riches bourgeois lui apportent les clés de la ville, en chemise, pieds nus et la corde au cou en signe de soumission. Eustache de Saint-Pierre et cinq autres notables se seraient désignés pour une issue qu'ils savaient fatale. Mais la reine Philippa de Hainaut aurait intercédé en leur faveur faisant fléchir son époux, qui épargna alors les bourgeois. La ville, vidée de ses habitants, sera peuplée d'Anglais jusqu'au XVIe siècle. La clémence d'Édouard III est passée à la postérité grâce à Froissart, secrétaire et protégé de la reine Philippa. Au cours des siècles, cet épisode a été l'objet d'une idéalisation croissante ; alors qu'il relatait le rituel habituel en cas de reddition, il a acquis le statut de mythe fondateur de l'identité française, mettant en scène la bravoure des Calaisiens face à la cruauté de l'envahisseur anglais.

Père, gardez-vous à droite ! Père, gardez-vous à gauche !

Le prince Philippe de Valois à son père le roi de France Jean II le Bon, lors de la bataille de Poitiers, le 19 septembre 1356.

Désormais, la ville servira de porte d'entrée anglaise en France.

Une longue période de trêve commence alors. En effet, l'épidémie de la peste noire impose une cessation des hostilités jusqu'en 1355.

LA FRANCE EN CRISE

Le 19 septembre 1356, c'est au tour du fils d'Édouard III, le Prince noir – ainsi surnommé à cause de la couleur de son armure – d'affronter l'ost du roi Jean II le Bon. Cette fois-ci, la bataille se déroule à Maupertuis, près de Poitiers, et là encore, les Français sont décimés. Plus grave encore : le roi est fait prisonnier. La supériorité tactique des Anglais est décidément indéniable. Cette défaite entraîne une grave crise politique et sociale française. Il faut payer la rançon du roi, et Charles, fils aîné de Jean II le Bon, convoque les états généraux. Ceux-ci n'acceptent de payer que s'ils ont l'assurance d'une réforme qui évitera à l'avenir une défaite. Sous l'influence d'Étienne Marcel, prévôt des marchands et représentant de la bourgeoisie parisienne, un véritable projet de monarchie « contrôlée » est élaboré en 1357 ; il s'agit, ni plus ni moins, de soumettre le paiement de l'impôt aux états qui devraient se réunir régulièrement. Mais, dès février 1358, Étienne Marcel, allié aux partisans du roi de Navarre, Charles le Mauvais – alors en prison sur l'ordre de Jean II le Bon –, provoque une émeute à Paris contre le Dauphin, qui prend la fuite.

Perdant l'appui d'une partie de la bourgeoisie, le prévôt des marchands cherche alors celui de la province : en mai éclate en Beauvaisis et dans la plaine de France la Jacquerie, violente révolte paysanne dirigée contre les nobles tenus pour responsables de la défaite de Poitiers, mais aussi de la hausse des impôts. Cependant, le roi de Navarre, libéré, consolide sa puissance en Normandie en engageant des mercenaires anglais. Et, en juin, il écrase les Jacques à Mello. Isolé, compromis par son alliance avec Charles le Mauvais, Étienne Marcel est assassiné le 31 juillet. Le mouvement de révolte s'essouffle et le Dauphin peut enfin retourner à Paris, où il négocie avec les Anglais. Les pourparlers de Brétigny, en mai 1360, suivis de la paix de Calais en octobre de la même année, satisfont les revendications du roi d'Angleterre : non seulement la France s'engage à payer la rançon pour la libération de Jean II, mais de plus, le Poitou est annexé à la Guyenne, tandis que la domination anglaise sur Calais est confirmée. En outre, chacun des deux souverains s'engage à renoncer à ses prétentions : le roi de France sur la Guyenne, le roi d'Angleterre sur la France.

FAUSSE PAIX ET VRAIE TRÊVE...

Mais la paix de Calais n'est pas observée : ni Édouard III ni Jean le Bon ne renoncent à quoi que ce soit. Ce dernier meurt en 1364, alors que la moitié seulement de la rançon est payée. Mais la trêve permet à la France de se réorganiser sous le règne de son nouveau roi, Charles V, dit « le Sage ». Ce dernier doit rapidement reprendre la lutte contre les Anglais alliés à Charles le Mauvais, roi de Navarre, plus que jamais décidé à en découdre avec les Valois.

Un autre problème se pose au roi : celui des Grandes Compagnies. Ces armées de mercenaires, souvent nobles, appelées en renfort au moment des batailles, ravagent les campagnes françaises lors des périodes de trêve car elles ne sont plus soldées. Pour faire face aux périls qui menacent le royaume, Charles V peut compter sur son connétable Bertrand Du Guesclin. De petite noblesse bretonne, celui-ci s'était fait remarquer par son courage, en combattant aux côtés de Charles de Blois avant d'entrer au service du roi. Sa fidélité indéfectible envers le souverain, dont il est finalement le bras armé, en fait l'une des figures les plus populaires de la guerre de Cent Ans, avec Jeanne d'Arc. Rusé, bon stratège, il a conscience de sa popularité. En 1357, prisonnier pour la quatrième fois, il déclare au Prince noir, qui lui demande rançon, que toutes les femmes de France sont prêtes à payer celle-ci. Dès 1364, il est vainqueur des Anglo-Navarrais à Cocherel, en Normandie. Cependant, les Grandes

LE SAVIEZ-VOUS ?

Le pire des maux dus à la guerre vient des soldats qui forment les Grandes Compagnies. Ils ravagent le Midi de la France durant près d'un siècle.

Mieux vaut pays pillé que terre perdue.

Bertrand du Guesclin.

CHARLES LE MAUVAIS

Roi de Navarre, intrigant au plus haut niveau, Charles de Navarre (1332-1387) est aussi un descendant direct de Philippe le Bel. Fils de Philippe d'Évreux, c'est à sa mère, Jeanne, fille de Louis X, que Charles, roi de Navarre et prince français, doit son ascendance royale ; celle-ci lui donne des droits sur la Couronne de France, en cas d'extinction de la branche des Valois. Aussi Charles, qui épouse en 1353 la fille du roi de France Jean II le Bon, n'hésite-t-il pas à s'allier aux Anglais dans le but de nuire à la famille régnante. En 1358, il prend même à un moment le parti d'Étienne Marcel afin d'affaiblir le Dauphin. En fait, il défend surtout son lignage et conserve une position féodale traditionnelle dans un conflit qui, devenu celui de deux nations, finira par le broyer. Sa politique ruineuse pour la Navarre lui vaudra au XVIe siècle l'épithète de « Mauvais » sous la plume de chroniqueurs navarrais, surnom que lui conservera la postérité.

Compagnies, mises au chômage par la paix de Calais, n'ont pas désarmé et rançonnent tout le Midi. Aussi, en 1366, Du Guesclin s'efforce-t-il, à la demande de Charles V, le nouveau roi de France, de les entraîner en Espagne, afin d'y soutenir Henri de Trastamare : celui-ci revendique le trône de Castille qu'occupe son demi-frère, Pierre le Cruel. Ce dernier, aidé du prince de Galles, remporte à Najera une victoire sur Du Guesclin en 1367. Mais, très vite, son allié anglais l'abandonne, et il est finalement vaincu à Montiel en 1369. La même année, la guerre reprend entre la France et l'Angleterre. Mais Charles V s'y est préparé en dotant la monarchie de finances modernes : chaque année, les foyers, ou « feux », paient un impôt direct, le fouage, auquel s'ajoute un impôt indirect sur le sel, la gabelle. Des représentants du roi, les « élus », sont chargés de le percevoir. Ces dispositions nouvelles permettent dorénavant de solder régulièrement des armées permanentes, équipées de canons et de grands arcs, de remettre en état les forteresses et de constituer une flotte royale, dans l'arsenal du Clos des Galées, près de Rouen.

UNE PATIENTE VICTOIRE…

Rompant avec les usages militaires du règne précédent, Charles V se contente de troupes peu nombreuses mais conduites par des chefs aguerris comme

Du Guesclin. De 1369 à 1389, aucune bataille marquante n'a lieu, mais, peu à peu, les places fortes sont reprises et les chevauchées anglaises se soldent de plus en plus par des échecs : suivant une tactique nouvelle, Du Guesclin évite autant que possible l'affrontement et multiplie les obstacles sur le passage des Anglais en s'efforçant d'empêcher leur ravitaillement.

Il entame par contre une reconquête lente et méthodique des territoires tombés aux mains des Anglais ; il en fait fortifier les villes afin d'éviter qu'elles ne soient reprises. En 1380, quand Charles V meurt, les conflits cessent sur tous les fronts, la guerre semble presque terminée. Des acteurs de la première phase de la guerre de Cent Ans, il n'y a aucun survivant. Du Guesclin a été tué au siège de Château-neuf-de-Randon ; honneur insigne, il a été enterré dans l'abbaye de Saint-Denis, aux côtés des rois. Charles le Mauvais, battu à Pampelune, est mort, à son tour, en 1387.

En 1388, les deux jeunes souverains, Richard II, petit-fils d'Édouard III, et Charles VI, successeur de Charles V, concluent une trêve qui durera jusqu'en 1415 environ : Calais, la Guyenne et la Gascogne exceptées, toutes les conquêtes anglaises ont été reprises par les Français. L'héritage des Plantagenêts se limite désormais à une zone allant de Bordeaux à Bayonne.

CHARLES VI « LE FOU »

Quand Charles V meurt, après avoir délivré le royaume des Anglais et des Grandes Compagnies, son successeur, Charles VI, n'a que 12 ans. Le vieux roi avait bien prévu que le pouvoir serait exercé par ses fidèles conseillers qui avaient l'expérience des affaires administratives et de la gestion financière. Ce projet est rapidement écarté par les oncles du jeune roi, les ducs de Bourbon, de Bourgogne, de Berry et d'Anjou, qui se répartissent les honneurs et les profits du pouvoir. En 1388, âgé de 20 ans, Charles VI, qui « voyait faire à ses oncles choses qui étaient plus au profit d'eux et d'autres particuliers que du bien public » (Juvénal des Ursins, chroniqueur du roi), remercie ses tuteurs et entreprend de gouverner avec les conseils de ceux que les oncles surnomment avec mépris les « Marmousets » (les barbons). Ces derniers forment un groupe à la forte cohésion sociale et politique : presque tous issus de la bourgeoisie, ils défendent une politique soucieuse des intérêts de la Couronne. Les ordonnances de 1389 sont leur œuvre ; elles procèdent notamment à une réforme de la gestion des finances royales. Toutefois, leur influence est de courte durée. En 1392, la première crise de folie du roi se déclare. Les oncles, qui avaient été évincés du pouvoir

pour un temps, réapparaissent. Écartant les Marmousets, ils reprennent leur place au Conseil. L'affrontement entre le plus puissant d'entre eux, Philippe le Hardi, duc de Bourgogne, et le frère du roi, Louis d'Orléans, bien décidé à défendre les prérogatives royales, détermine alors la politique du pays. C'est à qui place ses pions et tire profit des finances royales.

ARMAGNACS ET BOURGUIGNONS

Lorsque Philippe le Hardi meurt, en 1404, Louis d'Orléans réduit de moitié les finances de son successeur, Jean sans Peur. Celui-ci, engagé dans une politique ambitieuse et coûteuse aux Pays-Bas, ne peut l'admettre. Faute d'être entendu, il fait assassiner en 1407 Louis d'Orléans et s'enfuit de Paris. La guerre civile est alors inéluctable entre les « Bourguignons » et ceux qu'on appelle « Armagnacs », Charles d'Orléans, fils de Louis, pouvant compter sur les mercenaires gascons de son beau-père, le comte d'Armagnac.

Au fil des ans, les partis se sont constitués. Au-delà des rivalités dynastiques et personnelles, ce sont deux visions du pouvoir qui s'affrontent. Héritiers des Marmousets, les Armagnacs veulent renforcer les prérogatives royales, les pouvoirs des officiers et l'efficacité de l'administration. Quant aux Bourguignons, s'appuyant sur leurs possessions en Bourgogne et en Flandre, ils souhaitent mettre la France royale au pas : ils réclament l'allégement des impôts et s'élèvent contre les malversations des officiers, dont ils demandent la condamnation. Dans Paris acquis aux Bourguignons, hommes de main et opportunistes profitent de ces rivalités pour multiplier pillages et atrocités. C'est ainsi qu'en 1413 un dénommé Caboche, chef de la corporation des écorcheurs et des bouchers, reçoit le soutien de Jean sans Peur et impose par la force un programme de réforme, « l'ordonnance cabochienne » qui ne sera jamais appliquée. Toutefois, la violence du parti bourguignon lui aliène la bourgeoisie marchande et l'université qui lui étaient acquises jusque-là.

DES ARMURES TROP LOURDES

Sollicité par les deux partis, le roi d'Angleterre Henri V décide de mettre à profit la querelle des Armagnacs et des Bourguignons pour revendiquer l'héritage de Guillaume le Conquérant et des Plantagenêts, confisqué au fil des années par les rois de France. Le 13 août 1415, la flotte anglaise aborde en Normandie. Le 25 octobre 1415, l'armée française se porte à sa rencontre à la hauteur d'Azincourt en Picardie ; elle

UN ROI TOQUÉ

Selon l'expression du chroniqueur Froissart, le royaume du roi de France Charles VI est « frappé au chef ».

Le 5 août 1392, alors que Charles VI chevauche dans la forêt du Mans, un homme surgit en criant devant lui. Le roi est alors pris d'un accès de démence. Croyant être attaqué, il se lance contre son frère, tue quatre hommes de son escorte et en blesse d'autres. Désormais, les crises violentes alterneront avec des périodes d'abattement et des rémissions de plus en plus courtes. Un an plus tard, l'épisode tragique du « bal des ardents », mascarade au cours de laquelle Charles VI faillit périr brûlé, achève de mettre à mal son esprit fragile. La cour accomplit de longs pèlerinages, les médecins proposent saignées et décoctions magiques, la reine et les ducs organisent des fêtes, on tente de distraire le roi avec les premières cartes à jouer, mais rien n'y fait, et chaque accès de folie jette dans les rues des processions de Parisiens éperdus. Aucune régence n'est possible, le royaume n'est plus gouverné que par intermittence.

n'est composée que d'Armagnacs, malgré la trêve conclue avec les Bourguignons. Quoiqu'ils aient choisi une position très différente de celles de Crécy et de Poitiers, les chevaliers français subissent une défaite plus grave encore. En effet, ils ne pourront appliquer leur stratégie basée sur la charge de cavalerie. Massés sur un étroit plateau, ils dominent certes les Anglais, mais, bien moins nombreux, ces derniers se sont retranchés derrière une palissade. Henri V, en habile stratège, dispose son armée en formation souple et mobile, utilisant au mieux ses brillants archers. Les Français, empêtrés par leurs lourdes armures, trop serrés pour manœuvrer, doivent mettre pied à terre et sont alors criblés de flèches. Les coutiliers anglais achèvent le massacre, égorgeant les prisonniers, n'épargnant que les princes, dont ils peuvent tirer une forte rançon. C'est le cas notamment de Charles d'Orléans, fils de Louis, et grand poète ; il demeurera prisonnier des Anglais pendant vingt-cinq longues années. Quant à la noblesse en général, elle est décapitée sur le champ de bataille d'Azincourt : les trois quarts au moins des lignées nobles du royaume de France n'auront plus de descendance du côté des hommes. Azincourt est vécue en France comme la défaite la plus humiliante du conflit contre l'Angleterre.

LE SAVIEZ-VOUS ?

Plus de 10 000 hommes ont trouvé la mort au soir du combat ! Incapable de mettre en œuvre une tactique pourtant différente de Crécy et de Poitiers, la chevalerie française se trouve anéantie.

ISABEAU DE BAVIÈRE OU LA REINE SOMBRE

Reine de France alors que son mari, Charles VI, a sombré dans la démence, Isabeau doit exercer le pouvoir dans l'une des périodes les plus difficiles de l'histoire du royaume.
En 1392, lorsque se déclare la première crise de folie du roi, la reine n'est pas préparée à assumer le pouvoir. Elle se rapproche donc de Louis d'Orléans, frère du roi, dont la rumeur publique fait bientôt l'amant. En outre, les Parisiens la trouvent trop proche de son frère, le duc Ernest de Bavière, qui réside souvent à Paris. Elle passe pour être acquise au camp étranger d'autant plus qu'après la mort de Louis, elle hésite entre Armagnacs et Bourguignons pour finalement rejoindre le camp du duc de Bourgogne. Ainsi, en 1420, elle négocie le traité de Troyes qui voit la couronne de France aller au rejeton de Henri V et de sa fille Catherine. C'est dans ce contexte qu'elle laisse traiter son fils Charles de « soi-disant Dauphin », semant un doute sur sa légitimité. Vérité ou raison d'État, il n'en reste pas moins que tous ces éléments concourent à brosser un portrait bien sombre de la reine. Dans les manuels scolaires, elle restera comme l'antithèse de Blanche de Castille.

LA CONQUÊTE

Après Azincourt, le Dauphin, futur Charles VII, prend la fuite et se rend à Bourges avec le soutien des Armagnacs. Au même moment, Henri V, convaincu que sa victoire est un jugement du Ciel, entreprend une conquête systématique de « son » royaume : il commence par la Normandie qu'il domine totalement début 1419. Effrayé par l'avance anglaise, Jean sans Peur cherche à se rapprocher du Dauphin, Charles, et de son entourage. Il s'agit d'empêcher l'Anglais de s'emparer de Paris et de la Couronne. Dans l'urgence, Armagnacs et Bourguignons concluent une paix à Pontoise en août 1419. Quelques semaines plus tard, une entrevue au sommet est organisée à Montereau. Sur le pont qui traverse l'Yonne, les chefs des deux partis marchent à la rencontre l'un de l'autre, quand, un membre de la suite du Dauphin, Tanguy du Châtel, assassine le duc de Bourgogne. Ce meurtre a très vraisemblablement été décidé en Conseil avec l'aval du Dauphin ; il visait à venger le meurtre de Louis d'Orléans. Cependant, il a pour effet d'attiser la haine du nouveau duc de Bourgogne, Philippe le Bon, envers Charles, qui est désormais inexpiable.

Surtout, il cimente son alliance avec le roi d'Angleterre. Désormais, la voie menant à Paris est ouverte à Henri V.

LA FRANCE LIVRÉE AUX ANGLAIS

Le 21 mai 1420, le traité de Troyes conclut cette période désastreuse en livrant la France aux Anglais. Le signataire du traité, Charles VI, admet « être empêché la plupart du temps » et ne pouvoir « vaquer en personne » aux « besognes du royaume ». Henri V épouse Catherine de France, fille de Charles VI, et devient ainsi « fils » du roi et « droit » héritier du royaume. À la disparition de Charles VI, Henri VI, son héritier, lui succédera.

Quant au « soi-disant Dauphin », accusé de naissance illégitime à la suite des bruits que sa mère, la frivole Isabeau de Bavière, fait courir, il n'aura aucun droit sur cet héritage. Toutefois, Henri V et Charles VI meurent tous les deux en 1422. À cette date, le fils de Henri et Catherine, Henri VI, n'est qu'un enfant. Son oncle, Jean de Bedford, administre alors le vaste territoire comprenant la Normandie, l'ouest du royaume jusqu'à la Guyenne et Paris.

Deux autres France s'ajoutent à cette France anglaise : la France du duc de Bourgogne, qui ajoute à ses possessions la Champagne, la Brie et la Picardie et s'étend jusqu'aux Pays-Bas. Quant à la troisième, la plus faible, c'est celle du Dauphin Charles, le « roi de Bourges », concentrée sur le Berry. Si cette France delphinale semble incapable de toute initiative, elle suscite néanmoins de solides fidélités. En effet, le sud du royaume lui est acquis tout comme l'appui de certains grands dont les Anjou, les Orléans ou encore les Bourbons. En outre, le jeune roi Charles est entouré d'un personnel de qualité qui assure de bonnes rentrées fiscales. C'est finalement la personnalité timorée du souverain et son manque d'expérience qui font obstacle à l'affirmation de la France delphinale. La venue de Jeanne d'Arc change considérablement cette donne.

UNE GUERRE À DURÉE INDÉTERMINÉE

La guerre de Cent Ans aurait en réalité duré 116 ans, 138 ans, ou... bien plus. Certains historiens estiment en effet que la guerre se termine lorsque les Anglais ne possèdent plus aucune partie du territoire français. La guerre se serait ainsi terminée le 9 octobre 1453 et aurait duré 116 ans. Cependant, après cette date, le conflit perdure et ce jusqu'à la trêve de Picquigny, le 29 août 1475 : la guerre aura donc duré 138 ans...

Jeanne D'ARC et la défaite anglaise

Du sacre de Charles VII au terrible bûcher et à la victoire

LES PROCÈS DE JEANNE D'ARC

Le procès mené par l'Inquisition puis le procès en révision donnent une image insolite de Jeanne d'Arc. De février à mai 1431, une jeune fille de 19 ans tient tête aux meilleurs théologiens : en refusant l'autorité des docteurs, en prétendant ne se fier qu'à ses voix, Jeanne met en danger l'Église elle-même. Devant Pierre Cauchon, évêque de Beauvais, devant les docteurs de l'université de Paris, elle se défend avec bon sens. Sa présence d'esprit, son courage éclatent dans le long procès-verbal qui a été conservé. La personnalité de Jeanne, ses rapports avec ses compagnons de combat sont aussi bien connus grâce aux témoignages apportés lors du procès en révision ordonné par Charles VII en 1450 qui débouche en 1456 sur l'annulation de la condamnation. Considérée comme une sainte par bien des contemporains, Jeanne sera finalement béatifiée en 1909 et canonisée en 1920.

L'épopée de Jeanne d'Arc ne dure que deux ans et s'achève tragiquement, mais, outre qu'elle rend prestige et vigueur à la monarchie française, elle constitue l'un des moments importants dans l'affirmation du sentiment national.
Une génération plus tard, la lutte séculaire qui oppose la France à l'Angleterre s'achève.

Le règne du Dauphin Charles commence mal. Après la mort de son père, il parvient à reconstituer une armée importante grâce à l'aide des Écossais hostiles à l'Angleterre des Lancastre. Mais, en 1424, ses troupes subissent à Verneuil, en Normandie, un désastre comparable à celui d'Azincourt. Charles semble alors bien isolé dans son domaine de Bourges auquel viennent s'adjoindre toutefois quelques îlots de résistance : le Mont-Saint-Michel, de petits fiefs en Lorraine, le comté de Foix. Qui plus est, le fils de Charles VI, dénué de charisme, doute de lui. Et quand, en 1428, les troupes anglaises assiègent Orléans, pont entre la France des Lancastre et celle de Bourges, le Dauphin, qui songe à se démettre, s'en remet à Dieu.

JEANNE D'ARC MOTIVE LES TROUPES

Rien ne paraît devoir sauver Orléans. Une armée de secours française cherche à intercepter un convoi de ravitaillement destiné aux Anglais, mais elle est mise en déroute par celle de Sir John Fastolf, le Falstaff de Shakespeare, lors de la « journée des Harengs », en février 1429.

Or, depuis un an déjà, une jeune paysanne lorraine de 16 ans, Jeanne d'Arc, dit entendre des voix, celles de saint Michel, patron de la France, de sainte Marguerite et de sainte

Catherine, qui lui ordonnent de chasser les Anglais de France. Son village se trouve dans une enclave encore fidèle à Charles : le capitaine Robert de Baudricourt, sire de Vaucouleurs, fournit à la jeune fille une monture et une petite escorte. Jeanne arrive à la cour de Chinon. À cette époque, elle n'est pas la seule femme à proclamer qu'elle entend des voix. L'Église est extrêmement réservée face à ces manifestations de « prophéties politiques », qui ne font que se multiplier dans le contexte dramatique de la division du royaume. Beaucoup de « sœurs de Jeanne d'Arc » finissent en effet sur le bûcher ; c'est le cas notamment de Jeanne-Marie de Maillé, qui critiquait les mœurs de la cour, et de Piéronne la Bretonne brûlée vive par les Anglais à Paris en 1430. Aussi, des théologiens s'assurent du témoignage de la jeune Lorraine avant que des matrones ne vérifient sa virginité. Alors, seulement, on laisse « la Pucelle » approcher le roi. Intervient ici le fameux épisode de la reconnaissance : afin d'éprouver celle qui se dit guidée par Dieu, le Dauphin se déguise en courtisan. Pourtant, Jeanne l'aurait immédiatement reconnu avant de lui confier un « secret ». Elle le persuade sans doute qu'il est bien l'héritier légitime du trône, ce dont il doutait. Les conseillers de Charles VII laissent partir une armée à Orléans ; les capitaines sont hésitants, mais l'enthousiasme de Jeanne transfigure les troupes qui parviennent à repousser les Anglais dans les premiers jours du mois de mai 1429. Le 8, ils sont contraints de lever le siège. Bientôt, Jargeau, Meung et Beaugency sont repris. Enfin, le 18 juin, l'armée anglaise est écrasée à Patay, et son chef, Talbot, fait prisonnier par La Hire, compagnon de Jeanne d'Arc. L'événement a une portée immense. La poétesse Christine de Pisan écrit alors : « L'an mil quatre cent vingt et neuf/Reprit à lui le soleil. »

LE SACRE DE REIMS

Contre l'avis des conseillers du roi qui voulaient profiter de ces victoires pour reconquérir la Normandie, Jeanne impose alors ses vues : elle convainc Charles de se faire sacrer à Reims. Alors que la ville est contrôlée par les Bourguignons, alliés des Anglais, elle y mène le roi conformément aux aspirations du peuple pour lequel c'est le sacre qui fait le roi. Sur le passage des troupes royales, les villes cèdent facilement et acclament le Dauphin. Reims lui ouvre même ses portes. Le 17 juillet 1429, l'archevêque Regnault de Chartres sacre Charles VII. Jeanne est debout au pied de l'autel, son étendard à la main.

Le roi sacré, il faut marcher sur Paris. Mais la majorité des conseillers de Charles VII pense qu'il faut traiter avec le duc de Bourgogne, Philippe le

De l'amour ou haine que Dieu a pour les Anglais, je n'en sais rien, mais je sais bien qu'ils seront tous boutés hors de France, exceptés ceux qui y périront.

Propos de Jeanne d'Arc devant ses juges (7e interrogatoire, le 15 mars 1431).

Toi, Jeanne, communément dite la Pucelle, nous t'avons déclarée, par juste jugement, tombée dans diverses erreurs et divers crimes de schisme, idolâtrie, invocation de démons et bien d'autres [...].

Condamnation de Jeanne d'Arc.

Bon. Seuls les Armagnacs soutiennent Jeanne, qui veut poursuivre la reconquête. L'échec est cuisant. Malgré la prise de Laon, Soissons, Senlis et Compiègne, Jeanne et ses troupes échouent devant Paris. L'année suivante, la Pucelle est faite prisonnière en tentant de défendre Compiègne contre les Bourguignons. Ceux-ci la livrent aux Anglais pour la somme de 10 000 livres tournois. Transférée à Rouen, elle est traduite devant un tribunal pour hérésie et sorcellerie au début de l'année 1431. Ses juges sont sincères, même s'ils servent leurs propres intérêts : pour eux, la jeune fille qui a ranimé la guerre et a fait ployer les troupes anglaises au nom de « voix » venues du Ciel ne peut être qu'une sorcière. Après plusieurs semaines d'enquête, d'admonestations et de menaces de torture, Jeanne cède finalement : elle admet ses erreurs avant de se rétracter immédiatement pour réaffirmer le caractère divin de sa mission. Relapse, elle est condamnée à mort et brûlée sur la place du Vieux-Marché de Rouen, le 30 mai 1431. Sa disparition satisfait les Anglais, mais non les Bourguignons qui se seraient contentés d'une peine

JACQUES CŒUR

Le premier grand financier français fut l'un des artisans du redressement du royaume.

Argentier de Charles VII – c'est-à-dire responsable du magasin d'approvisionnement de l'Hôtel du roi –, il en est également le banquier principal, si bien que le souverain lui confie la charge de réorganiser les finances du royaume. Jacques Cœur réforme à plusieurs reprises la monnaie, favorise l'exploitation minière et cherche à créer une industrie française de la soie. Persuadé de l'intérêt de commercer avec l'Orient sans passer par les marchands italiens, il lance la construction d'une flotte commerciale. Mais, maniant des sommes considérables, il a tendance à mélanger son trésor personnel et celui du roi. Ainsi, ce fils de pelletier de Bourges devient-il l'une des premières fortunes du royaume. Il est même anobli par Charles VII, ce qui attise la jalousie de certains. Cette prodigieuse ascension est brusquement interrompue en 1451 quand ses ennemis obtiennent son arrestation. Il parvient à s'évader et à entrer au service du pape. Il trouve finalement la mort en 1456 en combattant à Chio contre les Turcs.

d'emprisonnement à vie. Ses cendres sont dispersées dans la Seine. Jeanne d'Arc est devenue une martyre, mais, grâce à elle, l'élan est maintenant du côté français.

CHARLES VII PACTISE AVEC LES BOURGUIGNONS...

Avec les reconquêtes françaises, les finances anglo-normandes s'épuisent. En outre, Henri VI, sacré à Paris sans l'onction de l'huile contenue dans la sainte ampoule, n'a pas la légitimité de Charles VII. Alors que les capitaines français grignotent peu à peu du terrain, les manœuvres diplomatiques prennent le pas sur les armes. L'arbitre est le duc de Bourgogne, qui hésite à choisir son camp, car il a des attaches du côté anglais. À la cour de France, La Trémoille, le favori de Charles VII, hostile aux Bourguignons, est renvoyé en 1433.

Les négociations s'ouvrent à Arras. La mort du duc de Bedford, homme fort de la monarchie anglaise, laisse le pouvoir au cardinal Beaufort, qui apprécie mal la gravité de la situation militaire et se montre intransigeant ; Français et Bourguignons négocient alors entre eux. Le traité est signé le 21 septembre 1435. Charles VII s'agenouille, fait amende honorable pour le meurtre de Jean sans Peur, et promet de châtier les coupables. Il accorde au duc de Bourgogne le Maçonnais et l'Auxerrois, lui donne en gage les villes de la Somme, qu'il ne pourra reprendre que moyennant 400 000 écus, mais ne cède rien sur la souveraineté royale. Il a désormais les mains libres pour attaquer les Anglais, irrémédiablement isolés.

LE REDRESSEMENT FRANÇAIS

Les effets de l'entente entre Charles VII et les Bourguignons sont immédiats : en avril 1436, Paris se rend au capitaine bourguignon Villiers de L'Isle-Adam. Pourtant, pour battre les Anglais, il faut réorganiser le royaume. Charles VII commence par renforcer ses finances : dès 1436, les États de langue d'oïl acceptent de payer durant quatre ans des aides (impôt de 5 % sur les transactions nationales) ; les États de langue d'oc sont mis devant le fait accompli. En 1440, prenant prétexte de troubles civils, le roi se passe aussi du consentement des États pour lever l'impôt direct lié à la guerre, la taille. Il est vrai que les nobles, exemptés d'impôts, ne s'y opposent pas, tandis que le renouveau économique, sensible à partir de 1440, rend la pression fiscale plus tolérable. Quoi qu'il en soit, cette période marque la pérennisation de la fiscalité directe.

Dans un autre registre, le roi proclame son indépendance par rapport au pape : par la Pragmatique Sanction de

PARLEMENT ET POUVOIR JUDICIAIRE

La guerre de Cent Ans a permis à Charles VII de réaffirmer son autorité et de la concentrer dans quelques grands corps, qui gagnent alors en cohérence.
Avec le traité de Troyes, les principales institutions du royaume avaient été dédoublées. Ainsi, il existait un Parlement à Paris et à Poitiers. Après la prise de Paris en 1436 par Charles VII, il a fallu réunir ce qui avait été divisé. Ce fut l'occasion d'une formalisation. En 1454, l'ordonnance de Montil-lès-Tours rétablit le Parlement de Paris en lui donnant des moyens nouveaux : sa chambre des enquêtes est scindée en deux afin de faire face à l'afflux des demandes. Dans un souci de concorde, le roi maintient les parlementaires bourguignons. La mesure la plus novatrice consiste en la mise par écrit des coutumes juridiques de chaque bailliage afin d'accélérer le rendu de la justice. Des parlements de province naissent afin d'appliquer les coutumes locales. Mais ils demeureront toujours dans l'ombre de celui de Paris.

LE RAVAGE DES ÉCORCHEURS...

Des bandes armées, parfois conduites par des nobles, ravagent la France exsangue.
Comme leurs prédécesseurs des Grandes Compagnies, les écorcheurs sont des hommes d'armes stipendiés qui se retrouvent sans ressource en période de trêve. À leur tête, on trouve les plus grands capitaines, héros de la guerre de Cent Ans : La Hire, Xaintrailles, Grailly, Antoine de Chabannes. Leurs bandes ravagent les campagnes, vivent sur l'habitant, « rôtissant » les paysans pour dénicher leurs maigres trésors. Pour les faire sortir du royaume, le Dauphin Louis se porte avec eux, en 1444, au secours du roi des Romains, Frédéric III de Habsbourg, aux prises avec les Suisses. C'est assez largement pour lutter contre le saccage des écorcheurs que Charles VII promulgue la Grande Ordonnance de 1445 ; il espère les fixer dans des régiments qui seront régulièrement soldés. On perd la trace des derniers écorcheurs après l'expédition punitive menée par le futur Louis XI contre Rennes.

Bourges promulguée en 1438, il se dote du droit de valider par ordonnance les décisions du dernier concile œcuménique, celui de Bâle. Les premiers jalons du gallicanisme sont posés.

Les trêves ont ramené le calme. On remet en culture les terres abandonnées ; l'ordonnance de 1447 garantit le défricheur contre le retour éventuel de l'ancien tenancier. L'argentier Jacques Cœur cherche à stimuler l'activité des mines et du grand commerce méditerranéen, les ports reçoivent des privilèges, les foires, et d'abord celle de Lyon, sont relancées. L'administration est réorganisée par la fusion des institutions parisiennes, dominées par les Bourguignons et les Anglais, avec celles créées à Bourges et à Poitiers par Charles VII.

Enfin, l'armée est réformée par la Grande Ordonnance de 1445 qui jette les bases d'une armée permanente : quinze, puis vingt-trois compagnies sont retenues en permanence et soldées par le roi. Elles comportent chacune théoriquement cent lances. Une lance est composée d'un homme d'armes à cheval, avec son « coutilier » (soldat armé d'une coutille, ou dague courte) et deux archers, eux aussi à cheval. Le capitaine de chaque compagnie est choisi parmi les hommes qui ont la confiance du roi, ce qui ôte tout pouvoir aux princes. Les aventuriers, qui ont prospéré parmi les routiers et les écorcheurs, sont éliminés. Les paroisses ont à charge d'entretenir les « francs-archers », une infanterie de réserve. Les frères Bureau, conseillers du roi, organisent une magnifique artillerie. Au total, ce sont plus de 9 000 hommes dont dispose désormais la Couronne ; le chiffre montera à plus de 12 000 lors de la reconquête de la Normandie. L'armée de la reconquête est prête.

LA SOUMISSION DES PRINCES

La reprise en main du pouvoir par Charles VII suscite des craintes chez les princes, qui redoutent un accroissement de l'autorité royale à leur détriment. En outre, de fortes rivalités de clans animent la cour ; certains trouvent en effet que le roi fait la part trop belle aux Bourguignons qui ne lui ont apporté que tardivement leur soutien. Les grands, parmi lesquels on trouve les ducs de Bretagne, d'Anjou, de Bourbon ou encore le comte d'Armagnac, se soulèvent en 1440. Le Dauphin Louis se joint même à eux. Le mouvement est pourtant de courte durée. Charles VII parvient à contenir leur assaut alors que plusieurs coalisés abandonnent l'entreprise. L'événement est connu sous le nom de « Praguerie » car il a semblé aux contemporains qu'il s'apparentait à l'insurrection de la Bohème contre Sigismond de Luxembourg en 1419. Deux ans plus tard, en 1442, Charles déjoue à nouveau un complot au terme duquel l'auteur, le comte d'Armagnac, voit ses domaines confisqués au profit du roi.

LA DÉFAITE ANGLAISE

Au cours des années 1440, le contexte politique tourne en défaveur des Anglais : aux tensions internes qui commencent à déchirer l'île s'ajoutent des ferments de contestation en Normandie, province qui s'est épuisée au combat en finançant l'effort de guerre anglais. Les paysans du pays de Caux se sont révoltés contre les Anglais et leurs impôts. Profitant de cette situation, les troupes de Charles VII, menées par Dunois, reprennent Fougères en 1449, et s'emparent de Rouen, puis de Honfleur, écrasant à Formigny en 1450 l'armée de secours anglaise, menée par Thomas Kyriel : Bayeux, Caen puis Cherbourg tombent. La Normandie est de nouveau française.

La reconquête de la Gascogne s'avère plus difficile car les Anglais ont l'appui de la population, enrichie par le commerce du vin exporté en Angleterre. Toutefois, en moins d'un an, les armées de Dunois parviennent à prendre la province : en juin 1451, Bordeaux tombe avant d'être reprise un an plus tard par Talbot. Finalement, les Anglais sont défaits lors de la bataille de Castillon en 1453. Seule la ville de Calais leur appartient encore. La guerre de Cent Ans, commencée en 1337, est enfin terminée.

À cœur vaillant, rien d'impossible.

Devise de Jacques Cœur, banquier, grand argentier et conseiller du roi Charles VII.

La France de LOUIS XI

L'affirmation de l'État par un roi prudent mais rusé...

LOUIS XI UN ROI SUPERSTICIEUX ET ÉCONOME

Louis XI passe pour un roi prudent, mesuré et économe. Il aurait ainsi toute sa vie porté des vêtements usés et trop courts, pour ne pas dépenser trop en tissu. Son seul luxe consistait en la possession d'une volière ambulante qui le suivait dans ses déplacements. Et sa seule démesure aurait résidé dans sa superstition. La légende dit en effet qu'à la suite de la mort de son fils, nouveau-né de quatre mois, il fit arracher la moitié de la forêt dans laquelle il avait appris la nouvelle.

Le futur Louis XI a soutenu les princes du royaume qui s'opposaient à son père, Charles VII. Pourtant, une fois sacré, il entame un règne marqué par l'affirmation de l'État et sa prééminence sur le pouvoir des Princes. Louis parvient d'ailleurs à défaire le plus puissant d'entre eux, Charles le Téméraire, l'indomptable duc de Bourgogne.

En 1461, Louis XI succède à Charles VII et devient roi de France. Loin d'être un « débutant » en politique, le nouveau souverain a déjà une longue expérience, qui a été paradoxalement acquise aux dépens de son propre père.

UN DAUPHIN TURBULENT

C'est en 1439 que Charles VII a pu constater que l'ambition de son fils risquait de lui porter préjudice. Le Dauphin Louis a fait preuve de trop d'indépendance lors de sa première mission en Languedoc, et le roi l'a rappelé brusquement. Un an plus tard, Louis n'a pas hésité à s'opposer directement à son père : il a pris la tête d'une rébellion des princes. L'échec de la « Praguerie » l'a contraint à s'entendre avec Charles VII, mais n'a pas atténué son désir d'indépendance.

Choisi en 1444 pour entraîner hors de France les « écorcheurs », ces bandes de soldats désœuvrés qui terrorisent le royaume, Louis combat la révolte des cantons suisses soulevés contre Frédéric III d'Autriche. S'il s'acquitte de sa tâche avec succès, il prend toutefois des libertés en

LES ORDRES DE CHEVALERIE

Les ordres de chevalerie connaissent un grand succès à la fin du Moyen Âge. Les plus célèbres d'entre eux sont ceux de Saint-Michel et de la Toison d'or.

Alors que la guerre de Cent Ans fait rage, que la chevalerie est critiquée du fait de ses défaites et que les liens de vassalité se distendent, les princes et les souverains d'Occident cherchent à revaloriser l'idéal chevaleresque. Pour cela, ils fondent des ordres de chevalerie dont le modèle est puisé dans les romans de la Table ronde. Le mouvement est lancé par le roi d'Angleterre Édouard III en 1348 avec l'ordre de la Jarretière. En 1469, c'est au tour de Louis XI de créer l'ordre de Saint-Michel, en référence au Mont-Saint-Michel qui a résisté aux Anglais durant la guerre et dont l'archange est le protecteur. Mais le plus prestigieux demeure celui fondé en 1429 par le duc de Bourgogne, Philippe : l'ordre de la Toison d'or. Outre leur rôle honorifique, ces ordres ont également une fonction politique précise : ils permettent de rassembler la haute noblesse autour de son prince et de réaffirmer la prééminence de ce dernier sur des seigneurs parfois remuants.

menant sur place sa propre diplomatie sans avoir reçu l'aval paternel. En butte à cette permanente volonté d'indépendance, Charles VII décide, en 1447, peut-être sous l'influence de sa maîtresse Agnès Sorel, d'éloigner son remuant fils des affaires de l'État en lui confiant le gouvernement de la province du Dauphiné. Il donne ainsi une réalité politique au titre honorifique de « Dauphin ». Et Louis en profite largement : après avoir chassé l'homme de confiance de son père, Raoul de Gaucourt, il crée un parlement à Grenoble, développe les foires, fait du Dauphiné une sorte de principauté modèle, un terrain d'expérience où il rode la politique qu'il appliquera en France. Enfin, après la mort de sa première femme Marguerite d'Écosse, il épouse Charlotte de Savoie, contre la volonté de Charles VII.

L'autonomie du Dauphin finit par devenir telle que son père se décide à intervenir et lève des troupes contre Louis en 1456. Mais, alors que l'armée royale approche, le Dauphin s'enfuit auprès du duc de Bourgogne, Philippe le Bon, qui l'accueille et l'installe dans son château de Genappe. Charles VII prononce alors ces mots prémonitoires : « Mon cousin de Bourgogne nourrit le renard qui lui mangera ses poules. » La relation entre le père et le fils est définitivement rompue : Louis ne retourne en France qu'à la mort de Charles, le 22 juillet 1461. Le 15 août suivant, il est sacré roi en la cathédrale de Reims.

Divide ut regnes. (Diviser pour mieux régner.)

Devise du roi Louis XI, qui sera également adoptée par Catherine de Médicis. C'était longtemps auparavant la devise du Sénat romain.

LES ARTISTES FLAMANDS À LA COUR BOURGUIGNONNE

La somptueuse cour de Dijon accueille compositeurs, poètes et peintres venus du Nord. Les peintres flamands contribuent à la renommée des ducs de Bourgogne. À Jean van Eyck, peintre officiel des ducs de Bourgogne, on attribue l'invention de la peinture à l'huile, qu'il a portée à un point de perfection inégalé jusqu'alors ; il contribue également à promouvoir l'art du portrait. Après lui, les ducs de Bourgogne protègent Van der Weyden. Celui-ci donne à sa peinture religieuse un dépouillement tragique, en accord avec le mysticisme flamand. Tous deux ont porté à son apogée un art qui unit intimement le rendu naturaliste et le contenu symbolique. Leur peinture exerce en France une influence décisive alors même qu'ils n'y ont jamais travaillé.

UN RÈGNE MAL ENGAGÉ…

La personnalité du nouveau roi rompt avec celle de ses prédécesseurs : chétif, maladif, il délaisse les armes au profit de son bureau d'où il aime tout ordonner en utilisant s'il le faut la ruse et les intrigues. Il ne répugne toutefois pas à voyager afin de constater de lui-même de l'état de son royaume et de ses sujets.

Par ailleurs, il est d'une piété qui confine à la superstition ; il est en effet féru d'astrologie et a une confiance presque aveugle dans les talismans et les reliques (on connaît de lui son célèbre chapeau orné de médailles de saints). Tout au long de son règne, il accomplira de nombreux pèlerinages, multipliera les donations aux églises, au point d'inquiéter ses proches, et reviendra sans cesse à Notre-Dame de Cléry, où son tombeau a été préparé. À peine arrivé sur le trône, il multiplie les erreurs politiques en voulant rompre radicalement avec les usages de son père. Le souverain opère en effet une purge générale de tous les officiers qui l'avaient combattu autrefois, alors que ceux-ci, en bons serviteurs de l'État, n'avaient agi de la sorte que pour protéger la Couronne. Le roi se prive alors de précieux conseillers. Des réformes financières ambitieuses, mais précipitées, achèvent d'affaiblir l'État ; Louis achète au duc de Bourgogne plusieurs villes de la Somme pour un coût que beaucoup jugent faramineux. Dans ces conditions, les princes, ses anciens compagnons, se regroupent dans la ligue du Bien public et prennent la tête d'une révolte à laquelle participent le duc de Bretagne, François II, et le propre frère de Louis XI, Charles de Berry. Le conflit s'achève lors de la bataille de Montlhéry, en 1465. Malgré une issue indécise, celle-ci permet à Louis XI de tenir Paris et de négocier la fin de la fronde. Le roi doit cependant donner la Normandie à son frère et, sans compensation, rendre aux Bourguignons les villes de la Somme qu'il vient de racheter. Le règne commence mal.

Louis XI, toutefois, sait admirablement, en jouant sur les divisions de ses ennemis, transformer un échec ponctuel en succès politique à moyen terme. Il récupère peu à peu tout ce qu'il a donné. Son frère Charles doit rendre la Normandie, et, en 1468, le roi impose au duc de Bretagne le traité d'Ancenis, qui prépare déjà le rattachement de la Bretagne à la France. En affaiblissant les princes, Louis restaure son autorité et, surtout, prive d'alliés potentiels son véritable rival, le duc de Bourgogne Charles le Téméraire.

LA RICHESSE DE L'ÉTAT BOURGUIGNON

Épargné par les batailles de la guerre de Cent Ans, l'État bourguignon est à cette date l'une des plus puissantes et des plus riches principautés de la chrétienté. Ses ducs, issus d'une branche cadette des Valois, maîtrisent un vaste territoire qui relève pour part des rois de France. Ils ont représenté tantôt une menace, par leur alliance avec l'Angleterre, tantôt une chance pour le royaume qui a pu bénéficier de la prodigieuse richesse économique et artistique des Pays-Bas.

En effet, les ducs qui se sont succédé depuis Philippe le Hardi (1342-1404), le fondateur de la dynastie, sont parvenus à constituer un vaste ensemble territorial allant de Dijon jusqu'à la mer du Nord. Au duché de Bourgogne sont venus s'agréger au gré des conquêtes ou des mariages les duchés de Luxembourg, de Brabant, les comtés de Nevers, de Bourgogne, de Rethel, de Hainaut, d'Artois et de Flandre ! Il faut ajouter à cette puissance territoriale une situation de quasi-indépendance vis-à-vis du roi de France, obtenue lors de la paix d'Arras en 1435.

En outre, l'État bourguignon bénéficie d'une insolente richesse économique fondée en particulier sur les industries de luxe comme l'orfèvrerie, la tapisserie ou encore les objets d'art. En Bourgogne, la vigne donne des vins fins ; les salines du Jura, en Franche-Comté, enrichissent l'État, car un « droit de monseigneur » est perçu sur la vente du sel. Cependant, la richesse du duché réside surtout dans les provinces du Nord, beaucoup plus urbanisées que la Bourgogne : le centre de gravité économique

et politique a donc tendance à se déplacer. Textiles, cuivre, minerais de fer et hauts fourneaux contribuent à l'essor de l'État, tandis que l'activité portuaire de Bruges, puis d'Anvers, assure les relations commerciales avec la Hanse, l'Angleterre, l'Espagne et l'Italie. Bruges devient une place bancaire internationale, où les Médicis, célèbre famille italienne de marchands et de banquiers, installent une succursale. La création d'une monnaie d'or, le *philippus*, facilite en outre les échanges commerciaux. Ces contacts économiques favorisent la diffusion de la première Renaissance italienne en Europe du Nord. Ils expliquent pour une grande part la floraison artistique flamande du XVe siècle. On comprend dans ces conditions que la puissance bourguignonne ait pu indisposer le royaume de France, à peine sorti des épreuves de la guerre de Cent Ans.

LES AMBITIONS DE CHARLES LE TÉMÉRAIRE

Philippe le Bon avait su construire un vaste rassemblement d'États autour du duché de Bourgogne, mais son fils, Charles le Téméraire, qui lui succède en 1467, veut aussi un titre royal. Le nouveau duc rêve en effet de créer un royaume continu englobant la France et l'Empire germanique, en annexant la Champagne et la Lorraine : il redonnerait ainsi naissance à une grande Lotharingie, sur le modèle de celle issue du traité de Verdun, en 843.

Grâce à la richesse de la Flandre et du Brabant, Charles dispose de moyens financiers et militaires importants. En outre, son mariage avec Marguerite d'York, sœur du roi d'Angleterre Édouard IV, lui permet de bénéficier du soutien anglais contre la France.

Autoritaire, violent, impétueux, le duc de Bourgogne l'est indéniablement. Louis XI l'apprend à ses dépens lors d'une rencontre avec Charles à Péronne en 1468. Au moment même où se déroule cette entrevue, la ville de Liège, possession bourguignonne, se révolte, soutenue par le roi de France. Charles décide de retenir le roi prisonnier pendant quelques jours, lui extorquant la promesse de l'accompagner jusqu'à Liège. Là, le souverain assiste, impuissant, à l'écrasement sanglant de la révolte qu'il avait encouragée. Il est relâché sous la promesse de renoncer à sa suzeraineté sur la Flandre.

LA REPRISE EN MAIN DU ROYAUME

Humilié, Louis a pris conscience du danger que représente la Bourgogne du Téméraire. Il réagit en dessinant les contours d'une vaste coalition dirigée contre le Bourguignon. À son apogée, on y trouvera le duché de Lorraine de René d'Anjou, les cantons suisses et les villes d'Alsace, mais aussi l'Empire de Frédéric III, tous menacés par les ambitions de Charles.

À l'intérieur, Louis fait le ménage dans son entourage et élimine ses ennemis. La première victime est l'un de ses capitaines, Charles de Melun. Des ecclésiastiques, Balue et Haraucourt, seront enfermés pendant près de dix ans. Les fameuses cages ou « fillettes » de fer de Louis XI, petites geôles dans lesquelles il aurait fait enfermer ses ennemis jusqu'à leur mort, ne sont que pure légende. De telles prisons existaient, mais elles servaient en général pour une détention d'une journée, guère plus. Il n'en demeure pas moins que Louis est intraitable avec ses ennemis ou ses opposants. Le duc de Nemours et le connétable de Saint-Pol seront décapités. Se méfiant des grands, Louis XI s'entoure d'hommes qui lui doivent tout, comme le barbier Olivier le Dain ou Tristan Lhermite. Dans son château favori de Plessis-lez-Tours, l'« universelle araignée » tisse sa toile.

En Angleterre, en 1461, Henri VI de Lancastre avait été déposé au profit d'Édouard IV d'York. Comme ce dernier est le beau-frère de Charles le Téméraire, Louis XI a tout à craindre de leur alliance. En 1470, il finance donc un complot qui rend le trône à Henri VI. Louis XI pense ainsi isoler Charles le Téméraire. Persuadé d'avoir éliminé le danger anglais, le roi lance ses armées sur

PHILIPPE DE COMMYNES

En 1472, Philippe de Commynes (1447-1509), conseiller de Charles le Téméraire, passe au service de Louis XI. Il laissera de célèbres *Mémoires*.

Il reçoit le titre de conseiller et chambellan du roi et devient le plus proche fidèle de Louis XI. Son hostilité à la politique que mène le roi envers Marie de Bourgogne lui vaut d'être écarté en 1477, puis envoyé à Florence en tant que diplomate. Disgracié en 1495, il s'occupe jusqu'à sa mort, en 1511, à rédiger les *Mémoires*. Il crée ainsi un genre entièrement nouveau, souvent imité par la suite, les « Mémoires politiques » : pour justifier ses changements de camp, il coupe son témoignage, volontairement dépouillé, d'analyses perspicaces sur les causes et les résultats des décisions des princes. Par leur portrait de Louis XI et de son action, leurs jugements et leur réflexion en matière de « bonne politique », ces *Mémoires* s'apparentent à l'œuvre de l'Italien Machiavel.

Qui s'y frotte s'y pique.

Autre devise adoptée par Louis XI qui avait choisi pour emblème un fagot d'épines.

les villes de la Somme, attaque Saint-Quentin, puis Amiens ; il est convaincu que Charles le Téméraire ne pourra rien faire. Mais, en Angleterre, la restauration d'Henri VI est de courte durée, et, dès 1471, Édouard IV, l'allié de la Bourgogne, retrouve sa couronne.

La contre-offensive bourguignonne en Picardie est foudroyante. Heureusement pour Louis XI, Beauvais résiste : tous les bourgeois, et même les femmes, sont aux remparts, et leur farouche résistance permet aux compagnies françaises d'intervenir en juillet 1472. Obstiné jusqu'à l'aveuglement, Charles immobilise son armée. Affamée par les Français, celle-ci doit se rendre. Une trêve est conclue.

ULTIMES AFFRONTEMENTS

Charles le Téméraire poursuit alors sa politique d'expansion vers l'Est. L'Alsace, rachetée au duc d'Autriche en 1469, se défend en engageant des mercenaires suisses, alliés de Louis XI. Soucieux de trouver un appui, le Téméraire offre la main de sa fille Marie à Maximilien, fils de Frédéric III, l'empereur germanique qui, inquiet de l'ambition du duc, préfère refuser. La même année, il a mis la main sur le duché de Gueldre. Il poursuit ses conquêtes vers Cologne, mais partout ses ennemis sont soutenus par Louis XI. En 1474, le roi de France finance une ligue antibourguignonne principalement composée des Suisses et de l'empereur Frédéric III.

Charles est de plus en plus isolé. Il remporte cependant un succès diplomatique de poids : Édouard IV, qui lui doit sa restauration, s'engage à intervenir en France. En juin 1475, à Calais, il rassemble une armée de 30 000 hommes. Charles le Téméraire est retenu par un siège interminable à Neuss, place forte de Cologne, qui est défendue par les Suisses. Une fois de plus, son obstination lui nuit : il poursuit le siège alors que l'armée anglaise l'attend. Lorsque, enfin, il se libère, il a perdu beaucoup de temps et sa propre armée n'est pas prête, alors que Louis XI a pu mobiliser les ressources du royaume pour faire face aux Anglais. À Picquigny, dès le mois d'août, Édouard IV préfère négocier plutôt que de se battre pour le seul profit du Téméraire. Louis lui donne 75 000 écus et lui promet une pension annuelle de 50 000 écus d'or. Après de grandes fêtes à Amiens, Édouard se retire et abandonne le Téméraire. Celui-ci, afin d'avoir les mains libres à l'est, doit traiter avec Louis XI, qui cherche à grouper tous ceux qui sont lésés par la politique bourguignonne.

LA FIN DE CHARLES LE TÉMÉRAIRE

Louis continue à répandre ses subsides et il asphyxie le Téméraire en poussant la banque Médicis à lui refuser tout

FRANÇOIS VILLON, POÈTE ET VOLEUR

La vie agitée de François Villon (1431-1463) est représentative de la crise que connaît Paris au milieu du XVe siècle.
La capitale, qui s'est rangée du côté des Bourguignons et qui s'est trop bien accommodée de l'occupation anglaise, est abandonnée par Charles VII et ses successeurs au profit de la région de Tours. Brillant étudiant, François Villon est bachelier en 1449, puis licencié et maître ès arts en 1452. Mais, sans protections, sans perspectives de carrière, il participe dans ce Paris désenchanté à l'agitation étudiante ; on le soupçonne d'avoir appartenu à une bande de voleurs. En 1455, il est pris dans une bagarre au cours de laquelle un prêtre est tué. Sur le point d'obtenir le pardon, il est à nouveau mêlé à une affaire de vol de 500 écus d'or dans les coffres du collège de Navarre. Il fuit, par peur du gibet. En 1461, il revient à Paris, mais disparaît, à nouveau exilé, en 1463. Son œuvre, très personnelle et profondément désespérée (*le Petit et le Grand Testament, les Ballades*), est marquée par la mélancolie et l'autodérision.

crédit. À Grandson, le 2 mars 1476, les troupes bourguignonnes sont surprises par les Suisses. Le Téméraire n'est sauvé que par la richesse de ses bagages sur lesquels se jettent les montagnards éblouis. Le Bourguignon reforme aussitôt une nouvelle armée et la risque au siège de Morat, où les Suisses l'acculent aux rives du lac : 10 000 hommes sont massacrés, le Téméraire s'échappe de justesse. Charles n'a plus d'armée solide, mais, au début de janvier 1477, il assiège Nancy, que le duc de Lorraine vient secourir : le 5, les Bourguignons sont écrasés. Charles le Téméraire est tué pendant la bataille. Sa fin tragique – on retrouve le lendemain son corps déchiqueté par les loups – contribue à faire de lui l'une des figures mythiques de l'histoire de France.

LA PROSPÉRITÉ DU ROYAUME DE FRANCE

Pour Louis XI, le succès est total, et il le doit en partie à l'impatiente ambition de son ennemi. Mais le roi s'est donné les moyens de réussir. Grand homme d'État, il a admirablement consolidé son royaume. La chute des princes et la fin des guerres intérieures ont ramené la paix et la prospérité. Un chiffre le montre : en 1460, la taille, le principal impôt du royaume, rapportait

*[...] Il n'est jouer qu'en maladie,
Lettre vraie qu'en tragédie,
Lâche homme que chevalereux,
Orrible son que mélodie,
Ne bien conseillé qu'amoureux.*

François Villon, *Ballade des contre-vérités.*

LES SUISSES, MAÎTRES DES COMBATS

À la fin de la guerre de Cent Ans, l'essor de l'artillerie rend l'infanterie inefficace. Les Suisses sont les premiers à s'adapter.

Une infanterie de piquiers, solide pour résister aux charges de cavalerie, disciplinée et nombreuse pour pouvoir être rangée en formations profondes, est désormais nécessaire. Les Suisses, robustes montagnards, doivent à leurs structures communales et à leurs longues luttes contre les Habsbourg discipline et habitude du combat collectif. Dès le premier contact, en 1444, ils émerveillent les capitaines français. Terrorisant l'ennemi en soufflant dans leurs longues cornes juste avant le combat, ils sont les nouveaux maîtres des champs de bataille. L'infanterie des Suisses modifie totalement l'art militaire : Charles le Téméraire se perdra pour ne pas l'avoir compris, mais les généraux des guerres d'Italie s'en souviendront.

1 200 000 livres ; à la mort de Louis XI, en 1483, elle en rapporte 3 900 000. Le souverain a certes accru la pression fiscale, mais, avant tout, ses sujets se sont enrichis.

Le monde agricole connaît, presque partout, une embellie. La reconstruction imposée après les dégâts de la guerre a provoqué des courants de migration d'une région à l'autre, particulièrement vers le Bordelais que les Anglais ont quitté. Face à la relative pénurie de main-d'œuvre, les seigneurs doivent adoucir les conditions de travail ; le servage recule. Indéniablement, la fin du XVe siècle marque une amélioration de la condition paysanne. Accompagnant cette lente reconstruction, la démographie repart progressivement.

Guidé par sa préoccupation d'accroître les revenus et, par là même, la puissance de l'État, Louis XI s'intéresse aux problèmes économiques. Ainsi, il s'entoure de bourgeois afin de mieux saisir leurs besoins. Dans le même temps, il fait venir des banquiers italiens avec lesquels il avait gardé d'étroits contacts de sa jeunesse passée en Flandre.

Dans le domaine industriel, l'intervention du roi est, là encore, décisive : il attire des Allemands à coups d'exemptions fiscales pour relancer l'exploitation des mines de cuivre, d'argent et de plomb, situées dans la région lyonnaise. Lyon devient d'ailleurs à cette époque une ville prospère : la production de la soie y démarre, tandis que des exemptions d'impôts permettent à la ville d'attirer des foires nombreuses au détriment de Genève. Concernant les échanges, Louis XI cherche à faire de Marseille le centre d'un grand commerce méditerranéen sans toutefois y parvenir entièrement. La France demeure une puissance maritime de second ordre.

Afin de bénéficier des fruits de cette croissance économique, Louis confie l'administration royale à des hommes sûrs. Celle-ci atteint une efficacité nouvelle, en particulier dans le domaine des postes, le roi jugeant la rapidité des communications essentielle à sa diplomatie.

LOUIS XI AGRANDIT LA FRANCE

Avec la guerre de Cent Ans, la perception de la France a changé chez les sujets du roi ; face à la menace anglaise, le sentiment national est né. Déjà, Du Guesclin pouvait évoquer « ma nation et mon pays ». Un siècle plus tard, nul doute que la « nation France » est une réalité dans l'esprit de bien des gens.

En outre, la seconde moitié du XVe siècle correspond à une extension géographique du royaume. Ainsi Louis XI récupère-t-il l'Anjou, le Barrois et la Provence à la mort du roi de Naples, en 1480. En revanche, il échoue à reprendre les territoires bourguignons dès la mort du Téméraire. Son conseiller Philippe de Commynes, jadis au service de la Bourgogne, lui suggère de marier le Dauphin à Marie, seule héritière du Téméraire, et de laisser son fils rattacher les terres bourguignonnes à la France.

Mais Louis XI, impatient, se jette sur la Bourgogne, la Picardie, la Flandre et la Franche-Comté. La résistance y est parfois obstinée.

Finalement, Marie de Bourgogne épouse Maximilien, fils de l'empereur germanique. Lorsqu'elle meurt, en 1482, Louis XI et Maximilien se partagent ses terres : les Pays-Bas pour l'Autriche et le duché de Bourgogne pour la France. Le reste est apporté en dot par la fille de Marie et de Maximilien, Marguerite de Bourgogne, promise au Dauphin Charles, futur Charles VIII. L'ultime erreur du roi est ainsi réparée. Il meurt en 1483, confiant la régence à sa fille, Anne de France. Louis XI a fasciné contemporains et historiens. Malgré ses erreurs, son intelligence et ses qualités en font le premier des hommes d'État modernes.

Petite chronologie du Moyen Âge

Période	POLITIQUE	ÉCONOMIE, SOCIÉTÉ, RELIGION, CULTURE
476-751 Clovis et les Mérovingiens	**482 :** Avènement de Clovis.	**480-547 :** Vie de saint Benoît « patriarche des moines d'Occident ».
	486 : Clovis bat Syagrius.	
	491 : Victoire de Clovis sur les Thuringiens.	
	496 (ou 506) : Bataille de Tolbiac contre les Alamans.	**498 (ou 508) :** Baptême de Clovis.
	507 : Victoire de Vouillé ; Clovis écrase les Wisigoths d'Alaric.	**502 :** Mort de sainte Geneviève.
	511 : Clovis fait de Paris sa capitale ; il meurt peu après.	**534 :** Benoît rédige la règle bénédictine.
	561 : Le royaume franc est réuni sous Clotaire Ier.	**588-660 :** Vie de saint Éloi.
	623 : Dagobert, roi d'Austrasie.	**590-604 :** Grégoire le Grand, pape ; il réforme la liturgie.
	637 : Dagobert soumet le roi des Bretons, Judicaël.	
	639 : Mort de Dagobert.	
	663-678 : Luttes entre Ebroïn et Léger d'Autun.	
	687 : Victoire de l'Austrasien Pépin de Herstal sur les Neustriens à Tertry.	
	732, 25 octobre : Victoire de Charles Martel sur les Arabes à Poitiers.	
	737 : Mort de Thierry IV ; le pouvoir appartient à Charles Martel.	
751-987 Charlemagne et les Carolingiens	**751 :** Pépin le bref dépose le dernier roi mérovingien.	**VIIIe-IXe siècles :** Renaissance carolingienne.
	754 : Pépin le Bref est sacré roi par le pape Étienne.	
	768 : Mort de Pépin, son royaume est partagé entre Carloman et Charles.	
	771 : Mort de Carloman, Charlemagne règne seul.	
	774 : Charles conquiert le royaume des Lombards.	
	778 : Charles échoue devant Saragosse ; mort de Roland à Roncevaux.	
	785 : Capitulaire des Saxons qui sont convertis de force au christianisme.	**789 :** Charlemagne édicte l'*Admonitio generalis*, concernant la vie religieuse dans l'Empire.
	796 : Victoire sur les Avars.	
	800, 25 décembre : Charlemagne sacré empereur à Rome.	**IXe siècle :** Essor du monachisme.
	814 : Louis le Pieux succède à son père, Charlemagne.	**810 :** Premières expéditions vikings en France.
	817 : Louis le Pieux organise sa succession.	**817 :** La règle bénédictine devient l'unique règle des abbayes d'Occident.
	833 : Louis le Pieux est déchu par ses trois fils.	
	839, 30 mai : Louis le Pieux procède au dernier partage de l'Empire.	
	842, février : Serments de Strasbourg, entre les fils de Louis le Pieux.	
	843, août : Traité de Verdun, qui organise un partage de l'Empire.	**845 :** Hincmar de Reims devient archevêque de Reims.
	870 : Traité de Meersen.	
	875, 25 décembre : Couronnement de Charles le Chauve.	
	877, juin : Capitulaire de Quierzy.	
	881, 12 février : Charles le Gros est couronné à Rome.	
	885, juin : L'empire de Charlemagne réuni entre les mains de Charles le Gros.	
	885-886 : Eudes, défend victorieusement Paris contre les Normands.	
	887, novembre : Abdication de Charles le Gros.	**910 :** Fondation de l'abbaye de Cluny.
	911 : Traité de Saint-Clair-sur-Epte.	

	POLITIQUE	ÉCONOMIE, SOCIÉTÉ, RELIGION, CULTURE
987-1108 Huges Capet et les premiers Capétiens	**Xe siècle :** L'évêque de Laon, Adalbéron, énonce la théorie des trois ordres.	**999-1003 :** Gerbert d'Aurillac, pape sous le nom de Sylvestre II.
	987, 3 juillet : Hugues Capet est sacré roi.	**Fin du Xe siècle :** Premiers châteaux entre la Loire et le Rhin.
	996-1031 : Règne de Robert le Pieux.	**Début du XIe siècle :** Renaissance urbaine ; art roman.
		XIe siècle : Apparition des premiers textes littéraires en langue vulgaire.
		1022 : Premier bûcher pour hérésie à Orléans.
	1031-1060 : Règne d'Henri Ier.	**1030-1032 :** La famine ravage une partie du royaume.
		1047 : Mort de Raoul Glaber, l'historien de l'an mille.
	1060-1108 : Règne de Philippe Ier.	**1088-1130 :** Abbatiale romane de Cluny.
	1066, 29 septembre : Bataille d'Hastings ; Guillaume le Conquérant bat Harold et s'empare de l'Angleterre.	**1095-1100 :** Concile de Clermont et première croisade.
		1098 : Fondation de Cîteaux.
		1099, 15 juillet : Prise de Jérusalem par les croisés.
		Fin du XIe siècle : Tapisserie de Bayeux.
	1100 : Henri Ier Beauclerc à la tête d'un empire anglo-normand.	**1100, 25 décembre :** Baudouin d'Édesse, roi de Jérusalem.
1108 - 1226 L'affirmation de la dynastie capétienne	**1108-1180 :** Règnes de Louis VI et Louis VII.	**XIIe siècle :** Émancipation des communes ; art gothique ; naissance des premières universités.
	1147-1149 : Suger, abbé de Saint-Denis, assure la régence durant la deuxième croisade.	**XIIe et XIIIe siècles :** Essor économique.
	1152 : Aliénor d'Aquitaine épouse Henri II Plantagenêt, duc de Normandie.	**1079-1142 :** Vie de Pierre Abélard.
	1154 : Henri II Plantagenêt est sacré roi d'Angleterre.	**1113 :** Fondation de l'ordre des Hospitaliers.
	1158-1204 : Conflits entre les rois de France, Louis VII et Philippe Auguste, et Henri II Plantagenêt.	**1120 :** Basilique romane de Vézelay ; fondation des Templiers.
		1122 : Utilisation de la croisée d'ogives à Morienval (Oise).
	1180-1223 : Règne de Philippe Auguste.	**1132-1144 :** Construction d'une nouvelle abbatiale à Saint-Denis.
	1189-1199 : Richard Cœur de Lion succède à son père Henri Plantagenêt.	**1147-1148 :** Deuxième croisade.
	1194 : Bataille de Fréteval, défaite de Philippe Auguste ; installation au palais du Louvre des principaux organes de gouvernement.	**1160-1185 :** Baudouin IV, roi de Jérusalem.
		Vers 1170 : *Tristan et Iseut*.
	fin XIIe siècle : Les vaudois s'implantent solidement dans la vallée du Rhône et dans le Languedoc.	**1170 :** *Érec et Énide*, premier roman de Chrétien de Troyes.
		1180 : Apparition de l'arc-boutant avec la nef de Notre-Dame de Paris.
	1204 : La Normandie est réintégrée au domaine royal.	**1190-1192 :** Troisième croisade.
	1208-1249 : Croisade contre les albigeois.	**Fin du XIIe et début du XIIIe siècle :** Les foires de Champagne.
	1209 : Sac de Béziers.	**Début du XIIIe siècle :** Création des ordres mendiants.
	1213 : Défaite des albigeois à Muret, et rattachement du Languedoc.	**XIIIe siècle :** Querelles au sein de l'Université.
	1214, 27 juillet : Victoire de Bouvines contre les armées impériales.	**1200-1246 :** Élaboration des statuts définitifs de l'université de Paris.
	1218 : Mort de Simon de Montfort.	**1202-1204 :** Quatrième croisade.
	1223-1226 : Règne de Louis VIII.	**1217-1219 :** Cinquième croisade.

Petite chronologie du Moyen Âge

	POLITIQUE	ÉCONOMIE, SOCIÉTÉ, RELIGION, CULTURE
1226-1270 Saint Louis	**1226-1234 :** Régence de Blanche de Castille.	**XIIIe siècle :** L'Inquisition.
	1243-1244 : Siège de Montségur.	**1229 :** Fondation de l'université de Toulouse.
	1248-1252 : Nouvelle régence de Blanche de Castille.	**1244 :** Les musulmans reprennent Jérusalem.
	1254 : Retour de Saint Louis en France ; Ordonnance de réforme et de correction des abus dans le royaume.	**1257 :** Robert de Sorbon fonde un collège destiné aux pauvres clercs.
		1263 : Ordonnance pour étendre l'usage de la monnaie royale.
	1256 : Le Dit de Péronne, par lequel le roi règle la succession de Flandre.	**1267 :** Saint Louis décide de repartir en croisade.
	1258 : Traité de Corbeil, qui règle le différend entre la France et l'Aragon ; Traité de Paris, entre Saint Louis et le roi d'Angleterre Henri III.	**1269 :** Ordonnance qui oblige les juifs à porter sur leurs vêtements la rouelle.
	1270, 25 août : Mort de Louis IX en croisade.	**1270 :** Début de la huitième croisade.
		Fin du XIIIe siècle : Paris avec 200 000 habitants est la plus grande ville d'Occident.
1270-1328 Le siècle de Philippe le Bel	**1270-1285 :** Règne de Philippe III le Hardi.	**1277 :** La *Somme théologique* de Thomas d'Aquin.
	1271 : Le Toulousain est réuni au domaine royal.	
	1284-1285 : Expédition contre le roi d'Aragon : mort de Philippe III.	
	1285 : Philippe IV le Bel monte sur le trône.	**1291 :** Acre, dernière possession latine en Orient, tombe.
	1291 : Expulsion des banquiers lombards et confiscation de leurs biens.	**1297 :** Canonisation de Louis IX, qui devient Saint Louis.
	1296 : Guerre contre le roi d'Angleterre et le comte de Flandre Gui de Dampierre ; les Français occupent la Flandre.	**1306 :** Expulsion des juifs du royaume.
	1302, 11 juillet : Bataille des éperons d'or, à Courtrai.	**1307 :** Philippe le Bel s'attaque aux Templiers ; l'ordre est supprimé.
	1302 : « Matines brugeoises ».	**1309-1376 :** Les papes en Avignon.
	1304 : Victoire des troupes royales sur les Flamands à Mons-en-Pelève.	**1315 :** Retour de la famine.
		1320 : La France compte 20 millions d'habitants.
1328-1429 La Guerre de Cent Ans	**1328 :** Mort de Charles IV ; Philippe VI de Valois est proclamé roi.	**1323-1328 :** Révolte des Karls de la Flandre.
	1329 : Édouard III d'Angleterre prête hommage au roi de France.	
	1332-1387 : Vie de Charles de Navarre, dit « le Mauvais ».	
	1337 : Édouard III revendique sa couronne : début de la guerre de Cent Ans.	**1337-1404 :** Vie du chroniqueur Jean Froissart.
	1340, juin : Bataille de l'Écluse.	
	1346, 26 août : Défaite de Crécy.	**1347-1348 :** La peste noire touche tout le sud du royaume.
	1356, 19 septembre : Bataille de Maupertuis ; Jean II le Bon, prisonnier.	
	1357 : Monarchie « contrôlée » ; le paiement de l'impôt sera soumis aux états.	
	1358, février : Étienne Marcel provoque une émeute à Paris contre le Dauphin qui prend la fuite ; 31 juillet : il est assassiné.	**1358 :** Révolte des Jacques de la plaine de France.
	1360, mai : Pourparlers de Brétigny ; paix de Calais : Jean II le Bon libéré.	
	1364 : Mort de Jean II le Bon et avènement de Charles V le Sage ; Du Guesclin vainqueur des Anglo-Navarrais à Cocherel.	
	1367 : Bataille de Najera, défaite de Du Guesclin.	

1328-1429 La Guerre de Cent Ans

POLITIQUE

1369 : Pierre le Cruel tué lors de la bataille de Montiel.

1380 : Mort de Charles V, avènement de Charles VI le Fou.

1388 : Charles VI gouverne avec le conseil des « Marmousets ».

1392, 5 août : Première crise de folie du roi ; La reine Isabeau de Bavière commence à exercer le pouvoir.

1404 : Mort de Philippe le Hardi, Jean sans Peur lui succède.

1407 : Début de la guerre entre les Bourguignons et les Armagnacs.

1413 : « Ordonnance cabochienne ».

1415, 25 octobre : Bataille d'Azincourt, défaite française.

1419 : La Normandie dominée par Henri V, début de l'avance anglaise.

1420, 21 mai : Traité de Troyes, qui livre la France aux Anglais.

1422-1429 : Charles VII, dauphin.

1428-1429 : Siège d'Orléans, libéré par Jeanne d'Arc le 8 mai 1429.

1429, 18 juin : Victoire française à Patay ; 17 juillet : Charles VII est sacré à Reims en présence de Jeanne d'Arc.

ÉCONOMIE, SOCIÉTÉ, RELIGION, CULTURE

1376 : Le Songe du verger, traité qui illustre la nouvelle conception de la souveraineté.

1382 : Insurrections de Rouen (la « Harelle ») et de Paris (révolte des Maillotins).

1389 : Réforme de la gestion des finances royales.

Fin XIVe-début XVe siècle : Pierre d'Ailly et Jean Gerson renouvellent la piété.

1429-1492 La France de Charles VII et Louis XI

POLITIQUE

1431, février à mai : Procès de Jeanne d'Arc ; 30 mai : Jeanne d'Arc brûlée vive à Rouen.

1435, 21 septembre : Traité d'Arras.

1438 : Pragmatique Sanction de Bourges, qui proclame l'indépendance du roi par rapport au pape.

1440 : Soulèvement de plusieurs Grands du royaume, la « Praguerie ».

1445 : Grande Ordonnance, début d'une armée permanente.

1451 : Arrestation de Jacques Cœur, argentier de Charles VII.

1453 : Bataille de Castillon : fin de la Guerre de Cent Ans.

1454 : Ordonnance de Montil-lès-Tours.

1461, 15 août : Louis XI sacré roi à Reims.

1465 : Bataille de Montlhéry, qui met fin à la révolte de princes.

1467 : Charles le Téméraire devient duc de Bourgogne.

1468 : Traité d'Ancenis, qui prépare le rattachement de la Bretagne à la France ; Entrevue de Péronne entre Louis XI et Charles le Téméraire.

1469 : L'Alsace est rachetée au duc d'Autriche.

1472 : Philippe de Commynes devient conseiller de Charles le Téméraire.

1477, 5 janvier : Charles le Téméraire est tué pendant la bataille de Nancy.

1482 : Louis XI récupère le duché de Bourgogne.

1483 : Mort de Louis XI.

ÉCONOMIE, SOCIÉTÉ, RELIGION, CULTURE

XVe siècle : Le gothique flamboyant se répand en France ; Le temps des découvertes.

1429 : Création de l'ordre de la Toison d'or.

1431-1463 : Vie de François Villon.

1439 : La taille devient un impôt permanent.

1469 : Louis XI crée l'ordre de Saint-Michel.

1470 : Introduction de l'imprimerie à l'université de Paris.

Seconde moitié du XVe siècle : Essor des techniques et développement industriel.

Que reste-t-il du Moyen Âge ?

Les legs d'une période qui a duré près de mille ans sont si importants qu'il est impossible de tous les dénombrer. De la manière de se vêtir à l'habitude des trois repas par jour en passant par le port de lunettes, nous reproduisons sans le savoir des usages nés durant cette époque. Toutefois, au sein de cet héritage foisonnant, plusieurs faits saillants émergent.

La ville comme centre des richesses et des savoirs

L'un des héritages les plus importants de l'époque médiévale est l'éclosion d'un espace urbain dont les formes ont perduré jusqu'à nos jours. Le centre-ville, situé autour de son église ou de sa cathédrale, en est le cœur tandis qu'un habitat naît déjà dans les faubourgs. C'est également à cette époque que la ville est devenue le lieu de production des richesses nouvelles : la technique, la finance, le commerce et le travail intellectuel naissent en ville et demeurent associés pour toujours à celle-ci. Quand aujourd'hui les étudiants se rendent à l'université, ils placent leurs pas dans ceux de leurs prédécesseurs médiévaux : le couple formé par le maître et ses élèves est caractéristique de la ville. Autre legs fondamental : l'espace urbain est le lieu où s'expérimente une première forme de démocratie qui marquera les siècles suivants, de la commune révolutionnaire à la Commune de Paris de 1871. L'équation ville, pouvoir, richesse et savoir date bien du Moyen Âge.

Constitution du territoire, maîtrise du sol

C'est également durant cette période que le territoire national a pris les formes que nous lui connaissons de nos jours. Si Paris devient capitale sous les Mérovingiens, il faut cependant attendre des siècles pour que la politique d'expansion des Capétiens sculpte les contours d'une carte qui nous est familière : à partir de l'Île-de-France, ce sont successivement le Languedoc, l'Aquitaine, la Normandie, la Picardie, la Bourgogne et la Provence qui entrent dans l'escarcelle royale. Même si les souverains n'avaient évidemment pas idée du territoire actuel, c'est bien la majeure partie de notre France qui figure déjà sur une carte du XVe siècle.
Cette formation du territoire s'est doublée de la naissance des terroirs et des paysages ruraux qui nous sont familiers aujourd'hui : France du bocage ou de l'openfield, du vin ou de la bière, de l'élevage ou de la céréaliculture, des toits plats ou pentus… Le semis des villages et des villes se fixe définitivement à cette époque.

Administration et système judiciaire

La mise en place progressive d'une structure administrative et judiciaire qui quadrille le territoire permet à l'État de consolider son emprise sur les régions nouvellement acquises. La centralisation qui caractérise encore la France du XXIe siècle découle en effet de cette lente et patiente conquête entreprise par les souverains français. Celle-ci s'est réalisée avant tout à travers la justice, avec le système des tribunaux locaux dépendant du tribunal d'appel de Paris. De même, l'importance de l'écrit dans notre justice découle de la consignation des coutumes locales, entreprise dès le XIIIe siècle. Afin de faire face à ses tâches nouvelles, l'État médiéval s'est doté de revenus réguliers avec la création des premiers impôts directs. La naissance d'une armée de métier, la création d'une police urbaine datent également de cette époque.

La naissance de l'Europe

Au-delà du simple cadre national, le Moyen Âge voit l'avènement d'une idée nouvelle : l'Europe. Dès l'époque de Charlemagne, les frontières de l'Empire carolingien dessinent une première « Europe » dont le nom est utilisé alors comme un synonyme – ou presque – de chrétienté latine. Au fil des siècles, le royaume de France devient d'ailleurs le cœur de ce vaste ensemble géographique unifié par une foi, une langue savante et des structures de pensées proches. L'importance de Paris comme centre de culture et d'éducation supérieure remonte au XIIIe siècle et ne s'est pas démentie depuis.

La famille, l'amour et la littérature

Dans le domaine privé, le Moyen Âge inaugure l'ère de la famille restreinte. Avec le mariage chrétien, il fait du couple et de ses enfants la cellule de base du foyer, au détriment de la tribu ou du clan. Au même moment, le discours amoureux se fixe dans des formes qui ne seront remises en cause qu'au XXe siècle, quand la femme – dame aimée et sujette – réclamera sa pleine émancipation. Toutefois, nous conservons de l'époque médiévale le roman, qui a célébré l'amour courtois en son temps et qui reste encore de nos jours le genre littéraire majeur.

Un imaginaire toujours présent

Enfin, ce tableau ne serait pas complet sans l'évocation de l'imaginaire médiéval. Ainsi, les valeurs attribuées aux couleurs, comme nombre de symboles, dérivés pour beaucoup du christianisme, ont perduré jusqu'à aujourd'hui : l'importance du chiffre trois associé à la Trinité, le vert couleur de l'espoir, l'épée symbole de justice...
Le Moyen Âge nous a également légué un ensemble d'images et de récits mythiques qui continuent d'influer sur notre imaginaire. Du preux chevalier défendant la veuve et l'orphelin aux récits de la quête du Graal en passant par les croisades, films et romans ne cessent de recycler ces éléments réels ou légendaires surgis il y a près de mille ans. Cet imaginaire touffu se nourrit également de figures historiques ayant acquis le statut de mythes : c'est le cas de Charlemagne, de Saint Louis ou encore de Jeanne d'Arc.

LES TEMPS MODERNES

De 1492 à 1789

Le monde émerge du millénaire moyenâgeux foisonnant pour replonger, sans rupture apparente, dans ce nouveau chapitre de l'Histoire, tout aussi fécond, initié par l'avènement de l'art de vivre renaissant. La « modernité » annoncée tient d'ailleurs davantage au choix des historiens du XIXe siècle qu'à un réel souffle d'inédit emportant les destinées de ces quelque 300 ans florissants. La turbulente monarchie de droit divin atteint son incontestable apogée, avant d'affronter les premières banderilles républicaines…

Le Moyen Âge aux oubliettes ?

Au XVIe siècle, les érudits et les universitaires dominant l'historiographie occidentale trouvent commode et judicieux de fractionner leur matière de prédilection en trois périodes inégales : antique, médiévale et moderne. La deuxième, le Moyen Âge, fait figure de parent pauvre de la trilogie ; un parti pris désarçonnant pour la chevalerie et ses récits épiques ! Ils y mettent volontiers un bémol pour se concentrer avec une égale passion sur l'Antiquité fondatrice et leur propre époque. En précurseur, Pétrarque parle – dès 1341 – d'une *storia antica* et d'une *storia nova*, séparées de ténèbres (*tenebras*), encadrant l'Histoire d'obscures parenthèses, de la chute de l'Empire romain au milieu du XIVe siècle. En écho concordant, le peintre et écrivain italien Giorgio Vasari distingue, pour sa part, deux temps forts dans l'art occidental : la *maniera antica* et la *maniera moderna*.

Dans la France du XIXe siècle, Michelet, principalement, profite de l'introduction de la discipline au sein de l'enseignement secondaire pour publier son premier manuel d'Histoire moderne, reprenant à son compte la structure tripartite de ses illustres aînés. De leur côté, les Anglo-Saxons préfèrent parler d'*Early Modern Times*, courant de 1500 à 1800, et de *Later Modern Times*, faisant le lien de l'aube du XIXe à celle du XXIe siècle.

Temps Modernes ou Ancien Régime ?

Le terme « Temps Modernes », à la française, ne règne d'ailleurs pas en maître absolu, contrairement à la monarchie qu'il relate. Il est âprement concurrencé par une appellation contrôlée, tout aussi usitée : « l'Ancien Régime ». Cette trouvaille des Constituants de 1790 est popularisée par Alexis de Tocqueville au milieu du XIXe siècle avec la publication de son essai *l'Ancien Régime et la Révolution*. Dans ces deux approches des structures économiques et culturelles, le sens de la visite est différent : « moderne » associe progrès et ouverture ; « ancien » conservatisme et blocages. Un autre découpage de cette même période, tout aussi séduisant, propose une trilogie : la Renaissance au XVIe siècle, l'Âge classique au XVIIe et enfin les Lumières qui éclairent le XVIIIe.

Au-delà de cette limite… c'est la Renaissance !

Quelle qu'en soit l'appellation, ces trois siècles monarchiques confirment l'écrasante domination de la France agricole, sur fond de croissance assez faible. Les découvreurs écumant les mers du

quelque
...ique, ouvrant
...mondialisation
...ante, dont l'Europe va très
...rgement et très rapidement tirer parti. *Intra muros*, les royaumes dépassent les bornes. Charles VIII, puis Louis XII, lancent ainsi la campagne italienne avec la volonté d'émanciper les frontières. Ces guerres inutiles ont au moins le mérite d'éveiller la Cour de France à l'architecture et à l'art transalpins, tout en délicatesse, en sensibilité… Cette « Renaissance » – terme imposé par Michelet en 1840, selon certains historiens – traduit le supplément d'âme qui étreint la monarchie, plaçant « le beau » au cœur du régime et de ses mœurs. La résultante raffinée est malheureusement ternie par l'émergence brutale et barbare des guerres de religion. Les chrétiens se divisent au XVIe siècle avec la diffusion de la Réforme luthérienne, radicalisant les relations entre Dieu et les humains. Catholiques et protestants se déchirent. L'intransigeance triomphe, ravageant la France pendant quelque 35 années, avant de céder enfin aux assauts de la tolérance. L'ordre culturel est lui aussi en ébullition. Il affronte une forte dichotomie entre l'approche populaire, favorisant à la fois le merveilleux et le matérialisme, et un nouvel outillage savant, au plus près du rationalisme et de l'esprit scientifique. Pendant ce temps, la monarchie absolue entreprend de structurer l'État-nation, autour de deux innovations qui feront date : l'impôt et l'armée, puissante et permanente. De pactes en épousailles, les relations européennes persistent à voguer au gré des histoires de familles royales, laissant pourtant poindre l'avant-garde de l'intérêt national, sous les auspices d'une diplomatie renaissante et des nouveaux préceptes de l'art guerrier.

Une modernité à trois temps

Les Temps Modernes proposent une autre partition, raccourci schématique fondé cette fois sur les moteurs essentiels qui animent ces 300 ans. Le XVIe, « le Beau siècle », confie la barre à l'esthétique, renaissante et baroque, au cap contrarié par les affres chrétiennes et les dissensions avec les monarchies européennes. La France, devenant nation, affronte durablement les Habsbourg (1519-1659). Le XVIIe siècle est tout à la fois « Grand » et « Tragique », avec les guerres, la contraction économique, le fardeau fiscal. Les disettes et les épidémies épuisent la France, poussant les paysans à la révolte. Malgré le roi Soleil et

l'apogée de l'absolutisme, le ciel reste bien sombre… Descartes et Newton parviennent néanmoins à dynamiser l'esprit scientifique, à l'aune du rationalisme et de la lecture mathématique du monde. Le XVIIIe apporte enfin « Les Lumières », à compter de 1730. Ce siècle affiche des idées, fraîches et limpides, qui mettent au jour les limites de la monarchie de droit divin – conservatisme, blocages, structures désuètes… Le modèle de libéralisme anglais et l'irrépressible soif de réformes alimentent un creuset intellectuel fécond qui jette, lentement mais sûrement, les fondements de la Révolution de 1789. Dans une Europe multipolaire, la montée en puissance de la Prusse et de la Russie redistribue parallèlement les cartes diplomatiques, faisant perdre une belle poignée d'atouts à la France.

Le début de la Renaissance

Du rêve italien à l'Humanisme : un nouvel art de vivre...

PIC DE LA MIRANDOLE

Né en 1463, Pic de La Mirandole étudie les lettres, la philosophie, le grec... En 1484, il se lie d'amitié à Florence avec Marsile Ficin, Laurent de Médicis, Ange Politien. La même année, de retour de la cour de Charles VIII, il se met à l'étude des langues orientales (arabe, chaldéen, hébreu) et cherche à faire la synthèse entre le christianisme et la Kabbale. En 1486, il convie à Rome tous les savants qui voudraient le contredire à une discussion publique. Le résultat, les 900 « thèses », lui vaut d'être condamné par l'Église et arrêté en 1488 à Lyon. Dans *le Discours sur la dignité de l'homme*, il fait de celui-ci un créateur qui décide volontairement de son destin dans la hiérarchie de la Création. Pourtant, Pic de La Mirandole finit par renoncer à toute étude, excepté celle de la littérature sacrée, et décide de parcourir le monde pieds nus en prêchant la parole du Christ et de léguer tous ses biens aux pauvres. Il meurt en 1494, jeune et beau.

La France de la fin du XVe siècle est en paix et a retrouvé, grâce à Louis XI, un grand prestige en Europe. Les successeurs de ce dernier, Charles VIII, puis Louis XII, vont chercher à agrandir leur territoire, avec les guerres d'Italie qui s'avéreront inutiles et ruineuses. Ils vont aussi découvrir un nouvel art de vivre et de grands artistes : en effet, le goût italien, en matière architecturale, artistique, vestimentaire et littéraire, est alors très à la mode en France.

L'Italie de Laurent le Magnifique attire toutes les convoitises par sa richesse et l'éclat de sa civilisation. Détenir Venise, c'est contrôler le commerce avec l'Orient, et les banquiers de Florence sont parmi les plus puissants du continent. Malgré les guerres qui vont opposer la France et l'Italie, la fin du XVe siècle et le début du XVIe représentent pour la France une période de progrès technique et de réflexion intellectuelle.

LE RÊVE ITALIEN DE LA MONARCHIE

Charles VIII de Valois (1483-1498) épouse en 1491 Anne de Bretagne et prépare ainsi le rattachement du duché de Bretagne à la France. Ce mariage, obtenu par la menace et sans l'accord de son époux par procuration, Maximilien de Habsbourg, déclenche une véritable guerre. Cependant, celle-ci dure peu car le souverain français poursuit d'autres ambitions, comme celle d'une monarchie universelle incarnée par le rêve italien.

En 1492, le jeune roi de France fait valoir ses droits sur la couronne de Naples, comme héritier de la maison d'Anjou. Ludovic Sforza, fils cadet du duc de Milan, lui offre son alliance et permet aux troupes françaises de passer par le territoire milanais : ainsi lui ouvre-t-il toutes grandes les portes de l'Italie. Charles VIII se prépare à prendre par les armes le royaume de Naples pour en faire la base de départ de la croisade vers la Grèce. Afin d'assurer la paix sur ses frontières, il propose alors au roi d'Angleterre, Henri VII Tudor, une alliance perpétuelle et 745 000 écus d'or. Il restitue le Roussillon et la Cerdagne au souverain espagnol Ferdinand II le Catholique en échange de sa neutralité. Pour solder ses différends avec Maximilien d'Autriche, il lui cède l'Artois et la Franche-Comté : ces provinces formaient la dot de la jeune Marguerite d'Autriche, fiancée au roi de France puis renvoyée brutalement chez son père – le roi lui ayant préféré Anne. Parallèlement à cette offensive diplomatique, et grâce à l'argent des banquiers lyonnais, le roi met sur pied une armée de 28 000 hommes, dont des mercenaires qui viennent de Suisse et même d'Albanie.

Parti d'Amboise le 13 février 1494, Charles VIII franchit les Alpes au col du Montgenèvre en septembre. Il descend sur Pise, qu'il libère de la tutelle de Florence, puis il se dirige sur Florence, où sa venue provoque la chute des Médicis et le rétablissement de la république. Il continue jusqu'à Naples et fait la conquête du royaume en moins d'une semaine, en février 1495. En entrant dans Naples, Charles VIII peut désormais porter le manteau impérial et la quadruple couronne de France, de Naples, de Jérusalem et de Constantinople – ces deux dernières grâce à l'investiture du pape. L'armée française pille la région. Cette victoire trop facile effraie les princes étrangers, qui se liguent contre le roi de France : Milan, Venise, l'Espagne, l'Autriche et le pape l'obligent à repartir. Charles VIII prépare une nouvelle expédition, mais il meurt accidentellement, en avril 1498, à Amboise, avant de pouvoir la mener à bien.

LOUIS XII CONTINUE LES GUERRES D'ITALIE

Louis XII (1498-1515) est le cousin de Charles VIII, et le mari de sa sœur, Jeanne. Il obtiendra plus tard l'annulation de son mariage pour épouser Anne de Bretagne afin de garder cette province. Anne s'est d'ailleurs engagée auprès de Charles VIII à épouser son successeur s'il mourait sans enfants. Louis XII, qui accompagne Charles VIII dans ses expéditions en Italie, lui succède lorsqu'il meurt et continue la même politique d'expansion.

Il prend d'emblée les titres de roi de Naples et de duc de Milan, d'après les droits légués par sa

Chacun a en lui-même dix punitions : ignorance, tristesse, inconstance, cupidité, injustice, luxure, envie, perfidie, colère, méchanceté.

Pic de la Mirandole, *Neuf cents conclusions philosophiques, cabalistiques et théologiques* (1486).

Ceux qui aperçoivent la lumière avant les autres sont condamnés à la poursuivre en dépit des autres.

Christophe Colomb.

LE TEMPS DES DÉCOUVERTES

Dès le début du XVe siècle, les souverains de Portugal encouragent leurs navigateurs à multiplier les expéditions pour trouver la « route des Indes », celle des précieuses épices.

L'aventure commence en 1415 lorsque le roi Jean Ier de Portugal s'empare de Ceuta, petite ville marocaine sur la rive sud du détroit de Gibraltar. Aux Canaries, c'est un Français, Jean de Béthencourt, qui s'installe le premier en 1402. Mais les Portugais occupent bientôt ces îles. Les grandes expéditions suivantes sont portugaises. Ainsi, en 1488, Bartolomeu Dias double le cap de Bonne-Espérance. À partir de 1455-1460, l'exploration maritime se double d'un programme d'exploitation économique. Les rois de Portugal s'enrichissent grâce à l'or de Guinée, au trafic des esclaves et au poivre. Les Italiens les concurrencent. Les Français sont pour l'instant distancés dans cette course aux colonies. Pour financer son projet de chercher une route maritime vers les Indes, Christophe Colomb démarche le roi de France Charles VIII, mais c'est avec l'appui des rois catholiques d'Espagne qu'il fera les quatre voyages qui le mèneront jusqu'aux Antilles et sur les côtes de l'Amérique centrale.

grand-mère Valentine Visconti. Grâce à de nouvelles alliances, Louis XII se lance à la conquête de Naples et, en 1500, il est pratiquement maître de toute l'Italie. Malgré les exploits de Bayard sur le pont de Garigliano en 1503, il doit cependant bientôt capituler devant l'armée de Ferdinand d'Aragon. L'armistice est signé. Le roi de France abandonne Naples. Mais il garde le Milanais, obtenant ainsi une puissance prépondérante en Italie ; cependant, dès 1510, Venise et le nouveau pape essaient de l'en chasser.

À la fin du règne de Louis XII, en 1515, la France est en paix et enrichie, notamment par le pillage de l'Italie. C'est le royaume le plus peuplé d'Europe. Cet accroissement de la population est dû à un ensemble de causes. Tout d'abord, la guerre se déroule en Italie et le territoire national est préservé. C'est aussi une époque de développement et la France recueille les fruits de la prospérité économique.

L'ESSOR DES TECHNIQUES

La seconde moitié du XVe siècle est, en effet, une période de paix relative et de redressement économique qui favorise l'essor des techniques et le développement industriel. Des savants mettent au point toutes sortes de procédés et de machines pour alléger le travail humain. Leurs inventions ou les perfectionnements techniques qu'ils introduisent sont spectaculaires et modifient profondément la vie des hommes. L'imprimerie, l'arquebuse, les lunettes, l'avant-train mobile des voitures, l'horloge et le haut-fourneau datent de cette époque. Les hommes de la Renaissance héritent leurs techniques du Moyen Âge et ils les perfectionnent en étudiant les traités de l'Antiquité, diffusés par l'imprimerie. Il ne s'agit pas d'une révolution scientifique ; celle-ci n'aura lieu qu'au XVIIe siècle. Ces recherches préparent cependant une nouvelle conception des choses. Les penseurs humanistes remettent en cause beaucoup de données, en particulier les théories d'Aristote qui concevait le monde comme achevé. Un penseur tel que Nicolas de Cues (1401-1464) propose la notion d'un univers illimité et affirme le rôle central des mathématiques. En abandonnant le géocentrisme traditionnel qui veut que le Soleil, les planètes et les étoiles tournent autour de la Terre, il ouvre la voie à Copernic et à Galilée. C'est en Allemagne et en Italie que s'est éveillée la pensée technique au début du XVe siècle, mais les progrès se diffusent très vite en France. Outre l'imprimerie et la navigation, quatre domaines sont touchés par la révolution de la technique : le textile, la métallurgie, l'artillerie, l'architecture civile et militaire.

Le textile, avec la fabrication des cotons, l'essor du tricot et la vogue de la soie, doit répondre à une demande croissante. C'est pourquoi le rouet se dote d'une pédale qu'actionne le système bielle-manivelle, tandis qu'une ailette imprime au fil une torsion supplémentaire. Tissage et cardage gagnent ainsi en qualité et en rapidité. Une nouvelle draperie naît en France, qui utilise le nouveau rouet et abandonne la quenouille. Les foulons travaillent désormais au moulin et non plus au pied. On fabrique en trois semaines ce qui prenait autrefois presque le double de temps. La production est telle qu'une industrie textile se développe rapidement pour l'exportation. Les centres en sont Falaise en Normandie, Vitré en Bretagne ou Troyes en Champagne… À Paris, les artisans se spécialisent dans la bonneterie et la fabrication des chapeaux.

L'extraction du minerai et la métallurgie connaissent aussi des bouleversements très importants : on apprend à s'enfoncer plus profondément dans les galeries grâce

Cette contrée de Calicut, appelée l'Inde supérieure, est celle d'où viennent les épices qui se consomment au couchant, au levant, ainsi qu'en Portugal et même dans tous les quartiers du monde […].

Journal du voyage de Vasco da Gama en 1497.

La peinture est une poésie qui se voit au lieu de se sentir et la poésie est une peinture qui se sent au lieu de se voir.

Léonard de Vinci.

à des machines à pomper l'eau. On construit des hauts-fourneaux de grande taille capables de fournir 50 ou 100 tonnes de métal par an. Ils produisent de la fonte et de l'acier, qui transforment les instruments de la vie quotidienne. C'est l'époque où se développent la coutellerie de Langres et les fabrications normandes de clous et d'épingles, grâce au charbon importé du nord-est de l'Angleterre. À Paris s'implante une industrie de l'armurerie, qui prend de l'essor.

LES DÉBUTS DE L'HUMANISME

Contrairement à une légende tenace, les Français ont découvert les splendeurs de la Renaissance avant l'expédition napolitaine de Charles VIII. Dès Charles VII, certains clercs, certains érudits, vont compléter leur formation à Padoue, à Pavie, voire à Rome. Professeur réputé à Paris, Guillaume Fichet est le véritable introducteur en France de l'humanisme à l'italienne, capable d'enseigner la théologie et la logique de manière orthodoxe et, devant un autre public, de commenter les auteurs de l'Antiquité païenne. En 1470, il introduit l'imprimerie à l'université de Paris, permettant la publication des œuvres de Salluste, de Cicéron, de Lorenzo Valla, préparant le terrain aux cénacles d'antiquisants qui se multiplient à la fin du siècle.

Des Pays-Bas en Italie, d'Espagne en Angleterre, les intellectuels de la Renaissance voyagent, échangent et publient. Les auteurs français sont ainsi en relation avec le Hollandais Érasme et des Italiens comme Machiavel. Le goût pour les classiques grecs et latins se répand et de nouveaux ouvrages se diffusent. Les centres français de l'imprimerie sont Lyon et Paris tandis que la fabrication du papier se concentre à Troyes et en Auvergne. L'industrie française du livre bénéficie, par ailleurs, de l'exemption de taxe douanière à l'exportation accordée par Louis XII.

Entre 1511 et 1516 sont rédigés en Europe trois des ouvrages les plus célèbres de la Renaissance : *l'Éloge de la folie* d'Érasme, *le Prince* de Machiavel et *l'Utopie* de Thomas More. Ces trois livres, tout en étant bien différents, ont l'ambition de forger un monde plus harmonieux où les hommes vivraient en paix et gagneraient liberté et dignité. Leurs auteurs refusent la scolastique (philosophie et théologie enseignées au Moyen Âge) limitant l'activité intellectuelle à la confrontation des grands auteurs à qui l'on confère une autorité. Ils placent tous leurs espoirs, comme Rabelais, dans l'éducation humaniste, qui encourage l'homme à forger sa propre réflexion. Ainsi, selon Érasme, « les hommes ne naissent pas, ils se fabriquent ». À cette fin, ils doivent tout connaître et acquérir un esprit critique. C'est pourquoi ces

LÉONARD DE VINCI, ARTISTE DE GÉNIE

Léonard de Vinci, grande figure de la Renaissance, est exceptionnel par le foisonnement de son activité, sa curiosité d'esprit et son inventivité technique. Né en Toscane en 1452, fils illégitime d'un notaire et d'une paysanne, il étudie auprès de Verrocchio à Florence et entre dans la guilde des peintres. Il réalise une quarantaine de tableaux, dont une quinzaine seulement nous sont parvenus. Il est ensuite joueur de lyre, sculpteur, costumier, décorateur de théâtre et ingénieur hydraulique auprès de Laurent de Médicis à Milan. Célèbre dans toute l'Europe, il accepte l'invitation de François Ier et arrive en 1516 à la cour des Valois. Il y est nommé premier peintre, ingénieur et architecte du roi. Il peint, mais étudie surtout et travaille à mettre au point de merveilleuses machines. Ses carnets, qui comprennent plus de cinq mille pages, sont remplis de milliers d'ébauches de machines nouvelles dans tous les domaines : optique, science militaire, travaux hydrauliques, biologie, anatomie, etc. Il s'éteint au Clos-Lucé, près d'Amboise, en 1519.

érudits ont des centres d'intérêt très variés. L'étude des langues anciennes, indispensable pour bien comprendre les grands textes, est à la base de l'éducation nouvelle. Après le succès de l'*Éloge de la folie*, Érasme se consacre alors à une traduction, à partir de sources grecques, du Nouveau Testament, qu'il publie à Bâle, en 1516.

Dans le même temps, en France, Guillaume Budé publie des *Annotationes* (commentaires sur le droit romain) et un traité de mesure des monnaies. Le théologien Lefèvre d'Étaples, vicaire général de Meaux, travaille à promouvoir le grec ; il rédige des *Commentaires* sur les épîtres de saint Paul et corrige la Vulgate (traduction officielle de la Bible en latin). La lecture des ouvrages anciens pousse ces auteurs à réfléchir sur le monde qui les entoure. Comme Érasme, Lefèvre d'Étaples n'épargne pas la société et attaque l'Église catholique de son temps. Il préconise une religion moins soumise aux dogmes et aux rites, et affirme que la vraie piété dépend de la diffusion des Écritures en langue « vulgaire ». Les collèges et les universités sont rénovés un peu partout en Europe et deviennent des foyers de rayonnement de la culture ancienne et de l'humanisme, consacrant leurs efforts à l'étude du latin, du grec et de l'hébreu.

Le règne de FRANÇOIS Ier

Le « nouveau César » entre renaissance et absolutisme

UN NOUVEL ARMEMENT

Les guerres d'Italie sont le théâtre d'affrontements sanglants où se battent des professionnels, comme les Suisses.

Les techniques guerrières se transforment, et l'artillerie française, en particulier, modifie les conditions de combat : à Marignan, en 1515, François Ier dispose d'une armée de 30 000 fantassins, de 10 000 cavaliers et de 72 canons (les Suisses n'en possèdent que 8). Cette batterie de canons, suivie d'une ligne d'arquebusiers et de piquiers, assure la victoire française en décimant l'ennemi. En 1525, ce sont les soldats impériaux qui prendront à revers les Français, immobilisés devant la place de Pavie, et les arquebuses à flèches faucheront les rangs des cavaliers français.

Couronné en 1515, François Ier, homme séduisant mais autoritaire, fait évoluer le pays d'un régime semi féodal à une monarchie moderne. Son règne est marqué par le conflit permanent avec Charles Quint, mais coïncide aussi avec l'apogée de la Renaissance en France.

Le « mirage italien », qui, entre 1494 et 1559, a entraîné les rois de France dans de nombreuses années de guerre, n'était pas seulement un mirage. En effet, il n'était nullement absurde pour la dynastie des Valois de chercher à s'agrandir en Italie, la région d'Europe la plus riche mais aussi la plus divisée. Ces expéditions furent également l'occasion d'expérimenter des armements modernes. Enfin, et surtout, elles ont révélé aux Valois la beauté des villes, des palais et des jardins transalpins, ainsi que le rôle culturel d'autres cours et un art de vivre dont ils ignoraient tout.

Fils de Charles d'Orléans et de Louise de Savoie, François Ier est âgé de 21 ans lorsqu'il succède à son cousin Louis XII. Personnage chevaleresque et prodigue, il poursuit avec courage et énergie l'entreprise de ses prédécesseurs en Italie.

CHARLES QUINT, LE GRAND RIVAL

Le début du règne de François Ier est marqué, en septembre 1515, par la brillante victoire, à Marignan, des Français sur les Suisses, alliés de la Sainte Ligue, qui avait chassé Louis XII d'Italie : les Français sont de nouveau maîtres de

Milan, de Parme et de Plaisance. Le jeune roi d'Espagne Charles Ier (futur Charles Quint), qui succède à Ferdinand d'Aragon, reconnaît dès 1516 la domination française. Le pape Léon X s'y résigne et conclut avec la France le concordat de Bologne. L'équilibre des forces est néanmoins fragile.

En effet, lorsque Charles Ier est élu à la Couronne impériale d'Allemagne en 1519, la France tombe sous une terrible menace d'encerclement : l'énorme puissance constituée par l'Espagne, par une grande partie de l'Italie, par l'Allemagne et les Flandres – dont Charles Quint est à présent le maître – entoure de tous côtés le pays. Les ambitions des deux souverains s'opposent, en particulier dans la péninsule italienne, qui va devenir, pour quarante ans, le terrain de leur confrontation. Les Vénitiens et les Suisses sont le plus souvent du côté des Français, tandis que Naples, Rome et Florence appuient l'empereur allemand. Le pape, qui veut récupérer Parme et Plaisance, fait occuper Milan en 1521. François Ier doit lancer trois expéditions pour reconquérir le duché. Mais celles-ci s'achèveront, en février 1525, à Pavie, par un désastre total pour les Français.

Toute la diplomatie du roi de France est subordonnée aux visées italiennes et à la lutte contre Charles Quint : par la fastueuse et peu fructueuse entrevue du Camp du Drap d'or, en 1520, il tente, en vain, de gagner l'alliance – ou du moins la neutralité – du roi d'Angleterre Henri VIII. Et c'est encore pour contrecarrer les projets de l'empereur

LE RIRE DE GARGANTUA !

« Le peu que je suis et tout ce que je peux valoir, je l'ai reçu de vous seul », écrit François Rabelais à Érasme «en 1532.

L'humanisme optimiste d'Érasme se manifeste à Thélème (communauté de laïques imaginée par Rabelais dans *Gargantua*) par la jubilation, l'ivresse du langage, la confiance en Dieu et en l'homme, la joie du corps et de l'âme. La fiction rabelaisienne fait du rire un antidote contre la peur et un instrument de libération. Né en 1494, Rabelais est nommé médecin à Lyon en 1532. S'inspirant d'un petit livret populaire, intitulé *les Grandes et Inestimables Chroniques du grand et énorme Gargantua*, il décide de prendre pour héros le fils de Gargantua, Pantagruel. Son *Pantagruel* paraît en 1532, signé de l'anagramme Alcofribas Nasier. Il est suivi, deux ans plus tard, d'un *Gargantua*.

Nutrisco et extinguo. (Je le nourris et je l'éteins.)

Devise de François Ier qui avait pour emblème la salamandre, réputée pour survivre dans les flammes et de pouvoir les éteindre.

que François Ier offre son appui aux princes luthériens de la ligue de Smalkalde (ligue formée en 1531 contre Charles Quint par l'électeur de Saxe Jean-Frédéric et par Philippe de Hesse). Enfin, les provocantes ambassades envoyées en Turquie auprès du sultan ottoman Soliman le Magnifique ont pour but de trouver de nouveaux alliés et de desserrer l'étau. La rivalité s'exerce également sur les océans. Contestant le traité de Tordesillas de 1494, qui partage le monde des grandes découvertes entre l'Espagne et le Portugal, François Ier demande à voir le « testament d'Adam », afin de savoir comment celui-ci avait « partagé le monde », et il encourage les expéditions sur l'Atlantique.

LE RENFORCEMENT MONARCHIQUE

Malgré les ruineuses guerres d'Italie, la monarchie se consolide. Le concordat de Bologne de 1516 assure au roi la nomination des évêques, sous réserve d'une confirmation par le pape. Cet accord est essentiel pour la monarchie, dans la mesure où il renforce l'autorité royale sur les dignitaires de l'Église. En échange, le pape obtient le rétablissement de l'impôt de l'annate, dû au Saint-Siège.

Le découpage du territoire français en seize divisions et la création du Trésor de l'épargne en 1523 améliorent la collecte des impôts. Des mesures de restructuration remodèlent les frontières. La Bretagne est définitivement réunie au pays en 1532 et les résistances féodales sont désarmées : le duché du connétable de Bourbon, passé au service de l'empereur Charles Quint, est mis sous séquestre (1523). Des réformes judiciaires puis, le 10 août 1539, la célèbre ordonnance de

MARGUERITE DE NAVARRE PROTECTRICE

Impliquée dans les conflits du siècle, la sœur du roi incarne les espoirs et les inquiétudes de son époque.

De deux ans plus âgée que François Ier, auquel elle est très attachée, Marguerite épouse en 1509 le terne duc d'Alençon. Devenue veuve, elle se remarie en 1525 avec le roi de Navarre, Henri d'Albret. Très cultivée et d'esprit fort libre, elle protège les écrivains (Rabelais, Marot), les humanistes et les réformés (Lefèvre d'Étaples, Guillaume Briçonnet). Elle-même est l'auteur d'un poème mystique (*le Miroir de l'âme pécheresse*, 1547) et d'un recueil de contes légers (*l'Heptaméron*, 1559).

Villers-Cotterêts, qui prescrit la tenue de registres civils et impose la langue française dans les actes judiciaires, confortent l'efficacité de l'administration royale.

Au sommet de la pyramide, le roi gouverne avec un conseil restreint, distribuant ses faveurs aux bons serviteurs et éliminant les opposants (le trésorier Semblançay en 1527, puis le chancelier Poyet en 1542). La fidélité à la monarchie se renforce et s'alimente dans la fierté patriotique. La France, qui compte entre 15 et 18 millions d'habitants, a la plus importante population d'Europe. Grâce à l'édit de Villers-Cotterêts et à l'essor de la littérature, la langue d'oïl (du Nord) supplante la langue d'oc (du Sud) et devient celle de tous les Français. Une politique de prestige sert la gloire royale et étale les signes de prospérité (construction de châteaux, déplacements du roi, fêtes...). François Ier, que le mémorialiste Brantôme (1538-1614) désigne comme le « père et vrai restaurateur des arts et lettres », confie à l'humaniste Guillaume Budé (1467-1540) la création de la Bibliothèque royale, future Bibliothèque nationale. Le roi fait également copier des manuscrits à Venise et fonde le collège trilingue, futur Collège de France (1530). Il s'entoure d'une cour brillante et accueille des poètes comme Mellin de Saint-Gelais et Marot. La sœur de François Ier, Marguerite de Navarre, fait de la ville de Nérac un foyer de culture néoplatonicienne (philosophie à tendance mystique).

Cérémonies et discours louent les qualités royales, n'hésitant pas à comparer François Ier à un nouveau César, insistant sur la magnificence du prince qui se traduit par ses dons et le rayonnement de sa cour. Cependant, l'appareil d'État demeure modeste, guère plus de 7 000 à 8 000 personnes, dont le poids sur le terrain reste réduit. La nécessité pressante de trouver de l'argent pour financer les guerres guide largement la politique. L'emprunt augmente fortement grâce aux rentes sur l'Hôtel de Ville de Paris, créées en 1522. Une partie de l'autorité monarchique est déléguée de manière permanente à des officiers, acheteurs de charges, qu'ils peuvent léguer librement à partir de 1534 ; sur le terrain, leur influence est en butte avec celle des seigneurs, dont les pouvoirs de justice sont redoublés par la rente foncière et les réseaux de fidélité personnels. Enfin, la puissance sacrale du Roi très chrétien, manifestée par le sacre, suppose que rien ne vienne briser l'unité de foi du royaume. La relative indulgence de François Ier face aux débuts de la Réforme ne va pas durer longtemps.

Souvent femme varie Bien fol est qui s'y fie.

Paroles attribuées à François Ier par Brantôme dans sa *Vie des Dames galantes*. Le roi les aurait gravées sur une fenêtre de Chambord.

Les chrétiens divisés

De la Réforme à la Contre-réforme...

LUTHER : LA MORT DE PRÈS...

Né en 1483, Luther reçoit une éducation pour devenir juriste. En 1505, pris dans un orage, il voit la mort de près et est confronté à la question de son salut. Poussé par la crainte obsédante du Jugement, il entre alors chez les ermites augustins d'Erfurt, un ordre exigeant. Il devient professeur d'exégèse biblique, tout en restant soumis à son angoisse de la damnation. Seule la lecture de la Bible le réconforte. Vers 1513, il découvre enfin la réponse à ses interrogations : le Salut est dans la seule foi et non dans les œuvres, toujours entachées de péché. Il rejette désormais les dogmes, la théologie telle qu'elle est enseignée, pour en appeler à la relation personnelle avec Jésus-Christ. Il diffuse ses thèses parmi les autorités religieuses et les fait placarder en 1517. En janvier 1521, il est excommunié et, le 26 mai, mis au ban de l'Empire. Il finit pourtant sa vie à Wittenberg, où il continue son œuvre.

Apparue en France durant la première partie du XVIe siècle, la Réforme protestante, appelée aussi Réformation, marque un changement brutal des relations entre Dieu et les hommes, contribuant à la naissance de l'homme moderne et posant un problème politique aigu, celui de l'unité du royaume. Trente-cinq années de guerre civile, suivies d'un siècle de tolérance, s'achèveront par le succès de la « Contre-Réforme » lancée par les catholiques.

Vers 1500, la France, comme l'Europe tout entière, est prise dans tous les domaines d'un profond désir de réforme qui fait le lien entre humanisme, Renaissance et Réformation. Ces forces puissantes plongent leurs racines dans le XVe siècle et doivent commencer par la tête, l'Église : les divergences portent sur la manière de la rénover.

LA NAISSANCE DE LA RÉFORME

En 1517, la révolte du moine allemand Martin Luther marque le début d'un bouleversement fondamental dans l'histoire du christianisme : la Réforme. Ce mouvement fait suite à d'autres tentatives pour réformer l'Église : celles des humanistes, comme Lefèvre d'Étaples en France. La Réforme répond à une attente profonde, une sorte de « grande angoisse collective » : les Européens d'alors doivent affronter des guerres et des révoltes, la Grande Peste, un schisme en Occident et la menace turque. Théologiens et prophètes annoncent la fin des temps. Une littérature virulente entretient la peur du diable et des sorcières, et l'insuffisance de l'instruction religieuse n'offre rien pour rassurer les fidèles. Les plus hauts dignitaires de l'Église, certains moines se conduisent honteusement et choquent les chrétiens sincères, mais les historiens relativisent aujourd'hui la fréquence des abus, en particulier au niveau des paroisses. L'Église trouve alors une solution de facilité pour la rémission des péchés : la vente des indulgences, qui permettent d'éviter des années de purgatoire au pécheur pénitent. C'est dans ce contexte que, en 1517, Luther affiche ses 95 thèses à la porte de l'église de Wittenberg, mettant violemment en cause ces pratiques. Il ouvre le débat sur les indulgences, mais aussi sur le péché originel, la confession, le libre arbitre, l'autorité pontificale. Il prône, enfin, une relation personnelle avec Jésus-Christ.

LA DIFFUSION DE LA RÉFORME EN FRANCE

L'œuvre de Luther est connue en France, dès les années 1520, mais l'adhésion entière à ses idées est réservée à des cercles restreints. En revanche, certains humanistes, comme le cercle de Meaux réuni autour de Guillaume Briçonnet, défendent des idées assez proches. François Ier est plutôt indulgent avec eux, d'une part parce qu'il est influencé par sa sœur Marguerite, et, d'autre part, parce que cela affaiblit les Habsbourg. Il soutient ainsi Jean

L'INVENTION DE L'IMPRIMERIE

Préparée par le développement d'autres techniques, telles que la xylographie (gravure sur bois) et la métallographie (sur métal), l'imprimerie est conditionnée par la production de pâte à papier à base de chiffons broyés, remplaçant le parchemin. Le principe consiste à fabriquer des caractères mobiles en métal qui, précis et résistants, servent à composer des mots, rassemblés en pages sur un tableau de bois, la galée. La forme est encrée et reproduite sur une feuille de papier par contact, grâce à une presse. L'invention reste attachée au nom de Gutenberg (vers 1400-1468), sa fameuse Bible latine à 42 lignes étant considérée comme le premier livre imprimé. Il ne faut exclure ni l'intervention de son commanditaire, Johann Fust, avec qui il rentre en procès, ni celle de son associé, Peter Schöffer. L'imprimerie va introduire rapidement une véritable révolution de la communication, avec près de vingt millions de livres imprimés avant 1500 (les fameux incunables).

La vraie contrition recherche et aime les peines ; l'indulgence, par sa largeur, en débarrasse, et à l'occasion, les fait haïr.

Luther, *40e thèse.*

Ma messe, la voici ! C'est la Bible, et je n'en veux pas d'autre !

Jean Calvin, au cours d'une réunion en 1534.

du Bellay, proche des humanistes, et le nomme évêque de Paris. Mais l'affaire des Placards va durcir sa position. Dans la nuit du 16 au 17 octobre 1534, de violents manifestes sont placardés au château d'Amboise où séjourne le roi. Le pape, le Sacré Collège et la messe y sont vilipendés, témoignage de l'extension du protestantisme en France. François Ier ne pardonne pas ce défi à son autorité : il fait mettre des centaines de libraires et d'imprimeurs sous les verrous et déclenche une dure répression contre les tenants de la religion réformée. Le 24 juin 1539, un édit proclame les hérétiques hors la loi. La Sorbonne appuie le roi et publie une liste d'ouvrages interdits ; en province, de nombreuses personnes sont arrêtées (118 à La Rochelle dont 25 condamnées à mort) et d'autres doivent fuir. La rupture est consommée entre catholiques et protestants français.

JEAN CALVIN ET LA SECONDE RÉFORME EN FRANCE

C'est l'affaire des Placards qui oblige Jean Calvin à se réfugier à Bâle. Né à Noyon en 1509 et fils du secrétaire de l'évêque, il a reçu dès son plus jeune âge un bénéfice ecclésiastique. Cet argent lui a permis de suivre des études de théologie et de droit à Paris. Après la mort de son père, il renonce à ses bénéfices ecclésiastiques et adopte le protestantisme. Exilé en Suisse, il rédige, en latin d'abord, l'*Institution de la religion chrétienne*, texte fondateur du calvinisme. Sa conception religieuse est originale et connaît un grand succès en France, marquant sa différence avec la Réformation allemande, née une génération plus tôt. Calvin pense que l'Église doit être réorganisée (par des pasteurs indépendants du pouvoir, des consistoires), que les fidèles doivent consacrer beaucoup de temps à la lecture de la Bible et que, même si le Christ est présent dans le pain et le vin, la Cène ne fait que commémorer son sacrifice sur la Croix (c'est la « consubstantiation », en opposition à la « transsubstantiation » des catholiques, transformation du pain et du vin en corps et en sang du Christ). Après un séjour à Strasbourg, Calvin s'installe définitivement à Genève, où il impose la morale et l'ordre calvinistes. Il y meurt en 1564.

LA PRÉSENCE PROTESTANTE

C'est essentiellement sous la forme du calvinisme que le protestantisme s'est développé en France. Et c'est d'abord en ville que le protestantisme remporte le plus de succès, chez ceux qui sont mêlés de plus près à l'élan de la Renaissance (les universitaires, les artisans – notamment les imprimeurs –, les marchands, les hommes de loi). Il gagne aussi un certain nombre de nobles qui entraînent à leur tour les paysans de leurs domaines. C'est le cas en Béarn et

IGNACE DE LOYOLA ET LA COMPAGNIE DE JÉSUS

Né en 1491 dans le Pays basque espagnol, Ignace de Loyola, fondateur de la Compagnie de Jésus, est à la fois un mystique, un penseur et un homme d'action. Blessé au siège de Pampelune en 1521, il découvre la vie spirituelle au cours d'une retraite forcée. Il séjourne en Espagne puis à Paris entre 1528 et 1534. C'est là, au collège Sainte-Barbe, qu'il regroupe autour de lui quelques compagnons et leur propose ses « exercices spirituels » : des retraites solitaires au cours desquelles chacun doit réfléchir à l'orientation de sa vie. Le 15 août 1534, à Montmartre, Ignace et ses sept compagnons prononcent ensemble le vœu solennel de se rendre à Jérusalem pour combattre les infidèles, et de se dévouer au bien des âmes. Ordonnée en 1537 par Paul III et liée à lui par un vœu spécial d'obédience, la Compagnie de Jésus se voit confier bientôt plusieurs missions telles que évangéliser les Indes ou combattre l'hérésie en Allemagne. Leur succès ira croissant.

LE SAVIEZ-VOUS ?

Le temple de Lyon, bâti en 1547 et détruit au début des guerres de Religion en 1567, était caractéristique de l'architecture calviniste en France. Contrairement aux Églises catholiques, il était dépouvu de faste.

en Armagnac sur les terres de Jeanne d'Albret, fille de la sœur de François Ier, reine de Navarre et calviniste fervente. On compte environ 2 millions de protestants vers 1560, soit 10 % de la population de l'époque.

LES DÉBUTS DE LA CONTRE-RÉFORME

Face à l'essor du protestantisme, l'Église catholique entreprend sa propre réforme. En 1538, sous l'autorité du pape Paul III, Ignace de Loyola organise la Compagnie de Jésus qui va œuvrer à la reconquête des fidèles au sein même de l'Église. Celle-ci est alors en proie à de nombreuses dissensions et la plupart des théologiens, des fidèles et des souverains appellent de leurs vœux un grand concile général. Pressé de rétablir la paix religieuse dans l'Empire, Charles Quint encourage le projet. En 1542, inquiet devant la progression des idées luthériennes en Italie, le pape crée la congrégation de la Suprême Inquisition, chargée de juger les affaires d'hérésie. Mais il ne renonce pas au concile. Ce dernier s'ouvre enfin le 13 décembre 1545, à Trente. Il va accomplir le travail de réforme au sein de l'Église catholique. L'ordre naissant des Jésuites, mais aussi d'autres familles religieuses, comme les théatins, réunis autour de Gaétan de Thiene, les barnabites, religieux de l'ordre de Saint-Paul, ou encore les capucins, branche de l'ordre des Franciscains, ont en commun un grand dessein : ranimer la foi du peuple chrétien.

HENRI II, le consolidateur

Un État éclatant et puissant tenu par des mains solides!

DES FEMMES ENTOURÉES D'ARTISTES

La femme inspire les artistes du XVIe siècle et joue un rôle essentiel dans l'affinement des mœurs. Catherine de Médicis et la reine Anne de Bretagne passent pour avoir introduit en France les usages policés de la vie aristocratique. Des cours brillantes se constituent ainsi autour de quelques femmes célèbres qui accueillent artistes et poètes. Louise Labé et Pernette du Guillet brillent à Lyon, Renée de France, duchesse de Ferrare, reçoit le poète Clément Marot, et Marguerite de Navarre, sœur de François Ier et écrivain elle-même, fait de sa cour l'un des foyers de l'humanisme. Pourtant, vers 1540, une controverse poétique oppose apologistes et détracteurs de la femme. Les premiers croient, avec Héroet, qui a écrit la *Parfaicte Amye*, à l'amour idéal. Les autres, avec La Borderie, auteur de *l'Amye de Court*, en dressent un portrait-charge de futile coquette avide d'hommages et de cadeaux.

Henri II est un prince de la Renaissance, entouré d'une cour brillante. Poursuivant l'œuvre de François Ier, il consolide son trône et affronte Charles Quint en Italie.
Sous son règne, la France connaît une période de relative stabilité sociale et politique, qui cesse avec les guerres de Religion. La France d'Henri II est encore ce pays paisible et fertile qui « donne à ses fils ce qui leur est utile », comme le chante le poète Ronsard.

Henri II succède à François Ier en 1547. Marié à Catherine de Médicis, c'est un homme solide, au caractère entier. Il est moins attiré que son père par les arts, plus mélancolique aussi, mais il est conscient de ses devoirs et jaloux de son autorité. Sans se calquer sur celle de François Ier, sa politique en poursuit les grandes lignes. En 1548, il met en place un nouveau maillon institutionnel, appelé à jouer un grand rôle au XVIIe siècle : les maîtres des requêtes. Placés sous l'autorité directe du monarque par une commission temporaire, ces membres de l'Hôtel du roi sont chargés de contrebalancer les pouvoirs locaux des gouverneurs, des lieutenants généraux et des officiers. Lors de leurs chevauchées en province, ils interviennent dans les affaires de justice, de police et de finances.

UN ÉTAT MONARCHIQUE STABLE

Sous Henri II, l'État est puissant. Pour la première fois, le travail du gouvernement se fait au sein d'un véritable système ministériel, et

CATHERINE DE MÉDICIS : UNE REINE CRUELLE ?

La légende prétend que Catherine de Médicis aurait été à l'origine du massacre de la Saint Barthélémy. La reine catholique aurait ainsi fait assassiner un grand nombre de protestants en août 1572. Il semblerait cependant qu'elle soit au contraire impliquée dans des tentatives de rapprochement entre les membres des deux religions et qu'elle cherche la paix plutôt que l'affrontement. Elle œuvre d'ailleurs dans ce sens toute sa vie, mère de trois rois de France – François II, Charles IX et Henri III – dirigeant le royaume avec eux.

l'administration du royaume est supervisée par quatre secrétaires d'État. La tenue des registres du Trésor royal est confiée à un contrôleur général.

Henri II poursuit l'œuvre d'unification du système judiciaire français en créant les présidiaux, intermédiaires entre les parlements et les juridictions inférieures. Durant cette période qui précède les troubles, les grands corps du royaume sont soumis à la personne du roi. Le concordat de Bologne de 1516 lui a réservé la nomination des évêques, et les attributions des parlements, souvent contestataires, ont été réduites par François Ier en 1542. De plus, Henri II, fidèle aux traditions et s'entourant de conseillers issus des grandes familles du royaume, comme les Guises ou le connétable de Montmorency, est soutenu par la noblesse.

La cour gagne en éclat, bien que le roi ait supprimé les bals et les concerts. L'étiquette, introduite par Catherine de Médicis, se renforce. Les voyages prestigieux qu'entreprend le roi à travers le pays exaltent la monarchie et donnent lieu dans les bonnes villes à de grandes réjouissances dignes des triomphes antiques. La splendeur de la cour doit beaucoup aux dames, et tout particulièrement à Diane de Poitiers, maîtresse d'Henri II, qui fait graver son chiffre, entrelacé à celui du roi, sur les frontons de Chenonceaux, du Louvre ou de Fontainebleau.

LA FIN DES GUERRES D'ITALIE

Le fief des Bourbons a été rattaché à la Couronne en 1531, et la Bretagne officiellement intégrée en 1532. Cependant, le royaume de France reste morcelé. Calais est aux mains

L'argent est le nerf de la guerre.

Catherine de Médicis, dans une lettre adressée à l'ambassadeur d'Espagne en août 1570. L'expression était déjà fameuse, que l'on retrouve dans le *Gargantua* de Rabelais en 1534 : « Les nerfs des batailles sont les pécunes. »

La magnificence et la galanterie n'ont jamais paru en France avec tant d'éclat que dans les dernières années du règne de Henri second.

Mme de Lafayette,
La Princesse de Clèves.

LES SEPT POÈTES DE LA PLÉIADE

Sept poètes, réunis autour de Ronsard, donnent à la langue française une littérature digne de la Grèce antique.
Les condisciples de Ronsard : Peletier du Mans, du Bellay, de Baïf, Belleau, Jodelle et Pontus de Tyard, se sont eux-mêmes appelés « la Pléiade », en référence à sept poètes grecs qui avaient déjà pris ce nom. Ils n'écrivaient pas pour le grand public mais pour quelques lettrés. Pourtant, grâce au travail de normalisation du français qu'ils ont entrepris et à l'attention qu'ils ont portée à cette langue, leur œuvre marque la véritable fondation de la littérature française. Ils puisent leur inspiration dans le lyrisme antique et sont ouverts à toutes les recherches de l'humanisme comme à l'inspiration philosophique de l'école lyonnaise.

des Anglais, Avignon et le Comtat Venaissin appartiennent au pape, et le Charolais, par le jeu des héritages, est revenu au puissant Charles Quint puis, en 1556, à son fils, Philippe II d'Espagne. La domination de la maison de Habsbourg sur l'Europe, depuis les Flandres jusqu'au Milanais et au royaume de Naples, reste une menace et le problème majeur que doit affronter Henri II.

En 1551, l'intervention à Parme des troupes françaises contre le pape Jules III rallume les guerres d'Italie. Ces troupes soutiennent ensuite la révolte de Sienne contre Charles Quint. En 1556, avec l'accord secret du nouveau pape, Paul IV, c'est au tour de Naples d'être visée. François de Guise a pour mission d'en chasser les Espagnols, mais Philippe II reprend la guerre sur les frontières du nord de la France. Grâce à son mariage avec l'Anglaise Marie Tudor, il a pu lever une armée particulièrement puissante et, le 10 août 1557, à Saint-Quentin, les troupes d'Henri II sont écrasées : l'armée royale compte 3 000 morts et plusieurs milliers de prisonniers.

Frappée par une grave crise financière, l'Espagne choisit alors la négociation, et les deux protagonistes signent en avril 1559 le traité de Cateau-Cambrésis. Henri II renonce définitivement à ses visées sur l'Italie et évacue le Piémont et la Savoie, ce que les soldats considèrent comme un impardonnable abandon.

Malgré tout, la France récupère Saint-Quentin et Calais et s'agrandit des Trois-Évêchés (Metz, Toul et Verdun), qui sont autant d'avancées en terre d'Empire. Dans le Piémont,

NOSTRADAMUS... ET SES PRÉDICTIONS

Avant de devenir le célèbre astrologue Nostradamus, Michel de Nostre-Dame était docteur en médecine.
En 1555, Nostradamus publie *les Centuries astrologiques*. Ce recueil de quatrains énigmatiques est un immense succès, et il donnera lieu à d'innombrables interprétations. Catherine de Médicis, férue d'astrologie, va jusqu'en Provence pour interroger Nostradamus, qui lui prédit la mort d'Henri II et de François II. Elle fera de lui le médecin de son fils, le roi Charles IX. Au XVIe siècle, l'astrologie est une discipline reconnue qui s'appuie sur les conceptions scientifiques du temps, selon lesquelles l'Univers, à l'image du corps, est animé par des flux.

France, mère des arts, des armes et des lois !

Du Bellay, *Les Regrets*, Sonnet IX.

elle conserve également, pour trois ans, cinq places fortes, qui auraient pu servir de bases à de nouvelles opérations sans la mort prématurée d'Henri II, en juillet.

LE RETOUR DES TENSIONS RELIGIEUSES : UNE « CHAMBRE ARDENTE » POUR LES PROTESTANTS !

S'ajoutant aux guerres extérieures, de graves menaces pèsent sur la paix intérieure du royaume. Inquiet de la progression de la Réforme, Henri II adopte une législation répressive.

En 1547, au parlement de Paris, est créée une « Chambre ardente » qui rend, en trois ans, plus de cinq cents arrêts contre les protestants. Aux tribunaux laïques est confié le jugement des hérétiques : en cas de scandale public, la peine prévue est la mort. L'édit d'Écouen (juin 1559) nomme des commissaires chargés de poursuivre les protestants. Mais le calvinisme gagne du terrain, en particulier dans la noblesse où se forment deux groupes irréconciliables. Jusque-là, les Grands du royaume étaient occupés à l'extérieur, et la politique royale savait contenir les tensions intérieures. Avec la paix, la noblesse guerrière est désœuvrée.

UNE SUCCESSION ÉCLAIR

En 1559, Henri II est tué dans un tournoi. Son fils, François II, n'a que 15 ans : atteint de tuberculose, il ne règne que deux années, au cours desquelles la France va basculer dans les guerres de Religion.

Le beau XVIe siècle

La France, une puissance aux terroirs variés et très peuplée !

LA MOSAÏQUE FRANCE

L'espace du royaume est fragmenté par un enchevêtrement de découpages qui ne coïncident pas entre eux, renforçant l'attachement au pays. La carte des diocèses ne recoupe pas celle de la justice, de la fiscalité, des coutumes et du droit. Le « pays » s'affirme comme un des cadres fondamentaux, même si sa définition n'est pas toujours claire. Ce territoire est une notion intermédiaire entre la paroisse et la province, de taille variable, et qui recouvre la communauté d'existence, indépendante des divisions administratives. Il est caractérisé par des comportements spécifiques, la langue ou, à tout le moins l'accent, le costume, le mobilier et l'habitat, la nature, les frontières, les coutumes, les poids et mesures... Pourtant, cet enclavement réel n'empêche pas une circulation active, attestée par les foires et marchés, et par les archives notariales, qui consignent les mouvements de capitaux.

La France du XVIe siècle est un des États les plus puissants d'Europe, profitant d'une forte croissance jusqu'en 1560. L'agriculture céréalière est l'activité principale. Les Français trouvent dans les solidarités de famille, de paroisse, de métier, des cadres sécurisants contre la précarité de l'existence.

Tous les observateurs étrangers soulignent la richesse de la France, l'abondance permise par une grande variété de terroirs. « Il n'y a ni richesses ni forces que d'hommes », affirme l'économiste et philosophe Jean Bodin ; or, la France est le royaume le plus peuplé d'Europe avec 18 à 20 millions d'habitants dans la première moitié du XVIe siècle.

Il s'agit d'ailleurs d'un rattrapage, visible à partir de 1450, après plus d'un siècle de crises terribles. Le chiffre de 40 habitants au kilomètre carré demeure cependant un maximum car le système agricole est rarement capable de fournir plus de 4 ou 5 grains pour un semé. En attendant, ces bras sont un des piliers de la monarchie française, qui dispose d'un impôt permanent – la taille – depuis 1439, ce qui lui donne un avantage exceptionnel sur ses concurrents.

DES RICHESSES CONVOITÉES

Au XVIe siècle, l'or et l'argent des colonies espagnoles profitent davantage à la France qu'à l'empire des Habsbourg. De nouveaux réseaux d'échanges se mettent en place, et le trafic maritime sur l'Atlantique, puis sur le Pacifique, vers l'Extrême-Orient ne cesse de se développer. La France importe par cette voie des perles, du sucre, de l'indigo, du bois de teinture, de la cochenille et des épices. Mais ce sont surtout les métaux précieux d'Amérique, l'argent en particulier, qui, grâce à leur forte valeur sous un faible volume, suscitent l'intérêt des marchands.

Si les explorations, les convois réguliers en direction de l'Afrique, de l'Amérique et de l'Asie, le perfectionnement des techniques bancaires, les besoins croissants des nouvelles colonies, transforment l'économie progressivement, il ne faut pas surestimer ce que l'on appelle l'« économie-monde » du XVIe siècle, car ces changements ne concernent finalement qu'un nombre limité de produits. Les mers sont sillonnées par des navires chargés de métaux précieux, de denrées de luxe et de quelques biens particuliers comme le sel, le grain ou l'alun, mais l'essentiel du commerce se fait encore dans de petits réseaux centrés autour des villes. Pourtant, à des rythmes différents selon les régions, le paysage économique change.

Au cours du siècle, les échanges du commerce transatlantique sont multipliés par quinze : les historiens ont dénombré 920 allers et retours entre l'Europe et l'Amérique entre 1591 et 1595. Tous ces trajets prennent en moyenne quatre-vingts jours pour l'aller, mais quarante de plus pour le retour, à cause des vents et des courants. Pour le Pérou, l'isthme de Panamá allonge encore le voyage. De plus, on ne peut pas additionner le temps de l'aller et celui du retour pour avoir une idée de la durée totale d'une expédition, car il faut tenir compte de la mauvaise saison et de l'hivernage. Ainsi, il faut un an pour atteindre les Antilles, quinze mois pour le Mexique et deux à trois ans pour le Pérou. Pour remédier aux dangers de la navigation, les flottes se regroupent presque toujours en convois.

DES PROGRÈS MAL PARTAGÉS...

La campagne se modifie insensiblement car, si la culture des céréales demeure l'activité prédominante, d'autres productions commencent à se développer. Les pays du Sud se consacrent aux « cultures mixtes » en plantant côte à côte vignes et oliviers, et la culture industrielle apparaît avec le chanvre en Bretagne et le pastel (plante colorante) dans la région de Toulouse. L'horticulture progresse, avec la culture des carottes, des betteraves, des artichauts, des melons – importés d'Italie –, des choux-fleurs et des mûriers – venant tous deux d'Orient. L'Amérique envoie maïs, haricots blancs et tabac.

Les transports par route, sur des chariots, permettent de couvrir 30 à 40 kilomètres par jour. Mais, pour les

L' ARNAQUE DE PIZARRO

En se rendant dans la ville de Cajamarca, l'empereur Atahualpa tombe dans le piège tendu par le conquistador Francisco Pizarro. Il est arrêté, séquestré et propose à l'Espagnol de lui donner tout l'or de son empire contre sa liberté. Le chef inca avait en effet remarqué que le métal attirait les Européens et pensait ainsi qu'il pourrait sauver sa vie. Le conquistador accepte l'échange mais fait tout de même exécuter Atahualpa après avoir reçu 12 tonnes d'objets, bijoux et objets en or...

[...] Depuis trois ou quatre mois, les compagnons imprimeurs se sont débauchés et ont abandonné le train d'imprimerie [...].

La grève des ouvriers imprimeurs à Lyon en 1539, d'après l'extrait d'une sentence de la Sénéchaussée (Archives municipales de Lyon).

L'HERBE À NICOT

C'est du « Nouveau Monde » qu'arrive en France une plante promise à un beau succès. Jean Nicot, seigneur de Villemain, a donné son nom à la substance toxique qui se trouve dans le tabac, la nicotine, mais ce n'est pas lui qui a introduit la tabagie en Europe. Le tabac est connu depuis Christophe Colomb, qui en a rapporté les premiers plants d'Amérique. La seule responsabilité de Nicot, ambassadeur de France à Lisbonne en 1559, est d'en avoir fait un produit « noble » : il envoya du tabac à Catherine de Médicis, comme remède éventuel aux migraines de son fils François II. Plus que de pharmacopée, Nicot se souciait de grammaire et de littérature. Devenu curé de Brie-Comte-Robert, il a travaillé à améliorer le dictionnaire latin-français de l'humaniste Robert Estienne.

marchandises, on utilise de préférence les transports par voie fluviale, et l'importance de l'axe constitué par le Rhin et le Rhône contribue au développement des villes qu'ils traversent. L'industrie est également en plein essor. Le textile bénéficie des progrès des moulins actionnés mécaniquement, et la métallurgie profite du rendement des hauts-fourneaux. L'imprimerie, la verrerie et les industries de précision ne sont pas en reste et favorisent aussi l'expansion des villes à côté desquelles elles sont implantées. Enfin, l'usage de la monnaie se généralise, même si les campagnes restent encore fidèles au troc.

Cependant, le fossé se creuse entre les riches et les pauvres, entre les villes et les campagnes, entre les érudits et les illettrés : 85 % des Français sont des paysans, mais la production agricole, basée essentiellement sur la polyculture et les céréales, est faible, et la pénurie, fréquente. L'augmentation de la population repose avant tout sur le recul de la mortalité de crise (famine, peste et guerre), tandis que la vie quotidienne demeure fragile. La croissance se manifeste par une forte hausse des prix, touchant les produits alimentaires de base, le pain et la viande. Les écarts sociaux s'accentuent entre les propriétaires du sol et les paysans, qui disposent d'exploitations de plus en plus petites et morcelées.

TOUT EST BIEN QUI FINIT MAL...

Avec l'entrée dans les guerres de Religion, la France voit s'achever vers 1560 ce que les historiens ont appelé le « beau XVIe siècle ». Elle s'enfonce ensuite dans une période beaucoup

« TRIC, TRIC » LA PREMIÈRE GRANDE GRÈVE

Une des premières grandes grèves de l'histoire de France éclate à Lyon en 1539 : les ouvriers typographes de Lyon cessent tout travail au cri de « Tric, Tric » (« Grève, grève »). Travaillant de treize à quinze heures par jour, ils exigent d'être mieux nourris et mieux rémunérés. En dépit des édits royaux, ils s'organisent en une association d'entraide, qui les soutient en cas de maladie ou d'accident, et qui s'engage aussi à leur fournir une assistance judiciaire en cas de conflit avec leurs employeurs. Dans la seconde moitié du XVIIe siècle, Lyon souffrira d'un malaise économique, lié au déclin des grandes foires.

LE SAVIEZ-VOUS ?

L'orfèvrerie est considérée comme la mère de tous les arts depuis la Renaissance. Le bijou, porté par les hommes et les femmes, entre dans la vie civile. Objet d'art, de valeur et de curiosité, il symbolise la puissance des princes.

plus sombre, où la croissance tend à s'essouffler. La guerre est cause de la diminution des produits, les grains « enchérissent », la mortalité augmente. L'Europe entière connaît une flambée des prix aux causes multiples. Les oscillations climatiques de la décennie 1565-1574 provoquent de mauvaises récoltes, des négociants font faillite, les paysans se révoltent contre le poids accru de l'impôt.

Toutes ces perturbations ont rompu les grands équilibres économiques, provoquant la crise de la fin du XVIe siècle, qui présente plusieurs aspects. Né du commerce, le « capitalisme » du temps est fortifié par la croissance de l'État. Or les dépenses de celui-ci sont essentiellement somptuaires, et les guerres qu'il mène interrompent le cours normal du commerce, accroissent fortement son endettement et entraînent aussi de nombreuses faillites privées. De plus, le marché de l'argent est encore étroit, et le système bancaire, particulièrement vulnérable. Avant la création des banques publiques, les clients retirent en effet leurs dépôts à la première menace.

Ces situations inédites contribuent à la naissance d'une nouvelle discipline. Jean Bodin fait paraître en 1568 une *Réponse aux paradoxes de M. Malestroit*, qui est le premier traité d'économie européen. Dans cet ouvrage, il cherche les raisons de la flambée des prix, et il l'explique par l'afflux d'argent résultant de la colonisation américaine. En fait, cette interprétation n'est qu'en partie fondée, puisque l'inflation s'est déclarée en Allemagne dès la fin du XVe siècle. Quoi qu'il en soit, Jean Bodin aura de nombreux disciples, et c'est Antoine de Montchrestien qui donnera son nom à la nouvelle science en publiant en 1615 un *Traité de l'économie politique*.

Les guerres de Religion

De l'intolérance aux massacres les plus sanglants

DES APPELS À LA TOLÉRANCE

En 1561 paraît en France un ouvrage anonyme, ***l'Exhortation aux princes***, qui plaide la cause de la tolérance. Ce texte a été écrit par un catholique qui pense surtout en termes de raison politique. Pour lui, la tolérance est un remède pour préserver l'unité de la nation malgré les divisions religieuses. Après ce manifeste, c'est un protestant, Castellion, qui publie le *Conseil à la France désolée*.
Sa perspective est tout à fait différente car, en rappelant que le Christ a prêché la patience, l'accueil, la douceur et l'humilité, il défend le respect de l'autre religion au nom de la morale chrétienne. La position de Michel de L'Hospital se situe entre ces deux points de vue, le moral et le politique, ce qui l'éloigne de Catherine de Médicis, qui finira par consentir à la répression pour « raison d'État ».

En 1560, plus de mille Églises réformées se sont constituées sur le modèle genevois. Les catholiques ne peuvent le tolérer : après la disparition d'Henri II (1559), les guerres de Religion commencent à ravager un royaume gouverné par les trois fils d'Henri II, qui n'arrivent plus à imposer leur autorité. À la guerre civile religieuse se surajoutent la poursuite de la guerre contre l'Empire espagnol et le complot du clan des Guises et des catholiques intransigeants.

Lorsque François II devient roi en 1559, le protestantisme est déjà bien implanté en France. Comme l'unité du royaume est forte, les tensions liées à l'existence de deux confessions ne peuvent se résoudre selon le principe allemand, qui donne à chaque unité territoriale la religion de son souverain local.

LA FRANCE DES FACTIONS RELIGIEUSES

Or, réformés et catholiques ont chacun à leur tête des Grands du royaume, dont certains, d'un côté comme de l'autre, sont liés à la couronne de France par le sang. Les protestants ont avec eux le Bourbon Louis, prince de Condé, ainsi que les Coligny, comme François d'Andelot. Les Guises, oncles de Marie Stuart, l'épouse de François II, sont quant à eux les chefs intransigeants du parti catholique. François de Guise est couvert de gloire – il a défendu Metz et repris Calais aux Anglais – et son frère Charles, le cardinal de Lorraine, est à la tête des finances du royaume. Véritables maîtres de l'État, ils accentuent encore la politique répressive qui avait été celle d'Henri II à l'encontre des protestants.

En mars 1560, une conjuration calviniste tente d'éloigner les Guises du pouvoir. L'échec de ce « tumulte d'Amboise », du nom du lieu où se trouvait la cour, débouche sur une répression impitoyable : pour la première fois, la dissidence calviniste s'est comportée comme une faction politique.

La reine mère, Catherine de Médicis, irritée par les excès des Guises, s'efforce de trouver une voie de conciliation. Elle préconise la réunion d'un concile national et une liberté de culte provisoire. Elle fait enfin nommer au poste de chancelier, en mai 1560, un humaniste tolérant, Michel de L'Hospital.

L'IMPOSSIBLE CONCILIATION

Quand François II meurt, en décembre 1560, après deux années seulement de règne, et que son frère Charles IX monte sur le trône à l'âge de 9 ans, Catherine de Médicis écarte les Guises du pouvoir et devient la vraie régente du royaume. Avant de mourir, François II avait convoqué des états généraux, qui s'ouvrent à Orléans le 13 décembre 1560. Sous l'impulsion de la reine et de Michel de L'Hospital, une politique de conciliation est mise en place. L'échec du colloque de Poissy en 1561, consacré aux problèmes dogmatiques, montre l'impossibilité d'une réconciliation doctrinale entre les Français. Le chancelier Michel de L'Hospital recherche cependant un accord politique qui fasse appel à la « tolérance civile ». En janvier 1562, pour la première fois en France, un édit autorise officiellement le culte réformé. Mais celui-ci devra se dérouler de jour et en dehors des murailles des villes du royaume. Le ministère des pasteurs est reconnu, à condition qu'ils prêtent serment aux autorités locales, et des synodes pourront se réunir. L'edit autorise enfin la création de consistoires, ces organismes collégiaux qui dirigent les communautés calvinistes.

ENTRE PAIX ET GUERRE

Le massacre de Wassy en 1562 marque le début des guerres de Religion. Cette tuerie effroyable est perpétrée par les hommes du duc François de Guise, qui surprennent un culte protestant dans cette petite ville de Champagne. Ce triste fait d'armes déchaîne les passions ; à Tours, à Sens, dans le Maine, des huguenots sont massacrés, puis c'est au tour des protestants de recourir à la violence.

En 1563, Catherine de Médicis tente d'apaiser les esprits par l'édit d'Amboise. Fixant des bornes rigides au protestantisme, celui-ci est mal accueilli par les autorités réformées ;

Eh bien ! Par la mort Dieu soit ! Mais qu'on les tue tous, qu'il n'en reste pas un pour me le reprocher après ! »

Charles IX aurait prononcé cette sentence avant le massacre de la Saint-Barthélemy.

LA SAINT-BARTHÉLEMY POPULAIRE

La Saint-Barthélemy populaire, ce déferlement de violence spontanée, révèle des mentalités marquées par une angoisse religieuse et prophétique.
Les huguenots et leurs péchés ont remis en question l'ordre sacré de la Création comme l'atteste la multiplication des nouvelles de monstres, de comètes, de tremblements de terre rapportés dans les « canards », ces imprimés de quelques pages vendus dans la rue par des colporteurs. Dans ce climat prophétique attisé par les prédicateurs, le peuple parisien attend le Jugement dernier et la vengeance divine, prêt à être le bras armé de la punition. À l'aube du 24 août, dans le cimetière des Saints-Innocents à Paris, refleurit une aubépine qui n'avait pas fleuri depuis quatre ans. Ce symbole christique, qui renvoie à la couronne, est vu comme un miracle et donne le signal du massacre populaire, du crime qui doit rétablir la pureté du monde.

les catholiques, quant à eux, le jugent trop tolérant. Il donne cependant au pays deux années de paix, pendant lesquelles Catherine de Médicis organise un tour de France pour le jeune roi Charles IX, afin de lui présenter son royaume.

Mais, en 1567, les guerres civiles reprennent. Les périodes de paix et les conflits se succèdent alors jusqu'à la rédaction de l'édit de Saint-Germain, en 1570, dont les dispositions libérales sont avant tout tactiques. Les protestants reçoivent des places de sûreté, et Catherine de Médicis tente de consolider la paix par des mariages. C'est ainsi que sa fille Marguerite épouse le protestant Henri de Navarre, qui deviendra en 1589 le roi Henri IV.

LE MASSACRE DE LA SAINT-BARTHÉLEMY

Le 24 août 1572, jour de la Saint-Barthélemy, avant l'aube, le carillon de l'église Saint-Germain-l'Auxerrois donne le signal du plus sanglant épisode de la Réforme en France : le massacre des chefs protestants. Aujourd'hui encore, l'enchaînement exact des décisions est très discuté.

Le contexte a assurément pesé. Chez les Guises, la haine grandit contre le puissant amiral de Coligny, calviniste, qui exerce une influence croissante sur le jeune Charles IX. Les édits de pacification, qui renoncent à l'axiome « une foi, une loi, un roi », scandalisent les catholiques. La position à adopter face à la révolte des huguenots des Pays-Bas contre Philippe II divise la cour : d'un côté, les partisans d'une intervention, menés par Coligny ; de l'autre, les ultracatholiques, qui se félicitent de la répression espagnole.

Le 22 août, l'amiral Coligny est blessé légèrement lors d'un attentat. Catherine de Médicis en a été longtemps considérée comme la commanditaire, mais la responsabilité des Guises et de l'Espagne n'est nullement impossible. À Paris, les supputations vont bon train : les protestants accusent le roi, les rumeurs de conspiration inquiètent chacun des deux camps.

La décision de massacrer les chefs protestants est prise dans la nuit du 23 au 24 août, sans qu'il soit possible aujourd'hui de l'imputer avec certitude à Catherine de Médicis, à Charles IX ou aux Guises. Les circonstances sont propices car, à l'occasion du mariage de Marguerite de Valois avec Henri de Navarre, célébré le 18 août, de nombreux seigneurs protestants sont venus habiter au Louvre : le 24 août, ils sont surpris dans leur sommeil par les Suisses et exécutés. Henri de Navarre est sommé d'abjurer. De son côté, Henri de Guise, accompagné d'hommes d'armes, se rend chez Coligny et le tue.

Ce massacre décidé au sommet est immédiatement amplifié par une Saint-Barthélemy populaire, un déchaînement de violence extrême venant du peuple. Le mot d'ordre est de tuer tous les huguenots, avec la bénédiction du roi, assure même la rumeur. Les cadavres sont mutilés atrocement. Paris compte près de 2 000 morts. Le 26 août, le roi Charles IX assume la responsabilité officielle du massacre, sans doute pour neutraliser la portée subversive d'un tel climat d'angoisse collective.

Dans les mois suivants, les tueries continuent en province (à Orléans, Angers, Troyes, Rouen, Toulouse, etc.). Le bilan final se situerait entre 5 000 et 10 000 morts. Ces atrocités sont connues à l'étranger. Le pape, à qui l'on présente le massacre comme une réponse à un complot protestant, applaudit. Philippe II fait entonner un *Te Deum*. Les chefs épargnés se réfugient à Genève et à Bâle ; d'autres se regroupent à La Rochelle, assiégée par les armées royales. Le bain de sang a creusé un fossé infranchissable : les protestants ont perdu toute confiance dans le roi et s'organisent en conséquence – certaines villes, comme Nîmes, La Rochelle et Montauban, passent sous leur loi.

NAISSANCE DE LA LIGUE

Henri, troisième fils d'Henri II et de Catherine de Médicis, est élu au trône de Pologne en juillet 1572. Préoccupé par la situation française, il se rend sans enthousiasme dans sa nouvelle capitale : Charles IX, son frère aîné, n'a pas de fils et, phtisique, il peut mourir brusquement. François, leur cadet, s'unit aux modérés, comme Montmorency, et prend la tête des « malcontents ». Ce « tiers parti », qui a la faveur des réformés, prône une politique équivoque de tolérance, destinée à protéger l'unité de l'État. Plaçant la paix civile et l'unité du pays avant les dissensions religieuses, il gênera l'action d'Henri III – mais favorisera finalement l'accession au trône d'Henri IV.

MISÈRES ET TROUBLES CIVILS

Dans la seconde moitié du XVIe siècle, les prix ont été multipliés par dix en quelques années, et la disette atteint villes et campagnes. Le flux d'or et d'argent américain bouleverse l'équilibre économique, entraînant grèves et chômage. Lyon, où une « Aumône générale » a été fondée pour aider les miséreux, est endémiquement en proie aux « rebeynes » du peuple, qui se révolte contre la cherté du pain. Paris ne connaît pas les mêmes convulsions sociales que Lyon, mais les violences religieuses ne cessent d'y accroître le nombre des vagabonds et des déracinés sans emploi. Dans toutes les provinces françaises, des bandes armées terrorisent les populations. Henri III cherche à rétablir l'ordre par des ordonnances royales et des règlements de police, qui organisent l'ouverture des marchés et l'administration des hôpitaux. Mais que faire quand un nouveau fléau, telle l'épidémie de peste de 1579, s'abat sur le royaume, presque ruiné ?

HENRI III LE MAL-AIMÉ

Au milieu des malheurs du temps, la cour forme un univers particulier, où le faste et les cérémonies sont à l'honneur, forgeant la légende noire d'Henri III. Les gestes d'Henri III choquent ses contemporains. La cour adopte un cérémonial de plus en plus formaliste et, suivant l'exemple italien, s'habille luxueusement : robes d'une ampleur démesurée, pourpoints à « passeron » (bosse dans le dos), fraises empesées et couleurs vives. Il est vrai que le roi manifeste un goût étrange pour les riches étoffes, les bijoux, les parfums et les travestissements. De nombreux pamphlets brocardent les « mignons » – ducs d'Épernon et de Joyeuse, comte de Guiche –, compagnons d'armes et de fête qu'Henri III couvre de libéralités. L'accusation d'homosexualité est évidente, mais cache un enjeu politique de taille : l'hostilité des grands lignages à l'ascension d'hommes de petite noblesse distingués par le roi et entièrement dévoués à sa personne.

Quand Charles IX s'éteint, le 30 mai 1574, épuisé moralement et physiquement, Henri s'empresse de se rendre à Paris pour recueillir la couronne et contrecarrer les agissements de son cadet. Les violences se rallument. François tend la main aux réformés et rejoint les troupes qui, réunies par le prince de Condé et par l'Électeur palatin, envahissent l'est de la France. Faute de subsides, Henri III signe la paix, suivie de l'édit de Beaulieu (1576) : la Saint-Barthélemy est condamnée, les protestants obtiennent le libre exercice du culte (sauf à Paris), huit places de sûreté et la présence de chambres mi-parties dans chaque parlement. Cet édit, jugé trop libéral, indigne les catholiques, dont les passions antiprotestantes ont été exacerbées par les furies iconoclastes.

C'est alors que se forme la Ligue – déjà ébauchée dans plusieurs régions –, dont l'acte de naissance officiel a lieu à Péronne, place qu'elle refuse de livrer aux protestants en dépit des prescriptions de Beaulieu. Si Henri de Guise, dit « le Balafré », est le chef incontesté de la Ligue, c'est Henri III qui en prend la direction afin de mieux la contrôler. Le roi s'efforce alors de rétablir l'ordre et d'imposer sa loi. En 1577, la guerre reprend. Quelques mois plus tard, la paix de Bergerac y met un terme, et un nouvel édit revient sur certaines concessions de celui de Beaulieu. D'autres événements vont compromettre l'espoir de détente et rallumer les hostilités. La « septième » guerre de Religion (1579-1580) se conclut par la fragile paix de Fleix. Aux Pays-Bas, la révolte des gueux s'est transformée en révolte générale, soutenue par les protestants français, solidaires de leurs frères néerlandais.

LE POUVOIR ROYAL CONTESTÉ

La Saint-Barthélemy a fait apparaître l'impuissance du pouvoir royal pour rétablir l'unité politique et religieuse du royaume, incapable de se situer au-dessus des partis pour faire régner la justice. Du côté des protestants, le roi est désormais un assassin et un tyran. Dans leurs libelles, les monarchomaques – c'est-à-dire ceux qui dénoncent la tyrannie – autorisent à renverser le mauvais roi et même à perpétrer le régicide. François Hotman, dans la *Franco-Gallia* (1575), décrit un modèle opposé, celui de la monarchie franque où le souverain était élu par le peuple. François d'Alençon, frère du roi, apporte son aide aux révoltés.

Le camp catholique n'est pas épargné par cette remise en question de l'absolutisme car le roi a été dépassé par la violence des Guises et par celle du peuple. Les provinces échappent peu à peu à l'autorité royale car les gouverneurs, chefs militaires et seigneurs, se rallient à un des deux camps. Or, en 1584, François d'Alençon, devenu duc d'Anjou, meurt. Comme il est le seul héritier direct d'Henri III, Henri de Navarre, descendant du sixième fils de Saint Louis, devient le prétendant au trône. Le royaume peut-il accepter pour futur roi un prince hérétique, relaps qui plus est ? La réponse des catholiques est sans appel : le manifeste de Péronne, en mars 1585, expose les buts de la Ligue placée sous la direction des Guises qui manifestent leurs prétentions au trône en vertu d'une ascendance carolingienne.

Le royaume plonge dans la guerre générale, et la réalité du pouvoir passe de plus en plus aux villes, à un pouvoir local qui se pose en alternative au centralisme absolutiste. Les « Provinces-Unies du Midi », fondées en 1575, constituent un contre-État protestant avec des institutions judiciaires et fiscales qui, même virtuelles, s'opposent à la France du Nord. Paris passe du côté des ligueurs, alliés aux catholiques, tandis qu'Henri III devient de plus en plus impopulaire. À la suite de la rumeur d'un complot royal contre les Guises, Paris se couvre de barricades le 12 mai 1588, pour la première fois de son histoire. Henri III est obligé de fuir la ville, qui se dote d'institutions nouvelles, le Conseil des Seize. Ce comité insurrectionnel, constitué d'hommes de loi et de marchands, exerce une terreur de type révolutionnaire. Cet épisode est le point d'orgue d'un conflit européen entre, d'un côté, la vision absolutiste et centralisée du pouvoir et, de l'autre, un modèle urbain et oligarchique. Dans ce contexte, le roi décide l'assassinat des Guises, qui déclenche la sécession du royaume ligueur. La Sorbonne délivre les sujets du roi de leur serment de fidélité, Marseille devient une république quasi indépendante. En 1589, Henri III décide de faire alliance avec Henri de Navarre pour reprendre Paris aux ligueurs et le reconnaît comme héritier légitime. Son assassinat par Jacques Clément, le 1er août 1589, ouvre une nouvelle crise dynastique dont va sortir vainqueur le futur Henri IV.

L'EXÉCUTION DU BALAFRÉ

« Il est plus grand mort que vivant ! » se serait écrié Henri III devant le cadavre de son redoutable adversaire. Henri le Balafré (ce surnom vient d'une blessure reçue au visage au siège de Boulogne et qu'Ambroise Paré soigna), troisième duc de Guise, est un des instigateurs de la Saint-Barthélemy et le chef de la Sainte Ligue catholique, violemment opposée à la politique royale de conciliation. Appointé par le roi d'Espagne, il est très populaire à Paris. Henri III lui a interdit l'entrée de la ville, mais doit lui-même fuir sa capitale après la journée des Barricades, le 12 mai 1588. Convoqué aux états généraux de Blois, le Balafré est poignardé dans le château, le 23 décembre, par la garde personnelle du roi. Il ne s'agit pas d'un assassinat, mais de l'exécution particulière d'une condamnation prononcée par le roi, juge suprême.

Le bon HENRI

Clément, pacificiste, réformateur : Henri le roi des édits!

FRANÇOIS DE SALES

Après avoir parcouru le Chablais pour regagner au catholicisme les protestants du duché de Savoie, François de Sales séjourne à Paris en 1602. Le roi voudrait le retenir, mais, nommé évêque de Genève, François doit regagner son diocèse d'Annecy. Il y déploie un zèle infatigable, visitant les paroisses reculées de la montagne, prêchant, enseignant, confessant. Il compose plusieurs traités, dont *l'Introduction à la vie dévote* (1609), selon lequel la perfection n'est pas accessible à quelques-uns seulement, mais à chacun, selon son état. L'humanisme chrétien auquel François de Sales aspire fait de lui le père de la spiritualité moderne.

Peu de monarques ont laissé une image aussi positive que le « bon roi Henri ». Henri IV, qui doit conquérir son trône, rétablit la concorde du royaume en parvenant à rassembler catholiques et protestants ; il redresse la monarchie, mène une politique extérieure pacifique et favorise le développement économique du pays.

Depuis que, en 1589, Henri III l'a désigné comme seul héritier légitime, Henri de Navarre a travaillé à asseoir son pouvoir. Face à lui, trois partis : les très catholiques tenants de la Ligue ; les protestants ; les « malcontents » ou « politiques », catholiques modérés qui désapprouvent les excès de leurs coreligionnaires et souhaitent la restauration de l'autorité royale. Le 22 mars 1594, Henri IV entre à Paris. Sacré roi un mois plus tôt, il ceint une couronne pour laquelle il s'est battu pendant des années. Comment expliquer son succès dans une France où « papistes » et « huguenots » s'entredéchirent depuis plus de trois décennies ?

LA FIN DES GUERRES DE RELIGION ?

Seul roi légitime d'un point de vue dynastique, Henri de Navarre essaye à deux reprises de s'emparer de Paris, sans succès (1589-1590). Il décide alors d'abjurer le protestantisme – cette fois-ci pour de bon – en juillet 1593, levant le principal obstacle à son pouvoir. Le Béarnais s'attache aussi à obtenir la soumission à son autorité des principaux chefs de la Ligue : le duc de Mayenne se rallie le premier, suivi par le duc d'Épernon et le duc de Mercœur. Quant aux Guises, ils deviennent un des plus fermes soutiens du trône. Ce ralliement a été assuré par des dons financiers considérables, au total plus d'une année de recettes fiscales.

Une fois au pouvoir, le roi s'emploie à repousser les Espagnols qui, appelés par les ligueurs, occupent le nord de la France. La lutte dure encore trois ans et se termine par la prise d'Amiens en 1597. En 1598, l'Espagne rend toutes ses conquêtes françaises.

Mais les guerres religieuses ne sont pas terminées. Les catholiques ne sont nullement prêts à reconnaître la liberté de culte aux protestants. Quant à ces derniers (environ un million d'âmes), ils hésitent à conserver leur confiance à un roi qui a abjuré. De 1594 à 1597, ils s'organisent en provinces gérées par des assemblées annuelles et proclament leur union avec les Églises des Pays-Bas. Dans ces circonstances, donner un statut aux Églises protestantes est une tâche difficile. Henri IV s'attelle à un nouveau texte : ce sera l'édit de Nantes, promulgué en avril 1598.

LES DIFFICILES NÉGOCIATIONS DE L'ÉDIT DE NANTES

Les négociations sont laborieuses. Il faut les qualités personnelles du roi, ses succès militaires, son autorité, sa fidélité à ses anciens coreligionnaires, et aussi la modération des prélats, pour venir à bout des résistances : « Je parle en roi, je veux être obéi », répète-t-il aux contestataires des deux bords.

L'édit de Nantes est constitué d'une déclaration solennelle et d'articles « secrets », pour ne pas aviver les animosités. La liberté de conscience est affirmée et l'exercice du culte admis, mais avec des restrictions. Autorisé partout où il existe de fait, ainsi que dans deux localités par bailliage ou sénéchaussée, il reste interdit à Paris et dans certaines villes épiscopales, où il est relégué dans les faubourgs (à Charenton pour Paris). Les protestants peuvent bâtir des temples, tenir colloques, consistoires et synodes ; les pères de famille ont le droit de choisir la religion de leurs enfants, qui seront acceptés sans discrimination dans toutes les écoles et universités. Enfin, en contrepartie des restrictions, le roi accorde aux protestants 151 places fortes, avec ou sans garnison. Prorogée à plusieurs reprises, cette disposition importante donne aux réformés une réelle puissance politique et militaire. L'édit de Nantes reprend, en réalité, bien des éléments des édits précédents. Mais, cette fois, le roi a l'autorité nécessaire pour le faire respecter. Le pape Clément VIII exprime d'abord sa désapprobation, puis se résigne. La France vit alors une expérience très originale en Europe : face aux exigences des religieux, c'est l'intérêt civique, défendu par les politiques, qui prévaut. Mais le compromis reste fragile.

Ralliez-vous à mon panache blanc, vous le trouverez au chemin de la victoire et de l'honneur.

Ces mots auraient été prononcés par Henri IV durant la bataille qu'il mène contre les ligueurs en 1590. Ils font partie de la légende dorée du « bon roi Henri ».

L'ÉDUCATION STRICTE DU DAUPHIN DE FRANCE

Pour que le Dauphin soit élevé au grand air comme lui, Henri IV l'installe au château de Saint-Germain et il lui donne une gouvernante à poigne, la marquise de Montglat. Le médecin huguenot Héroard, chargé de s'occuper de Louis, consigne dans son journal chaque instant de la vie de l'enfant. C'est le roi qui supervise tous les détails de l'éducation de son fils, depuis la nourriture jusqu'aux punitions et aux exercices. Sa venue à Saint-Germain est une fête que l'enfant attend avec impatience.
À partir de 1604, le roi, très fier de sa progéniture, réunit au château ses enfants légitimes et ses bâtards. Mais le Dauphin a droit à un traitement unique. Bien conscient de sa supériorité, il aurait d'ailleurs dit à ses demi-frères : « Vous n'avez pas été dans le ventre à maman comme moi ! »

UN ROYAUME À RECONSTRUIRE

« La froidure fut extrême et la gelée si grande et si âpre que, de mémoire d'homme, il ne s'en était point vu de semblable. Toutes choses renchéries... Plusieurs personnes trouvées mortes de froid par les champs... Un homme gelé sur son cheval... » Ces notes des *Mémoires* d'un chroniqueur de l'époque, Pierre de l'Estoile, disent la misère d'une France ruinée par les guerres, et en proie à un refroidissement du climat. La production de céréales chute, les vignes gèlent, les manufactures de textile stagnent. La population, affaiblie, est vulnérable aux maladies, et on observe le retour d'épidémies de peste. Un peu partout éclatent des révoltes de paysans, « gauthiers » des pays normands, « croquants » du Périgord. Henri IV, sensible aux souffrances des Français – « mon peuple », répète-t-il – entreprend de reconstruire le pays et promulgue de nombreux édits pour relancer l'économie.

Ces édits concernent la mise en valeur des terres – comme l'assèchement des marais, en 1599 – la sécurité et la fiscalité. Contre les bandes de soudards, voleurs et vagabonds qui ravagent les provinces, le roi prend des ordonnances militaires. Pour apaiser les paysans en colère, excédés par le poids des impôts, il met en place des mesures d'allégement fiscal (meilleure répartition de la taille) et s'efforce de limiter les empiétements des seigneurs sur la propriété paysanne. Cependant, malgré la belle légende de « la poule au pot », les paysans restent les premiers touchés par les guerres civiles, et les révoltes rurales continuent.

UN ENTOURAGE COMPÉTENT

Beaucoup de gentilshommes aussi sont ruinés. Pour les aider à rentabiliser leur domaine, Henri IV convoque, en 1599, un seigneur calviniste du Vivarais, Olivier de Serres, qui exploite mûriers et vers à soie. En 1600, ce dernier publie un *Traité d'agriculture*, recueil de conseils et d'informations pour bien gérer une exploitation. Cet ouvrage, que le roi diffuse, est un grand succès de librairie ! Peu après, Olivier de Serres publie un livret sur « la cueillette de la soye », production encouragée par Henri IV.

La reprise en main de la France implique aussi la réorganisation du gouvernement, de l'administration et des finances. Avant de prendre ses décisions, le roi s'entoure d'avis. Aux Grands Conseils mis en place par ses prédécesseurs, il préfère un Conseil restreint de quelques hommes, choisis moins pour leur rang que pour leur compétence, qu'il consulte dès son lever, avant de se rendre à la messe.

Ces réunions se passent sans cérémonie. Avec Maximilien de Rosny, duc de Sully, surintendant des Finances, la confiance autorise même la familiarité. Sully, qui reste protestant, débrouille les dossiers pour le roi et s'occupe de la plupart des domaines de l'État. Grand Voyer, il prend en charge la remise en état du réseau routier, se concentre sur les ponts et les canaux.

DE L'ART DE S'ATTACHER LES OFFICIERS ROYAUX

La bonne administration des provinces tient aussi à la fidélité des officiers chargés de la justice et de la police. Henri IV invente un moyen de consolider la solidarité des officiers royaux avec le pouvoir, tout en apportant de constantes recettes au Trésor qui, en 1596, affiche un déficit considérable. Il s'agit d'une taxe, la « paulette » – du nom du financier Paulet –, qui en afferme la perception.

Jusque-là, les différentes charges de l'Administration sont transmissibles de père en fils, à condition toutefois que la « résignation » ait lieu quarante jours au moins avant le décès du titulaire. La paulette supprime ce délai. En contrepartie, l'officier paie chaque année une taxe proportionnelle à la valeur de sa charge. Cet impôt, qui rapporte un million de livres par an, subsistera jusqu'à la Révolution. L'hérédité des charges, ainsi consacrée, attache solidement à la Couronne les officiers de justice ou des finances, qui reçoivent privilèges et honneurs. En 1600, ces efforts commencent à porter leurs fruits dans l'ensemble du royaume. Un budget rigoureux, une réforme monétaire en préparation – celle-ci sera appliquée en 1602 – assainissent les finances. Des réserves d'or et d'argent sont engrangées à la Bastille. Le royaume s'agrandit : les armées, chères au cœur du roi, occupent la rive droite du Rhône. En 1601, la Bresse, le Bugey, le Valromey (sud du Jura) et le pays de Gex seront annexés à la France par le traité de Lyon. Avec le rattachement de la Navarre et des villes du Nord, le pays

UNE FRANCE NOUVELLE ?

La France d'Henri IV ne peut, certes, espérer concurrencer ni l'Espagne ni les Provinces-Unies dans leurs efforts de colonisation et d'expansion commerciale. L'opinion publique s'intéresse peu à l'aventure coloniale ; le roi lui-même appuie mollement les entreprises maritimes. Mais il donne des ordres pour rénover les ports de mer et pour armer de nouvelles flottes. L'Atlantique nord est ouvert aux pêcheurs et, depuis Jacques Cartier, beaucoup de marins rêvent d'exploits. Aymard de Chaste et Pierre du Gua, sieur de Monts, vont jusqu'en Acadie. Cette fois, le roi songe sérieusement à coloniser le Canada pour y implanter la foi chrétienne, faire du négoce et enrichir le domaine de la Couronne. Avec son appui, en 1608, Samuel de Champlain fonde la ville de Québec, sur l'estuaire du Saint-Laurent, puis remonte le fleuve : l'aventure de la Nouvelle-France commence.

PRODUIRE FRANÇAIS !

Henri IV s'appuie sur un remarquable économiste protestant qu'il a anobli, Barthélemy de Laffemas. À peine nommé, celui-ci présente un vaste plan de développement du commerce et des manufactures, destiné à améliorer la production à chacun de ses stades : transport et circulation des biens (navigabilité des rivières), qualification des artisans, régime des maîtrises, organisation des métiers, exploitation des mines et des carrières. Pour arrêter l'hémorragie financière due aux importations, il faut faire de Paris la capitale des produits de luxe, en encourageant la création dans les domaines de la cristallerie, de la faïencerie, de l'industrie du cuir et des textiles. Un seul mot d'ordre : « Produire français ». Une règle qui s'applique, en particulier, aux étoffes de soie, d'or et d'argent dont la cour raffole. Tous les propriétaires terriens sont donc invités à planter des mûriers blancs et à ouvrir des magnaneries. Le roi lui-même donne l'exemple. Mais le succès est limité : la France reste, avant tout, une puissance agricole.

passe de 464 000 à 600 000 kilomètres carrés.

HENRI IV, PLUSIEURS FOIS MARIÉ...

L'union d'Henri IV avec la fille de Catherine de Médicis, Marguerite de Valois, la « reine Margot », a été stérile. En 1599, le pape en prononce l'annulation, pour cause de consentement forcé et de trop proche parenté. Le roi est donc libre de se remarier.

Henri IV est alors décidé à épouser sa maîtresse, Gabrielle d'Estrées, avec qui il a un fils, César, duc de Vendôme, mais ce projet offusque les Français, qui refusent de reconnaître un bâtard pour dauphin. Peu après la mort subite de Gabrielle, le roi s'éprend d'Henriette d'Entragues, marquise de Verneuil. Il lui promet l'anneau nuptial si elle lui donne un héritier ; mais le bébé qui naît en juillet 1600 n'est pas viable.

Le roi se résigne donc à écouter ses conseillers : leur candidate, Marie de Médicis, est la nièce du grand-duc de Toscane, et elle apporte, après des marchandages serrés, une dot importante. Le mariage a lieu solennellement à Lyon, en décembre 1600. Neuf mois plus tard, la reine met au monde un dauphin, Louis – le futur Louis XIII. Jusqu'en 1609, elle aura avec le roi, père comblé, cinq autres enfants.

... MAIS AUSSI COUREUR DE JUPONS !

Le roi a la fibre paternelle, ce qui ne l'empêche pas de poursuivre conquêtes et aventures amoureuses, qui coûtent fort cher à la France.

Il est connu pour avoir été un grand séducteur. En effet, pas moins de 50 femmes se seraient succédé dans son lit, entre autres : la fille d'un jardinier de Nérac, Victoire d'Alaya, Mlle de Montagu, Anne de Cambefort... il aurait même eu des relations avec des supérieures de couvent !

LES COMPLOTS DES PRINCES

Henri IV a rendu la paix à la France et lui a donné un dauphin, mais il doit affronter encore rancœurs et traîtrises. Trop de gentilshommes se bousculent dans ses antichambres pour réclamer pensions et privilèges. Et, surtout, la haute noblesse se soumet difficilement à l'autorité monarchique. Biron, un des plus vieux compagnons d'armes du roi, qui l'a fait maréchal, est un homme orgueilleux et tourmenté qui rêve de faire de sa province de Bourgogne un État indépendant, en se débarrassant du roi. Henri de La Tour d'Auvergne, duc de Bouillon, partage ses vues. Et les princes étrangers de Savoie et d'Espagne encouragent l'esprit de rébellion. Des négociations ont même commencé avec les agents de Philippe III d'Espagne. Averti du complot, le roi convoque Biron à Fontainebleau et le presse d'avouer. Mais le maréchal se tait, et son silence le condamne. Incarcéré, il est jugé pour haute trahison et décapité en 1602. De son côté, le duc de Bouillon poursuit ses intrigues. En 1605, installé à Sedan, il s'efforce de reconstituer une union protestante. Sa tentative échoue, il doit livrer les clés de la ville et s'enfuir à Genève. En 1606, la soumission des princes est assurée. Le pays jouit enfin de la paix civile.

Avec l'arbitrage de la France, une trêve de douze ans s'instaure entre l'Espagne et les Provinces-Unies. Le royaume respire. Pragmatique, simple, jovial, Henri IV plaît à ses sujets car il leur offre prospérité, grands travaux, fêtes, succès diplomatiques.

Mais en 1609, au carrefour de l'Europe, entre Rhin, Meuse et Ruhr, la mort du duc de Clèves ouvre une grave crise de succession. Les candidats catholiques et protestants se disputent, et les prétentions de l'archiduc Rodolphe II de Habsbourg menacent l'équilibre européen. Par ailleurs, les progrès de la Contre-Réforme inquiètent les protestants, et la vieille hostilité aux Habsbourg se réveille. Pourtant, Henri IV, qui songe à intervenir, hésite encore. C'est alors qu'une tardive histoire d'amour interfère dans l'histoire politique : le souverain s'éprend de Charlotte de Condé. Les assiduités royales inquiètent l'époux de la jeune femme, qui décide de se réfugier à Bruxelles, sous la protection de l'archiduc. La passion précipite la décision du roi : il hâte les préparatifs de guerre, malgré une opinion hostile à une intervention en faveur des protestants. La régence est solennellement confiée à la reine, le 13 mai 1610, à Saint-Denis. Le 14 mai, le carrosse du roi, pris dans les encombrements de l'étroite rue de la Ferronnerie, est contraint de ralentir. Un homme surgit et frappe mortellement le roi de deux coups de couteau à la poitrine. L'assassin, François Ravaillac, catholique exalté, se croit mandaté par le Ciel. Arrêté, il sera jugé et écartelé le 27 mai.

LE SAVIEZ-VOUS ?

Sully faisait planter un orme sur la place de chaque village qui devenait le centre des fêtes populaires.

De RICHELIEU à MAZARIN

Le pouvoir absolu contre toute résistance à l'ordre royal…

LA QUERELLE DU « CID »

Pendant l'hiver 1636-1637, *le Cid*, de Pierre Corneille, remporte un succès public extraordinaire, mais excite aussi la jalousie des doctes. Le poète Mairet commence par accuser Corneille d'avoir plagié le dramaturge espagnol Guilhem de Castro, qui lui répond avec dédain. Des dizaines d'autres textes attaquent Corneille et lui reprochent de ne pas avoir respecté les règles du « beau langage », des « bienséances » et de l'unité de temps, de lieu et d'action. Le pouvoir politique se mêle au débat. Richelieu est mécontent du *Cid* parce que la pièce met en scène un héros espagnol au moment où les armées de ce pays viennent de menacer Paris. Il veut surtout en profiter pour affirmer l'autorité de l'Académie française, qu'il vient de créer. Finalement, celle-ci ne reproche qu'une chose à Corneille : avoir violé la bienséance en mariant Chimène à celui qui a tué son père – car l'œuvre littéraire doit servir la morale.

Face au danger extérieur, aux prétentions de la noblesse et aux difficultés économiques, l'unité du royaume ne doit son salut qu'à l'action énergique de Richelieu, qui raffermit le pouvoir du roi. Mais sa politique de guerre contre les Habsbourg et les dépenses qu'elle entraîne suscitent de vives résistances. Poursuivie par Mazarin sous la minorité de Louis XIV, cette politique va provoquer une guerre civile, la Fronde, qui remet en cause l'autorité du jeune roi.

Député du clergé aux états généraux de 1614, Richelieu n'a reçu les ordres que pour conserver à sa famille l'évêché de Luçon : sa vraie vocation est la politique.

Remarqué par Marie de Médicis, il accède aux affaires étrangères en 1616 mais celle-ci l'entraîne dans sa disgrâce, jusqu'à ce que cet habile diplomate la réconcilie avec son fils Louis XIII. Le 29 avril 1624, le cardinal de Richelieu revient au Conseil du roi, cette fois-ci pour se mettre durablement au service du monarque.

LE PROGRAMME DU CARDINAL DE RICHELIEU

Le long ministère (dix-huit ans) du cardinal, qui a toute la confiance de Louis XIII, correspond à un net durcissement de l'autorité politique incarnée par le roi. Cette tendance au renforcement et à la transformation du pouvoir central ne concerne pas seulement la France. Dans les années 1630, on observe, en effet, un parallélisme frappant entre le royaume de Louis XIII, l'Angleterre de Charles Ier et l'Espagne de Philippe IV. Les trois monarques sont engagés dans un processus d'absolutisme où l'accroissement de l'autorité royale passe par la diminution ou la suppression des contre-pouvoirs, des libertés des villes et des provinces, ainsi que par l'élimination des adversaires. Cette politique est menée, au nom de leurs souverains respectifs, par les ministres Richelieu, Strafford et Olivares. En France, cette évolution, déjà manifeste au temps d'Henri IV, provoque une série de « malcontentements », sans commune mesure toutefois avec les violents mouvements d'opposition qui marquèrent le temps des guerres de Religion.

Dans son *Testament politique*, Richelieu détaille ce qui peut apparaître comme un véritable programme de gouvernement. Il énonce trois priorités en matière de politique intérieure et extérieure : « Lorsque Votre Majesté se résolut à me donner en même temps l'entrée de ses Conseils et grande part dans sa confiance [...], je lui promis d'occuper toute mon industrie et toute l'activité qu'il lui plairait de me donner pour ruiner le parti huguenot, rabaisser l'orgueil des Grands et relever son nom dans les provinces étrangères au point où il devait être. »

Beaucoup d'historiens ont été quelque peu abusés par le *Testament politique* et par *les Mémoires* de Richelieu qui, en fait, ont été écrits après coup par le cardinal-ministre et par le cabinet de presse qu'il constitua autour de lui, avec des collaborateurs zélés, pour soigner son image et pour démontrer la cohérence de son action. Il n'en demeure pas moins que sa longévité au pouvoir lui a permis de briser, le plus souvent par la violence, les principales résistances à l'ordre royal, qu'elles soient aristocratiques, huguenotes, parlementaires, urbaines ou rurales.

UN ÉTAT DANS L'ÉTAT

Les années 1620 sont d'abord marquées par la continuation puis l'achèvement des guerres de Religion. Pour les officiers et juristes entourant Louis XIII (beaucoup sont des dévots catholiques), il ne fait aucun doute, en effet, que le parti protestant veut mettre en place en France un « État dans l'État », avec ses chefs, ses structures, sa politique : en 1610, déjà, on comptait près de 200 places de sûreté protestantes commandées par un gouverneur. Ces villes fortes disposent d'un corps de troupe dont les capitaines obéissent en priorité aux grands seigneurs huguenots. Au total, les garnisons, les levées de noblesse et les milices des villes de la RPR (la « Religion Prétendue Réformée », selon la terminologie catholique) peuvent faire marcher 25 000 hommes, soit beaucoup plus que les régiments permanents de la Couronne. La Rochelle, surtout, forte de ses 25 000 habitants,

Pour grands que soient les rois, ils sont ce que nous sommes : Ils peuvent se tromper comme les autres hommes.

Corneille, *Le Cid*, Acte I, scène 3.

fait figure de capitale du « parti ». Elle est présentée comme le germe monstrueux d'une république fière et indépendante au sein même de la monarchie : une Amsterdam en puissance. L'État royal est donc en lutte contre un État virtuel, l'État protestant, dont quelques-unes des assises, sans doute embryonnaires mais bien concrètes (des assemblées, des places fortes, des villes fortifiées, des garnisons...), ont été reconnues dans les articles secrets et les brevets qui accompagnent l'édit de Nantes, signé au printemps de l'année 1598.

DES DESSINS POUR PRÊCHER

Vers 1620, le prêtre Michel Le Nobletz évangélise la ville bretonne de Douarnenez à l'aide d'une sorte de bande dessinée.
Les missions sont l'un des éléments les plus spectaculaires de la réforme catholique. Il s'agit de tournées apostoliques exceptionnelles, organisées le plus souvent par des jésuites ou des capucins, et grâce auxquelles l'Église espère évangéliser les classes populaires. Les missions se font surtout en milieu rural, auprès d'une population généralement analphabète.
Michel Le Nobletz, pour s'adapter à la culture orale et visuelle de ses fidèles, fonde sa prédication sur d'étranges cartes de géographie où sont dessinées les routes à suivre pour gagner son salut. « On vous représente dans ce tableau la vie de l'homme, les dangers qu'il doit éviter et les vertus qu'il lui faut pratiquer pour arriver à la vie éternelle », explique le créateur de cette technique, qui sera utilisée jusqu'en 1950 par les prêtres missionnaires bretons.

LA REDDITION DE LA ROCHELLE

Plusieurs campagnes militaires sont organisées à partir de 1621, essentiellement dans le sud-ouest du royaume et le Languedoc. La plupart d'entre elles sont dirigées par Louis XIII en personne, qui prend part aux combats. La fin des guerres de Religion est marquée par un épisode resté célèbre : la prise de La Rochelle, le 29 octobre 1628, après plus d'un an de siège. Richelieu dirige lui-même les opérations militaires et fait construire, pour isoler la ville de la mer, une digue monumentale qui impressionne les contemporains. La reddition de la ville huguenote, souvent décrite comme la capitale de l'hérésie, est accompagnée et suivie d'une intensive campagne de propagande à la gloire de « Louis le Juste » (le surnom donné à Louis XIII), présenté comme le roi de la punition et du pardon. Le point d'orgue en est l'entrée solennelle du souverain victorieux à Paris, le 23 décembre 1628 : harangues, arcs de triomphe, aubades martiales, acclamations populaires, feux d'artifice se succèdent ce jour-là.

Signé le 28 juin 1629, l'édit de grâce d'Alès marque la volonté de clémence royale après une décennie de troubles. En effet, ce document maintient toutes les dispositions religieuses et juridiques de l'édit de Nantes et, en particulier, le principe de la « coexistence ». Mais les clauses du traité secret et des brevets sont annulées, limitant simultanément les privilèges politiques des protestants. Toute assemblée politique est désormais interdite, les places de sûreté sont supprimées et Richelieu entreprend une politique de destruction systématique des remparts des villes huguenotes.

L'ORGUEIL DES GRANDS

Les révoltes aristocratiques sont nombreuses et souvent violentes dans la première moitié du XVIIe siècle. Elles sont particulièrement importantes pendant les minorités de Louis XIII et de Louis XIV car la jeunesse d'un roi est toujours propice, en raison de la faiblesse du pouvoir central, à l'expression des mécontentements et des oppositions. Pour justifier leurs révoltes, les aristocrates revendiquent le droit de se tenir auprès du jeune roi afin de participer avec lui, dans le cadre du Conseil, au processus de décision politique. Aussi ne peuvent-ils supporter la puissance d'un favori (de Luynes, par exemple, au début du règne de Louis XIII) ou le rôle de plus en plus grand joué par les « robins », ces juristes dont ils méprisent l'ascension sociale.

Les mouvements de contestation des gentilshommes « malcontents » se déroulent souvent ainsi : à la suite d'un différend avec un ministre (Richelieu), un favori ou la régente, le chef d'un lignage quitte la cour et va se réfugier dans son fief, protégé par les remparts d'une forteresse, auprès de ses vassaux et de ses obligés, c'est-à-dire là où le rapport de forces lui est favorable. Certains Grands contrôlent en effet un des onze « gouvernements » (circonscriptions territoriales comprenant plusieurs bailliages ou sénéchaussées). Ils disposent aussi d'un solide réseau de clientèles, surtout dans la « noblesse seconde », qui est tenue par des obligations de fidélité envers son protecteur.

LA FAMILLE ROYALE COMBAT RICHELIEU

Au temps de Richelieu, la puissance politique du « principal ministre » permet de maintenir la plupart des Grands dans une relative obéissance. Il y a pourtant plusieurs tentatives de révolte, en particulier au lendemain de la journée des Dupes. Cet événement tragi-comique se déroule au palais du Louvre, le 11 novembre 1630. La reine mère, Marie de Médicis, veut écarter Richelieu, qu'elle estime bien trop puissant. Une violente discussion éclate à ce sujet avec Louis XIII, et, toute la journée du 11 novembre, on croit le cardinal congédié. Pourtant, malgré les apparences, le roi prend position contre sa mère : il confirme le cardinal comme principal ministre et fait emprisonner ses adversaires, parmi lesquels le garde des Sceaux

Qui a la force a souvent la raison, en matière d'État.

Richelieu, *Testament politique.*

LES DUELS HORS LA LOI

Pour Richelieu, « en matière de crime d'État, il faut fermer la porte à la pitié ». Le duel est la première cible du cardinal. La noblesse du XVIIe siècle, qui est encore le creuset dans lequel l'État puise ses élites militaires et administratives, pratique couramment le duel, dont les victimes sont justement des hommes appelés à servir un État qui ne peut tolérer cette survivance d'une justice privée, où le droit n'a pas son mot à dire. Toute justice n'émane-t-elle pas du trône ? Le duel offense le roi, il est aussi un crime contre Dieu, expliquent les plus grands théologiens. Sous le règne de Louis XIII, les édits les plus sévères se multiplient donc contre le duel, qualifié de « crime de lèse-majesté ». En vain. Le 22 juin 1627, à titre d'exemple, Richelieu fait décapiter Montmorency-Bouteville, un gentilhomme qui a osé se battre à Paris, sur la place Royale, cet espace symbolique du pouvoir central. Tout au long du siècle, le duel restera l'objet d'un débat passionné.

Michel de Marillac. La reine mère est contrainte à l'exil à Compiègne, avant de s'enfuir à Bruxelles.

Gaston d'Orléans, frère du roi et héritier potentiel tant que Louis XIII n'a pas de descendance (jusqu'en 1638), interprète l'événement comme un acte de trahison de Richelieu envers la reine mère. Aussi tente-t-il de soulever sa province, l'Orléanais. Après avoir échoué, il se réfugie en Lorraine, dont le duc, Charles IV, soutient la politique des Habsbourg. Le 31 mai 1631, Gaston d'Orléans fait publier un manifeste à Nancy. Il y dénonce le contrôle absolu de Richelieu sur Louis XIII, le gouvernement et le royaume, et il fustige « l'audace active, insolente et impétueuse » du cardinal-ministre, qu'il qualifie de « tyran formidable ». Aussitôt après, dans le Languedoc, le frère du roi participe à la révolte du duc de Montmorency, qui, vaincu par les troupes royales, est décapité le 30 octobre 1632. Cet événement impressionne fortement l'aristocratie et contribue à l'assagir. Le deuxième point du « programme » de Richelieu est en passe d'être réalisé : « rabaisser l'orgueil des Grands ».

LA GUERRE AU SERVICE DE L'ABSOLUTISME

Mais, au même moment, les affaires étrangères deviennent prépondérantes : la guerre de Trente Ans dans l'Empire allemand s'est internationalisée, et la France intervient de plus en plus directement dans le conflit.

Entre 1630 et 1635, ce sont d'abord cinq années de « guerre couverte », marquées par la lutte indirecte contre les Habsbourg, à l'aide des alliances protestantes – celle de la Suède, en particulier – et des opérations ponctuelles aux portes du royaume, notamment en Italie du Nord. Mais quand la Suède subit d'importantes défaites militaires, Richelieu juge que la France se doit d'intervenir directement pour faire barrage aux Habsbourg. Aussi, le 19 mai 1635, Louis XIII déclare solennellement la guerre à l'Espagne, dans les formes rituelles traditionnelles : un héraut d'armes du monarque va porter la déclaration à Bruxelles, la capitale des Pays-Bas.

La guerre est l'agent le plus puissant du renforcement de l'autorité incarnée par un roi général, qui prend en personne la tête de ses armées. Par son ampleur, son coût humain et financier, la guerre permet de justifier le recours à des moyens extraordinaires, au nom des « besoins pressants pour le bien public ». Cette formule est fréquemment inscrite dans le préambule des édits qui imposent des « noveletés » fiscales. En effet, la première conséquence de l'entrée en guerre de la France est l'accroissement énorme des impôts : un véritable tour de vis fiscal. Selon les termes de nombre de lettres patentes ou d'ordonnances, « la nécessité publicque n'a poinct de loy », et elle impose plus que jamais la raison du prince face aux raisons particulières des provinces, des communautés ou des personnes, ces dernières fussent-elles les chefs des plus grands lignages.

Ce sont les intendants qui incarnent principalement cette raison du prince. Représentants directs de l'autorité du souverain, ils sont dotés de pouvoirs supérieurs à ceux de l'officier du lieu et leurs décisions priment souvent le droit coutumier. En tant que juges, les intendants sont investis d'un rôle de répression des oppositions locales et des révoltes. Sur place, ils constituent des tribunaux, et l'appel de leur décision n'est possible qu'au Conseil du roi. En tant qu'administrateurs, les intendants interviennent directement dans les affaires locales et ils tendent à être investis des trois pouvoirs : de police, de justice et de finances.

Par cette omniprésence de l'État royal, mais aussi par le développement de la fiscalité nationale et par les restrictions apportées aux privilèges locaux, les « années Richelieu » sont bien celles de la fondation de l'absolutisme, contesté pendant la régence d'Anne d'Autriche, mais qui s'épanouira sous le règne de Louis XIV.

LA FRONDE PRINCIÈRE ET LES SOULÈVEMENTS POPULAIRES

Tout aussi fréquentes que les séditions aristocratiques, les révoltes paysannes ne menacent jamais vraiment l'autorité royale : qu'ils protestent contre la taille, contre les taxes à l'exportation, contre les droits sur les vins en barrique, contre la gabelle, les croquants sont vite châtiés, leurs manifestes vite oubliés. Mais, çà ou là, tel ou tel noble, certains officiers de la province tardent à rétablir l'ordre royal, quand ils ne soutiennent pas l'émeute, quitte à accabler la population quand les troupes arrivent : l'inquiétude du peuple trouve un écho dans le

LA PRESSION FISCALE

En 1635, l'intervention de la France dans la guerre a un effet immédiat : l'accroissement sans précédent des impôts.

Après l'avènement de Louis XIII, et surtout à partir de Richelieu, l'augmentation est brutale. L'impôt direct nominal, la taille, fait plus que tripler alors que les prix, jusqu'au milieu du siècle, n'augmentent que de 50 à 60 %. En 1580, le collecteur des impôts prélevait 6,2 % du revenu brut des terres, il en prélève 13 % en 1650. C'est une véritable révolution. Au XVIe siècle, en effet, la taille, destinée au Trésor royal, était moins élevée que la dîme, impôt qui était perçu pour l'entretien de l'Église. Au XVIIe siècle, la taille devient plus lourde que la dîme. Quand la monnaie est rare, comme en 1634-1635, les contemporains ont même l'impression que les grandes tailles parviennent littéralement à « sécher » l'argent dans la province.

LES TRAITÉS DE WESTPHALIE

De 1618 à 1648, la guerre de Trente Ans implique une grande partie de l'Europe et se conclut de manière avantageuse pour la France.
Signés en octobre 1648 à Münster et à Osnabrück, les traités de Westphalie concluent ce conflit. Les négociations s'avèrent difficiles. La délégation française, conduite par le duc de Longueville, a demandé à ce que les cent cinquante princes et villes impériales allemandes soient représentés aux pourparlers. Les traités donnent à la France la reconnaissance officielle des Trois-Évêchés et la plus grande partie de l'Alsace, à l'exception de Strasbourg et Mulhouse.
La France reçoit également deux places aux portes de l'Allemagne, Brisach et Philipsbourg, tandis que le duc de Savoie cède Pignerol aux Français.
Les Habsbourg de Vienne en sortent grands perdants car les particularismes locaux sont renforcés, et la division politique et religieuse de l'Empire maintenue. Répondant aux vues de Richelieu et Mazarin, un nouvel ordre est né en Europe qui va durer près de cent cinquante ans – nouvel ordre dont la France est à la fois la garante et la bénéficiaire.

mécontentement des privilégiés. Dès la mort du roi (1643), qui suit de peu celle de son ministre, les troubles deviennent de plus en plus fréquents, les malcontents se rejoignent. Ils vont provoquer la Fronde. Anne d'Autriche fait tenir au petit Louis XIV un lit de justice (séance du Parlement à laquelle assiste le roi en personne), pour casser le testament du roi et se faire attribuer la régence. Elle suscite ainsi la fureur des princes du sang, tuteurs « naturels » du roi. Ceux-ci se déchaînent contre le « principal ministre », Mazarin, que Richelieu avait, disaient-ils, « légué » au roi. Le climat est aggravé par la guerre de Trente Ans qui se poursuit. La victoire de Condé à Rocroi (1643) ne suffit pas à convaincre les impériaux de signer la paix. Or la guerre coûte cher, et Mazarin doit augmenter les impôts : l'alourdissement de la fiscalité devient intolérable à un moment où une succession de mauvaises récoltes rend inabordable l'achat du pain, denrée alimentaire essentielle. Le 13 mai 1648, le parlement de Paris invite les autres cours souveraines à venir discuter des moyens d'améliorer la situation. La réunion aboutit à la rédaction d'une liste de mesures qui limitent la puissance royale, et apparaît comme une déclaration de guerre des ordres privilégiés à la régente.

Après avoir feint d'approuver les requêtes, la reine et Mazarin font arrêter les meneurs. Parmi ceux-ci se trouvent des membres du Parlement, dont Broussel, très populaire à Paris. La ville se couvre de barricades. Mazarin cède et libère Broussel. Mais il ordonne à Condé de ramener ses troupes vers Paris, et met le roi en sûreté : c'est, dans la nuit du 5 au 6 janvier 1649, la fuite de la cour vers le château de Saint-Germain. Dans Paris assiégée, les prix flambent et les intrigues se développent, les parlementaires, le duc de Beaufort, « roi de la Halle », le prince de Conti, la duchesse de Longueville et Gondi, futur cardinal de Retz, se disputent le pouvoir. Finalement, la paix de Rueil, signée le 11 mars 1649, met fin à la Fronde parlementaire.

La Fronde des princes est déclenchée par l'arrestation, le 18 janvier 1650, du prince de Conti, de la duchesse de Longueville et de leur frère le prince de Condé, qui avait pris leur parti. Cette arrestation donne lieu à de nouveaux soulèvements, à de nouvelles remontrances et revendications des ordres privilégiés, qui ne s'entendent que pour condamner Mazarin, et pour déclencher de nouveaux combats. La guerre civile dévaste le Sud-Ouest – où Bordeaux a organisé sa propre fronde, appelée l'Ormée, qui tiendra jusqu'en 1653 –, l'Île-de-France, la Champagne et la Picardie. Certains villages perdent le quart de leur population du fait des violences de la soldatesque et des épidémies. En 1652, Turenne, resté fidèle au roi, remporte la bataille de Bléneau sur les troupes de Condé ; celui-ci s'enferme dans Paris, qui subit un nouveau siège, pendant lequel la Grande Mademoiselle, fille de Gaston d'Orléans, donc cousine germaine du roi, fait tirer le canon sur les troupes royales.

Ce sont les bourgeois de Paris qui, lassés des désordres, craignant l'exaspération du peuple, ouvrent la ville au roi, qui y revient le 21 octobre 1652. Pour apaiser les plus radicaux, on laisse Mazarin en « exil » jusqu'en février : comme toujours, la révolte ne visait pas, du moins officiellement, le roi, mais son ministre... Louis XIV n'oubliera cependant jamais la leçon de la Fronde : il se méfiera autant des Grands que du peuple de Paris.

Le véritable tournant du ministériat de Richelieu est l'engagement dans la guerre. Celle-ci, qui sera nommée guerre de Trente Ans, a commencé sans la France, opposant les Habsbourg catholiques aux princes protestants, dans l'Empire. Les intérêts du royaume ne sont cependant pas loin car, depuis Charles Quint, la diplomatie française est guidée par l'obsession d'un nouvel encerclement par les Habsbourg de Vienne et de Madrid. La politique de grandeur espagnole poursuivie par le ministre Olivares repose bien sur la volonté d'une nouvelle union entre l'Espagne, l'hégémonie habsbourgeoise en Italie, les terres allemandes de l'Empire et les Pays-Bas espagnols.

Dans un premier temps, le cardinal mène une guerre couverte, utilisant les alliances protestantes et se risquant à des interventions directes aux frontières du royaume, essentiellement en Lorraine et en Alsace. Conscient des faiblesses de la France, il passe à la guerre ouverte par nécessité, quand ses alliés sont peu à peu vaincus. Le 19 mai 1635, le roi déclare solennellement la guerre à l'Espagne. La France rentre dans un état de guerre, qui va durer quasiment sans interruption jusqu'à la fin du règne de Louis XIV.

La situation militaire est incertaine et les revers nombreux. L'année 1636 est désastreuse, qui voit une double offensive espagnole, en Bourgogne et sur la Somme, occupant Corbie et menaçant la capitale. En Alsace, les Français perdent la forteresse de Brisach, clef de la région, devant le prince de Saxe-Weimar ; à sa mort en 1639, Louis XIII retourne la situation en rachetant ses hommes et ses conquêtes. Quand Richelieu meurt en décembre 1642, la guerre est loin d'être terminée. Depuis 1635, les « misères de la guerre » ravagent une partie du royaume, faisant se succéder les poussées de peste, les passages de troupes, à quoi il faut rajouter les transformations profondes de l'État.

Qu'ils chantent ! Pourvu qu'ils paient.

Réponse de Mazarin aux chansons haineuses qui l'attaquaient : les « mazarinades ».

Vivre et mourir au XVIIe siècle

Crise économique, famine, épidémies… tous les fléaux réunis

ET SI LE LOUP Y ÉTAIT…

Le terrible hiver de 1708-1709 est marqué par le froid, la faim et la peur, car les loups sortent des bois.
Cette année-là, l'effroi est à son comble. Dans beaucoup de villes et de villages, on raconte que des bandes de loups ravagent les campagnes et viennent même rôder aux portes des maisons. Le loup, vieil ennemi de l'homme européen, réveille les peurs les plus irrationnelles. Il est le symbole même du Mal, de l'inconnu, de ces forces mystérieuses que l'on ne peut maîtriser. Pourtant, les loups de 1709 ne sont pas seulement des fantasmes. Quand ils ont faim, ils tuent. La princesse Palatine rapporte que le courrier d'Alençon a été dévoré avec son cheval. Elle signale aussi que, devant la ville de Mons, deux loups ont attaqué un marchand, lequel a été secouru par deux soldats – des dragons : « Lorsqu'on arriva de la ville pour porter assistance, on trouva deux dragons et un loup étendus morts ; l'autre loup s'était enfui. »

Le Grand Siècle n'est pas seulement l'époque des fastes de la cour de Versailles. Les années de guerre entraînent l'épuisement économique du pays, l'alourdissement du fardeau fiscal, et favorisent les disettes, les épidémies et la dépopulation, les révoltes et le brigandage.
C'est donc aussi une période de grande misère où les hommes meurent en grand nombre.

Les historiens et les démographes ont coutume de parler du « sombre XVIIe siècle » parce qu'il fut marqué, dans la majorité des territoires de l'Europe, par une stagnation de la population. En France, par exemple, le seuil des 20 à 22 millions d'habitants, atteint au milieu du XVIe siècle, n'a pas été dépassé. Cette tendance générale est nuancée toutefois par de brillantes exceptions, comme dans les prospères Provinces-Unies ou dans certaines régions d'Angleterre. En France même, la Bretagne se singularise par une sensible croissance démographique.

UN TEMPS DE CRISES SANS PRÉCÉDENT

L'« obscurité » du XVIIe siècle s'explique avant tout par les freins que l'augmentation naturelle de la population a rencontrés du fait de l'absence de toute révolution agricole ou mutation technologique. Jusqu'au siècle des Lumières, le rendement moyen du blé reste en effet stable et très faible : pour un grain semé, on n'en récolte pas plus de trois à cinq. Aussi la fragile économie agraire, partout dominante, est-elle soumise au moindre dérèglement climatique ; un printemps pluvieux ou un hiver trop rigoureux qui tue les semences dans les sillons suffisent à provoquer une brusque poussée des prix qui condamne inexorablement les plus démunis à la disette. Et la faim, qui affaiblit les corps, se conjugue souvent avec les épidémies, qui fauchent des centaines de milliers de vies.

À la fin du XVIIe siècle, l'économiste anglais Malthus verra dans la multiplication de ces crises de mortalité l'effet d'une loi naturelle tendant à réguler les différences entre la croissance de la population et celle de la production agricole. Les historiens ont confirmé la récurrence de ces crises de subsistance, dont la plus terrible, celle de 1693-1694, cause 1 300 000 morts, soit presque autant que la guerre de 1914-1918 mais en deux ans et dans une France à moitié moins peuplée. En ajoutant le déficit des naissances, on obtient un recul démographique de plus de 1 500 000 personnes.

LES ANNÉES D'APOCALYPSE ACCABLANT « TOUT LE ROYAUME »

« De la famine, de la peste, de la guerre, délivre-nous Seigneur. » Dans les registres paroissiaux, où sont consignés baptêmes, mariages et enterrements, le curé inscrit parfois cette prière pour accompagner la macabre comptabilité à laquelle le contraignent les terribles hécatombes de 1693, du « grand hyver » de 1709 et de toutes ces « années d'apocalypse ». Tout le XVIIe siècle, qu'on clôt habituellement en 1715 avec la mort de Louis XIV, voit en effet alterner les courtes périodes heureuses et les crises particulièrement violentes, avec de multiples nuances locales. Un village, une province peuvent ainsi prospérer au milieu d'une population qui souffre de la disette.

Dans les années 1661-1662, lorsque Louis XIV affirme son pouvoir personnel après la mort de Mazarin, une disette puis une famine accompagnées de graves épidémies frappent le pays.

Elles touchent surtout les pays de la Loire et le Bassin parisien. Les *Mémoires* de Louis XIV, destinés au Dauphin, disent que « la stérilité de 1661 [...] affligea tout le royaume ». Le 16 mars 1662, l'intendant de Caen signale au ministre Colbert qu'« il y a des paysans [...] qui ne se nourrissent plus que de racines, de choux crus et de légumes [et] qu'il y a des personnes qui ont passé quatre mois entiers dans cette ville sans avoir eu une chose à manger ». D'après les députés des villes et des élections de la province d'Anjou, de Laval et du Maine, « les paroisses se sont trouvées réduites à la moitié du nombre de leurs habitants » et « tout le peuple en a été accablé et réduit à la mendicité ».

Le peuple meurt de faim et il se damne.

Vincent de Paul.

VINCENT DE PAUL

L'aide aux plus démunis relève souvent des associations charitables car la pauvreté est abordée en termes religieux, à travers le prisme de la charité et de la pauvreté du Christ.
Né dans les Landes en 1581, Vincent de Paul, très lié à la famille de Gondi, acquiert sa première expérience de la souffrance en devenant aumônier des galères ; comme les Gondi, il adhère à la Compagnie du Saint-Sacrement, association secrète au service de la Contre-Réforme, qui se préoccupe de censure des mœurs et d'assistance. « Le peuple meurt de faim et il se damne », affirme Vincent de Paul à propos des villages dévastés et des églises en ruine. Il organise alors tout un réseau d'aide aux nécessiteux. Les dames de la bonne société sont chargées de collecter des fonds, et l'ordre des Filles de la Charité, qui est destiné aux femmes du peuple, aide les pauvres et soigne les malades. Mais, après la Fronde, le nombre des misérables est si élevé que les autorités envisagent l'enfermement des pauvres dans un hôpital général. À sa mort, en 1660, Vincent de Paul redoute à juste titre que la répression ne remplace bientôt l'assistance.

RICHES ET PAUVRES

Les crises de subsistance contribuent en effet à amplifier les différences sociales. Les « plus apparents », comme disent les textes du temps pour désigner les riches, qui possèdent et négocient le produit de la terre, peuvent spéculer sur les grains et attendre, pour vendre, les périodes de cherté maximale, entre les mois d'avril et de juillet. Ils disposent aussi d'assez de ressources pour prêter aux plus démunis, qui doivent payer l'impôt ou simplement tenir jusqu'à des temps meilleurs. Toujours selon les *Mémoires* de Louis XIV, « ceux qui, en pareil cas, ont accoutumé de profiter de la calamité publique, ne manquèrent pas de fermer leurs magasins, se promettant dans les suites une plus grande cherté et par conséquent un gain considérable ».

Au contraire, le paysan pauvre, le « manouvrier », le journalier et l'artisan des villes n'ont rien à vendre ; souvent dépourvus de vivres, ils sont donc plus que jamais les victimes directes et impuissantes des crises répétées. Aussi, dès que les prix augmentent, ils se privent, ils empruntent sur gages, ils consomment des nourritures avariées ou infectes, du pain de son, des orties cuites, des graines déterrées ou les entrailles de bestiaux qu'ils ramassent devant les abattoirs.

La disette et la misère condamnent des dizaines de milliers de pauvres à l'errance et à la mendicité, aggravant la crainte des « gens de bien ». Ces derniers – bourgeois, officiers, notables... – sont de plus en plus effrayés par la multiplication des hommes et des femmes « sans feu, sans lieu, sans aveu », car pauvreté et délinquance sont souvent associées dans cette même peur de l'autre qu'incarnent le mendiant et le miséreux. Aussi les municipalités tentent-elles de limiter les effets des crises. Aides ponctuelles, greniers de prévoyance, accompagnement spirituel et évangélisation sont les premiers remèdes, complétés par les corps de « chasse-gueux » qui, armés de bâtons, expulsent de force les errants hors des villes.

LE « GRAND RENFERMEMENT »

En avril 1656, le pouvoir royal crée l'hôpital général de Paris. C'est une maison chargée de lutter contre la mendicité et d'imposer un travail obligatoire à tous les oisifs valides recueillis. En 1663, juste au lendemain de la dramatique crise de subsistance qui accompagne l'avènement de Louis XIV, il abrite exactement 6 171 personnes, dont, entre autres, 3 000 valides ou infirmes, 1 300 enfants, 250 ménages et 200 femmes ou nourrices. Mais cet espace ne fut jamais l'immense prison que l'on a parfois décrite.

Néanmoins, un édit de juin 1662 décide que, à l'imitation de l'hôpital général parisien, un hôpital sera établi dans chaque ville et chaque bourg du royaume pour les pauvres malades, les mendiants et les orphelins, « tous lesquels pauvres y seront instruits à la piété et religion chrétiennes, et aux métiers dont ils pourront se rendre capables, sans qu'il leur soit permis de vaguer, ni sous quelque prétexte que ce soit d'aller de ville en ville, ni de venir en notre bonne ville de Paris, et que les habitants des villes et gros bourgs y soient contraints par toutes voies dues et raisonnables ». Mais, comme souvent dans cette France d'Ancien Régime, le fossé est grand entre le projet de l'édit et la réalité du « grand renfermement », dont les effets seront finalement limités.

LA DÉMOGRAPHIE DE L'ANCIEN RÉGIME

L'étude de certaines données permet de décrire avec une assez grande précision la démographie de l'Ancien Régime. La natalité, la nuptialité, la mortalité et la fécondité sont mesurables

On estimait que [...] la tranquillité de l'État était intéressée à ce qu'il fut opposé un frein capable d'étouffer les germes des vices, et de comprimer les mauvais penchants, aux désordres qui mettent incessamment la sûreté en danger [...].

J. C. P. Lenoir, *Mémoires* (XVIIIe siècle), à propos du Grand Renfermement.

QUAND MOURAIENT LES ENFANTS...

« L'enfant mal soigné aura le temps de périr cent fois avant que sa nourrice ait pris pour lui la tendresse d'une mère » (Rousseau).

« Et j'en ai perdu des enfants, mais en nourrice, deux ou trois, sinon sans regret, du moins sans fâcherie. » Cette terrible réflexion de Montaigne illustre l'un des aspects les plus noirs de la démographie ancienne, la mise en nourrice des nouveau-nés et l'effroyable mortalité qu'elle provoque. Cette tragédie quotidienne n'est pas seulement le fruit du hasard. Pour beaucoup de parents, payer une nourrice qui n'a guère intérêt à bien soigner ses pensionnaires est un moyen, faute de la contraception, de se débarrasser d'une progéniture parfois non désirée.

à partir des registres paroissiaux tenus par les curés dans chaque village de France. Mais il existe d'autres facteurs tout aussi importants, comme l'extension du célibat, l'âge des femmes au moment du mariage, le temps passé entre deux grossesses.

Certaines habitudes de vie peuvent jouer un grand rôle en matière démographique. Ainsi, la chasteté préconjugale, qui est l'un des préceptes rappelés avec le plus de vigueur par l'Église, est beaucoup mieux respectée, semble-t-il, à la campagne qu'en ville, sans doute parce que la vie des jeunes gens y est sans cesse contrôlée par la famille, le voisinage, le curé et la communauté villageoise tout entière.

En ville, au contraire, la pression sociale est moins forte, d'où un taux plus élevé de couples illégitimes et de naissances hors mariage. Les enfants abandonnés y sont également très nombreux. Mais leurs mères sont souvent originaires de la campagne, car beaucoup de jeunes femmes qui ont eu des relations sexuelles hors du mariage vont en ville pour dissimuler leur grossesse indésirée.

Le célibat est relativement répandu, puisqu'il concerne environ 10 % de la population en âge d'être mariée. Bien entendu, ce chiffre inclut tous les clercs que leurs vœux contraignent à cet état, mais, dans les villes, il existe aussi de très nombreux « faux célibataires », par exemple de jeunes domestiques attendant de s'être constitué un pécule suffisant pour retourner au village, s'y marier et fonder une famille.

Car une autre caractéristique de cette démographie du début du XVIIe siècle est que l'on se marie assez tard : les femmes vers 22 ou 23 ans, les hommes entre 24 et 26 ans. Dans les milieux aisés, le mariage peut être différé encore plus longtemps.

NAÎTRE AU XVIIe SIÈCLE

Célibat important, mariage tardif et chasteté préconjugale sont autant de facteurs générateurs d'une baisse de la natalité. Sauf accident, et les accidents sont fréquents, si la femme a 25 ans au moment du mariage, les couples ne disposent plus que d'une quinzaine d'années de vie féconde avant l'âge moyen de la ménopause féminine, aux alentours de la quarantaine. Dans leur grande majorité, les femmes ne peuvent pas mettre au monde plus de six ou sept enfants ; or, cette fécondité naturelle est encore affaiblie par une très forte mortalité infantile. Il faut alors « deux enfants pour faire un homme », selon le mot de l'historien Pierre Goubert. Ainsi, le taux de natalité est d'environ 40 à 50 % et le taux de mortalité de 30 à 35 %, ce qui explique la faiblesse de l'excédent des naissances sur les décès et la croissance limitée de la population.

LA MORT DES ENFANTS

Les villes se trouvent le plus souvent en situation de déficit naturel (diminution de la population autochtone), car le taux de mortalité est beaucoup plus fort que le taux de natalité. La mise en nourrice, une pratique courante à la ville, aggrave encore le déficit démographique urbain. Transportés le plus souvent dans des conditions d'hygiène et de confort tout à fait déplorables, mal soignés, mal nourris, ces nouveau-nés meurent en grand nombre. C'est pourquoi la croissance des villes est essentiellement tributaire de l'immigration. Les registres de mariage étudiés par les historiens démographes montrent que, dans les couples, plus de 50 % des garçons sont en général nés en dehors de la ville observée. Associé à la chasteté préconjugale, le mariage tardif est une très grande originalité de l'Occident chrétien de cette époque. Dans le reste du monde, on continue à se marier extrêmement jeune. Cette particularité européenne annonce de profonds bouleversements dans la vie sociale des individus, favorisant le mariage voulu par les individus et non choisi seulement par les familles, et donnant ainsi une nouvelle dimension à l'affectivité conjugale.

LE BAPTÊME DE LA RENAISSANCE

Pour que l'enfant mort-né puisse rejoindre le Paradis et ne pas errer dans les limbes, les parents le faisaient baptiser dans les sanctuaires à répit. On croyait en effet à l'époque que le bébé renaissait pendant quelques instants...

LE SAVIEZ-VOUS ?

Le grand hiver de 1709, dernière grande famine sous Louis XIV, a fait à lui tout seul environ 650 000 morts.

Le temps des révoltes paysannes

Receveurs, gabeleurs... l'heure des règlements !

D'AUBIGNÉ ET LES LABOUREURS

En France, quelques voix s'élèvent pour défendre ceux que Richelieu appelle « les mulets du royaume ». Agrippa d'Aubigné (1552-1630), poète et écrivain, publie en 1616 ses *Tragiques* puis, de 1617 à 1620, une *Histoire universelle*. Il n'a jamais cessé de combattre pour sa foi. Réformé, partisan d'Henri IV, il quitte celui-ci quand il abjure, pour poursuivre ses combats par la plume, en fustigeant les catholiques dans de très nombreux pamphlets et satires. Ses poèmes, puissants, tourmentés, démesurés, sont typiques du goût baroque de l'époque, mais témoignent également d'une réelle compassion pour la France, alors déchirée par les guerres civiles, et pour les paysans, « les aimés laboureurs », malheureux, alors que leur travail enrichit « ceux qui ne valent rien ».

Au XVIIe siècle, la montée en puissance de l'État absolu provoque des résistances à l'ordre nouveau.

En France, comme dans le reste de l'Europe, de l'Empire russe à l'Espagne, l'absolutisme royal ou impérial s'impose sans ménagements, bousculant les anciennes libertés garanties par la loi ou, le plus souvent, la coutume. Or, la révolte est souvent le dernier moyen dont dispose le peuple, et en particulier celui des campagnes (artisans ou paysans), pour répondre à une agression extérieure à la communauté, la paroisse, le quartier ou la seigneurie. Entre toutes, l'agression fiscale est la plus immédiatement évidente et, surtout, la plus mal ressentie. C'est donc elle qui provoque les réactions les plus violentes.

LE SCÉNARIO D'UNE RÉVOLTE

Dans les campagnes, les paysans s'assemblent spontanément au son du tocsin pour mettre en fuite les hommes chargés de récolter l'impôt, les commis des fermes, accompagnés de leurs escortes d'archers et de fusiliers venus de l'extérieur. Les périodes de marchés et de foires, entre Pâques et la moisson, mois gras où les travaux laissent la place aux fêtes et aux jeux, sont les plus propices aux grands rassemblements sur la place du bourg ou du village.

À Blanzac, en Angoumois, le 6 juin 1636, au moment de la grande foire annuelle de la Saint-Jean-Baptiste, un témoin raconte qu'il vient ce jour-là « environ quatre mille hommes armés d'arquebuses et de piques, distribués en douze ou quinze compagnies conduites par leurs curés, tous marchant en bon ordre au son de quelques fifres et violons par faute de tambours ». L'action des révoltés est avant tout dirigée contre les représentants du roi : les officiers de finances, les receveurs, les gabeleurs, les gens d'armes et, parfois, faute de mieux, les étrangers à la communauté. Ainsi, à Blanzac, un malheureux suspect parisien est spectaculairement pris à parti et mis à mort : on lui coupe un bras puis on le promène sur la place avant de l'achever.

« VIVE LE ROI SANS GABELLE ! »

Les insurrections éclatent presque toujours au nom du légendaire âge d'or d'une justice fiscale. Louis XII mais aussi Henri IV sont, plus que jamais, les mythiques pères du petit peuple. « Vive le roi sans gabelle ! » proclame-t-on à Blanzac et dans nombre de communautés. Parfois, des villages rédigent quelques doléances ou un manifeste qui expliquent leur mouvement au souverain, nécessairement trompé

L'ALLIANCE DES NOBLES ET DES PAYSANS

Dans les campagnes, les paysans ne sont pas les seuls à se révolter contre l'autorité royale.

Au XVIIe siècle, l'instauration de l'absolutisme heurte de nombreux nobles, qui, nostalgiques de l'ordre féodal, s'opposent aux représentants de l'autorité royale et entendent rester maîtres dans leurs fiefs. C'est le cas de la famille de Pompadour, qui, en 1644, fait l'objet d'un rapport envoyé par Corberon, l'intendant du Limousin, au chancelier Séguier. Depuis 1641, il est pratiquement impossible de percevoir la taille sur les terres de M. et Mme de Pompadour, car ces puissants seigneurs « traitent mal » les collecteurs. Ils ont, dit le rapport, « tant de mépris de l'autorité » que le peuple en est venu à croire que la protection des Pompadour lui permettrait d'échapper à la répression. Les paysans ne paient donc plus la taille.

... L'hiver jouit de tout : bienheureuse vieillesse, La saison de l'usage et non plus des labeurs...

Agrippa d'Aubigné, *Hiver.*

Que l'argent des fouages anciens sera employé pour acheter du tabac, qui sera distribué avec le pain bénit, aux messes paroissiales, pour la satisfaction des paroissiens.

Extrait du code proclamé par les Bonnets Rouges, les paysans bretons révoltés en 1675.

LES ÉMEUTES URBAINES

Les villes sont régulièrement agitées par des mouvements insurrectionnels, d'ampleur très variable, qui déclinent à la fin du XVIIe siècle, sans disparaître pour autant.

Comme dans les campagnes, les séditions urbaines débutent souvent par un événement fortuit autour duquel se cristallisent les tensions sociales et économiques. Près de 96 révoltes majeures touchent les villes du royaume entre 1586 et 1713. Les émeutes frumentaires sont fréquentes, par exemple à Rouen en 1661, à Dieppe en 1694. Ces événements servent à libérer les tensions et les angoisses, agissant comme un mode d'expression quasi normal, à l'image du carnaval. La lutte pour le pouvoir leur donne une dimension particulière, qu'elle oppose le peuple aux élites (la « Grande Rebeyne » de Lyon en 1529) ou les élites entre elles (à Bordeaux en 1652). Dans les grandes et très grandes villes, comme Paris, le comportement des foules est influencé par l'afflux des pauvres et les difficultés d'approvisionnement lors des crises économiques. Il constitue donc un danger permanent, qui jouera un rôle politique majeur à partir des années 1770.

par de mauvais conseillers, car le monarque n'est jamais directement mis en cause. Partout, les révoltés dénoncent la pression fiscale.

Des centaines d'insurrections, comme la révolte des croquants en 1637-1638, ont ainsi lieu dans le Languedoc, en Guyenne, en Provence, en Normandie. Mais l'extension géographique de ces « émotions » est souvent relativement faible : quelques dizaines de paroisses tout au plus. Surtout, chaque révolte répond à des causes spécifiques et obéit à une logique particulière, car chaque province est dotée d'un régime fiscal distinct. Et il y a peu d'exemples de concertation réelle entre les révoltés, ce qui facilite grandement la répression.

LA VIOLENCE D'ÉTAT

Le mécanisme de la reprise en main par le pouvoir central est pratiquement partout le même. En France, la guerre contre l'Espagne, à partir de mai 1635, justifie l'utilisation massive de la force armée quand la justice ordinaire, celle du prévôt ou du bailli, ne suffit pas pour maintenir la population urbaine et rurale dans son devoir d'obéissance. Une commission du roi ordonne le déplacement de la troupe, et l'intendant dispose de tous les pouvoirs, de police et de justice, pour imposer la loi du monarque. On prend bien soin de choisir des régiments étrangers à la province afin d'éviter tout risque de fraternisation entre les soldats et les révoltés qu'ils doivent écraser.

Tout d'abord, les villes sont occupées, toutes les portes, toutes les places sont gardées par des détachements armés, le mousquet sur l'épaule. Puis le désarmement des habitants est ordonné : l'État s'érige comme seul détenteur légitime des armes. Le logement forcé des soldats, qui ne se privent d'aucune licence, est généralement suivi d'une destruction des tours et des remparts, les symboles les plus visibles des libertés communales. Les impôts et les taxes sont encore augmentés, à moins que n'intervienne un pardon royal, le plus souvent sélectif. Des fermes et des villages sont victimes de « brûlements » ; les champs sont saccagés ; les récoltes et les réserves, détruites. Après un spectaculaire et rapide procès des principaux meneurs, des exécutions sommaires et exemplaires suivent, si possible en présence de la troupe disposée en carré autour de l'échafaud. De nombreuses condamnations aux galères, qui équivalent pratiquement à la peine de mort différée, sont également prononcées.

En 1639, la révolte des Va-Nu-Pieds normands est écrasée avec la même violence, d'autant qu'elle s'appuie sur les sentiments particularistes d'un ancien duché fier de ses privilèges et de ses libertés. La révolte est provoquée une fois encore par une surcharge fiscale, et précisément par la décision d'étendre la gabelle (impôt sur le sel) dans une province jusque-là exemptée. Contre les Normands révoltés, le colonel Jean de Gassion dispose de quatre mille hommes de pied et de mille deux cents cavaliers. Des combats violents opposent les soldats aux insurgés, en particulier sous les murs d'Avranches, à la fin de novembre 1639. Le siège provoque plus de trois cents victimes et il s'achève par le sac de la ville et par une série d'exécutions sommaires. L'arrivée à Rouen du chancelier Séguier, pourvu du droit exceptionnel d'ordonner directement les exécutions capitales, associe la force de la justice à celle de l'armée du roi pour une exemplaire punition. Ainsi, un peu partout en France, les révoltes populaires ont permis, par la violence de la répression, d'imposer et de renforcer l'ordre de l'État absolu. De fait, après 1680, disparaissent les révoltes populaires ouvertes et de grande ampleur.

La sorcière et le juge

Procès, tortures, bûchers pour les possédées…

TOUT EST SIGNE !

Dans un monde hostile et angoissant, chaque événement fortuit est marqué d'un sens précis, faste ou néfaste. Ainsi, d'après l'*Évangile des quenouilles*, un texte souvent réimprimé aux XVIe et XVIIe siècles, les pies qui jacassent au-dessus d'une maison sont un « signe indubitable » de mauvaises nouvelles. Un chien qui hurle annonce des malheurs. S'il s'agit de loups, la peste est assurée, et la guerre ou la famine ne sont pas loin. Par contre, le hennissement d'un cheval est un bon présage. Même les rites et les objets de la vie religieuse sont susceptibles de porter bonheur ou de nuire. Par exemple, il est bénéfique de rencontrer un moine noir le matin, mais dangereux de croiser un moine blanc. Et l'eau bénite de la messe du dimanche empêche le « diable mauvais » d'approcher à moins de sept pieds celui qui l'a reçue, protection d'autant plus précieuse qu'elle dure une semaine entière…

De la Renaissance aux Lumières, dans de nombreux territoires d'Europe, des dizaines de milliers de personnes sont jugées et condamnées pour crime de sorcellerie et culte rendu au diable. C'est entre 1580 et 1640 que se situe le paroxysme du temps des bûchers. La répression de la sorcellerie est complexe. Il s'agit autant de lutter contre le démon que d'imposer un ordre social et politique à des territoires rebelles.

Tandis que l'Espagne et l'Italie sont, semble-t-il, moins touchées, la France occupe une position intermédiaire dans la géographie de la sorcellerie. La chasse aux sorcières y commence un siècle plus tard que dans la zone alpine, qui invente la démonologie dans les années 1480, faisant de la classification et de l'étude du Malin une véritable science. La répression y demeure aussi plus modérée, en partie grâce à la justice laïque.

LE PIRE DES CRIMES…

Couronnant la pyramide des délits et des peines, la sorcellerie est le crime de « lèse-majesté humaine et divine », le pire des crimes. Il conduit donc à la torture, puis au feu, ceux qui sont accusés d'avoir transgressé toutes les règles, d'avoir subverti l'ordre des puissances de la terre et du ciel. Dans les procès de sorcellerie, la participation au sabbat est l'élément fondamental de l'accusation et suffit à prouver la culpabilité : en libérant les forces obscures et maléfiques, le sabbat permet en effet le déchaînement de puissance, de destruction et de mort dont les « possédés » sont investis par le démon, leur nouveau maître. Mais, pour extirper l'hérésie démoniaque, les enquêteurs cherchent à connaître tous les complices des sorciers. L'usage de la torture, appelée « question », permet d'obtenir des aveux, puis des dénonciations. Dans certains cas, l'accusé peut être gracié en échange de sa coopération. Ainsi, en juin 1606, à Riom en Auvergne, Madeleine des Aymards, une jeune servante de 15 ans, convaincue de sorcellerie, remplace le pacte avec le diable par un pacte avec le juge : « A dict et répondu que si nous luy représentons et faisons veoir quelques rangs de ceux qui ont esté aux dits sabats, et qu'elle les recognoisse pour estre de ceux qu'elle a veus assister aux dits sabats, elle nous le dira très véritablement et qu'elle serait bien marrie de nous le sceller, et a dict ne savoir signer. » Les procès en sorcellerie déclenchent souvent une cascade de condamnations, bien au-delà du noyau initial des accusés.

LA CHASSE AUX SORCIÈRES

Les campagnes sont le terrain privilégié de la chasse aux sorcières. Les bourgs et même les villages les plus reculés n'échappent pas aux enquêtes et aux procès. La répression de l'hérésie démoniaque devient ainsi un instrument privilégié de l'affirmation de l'au-

LES POSSÉDÉES DE LOUDUN

Dix-sept religieuses entrent en convulsion, profèrent blasphèmes et obscénités : hystérie collective ou défi de Satan ? À Loudun, à l'automne de 1632, un couvent entier d'ursulines se déclare la proie du démon. Bientôt, le curé de la paroisse, Urbain Grandier, est accusé d'être sorcier. Un long procès s'engage pendant que les exorcismes se succèdent en vain. Le public se presse comme au spectacle pour assister aux convulsions des religieuses. Finalement, Grandier est déclaré coupable et brûlé vif le 28 août 1634 devant plusieurs milliers de personnes. Mais l'affaire de Loudun, à cause de son caractère excessif, marque le début d'une réaction des élites contre la chasse aux sorcières.

Comme vous avez de la chance que nous ne puissions rien sur vous, ô juges ! Il n'y a point d'hommes que nous désirions plus tourmenter que vous, qui poursuivez toute notre race par de tels supplices.

La femme Lasnière, de Nancy, interrogée par le juge Nicolas Remy.

Je compte que depuis quinze ans que je juge à mort en Lorraine, il n'y a pas eu moins de neuf cents sorciers convaincus envoyés au supplice par notre tribunal.

Propos de Nicolas Remy, célèbre pour sa lutte contre la sorcellerie dont il a écrit une chronique en 1595, *la Démonolâtrie*.

torité centrale, relayée par le pouvoir des échevins – les juges locaux –, des curés et des notables. Traitée comme un bouc émissaire, la sorcière rurale (80 % des accusés sont des femmes) est en quelque sorte l'antithèse du juge qui la condamne : femme et paysanne, elle est doublement suspecte. Son interrogatoire, son jugement et son exécution spectaculaire visent à détruire l'ordre et la cohérence propre du monde villageois, toujours suspect de paganisme ou d'insoumission. Le procès et la mise à mort publique de la sorcière ont aussi pour fonction de conduire vers les « sentiers du bien », comme disent alors les magistrats et les prêtres, ceux qui se sentent culpabilisés de vivre à côté de tels « suppôts de Satan ».

La chasse aux sorcières contribue ainsi à renforcer un consensus social tourné vers l'obéissance au seul maître possible, le roi, image de Dieu sur Terre. À travers les femmes condamnées, c'est l'ensemble du monde rural qui est mis en accusation, parce qu'il représente des marges à discipliner et à moraliser.

LE PACTE AVEC LE DIABLE

Sous la torture, de nombreuses sorcières révèlent aux enquêteurs le texte du serment qu'elles ont signé avec leur propre sang.

La sorcière qui se livre à Satan a choisi son camp et fait à son maître une étonnante profession de foi : « Je promets à vous, Belzébuth, que je vous serviroy toute ma vie, et vous donne mon cœur et mon âme, toutes les facultez de mon âme, tous les sens de mon corps, toutes mes œuvres, tous mes désirs et soupirs, toutes les affections de mon cœur, toutes mes oraisons et mes pensées, je vous donne toutes les parties de mon corps, toutes les gouttes de mon sang, tous mes nerfs, tous mes ossements et toutes mes veines, et tout ce qui est dans mon corps et ce que créature pourroit offrir [...] En confirmation de quoi, j'ai écrit et signé la présente de mon propre sang. »

DES SORCIÈRES AUX FRONTIÈRES

Dans la plupart des États de l'Europe, la géographie de la chasse aux sorcières révèle que les zones les plus touchées par les procès sont situées aux frontières. En France, il s'agit du Nord, de l'Est, du Languedoc, du Sud-Ouest jusqu'au Béarn, et aussi de la Normandie. Tous ces territoires et ces provinces ont en commun une histoire marquée par une longue résistance aux efforts de la monarchie pour construire un État unifié et centralisé. Pour les juges du roi, il ne fait aucun doute que les procès des sorcières participent à une entreprise plus générale visant à imposer soumission politique, discipline sociale et orthodoxie chrétienne. D'ailleurs, la lutte contre le satanisme va de pair avec la répression des révoltes populaires. Ainsi, les procès de sorcellerie sont étroitement liés à la lutte entre le centre politique, c'est-à-dire l'État royal, et la périphérie.

MODÉRATION ET SÉVÉRITÉ

Soucieux de manifester leur loyauté et leur rectitude, les tribunaux des régions périphériques agissent souvent avec une plus grande sévérité que ceux de la capitale, le parlement de Paris au premier chef. On remarque, en effet, que de nombreuses sentences de mort sont annulées par le parlement de Paris, qui exerce la juridiction d'appel sur une partie de la France du Nord et qui sert plus ou moins de modèle aux autres cours de justice. Il joue ainsi un rôle modérateur dans la chasse aux sorcières. En effet, de nombreux juges, touchés par les progrès du rationalisme et des sciences, commencent à douter de la réalité des phénomènes extraordinaires complaisamment attribués au démon et à ses serviteurs. Ce scepticisme de l'élite parisienne permet de comprendre en partie pourquoi il y a bien moins de procès et d'exécutions en France que dans le Saint Empire. L'aire germanique a compté environ 22 500 bûchers de sorcellerie, pour une quinzaine de millions d'habitants, contre 1 254 affaires portées en appel de 1540 à 1670 dans le ressort du Parlement de Paris, fort de dix millions de Français. La dernière vague de procès, des années 1640-1680, concerne essentiellement des régions nouvellement conquises (Flandre, Hainaut) ou qui résistent à l'absolutisme royal (Normandie, Alsace).

MME DE MONTESPAN ET LA VOISIN : DIABLE D'ENSORCELEUSES !

Si les sorcières, sont souvent chassées, il arrive également qu'elles soient très appréciées par des gens de la cour… Mme de Montespan, perdant les faveurs de Louis XIV, aurait consulté Catherine Monvoisin et demandé de l'aide, celle-ci étant réputée pour ses philtres d'amour et ses « poudres de succession ». Messes noires, rituels étranges, poisons, la marquise n'aurait reculé devant aucune pratique pour retrouver sa place. Suite à l'empoisonnement supposé de Mme de Fontanges, jeune favorite du roi, La Voisin est condamnée et Athénaïs de Montespan éloignée de l'entourage du roi.

Le règne de LOUIS XIV

Soli soli soli : le seul soleil de la Terre...

Louis XIV prend en charge, dès 1661, la réalité du pouvoir monarchique et, en peu de temps, il réussit à imposer, à la France et à l'Europe, l'image d'un Roi-Soleil tout-puissant. Ce triomphe de l'absolutisme a eu cependant un coût élevé pour le royaume.

L'ÉTIQUETTE !

« C'est un des plus visibles effets de notre puissance que de donner quand il nous plaît un prix infini à ce qui de soi-même n'est rien. » (Louis XIV).

À la cour, toute la vie tourne autour de la personne du roi. Soucieux de soutenir la dignité de son « métier », Louis XIV fait de sa vie une perpétuelle représentation, minutieusement réglée. Les courtisans se disputent, comme autant d'honneurs insignes, toutes les occasions d'approcher leur maître : assister au petit ou au grand lever, voir le roi faire sa prière, peut-être même lui tendre sa chemise ! C'est du roi que viennent toute élévation et toute faveur, voilà ce que manifeste le cérémonial de la cour solennel et pesant. Ainsi, les princes du sang ont le premier rang à Versailles, mais, si haut soient-ils, ils ne sont encore que des sujets : en présence du roi, le tabouret est le meilleur siège auquel même les plus illustres seigneurs puissent prétendre.

Dès le lendemain de la mort de Mazarin, le 10 mars 1661, Louis XIV annonce sa décision de gouverner seul, sans Anne d'Autriche, sa mère, ni Gaston d'Orléans, le frère de Louis XIII, ni aucun des Grands du royaume. Désormais, Fouquet (puis Colbert), Le Tellier et Lionne suffisent.

LE ROI-ÉTAT

En 1673, un aventurier italien, Jean-Baptiste Primi Visconti, décrit dans ses *Mémoires* Louis XIV comme un souverain désirant « tout savoir », ayant recours aux ministres pour les affaires de l'État, aux présidents des parlements pour les cours souveraines, aux juges « pour les moindres choses » et aux dames pour les galanteries. Le temps de Louis XIV est, du moins en apparence, celui d'un « roi-État », un roi qui semble avoir absorbé en sa personne toute la puissance des particuliers. Ainsi le parlement a-t-il été privé de son pouvoir politique : à partir de 1673, il lui est interdit de présenter des remontrances avant l'enregistrement des édits et des ordonnances. À Fontainebleau, à Paris, puis de plus en plus souvent à Versailles, le cérémonial de cour, centré sur la seule personne du monarque, tend progressivement à se substituer aux règles des différentes institutions d'État.

Le temps de Louis XIV est aussi celui d'une entreprise de glorification inédite par son ampleur qui met en scène, autour de la figure du Roi-Soleil, le culte royal le plus élaboré, le plus savant, le plus mystérieux aussi parmi les monarchies européennes. Le choix de l'emblème solaire est significatif : l'astre du jour, explique lui-même le roi, répand sa clarté et sa chaleur sur la Terre, et tous lui doivent la vie. Un tel culte utilise toutes les ressources de la communication du temps : les textes (du théâtre au poème), les images (peintures et gravures), les monuments, les spectacles et les manifestations de dévotion populaire – chaque victoire, par exemple, est l'occasion d'un *Te Deum*, accompagné de fêtes et de feux d'artifice à la gloire d'un roi de guerre toujours triomphant.

LE TRAITÉ DES PYRÉNÉES

Signé après de longues et difficiles négociations, le traité des Pyrénées consacre la prépondérance française en Europe.

La guerre contre l'Espagne, épuisante pour les deux États, se poursuit depuis 1635. Le traité des Pyrénées, signé le 7 novembre 1659, sur la Bidassoa, assure enfin une paix durable. La France reçoit des avantages territoriaux : l'Artois, la Cerdagne, le Roussillon. Le traité prévoit aussi le mariage de l'infante Marie-Thérèse et de Louis XIV : ce dernier renonce aux droits à la succession d'Espagne que son épouse pourrait transmettre à ses enfants, moyennant le paiement d'une dot de 500 000 écus d'or. Mazarin tient beaucoup à cette clause, car il sait que l'Espagne ne pourra pas payer : alors, la France conservera ses précieux droits sur la Couronne espagnole...

LE ROI-LÉGISTE

La période 1661-1673 est, dans toute l'histoire de la France, une de celles qui voient la plus grande addition de « réformations », comme les appellent les textes du temps. On retrouve durant ces années la tentation de la monarchie, pendant les courts moments de paix (l'intermède de la guerre de Dévolution contre l'Espagne en 1667-1668 excepté), de mettre en place une réforme générale des institutions, voire de l'organisation économique et sociale du royaume. Un volume entier serait nécessaire pour établir une simple liste des édits, des ordonnances, des lettres patentes, des règlements, des codifications dans tous les domaines (Code civil, dit « code Louis » en 1667, Code criminel de 1670, Code maritime, Code noir en 1685, etc.), des procédures d'exception (Grands Jours d'Auvergne contre les seigneurs abusant de leur pouvoir en 1665, notamment). Dans ses *Mémoires*, Louis XIV prend bien soin de mettre en valeur sa fonction de roi-légiste en détaillant les dix-sept mesures d'autorité qu'il déclare avoir prises en 1661.

LA POLITIQUE DE COLBERT

C'est dans le cadre du fameux « grand dessein » qu'il présente au roi en 1664 que Colbert, qui est le maître des Finances et dispose d'un ample réseau

L'État, c'est moi.

Mot prêté à Louis XIV en avril 1655 ou décembre 1665 pour forcer le Parlement de Paris à enregistrer les édits royaux.

FOUQUET FAIT DE L'OMBRE...

Dernier surintendant général des Finances, Fouquet est moins une victime de la jalousie royale que de l'absolutisme en marche.

Nicolas Fouquet est surintendant général des Finances à partir de 1653. La légende veut qu'il ait été disgracié brutalement en septembre 1661 car le jeune Louis XIV avait pris ombrage de la fête somptueuse donnée, le 17 août 1661, dans le château de Vaux-le-Vicomte que Fouquet s'était fait construire. En réalité, c'est un règlement de compte entre clans ministériels : Colbert a intrigué pour faire éliminer son rival. De son côté, Louis XIV souhaitait limiter la puissance du « parti dévot », un courant ultracatholique au pouvoir en partie occulte, dont Fouquet était un des piliers. Cet épisode s'inscrit donc dans la prise de pouvoir de 1661 : désormais, il n'y a plus qu'une seule source de pouvoir, le roi.

de fidélités et de capitaux, entreprend cette série de réformations : pour tenter de résorber le décalage chronique entre les recettes et les dépenses, il envisage la réduction des dettes, l'assainissement du budget et l'incitation à la consommation. À défaut de pouvoir supprimer la vénalité des charges, Colbert diminue le rythme de création des offices ; il baisse le montant des impôts directs (la taille) et augmente celui des impôts indirects (les aides, les traites, la gabelle). Le contrôleur général présente au roi ses « vérités » dans de nombreux mémoires, dont celui de 1670, qui constitue en quelque sorte la charte de ce que certains ont appelé le « colbertisme ». Colbert y détaille les moyens destinés à accroître « la grandeur, la puissance de l'Estat et la magnificence du Roy » : il faut « augmenter l'argent dans le commerce public en l'attirant des pays d'où il vient, en le conservant au-dedans du royaume et empeschant qu'il n'en sortist, et donnant des moyens aux hommes d'en tirer profit ».

TOUT À L'ÉTAT ?

De ce « printemps louisquatorzien », les historiens ont surtout retenu la figure et les activités des vingt-trois intendants « de police, de justice et de finances », choisis essentiellement dans le vivier des maîtres de requêtes. Il convient d'ajouter les intendants d'armée, trop souvent passés sous silence, qui participent eux aussi au travail d'appropriation par l'État et par la royauté de la force militaire, traditionnellement rebelle aux ordres transmis par les représentants du prince. Parallèlement à la montée en puissance de ces agents du roi, le rôle des gouverneurs de province est réduit, car on se méfie des grandes familles aristocratiques qui exercent cette charge.

Les rapports que les intendants rédigent alors se veulent, à l'image de ceux du contrôleur général, de plus en plus précis. Ceux-ci s'intéressent désormais en priorité aux problèmes de rentabilité fiscale et économique liée à la mise en valeur de leur généralité. Cette politique de contrôle, d'enquête, de dénombrement tend à devenir la règle, symbolisée par la toute-puissance des secrétaires d'État, des nombreuses équipes de commis qui dépendent de Colbert et par la minutie tout administrative des conseils du royaume. Ces conseils, au nombre de sept, régissent de façon unique tous les aspects de la vie politique du pays. Le Conseil d'État, ou d'en haut, est constitué de membres qui délibèrent avec le roi des grandes affaires du royaume, intérieures ou extérieures ; le Conseil des dépêches centralise les rapports rédigés par les agents provinciaux (les intendants) et joue aussi le rôle de tribunal administratif suprême ; le Conseil des finances s'occupe plus particulièrement des impôts ; le Conseil des parties, ou Conseil d'État privé, examine les affaires que les parties (les plaideurs) portent en dernier ressort devant la justice du roi (il rappelle l'actuelle Cour de cassation) ; le Conseil de conscience désigne les titulaires des grandes charges ecclésiastiques ; le Conseil de la religion prétendue réformée s'occupe des protestants, jusqu'à la révocation de l'édit de Nantes (1685) ; le Conseil du commerce, enfin, composé de six fonctionnaires et de douze délégués des négociants, reçoit de multiples placets, lettres et mémoires de marchands.

Dans la politique entreprise par Colbert et mise en place par les intendants, il est important de noter que les mesures d'autorité et les textes qui les justifient répètent le même discours : tout désormais doit passer par l'État (c'est-à-dire le roi), parce qu'il est l'instrument de la providence divine ; toute la puissance doit aller vers lui, toute puissance doit dériver de lui. Dans cette perspective théologico-politique, le mercantilisme (ou le colbertisme) n'est qu'une des figures de ce « tout à l'État » qui suppose en même temps le caractère sacrilège de toute opposition. L'absolutisme de droit divin exige en particulier la stricte application de l'unité et de l'uniformisation de la foi, un serment que le roi a solennellement prêté lors de son sacre.

LE SAVIEZ-VOUS ?

Dans l'abbaye de Port-Royal, l'abbesse Jacqueline Arnauld, ses frères et certains érudits fondent les Petites Écoles, remarquables par leur pédagogie novatrice.

LA LUTTE CONTRE LE JANSÉNISME

Le combat contre le jansénisme et contre le protestantisme illustre la volonté royale de réaliser l'unité de la foi et l'unité du royaume, en d'autres termes, la suppression du pluralisme confessionnel sur un même territoire.

Apparu dans les années 1640, le jansénisme a séduit, par sa rigueur et sa vision tragique du salut, nombre de catholiques, surtout parmi les classes dirigeantes : des officiers, des clercs, des aristocrates mais aussi certains bourgeois. L'*Augustinus*, un traité théologique rédigé par Jansénius, qui fait figure de manifeste du mouvement, paru en 1640, est condamné par Rome en 1642 puis en 1653 : cinq propositions sont déclarées hérétiques. Les jésuites – dont Pascal, ardent défenseur du jansénisme, a dénoncé dans ses *Provinciales* la « morale relâchée » – mettent en avant la proximité de la doctrine janséniste de la prédestination avec le protestantisme.

Tout cela vient s'ajouter aux griefs que l'État royal nourrit contre Jansénius et son porte-parole en France, l'abbé de Saint-Cyran, directeur de conscience de l'abbaye de Port-Royal, tous les deux ayant en effet critiqué la politique belliqueuse de la France lors de la guerre de Trente Ans.

Le 3 avril 1661, reprenant un texte de l'assemblée du clergé, un arrêt du Conseil du roi exige la signature par tous les ecclésiastiques du royaume d'un formulaire condamnant les cinq propositions de Jansénius. Les jansénistes, partagés, trouvent un accord avec Rome, suivi en 1669 d'une trêve avec le pouvoir royal, qui permet une grande floraison littéraire : les *Pensées* de Pascal sont publiées en 1670, ainsi que les œuvres de Nicole, du grand Arnauld et de Lemaître de Sacy.

Pourtant, Port-Royal reste aux yeux de Louis XIV un foyer de subversion. Il est vrai que l'abbaye oppose à l'obéissance sans condition, demandée par le roi, l'autonomie de la conscience et qu'elle rejette le principe même de la raison d'État ; en outre, Port-Royal sert de refuge aux mécontents, aristocrates déçus par l'autoritarisme royal ou nobles de robe frustrés de leurs prétentions à intervenir dans les affaires de l'État.

Les sanctions tombent : en 1679, les pensionnaires et les novices de l'abbaye sont expulsées, et, le 29 octobre 1709, les religieuses sont dispersées, par ordre du roi, dans plusieurs villes de France ; Port-Royal est rasé deux ans plus tard. L'affaire du jansénisme illustre bien les conséquences et les implications de l'absolutisme royal quand toute

LE SCANDALE DU TARTUFFE

Louis XIV apprécie et soutient Molière. Mais le dramaturge ne va-t-il pas trop loin en s'en prenant aux faux dévots ?

Émotion à la cour : lors des Plaisirs de l'Isle enchantée, fêtes galantes et magnifiques données par le roi à Versailles au mois de mai 1664, devant 600 courtisans, Molière fait jouer les trois premiers actes de Tartuffe ; lui-même interprète le rôle d'Orgon. L'œuvre scandalise Anne d'Autriche et les dévots, en particulier la Compagnie du Saint-Sacrement. Ils parviennent à faire interdire la pièce pendant cinq ans : une seule représentation publique a lieu, en août 1667, ainsi que quelques lectures privées chez de grands personnages. Molière plaide sa cause dans deux placets au roi : bien loin d'être un impie, il a voulu dénoncer l'hypocrisie de la fausse dévotion, si différente de la foi sincère. Finalement, Louis XIV lève l'interdiction en février 1669. C'est un succès triomphal.

Le scandale du monde est ce qui fait l'offense
Et ce n'est pas pécher que pécher en silence.

Molière, *Tartuffe*, Acte IV, scène V.

l'autorité se cristallise sur la personne et sur la volonté du prince.

LA RÉVOCATION DE L'ÉDIT DE NANTES

L'affaire janséniste fait beaucoup de bruit mais la révocation, en octobre 1685, de l'édit de Nantes de 1598 est plus lourde de conséquences, aussi bien à l'intérieur du royaume que pour la politique internationale du Roi-Soleil.

Dans le royaume, les protestants ne sont pas plus de un million, mais, depuis le début du règne, les Mémoires des évêques et les rapports d'intendants ne cessent de stigmatiser le « péril huguenot ». En Angleterre, leurs coreligionnaires ont-ils hésité à tuer un roi ? En France, on les présente donc comme des « républicains » en puissance, des « mauvais Français » et des perturbateurs de l'unité de l'État et de l'Église. Ce dernier argument est sans doute celui qui pèse le plus lourd dans la balance de l'exclusion des fidèles de la « religion prétendue réformée ».

Le roi est abusé par tous ces rapports. Il pense, en révoquant l'édit de Nantes le 18 octobre 1685, que le protestantisme est pratiquement éteint dans le royaume. Le texte de la révocation commence ainsi : « Puisque la meilleure et la plus grande partie de nos sujets de la dite Religion

La plus éclatante victoire coûte trop cher, quand il faut la payer du sang de ses sujets.

Louis XIV, août 1715.

UNE FEMME JUGE LA COUR

À la cour, écrit la princesse Palatine, « le roi s'imagine qu'il est pieux s'il fait en sorte qu'on s'y ennuie bien ». Philippe d'Orléans, dit Monsieur, frère du roi, a épousé en secondes noces Charlotte Élisabeth de Bavière, princesse Palatine. La brutale sincérité de cette dernière rend unique son témoignage sur la vie de la cour à la fin du règne de Louis XIV. Sous l'influence de sa maîtresse, Mme de Maintenon, le roi veut être pieux. Pour la Palatine, « elle le rend dur et tyrannique, tellement qu'il n'a pitié de rien ». La princesse, délaissée par son mari qui lui préfère les amours masculines, sait se défendre : « Tous les jeunes gens et beaucoup de vieux sont entachés de ce vice [...] on tourne en ridicule toute autre galanterie et il n'y a que les gens du commun qui aiment les femmes. »

Prétendue Réformée ont embrassé la Catholique [...] l'exécution de l'édit de Nantes demeure inutile [...]. » En réalité, la révocation est précédée de persécutions et de conversions forcées. C'est le temps des dragonnades, interventions de soldats qui s'installent chez les protestants rétifs et qui s'y livrent à toutes les violences et humiliations possibles.

LA FUITE DES PROTESTANTS

De nombreux huguenots prennent alors le chemin de l'exil. Ils sont peut-être 200 000, soit le cinquième environ des réformés, à quitter le pays. Leur départ accroît les difficultés économiques, car la majorité d'entre eux exerce les métiers les plus productifs et les plus innovants. Ils se réfugient en Suisse, dans le Brandebourg, à Berlin en particulier, en Angleterre, en Hollande et dans les colonies anglaises d'Amérique.

À l'étranger, l'image déjà fortement altérée du Roi-Soleil en sort un peu plus ternie encore. Les puissances européennes protestantes durcissent leur opposition contre Louis XIV et, en 1688, s'engagent dans la guerre de la ligue d'Augsbourg.

La résistance intellectuelle à l'absolutisme est également stimulée. Le refuge hollandais accueille nombre d'écrivains et de pamphlétaires, qui multiplient les critiques contre la politique du Roi Très Chrétien. Mais la plupart des catholiques français approuvent, même si, dans le royaume, certains élèvent la voix avec vigueur : Vauban n'hésite pas à s'insurger contre les mesures qui frappent les huguenots.

LA RÉVOLTE DES CAMISARDS

Ces réactions n'empêchent pas une répression particulièrement violente contre les calvinistes des Cévennes, qui tentent de résister en prenant les armes. Leur révolte commence en 1702. Selon Jean Cavalier, l'un de leurs chefs, ils veulent « éviter d'aller à la messe, échapper à la persécution, obtenir la liberté de servir Dieu ». Ce que demandent ces hommes qu'on appelle les camisards, c'est tout simplement la liberté de conscience.

En 1709, après une longue et sanglante guérilla, ce « peuple de Dieu », fait de paysans et d'artisans qui se sont réfugiés dans les maquis et dans les villages, est écrasé par les soldats du roi. Pourtant, la chose n'a pas été simple et pour vaincre ces gens du peuple révoltés contre leur maître, il a fallu recourir aux meilleurs chefs de guerre du royaume. En 1704, le maréchal Villars a dû délaisser la guerre de Succession d'Espagne avec les puissances alliées pour diriger les opérations contre les camisards. Il a su manier à la fois la force et la tolérance pour venir à bout de révoltés dont les plus acharnés résisteront jusqu'en 1713. Des centaines de villages, de hameaux et de fermes sont mis à feu, les soldats « pillent, battent, saccagent tout avec une cruauté horrible », selon un témoin.

La révolte des camisards montre de quelle violence l'État royal est capable quand sont mis en cause les fondements de sa légitimité. En ces terres huguenotes, les convictions religieuses l'emportent sur l'obéissance due au prince et, au début du XVIIIe siècle, l'absolutisme français ne saurait le tolérer. Pour faire respecter l'autorité de l'État, on ne lésine pas et, contre ces quelques milliers d'hommes et de femmes « inspirés », on envoie 25 000 soldats de l'armée régulière. Mais les « assemblées du Désert » perpétueront le culte interdit.

UNE FIN DE RÈGNE DIFFICILE

Le problème des protestants participe aux difficultés qui se multiplient à partir des années 1680. En effet, si le Royaume de France a connu une conjoncture plutôt favorable pendant les deux décennies du ministère de Colbert (entre 1661 et 1683), la période qui suit voit s'accumuler les difficultés militaires, financières et économiques. Ces années sont d'abord riches en ruptures : le 6 mai 1682, le roi s'installe définitivement à Versailles et Colbert meurt le 6 septembre 1683. En

RACINE ÉCRIT POUR SAINT-CYR

Devenue plus austère et plus dévote, la cour n'est pourtant pas complètement privée de ce plaisir profane qu'est le théâtre. En 1688, Mme de Maintenon commande à Racine, retiré depuis *Phèdre* (1677), une pièce pour les demoiselles de Saint-Cyr, institution qu'elle a fondée en 1686. Il s'agit d'unir le divertissement et la piété : l'amour ne doit jouer aucun rôle – d'ailleurs tous les personnages seront interprétés par des jeunes filles. La première d'*Esther* a lieu le 26 janvier 1689, en présence du roi : c'est un grand succès, esthétique et mondain. La cour y voit l'occasion de se rallier à la nouvelle dévotion que Louis XIV commence à imposer. Deux ans plus tard, Racine revient au drame sacré : *Athalie* met en scène la victoire de Dieu sur un monde orgueilleux.

1688, la guerre de la ligue d'Augsbourg commence, inédite par son ampleur et les forces qu'elle met en jeu, sur terre comme sur mer.

Les difficultés économiques aggravent encore la situation. Les années 1690 sont d'abord marquées par de graves dérèglements climatiques. En 1692, pendant dix mois, les températures sont inférieures aux moyennes normales, et l'année 1693, moins froide, est inhabituellement humide. À cause des mauvaises récoltes du printemps 1693, les disettes et les famines réapparaissent. Cette année-là, le taux de mortalité atteint peut-être 20 % du total de la population adulte. À Beauvais, un témoin évoque 3 000 personnes qui succombent en 1693 sur les places et dans les rues. Dans le diocèse d'Albi, entre 1693 et 1695, cette crise aurait tué 16 000 personnes.

Plusieurs facteurs ont accentué les effets des mauvaises conditions climatiques, qui, à elles seules, n'auraient pas donné de résultats aussi catastrophiques. Les grandes plaines du Bassin parisien se sont spécialisées dans la culture du blé pour subvenir aux besoins croissants de la capitale. La monoculture, sensible aux perturbations climatiques, est fatale à la région, qui abrite aussi une population plus importante. La Bretagne, qui pratique toujours la polyculture, traverse plus facilement ces terribles années. Cette crise est suivie de la famine de 1709-1710 et des mauvaises récoltes de 1713 et 1714.

LE COÛT DU ROI DE GUERRE

À la mort de Louis XIV, la situation financière est catastrophique. La dette immédiatement exigible s'élève à près de 800 millions de livres, sur un capital d'endettement qui atteignait sans doute 2 milliards de livres ; les recettes ne représentent que la moitié des dépenses. Heureusement, sur bien des points, la situation structurelle du royaume est solide ; il demeure le plus riche et le plus peuplé d'Europe, représentant un quart de la population européenne en 1715. L'importance de la dette publique est due aux guerres plus qu'à la cour.

Roi de guerre, Louis XIV l'est tout au long de son règne, comme le rappellent les tableaux de la galerie des Glaces à Versailles. Les réformes de l'État visent à lui donner les moyens de sa politique de conquête. Le système fiscal s'enrichit de nouveaux impôts : la capitation en 1695, le dixième en 1710. L'armée est rationalisée et mieux encadrée, sous la direction de Michel Le Tellier et son fils, Louvois. La création de casernes met peu à peu fin au logement chez l'habitant et à ses débordements, l'imposition de l'uniforme unifie l'apparence des troupes et leur comportement.

Au début du règne de Louis XIV, l'Europe est en paix, mais il décide de la rompre en 1667 en pénétrant aux Pays-Bas espagnols (guerre de Dévolution, 1667-1668) et, surtout, en 1672, quand il attaque la Hollande pour éliminer un grand adversaire commercial (guerre de Hollande, 1672-1678). Le stathouder de Hollande, Guillaume d'Orange, réussit à réunir contre lui une coalition européenne regroupant notamment l'empereur Léopold et le roi d'Espagne Charles II. Malgré la victoire trompeuse du traité de Nimègue (1678), Louis XIV poursuit ses ambitions par une politique d'annexion en pleine paix contre certaines villes de la frontière du Nord et du Nord-Est. Le résultat est une nouvelle coalition contre la France en 1688, réunissant les principaux princes allemands, l'Empereur, l'Espagne, la Suède puis la Hollande et l'Angleterre (guerre de la ligue d'Augsbourg, 1688-1697). Le royaume est épuisé. La politique d'expansion française marque un arrêt, avant de repartir dans la guerre de Succession d'Espagne (1701-1713), déclenchée par l'acceptation du testament de Charles II d'Espagne qui laisse ses possessions au duc Philippe d'Anjou, petit-fils du Roi-Soleil. L'empereur Léopold, l'Angleterre et la Hollande principalement déclarent la guerre à la France et à l'Espagne. Le royaume vit des instants dramatiques ; la guerre mobilise au total 650 000 jeunes Français et seules des victoires inespérées en 1712 permettent d'éviter un désastre lors des traités d'Utrecht (1713) et de Rastadt (1714). « J'ai trop aimé la guerre », dit Louis XIV, dans son *Testament*...

Je m'en vais, mais l'État demeurera toujours.

Louis XIV, peu avant sa mort.

Les colonies françaises au XVIIe siècle

Le mirage d'une « Nouvelle-France »

L'ESSOR ÉCONOMIQUE DES ANTILLES

Dès le XVIe siècle, les Français font des opérations de course dans les Antilles. Au XVIIe siècle, ces îlots sont colonisés. Les Antilles françaises (Guadeloupe, Martinique, Saint-Domingue) contrastent en tout point avec la Nouvelle-France : petites plaines surpeuplées contre immenses étendues vides, société coloniale, organisée pour le profit de la métropole, contre société européenne. Le peuplement de ces îles pose moins de problèmes que celui du Canada et se traduit par des origines régionales plus variées. Dans les années 1670, les petits colons sont supplantés par la grande plantation sucrière esclavagiste. Dès 1680, les Antilles sont en passe de devenir le second producteur de sucre du monde, ce qui annonce l'ampleur de la traite négrière dans le premier tiers du XVIIIe siècle.

Le XVIIe siècle inaugure le premier empire colonial français, mais le terme semble exagéré. L'absence de politique cohérente et continue n'empêche pas quelques remarquables succès et la qualité des possessions contraste avec l'hétérogénéité de l'ensemble.

Inaugurée au début du XVIIe siècle, la présence française s'étend en Amérique du Nord. Mais le manque de colons et la rivalité avec la Grande-Bretagne nuisent à l'avenir de la Nouvelle-France. C'est Samuel Champlain qui, sous Henri IV, a commencé à coloniser le Canada pour le compte de la France. En développant le commerce de la fourrure, les Français, bien que peu nombreux, se sont avancés vers les Grands Lacs et se sont installés sur l'île de Montréal en 1642, puis autour de la baie d'Hudson. À ces immenses terres vierges ils ont donné le nom de Nouvelle-France.

L'ŒUVRE DE COLBERT

Le pouvoir royal, trop occupé par ses problèmes internes (la Fronde surtout), s'est d'abord peu intéressé à ces lointains territoires : c'est Colbert qui, le premier, organise la colonie américaine en fonction des besoins de sa politique intérieure. La colonie doit fournir à la France des matières premières à bas prix et servir de débouché pour les produits manufacturés de la métropole.

Ainsi, le commerce avec les Anglais et les Hollandais est interdit. Pour assurer l'ordre, Colbert impose à la

Nouvelle-France un système politique proche de la féodalité et tente d'amorcer le peuplement européen de la région.

UN EMPIRE SANS COLONS

« Ils ne payent ni sel ni taille, ils chassent et pêchent librement, en un mot, ils sont libres. » Ces propos du baron de La Hontan, écrits à la fin du XVIIe siècle et qui vantent la vie du colon, révèlent en réalité l'un des échecs de la colonisation française en Amérique. Si ce ton de propagande enthousiaste est nécessaire, c'est parce que les Français qui désirent émigrer sont trop peu nombreux. Pour recruter des colons, il faut souvent les contraindre à l'exil.

Il y a, bien sûr, les engagés : leur voyage vers la Nouvelle-France est payé en échange d'un service de sept ans. Puis ils s'installeront, s'ils en ont les moyens. Par ailleurs, la France envoie tous ceux dont elle veut se débarrasser : les gueux, les prostituées, les vagabonds ramassés ici ou là, qui sont bientôt rejoints par les nobles indésirables et les contrebandiers condamnés à quitter la métropole.

Au début du XVIIIe siècle, la Nouvelle-France compte donc moins de 10 000 colons, et ce peuplement insuffisant explique le type d'agriculture mis en place. Les habitants, qui vivent sur les rives du Saint-Laurent, n'éprouvent pas le besoin de déboiser. Les champs s'étalent perpendiculairement au grand fleuve, et le reste du pays continue à être occupé par la forêt et habité par les tribus indiennes.

LA CRÉATION DE LA LOUISIANE

Depuis les froides régions des Grands Lacs, les Français s'aventurent peu à peu vers les terres du Mississippi, que le père Marquette et Louis Jolliet ont découvertes en 1673. Au sud du lac Michigan, ils entrent en contact avec les Sioux, puis ils descendent jusqu'à l'embouchure du fleuve, dans le golfe du Mexique. En 1699, Le Moyne d'Iberville crée la Louisiane, dans le delta du Mississippi. En 1718, La Nouvelle-Orléans est fondée, et les excellentes terres du haut Mississippi servent de grenier à blé à la jeune colonie, qui souffre cependant de son isolement.

C'est sous la Régence que la Louisiane commence son expansion économique. John Law, le financier écossais de Philippe d'Orléans, crée la Compagnie du Mississippi, qui, grâce à une propagande habile, réussit à convaincre un certain nombre de colons de s'installer sur place. Mais il faut attendre 1730 pour que commence à se développer timidement une agriculture fondée sur le tabac et le coton.

Le grand avantage et profit de la compagnie consiste uniquement à voir augmenter considérablement le nombre des habitants dans toutes les isles [...].

Colbert, le 6 septembre 1668, à M. de Baas, gouverneur et lieutenant général des îles françaises d'Amérique.

La première chose qu'il faut faire est de se rendre puissant sur mer, [ce] qui donne entrée à tous les États du monde.

Papiers de Richelieu, IV, 26. Dans un pressant Avis au Roi pour le bien de ses affaires du 13 janvier 1629.

POUSSIÈRES D'EMPIRE

Les possessions françaises s'étendent aussi aux côtes africaines et à des zones plus indécises, qui demeurent des colonies avortées. Avec Saint-Louis du Sénégal en 1659, puis l'îlot de Gorée en 1677, apparaissent deux des plus solides têtes de pont françaises sur les côtes africaines, des comptoirs qui ne connaîtront pas de véritable volonté coloniale. Dès Richelieu, Madagascar est perçue comme un relais intéressant sur la route des Indes, mais la population est nombreuse et hostile face à une poignée de colons : sur les 4 000 envoyés de 1642 à 1674, ne subsistent que 60 survivants.

Par contre, la tentative réussit dans les Mascareignes, archipel formé de l'île Maurice et de l'île Bourbon, future Réunion. La Guyane ne représente pas grand-chose. Cayenne, créée en 1652, n'est qu'un petit port qui compte 150 cases bâties en torchis en 1743. En revanche, Louis XIV mise vraiment sur les Indes pour contrer la puissance hollandaise. La magie des noms de Pondichéry (1674) et de Chandernagor (1686) masque la faiblesse militaire de ces comptoirs.

L'ÉTERNEL GRAND RIVAL ANGLAIS

À l'ouest du Mississippi, un gigantesque continent est encore à découvrir. Quelques Français, des coureurs des bois, s'y aventurent et contribuent à étendre les territoires de l'empire français. Au XVIIIe siècle, ils commencent à encercler la baie d'Hudson. Là, leur présence gêne les Anglais, car le commerce de ces derniers, à partir de comptoirs isolés sur la côte, risque de s'en trouver étranglé. Les Anglais sont également installés au sud du Saint-Laurent, le long de la côte est, et c'est essentiellement depuis ces colonies qu'ils soumettent la Nouvelle-France à la pression croissante des armes.

Les Iroquois, qui ont d'abord essayé de jouer sur les rivalités européennes pour rester autonomes, deviennent les alliés des Anglais et, à partir des années 1660, ils mènent une guérilla continuelle contre les Français. L'ambitieuse politique indigène de ces derniers leur a permis de mobiliser les peuples indiens des Grands Lacs pour défendre leurs intérêts. Les efforts des missionnaires français et l'alliance commerciale, faite d'échange de fourrures contre des armes à feu, séduisent les tribus amies de la France.

UNE VICTOIRE INUTILE POUR UN PAYS PEUPLÉ PAR DES « SAUVAGES »

Ainsi, quand en 1689 Guillaume III d'Orange, le roi d'Angleterre, ouvre les hostilités contre la France en Europe, les troupes franco-indiennes lancent des raids violents sur les fermes anglaises de la frontière. Les Iroquois sont harcelés. Épuisés par le conflit, vaincus, ils sont fina-

CLIPPERTON : L'ÎLE DE LA PASSION

Clipperton, de son vrai nom de baptême français, « Île de La Passion », est le plus petit territoire que possède la France aux confins du Pacifique. L'île fut découverte le Vendredi Saint 3 avril 1711 par le français Michel Dubocage, à bord de la frégate *La Découverte*, qui navigait avec Martin de Chassiron à bord de la frégate *La Princesse*, en route pour la Chine. Dubocage en dressa la première carte. En souvenir de cette journée sainte, Michel Dubocage la baptisa : Île de La Passion. Le nom de Clipperton lui vient du naturaliste anglais, John Clipperton qui, pour certains, croisa au large, pour d'autres, débarqua sur l'île en 1704, après avoir fait sécession et quitté une expédition. Bien qu'aucune trace écrite de son passage n'ait été retrouvée, l'histoire retint le nom de Clipperton sans que l'on sache vraiment pourquoi...
Ce n'est qu'en 1858 que l'intérêt pour les ressources phosphatées entraîna la prise de possession française par le lieutenant de vaisseau Le Coët de Kerveguen, qui déposa copie de l'acte auprès du gouvernement des îles Hawaii. Mais du fait de l'éloignement de la métropole, les Français s'en désintéressèrent, laissant la place aux Étatsuniens d'Amérique, puis aux Mexicains. Elle est aujourd'hui à nouveau sur le devant de la scène pour le gouvernement français qui y a lancé des missions : sa faune exceptionnelle et l'évolution particulière de sa flore, son récif corallien et son lagon fermé en font un lieu unique de recherche pour les scientifiques.

lement obligés, en 1701, de signer ce qu'on a appelé la Grande Paix de Montréal.

En Amérique, les Français ont gagné la guerre. En Europe, il en va tout autrement. En 1713, Louis XIV, en position de faiblesse, signe à Utrecht un traité défavorable. S'il ne perd rien en Europe, il cède à l'Angleterre une partie de l'Amérique, qu'il n'a jamais vue et que quelques aventuriers sans foi ni loi, quelques « sauvages », ont gagné pour sa Couronne. Terre-Neuve, l'Acadie et la baie d'Hudson deviennent anglaises. Sous-peuplée, délaissée par la métropole, son potentiel agricole en friche, la Nouvelle-France n'en inquiète pas moins l'empire anglais, qui la perçoit comme une menace sérieuse. Mais déjà, en ce début du XVIIIe siècle, l'Anglais chasse le Français des Amériques.

La France au temps de la Régence

Paix et papier-monnaie

L'« ONU » INVENTÉE PAR UN ABBÉ !

Alors que la France est lasse de la guerre, un homme imagine un système proche de notre Organisation des Nations unies. Aumônier de la princesse Palatine, l'abbé de Saint-Pierre fait son éducation diplomatique en assistant au congrès d'Utrecht, qui conclut la guerre de Succession d'Espagne. Considérant l'histoire du continent européen depuis deux siècles, il n'y voit qu'une suite ininterrompue de guerres. En 1713, il fait paraître un ouvrage intitulé *Projet pour rendre la paix perpétuelle en Europe*. Le livre défend l'idée, alors utopique, selon laquelle l'union des 24 principales puissances européennes, acceptant le principe d'un arbitrage souverain, peut apporter la garantie d'une paix perpétuelle. Cette opinion est, en fait, fort ancienne, et Sully l'avait déjà défendue, En 1713, la France rêve de paix, mais il faudra deux siècles avant de voir un début de réalisation des idées de l'abbé de Saint-Pierre.

Soulagés par la fin de l'absolutisme royal et de la guerre extérieure, les Français réapprennent à vivre, et certains d'une façon peu orthodoxe...
La personnalité controversée de Philippe d'Orléans et l'atmosphère de libération de la Régence cachent cependant des réformes importantes et la volonté de sauvegarder la puissance de la monarchie.

Entre 1701 et 1713, la France a dû se battre contre l'Europe coalisée, qui contestait au petit-fils de Louis XIV, Philippe V, le droit de porter la couronne d'Espagne. Et, lorsque cessent de battre, en 1713, les tambours de cette longue et épuisante guerre de Succession d'Espagne, le règne de Louis XIV s'achève dans la tristesse, la fatigue, la désillusion et la misère.

LA FIN D'UN RÈGNE TROP LONG

À Versailles, le vieux monarque a vu disparaître autour de lui, un à un, les membres de la famille royale susceptibles de régner après lui. Si bien qu'à la mort de Louis XIV, le 1er septembre 1715, c'est son arrière-petit-fils, un enfant de 5 ans, qui lui succède en titre. Tous souhaitent alors que le futur Louis XV soit différent de son aïeul.

Car, dans les dernières années de celui qui s'est fait appeler « Louis le Grand », de nombreux libelles, souvent d'origine protestante, diffusent le portrait d'un roi tyrannique, cruel et barbare. Ces images négatives se cristallisent en partie autour de la Bastille, cette prison d'État dans laquelle le souverain peut faire enfermer qui bon lui semble, grâce au système des lettres de cachet. Au siècle des Lumières, de nombreux pamphlets continueront à fustiger ce lieu d'enfermement, espace sinistre qui est le négatif du prince de gloire et de guerre paradant sur les places royales. La Bastille contraste en effet violemment avec les fastes du Roi-Soleil à Versailles. En fait, la sombre forteresse permet aux pamphlétaires de dénoncer la face cachée de l'absolutisme – fer, feu et sang – de démonter les machines du théâtre royal pour révéler l'horreur de ses coulisses. Certains, usant d'allégories macabres, la décriront même comme un ogre ou une baleine dévorant ses victimes. Dans leur excès, ces images sont significatives du goût amer qu'a laissé le pouvoir absolu de Louis XIV et des désirs de changement que provoque sa mort. Ainsi, le père Louis Massillon, lorsqu'il prononce l'oraison funèbre du roi, n'hésite pas à rappeler : « Dieu seul est grand, mes frères. » L'idée selon laquelle c'est l'humilité qui doit, avant toute chose, guider le roi, va présider à l'éducation du jeune Louis XV.

« SOYEZ UN PRINCE PACIFIQUE »

En 1718, le Régent Philippe d'Orléans invite Massillon à prêcher le carême devant la cour et le petit roi, alors âgé de 8 ans. Le temps de dix sermons prononcés dans la chapelle du château des Tuileries, les Grands sont rappelés à leurs devoirs, et le jeune Louis XV dispose d'une ample matière à méditation sur le destin des rois de guerre, coupables d'une « dure insensibilité pour les misères publiques », provoquée par un amour immodéré de puissance et de gloire temporelles.

Cette passion mortifère « coule en eux avec le sang des rois leurs ancêtres, devient une vanité insensée qui voudrait voir l'Univers entier à leurs pieds, qui cherche à combattre seulement pour avoir l'honneur frivole de vaincre ». Séparé de la foule par l'éclat des titres et des distinctions humaines, prisonnier des

DEUX PERSANS RIENT DE LA MONARCHIE

En 1721 paraissent les *Lettres persanes* de Montesquieu, dont le ton critique annonce l'offensive philosophique des Lumières.

Les *Lettres persanes* sont une féroce satire des mœurs politiques et sociales de la France, présentée sous la forme de lettres écrites par deux Persans en voyage à Paris. Montesquieu s'attaque, entre autres, à la croyance traditionnelle qui veut que le roi de France reçoive, le jour du sacre, le pouvoir de guérir les écrouelles. « Ce roi est un grand magicien, notent les deux Persans, il va même jusqu'à leur faire croire qu'il peut les guérir de toute sorte de maux. » En contestant ainsi l'origine surnaturelle du pouvoir royal, Montesquieu amorce la réflexion du XVIIIe siècle sur les fondements de la monarchie. Dans *De l'esprit des lois*, paru en 1748, il défendra la nécessité des libertés individuelles et l'importance de la séparation des pouvoirs.

LA MONARCHIE RÉFORMÉE ?

Le gouvernement par conseils, ou polysynodie, n'a duré que de 1715 à 1718, laissant une image négative : il s'inscrit pourtant dans un réel projet de réforme de la monarchie.

Cette organisation s'inspire largement des propositions de Fénelon, formulées dans l'entourage du duc de Bourgogne, petit-fils de Louis XIV, disparu trop tôt en 1712. Le duc de Saint-Simon y contribue largement par sa critique de la dérive vers une monarchie administrative et absolue, qu'il situe à partir de Mazarin. Selon lui, le despotisme ministériel empêche le roi d'écouter les conseils des grands nobles, qui ont pourtant vocation naturelle à gouverner avec lui. Le personnel politique dévoué à Louis XIV est donc écarté des conseils, au bénéfice des plus grands noms de l'aristocratie. Le conseil de la Marine, celui des Finances, dans une moindre mesure, laissent un bilan positif. Les autres sont victimes des rivalités nobiliaires et de leur manque total d'expérience politique. C'est pourquoi le Régent n'a aucune difficulté à les supprimer à l'automne 1718.

courtisans, gâté par les louanges et l'adulation, le souverain est « seul étranger au milieu de ses peuples. Il croit manier les ressorts les plus secrets de l'empire, et il en ignore les événements les plus publics ; on lui cache ses pertes, on lui grossit ses avantages, on lui diminue les misères publiques ». « Pour avoir exigé au-delà de ce qu'ils [ses sujets] lui devaient », le roi risque de voir tarir la seule véritable source de son pouvoir et de sa légitimité : l'amour et la fidélité de son peuple. « Soyez un prince pacifique, déclare Massillon en conclusion de son premier sermon, les conquêtes les plus glorieuses sont celles qui nous gagnent les cœurs. » Cette suite de sermons, devenue fameuse sous l'appellation de « petit carême », impressionne si vivement Louis XV qu'il s'en fait confier les textes pour les méditer à loisir. On comprend pourquoi, dans de telles conditions, le temps de la Régence est d'abord, aux yeux de la plupart des contemporains, un temps de paix et de libération, par contraste avec les contraintes imposées par le Louis XIV dévot, intolérant et guerrier de la fin du règne. Pourtant, la Régence a souvent et longtemps été critiquée.

LES INNOVATIONS DU RÉGENT

Pendant les années de la minorité de Louis XV, entre 1715 et 1723, la France est gouvernée par le neveu du Roi-Soleil, Philippe, duc d'Orléans. Son premier geste, avec l'appui du parlement de Paris, consiste à faire casser le testament de Louis XIV qui donnait un rôle politique à ses bâtards et limitait les pouvoirs du Régent.

Cette « illégitimité » de Philippe d'Orléans explique peut-être en partie les critiques qui lui ont été adressées. Mais on a surtout dénoncé ses mœurs dissolues et son laxisme. Plus globalement, on s'en est pris à ce « temps de l'aimable Régence où, selon Voltaire, l'on fit tout, excepté pénitence ». On a aussi reproché au ministre le plus proche du Régent, l'abbé Dubois, l'alliance avec l'Angleterre.

En réalité, l'œuvre politique de Philippe d'Orléans est loin d'être négligeable. Le Régent cherche à accroître la participation au pouvoir des classes dirigeantes, longtemps tenues à l'écart. Il innove en créant un système de gouvernement composé de sept conseils animés par la grande noblesse. Cet épisode de courte durée est en réalité un compromis, avant le retour d'un pouvoir plus autoritaire. Sa diplomatie est marquée par un pacifisme concrétisé par l'alliance avec l'Angleterre et la Hollande, signée le 4 janvier 1717. Dans le domaine culturel, la mode de l'anglophilie contribue d'ailleurs à influencer la pensée des Lumières. En matière religieuse enfin, le Régent rompt avec la politique de Louis XIV, en libérant des prêtres jansénistes.

LES DÉBUTS DU PAPIER-MONNAIE

Mais l'innovation la plus célèbre de la Régence a lieu dans le domaine économique. Sur le modèle de la Banque d'Angleterre, mise en place en 1694, et de la Banque d'Écosse, ouverte en 1695, un aventurier écossais, John Law, crée en mai 1716 une banque privée, la Banque générale. Celle-ci émet de la monnaie en papier, afin de suppléer à la rareté des pièces, de relancer et de stimuler l'économie et donc de soulager les plus démunis, principales victimes des duretés du « Siècle de Louis XIV ». John Law résume ainsi les principes généraux de ce que les Français appellent désormais le « système de Law » : « Toutes les richesses du royaume entier répondent de la valeur de cette nouvelle monnaie ; tout se donnera pour elle, elle sera donnée pour tout. Par ce moyen, le roi trouve une ressource toujours présente pour faire circuler en tout temps et en tout lieu tout ce qui peut estre acheté et vendu, de quelque nature qu'il soit. »

Law fonde aussi, au mois d'août 1717, la Compagnie de commerce de

Le plus libre de tous les hommes est celui qui peut être libre dans l'esclavage même.

Fénelon, *Les Aventures de Télémaque.*

LE SAVIEZ-VOUS ?

En 1715, année de la mort de Louis XIV, dom Pérignon, moine bénédictin, améliore la production de « saute-bouchon ». Le champagne devient la boisson à la mode dans les fêtes du Palais-Royal, et à l'étranger. L'abbé Dubois l'aurait utilisé comme présent lors d'affaires diplomatiques…

l'Occident pour renforcer la puissance et le crédit de la Banque générale. D'après Law, il s'agit d'une compagnie « en laquelle les riches peuvent prester leur argent pour l'employer dans le commerce. [...] Elle pourra donner un jour plus de dividendes aux actionnaires que l'interest annuel de l'argent presté au denier 20 [c'est-à-dire 5 %], sans que les particuliers ni l'État en souffrent ». Le Régent accorde à Law le monopole de l'exploitation de la Louisiane et du commerce des peaux de castor au Canada, ainsi que celui des armes, des munitions et des vaisseaux. La Compagnie obtient l'exclusivité du négoce avec le Mississippi, avec la Chine, avec les Indes et le Sénégal, tête de pont de la traite des esclaves. Elle bénéficie aussi du monopole sur le tabac, du recouvrement du produit des fermes générales, des droits liés à la frappe des monnaies. À partir de mai 1719, la Compagnie de commerce de l'Occident devient la « Compagnie des Indes ».

KRACH BOURSIER AU XVIIIe SIÈCLE

Depuis le 4 décembre 1718, la banque de Law a été transformée en banque d'État. Elle porte désormais le nom de « Banque royale ». Cette « nationalisation » provoque une extraordinaire fièvre de spéculation, car le public, d'abord réticent, est peu à peu séduit par une habile propagande vantant les bénéfices de la Compagnie. Des milliers de particuliers, appartenant à toutes les classes sociales, s'en disputent les actions dans l'étroite rue Quincampoix. Celle-ci est barrée par des grilles de fer, que la garde ouvre à sept heures du matin et qu'elle ferme à neuf heures du soir. Une foule énorme se presse dans cet étroit boyau et, dans toutes les maisons du passage, des scribes tiennent les registres des affaires conclues. Au total, en quelques mois, plus de 600 000 actions sont émises. Leur prix monte jusqu'à atteindre 40 fois leur valeur initiale. Le mémorialiste Saint-Simon a été le témoin de cet engouement : « Toutes les têtes étaient tournées, et les étrangers enviaient notre bonheur. »

Law est nommé contrôleur général des Finances le 5 janvier 1720. Hypertrophié, le système est cependant à la merci d'une panique. Effectivement, en février, lorsque les ennemis de Law viennent réaliser leurs actions, c'est-à-dire se les faire rembourser en espèces, les petits souscripteurs s'affolent. Ils se précipitent alors dans les bureaux de la banque pour échanger leurs billets contre de la monnaie métallique. Plusieurs personnes meurent étouffées dans la bousculade. Le 22 mars, une ordonnance royale interdit de négocier un papier qui, désormais, perd chaque jour de sa valeur. En décembre 1720, l'ampleur

QUE LA FÊTE COMMENCE !

Quand le Roi-Soleil meurt, les fastes de Versailles sont remplacés par les fêtes parisiennes, inaugurant une nouvelle géographie culturelle. Louis XIV avait donné le Palais-Royal à Monsieur, son frère, le père de Philippe II d'Orléans. Dès que ce dernier accède à la régence, le centre du pouvoir revient au cœur de la capitale, pour une courte parenthèse dans l'histoire de l'Ancien Régime. Mais celle-ci restera le lieu des plaisirs. Les fêtes de Versailles étaient solennelles, celles du Palais-Royal laissent un souvenir de franc libertinage. À 14 ans, Philippe d'Orléans a déjà eu un enfant de la petite-fille du portier. Depuis, ses maîtresses ne se comptent plus, et le Palais-Royal ne cesse d'accueillir les soupers galants organisés pour ses amis, qu'il appelle les « roués » (dignes du supplice de la roue).

du désastre est telle que Law est obligé de fuir à Bruxelles.

UNE CRISE AUX EFFETS CONTRASTÉS

Cette expérience n'est cependant pas totalement négative, puisqu'elle a permis à l'État de payer une partie de ses dettes et d'augmenter ses recettes. Par ailleurs, elle a préparé l'expansion économique du « beau XVIIIe siècle », en favorisant le commerce atlantique et en provoquant dans le monde rural un large phénomène de désendettement, de l'ordre de 50 % : les intérêts baissent et l'inflation réduit l'importance de la dette des paysans. Enfin, le « système de Law » a provoqué d'importants transferts de biens fonciers, qui sont à l'origine d'un bond en avant de l'économie agricole.

Les effets psychologiques de l'expérience de Law sont cependant désastreux. Certains accumulent d'immenses fortunes, achetant domaines et châteaux grâce à la spéculation, tandis que d'autres, qui ont presque tout vendu pour acheter des actions, sont ruinés. La hiérarchie sociale a été bouleversée par l'argent facile, et l'opinion publique se méfie maintenant de toute forme de papier-monnaie, ce qui retardera la mise en place d'un système bancaire national en France.

Le Régent et son ministre Dubois sont obligés de revenir à une politique financière traditionnelle. Quand ils meurent tous deux en 1723, on se souvient surtout de cette banqueroute à laquelle ils ont assisté, impuissants.

Le siècle des Lumières

Tous citoyens du monde !

Au XVIIIe siècle, la philosophie des Lumières constitue un moment décisif dans l'histoire des idées.
Les contemporains ont eux-mêmes le sentiment de vivre une époque nouvelle, une ère de transformation mettant en place ce que Diderot appelle en 1761 une « Europe raisonnable ».

La France est un des moteurs de cette volonté de progrès par la raison qui gagne toute l'Europe, à des rythmes différents, et non sans résistances. D'abord parce que la France est toujours la première puissance d'Europe par le nombre de ses habitants, ses ressources économiques et le prestige de son roi. Ensuite et surtout parce que la langue et la culture du royaume de Louis XV suscitent une volonté d'imitation dans une Europe cosmopolite.

L'ÉMANCIPATION DE L'INDIVIDU

En 1784, Emmanuel Kant donne une des réponses les plus éclatantes à la question « Qu'est-ce que les Lumières ? » : « Les Lumières sont la sortie de l'homme d'un état de minorité qu'il doit s'imputer à lui-même. » Il désigne un processus de libération par lequel les individus se mettent à penser par eux-mêmes et à faire un usage public de leur raison, cessent de se laisser guider par une autorité supérieure, le

TOUTE L'HISTOIRE NATURELLE EN 36 VOLUMES !

Lorsque, en 1739, âgé de 32 ans, Buffon est nommé intendant du Jardin du roi, il dispose là d'un poste unique pour ses recherches en botanique. Excellent administrateur, il enrichit l'ensemble dont il a la garde et attire les savants du monde entier. Les trois premiers tomes de sa grande œuvre, l'*Histoire naturelle*, paraissent avec succès en 1749. L'ensemble ne comprend pas moins de trente-six volumes. Le projet est vaste : formation de la Terre, description des minéraux, des animaux (oiseaux et quadrupèdes) et étude de l'homme ! Mais le savant, soucieux de faire partager sa passion, se double d'un vulgarisateur de talent, servi par une plume admirable. Reçu à l'Académie française en 1753, il prononce d'ailleurs un célèbre *Discours sur le style*.

roi ou l'Église. Cette conquête de l'autonomie ouvre la voie à de profonds bouleversements : l'affirmation des droits individuels et la recherche de la dignité humaine et du bonheur sur Terre remettent en cause une société d'Ancien Régime où l'on est défini par le groupe social d'origine, où l'au-delà compte plus que l'ici-bas.

Ce projet est animé d'une intense énergie car il s'adresse à l'ensemble de l'humanité et passe par l'éducation. Peu d'époques ont eu autant foi en l'homme. Mais ces Lumières découvrent aussi leur propre fragilité, la tâche écrasante pour l'homme d'inventer son propre destin, sans s'en remettre à Dieu. Loin d'avoir une confiance béate dans la raison, l'époque se passionne aussi pour l'illuminisme et l'irrationalisme, les catastrophes naturelles et les volcans.

LE PROGRÈS ET LE BONHEUR DU GENRE HUMAIN

L'éloignement des guerres, repoussées – en France – loin des frontières du royaume, la fin des grandes crises démographiques, une réelle amélioration des conditions de vie quotidiennes contribuent à justifier la conviction suivante, que beaucoup partagent : « Le fanatisme, l'erreur et les préjugés ont régné longtemps sur la terre, puisse le règne de l'instruction et les principes de philosophie, de morale et de politique, éteindre les guerres nationales et les divisions intestines, régler les devoirs et les droits des souverains et des citoyens, et ramener le calme, la paix et le bonheur dans le cœur des hommes et dans leurs foyers. » (Isnard, *Traité sur les richesses*, 1781.)

Les progrès des sciences permettent enfin d'envisager une certaine maîtrise de la nature. Grâce à Benjamin Franklin, les premiers paratonnerres sont installés à Philadelphie en 1752 ; en médecine, la « variolisation », qui consiste à inoculer la variole à un patient pour l'immuniser, commence à se répandre en Europe : Louis XV et Catherine II de Russie donnent l'exemple. La technique n'est pas parfaite, mais elle ouvre la voie aux travaux de Jenner, qui met au point le vaccin contre la variole en 1796.

Le savant ou le « philosophe » – nombre d'hommes de lettres revendiquent ce terme comme un titre de gloire – veut jouer un rôle dans ce mouvement de diffusion des connaissances : le désir d'instruire remplace alors celui de séduire et de servir les intérêts d'un grand ou du souverain. Quand Voltaire se lie avec Frédéric II de Prusse, lorsque Diderot rend visite à Catherine II de Russie, c'est avec, de part et d'autre, l'intention d'établir une relation égalitaire et amicale. Certes, les rapports entre le « despotisme éclairé » et les philosophes ne manquent pas d'ambiguïté et

Ose penser. Aie le courage de te servir de ton propre entendement. Voilà la devise des Lumières.

Emmanuel Kant, *Qu'est-ce que les Lumières ?*

Écrasons l'infâme.

Formule terminant toutes les lettres de Voltaire aux encyclopédistes. Par « infâme », il désigne la superstition et le fanatisme.

engendrent bien des désillusions. Mais à présent, ce sont les représentants de la raison qui honorent la cour de leurs hôtes royaux et qui répondent à leurs sollicitations. Voici le philosophe engagé hardiment dans la vie publique, avec le souci d'aider et d'« éclairer le peuple », d'assurer « le bonheur du plus grand nombre des hommes », comme le proclame Necker, ministre de Louis XVI.

DES LIVRES SOUS LES MANTEAUX

Le siècle des Lumières érige donc l'utilité sociale en critère fondamental de toutes les réformes discutées et proposées. Car les progrès de la raison doivent produire des institutions nouvelles. Mais la contestation de l'autorité (politique, religieuse, sociale) a pris une autre forme : elle n'emprunte plus nécessairement les voies de la révolte. Les idéaux proclamés par les philosophes dépassent en effet un cercle étroit d'initiés – quelques centaines tout au plus au XVIIe siècle en Europe. L'information circule d'autant plus que la soif de connaissance progresse. Les gazettes, la correspondance privée, souvent abondante, les voyages sont des moyens efficaces de diffusion.

Mais le pouvoir royal ne reste pas sans réaction devant cette contestation. La censure veille, et les plus grands écrivains n'échappent pas à sa vigilance. Quand un ouvrage est trop hardi pour obtenir un « privilège » (autorisation officielle de parution), il est édité à l'étranger : l'Angleterre et surtout la Hollande sont les refuges de la pensée libre. Une contrebande lucrative diffuse ces écrits sous le manteau. Parfois, la répression est plus sérieuse. En 1734, à défaut de brûler l'auteur, on condamne au feu les *Lettres philosophiques* de Voltaire, écrites en Angleterre. Réfugié à Genève, puis jugé indésirable dans cette ville, le philosophe s'installe à Ferney, sur la frontière franco-suisse ! Son cas n'est pas unique : Diderot est enfermé à Vincennes, plusieurs écrits de Rousseau sont condamnés à Genève ou à Paris, et lui-même est chassé de refuge en refuge.

CONTRE LE FANATISME ET L'ABSOLUTISME

D'où le combat des philosophes contre l'arbitraire et l'abus de pouvoir, symbolisé par la lettre de cachet, mais aussi contre le fanatisme et l'intolérance. En France, l'Angleterre fascine : idéalisée par Voltaire, elle donne l'image d'une monarchie constitutionnelle libérale. Il semble que la théorie de Montesquieu sur la séparation des pouvoirs, exposée dans *De l'esprit des lois*, y soit réalité. L'Angleterre fournit ainsi un contre-modèle pour réfuter l'absolutisme royal en France. Condillac, Diderot et surtout Rousseau – dans *Du contrat social* – réfléchissent aux institutions politiques pouvant assurer la paix civile et la liberté.

Le combat contre le fanatisme n'est pas moins vif ni moins dangereux. Peu de philosophes sont ouvertement athées, mais beaucoup critiquent le conservatisme de l'Église, accusée de refuser le libre examen du dogme ou de l'Écriture. Le problème de la tolérance et de la relativité morale intéresse d'autant plus les Lumières que l'on découvre, avec les voyages et les explorations, des religions nouvelles et des peuples différents. En France, Voltaire met tout son talent à défendre, dans un climat de passion fanatique, le protestant Calas, injustement accusé du meurtre de son fils. Diderot lance une virulente attaque contre les couvents dans son roman *la Religieuse*, et Rousseau fait scandale avec la « Profession de foi du vicaire savoyard », d'inspiration déiste, insérée dans l'*Émile*.

ISAAC NEWTON : LA POMME QUI TOMBE RÉVOLUTIONNAIRE

Science et philosophie participent ensemble aux Lumières. Voltaire est le premier à traduire en français Newton, dont les théories révolutionnent la physique. Orphelin de père dès sa naissance, en 1642, Isaac Newton ne montre aucune aptitude particulière jusqu'à ce qu'il soit envoyé, à 18 ans, à Cambridge pour ses études. Sous la conduite du grand mathématicien Barrow, le jeune homme acquiert une excellente formation. C'est en deux ans (1666-1667) qu'il jette les bases de ses travaux. En mathématiques, il fait progresser le calcul infinitésimal ; en mécanique, synthétisant les acquis de ses devanciers, il énonce la fameuse loi de la gravitation universelle, dont il aurait eu l'intuition, dit la légende, en regardant une pomme tomber. Enfin, en optique, il construit le premier télescope et décompose la lumière blanche. *Les Principes mathématiques de philosophie naturelle* (1687) font sensation dans toute l'Europe. Membre puis président de la Royal Society, Newton meurt en 1712, comblé d'honneurs. En guise d'ultime hommage, il est inhumé à Westminster.

CLUBS, CAFÉS ET SALONS

L'opinion publique se définit aussi par des espaces nouveaux qui lui permettent de s'exprimer. Selon la tradition anglaise, les clubs sont réservés aux hommes. À Paris, le Club de l'Entresol s'ouvre en 1720. Des réunions hebdomadaires rassemblent des hommes d'épée, de robe et de plume, qui discutent de diplomatie, de droit public ou d'économie. Mais le Club de l'Entresol est fermé à la demande du cardinal Fleury, qui fait un rapprochement entre l'activité du club et l'opposition publique du parlement, très violente à cette date. Les clubs réapparaissent vers 1780 et vont jouer un rôle important dans le débat politique à la veille de la Révolution.

Autres lieux d'expression, les cafés se développent à la fin du XVIIe siècle, à la suite du goût nouveau, mis à la mode par la cour, pour les boissons importées d'outre-mer comme le thé, le café et le chocolat. Le café Procope, fondé en 1686, et le café de la Régence ont un succès considérable : on y joue

Il n'y a point encore de liberté si la puissance de juger n'est pas séparée de la puissance législative et de l'exécutrice.

Montesquieu, *L'Esprit des lois*, 1748.

LA PRESSE SOUS SURVEILLANCE

Progrès techniques et évolution sociale se conjuguent pour favoriser la presse. Mais la censure veille toujours...

La liberté de la presse est un des combats des philosophes, les progrès de l'alphabétisation (surtout dans les villes) et la hausse du niveau de vie augmentant le lectorat potentiel. Les cabinets de lecture et les cafés mettent à la disposition de leurs clients plusieurs titres. Les journaux officiels : *la Gazette de France, le Journal des savants, le Mercure de France* sont strictement contrôlés et patronnés par le pouvoir. Leur contenu – compte rendu d'ouvrages nouveaux, littéraires ou scientifiques, échos de la vie mondaine, nouvelles de la France ou de l'étranger – n'est pas sans intérêt, mais leur obédience gouvernementale limite leur liberté de parole. D'où des concurrents plus « engagés », dont le *Journal de Trévoux* et *l'Année littéraire*. Enfin, les feuilles d'opposition, ou « hérétiques », circulent clandestinement à partir de la Hollande ou de l'Angleterre.

aux échecs, on y lit et on y commente les gazettes, malgré la présence des « mouches », les espions de la police. Dans quelques-uns des 600 ou 700 cafés parisiens se tient une sorte de « bureau académique », qui juge les auteurs et les pièces de théâtre. Chaque café a son ténor et, dans certains faubourgs, il n'est pas rare de voir un garçon tailleur présider la séance.

Souvent tenus par des femmes de la haute aristocratie, les salons jouent un grand rôle dès la mort de Louis XIV. Les plus célèbres sont ceux de la duchesse du Maine, à Sceaux, et de la marquise de Lambert. Plus tard, écrivains, artistes, personnalités étrangères et hommes du monde se targueront d'être reçus chez Mme de Tencin, Mme Du Deffand ou Mme Geoffrin.

LES SOCIÉTÉS DE PENSÉE

Les villes de province suivent le mouvement amorcé par Paris. Les conditions y sont en effet particulièrement favorables : le XVIIIe siècle est marqué par le reflux d'une partie des nobles de cour vers leurs terres. Nombre d'entre eux veulent améliorer leurs domaines – c'est, du reste, un élément moteur des sociétés d'agriculture qui se développent dans les années 1760 – et beaucoup tiennent à avoir une vie mondaine. Le développement économique a renforcé la richesse des notables dans les villes. En outre, ayant perdu une part de ses fonctions municipales, la

L'*ENCYCLOPÉDIE* : LE BEST-SELLER DU SIÈCLE !

L'*Encyclopédie* est la plus grande aventure éditoriale des Lumières : du typographe à l'auteur – écrivains, savants, techniciens –, 1 500 personnes y travaillent.

Le but déclaré de Diderot et d'Alembert, les maîtres d'œuvre de cet immense ouvrage, est de rassembler les connaissances éparses en un système cohérent, pour l'instruction et le bien-être des générations à venir. Les 150 rédacteurs des articles (Voltaire, Montesquieu, Rousseau, Quesnay, Turgot...) cherchent à offrir aux lecteurs un fidèle reflet des idées nouvelles et à faire partager leur foi dans le progrès humain. Malgré la censure, les oppositions et les difficultés de toute sorte, le premier volume paraît en 1751, le 35e en 1772. On estime qu'environ 25 000 exemplaires sont vendus dans toute l'Europe. Au fil des éditions, le format, le nombre de planches illustrées, la qualité du papier diminuent, permettant de réduire le prix et d'élargir le cercle des acquéreurs.

bourgeoisie locale se tourne, elle aussi, vers l'activité intellectuelle.

Rares sont les villes d'une certaine importance, en particulier les sièges de parlements, qui ne proposent pas aux esprits éclairés de se réunir, souvent autour d'une bibliothèque, et de confronter leurs réflexions. Ces associations prennent diverses formes. Dans la première partie du siècle, il s'agit surtout des salons, des cafés et des académies (trente-deux dans les principales villes de province). Puis de nombreuses loges maçonniques sont fondées, à l'imitation de l'Angleterre. Au nombre de 50 avant 1750, celles-ci sont 300 en 1777 et plus de 400 à la veille de la Révolution. Les académies et les sociétés de pensée diffusent une vision laïque, scientiste, utilitaire et politisée du monde, et vulgarisent le discours des savants ou des philosophes. Les concours qu'elles organisent sur les sujets les plus variés ont pour but de diffuser les innovations utiles au public, tout en distinguant de nouveaux talents. Ainsi, Rousseau est couronné en 1750 par l'académie de Dijon pour son *Discours sur les sciences et les arts*, et Parmentier remporte un prix à Besançon grâce à la pomme de terre. Porteuses de modernité – leurs membres doivent en effet renoncer à leur identité sociale pour tenir un autre rôle – les sociétés de pensée annoncent les principes et le fonctionnement de la démocratie.

LOUIS XV

Du roi bien-aimé au despote détesté

MADAME DE POMPADOUR

Fille d'un fermier général, Jeanne Poisson reçoit une éducation soignée. Son mari l'introduit dans le cercle supérieur de la haute finance parisienne : le château du couple, à Étiolles, abrite une société choisie de philosophes et d'écrivains. En février 1745, la jeune femme rencontre le roi à un bal masqué et devient sa maîtresse. La cour pourtant ne l'aime guère, et le peuple la déteste : on admire son esprit, sa grâce et son goût, mais on lui reproche ses origines roturières, ses dépenses et l'influence qu'elle exerce sur le roi. Car la marquise de Pompadour n'est pas seulement la protectrice généreuse, sincère et éclairée des écrivains ou des artistes, son action en politique intérieure ou étrangère, qui s'exerce en particulier par la nomination ou le renvoi des ministres, manque souvent de cohérence et de netteté. Malgré les progrès du niveau de vie, le petit peuple est encore à la merci d'une hausse du prix du pain, sa principale nourriture.

Le règne de Louis XV est paradoxal à plus d'un titre. Non dénué de qualités personnelles, pourvu d'une solide formation, celui-ci laisse pourtant une image détestable, celle d'un roi indolent, secret et faible. Héritant d'un royaume mis au pas par Louis XIV, il essaie de sauvegarder l'héritage absolutiste, mais se heurte à une résurgence des oppositions politiques.

Fêtes galantes, soupers fins, embarquements pour Cythère, voilà ce qu'évoque le temps de Louis XV, le Bien-Aimé. Il est vrai que son règne est contemporain de ce que les historiens ont appelé le « beau XVIIIe siècle », une époque synonyme d'une douceur de vivre réservée à une minorité, qui contraste avec les rigueurs du « sombre XVIIe siècle ». Cette croissance, surtout à partir des années 1740, touche l'économie, les villes, la démographie, et, malgré tout, le monarque est accusé de délaisser le bien de son peuple. Les réponses sont à chercher du côté des faiblesses structurelles de la monarchie.

UN RÈGNE PROMETTEUR

Le surnom de « Bien-aimé » reçu par Louis XV au milieu de son règne n'est pas sans fondement. Par rapport à ses ancêtres, il a reçu une solide formation au métier de roi. L'histoire transmet des modèles à suivre, comme celui de Saint Louis, et éclaire les liens dynastiques, clé de la diplomatie dans l'Europe des monarchies. La religion est omniprésente et teintée de morale. Les matières techniques ne sont pas absentes, en particulier la géographie et la cartographie. L'homme témoigne d'une réelle intelligence, d'une culture certaine et d'une grâce physique qui lui vaut d'être considéré comme le plus bel homme du royaume. Chasseur infatigable, il a les qualités physiques du roi de guerre et le courage requis. Associé dès son plus jeune âge aux grandes cérémonies officielles, il accomplit sa tâche avec sérieux, étudiant les dossiers dans son cabinet et s'entretenant avec ses ministres.

Les mémorialistes sont cependant unanimes pour souligner sa timidité presque maladive puisqu'il répugne même à accomplir les gestes publics du roi absolu lorsqu'il s'agit de recevoir les représentants des corps du royaume. Son indécision donne les apparences de la faiblesse, et sa vie privée, celle d'un pécheur, qui cesse de se confesser à partir de 1739. Sa mélancolie se renforce avec le temps et va de pair avec un goût du secret et de la dissimulation. Le duc de Luynes, un de ses proches, rapporte que, par son goût d'une vie privée et assez simple, « on est souvent tenté d'oublier qu'il est le maître ». Dans un système de cour fondé sur la mise en représentation permanente du roi, une telle attitude est un facteur d'affaiblissement, car le corps physique et individuel du monarque l'emporte sur le corps abstrait et public qui occupait toujours le devant de la scène avec Louis XIV. Versailles reste le théâtre de la cour, mais Louis XV s'y fait aménager des appartements privés et ne cesse de fuir le château pour des demeures plus intimes et plus simples.

LES ÉMEUTES DU PAIN

En juillet 1725, une émeute populaire éclate dans le faubourg Saint-Antoine, à Paris. Un boulanger a augmenté le prix du pain, qui passe de trente à trente-quatre sous. Les boulangers, pris à partie par une foule en fureur, voient leurs maisons pillées, tandis que pâtes et farines sont jetées à l'eau. Finalement, le guet à cheval tire quelques coups de feu et réussit à disperser le peuple. Mais, en septembre 1740, à nouveau, des soldats tirent sur des émeutiers parisiens qui s'insurgent une fois encore contre la cherté du pain. Cette année-là, comme en 1725, quelques manifestants et meneurs sont pendus, pour l'exemple.

La guerre en dentelles.

L'expression qualifie avec plus ou moins d'exactitude historique et vestimentaire les guerres menées sous le règne de Louis XV. Elle trouve son origine dans le titre d'un recueil de nouvelles du romancier Georges d'Esparbès, en 1896.

Messieurs les Anglais, tirez les premiers.

Le comte d'Anterroches à Lord Hay, lors de la bataille de Fontenoy, le 11 mai 1745.

LA FRANCE DE FLEURY

Sous le cardinal de Fleury, ancien précepteur de Louis XV et principal ministre de 1726 à 1743, la France présente une image de stabilité et rentre dans le « beau XVIIIe siècle ». La croissance économique, nettement perceptible à partir du milieu des années 1720, est le phénomène majeur du siècle des Lumières. Elle s'explique par de multiples facteurs : la livre, est stabilisée en 1726 ; l'exploitation des mines américaines (l'or brésilien, l'argent mexicain) apporte des métaux précieux, qui facilitent la circulation monétaire, tandis que l'enrichissement d'une partie de la population – la « classe propriétaire » – stimule la demande. Les facteurs démographiques jouent aussi leur rôle, car l'accroissement de la population augmente le nombre des producteurs et des consommateurs. Les facteurs proprement économiques ne sont pas négligeables : amélioration limitée de la productivité et début d'unification du marché national. Il y a également la paix, préservée à l'intérieur du royaume. Enfin, des stimulants d'ordre psychologique jouent un rôle moteur : changements dans les goûts ou dans les modes et « culture des apparences » accordant de l'importance au superflu.

La croissance démographique est inédite. La période 1715-1725 correspond au moment où, pour la première fois depuis Philippe le Bel au début du XIVe, siècle, la limite des 20-22 millions d'habitants est dépassée. Malgré l'absence de recensement (le premier fut entrepris en 1801), on peut penser que les Français sont 24 millions environ en 1725. Cette croissance globale n'a sans doute été ni régulière ni générale. La fin des années 1730 et le début de la décennie 1740, en particulier, sont marqués par des accidents météorologiques : plusieurs saisons froides se succèdent, des pluies diluviennes emportent des terres et ravinent le sol. Mais de telles ruptures d'équilibre n'ont jamais l'ampleur des épidémies meurtrières du règne de Louis XIV. Le temps des Lumières est donc d'abord celui de la vie un peu mieux maîtrisée et il ne faut plus, comme au XVIIe siècle, « deux enfants pour faire un homme ». Cette révolution silencieuse a été rendue possible par de multiples changements, un faisceau de grandes et de petites causes. La guerre, d'abord, est plus rare et elle est repoussée hors des frontières. Ensuite, grâce à la diligence des intendants et des subdélégués de la trentaine de généralités qui couvrent le royaume, l'État royal intervient plus souvent et, surtout, plus efficacement, en cas d'épidémie par l'envoi de médecins, en cas de disette par l'importation de blé.

L'ACTION POSITIVE DE LA MONARCHIE ADMINISTRATIVE

L'état sanitaire du royaume s'améliore. Les progrès de la médecine sont sensibles, notamment en chirurgie, discipline vivement encouragée par Louis XV, qui s'intéresse à toutes les innovations scientifiques de son temps. Pourtant, comme toujours, ces progrès ne touchent pas toutes les provinces, ni toutes les couches sociales, et ils se heurtent aux habitudes et aux préjugés. On note néanmoins une amélioration de l'hygiène et d'incontestables succès médicaux, comme les débuts de l'inoculation contre la petite vérole (variole).

Pour donner une plus grande impulsion à la croissance économique, la monarchie décide non seulement de restaurer les routes existantes, mais aussi d'ouvrir des voies nouvelles : il s'agit d'équiper le royaume d'un réseau routier qui lui faisait jusque-là cruellement défaut. Ainsi, suivant la circulaire du 13 juin 1738 adressée à tous les intendants, les paysans demeurant à proximité (une dizaine de kilomètres) des grands chemins sont réquisitionnés avec leurs voitures, leurs bœufs et leurs chevaux, six jours par an, au printemps et à l'automne, afin d'assurer les remblais et les déblais, le transport des matériaux, etc. Une main-d'œuvre spécialisée s'acquitte des opérations complexes.

LE JEU DE L'AMOUR ET DU HASARD...

Né en 1688, Marivaux commence sa carrière littéraire en 1712. Ruiné par la banqueroute de Law, il se tourne vers le théâtre. La troupe des Comédiens-Italiens, au jeu vif et enlevé, met bien en valeur la quarantaine de comédies qu'il écrit en vingt ans. Quoique l'influence italienne soit sensible jusque dans les noms des personnages, la finesse de son analyse psychologique et la pureté de sa langue font de Marivaux un symbole de l'esprit français. Il peint à merveille les hésitations du cœur, la naissance de l'amour et sa lutte contre l'amour-propre. Mais l'auteur de la *Double Inconstance* et du *Jeu de l'amour et du hasard* est aussi romancier : dans la *Vie de Marianne*, il montre la même connaissance des hommes et des réalités sociales.

Le résultat d'un demi-siècle de travaux acharnés, dirigés par des ingénieurs des Ponts-et-Chaussées, des cartographes – maîtres de la représentation graphique du territoire – des architectes de ponts et de tunnels, est spectaculaire : à la veille de la Révolution, l'allure moyenne des voitures a été doublée. Et le royaume est équipé de près de 30 000 kilomètres de routes ouvertes, pavées et entretenues.

Bien sûr, une fois encore, l'équipement se révèle très inégal. La carte montre un fin écheveau de voies carrossables centré sur Paris, au-delà d'une ligne qui unirait Saint-Malo à Genève, frontière imaginaire séparant plus que jamais deux France : d'une part le Nord-Est, la France de

LE MINISTRE PHILOSOPHE

Après une carrière militaire et diplomatique, Choiseul, soutenu par la marquise de Pompadour, la maîtresse du roi, entre au gouvernement. Sans en avoir le titre, il est le principal ministre de Louis XV entre 1758 et 1770. Il se consacre aux affaires étrangères, à la guerre et à l'armée, dont il réforme les structures et modernise l'équipement. Ami des philosophes, profondément antijésuite, il a aussi des sympathies proparlementaires. Cet aristocrate éclairé, qui pousse Louis XV à la modération dans les crises, est renvoyé quand le roi décide de mettre les parlements au pas. Mme du Barry, la nouvelle maîtresse du roi, apprécie d'ailleurs fort peu le duc de Choiseul…

tous les « plus » (plus d'hommes, plus d'alphabétisés, plus de villes, plus de richesses…), d'autre part le Sud et surtout l'Ouest, la France du moindre développement et des archaïsmes, malgré quelques brillantes exceptions : les états du Languedoc, par exemple, œuvrent pour une sensible amélioration du réseau routier.

LA RENAISSANCE DES OPPOSITIONS

En apparence, l'absolutisme monarchique est préservé, voire consolidé, mais les faiblesses structurelles sont bien présentes. La France s'engage, en 1740, dans la guerre de Succession d'Autriche, qui va entraîner un nouveau déséquilibre financier. Le coût de la guerre de Sept Ans, qui se conclut par le traité de Paris en 1763, sera encore plus important, conjugué à des pertes territoriales non négligeables.

Les problèmes politiques en suspens sont plus lourds de conséquences, avec deux oppositions majeures qui ne vont cesser de s'amplifier. La première de ces oppositions, celle des jansénistes, qui concerne au départ une question essentiellement religieuse sur le salut et la grâce, se transforme en une véritable contestation de la monarchie et de la légitimité de celle-ci à intervenir dans les affaires religieuses. Ouvrant la voie à une critique publique du roi, inédite dans la France absolutiste, le groupuscule janséniste réunit autour de lui tous les mécontents, du peuple parisien aux élites. En mars 1730, l'enregistrement forcé de la bulle *Unigenitus*, qui condamne les jansénistes, déclenche un premier affrontement avec le parlement de Paris. L'affaire du cimetière Saint-Médard étend l'opposition au peuple parisien.

La parution d'un périodique janséniste clandestin, les *Nouvelles ecclésiastiques*, à partir de 1728 est lourde de conséquences : l'opinion publique naissante est légitimée et encouragée dans la critique de la monarchie. Les liens sont complexes mais indiscutables avec la seconde opposition, celle des parlementaires, membres d'une des cours judiciaires les plus importantes du royaume, qui proposent une réforme de la monarchie et s'opposent pied à pied aux décisions royales.

L'enchaînement – critique, répression royale, durcissement et coalition des oppositions, recul de la monarchie – parcourt tout le règne et contribue à discréditer Louis XV. À travers ces événements, c'est tout un système de pouvoir – celui légué par Louis XIV – qui est remis en question. Dans une France dont les aspirations ont changé, Louis XV n'a pas l'autorité suffisante pour étouffer des oppositions qui étaient étroitement contrôlées sous le Roi-Soleil. Sa décision de gouverner sans Premier ministre en 1743, à la mort de Fleury, ne change pas fondamentalement la donne. Il a alors 33 ans.

DU « BIEN-AIMÉ » AU « MAL-AIMÉ »

La popularité du roi cache dans un premier temps ces faiblesses. Elle atteint son sommet dans les années 1744-1746, grâce aux bénéfices retirés de la participation personnelle du monarque à la guerre de Succession d'Autriche. Le 13 novembre 1744, une entrée solennelle dans Paris achève la première campagne militaire du souverain, qui s'est illustré lors du siège de Menin. L'accueil est, selon un témoin, comparable à « un triomphe d'empereur romain ». Un an plus tard, en septembre 1745, quelques mois après la bataille de Fontenoy, lors de laquelle Louis XV s'est signalé par un sang-froid particulier, la réception est tout aussi enthousiaste et chaleureuse.

Cette image positive du roi est cependant ternie dès les années 1747-1748 : les récoltes médiocres provoquent un vif mécontentement chez les plus démunis ; le traité d'Aix-la-Chapelle se solde par un *statu quo* qui déçoit – « bête comme la paix », dit-on à la halle et les quartiers populaires de Paris. Les critiques contre Louis XV deviennent encore plus virulentes quand on apprend ses faveurs multipliées à la marquise de Pompadour.

Il est vrai que la maîtresse du roi dépense sans compter : l'aménagement de ses hôtels de Paris, dont l'actuel palais de l'Élysée, de ses résidences de Crécy, de La Celle et de Bellevue coûtent près de huit millions de livres, auxquels il faut encore ajouter quatre millions pour le théâtre et les fêtes données à la cour de 1748 à 1756. À Paris, satires et chansons sont colportées contre la favorite. Enfin, un étrange fait divers contribue à renforcer la méfiance envers le monarque : en 1749 et 1750, des arrestations de jeunes enfants

La journée sera rude !

Derniers mots de Damiens, qui a tenté d'assassiner Louis XV, avant qu'on le mène à son supplice, le même que Ravaillac, le 28 mars 1757.

Ah, la belle statue, oh, le beau piedestal ! - Les Vertus sont à pied et le Vice à cheval !

Sur le socle de sa statue équestre, Citations de Louis XV le Bien-Aimé.

LES CONVULSIONNAIRES DE SAINT-MÉDARD

François de Paris, un diacre janséniste du faubourg Saint-Marceau considéré comme un saint, meurt en 1717. Bientôt, une étrange nouvelle se répand : en se couchant sur son tombeau, des malades recouvrent la santé. Une foule de plus en plus nombreuse se presse au cimetière Saint-Médard pour assister aux « convulsions » violentes, voire hystériques, des candidats à la guérison. Mais comment un partisan d'une doctrine condamnée par l'Église – le jansénisme – pourrait-il accomplir des miracles ? La répression est vigoureuse : par ordonnance royale du 27 janvier 1732, le cimetière est fermé. Quelqu'un écrit sur la porte : « De par le roi, défense à Dieu / De faire miracle en ce lieu. » Dans des maisons particulières, les convulsions se poursuivent jusqu'à la Révolution ; bien que de nombreux partisans de François de Paris soient enfermés à la Bastille.

errants, puis des disparitions de fils et de filles d'artisans déclenchent de folles rumeurs. Peu à peu, le bruit court qu'un prince lépreux enlève les enfants et prend un bain dans leur sang afin d'être guéri. On en vient à dire que le souverain laisse faire et qu'il est peut-être lui-même le « prince ladre ».

L'image de Louis XV est gravement atteinte par ces bruits absurdes, colportés dans les tavernes et véhiculés par les libelles et les pamphlets. Le « Bien-Aimé » du temps de la victoire de Fontenoy devient, dans l'esprit de son peuple, le « Mal-Aimé », un nouvel Hérode, massacreur d'innocents, qui va mourir dans l'indifférence générale.

LOUIS XV ET LA CRISE DE L'ABSOLUTISME

Selon un avocat parisien, « le fanatisme est général dans Paris contre l'autorité souveraine ». À partir des années 1750, la monarchie française est en effet attaquée de toutes parts. Les parlements – cours de justice et d'enregistrement des lois – commencent une politique d'obstruction quasi systématique. La création d'un nouvel impôt à prétentions égalitaires, le vingtième, en 1749 déclenche une crise politique. Ces critiques permanentes minent l'autorité de tous les agents du roi, car leur action est entièrement dépendante du monarque et de son Conseil : intendants, contrôleurs, ingénieurs des Ponts-et-Chaussées, tous sont l'objet des censures et des calomnies. Le gouvernement du royaume devient de plus en plus difficile. À ce contexte de fronde parlementaire s'ajoute un événement beaucoup plus spectaculaire, l'attentat dont Louis XV est la victime. Le 5 janvier 1757, un peu avant six heures, alors que le souverain s'apprête à monter en carrosse pour se rendre de Versailles à Trianon, un certain Robert François Damiens, âgé de 42 ans, surgit de l'ombre et frappe le roi d'un coup de canif. On ne peut nommer autrement l'arme de Damiens, tant elle semble inoffensive ; la blessure de Louis est d'ailleurs superficielle. Mais le roi a eu peur. Or Damiens a servi comme domestique chez plusieurs conseillers au parlement de Paris. C'est là, sans doute, qu'il a appris que « le roi était un méchant parce qu'il n'écoutait pas son parlement et que c'était un devoir que de l'en punir ». Damiens est un bouc émissaire tout trouvé, il est donc condamné à la peine des régicides, qui n'a plus servi depuis Ravaillac ; il est écartelé en place de Grève. Cette peine disproportionnée fait scandale, et la fronde parlementaire s'en trouve fortifiée.

LA LIBRE CIRCULATION DU GRAIN

Affaibli dans son pouvoir symbolique de juge suprême et impartial, contesté par ses parlements, Louis XV subit, en outre, les conséquences d'une politique économique trop audacieuse. Le 25 mai 1763, une déclaration royale, complétée un an après, instaure la libre circulation des « grains, farines et légumes ». Cette décision, inspirée des théories sur la liberté du commerce, est très mal accueillie par la population. Le gouvernement est accusé de privilégier les monopoles et les spéculateurs ; on parle de « pacte de famine » et l'on prétend même que les ministres et le roi sont impliqués dans ces opérations spéculatives. Quelques émeutes éclatent alors dans les villes de France.

En 1767, les récoltes sont mauvaises et on impute la hausse des prix à la liberté de circulation. En 1768, le parlement de Rouen rétablit de son propre chef la réglementation sur les grains. Il est bientôt suivi par les parlements de Paris et de Dijon. Une fois de plus, l'autorité royale a été bafouée. Mais, cette fois-ci, la capacité et la volonté du roi-père à nourrir ses sujets sont remises en doute.

L'EXPULSION DES JÉSUITES

Les parlements ne s'attaquent pas qu'au roi ; ils se considèrent, tout au long du XVIIIe siècle, comme les ennemis de la Compagnie de Jésus. Les raisons de cette hostilité sont complexes et trouvent leur source ou leur justification tout à la fois dans les luttes religieuses du XVIIe siècle,

MODERNISER L'AGRICULTURE

En prenant pour modèle une société fondée à Rennes, le contrôleur des Finances Bertin invite les intendants à en constituer dans leurs régions. Selon un mémoire rédigé vers 1770, il s'agit pour l'Administration « d'encourager les propriétaires de terres et les fermiers à faire des efforts pour augmenter leurs travaux et les produits des biens-fonds, soit en répandant plus d'engrais sur les terres par la multiplication des bestiaux, soit en défrichant les terres incultes ». Les sociétaires appartiennent souvent aussi à une académie, à une loge ou à un club. Avant la Révolution, il y aura une quarantaine de ces sociétés en France.

Se battre pour le roi de Prusse.

L'expression renvoie à l'engagement de la France de Louis XV dans la guerre de Succession d'Autriche en 1740, aux côtés de l'Espagne, de la Bavière, de la Saxe et de la Prusse contre l'Autriche et ses alliés. Cette guerre ne rapporta rien, sinon quelques succès militaires et d'importantes dépenses qui laissèrent aux Français le désagréable sentiment de s'être « battus pour le roi de Prusse ».

dans le désir d'autonomie de l'Église gallicane et dans les idées anticléricales des Lumières. La lutte contre les jésuites permet surtout aux parlements d'affirmer leur propre puissance.

En 1761, une faillite financière conduit un certain Antoine de La Valette devant les tribunaux. Mais ce La Valette est un père jésuite, et le parlement de Paris prend prétexte de cette banale affaire privée pour attaquer la Compagnie de Jésus dans son ensemble. La Chambre, estimant que certains règlements jésuites sont incompatibles avec les lois du royaume, demande à examiner en détail toutes les constitutions de l'ordre et, le 6 août 1762, rend un arrêt qui déclare la Compagnie de Jésus « inadmissible par sa nature dans tout État policé ». Au terme de cet arrêt, le parlement ordonne donc l'expulsion des jésuites de sa juridiction.

Louis XV cherche d'abord à arranger l'affaire et à adoucir la sentence. Mais, exaspéré par les pressions du pape Clément XIII et soucieux de se concilier le parlement dont il a besoin pour combler le déficit, il finit par ratifier la décision d'expulsion. En 1764, un édit supprime la Compagnie de Jésus, qui est purement et simplement bannie du royaume de France en 1767. Cette fois encore, Louis XV a cédé.

NAÎTRE POUR VIVRE

L'accouchement traditionnel souvent violent et pratiqué de façon très empirique, devient plus sûr. On commence à utiliser des techniques et des instruments appropriés ; des sages-femmes mieux instruites et mieux formées font leur apparition. L'une d'elles, Mme du Coudray, parcourt les campagnes pour donner aux futures mères des leçons pratiques et les préparer à leur accouchement. Signe de médicalisation, les accoucheurs professionnels masculins sont de plus en plus nombreux, ce qui est révolutionnaire pour l'époque. Ce sont là des conquêtes décisives qui font reculer la mortalité des mères et de leurs enfants, et qui transforment profondément la conscience du prix de la vie humaine.

LE ROI CONTRE-ATTAQUE

La crise parlementaire s'aggrave encore davantage. Le roi tente de lever des taxes en Bretagne contre l'avis du parlement de Rennes, auquel on refuse ainsi l'exercice de l'une de ses principales prérogatives, le contrôle de l'impôt. L'emprisonnement d'un des membres du parlement provoque la démission du parlement tout entier,

UN ROI AUX MOEURS LÉGÈRES

Louis XV, par le choix de ses maîtresses, a scandalisé sa cour. En effet, les favorites ne sont pas issues de la noblesse.

La marquise de Pompadour est certes éduquée et éclairée mais elle est la fille d'un fermier général et la comtesse Du Barry était… une fille publique. Ainsi, bien que Jeanne Bécu ait été anoblie, elle reste aux yeux du peuple une femme de petite vertu...

Après nous, le déluge.

Attribué à Mme de Pompadour s'adressant à Louis XV pour le réconforter après la défaite de Rossbach, en novembre 1757.

bien entendu soutenu par le parlement de Paris.

En 1766, pour affirmer son autorité, le roi tient un lit de justice devant les parlementaires parisiens. Au cours de cette cérémonie traditionnelle, il fait prononcer un discours programme qui défend de manière spectaculaire les principes de la monarchie absolue, mais son intervention énergique reste sans lendemain.

En 1769, il est obligé de capituler et d'accepter la réinstallation du parlement rennais. Sans cesse attaqué, Louis XV se décide finalement à frapper un grand coup. Il confie la mise au pas, des parlementaires à son chancelier, Maupeou. Depuis 1770, une fois de plus, le parlement de Paris est en grève : Maupeou le démembre sans plus attendre. Puis, par trois édits de février 1771, il décide que le nouveau parlement ne sera plus composé de juges ayant acheté leurs charges, mais de magistrats choisis par le roi pour leur talent et leurs capacités. C'est, au sens propre, une révolution. Avec la suppression de la vénalité des offices, c'est-à-dire de l'achat des places de magistrat, les juges deviennent des fonctionnaires. Ils perdent leur indépendance, mais la justice devient gratuite et l'opposition de ce corps turbulent est anéantie.

L'ÉCHEC POSTHUME DE LOUIS XV

Une vague de critiques suit la réforme : vaudevilles, libelles et satires se multiplient. Louis XV meurt de la variole trois ans après, détesté de son peuple. Quant au jeune Louis XVI, inexpérimenté et soucieux de sa popularité, il rétablit les anciens parlements. Maupeou déclare amèrement : « J'avais fait gagner au roi un procès qui durait depuis bien trois siècles. S'il veut le perdre, il est bien le maître. » Héritant d'une monarchie affaiblie, Louis XVI vient de se priver d'une arme décisive. Ce ne sera pas la dernière erreur de son règne...

Le siècle des femmes

Des salons à l'éducation... une petite révolution !

LE SEXE FAIBLE...

Soumises à leur nature et à leur organe génital, les femmes n'ont pas le même type de raison que les hommes et restent dominées par les maladies, l'imagination et la sensibilité...

L'idée qu'il existe une nature féminine spécifique progresse au XVIIIe siècle, sous l'influence conjointe des philosophes et des médecins. « Le mâle n'est mâle qu'en certains instants, la femme est femelle toute sa vie ou du moins toute sa jeunesse ; tout la rappelle sans cesse à son sexe », affirme Rousseau dans *l'Émile*, conforté par les études de Pierre Roussel sur l'organe féminin par excellence, l'utérus. Cette faiblesse congénitale rend difficile l'accès à l'universel incarné par la raison. Les femmes sont « des enfants bien extraordinaires », écrit Diderot, incontrôlables, dangereux, exaltés. La peur du corps féminin n'est pas loin, et il est préférable de le cantonner à la maison pour s'occuper des enfants.

La réputation de « siècle des femmes » longtemps accordée au Siècle des lumières cache une forte hétérogénéité sociale de la condition féminine. Quelques figures exceptionnelles ne doivent pas faire oublier le poids des inerties, qui tiennent les femmes à l'écart de tous les lieux de pouvoir.

Jamais les femmes n'ont été autant valorisées dans les textes littéraires, médicaux, philosophiques... qui, tous, mettent en scène le sexe dit « faible ». Un certain nombre de figures emblématiques, de femmes salonnières et philosophes, semblent parler pour toutes. Cependant, les progrès réels demeurent limités et, même dotée de capacités nouvelles, la femme demeure inférieure à l'homme.

LE MONDE DES SALONS

Souvent tenus par des femmes de la haute aristocratie, les salons jouent dans la vie mondaine et intellectuelle le rôle qui était, avant la mort de Louis XIV, celui de la cour, rôle que cette dernière ne retrouvera jamais tout à fait. Mme de Tencin accueille Montesquieu, Bernardin de Saint-Pierre, l'abbé Prévost, Marivaux, Fontenelle ; le salon de Mme Du Deffand est fréquenté par Montesquieu, Voltaire, d'Alembert. Mme Geoffrin – une bourgeoise – reçoit le lundi les artistes (Boucher, Vernet, Greuze) ; le mardi, les écrivains et les visiteurs étrangers.

Dans la seconde moitié du siècle, les personnalités en vue se retrouvent volontiers chez Julie de Lespinasse, lectrice puis rivale de Mme Du Deffand, ou chez Mme Helvétius. Certains salons ont une « spécialité » : la duchesse de La Rochefoucauld reçoit les physiocrates, Quesnay, Mirabeau, Dupont de Nemours. Dans les années 1780, le salon de Mme Necker et de sa fille, future Mme de Staël, est le plus « engagé ».

À L'ÉCART DU POUVOIR

Les salons sont souvent invoqués en faveur d'une promotion des femmes au XVIIIe siècle. En réalité, ils sont représentatifs de l'ambiguïté des Lumières à l'égard du beau sexe. Ce lieu primordial de sociabilité intellectuelle est bien dirigé par une femme, mais cette dernière est cantonnée dans un rôle de compagne de l'esprit, de soutien et d'encouragement des philosophes. Elle participe à la vie intellectuelle du temps, sans bouleverser les rapports de sexe. Si, en France, comme dans d'autres pays, les femmes publient davantage, cette avancée reste dérisoire. Mme du Châtelet va jusqu'à traduire Newton et à publier des *Institutions de physique*, mais la célèbre Mme Roland ne publie quasiment que sous le nom de son mari. À travers les salons, certaines femmes de l'élite participent à des débats politiques, mais elles restent exclues des centres de pouvoir. Le rôle politique potentiel des femmes du peuple est pris cependant au sérieux par la monarchie d'Ancien Régime, qui sait surveiller les meneuses d'émeutes populaires et s'attirer les faveurs de

Je crois que les relations sociales des deux sexes, qui subordonnent un sexe à l'autre au nom de la loi, sont mauvaises en elles-mêmes et forment aujourd'hui l'un des principaux obstacles qui s'opposent au progrès de l'humanité...

John Stuart Mill, *De l'Assujettissement des femmes.*

L'ÉDUCATION DES FILLES

Les garçons étudient pour exercer une profession ; les filles sont élevées en futures mères et en maîtresses de maison.

Les filles ne reçoivent pas d'instruction mais une éducation dont le cadre naturel est la famille, sous le contrôle de la mère. Toutefois, au cours du XVIIIe siècle, on prend l'habitude, dans l'aristocratie ou la haute bourgeoisie, de confier les jeunes filles à un couvent pour qu'elles préparent leur première communion : les futures mères doivent être pieuses. Les maisons les plus réputées sont tenues par les visitandines, les ursulines et les religieuses de la congrégation Notre-Dame. Les pensionnaires apprennent les bonnes manières, l'art de se tenir en société (connaissances fort utiles aux dames qui reçoivent), la danse, les arts d'agrément (musique, dessin). Il n'y a ni cursus ni matières scolaires, comme pour les garçons. De retour chez elles, les jeunes filles recevront des leçons particulières, dispensées par des maîtres spécialisés.

certains groupes comme les Dames de la halle de Paris, reçues à Versailles lors de la naissance d'un dauphin.

Les philosophes ne remettent pas en question la non-existence juridique des femmes en politique. Comme le souligne Diderot dans l'article « Citoyen » de *l'Encyclopédie*, les femmes « ne sont pas vraiment des citoyens ». Un tel jugement annonce les résistances qu'affronteront les femmes lors de la période révolutionnaire, au prix de leur tête pour Mme Roland et Olympe de Gouges en novembre 1793.

CITADINES ET PAYSANNES

La situation des femmes du peuple est assez paradoxale car, moins valorisées par le discours des Lumières, elles profitent cependant d'une liberté plus grande que celles de la haute société. Le mariage d'amour est plus facile, car la faiblesse des enjeux financiers laisse la place à une certaine recherche du bonheur.

Contrairement à une légende tenace, les femmes du peuple travaillent, à la ville comme aux champs, bénéficiant ainsi d'une relative indépendance. Le cabaret est un espace mixte où elles peuvent aller boire un verre avec leurs amies. À la campagne, elles participent avec leurs époux aux travaux agricoles, et la basse-cour est leur domaine réservé. Les citadines sont boutiquières ou domestiques, exercent de « petits métiers » : porteuses d'eau, vendeuses de rubans. À la ville, comme à la campagne, beaucoup de femmes travaillent à domicile, pour le compte de gros entrepreneurs.

LA MATERNITÉ

Travailler en ville est difficile quand on doit également s'occuper de sa famille. Les citadines qui le peuvent confient donc leurs bébés, dès leur naissance, à des nourrices de la campagne. Coutume meurtrière : les registres paroissiaux attestent que nombre d'enfants meurent à l'âge de quelques jours, pendant le voyage. Les philosophes, à la suite de Rousseau dans l'*Émile*, se font donc les champions d'une éducation naturelle, symbolisée par l'allaitement maternel. Il est dès lors de bon ton de nourrir soi-même son enfant, et telle grande dame aime être vue au théâtre en train de donner le sein.

De fait, le regard porté sur l'enfance a beaucoup changé depuis le XVIIe siècle. La créature faible et inachevée qu'il fallait « dresser » en l'emmaillotant, en l'élevant strictement, est devenue un être attendrissant, qu'on cajole et sur les progrès duquel on s'extasie... quand on en a le temps !

L'ABANDON D'ENFANTS

Enfin, il existe une catégorie de mères et d'enfants vivant en marge de la société traditionnelle : ce sont

FILLES DE JOIE ET MAQUERELLES

Au grand scandale du clergé, la prostitution parisienne, tolérée, est toujours une activité florissante.

On estime que, à la fin du règne de Louis XV, 20 000 prostituées exercent leur activité à Paris. La plupart, filles d'artisans ou de paysans, viennent de la campagne. La police tolère la prostitution tant qu'il n'y a pas de scandale, d'autant plus que certaines filles ont des « protecteurs ». Les maisons sont souvent gérées par des maquerelles, à l'exemple de cette Mme Paris, qui, après avoir elle-même exercé le métier, propose les charmes de ses douze pensionnaires, âgées de 16 à 20 ans. Il en coûte douze livres, c'est-à-dire l'équivalent de douze jours de salaire d'un artisan. Car la maison est raffinée et bien tenue : les filles ont des femmes de chambre, des maîtres de danse et de musique, et un chirurgien vient même les visiter.

les filles-mères et les enfants illégitimes, dont le nombre ne cesse de croître dès le début du XVIIIe siècle. La société villageoise tolère assez bien les amours prénuptiales, pourvu qu'elles soient suivies d'un mariage. On convole tard, en effet : les filles vers 25 ans, les garçons à 30. C'est qu'il faut attendre un « établissement », et donc, le plus souvent, la mort d'un des parents. Parfois, il arrive que les « promis » fassent « Pâques avant les Rameaux » : nombre de mariages sont suivis très vite d'une première naissance, les autres se succédant dans des intervalles compris entre vingt-quatre et trente-six mois. Les familles et les voisins ferment les yeux sur ces accrocs à la morale, sauf si le mariage est impossible parce que les milieux sont trop différents ou parce que le père est déjà marié.

Femme de chambre ou fille de ferme, mais parfois dame de condition, la future mère quitte alors le village pour accoucher dans l'anonymat de la grande ville. Là, elle peut, comme Jean-Jacques Rousseau lui-même, abandonner son enfant dans le tour d'une institution charitable, ancêtre de notre assistance publique.

On aurait tort de croire que ce monde de la honte ou de la misère représente le bas de l'échelle sociale et n'a aucun lien avec la sphère des salons. L'histoire du plus célèbre des enfants trouvés, Jean le Rond, dit d'Alembert, prouve le contraire. Né en novembre 1717, il est abandonné sur les marches de la chapelle Saint-Jean-le-Rond (d'où son nom) par sa mère, Mme de Tencin, car il est le fruit d'une liaison. Recueilli par la femme d'un vitrier, mis en pension, il fait de brillantes études et devient un grand savant, mathématicien, philosophe et maître d'œuvre, avec Diderot, de *l'Encyclopédie*. En 1754, il rencontre, dans le salon de Mme Du Deffand, Julie de Lespinasse, qu'il aimera jusqu'à sa mort…

Une société en mouvement

Évolution des mœurs, immigration, diffusion, consommation…

LA SOCIÉTÉ D'ORDRES

Si la société d'ordres n'a jamais existé avec la perfection définie par le modèle théorique, cette vision sociale n'a cessé de guider les comportements individuels jusqu'à la seconde moitié du XVIIIe siècle.

À partir de ce schéma, la société est faite de groupes sociaux séparés, distingués et classés selon la fonction particulière qu'ils occupent dans la société. Les clercs prient, les nobles combattent et le tiers état travaille. Dans cette vision d'une société fixe et stable, chacun est à sa place et contribue à l'ordre global. Cette notion de rang est essentielle parce que l'ordre du monde terrestre s'inscrit dans les structures globales de l'univers, voulues par Dieu. Les trois ordres rejoignent donc la conception plus large d'une société divisée en corps, c'est-à-dire en groupes (métiers, villes…) dotés de privilèges, de lois particulières, qui font exception.

Dans les années 1750, tous les indicateurs convergent pour indiquer une mise en mouvement de la société française et un détachement par rapport aux structures pluriséculaires de l'Ancien Régime. Ce phénomène remarquable ne se limite pas aux élites, il est général, sans être uniforme.

Ce virage du milieu du siècle reste mystérieux par la convergence de révolutions silencieuses qui touchent différents secteurs. L'apparition de traits nouveaux est incontestable dans un paysage d'ensemble encore ancien, celui de la société d'Ancien Régime.

Ces transformations font naître des contradictions entre la monarchie et la société, l'ancien et le nouveau, les blocages et les volontés de réformes.

LA LIBÉRATION DES COMPORTEMENTS DÉMOGRAPHIQUES

Les naissances illégitimes, conçues hors mariage, sont extrêmement faibles durant toute la période moderne : guère plus de 2 % ou 3 % du total des naissances. Ces chiffres témoignent de l'intensité du contrôle social et religieux, qui devient moins efficace après 1750. Les taux doublent, triplent, quadruplent, voire dépassent 10 %. À Saint-Denis par exemple, le contraste est net entre les 1,4 % de la période 1670-1759 et les 5,9 % attestés en 1780-1789. Bâtards et filles-mères sont mieux tolérés, sinon acceptés. La montée des conceptions anténuptiales va dans le même sens, entre 1 et 5 % au début du siècle, entre 10 et 15 % à la veille de la Révolution française. Le mouvement est plus marqué dans les villes, et surtout les grandes villes, qui peuvent atteindre des taux de 15 à 30 %. La question du contrôle des naissances reste difficile à cerner, tant elle touche le secret des alcôves. Avant 1750, ce phénomène est marginal, limité aux milieux aristocratiques et de la prostitution. Ensuite, il apparaît progressivement en Île-de-France, en Normandie, en Aquitaine et, vraisemblablement, en Languedoc. La France est le premier pays à adopter cette révolution des comportements qui voit les couples fertiles se contenter d'une descendance réelle moins nombreuse. Dans le Vexin français, la chute de la natalité est de 25 % au XVIIIe siècle. Faut-il incriminer l'abstinence, le recul volontaire de l'âge du mariage ou des méthodes de contraception (*coïtus interruptus*, tampons vaginaux...) ? Les archives ne permettent pas de répondre avec certitude.

UNE MOBILITÉ CROISSANTE

Dans la seconde moitié du XVIIIe siècle, la France connaît une révolution des transports : sans innovation technique majeure, le temps de trajet sur les grands axes est divisé par deux, passant de 15 à 7 jours pour aller de Paris à Bordeaux. Cette accélération n'est qu'un des facteurs de la mobilité sociale croissante révélée par l'origine des conjoints. Avant 1750, au moins les trois quarts des nouveaux époux provenaient soit de la même paroisse, soit d'une « couronne » de 2 à 3 lieues, correspondant à deux heures de marche. Ensuite cette proportion baisse, parfois considérablement. Les déplacements accomplis avant le mariage, surtout par l'homme, sont de plus en plus fréquents et de plus en plus longs.

La mobilité vers les villes, véritables laboratoires du changement social, est attestée par les papiers hospitaliers et les rapports de la police. Nouveaux arrivants et mendiants sont plus nombreux, plus jeunes et viennent de plus loin. D'après les contrats de mariage, le pourcentage d'immigrants passe à Bordeaux de 27 % en 1737 à 37 % en 1791, à Lyon de 48 % vers 1730 à 58 % vers 1788, à Paris de 53 % en 1750 à 70 % en 1793.

LES PROGRÈS DE L'ALPHABÉTISATION

Entre 1686-1690 et 1786-1790, le taux d'alphabétisation passe de 29 à 47 % pour les hommes et de 14 à 27 % pour les femmes. La signature des actes de mariage, à l'origine de ces chiffres, demeure plus faible à la campagne et au

LE SAVIEZ-VOUS ?

Au XVIIe siècle, le peintre Le Nain mettait en scène le peuple des campagnes. Au XVIIIe siècle, la peinture donne aussi à voir des intérieurs bourgeois. Raillé par Molière au XVIIe siècle, le bourgeois ne l'est plus au siècle suivant. Les encyclopédistes traduisent au contraire les aspirations des producteurs de richesses et expriment leurs idéaux politiques.

LE COMMERCE DU LIVRE

Le marché de l'imprimé est porté par la multiplication des périodiques et des traductions, et plus encore par l'essor incroyable des romans. Certains titres, tels *Candide* de Voltaire ou la *Nouvelle Héloïse* de Rousseau sont de véritables best-sellers. Les livres autorisés par privilège par l'État monarchique ne représentent cependant qu'une partie de la circulation des imprimés. La censure tolère implicitement ceux qui bénéficient d'une « permission tacite » mais ne peut éliminer l'énorme contrefaçon et, pire, les livres prohibés, sortis des presses clandestines et étrangères. Pour autant, les livres font-ils les révolutions ? Certes, les livres prohibés mêlent allègrement traités philosophiques et libelles pornographico-politiques. Mais les lecteurs de livres philosophiques se recrutent parmi les milieux le plus étroitement liés à l'Ancien Régime. Finalement, le contenu des livres importe peut-être moins que les nouvelles manières de lire, détachées de la référence religieuse et de la tradition.

sud de la ligne Saint-Malo-Genève. Si la culture orale reste très forte, l'écrit signale l'entrée dans un nouvel univers culturel qui autorise l'accumulation des connaissances, la manipulation plus aisée des savoirs.

L'imprimé s'impose nettement dans des milieux qui, jusque-là, ne possédaient guère de livres, comme le monde de l'artisanat et du petit commerce citadin. À Paris, 13 % des inventaires après décès de compagnons mentionnent des livres au début du siècle et 35 % en 1780. Dans les milieux aisés, la taille des bibliothèques augmente fortement. Les cabinets de lecture, qui se diffusent après 1760, démultiplient la diffusion du livre auprès de leurs abonnés. Pour les plus modestes, les loueurs de livres parisiens procurent les ouvrages à la journée ou même à l'heure. Comme le rapporte Louis-Sébastien Mercier, « il y a des ouvrages qui excitent une telle fermentation que le bouquiniste est obligé de couper le volume en 3 parts, afin de pouvoir fournir à l'empressement des nombreux lecteurs ; alors vous payez non par jour mais par heure ».

LA CIVILISATION DE LA CONSOMMATION

La croissance économique qui se met en place sous Louis XV entraîne le passage d'une civilisation où l'objet est rare, investi de valeurs morales ou théologiques, à une civilisation de la consommation et du mouvement. Dans la société d'Ancien Régime, le luxe était jusque-là réservé à la cour, dont le faste devait participer à la grandeur du prince. Or, le XVIIIe siècle est gagné par une certaine aisance matérielle, joignant l'utile au confortable. Les inventaires après décès parisiens montrent la multiplication des pièces et leur spécialisation. La chambre à coucher cesse d'être un espace public de réception pour devenir un lieu intime et privé, pourvu de rideaux.

Les contemporains sont les premiers conscients de ces mutations, car elles remettent en question l'ensemble de la société et de ses valeurs. Le luxe ne serait plus réservé aux puissants. Les penseurs aristocratiques fustigent le gaspillage et la confusion des rangs car le vêtement ne reflète plus la hiérarchie sociale. Les philosophes affirment en revanche que le luxe est utile à l'État, entretient l'émulation et, en un mot, contribue au bonheur terrestre.

DE NOUVELLES TENSIONS SOCIALES

La société d'ordres n'échappe pas à ces révolutions silencieuses. Mis à part les réguliers, très critiqués, le clergé se distingue par sa qualité, grâce à la diffusion du modèle du bon prêtre défini par le concile de Trente. En revanche, la fracture est nette entre la base des curés et le haut clergé, dominé par la noblesse ancienne.

La radicalisation nobiliaire suit le déclin de son rôle politique. En 1781, le comte de Ségur durcit les conditions d'accès aux grades supérieurs dans l'armée pour écarter les roturiers et les anoblis récents. Les parlements se ferment peu à peu, à l'image de celui de Bretagne qui n'admet aucun roturier après 1660. À la campagne, les seigneurs rétablissent sur les paysans des droits anciens tombés en désuétude. Le second ordre est en réalité très hétérogène, entre Paris et la province, entre la grande noblesse qui investit dans les affaires et une majorité d'anoblis de l'époque moderne qui se replient sur la terre.

La situation du tiers état n'est guère plus harmonieuse. Les grandes dynasties de propriétaires terriens, fermiers ou bourgeois, ont tiré avantage de l'augmentation des prix agricoles après 1760, tandis que les revenus réels du salariat et des paysans chutent de moitié entre 1726 et la Révolution française. Les révoltes ouvertes n'existent plus depuis Louis XIV, mais les émeutes plus insidieuses, les « émotions », se multiplient. Procès et destructions de clôtures à la campagne rentrent en écho avec l'agitation du monde du travail en ville. La grève et les émeutes qui touchent Lyon en 1786 parmi les ouvriers de la soie témoignent des tensions croissantes entre compagnons et artisans d'un côté, marchands-fabricants et maîtres de l'autre.

Français contre Anglais

Le retour de la guerre de Cent Ans, trois siècles après...

LES ACADIENS

Anglaise depuis 1713, l'Acadie reste peuplée essentiellement de Français, hostiles à la tutelle anglaise.

À peine les hostilités franco-britanniques (1754-1760) sont-elles ouvertes que les Anglais, redoutant la trahison des Acadiens, décident de déporter ceux-ci loin du front, afin de les empêcher d'aider les Français à reconquérir leur province. Contraints d'abandonner leurs villages, les Acadiens sont embarqués pour la France ou dispersés dans d'autres colonies de la Nouvelle-Angleterre, de New Haven à la Géorgie, où ils vivent en exclus, rejetés par une population hostile. Quelques centaines échouent dans les bayous de la Louisiane. En 1763, le traité de Paris calme un peu les tensions et, progressivement, les exilés peuvent rentrer chez eux. Néanmoins, aujourd'hui encore, des milliers de Cajuns – déformation du mot « acadien » en anglais – constituent une importante communauté francophone dans l'État de Louisiane.

Au XVIIIe siècle, la guerre est en recul, mais pas les rivalités internationales. De fait, l'opposition entre Français et Anglais, permanente, prend de multiples formes et se déroule sur des terrains variés : de la concurrence commerciale jusqu'au conflit ouvert et généralisé, du continent européen jusque sur les océans et au-delà...

L'expression « seconde guerre de Cent Ans » est avancée par certains historiens pour désigner ce long conflit franco-anglais, qui se déroule de 1689 à 1815. Entrecoupé d'accalmies, celui-ci culmine dans les guerres de la Révolution et de l'Empire jusqu'au triomphe anglais de Waterloo et du congrès de Vienne.

LA FRANCE DANS L'ÉQUILIBRE EUROPÉEN

Le XVIIIe siècle est souvent présenté pour l'Europe comme un siècle de paix. Certes, les années de guerre sont moins nombreuses qu'au siècle précédent, mais le recul n'est que relatif avec, entre 1710 et 1787, trente-deux années de paix. En revanche, le territoire français est préservé grâce à la « ceinture de fer » (nom donné à l'ensemble des places fortes et des villes fortifiées mis en place par Vauban). Les incursions sont rares, le danger n'augmente que sur le front côtier avec le conflit franco-britannique. Les armées sont mieux disciplinées, et les excès de violence, mal acceptés par l'opinion publique, qui juge durement la déportation des Acadiens par les Anglais en 1755.

La France participe au nouveau système de relations internationales, celui de l'équilibre européen. La volonté d'hégémonie qui dominait au XVIIe siècle s'est évanouie, loin du rêve d'une monarchie universelle issue de Charles Quint, mais aussi de la politique impérialiste de Louis XIV. Les négociations d'Utrecht en 1713, confirmées à Rastatt en 1714, consacrent le principe selon lequel aucune nation ne doit dominer le continent. La Grande-Bretagne se fait la gardienne de ce principe, en cherchant à éviter qu'une puissance continentale, la France ou l'Autriche, ne devienne hégémonique.

Mais cet équilibre est fragile et il faut constamment stopper les princes trop ambitieux par ce que le siècle nomme des « guerres de secours » – en opposition avec les guerres de conquêtes. De plus, dans une Europe dynastique, la moindre succession incertaine aiguise les appétits des voisins et suscite des conflits. Ainsi, à la mort d'Auguste II en 1733, la France présente son candidat pour le trône de Pologne, Stanislas Leszczynski, beau-père de Louis XV, contre les Habsbourg et la Russie. Grâce à la prudence de Fleury, la guerre de Succession de Pologne (1733-1738) n'entraîne pas de conflit généralisé et aboutit à un compromis acceptable : Stanislas décide d'abdiquer en 1736 en échange de la Lorraine, qui

RIVALITÉS COMMERCIALES EN INDE

Les Français sont les derniers Européens à avoir débarqué en Inde, mais ils deviennent, au début du XVIIIe siècle, les principaux concurrents européens des Anglais.

La Compagnie française des Indes orientales, fondée par Colbert, est financée par l'État royal et elle diffère en cela de la compagnie anglaise, à capitaux privés. Créée en 1664, la Compagnie française est déjà très puissante à la fin du XVIIe siècle. Elle a son siège à Pondichéry, au sud de Madras, et s'est vu confier en 1686 la ville de Chandernagor, tout à côté de Calcutta, qui est anglaise. Longtemps, l'emprise française sur le sous-continent indien a semblé insignifiante aux Anglais, chacune des deux compagnies prospérant sans réellement gêner l'autre. Mais, dans les années 1720, la valeur des transactions françaises est multipliée par dix, ce qui représente la moitié du chiffre d'affaires des Anglais : désormais, ceux-ci voient chez leurs concurrents des rivaux à éliminer au plus vite.

Promotum orientale commercium (En faveur du commerce oriental)

Cette inscription était gravée sur une médaille de la Compagnie française des Indes orientales.

L'AMÉRIQUE DU NORD

Au XVIIIe siècle, la rivalité franco-anglaise s'exerce aussi en Louisiane et au Canada.
Depuis la fin du XVIIe siècle, la France possède un comptoir à l'embouchure du Mississippi. C'est là qu'est fondée, en 1718, La Nouvelle-Orléans, qui devient, sous le nom de Louisiane, une colonie de la couronne de France en 1731. Mais la France n'a jamais été un pays d'émigration, et, après la faillite de Law, on tente de peupler la Louisiane en y envoyant des convois de forçats et des filles de mauvaise vie, ce qui ne rend pas cette destination très populaire. Au Canada aussi, la faiblesse numérique des colons français est un handicap constant face à la puissance de l'Amérique anglaise. Dès 1750, des incidents éclatent. Les Français, grâce à l'aide efficace des Indiens, remportent un certain nombre de succès. Mais le renforcement de l'armée britannique par Pitt et le nombre des colons anglais ont peu à peu raison de la France.

peut ainsi revenir définitivement à la France à sa mort en 1766.

LA GUERRE DE SUCCESSION D'AUTRICHE

En 1740, après une longue période de paix, la France est entraînée dans une guerre européenne d'une ampleur inconnue depuis la paix d'Utrecht. La guerre de Succession d'Autriche (1740-1748) aurait en effet pu conduire au démembrement de la monarchie autrichienne. Elle trouve son origine dans l'accession au trône de la fille aînée de l'empereur d'Autriche Charles VI, Marie-Thérèse, qui est aussitôt contestée par de nombreux princes, dont l'Électeur de Bavière, et les rois de Prusse et d'Espagne. Le cardinal Fleury se laisse cette fois-ci influencer par le parti antihabsbourgeois, puissant à la cour. L'Autriche, alliée à la Russie et à la Grande-Bretagne, s'oppose à la France, à la Prusse, à la Bavière et à l'Espagne.

Ce conflit mal coordonné est, en réalité, double : d'un côté, une guerre austro-prussienne, de l'autre une guerre franco-britannique. Les milieux maritimes britanniques souhaitent, en effet, une guerre pour mettre fin à la concurrence française outre-mer. En Inde, la concurrence commerciale laisse place au langage des armes : les Anglais attaquent Pondichéry en 1748. Sur le continent, et après une série de revers, les troupes du maréchal de Saxe remportent la célèbre bataille de Fontenoy, le 11 mai 1745, sur les Anglo-Hollandais. Malgré l'occupation des Pays-Bas autrichiens et l'invasion des Provinces-Unies en 1747, le conflit s'achève en 1748 sur un *statu quo* pour la France, alors que la Prusse gagne la Silésie. L'opinion française, très mécontente de cette paix d'Aix-la-Chapelle, accuse Louis XV de s'être « battu pour le roi de Prusse ».

LE RENVERSEMENT DES ALLIANCES

Le conflit suivant, la guerre de Sept Ans (1756-1763), commence par un spectaculaire renversement d'alliances, officialisé par le traité de Versailles en mai 1756. Traditionnellement, la France s'appuyait sur un système d'alliances de revers, une coalition antihabsbourgeoise avec les puissances du Nord et de l'Est (Suède, Pologne, Hongrie et Empire ottoman). En 1756, l'Autriche abandonne l'alliance anglaise et la France tire les conclusions du rapprochement entre Frédéric II de Prusse et la Grande-Bretagne. Le concept de la guerre de secours est ici à l'œuvre, car Louis XV n'a aucun grief personnel contre le roi de Prusse mais juge ses ambitions de plus en plus menaçantes. La France et l'Autriche s'opposent avec leurs alliés (Russie, Saxe, Suède, Espagne) à l'Angleterre, à la Prusse et au Hanovre.

Le conflit se déroule, comme le précédent, à la fois sur terre et sur mer : la stratégie anglaise repose en effet sur la dispersion des forces françaises sur deux fronts, et elle est mise en application grâce au relais des alliés britanniques sur le continent. Après des débuts difficiles, Frédéric II affirme peu à peu la supériorité militaire de la Prusse, triomphant en particulier des Français à Rossbach (1757). L'habileté de Dupleix en Inde et celle de Montcalm au Canada ne suffisent pas à éviter la perte de Chandernagor en 1757 et de Québec en 1759. Sur mer, la France perd son avantage à partir de 1757, ses 70 vaisseaux de ligne ne faisant pas le poids face aux 148 vaisseaux anglais.

UN EMPIRE COLONIAL AMPUTÉ

Les traités de Paris (février 1763) et la paix d'Hubertsburg (février 1763) font doubler les possessions britanniques, du Canada à la Floride. La priorité de Choiseul, principal ministre, se porte sur le commerce colonial. La France ne garde que la partie ouest de Saint-Domingue, la Martinique, la Guadeloupe et ses dépendances. Elle perd le Canada, le Sénégal et ne garde que cinq comptoirs en Inde. La Louisiane est donnée à l'Espagne en compensation de la perte de la Floride.

Si l'opinion publique française semble peu ébranlée par la perte de ces territoires lointains, le sentiment antianglais se renforce. L'essor économique du commerce des îles, reposant toujours sur la traite des esclaves, compense ces revers : de 1750 à 1787, la production de sucre passe de 67 000 à 82 000 tonnes, celle de café de 4 500 à 38 000 tonnes. Dans les comptes de la monarchie en revanche, le déficit se creuse : l'arriéré de la dette était de 21 millions de livres à la fin de la guerre de Succession de Pologne, il est de 467 millions en 1764.

Louis XVI et la crise de la monarchie

Le règne du roi maladroit qui perdit la tête...

UNE FRÉGATE DANS LES CHEVEUX

Une victoire navale héroïque sur la Grande-Bretagne lance une nouvelle mode féminine à la cour.

Léonard, coiffeur de Marie-Antoinette, et Rose Bertin, sa modiste, imposent à la reine, puis à la cour les costumes et les coiffures les plus extravagants. Mais si l'on voit les élégantes arborer un vaisseau, toutes voiles dehors, sur un savant échafaudage de vrais cheveux et de postiches, c'est pour un motif hautement patriotique. La cour célèbre ainsi la victoire à Brest, le 17 juin 1778, de la frégate française la *Belle-Poule* sur le navire anglais l'*Arethuse* à la tête d'une escadre de vingt bâtiments. Car la France, qui soutient les insurgés américains en lutte pour leur indépendance, est une fois de plus en guerre contre sa grande rivale. En 1783, le traité de Versailles, qui consacrera la défaite anglaise, provoquera une joie générale dans le royaume : la honte du traité de Paris est effacée !

Face à la gravité du problème fiscal, au désir de réformes du peuple et au conservatisme des privilégiés, Louis XVI hésite entre l'autoritarisme et la démission, ce qui va mener bientôt le royaume à des bouleversements importants.

Louis XVI n'hérite pas d'une situation catastrophique et bénéficie même au départ d'une certaine popularité. Le rappel des parlements constitue une première maladresse, en remettant en selle les oppositions à la monarchie. L'échec de Turgot est lourd de conséquences, il marque la quasi-impossibilité de procéder à des réformes structurelles. La crise qui affecte ensuite la France est générale, idéologique et politique autant qu'économique. Elle ouvre la voie à la critique, voire à la transgression, de l'ordre établi : l'État royal en sort très affecté.

UN JEUNE ROI MALADROIT

« Nous régnons trop jeunes », s'écrient Marie-Antoinette et Louis XVI âgés de 20 ans à la mort de Louis XV, en 1774. Le jeune roi est alors victime d'une série de deuils qui lui ont enlevé ses parents et ses deux frères aînés. Mal préparé à être roi – Louis XV ne l'a pas admis en ses conseils –, il a cependant reçu une excellente éducation, se passionne pour le progrès des sciences, est bon, fidèle, simple, populaire. Il ne lui manque que les qualités exceptionnelles indispensables. Son désir de bien faire, allié à un manque certain de volonté, le conduit à commettre de graves erreurs, comme celle qui consiste à rappeler les parlements. Tous ceux qui connaissent ses travers en profitent, du moindre pamphlétaire au duc d'Orléans, son cousin, qui se pose en chef de l'opposition, et jusqu'à ses frères, qui espèrent lui succéder tant il met de temps à consommer son mariage.

La reine n'a guère de respect pour son époux, qu'elle ridiculise volontiers en public, et use mal de l'influence qu'elle a sur lui. Sa mère, l'impératrice Marie-Thérèse, le lui reproche souvent dans les nombreuses lettres qu'elle lui envoie. Marie-Antoinette est très tôt impopulaire ; on blâme tout à la fois son refus de jouer le jeu de la cour et sa morgue, ses amitiés féminines (Mme de Lamballe, Mme de Polignac), masculines (son beau-frère le comte Axel de Fersen), et, surtout, ses dépenses scandaleuses en un temps où la France connaît de graves difficultés économiques et financières. Depuis 1768, en effet, les prix ne cessent de monter et les denrées sont de plus en plus coûteuses.

L'ÉCHEC DE TURGOT

Deux ans et un échec final résument mal l'originalité et l'ambition du gouvernement de Turgot. Doté d'une solide formation théorique mais aussi de terrain, celui-ci fait partie de ces grands intendants du XVIIIe siècle. Il a fait ses armes en Limousin, une des provinces les plus pauvres du royaume. Contrôleur général des finances en 1774, il présente un programme de réforme et de modernisation de la monarchie : réduire les dépenses et introduire un impôt unique plus équitable, relancer l'économie en favorisant la liberté et les échanges, désarmer les oppositions endémiques en poussant le roi à prendre l'avis de ses sujets par un système d'assemblées hiérarchisées, les municipalités.

Ce projet de despotisme éclairé à la française se heurte à la guerre des

UN ÉCRIVAIN EMBASTILLÉ !

« La nature n'a créé les hommes que pour qu'ils s'amusent de tout sur la Terre... Tant pis pour les victimes, il en faut », écrit le marquis de Sade.

Le marquis de Sade met cette pensée en application en participant à la campagne de pamphlets injurieux qui se déchaînent contre la reine. Mais ce n'est pas pour ce motif qu'il est emprisonné. Il a déjà fait scandale depuis longtemps, mettant en péril la vie de jeunes femmes par ses pratiques sexuelles ; il a été plusieurs fois condamné lorsqu'il est embastillé, suite à une lettre de cachet signée en 1785 de la main de Louis XVI. La lettre de cachet, témoignage de l'arbitraire royal, condamné par les partisans des Lumières, est une manifestation du pouvoir du roi, source de toute justice. En apposant son cachet en bas d'une lettre, Louis XVI ne fait que son devoir de justicier suprême, après une enquête s'appuyant sur de nombreux témoignages de familles de victimes. Sade conserve pourtant l'affection de son épouse, qui l'accable d'attentions, et profite de sa détention pour écrire un des ouvrages les plus licencieux, les *Cent Vingt Journées de Sodome*.

Feindre d'ignorer ce qu'on sait, de savoir tout ce que l'on ignore... voilà toute la politique.

Beaumarchais,
Le Mariage de Figaro.

BEAUMARCHAIS ET LA CENSURE

En 1781, *le Mariage de Figaro*, de Beaumarchais, est accepté par la Comédie-Française, mais la pièce est si hardie que Louis XVI l'interdit.

Le 13 juin 1783, la pièce de Beaumarchais doit enfin être jouée devant la cour, mais la représentation est annulée au dernier moment. Celle-ci a tout de même lieu dans une propriété de Gennevilliers, en présence du comte d'Artois, frère du roi, et de la duchesse de Polignac, la meilleure amie de la reine. Sous la pression de protecteurs si éminents, Louis XVI se résout à autoriser la pièce en mars 1784. C'est un des plus grands succès de l'histoire de la scène française. Le héros, Figaro, est spirituel, intelligent et audacieux, mais il n'est que valet. Son maître est un aristocrate débauché, que son entourage manœuvre comme un enfant. Beaumarchais prône le droit à la justice, à l'égalité et fait le procès d'une société corrompue. Louis XVI avait quelque raison d'estimer qu'il ne fallait pas jouer la pièce, à moins de détruire aussi la Bastille...

farines d'avril-mai 1775, qui est une véritable révolte contre la décision de libéraliser le commerce du grain, que l'on rend responsable de l'augmentation des prix. Le coup de grâce est porté par la levée de boucliers qui suit une série d'édits réformateurs supprimant les corporations et la corvée, et s'attaquant aux bases de la société d'Ancien Régime. Quand Turgot est disgracié, en mai 1776, toutes les oppositions se sont reconstituées : celles des parlements, du peuple, des coteries de la cour. D'autres ministres réformateurs vont suivre – Necker, Calonne, Loménie de Brienne – mais ils auront une très faible marge de manœuvre. Dans l'échec de ce qui était sans doute la dernière chance de réforme par le haut de la monarchie, la responsabilité de Louis XVI est indéniable. Faible face aux coteries, las des difficultés, il n'est au fond pas prêt à laisser la monarchie traditionnelle se démocratiser, le changement l'emporter.

LE VENT D'AMÉRIQUE

La seule grande idée politique de Louis XVI est de donner à la France sa revanche sur l'Angleterre, qui lui a imposé le traité de Paris en 1763. Or, si la politique étrangère de Louis XV a été peu glorieuse, elle a rapporté à la France la Lorraine et la Corse. Celle de Louis XVI sera victorieuse, mais coûteuse.

Depuis 1774, le ministre des Affaires étrangères est Vergennes, qui continue la politique menée par Choiseul et Choiseul-Praslin : il prépare méthodiquement une guerre contre l'Angleterre, et compte sur la révolte, inévitable, des colonies d'Amérique. L'armée est réorganisée ; l'artillerie, perfectionnée grâce à Gribeauval ; la marine, dotée de quatre-vingts navires. L'amiral de Grasse met au point une nouvelle tactique de plans de combats, des écoles militaires sont ouvertes. Des espions français s'infiltrent en Angleterre, et Vergennes connaît ainsi la position de tous les navires britanniques.

Les insurgés américains, conscients de l'importance de l'alliance française, oublient qu'ils ont lutté contre la France au Canada, et envoient à Paris Benjamin Franklin, le savant inventeur du paratonnerre. Le succès politique et mondain de celui-ci est immédiat. Dès les premières manifestations d'indépendance des treize colonies américaines, beaucoup de jeunes Français s'enthousiasment pour le conflit. La Fayette ou Pierre Charles L'Enfant, qui sera l'architecte de la ville de Washington, en sont les exemples les plus célèbres. Ils cherchent à soutenir les idéaux de liberté et d'indépendance conformes à l'esprit des Lumières, tout en vengeant la défaite de 1763. Dès 1776, Beaumarchais, le futur auteur du *Mariage de Figaro*, reçoit l'autorisation de vendre des munitions aux Américains, et, si La Fayette n'est pas officiellement encouragé à partir, c'est que Vergennes attend de voir comment les révoltés vont résister aux premiers chocs anglais. En 1777, le jeune aristocrate part donc seul, avec quelques amis, et se joint aux troupes de Virginie. À son retour, il fait campagne pour les insurgés, et se pose en artisan du traité d'alliance entre la France et les « Provinces unies d'Amérique », signé le 6 février 1778 ; l'Espagne puis les Pays-Bas se joignent à l'alliance en 1779 et 1780.

UNE COÛTEUSE VICTOIRE...

Après la semi-défaite navale d'Ouessant, à laquelle participe le duc d'Orléans, les navires français sont victorieux ; ils acheminent en Amérique les troupes que La Fayette rémunère personnellement. À la bataille décisive de Yorktown, en octobre 1781, les 8 000 Français de Rochambeau et les navires de De Grasse apportent un réel appui à l'armée de George Washington. La France prend le contrôle des « îles à sucre » anglaises, malgré l'échec de De Grasse, fait prisonnier à la bataille des Saintes. Pendant ce temps, les escadres

L'INDUSTRIE EN DIFFICULTÉ

Comme l'agriculture est en crise, la demande de produits artisanaux et manufacturés s'effondre. Le secteur du textile est le plus touché ; la draperie lilloise, les toileries normandes et bretonnes, les manufactures de Lodève et de Carcassonne, toutes suppriment des emplois. La situation est encore aggravée par le traité de libre-échange signé avec l'Angleterre en 1786. En 1787, l'inflation s'ajoute aux perturbations, et, en 1788, les mauvaises récoltes provoquent une hausse des prix particulièrement brutale.

... Mais c'est une révolte ? - Non Sire, c'est une révolution !

Réponse du duc de La Rochefoucauld-Liancourt à Louis XVI, qui vient d'apprendre la prise de la Bastille.

de l'amiral d'Estaing combattent, mais sans succès décisif, dans l'océan Indien. Cependant, après la victoire, il faut se rendre à l'évidence et constater que le conflit a coûté très cher à la France. La paix de Versailles, qui met fin à la guerre d'Indépendance américaine, est signée le 3 septembre 1783, rapidement et sans grand bénéfice pour la France : elle recouvre Tobago et les comptoirs du Sénégal, ainsi que le droit de fortifier Dunkerque.

Cependant, même si les soldats et les officiers venus d'Amérique n'ont pas propagé en France l'idéal révolutionnaire – toutes les études démontrent qu'ils ont été les derniers à se rallier à la Révolution de 1789 –, le succès des colonies américaines conforte les aspirations des Français éclairés. Les lecteurs du *Contrat social* de Rousseau ne peuvent qu'admirer la Déclaration d'indépendance et, surtout, la Déclaration des droits, rédigées par Washington et Jefferson.

LA MONTÉE DES TENSIONS...

Parce qu'elle a été presque uniquement navale et coloniale, la guerre a obligé le roi à des opérations financières complexes mettant en jeu les grandes places internationales. L'État français a dépensé près d'un milliard de livres dans le conflit. La dette publique est désormais disproportionnée par rapport aux revenus de la Couronne et elle pèse lourdement sur toutes les décisions politiques.

Au même moment, une forte réaction nobiliaire, à la fois sociale et économique, politique et « professionnelle », vient ternir l'image de l'aristocratie. Alors que beaucoup de jeunes hommes ont vibré pour la cause américaine et rêvent de faire carrière dans les armes, le règlement du 22 mai 1781, connu sous le nom d'« édit de Ségur », ferme aux roturiers et aux anoblis récents l'accès au commandement dans l'armée. Il impose à presque tous les candidats à la sous-lieutenance dans l'infanterie, la cavalerie et les dragons de prouver quatre degrés de noblesse. Le 17 mars 1788, une ordonnance renforce encore l'édit de Ségur. Nombre de ces jeunes gens, qui sont la force vive du pays, éprouvent de la rancœur contre cette monarchie qui ne sait pas les intégrer.

L'IMPUISSANCE POLITIQUE VERS LA BANQUEROUTE ?

Endetté, affaibli, usé par les pamphlets et les libelles, l'État royal ne parvient pas à répondre aux attaques de plus en plus vives de l'opinion. Plusieurs hommes se succèdent au poste de contrôleur général des Finances sans pouvoir faire autre chose que multiplier les emprunts. L'hôtel du Contrôle des Finances est surnommé « hôtel des Déménagements »,

L'AFFAIRE CÉLÈBRE DU COLLIER

Quoique innocente, Marie-Antoinette est gravement déconsidérée par l'affaire du Collier. En 1785, Marie-Antoinette, à cause de la crise financière, renonce à acquérir un superbe collier. Une aventurière, la comtesse de La Motte, convainc Louis de Rohan, cardinal-archevêque de Strasbourg, d'acheter secrètement celui-ci pour la reine, afin de rentrer en grâce auprès d'elle. Le crédule cardinal achète le collier et obtient un rendez-vous avec la reine, de nuit, à Versailles. Mais la femme à qui il donne le bijou est une prostituée qui ressemble vaguement à Marie-Antoinette et qui remet le collier à Mme de La Motte. Le cardinal ne pouvant payer la première traite, les joailliers s'adressent donc à la reine, et le scandale éclate. C'est le parlement de Paris qui, en septembre 1786, juge les protagonistes. Le cardinal, enfermé à la Bastille, est acquitté, et Mme de La Motte, reconnue coupable, est marquée au fer rouge d'une fleur de lis. Mais l'opinion, convaincue que les petites gens ont payé pour les gaspillages de la cour, est plus que jamais hostile à Marie-Antoinette.

car dix ministres s'y succèdent de 1774 à 1790. Charles Alexandre de Calonne, qui est nommé en 1783, n'échappe pas à l'impuissance générale. En 1786, le déficit des finances royales atteint 100 millions de livres, et les arriérés de la dette dépassent 250 millions.

Afin d'éviter la banqueroute et de « reprendre en sous-œuvre l'édifice entier pour en prévenir la ruine », Calonne, conseillé depuis trois ans par des économistes libéraux, comme Dupont de Nemours, et des banquiers suisses, tel E. Clavière, propose, à la suite de ses prédécesseurs Necker et Turgot, une série de réformes radicales permettant, entre autres, de lever des impôts sur les classes privilégiées du royaume.

Calonne sait que les parlements vont s'opposer à ses propositions ; il décide donc d'en demander l'approbation à une assemblée de notables. Les 144 membres choisis par le roi se réunissent à Versailles, le 22 février 1787. Ce sont presque tous des privilégiés, et Calonne leur demande de réduire les privilèges ! Les notables refusent la plupart des réformes et, le 8 avril 1787, le ministre est congédié par Louis XVI qui, une fois de plus, cède à la pression de son entourage.

Loménie de Brienne, qui succède à Calonne, se heurte à la même

NECKER

Contre-modèle de Turgot, tant par ses projets économiques que par sa popularité, Necker se révèle plus ambigu dans son action politique.

Banquier protestant d'origine genevoise, Jacques Necker manifeste un intérêt précoce pour la politique. En 1776, il est nommé directeur général du Trésor royal, sa qualité de protestant lui interdisant l'entrée au Conseil et le titre de contrôleur général des Finances. Il est trois fois ministre, d'octobre 1776 à mai 1781, d'août 1788 au 11 juillet 1789, du 15 juillet 1789 à septembre 1790. Le bilan de ces sept années de gouvernement est nuancé car, s'il décide de certaines réformes, il paye les dépenses par un recours massif à l'emprunt. Sa popularité est extraordinaire car il recherche le soutien de l'opinion publique grâce à des publications qui révèlent les secrets de la monarchie et justifient sa politique (*le Compte-rendu au roi, l'Administration des finances de la France*), au besoin par des chiffres truqués. Sa propagande s'appuie aussi sur le célèbre salon tenu par sa femme.

hostilité : les notables déclarent n'avoir aucun pouvoir de décision en matière d'impôts nouveaux. Ceux-ci évoquent alors l'idée d'une convocation des États généraux. Cette assemblée des trois ordres ne s'est plus réunie depuis 1614 car, organe consultatif hérité du Moyen Âge, elle est contraire à l'État absolu. Proposer de réunir les états généraux, c'est souhaiter soumettre le roi au contrôle de ses sujets.

LA CONTESTATION PARLEMENTAIRE

Brienne congédie l'assemblée des notables le 25 mai 1787. Pour faire triompher les projets financiers qu'il a repris de Turgot et de Calonne, il ne reste alors plus qu'une solution : s'en remettre au système traditionnel de l'enregistrement des édits par le Parlement. C'est précisément ce que Calonne avait voulu éviter en convoquant l'assemblée des notables. Les parlements reprennent le flambeau de la résistance avec d'autant plus de détermination que l'opinion publique les soutient dans leur lutte contre le pouvoir royal et que la conjoncture est devenue particulièrement critique : la crise économique frappe alors plusieurs provinces. Au mois d'août 1787, Malesherbes, ministre d'État, analyse ainsi la prise de position décisive du parlement parisien dans le conflit : « Je dis que le parlement de Paris n'est dans ce moment-ci que l'écho du public de Paris, et que le public de Paris est celui de toute la nation. » Louis XVI se résout à tenir un lit de justice solennel devant le parlement de Paris, le 6 août 1787. Loin de se soumettre, comme l'y obligent les lois du royaume, ce parlement annule les décisions prises ce jour-là. En punition, tous ses membres sont exilés à Troyes. La province s'agite aussi. Le 7 juin 1788, la population de Grenoble manifeste avec violence pour empêcher l'exil du parlement du Dauphiné, qui a refusé d'enregistrer les édits royaux. Pendant cette « journée des Tuiles », les deux régiments royaux de la ville, bombardés de projectiles, sont tenus en échec. L'ambiance générale est à la contestation ouverte, d'autant plus qu'une crise économique de grande ampleur s'abat alors sur le royaume.

DES TENSIONS DANS LES CAMPAGNES

Depuis plusieurs décennies, la France connaissait une période de prospérité. Mais, en cette fin des années 1780, les difficultés économiques viennent s'ajouter aux tensions sociales. La crise accroît les déséquilibres, exacerbe les mécontentements, éveille les consciences. Elle frappe de façon inégale : les régions littorales (Nantes, Marseille) sont généralement épargnées, mais les autres provinces souffrent.

Pour protéger leurs revenus et compenser les effets de la baisse

PRÉLUDES AU ROMANTISME

Le XVIIIe siècle a longtemps cru à la raison puis, avec Rousseau, il s'enthousiasme pour les sentiments et la nature. Des amoureux enlacés qui soupirent auprès d'un lac ou d'une ruine, tel est le paysage sentimental dont rêve le Siècle des lumières finissant. On est loin des corps sensuels de Boucher ou des débats de salon sur la justice, la liberté du commerce et la réforme du gouvernement. La raison triomphante cède le pas à l'instinct et à l'émotion, à la vertu, aux larmes et à la nature. Le peintre Hubert Robert met à la mode les paysages de ruines (*le Pont du Gard*, 1787), et, en admirant ses toiles, Denis Diderot s'écrie : « Les idées que les ruines réveillent en moi sont grandes. Tout s'anéantit, tout périt, tout passe. [...] Je puis me parler tout haut, m'affliger, verser des larmes sans contrainte. » La nature, la solitude et le rêve brisé : les grands thèmes du romantisme sont déjà en germe. À la fin du siècle, la France donnera d'autres sujets de méditation aux romantiques du XIXe siècle : une révolution, des guerres sanglantes, un monde qui « périt et qui passe » réellement.

des prix agricoles, beaucoup de propriétaires nobles cherchent à augmenter les redevances dues par les paysans. Ils chargent alors des spécialistes du droit féodal d'étudier les terriers – registres contenant le détail des droits et devoirs du seigneur – afin de revivifier des charges tombées en désuétude. Dans de nombreuses provinces, les propriétaires empiètent sur les terres communales et restreignent les droits d'usage sur celles qui leur appartiennent. Le ressentiment anti-seigneurial, resté modéré pendant plusieurs décennies, s'intensifie. En 1785, après une disette fourragère, une partie du cheptel est décimée par la maladie. Or, le bétail est souvent le seul capital des paysans, leur ultime sécurité, et l'épidémie accroît encore leur colère.

Les parlements contestent les pouvoirs du roi ; les paysans, les privilèges des seigneurs. L'État est incapable de rembourser ses dettes, il est impuissant devant les difficultés économiques ; l'agriculture s'appauvrit et les industries font faillite. C'est au cœur de cette crise multiforme que Louis XVI est contraint de réunir, en 1789, les états généraux. La situation ne pouvait pas lui être plus défavorable.

La convocation des États généraux

La prise de conscience politique de toute une nation

PARMENTIER ET LA POMME DE TERRE

Dans un pays menacé par la disette, Parmentier développe une propagande habile pour faire découvrir la pomme de terre aux Français.

En vantant les vertus de la pomme de terre, Antoine Parmentier obtient, en 1773, le prix de l'académie de Besançon. Il a découvert ce légume quand il était prisonnier de guerre à Hanovre : le médecin féru d'hygiène et soucieux de prévention est devenu un spécialiste de l'alimentation, qui se consacre à promouvoir sa trouvaille. En 1785, Parmentier fait garder un champ de pommes de terre par des soldats et en interdit l'accès. Mais les gardes ont les yeux volontairement bandés, et, comme prévu, la curiosité des gens est telle qu'ils s'empressent de voler le mystérieux tubercule pour le goûter. Parmentier vient de faire découvrir la pomme de terre à ses compatriotes. En fait, les Français n'ont réellement commencé à consommer ce légume qu'à partir de 1840.

En convoquant, dans un contexte tendu, les États généraux, Louis XVI donne l'occasion à tous les Français d'exprimer leurs doléances, mais aussi de contester les structures traditionnelles de la société.

Le 8 août 1788, après avoir longtemps hésité, Louis XVI convoque enfin les États généraux du royaume de France. Le pays traverse une crise profonde, l'État est au bord de la banqueroute et plusieurs réformes, comme celle de Calonne, ont été engagées pour tenter de résoudre la crise. Elles ont toutes échoué. Comme le Parlement refuse d'enregistrer les décisions du roi, il ne reste plus à celui-ci que cette institution représentative du royaume, héritée de la monarchie féodale et qui n'a pas été réunie depuis 1614. La dette publique est telle que l'État doit trouver des ressources nouvelles et, pour cela, contrer le conservatisme des privilégiés qui bloquent les réformes.

QUEL MODE DE REPRÉSENTATION ?

En 1788, l'effervescence de l'opinion est à son comble. Les récoltes ont été catastrophiques et, aux critiques des salons, des clubs et des loges maçonniques s'ajoute le grondement de la rue qui souffre de la hausse générale du prix des céréales et du pain. Quand Louis XVI est devenu roi, en 1774, le couple royal était très populaire, mais, à Paris, la reine est désormais détestée. Des pamphlets accusent celle-ci de ruiner le pays par ses dépenses inconsidérées : on lui reproche de s'être fait construire le Hameau, à Versailles, de doter trop richement ses meilleures amies et d'aimer à l'excès les robes, les fêtes et les bals. Si l'opinion publique est unanime à haïr la reine, la question du mode de représentation aux États généraux va cependant la diviser et faire apparaître un clivage irréductible entre les privilégiés et les autres Français. Le 23 septembre 1788, le parlement de Paris accepte que soient convoqués les États généraux mais, précise-t-il, ceux-ci doivent être « composés suivant la forme observée en 1614 », c'est-à-dire que chacun des ordres qui constituent traditionnellement la nation française disposera du même nombre de représentants. Le troisième ordre, ou tiers état, qui comprend la plupart des sujets du royaume, aura alors autant de députés que la noblesse ou le clergé : largement majoritaire dans le pays, il est donc condamné à la minorité. Hier encore, le parlement de Paris prétendait agir au nom de la « nation » tout entière. Ce revirement provoque une prise de conscience politique décisive et, pour le publiciste suisse Mallet du Pan, « le débat public a changé de face [...]. C'est une lutte entre le tiers état et les privilégiés ». La crispation conservatrice du Parlement contribue à dessiner, par opposition, un « parti national et patriote » dont le discours est de plus en plus revendicatif. Bientôt, ce mouvement trouve un soutien dans l'explosion typographique de l'année 1789 : plus de 140 journaux voient le jour, amplifiant la voix de l'opinion, cette nouvelle et imprévisible source de légitimation politique.

« BIEN NÉS »...

Pour le moment, en 1788, les publications tentent surtout de donner une image cohérente de la société et de justifier sa division en « ordres », c'est-à-dire en catégories sociales fondées sur le statut juridique des personnes et non sur la fortune. Les nobles, seuls à être « bien nés » ou même simplement « nés », s'estiment destinés à commander. Aristocrates de cour immensément riches ou pauvres hobereaux de province, tous ont en commun des valeurs guerrières et chevaleresques, un mode de vie qui impose de ne pas déroger en travaillant de ses mains, et des privilèges qui les distinguent légalement des roturiers.

Certains de ces avantages sont purement honorifiques (comme le droit de porter des talons rouges), mais d'autres sont bien réels. Ainsi, les aristocrates condamnés à mort sont décapités, au lieu de subir les horribles supplices du temps. Censés servir le roi en combattant pour lui, ils sont exemptés du principal impôt, la taille. Conseillers du roi au Moyen Âge, les nobles regrettent que des roturiers puissent devenir ministres, ils déplorent aussi d'avoir perdu la plus grande partie de leurs pouvoirs féodaux au profit de l'État.

LE SAVIEZ-VOUS ?

Les paysans représentent alors à cette époque 80 % des Français !

Allez dire à votre maître que nous sommes ici par la volonté du peuple, et qu'on ne nous en arrachera que par la force des baïonnettes !

Mirabeau au marquis de Dreux-Brézé venu faire évacuer la salle du Jeu de Paume, le 23 juin 1789.

Le clergé est l'autre ordre privilégié du royaume. Il a son propre droit, ses propres tribunaux et, comme ses biens ne sont jamais divisés pour héritage, il est très riche. Ce sont les grandes familles du royaume qui donnent à l'Église ses plus hauts prélats, que ceux-ci aient ou non une vraie vocation religieuse ; ils mènent grand train, manquent souvent aux devoirs de leur charge et scandalisent le bas clergé. Les simples prêtres, foule de roturiers obscurs mais instruits, sont souvent réduits à la « portion congrue », cette partie des revenus de la paroisse abandonnée par le curé au vicaire qui remplit réellement sa charge. Ainsi, aux États généraux, de nombreux représentants du clergé feront cause commune avec le tiers état.

LE TIERS ÉTAT

En grande majorité rural, représentant plus de 90 % de la population, le tiers état est aussi divers que peut l'être un peuple. Grands bourgeois vivant comme des nobles et paysans exaspérés par la réaction féodale, marchands des villes et ouvriers à domicile, maîtres de corporations et colporteurs, chirurgiens-barbiers, savants renommés et charbonniers des forêts, maîtres d'école et jeunes épousées qui déclarent ne pas « savoir signer », tous appartiennent au même ordre. Pour la première fois depuis 175 ans, ces Français vont avoir la parole.

« Le Roi, en adressant aux diverses provinces soumises à son obéissance des lettres de convocation pour les États généraux, a voulu que ses sujets fussent tous appelés à concourir aux élections qui doivent former cette grande et solennelle assemblée ; Sa Majesté a désiré que, des extrémités de son royaume et des habitations les moins connues, chacun fût assuré de faire parvenir jusqu'à Elle ses vœux et ses réclamations. Sa Majesté a donc reconnu, avec une véritable satisfaction, qu'au moyen des assemblées graduelles ordonnées dans toute la France pour la représentation du tiers état elle aurait ainsi une sorte de communication avec tous les habitants de son royaume, et qu'Elle se rapprocherait de leurs besoins et de leurs vœux d'une manière plus sûre et plus immédiate. »

C'est ainsi que la circulaire royale du 24 janvier 1789 présente la convocation des États généraux. Si le but principal est toujours de résoudre la crise financière, le roi a donné à cette mesure une portée bien plus grande. La lettre dit encore qu'il faut redresser « les abus en tous genres » et « établir un ordre constant et invariable dans toutes les parties du gouvernement qui intéressent le bonheur des sujets ». Très vite, cette perspective

QU'EST-CE QUE LE TIERS ÉTAT ?

En janvier 1789 est publiée une brochure virulente et anonyme, due à l'abbé Sieyès, dont le succès est foudroyant.

Le pamphlet de Sieyès se vend à 30 000 exemplaires en l'espace d'à peine quatre semaines. En affirmant que le tiers état est la nation à lui tout seul, celui-ci se fait le héraut de la lutte contre les privilèges de la noblesse : « Le plan de cet écrit est assez simple. Nous avons trois questions à nous faire.

1. Qu'est-ce que le tiers état ? Tout.

2. Qu'a-t-il été jusqu'à présent dans l'ordre politique ? Rien.

3. Que demande-t-il ? À y devenir quelque chose. »

Et Sieyès de poursuivre : « Qui donc oserait dire que le tiers état n'a pas en lui tout ce qu'il faut pour former une nation complète ? Il est l'homme fort et robuste dont un bras est encore enchaîné. Si l'on ôtait l'ordre privilégié, la nation ne serait pas quelque chose de moins, mais quelque chose de plus. Ainsi, qu'est-ce que le tiers état ? Tout, mais un tout entravé et opprimé. Que serait-il sans l'ordre privilégié ? Tout, mais un tout riche et florissant. Rien ne peut aller sans lui, tout irait infiniment mieux sans les autres. »

l'emportera dans l'esprit desdits sujets, qui préféreront bouleverser l'État plutôt que de renoncer à l'amélioration de leur sort.

LES FRANÇAIS ONT LA PAROLE !

Le printemps de l'année 1789 est un moment d'extraordinaire effervescence dans toute la France. Des millions d'hommes, jusque-là condamnés à la passivité politique, prennent alors la parole. « Être né français », « avoir vingt-cinq ans », « être compris dans les rôles [registres] des impositions », telles sont les conditions nécessaires et suffisantes pour prendre part aux délibérations qui préparent les États généraux. Pendant deux mois, dans les 40 000 paroisses du royaume, les curés invitent leurs ouailles à choisir leurs représentants et à composer des cahiers par lesquels ils pourront faire connaître au roi leurs doléances. Dans toutes les communautés de France, les hommes se réunissent donc, discutent et désignent des mandataires pour les assemblées de bailliage. Là, on élit les députés qui feront le voyage jusqu'à Versailles ; ils y apporteront un document qui reprend et

VOYAGE D'UN AGRONOME

C'est à un Anglais qu'est due la meilleure description de la société française à la veille de la Révolution.

En 1788, Arthur Young, agronome et romancier parcourt la France durant six mois, ce qui lui fournit la matière d'un livre, publié en 1792, *Voyages en France*. L'Anglais y décrit les auberges, les monuments, la cuisine et les routes. Il fait un tableau détaillé mais sévère de la vie des paysans français qui, en dépit des expériences des physiocrates, sont, dans certaines régions, très en retard sur les Anglais : l'aristocratie se désintéresse de ses domaines, il n'y a pas de prairies artificielles, peu de champs sont fumés, de grandes surfaces sont en friche, la misère est souvent apparente.

LE PALAIS-ROYAL

À Paris, le lieu de toutes les contestations et de toutes les débauches appartient au propre cousin du roi.

Après l'incendie de 1781, Philippe d'Orléans, petit-fils du Régent, entreprend de grands travaux au Palais-Royal. Outre un théâtre (l'actuelle Comédie-Française), dû à Victor Louis, il fait construire trois rangées d'immeubles de rapport dont le rez-de-chaussée est formé de galeries couvertes et de boutiques. Les emplacements sont loués à 266 commerçants, pour le plus grand profit du prince. Le côté sud ne sera jamais achevé, il est remplacé par une sorte de galerie de bois, refuge des prostituées et des malfrats, qu'on appelle en 1786 « le camp des Tartares ». La police du roi ne se hasarde que très rarement sur le territoire du duc d'Orléans. Les galeries couvertes, qui offrent un abri et une tribune aux agitateurs et orateurs de toutes sortes, seront un des hauts lieux de la Révolution.

synthétise les doléances de la région. Théoriquement, la parole est libre. En réalité, elle est souvent confisquée, détournée et censurée, car, dans la plupart des villages, les seigneurs ou les hommes de la ville, avocats ou notaires, imposent leurs doléances et poussent à une grande modération dans le choix des demandes et dans la formulation. Pourtant, dans beaucoup de paroisses, un discours revendicatif émerge, met en question le principe même des droits seigneuriaux, critique les abus des propriétaires, dénonce le poids et l'inégalité des impôts royaux. Parce qu'ils sont rédigés pendant la crise de l'hiver 1788-1789, des dizaines de milliers de cahiers disent les malheurs des temps, les aspirations multiples et contradictoires des Français. Ils expriment aussi l'immense confiance que ses sujets de province continuent à placer en Louis XVI, leur « père ». On pense que le roi peut empêcher les seigneurs de chevaucher dans les blés mûrs, peut supprimer la gabelle et les gabelous, réorganiser les provinces et même favoriser des réformes utopiques de l'armée ou de l'instruction.

« LE PAIN À DEUX SOUS ! »

Au terme de cet apprentissage de la parole politique, unique dans l'histoire de France, 1 315 députés de toutes les provinces du royaume se dirigent vers Versailles. 654 sont du tiers état, car celui-ci a obtenu que le nombre de ses représentants soit presque doublé. Plus de la moitié des députés du tiers sont avocats ou hommes de loi ; il y a quelques gros fermiers, et les autres sont négociants ou entrepreneurs. Les artisans et le petit peuple, qui forment l'essentiel du tiers état, sont totalement absents de la députation. C'est par d'autres biais qu'ils vont prendre la parole et jouer, à partir de 1789, un rôle politique fondamental dans le déroulement des événements. Grâce à la pression de la rue, au cours de ces émeutes si fréquentes en 1789 et aggravées par le prix du pain, ce sont eux qui tiennent la première place. La prise de la Bastille n'est pas, en effet, le premier événement de l'année 1789. Dès janvier, des combats de rue opposent la noblesse et le tiers état de la ville de Rennes. En mars, à Reims, une foule de miséreux attaque des convois de blé. En avril, à Besançon, on pille et on vide de leurs stocks de blé les hôtels des parlementaires, et, à Agde, c'est la menace populaire qui obtient la baisse du prix du pain.

Mais c'est à Paris qu'ont lieu les troubles les plus graves. Dans le faubourg Saint-Antoine, le sieur Réveillon, qui est le patron d'une grosse manufacture de papiers peints, a provoqué la colère de ses employés en prononçant des mots que ceux-ci ont mal interprétés. Il a dit qu'« un ouvrier pourrait vivre avec 15 sous par jour ». Le 27 avril 1789, aux cris de « Mort aux riches ! », « Le pain à deux sous ! » et « À bas la calotte ! », plusieurs centaines d'hommes se mettent en marche derrière l'effigie de Réveillon et d'un autre manufacturier, dont on saccage la maison. Le lendemain, la protestation s'amplifie et la troupe intervient. « J'ai vu, rapporte un témoin anonyme, toutes les croisées de plus de vingt maisons criblées de coups de fusil, la terre couverte de sang et de cadavres. » L'émeute Réveillon s'est effacée de la mémoire française. Elle est pourtant la « journée » la plus meurtrière de l'année, car, même si la police n'avoue que 35 morts, il est probable qu'il y en a eu plus de 300.

Dans cette ambiance tendue, des députés de toute la France se réunissent à Versailles. La philosophie est à la mode, on ne parle que de réforme du royaume, de liberté et de nation, et les États généraux, qui n'ont pas été convoqués depuis près de deux siècles, devraient se contenter, dans l'esprit du roi, de réformer la fiscalité. Ils vont commencer une révolution.

PROCESSION DE L'OUVERTURE DES ÉTATS GÉNÉRAUX

Elle a lieu à Versailles le 4 mai 1789. Un immense cortège de 10 000 personnes suit le roi et sa famille, les princes de sang, la Cour, les hauts dignitaires et les députés.

Petite chronologie des Temps Modernes

	POLITIQUE	ÉCONOMIE, SOCIÉTÉ, RELIGION, CULTURE
1491-1547 La Renaissance	**1491 :** Charles VIII épouse Anne de Bretagne.	**1500-1560 :** Le « beau XVIe siècle », temps de prospérité ; La France est le royaume le plus peuplé d'Europe, avec près de 20 millions d'habitants ; Construction ou embellissement des châteaux de la Loire.
	1494-1559 : Guerres d'Italie .	**1509-1564 :** Vie de Jean Calvin.
	1515, septembre : Victoire de Marignan.	**1509-1590 :** Vie d'Ambroise Paré, inventeur de la chirurgie moderne.
		1516 : Léonard de Vinci en France, invité par François Ier.
	1523 : Duché du connétable de Bourbon mis sous séquestre ; Création du Trésor de l'épargne.	**1517 :** Luther affiche ses 95 thèses à Wittenberg : c'est le début de la Réforme.
	1525, février : Défaite de Pavie.	**1530 :** Création du collège trilingue, futur Collège de France.
	1532 : La Bretagne est définitivement réunie au royaume.	**1532 :** Parution de *Pantagruel* de Rabelais ; Création de la Bibliothèque royale, future bibliothèque nationale.
		1534, 15 août : Ignace de Loyola fonde à Paris la compagnie de Jésus ; **16-17 octobre :** Affaire des Placards, qui consomme la rupture entre François Ier et la Réforme.
	1539, 10 août : Ordonnance de Villers-Cotterêts.	**1539, 24 juin :** Édit contre les réformés ; Le Grand tric de Lyon, grève des ouvriers typographes de Lyon, qui exigent d'être mieux rémunérés.
		1545, 13 décembre : Début du concile de Trente.
1547-1610 Le temps des guerres de Religion	**1547-1559 :** Règne d'Henri II.	**Milieu du XVIe siècle :** 20 à 22 millions d'habitants en France.
	1547 : Création d'une « chambre ardente » au Parlement de Paris pour juger les hérésies.	
	1551 : Les troupes françaises interviennent contre le pape Jules III, rallumant ainsi les guerres d'Italie.	**1555 :** *Centuries astrologiques* de Nostradamus.
	1557, 10 août : Défaite de Saint-Quentin.	
	1559, avril : Traités de Cateau-Cambrésis, où Henri II renonce à ses visées sur l'Italie ; **juillet :** Mort d'Henri II dans un tournoi.	**1559 :** Jean Nicot envoie du tabac à Catherine de Médicis.
	1559-1560 : Règne de François II.	
	1560, mars : « Tumulte d'Amboise », conjuration calviniste pour tenter d'éloigner les Guises du pouvoir ; **mai :** Michel de L'Hospital est nommé chancelier.	
	1560-1574 : Règne de Charles IX.	**1565-1574 :** Série de mauvaises récoltes.
	1561 : Colloque de Poissy.	
	1562, janvier : Édit qui autorise le culte réformé.	
	1562 : Massacre de Wassy, qui marque le début des guerres de religion.	
	1563 : Édit d'Amboise.	**1568 :** *Réponse aux paradoxes de M. Malestroit* de Jean Bodin.
	1570 : Édit de Saint-Germain, dispositions libérales pour les protestants.	
	1572, 24 août : Massacre de la Saint-Barthélemy.	

1610-1661 — Louis XIII et la minorité de Louis XIV

POLITIQUE	ÉCONOMIE, SOCIÉTÉ, RELIGION, CULTURE
1574-1589 : Règne d'Henri III.	
1575 : Fondation des « Provinces-Unies du Midi », qui constituent un contre-État protestant.	
1576 : Édit de Beaulieu, qui condamne la Saint-Barthélemy.	**1579 :** Épidémie de peste.
1585, mars : Manifeste de la Ligue conduite par les Guises.	**1581-1660 :** Vie de saint Vincent de Paul, fondateur des filles de la Charité.
1588, 12 mai : Journée des Barricades, qui contraint le roi à fuir Paris ; 23 décembre : Exécution du duc de Guise.	
1589, 1er août : Assassinat d'Henri III.	
1589-1610 : Règne d'Henri IV.	
1594, 22 mars : Henri IV entre à Paris.	**1596 :** Création d'une nouvelle taxe, la « paulette ».
1598, avril : Édit de Nantes.	
1599 : Annulation du mariage d'Henri IV et de Marguerite de Valois.	**1599 :** Série d'édits concernant la mise en valeur des terres, la sécurité et la fiscalité.
1600, décembre : Mariage d'Henri IV avec Marie de Médicis.	**1600 :** *Traité d'agriculture* d'Olivier de Serres.
1601 : Traité de Lyon, de nouvelles provinces sont rattachées au royaume.	
1602 : Le maréchal Biron complote contre le roi qui le fait décapiter.	**1608 :** Samuel de Champlain fonde la ville de Québec.
1610, 14 mai : Assassinat d'Henri IV par Ravaillac.	**1609 :** *L'Introduction à la vie dévote* de François de Sales.
1610-1643 : Règne de Louis XIII.	**Fin XVIe siècle et début XVIIe siècle :** Révoltes urbaines ; Les procès pour crimes de sorcellerie se multiplient.
1618-1648 : Guerre de Trente Ans.	
1624, 29 avril : Le cardinal de Richelieu entre au Conseil du Roi.	**Début XVIIe siècle :** Les duels sont interdits.
1628, 29 octobre : Reddition de la Rochelle.	**1616 :** *Les Tragiques* d'Agrippa d'Aubigné.
1629, 28 juin : Édit de grâce d'Alès.	
Années 1630 : Révolte de Gaston d'Orléans, frère du roi, contre le cardinal de Richelieu.	**1632-1634 :** Procès des possédées de Loudun.
	1636-1637 : La querelle du *Cid*, pièce écrite par Pierre Corneille.
1630, 11 novembre : La journée des Dupes.	**1637 :** *Discours de la Méthode* de René Descartes.
1632, 30 octobre : Le duc de Montmorency est décapité.	**1637-1638 :** Révolte des croquants.
1643 : Victoire de Condé à Rocroi.	**1639 :** Révolte des Va-Nu-Pieds normands.
1643-1661 : Régence d'Anne d'Autriche.	**1640 :** *L'Augustinus*, traité théologique de Jansénius, début du mouvement janséniste.
1648-1649 : Fronde parlementaire.	
1650-1652 : Fronde des princes.	
1652 : Turenne remporte la bataille de Bléneau sur les troupes de Condé.	
1635, 19 mai : Le roi déclare la guerre à l'Espagne.	
1642 : Mort de Richelieu.	
1648, octobre : Traités de Westphalie, fin de la guerre de Trente Ans.	**1656, avril :** Création de l'hôpital général de Paris, chargé de lutter contre la mendicité.
1659, 7 novembre : Traité des Pyrénées, qui met fin à la guerre avec l'Espagne.	

Petite chronologie des Temps Modernes

	POLITIQUE	ÉCONOMIE, SOCIÉTÉ, RELIGION, CULTURE
1661-1715 Le siècle de Louis XIV	XVIIe **siècle :** Colonisation des Antilles par la France.	**Milieu du** XVIIe **siècle :** Politique d'enfermement des marginaux.
	1661, 10 mars : Louis XIV annonce sa décision de gouverner seul.	**1661-1662 :** Famines.
	1661, 3 avril : Arrêt exigeant la signature par les ecclésiastiques d'un formulaire condamnant les cinq propositions de Jansénius ; **septembre :** Disgrâce de Nicolas Fouquet, surintendant général des Finances.	**1664 :** Création de la Compagnie française des Indes orientales.
		1667, mai : Molière présente *Tartuffe* à Versailles, qui fait scandale.
		1670 : Les *Pensées* de Pascal.
	1661-1673 : Réforme générale des institutions, et de l'organisation économique et sociale du royaume.	**1679 :** Expulsion des pensionnaires de l'abbaye de Port-Royal.
	1665, 26 septembre : Les Grands Jours d'Auvergne, contre les seigneurs abusant de leur pouvoir.	**1682, 6 mai :** Le roi s'installe définitivement à Versailles, qui devient le centre de son pouvoir.
	1667 : Code civil dit « code Louis ».	**1689, 26 janvier :** Première d'*Esther* de Jean Racine en présence du roi.
	1667-1668 : Guerre de Dévolution.	**1693-1694 :** Disettes et famines.
	1672-1678 : Guerre de Hollande.	**1695 :** Nouvel impôt, la capitation.
	1683, 6 septembre : Mort de Colbert.	**1699 :** Création de la Louisiane par Le Moyne d'Iberville.
	1685, 18 octobre : Révocation de l'édit de Nantes.	**Fin** XVIIe **siècle :** Pondichéry et Chandernagor deviennent des comptoirs français.
	1688-1697 : Guerre de la Ligue d'Augsbourg.	**1702-1709 :** Révolte des camisards.
		1708-1709 : Le « grand hyver », nouvelles famines.
	1701-1713 : Guerre de Succession d'Espagne.	**1710 :** Nouvel impôt, le dixième.
	1713 : Traité d'Utrecht (281, 286, 323).	**1713 :** Projet pour rendre la paix perpétuelle en Europe de l'abbé de Saint-Pierre.
1715-1774 La régence et Louis XV	**1715-1718 :** Gouvernement par conseils, ou polysynodie.	XVIIIe **siècle :** Progrès de l'alphabétisation (319) ; Les salons, souvent tenus par des femmes, jouent un grand rôle dans la vie mondaine et intellectuelle.
	1717, 4 janvier : Alliance signée avec l'Angleterre et la Hollande.	**1717, août :** Fondation de la Compagnie de commerce de l'Occident, qui devient la Compagnie des Indes en mai 1719.
	1718 : Fondation de La Nouvelle-Orléans.	**1720 :** Banqueroute de Law (293) ; Grande Peste à Marseille, dernière grande épidémie en France.
		1721 : Les *Lettres persanes* de Montesquieu.
	1722 : Le régent fait couronner Louis XV dès sa majorité à 13 ans.	**Vers 1725 :** Début d'une période de grande croissance économique.
	1726-1743 : Cardinal Fleury, principal ministre de Louis XV.	**1725, juillet :** Émeute populaire à Paris contre l'augmentation du prix du pain faisaint 24 millions de Français.
		1728 : Premier numéro des *Nouvelles ecclésiastiques*, périodique janséniste clandestin.
		1730, mars : Enregistrement de la bulle Unigenitus, qui condamne les jansénistes.
	1733-1738 : Guerre de Succession de Pologne.	**1732, 17 février :** Fermeture du cimetière Saint-Médard après l'affaire des convulsionnaires.
	1740-1748 : Guerre de Succession d'Autriche.	**1734 :** Condamnation au feu des *Lettres philosophiques* de Voltaire.
	1743 : Mort de Fleury ; Louis XV décide de gouverner sans Premier ministre.	**1738, 13 juin :** Circulaire réglementant la corvée royale afin d'améliorer le réseau routier.

	POLITIQUE	ÉCONOMIE, SOCIÉTÉ, RELIGION, CULTURE
1715-1774 La régence et Louis XV	**1745, 11 mai :** Bataille de Fontenoy.	**1745 :** Mme de Pompadour devient la maîtresse de Louis XV.
	1755 : Déportation des Acadiens par les Anglais.	**1748 :** *De l'esprit des lois* de Montesquieu.
	1756 : Traité de Versailles, la France et l'Autriche s'allient contre l'Angleterre et la Prusse.	**1749 :** Trois premiers tomes de l'Histoire naturelle de Buffon ; Création d'un nouvel impôt : le vingtième.
	1756-1763 : Guerre de Sept Ans.	**Seconde moitié du XVIIIe siècle :** Essor des loges maçonniques en France.
	1757 : Défaite de Rossbach contre la Prusse ; 17 janvier : Attentat de Damiens contre Louis XV.	**1751-1772 :** L'Encyclopédie de Diderot et d'Alembert.
	1758-1770 : Choiseul principal ministre de Louis XV.	**1760 :** Multiplication des cabinets de lecture.
	1763, février : Traité de Paris, qui entérine la défaite de la France sur l'Angleterre.	**1762 :** *Du contrat social* de Rousseau.
	1766 : Lit de justice devant les parlementaires parisiens, où Louis XV défend les principes de la monarchie absolue.	**1763, 25 mai :** Instauration de la libre circulation des « grains, farines et légumes ».
	1771, février : Trois édits décident que le parlement sera composé uniquement de magistrats choisis par le roi.	**1771 :** *Voyage autour du monde de Bougainville* de Diderot.
1774-1789 Louis XVI et la fin de l'Ancien Régime	**1774-1776 :** Ministère Turgot, contrôleur général des finances.	**1775, avril-mai :** « Guerre des farines », révolte contre la libéralisation du commerce du grain.
	1776 : Jacques Necker est nommé directeur général du Trésor royal.	
	1781, 22 mai : Édit de Ségur, qui ferme aux roturiers et aux anoblis récents l'accès au commandement dans l'armée ; **octobre :** Victoire à Yorktown de George Washington, aidé par la France contre les Anglais.	
	1783, 3 septembre : Traité de Versailles, qui met fin à la guerre d'Indépendance américaine.	**1783, 13 juin :** Représentation devant la cour du *Mariage de Figaro* de Beaumarchais annulée, car la pièce est jugée trop hardie.
	1785-1786 : Affaire du collier de la reine.	**1785 :** Le marquis de Sade est enfermé à la Bastille.
	1786 : Finances royales proches de la banqueroute ; Traité de libre-échange signé avec l'Angleterre.	**1786 :** Grève et émeutes à Lyon.
	1787, 22 février-25 mai : Assemblée des notables réunis à Versailles pour approuver les réformes radicales proposées par Calonne ; 8 avril : Calonne, congédié par Louis XVI, est remplacé par Loménie de Brienne ; 6 août : Lit de justice devant le parlement de Paris, qui annule les décisions prises.	**Fin des années 1780 :** Les difficultés économiques s'ajoutent aux tensions sociales.
	1788, 7 juin : « Journée des Tuiles », la population de Grenoble manifeste pour empêcher l'exil du parlement du Dauphiné ; 8 août : Louis XVI convoque les États généraux.	**1789, janvier :** *Qu'est-ce que le Tiers État*, pamphlet de Sieyès.

Que reste-t-il des temps modernes ?

L'expression d'Ancien Régime, qui sert souvent à désigner la France de l'époque moderne, a été inventée par les Constituants en 1790 pour qualifier le régime qu'ils venaient d'abattre. L'année 1789 s'imposait ainsi comme le point de départ d'une ère nouvelle mettant un terme définitif à un système social, juridique et politique. Depuis Tocqueville, nous savons que cette image de la table rase est un mythe, cachant en fait une continuité entre le XVIIIe et le XIXe siècle, qui s'exerce jusqu'à nous.

Un système de références

La période moderne demeure un système de références puissant. Nos contemporains continuent d'y puiser régulièrement pour souligner une idée : ainsi tel sociologue qui parle de « noblesse d'État » pour désigner la haute fonction publique et les élèves des grandes écoles, ou tel politologue qui qualifie le président de la Ve République de « monarque républicain ».

La Renaissance évoque immédiatement un apogée artistique et intellectuel en rupture avec le Moyen Âge, une image d'urbanisme et de concorde, bien loin de la réalité historique.

Les Lumières sont régulièrement mises sur le banc des accusés sous le chef d'inculpation d'une raison desséchante et utopique, et d'une croyance aveugle dans les pouvoirs de la science. Certains ont même cru y reconnaître les prémices du totalitarisme et des massacres planifiés du XXe siècle. Là encore, le portrait trahit l'original, faisant fi du pessimisme d'hommes obligés d'inventer eux-mêmes le bonheur ici-bas, de l'omniprésence de l'irrationnel et de la religion.

Privilèges et institutions d'un autre temps...

Mais il existe aussi des héritages plus tangibles. La noblesse continue à jouer un rôle actif dans certains milieux, comme la diplomatie, l'armée et les cabinets ministériels. Bien entendu, ce groupe social n'a plus grand-chose à voir avec ses ancêtres de l'époque moderne, sinon des valeurs et des mythes en grande partie réécrits. Les privilèges juridiques ont disparu, les alliances font la part belle à la bourgeoisie. La société française recèle d'autres archaïsmes : les offices vénaux et pratiquement héréditaires concernent toujours les avoués, les huissiers et les notaires. Le monde de la justice garde de nombreux usages de l'Ancien Régime dans son protocole, son fonctionnement hiérarchique et jusqu'au terme de chancellerie qui lui est toujours accolé.

Plusieurs institutions prestigieuses remontent à l'époque moderne. Les Eaux et Forêts, les Ponts et Chaussées, l'Enregistrement ont été créés sous Louis XIV ou Louis XV. Si plusieurs académies provinciales ont disparu, les grandes académies parisiennes fonctionnent selon des règles presque immuables. L'Académie française (1635), l'Académie des beaux-arts (1648 pour l'Académie de peinture et de sculpture), l'Académie des sciences (1666), l'Académie des inscriptions et belles-lettres (1701) sont antérieures à la Révolution française. Seule l'Académie des Sciences morales et politiques lui est postérieure (1795 et 1832). Les corporations ont juridiquement disparu, mais le monde des compagnons fait survivre leur sociabilité, leur organisation hiérarchique et leurs modes de transmission du savoir.

Centralisation et art de vivre à la française

La centralisation politique constitue un des principaux héritages de l'époque moderne, comme le remarquait justement Tocqueville. La monarchie a créé les intendants, qui annoncent les préfets, sans se confondre avec eux. Elle s'est dotée de nouveaux moyens dont on entendra longtemps parler : les statistiques, la cartographie, les enquêtes en province. Les pouvoirs locaux et régionaux ont été peu à peu réduits et mis sous tutelle, en tirant profit des rébellions et des crises. Les nobles ont été mis au pas, réduits à l'obéissance en même temps que le reste du royaume. Le fonctionnement sur le terrain délivre aussi une image plus fidèle et plus complexe de cette centralisation à la française : la priorité absolue donnée aux intérêts de l'État et du roi n'interdit pas les compromis et les négociations. L'organisation de l'espace français doit beaucoup à l'époque moderne. Le triomphe de la monarchie impose en effet l'écrasante domination de la région parisienne sur le reste du territoire. Les normes culturelles et sociales de la cour et de la capitale s'imposent à la province, scellant de manière définitive un mouvement plus ancien, qui fait l'originalité de la France en Europe : aucun pôle régional n'est capable de faire poids égal avec la capitale, à la différence de l'Italie, de la Suisse ou encore de l'Allemagne.

Ce poids écrasant de Versailles et de Paris n'est pas pour rien dans le triomphe de la gastronomie française en Europe à la fin du XVIIe siècle. La cour de Louis XIV élabore un nouvel art de présentation des mets. La porcelaine remplace la vaisselle d'argent, le « service à la française » s'impose jusque vers 1880. La littérature culinaire se développe en parallèle, à partir du *Cuisinier françois* de La Varenne, édité en 1651.

Une nouvelle façon de penser

Le XVIIIe siècle introduit de nouveaux cadres de pensée qui ont survécu deux siècles aux Lumières. Dans les années 1760, les querelles entre écrivains et libraires-imprimeurs aboutissent à la reconnaissance d'un statut juridique de l'auteur, qui s'étend ensuite aux autres formes de création artistique. Le combat pour la libre circulation des marchandises impose peu à peu la logique du marché, portée par la réflexion des économistes. Avec Lavoisier, le siècle invente la chimie, qui propose un vocabulaire nouveau, en rupture avec l'alchimie médiévale. La connaissance de l'homme progresse très nettement. Le raisonnement sociologique est en germe dans *l'Esprit des lois* de Montesquieu. Le XVIIIe siècle rompt avec l'image d'un homme fixé et défini par essence, pour l'ancrer dans l'espace et le temps, tant celui de l'Histoire que celui des âges de la vie.

Les cadres de la société d'Ancien Régime commencent à être attaqués par l'apparition du contrôle des naissances, les progrès de l'alphabétisation, les premiers signes de distance envers la religion. Notre présent est directement issu de ces mouvements de longue durée qui se mettent en place.

DU XVIIIe AU XIXe SIÈCLE

De 1789 à 1918

Affranchi de la monarchie de droit divin, le XIXe siècle esquisse de la démocratie quelques modèles incertains. Héritière des Lumières et de 1789, la France cherche beaucoup, hésite plus encore... La stabilité n'est guère son fort. Si chèrement acquise, la liberté susciterait-elle manière de vertige ? Quand tout devient possible, les choix sont cornéliens...

L'image de l'inventaire du citoyen Prévert...

Le XIXe siècle au sens large (de 1789 à 1918), est l'une des périodes de plus forte instabilité politique que le pays a affronté au cours de son Histoire. Il est qualifié de « stupide » par le pamphlétaire monarchiste Léon Daudet pour ses revirements chroniques. Trouver le modèle démocratique qui sied à la nation demande sans doute du temps, beaucoup d'énergie, une bonne dose de dogmatisme aussi, qui réveille périodiquement les vieux démons. La succession des événements et des régimes vaut inventaire : quatre révolutions, trois républiques, une monarchie absolue, trois monarchies constitutionnelles, deux empires. Sans oublier les hommes : deux Bonaparte, deux Bourbon, un Orléans, tant de notables, d'avocats, de banquiers, sur les bancs de la Chambre... et si peu d'ouvriers !

Les progrès sont pourtant patents, de l'avènement du suffrage universel en 1848 à la reconnaissance progressive des libertés politiques. Malgré les changements fréquents et radicaux, la démocratie parlementaire et libérale se dessine. Le roi n'est plus l'État. L'État n'est pas le roi. Il n'est qu'à voir se dessiner les contours de la bureaucratie et la montée en puissance du fonctionnariat. L'Église, qui légitimait le pouvoir royal sous l'Ancien Régime, cède à un long spleen, confiné au huis clos des consciences. Dieu ne lutte pas à armes égales avec une république sans état d'âme, qui sécularise les structures de la société, jusqu'à l'enseignement, public et laïc.

La liberté a-t-elle un prix ?

Sur le plan militaire, malgré la déferlante napoléonienne qui saigne l'Europe, le XIXe siècle français n'ose pas le triomphalisme. La nation perd autant qu'elle gagne ses guerres et ses batailles, au prix de souffrances analogues. Les victoires (Valmy, Austerlitz, Der des der...) se mêlent aux défaites (Waterloo, Sedan...).

La France a aussi la tête en terres étrangères, essentiellement en Afrique et en Indochine. Difficile de déterminer les motivations profondes qui guident le processus de colonisation. Quelles sont les couleurs de la face cachée du drapeau tricolore ? Est-ce la bonne parole révolutionnaire qui motive l'extension massive de souveraineté ? Faut-il saluer la mission civilisatrice, nourrie au sein de l'humanisme des Lumières ? Doit-on, à l'inverse, dénoncer le froid calcul d'un impérialisme conquérant et raciste ? La réalité est-elle finalement si manichéenne ?

La République des idées

La révolution ne s'intéresse pas exclusivement à la politique. Elle veille également à la transformation profonde de l'industrie. Le charbon, puis l'électricité, sont les moteurs du changement sociétal. Une bourgeoisie capitaliste émerge bientôt du prolétariat moderne. En proie aux premiers assauts de l'individualisme, les Français quittent massivement les campagnes pour s'urbaniser, non sans peine. En capitale transformée, « haussmannisée », Paris et ses monuments – Arc de triomphe, Colonne de Juillet, tour Eiffel… – deviennent au fil des décennies la vitrine du siècle. Une idéologie effervescente prend part à l'émancipation. La Ville pense très au-delà de ses besoins. Nationalisme, socialisme, communisme, anarchisme, féminisme… s'y disputent âprement les faveurs populaires. La culture explose, bénéficiant de cette vivifiante euphorie. Elle s'impose comme un droit légitime. Les « ismes » font immodérément florès : romantisme, naturalisme, positivisme, symbolisme, impressionnisme, cubisme, fauvisme… La création vit d'incomparables heures.

Les hussards de Jules Ferry

L'éducation fait également partie de la dynamique. Instaurée en 1833, l'instruction primaire publique exauce partiellement les vœux révolutionnaires. Avec Jules Ferry, elle devient laïque et obligatoire. Les instituteurs, ces « hussards » de la République, s'impliquent socialement.
Les Français apprennent à lire, à écrire, à compter, deviennent médecins, financiers, scientifiques… L'école se met à desservir tous les étages de l'ascenseur social.
Le XIXe siècle est ainsi celui des contrastes. Il est vecteur d'indéniables progrès, portant haut l'oriflamme de la liberté, de l'égalité et de la fraternité. Turbulent, indécis, il laisse aussi libre cours aux débordements d'une violence extrême, des premières blessures de 1789 à l'impardonnable hécatombe de la Grande Guerre, des spasmes mortifères de la Grande Armée au sang des Communards.

La révolution récurrente

L'Histoire est loin d'être figée aux bornes séculaires. Les vents de la Révolution ne semblent pas mollir au terme du XVIIIe siècle. Ils persistent à souffler sur tout le XIXe, invitant à l'émancipation d'une certaine idée de la démocratie – parfois pour le meilleur et parfois pour le pire –, inspirant les consciences, guidant les décisions. L'année 1880 est-elle celle où la France se réveille citoyenne à part entière, après la

victoire définitive des républicains sur les monarchistes, après la consécration des grands principes de 1789 ? Faut-il patienter jusqu'au terme de la Première Guerre mondiale et la révélation du consensus patriotique unissant, face à la menace allemande, l'État, la nation et l'Église ? L'analyse est plausible. Sans doute est-elle trop simplificatrice. Bien d'autres motivations animent largement les cœurs. Le moteur révolutionnaire n'est pas exclusivement politique et idéologique. Il est social, industriel, culturel…
Le XIXe siècle ne peut être réduit à une triste et ennuyeuse transition, en mal de consistance. La république et la vie y sont, tout au contraire, fécondes, débordantes, foisonnantes, au point de revendiquer les sources de la modernité ; celle-là même qui va déterminer son avenir, jusqu'à l'aube de notre XXIe siècle.

La Révolution en marche

Les États généraux, petites révolutions ou grande révolution ?

LA LANTERNE ET LA JUSTICE POPULAIRE

« Ah, ça ira, ça ira, les aristocrates à la lanterne. » Sur un air guilleret, les ennemis du peuple sont menacés d'exécution sommaire. La confusion qui règne à Paris durant l'été 1789 ne permet pas aux forces de police de faire respecter l'ordre. À tout moment, les « ennemis du peuple », réels ou supposés, peuvent être mis à mort sans procès. Pour exécuter un suspect, le moyen le plus commode est de le pendre à un réverbère de la voie publique. La lanterne la plus célèbre, celle qui accueille le plus grand nombre de pendus, est celle de l'Hôtel de Ville de Paris. Ensuite, la tête de la victime est généralement promenée au bout d'une pique. Hébert, meneur des sans-culottes « enragés », se vantera d'être le « procureur de la lanterne ». L'abbé Maury, député de Péronne, poursuivi par le peuple à la fin de la Constituante, échappera au supplice en s'écriant : « Eh bien, messieurs, quand j'y serai, y verrez-vous plus clair ? »

De l'ouverture des États généraux, le 5 mai 1789, au retour forcé du roi et de sa famille le 6 octobre de la même année, les Français assistent et participent à la fin d'un monde. En quelques semaines, l'absolutisme monarchique a fait place à la souveraineté nationale et la société connaît de profonds bouleversements.

Dès l'ouverture des États généraux, les événements se précipitent, en même temps que le nombre des acteurs s'accroît : le roi et les députés, puis les Parisiens et, enfin, les paysans dans certaines régions. Parallèlement, le centre géographique de la Révolution se déplace de Versailles à Paris, de Paris aux villes de province et aux campagnes, avant de revenir à Versailles. La Révolution se déroule en quatre temps : tout d'abord, les États généraux se proclament Assemblée nationale constituante. La deuxième étape se joue dans la rue : le 14 juillet 1789, le peuple parisien prend la Bastille. Le troisième épisode est provincial : la réaction des paysans apeurés par des rumeurs de brigandage se transforme en jacquerie contre les seigneurs et leurs droits ; alors que la « Grande Peur » embrase les campagnes, les députés abolissent les privilèges et l'ordre féodal dans la nuit du 4 août. Enfin, la foule oblige le roi à quitter Versailles et impose le rôle dirigeant de Paris pour la suite des événements.

GRABUGE SALLE DES MENUS-PLAISIRS !

Le 5 mai, la séance inaugurale des États généraux se déroule dans la salle des Menus-Plaisirs, une pièce immense à l'acoustique très mauvaise. Profonde déception ce jour-là : Louis XVI, par l'entremise de son garde des Sceaux, dénonce dans un discours maladroit « les innovations exagérées » et ne fait aucune allusion au principal objet du litige, le vote par tête ou par ordre.

Le lendemain, la séance est consacrée à la vérification des mandats. Les députés du tiers état refusent de vérifier séparément, ce qui revient à abolir, de fait, la distinction entre les trois ordres – noblesse, clergé, tiers état. La discussion sur ce sujet piétine pendant un mois. Tout se précipite le 10 juin, lorsque l'abbé Sieyès appelle les membres du tiers à passer à l'action. Le 17 juin, ces derniers prennent deux décisions révolutionnaires : considérant qu'ils représentent « les 96 centièmes au moins de la nation », ils déclarent qu'à eux seuls ils forment l'Assemblée nationale ; dans le même temps, ils se proclament souverains en matière d'impôts, dépossédant ainsi le roi de l'une de ses prérogatives. Deux jours plus tard, la majorité du

« BONJOUR, BONHOMME ! »

La correspondance des députés aux États généraux, puis à la Constituante, est un précieux témoignage sur 1789.
Provinciaux pour la plupart, membres du tiers ou envoyés de la noblesse, les députés des États généraux correspondent avec leur famille et fournissent d'excellents tableaux d'ambiance. Ils y expliquent comment ils se logent, par quels moyens ils se rendent à Versailles, décrivent les jardins du Palais-Royal, envoient parfois des libelles et des pamphlets, qui seront lus dans les salons provinciaux, racontent l'ouverture des États. Gaultier de Bizat, médecin de Clermont-Ferrand, a noté la durée des discours : celui du roi a duré quatre minutes et a été interrompu par des applaudissements. Celui de Necker, « bien ministériel », a duré quatre heures... Dans les lettres des députés, on apprend aussi que le seul député du tiers que le roi ait salué a été celui qui portait un costume breton. Louis XVI lui a dit : « Bonjour, bonhomme ! »

Sire, Henri IV *avait reconquis son peuple. Aujourd'hui, le peuple a reconquis son roi.*

Mot de Jean Bailly, accueillant Louis XVI à l'Hôtel de Ville de Paris le 17 juillet 1789.

MIRABEAU : LE NOBLE DU TIERS ÉTAT

« Quand je secoue ma terrible hure, il n'est personne qui ose m'interrompre », disait le porte-parole de la Constituante.
Bien que noble, Honoré Gabriel Riqueti, comte de Mirabeau, est un élu du tiers état des circonscriptions d'Aix et de Marseille. Il est surtout connu pour ses débauches et ses démêlés avec sa famille quand il arrive à Versailles. À la séance d'ouverture des États généraux, il est hué par les députés de la noblesse, mais ses dons de tribun et son sens du discours politique lui assurent une immense popularité. On lui doit notamment d'avoir dénoncé l'inégalité dans le système des successions. Il incarne la Révolution en marche, mais, dans le débat qui divise les constituants sur les pouvoirs du roi, il devient un ardent défenseur de la monarchie constitutionnelle, dont il souhaite renforcer l'exécutif, en accordant un droit de veto au roi. Le roi ne suit guère ses conseils de modération. La mort prématurée de Mirabeau, le 2 avril 1791, précède de quelques semaines la fuite à Varennes. Mirabeau est inhumé au Panthéon, mais son corps en sera retiré en 1793, quand les conventionnels découvriront, dans l'armoire de fer des Tuileries, sa correspondance avec la cour. Mme du Barry, la nouvelle maîtresse du roi, apprécie d'ailleurs fort peu le duc de Choiseul...

clergé décide de s'unir au tiers. Le refus de la noblesse de se rallier et les exhortations de son entourage convainquent Louis XVI d'adopter une attitude ferme.

Le 20 juin, le roi ordonne la fermeture de la salle des Menus-Plaisirs. Les députés se réunissent alors dans la salle du Jeu de paume et s'engagent par serment « à ne jamais se séparer et à se rassembler partout où les circonstances l'exigeront, jusqu'à ce que la Constitution soit établie ». À l'envoyé de Louis XVI, qui demande au tiers de se retirer, le comte de Mirabeau aurait rétorqué : « Allez dire au roi que nous sommes ici par la volonté du peuple et que nous n'en sortirons que par la force des baïonnettes. » Le 27 juin, Louis XVI capitule, la majorité de la noblesse et le reste du clergé s'étant joints au tiers. L'Assemblée prend le nom d'« Assemblée nationale » et commence à discuter d'un projet de constitution. Beaucoup pensent et certains espèrent que la Révolution est désormais terminée.

LA PRISE DE LA BASTILLE

La révolution parisienne vient pourtant renforcer la révolution juridique. Depuis des mois, Paris connaît une situation de crise : les approvisionnements parviennent avec difficulté dans la capitale ; le chômage touche de nombreuses professions, comme la construction ou le textile. Le prix du pain ne cesse d'augmenter. Ainsi, en juillet 1789, alors qu'un ouvrier gagne de 30 à 40 sous par jour, le pain coûte 4 sous la livre. Le mécontentement est d'autant plus grand que des rumeurs circulent sur la situation des députés à Versailles : on parle de complot aristocratique, d'un possible bain de sang... Le roi, hostile à l'Assemblée, multiplie les erreurs. Il concentre des régiments autour de Versailles et de Paris, et, le 11 juillet, il renvoie le populaire ministre Necker. L'effervescence est vive dans les jardins du Palais-Royal, où des orateurs improvisés, comme Camille Desmoulins, incitent le peuple à s'armer. La nuit du 13 juillet est marquée par l'incendie des barrières de l'octroi et par la constitution d'une nouvelle municipalité, dirigée par l'astronome Bailly. Des notables se joignent aux échevins pour maintenir l'ordre – tant pour prévenir les débordements des troupes du roi que ceux du petit peuple. La municipalité décide de créer une milice urbaine, citoyenne, qui prend bientôt le nom de « Garde nationale » ; ses membres, sous les ordres de La Fayette, héros de la guerre d'Indépendance américaine, porteront une cocarde bleu, blanc, rouge, enserrant la couleur du roi par les couleurs de la Ville.

Dans la nuit du 13 au 14 juillet, ordre est donné de s'armer pour résister aux troupes du roi. Au matin du 14, le prix du pain est au plus haut. Le bruit court que Louis XVI veut faire tirer sur le peuple depuis la Bastille, inquiétante forteresse qui domine le quartier populaire du faubourg Saint-Antoine.

Un rassemblement a lieu devant le vieux château, qui, converti en prison d'État depuis Louis XIII, symbolise l'arbitraire royal, car y sont enfermés les condamnés par lettre de cachet. Les tentatives de conciliation échouent, et des coups de feu sont tirés sur la foule. La Bastille est finalement prise, grâce à l'intervention des gardes nationaux qui se sont joints aux manifestants. La foule s'empare des milliers de fusils de la forteresse, qui viennent s'ajouter à ceux pris auparavant aux Invalides ; les sept prisonniers de la Bastille sont libérés. Le gouverneur de Launay ainsi que le prévôt des marchands sont décapités et leurs têtes promenées au bout de piques. Au soir du 14 juillet, le roi consignera pourtant dans son journal : « Rien. »

Prenant finalement la mesure des événements, le 15 juillet, le roi annonce à l'Assemblée – que, pour la première fois, il qualifie de « nationale » – le retrait des troupes de Paris. Il rappelle Necker le 16, et se rend dans la capitale le lendemain. Il y arbore, sur le perron de l'Hôtel de Ville, la cocarde tricolore. Dès lors, nombre de ceux qu'on appelle désormais les « aristocrates » prennent, comme le comte d'Artois – frère de Louis XVI et futur Charles X –, le chemin de l'exil. Mirabeau peut affirmer : « Tout l'édifice, usé, vermoulu dans tous ses appuis, pourri par tous les liens, est tombé dès le premier choc pour ne se relever jamais. »

La nouvelle de la prise de la Bastille suscite en province de

Gardez-vous de demander du temps ; le malheur n'en accorde jamais.

Discours de Mirabeau le 26 septembre 1789 sur le projet Necker pour faire face aux difficultés économiques du pays.

Le but de la société est le bonheur commun.

Article premier de la Déclaration des droits de l'homme.

UNE OPINION PUBLIQUE LIBÉRÉE

Journaux, clubs et sociétés fleurissent à Paris et en province : la Révolution a libéré l'opinion publique.
La Déclaration des droits de l'homme a réaffirmé les libertés publiques. Dès lors, les journaux se multiplient : il y avait quatre journaux à Paris en 1788 et 184 à la fin de 1789. La fonction de la presse se modifie : elle ne se contente plus de relayer les événements « d'en haut », elle répercute les revendications « d'en bas ».
On pourra retenir le *Patriote français* de Brissot, modéré ; *les Révolutions de France et de Brabant*, de Camille Desmoulins, ou encore *l'Ami du Peuple* de Marat. Ces quelques mois voient aussi fleurir les sociétés politiques : au départ vouées à la diffusion de l'information, elles deviennent le lieu de rencontre entre les élus et les citoyens, et un lieu d'apprentissage de la politique.

vibrants mouvements d'enthousiasme populaire. À l'exemple de Paris, dans toutes les villes, les « patriotes » prennent le contrôle d'une « révolution municipale » qui chasse les agents du roi.

LA GRANDE PEUR

Dans nombre de provinces, la crise frumentaire s'est amplifiée. Les mois de juillet et d'août, période de « soudure », sont toujours sensibles. Les moissons seront-elles suffisantes pour faire baisser les prix ? Les rumeurs les plus folles courent à propos des événements parisiens ; elles se cristallisent bientôt sur la peur du « complot » : complot des aristocrates – accusés de stocker le blé pour affamer le peuple –, complot des « brigands » – la crise jette sur les routes chômeurs et pauvres hères. De bouche à oreille, on colporte d'étranges nouvelles : des bandes armées de vagabonds et de mendiants, payées par les nobles, dévasteraient villages et récoltes. Ces bruits naissent en même temps dans des foyers différents, tels que le pays nantais, Ruffec (en Charente), le Beauvaisis, la Champagne, la région du Mans, la Franche-Comté. Du 20 juillet à la mi-août, tout le royaume est touché, à l'exception de la Bretagne, de la Lorraine, de la Guyenne. Une fois raisonnée, la panique fait place à une attitude offensive contre les seigneurs. Alors, les paysans se rendent au château, exigent la destruction des archives où sont consignées les servitudes féodales, assassinent parfois. Ce mouvement de révolte, incontrôlable, ne peut laisser indifférents les députés.

LE « CLUB BRETON »

Beaucoup de députés, propriétaires, s'inquiètent vivement pour leurs domaines à l'annonce des émeutes. Une séance est prévue pour en débattre, dans la nuit du 4 août. Une minorité, regroupée dans le « club breton », refuse toute répression. L'un après l'autre, nobles, membres du clergé montent à la tribune pour renoncer à leurs privilèges, à la dîme, aux droits féodaux. À deux heures du matin, quand les députés se séparent, l'écroulement de l'Ancien Régime est consommé, mais la féodalité n'est pas tout à fait morte. Quelques jours plus tard, en effet, les décrets atténuent le sens de cette extraordinaire nuit. Si les droits honorifiques de pêche, de chasse, de colombier sont supprimés sans compensation ainsi que la dîme, les droits dit « réels », découlant d'un contrat entre le seigneur et ses tenanciers (cens, champart, rentes), sont rachetables à un prix qui équivaut à vingt fois leur valeur annuelle. Seuls les plus riches pourront avancer de pareilles sommes. Mais la Déclaration des droits de l'homme et du citoyen (26 août) proclame clairement : « Les hommes naissent libres et égaux en droits. » La société d'ordre est morte.

LES JOURNÉES D'OCTOBRE : UNE NOUVELLE PROVOCATION

Pendant ce temps, à Versailles comme à Paris, la tension n'a cessé de croître. Louis XVI hésite sans cesse : il a rappelé Necker, mais il refuse de signer les textes adoptés depuis le 4 août. Dans ce contexte, le peuple de Paris, toujours soumis à la pénurie, ressent comme une nouvelle provocation l'annonce qu'à Versailles, en présence de la reine, un banquet de soldats royaux a donné lieu à la profanation de la cocarde tricolore. Cette information accrédite l'idée que l'entourage royal est gangrené par le complot aristocratique. Une manifestation se forme, le 5 octobre, devant l'Hôtel de Ville pour réclamer du pain. Le soir, 6 000 à 7 000 personnes se rendent à Versailles. Le lendemain, un long cortège, où les femmes sont nombreuses, ramène à Paris, outre des chariots de blé et de farine, le roi, la reine et le Dauphin – « le boulanger, la boulangère et le petit mitron ». Scène et formule hautement symboliques de la dynamique de ces trois mois de révolution, au cours desquels si la désacralisation du roi s'est accélérée, ses liens avec le peuple n'ont cependant pas été rompus. Le 10 octobre, les députés, qui ont suivi le roi à Paris, décrètent que Louis XVI n'est plus « Roi de France », mais « Roi des Français ». Dès lors, l'autorité de l'Assemblée est moins menacée par le roi que par la rue.

LE SAVIEZ-VOUS ?

Le 6 octobre 1789, lorque la foule se rend à Versailles, elle n'hésite pas à massacrer des gardes avant de ramener le roi.

Le divorce entre le roi et la nation

Une monarchie constitutionnelle aux airs anarchiques

L' ÉMIGRATION, CRIME DE « LÈSE-NATION »

Le 16 juillet 1789, le prince de Condé quitte la France avec sa famille. Il est bientôt suivi par les frères et les tantes du roi. Les prêtres réfractaires, les officiers de l'armée de terre et de la marine, lassés par l'indiscipline, choisissent l'exil dès 1791. Après la fuite du roi, de nombreux aristocrates rejoignent les armées étrangères, décidés à revenir pour sauver Louis XVI. Le 30 octobre de cette année, l'émigration est définie comme un crime passible de la peine de mort et de la confiscation des biens. À l'automne 1792, les émigrés s'enrôlent dans les armées coalisées contre la France. La fuite devient alors un crime de « lèse-nation ». À partir de 1793, les parents d'émigrés et ceux qui ont eu des contacts avec eux sont considérés comme suspects. On compte environ 25 000 émigrés à la fin de 1792, puis 145 000 en 1800. La catégorie sociale la plus représentée parmi eux est celle des prêtres réfractaires, devant les « ci-devant aristocrates ».

Entre 1789 et 1792, les révolutionnaires mettent en place un nouveau cadre politique. D'octobre à décembre 1789, les quelque 1 200 députés constituants, qui siègent désormais à Paris dans la salle du Manège des Tuileries, dotent la France d'un édifice administratif, politique et financier très nouveau, qui fonde déjà la France moderne. Plusieurs problèmes fondamentaux restent cependant à régler : celui du rôle réel du roi, celui des rapports avec l'étranger et celui de la place des moins favorisés.

Le rêve d'une régénération de la France sous la direction conjointe du roi et des représentants de la Nation va bientôt se défaire face à l'hostilité de Louis XVI, à la radicalisation des antagonismes et dans la guerre.

ORDRE ET RÉFORME

L'Assemblée sait jouer son rôle de défenseur de l'ordre contre les abus populaires : le 21 octobre 1789 est votée une loi martiale contre les troubles et les attroupements. L'objectif fondamental des parlementaires est de trouver un compromis entre le roi et le nouveau pouvoir parlementaire.

Cependant, l'Assemblée n'oublie pas sa tâche réformatrice. Pour résoudre les difficultés financières du pays, Talleyrand propose le 10 octobre 1789 que les biens du clergé, qu'il estime à plus de deux milliards de livres, soient

« mis à la disposition de la nation ». Le projet est voté en novembre, grâce à Mirabeau qui y a rallié le bas clergé, en stipulant qu'aucun curé ne toucherait un traitement inférieur à 1 200 livres. En décembre, les biens du clergé sont vendus au profit d'une « caisse extraordinaire », qui peut émettre des billets de 1 000 livres, les assignats. Mais il s'agit là d'une bombe à retardement : alors que le nombre des assignats augmente, leur valeur diminue peu à peu tout au long de la période révolutionnaire.

En décembre 1789, les anciennes provinces sont remplacées par 83 départements, dont la taille est telle que chaque habitant peut parvenir en un seul jour au chef-lieu.

UN ANTAGONISME CROISSANT

Le 14 juillet 1790, la fête de la Fédération semble unir le roi et toutes les catégories de Français, qui, transcendant les dissensions, expriment leur foi dans l'avenir du royaume. Cependant, le malentendu est profond. Il résulte, tout d'abord, de la situation du clergé. À la suite de la vente de ses biens, cet ordre n'a plus d'existence autonome dans l'État ; il faut donc transformer ses membres en fonctionnaires rétribués. Le 12 juillet 1790, l'Assemblée établit la Constitution civile du clergé, qui décrète l'éligibilité des prêtres ; le pape Pie VI riposte par un refus catégorique. Le 27 novembre, le clergé est requis de prêter un serment de fidélité à la Révolution. Dès lors, les « jureurs », ou constitutionnels, condamnés par Rome, s'opposent aux « réfractaires », auxquels Louis XVI et une partie de ses sujets demeurent fidèles. Le roi, quant à lui, prisonnier de la capitale, hostile aux mesures prises par l'Assemblée, quitte Paris en secret avec sa famille, le 21 juin 1791. Il laisse un texte où il dénonce le nouveau régime. Reconnu, Louis XVI est arrêté à Varennes puis ramené à Paris. Pour le peuple, le souverain a voulu rejoindre les troupes étrangères et reprendre le pouvoir par les armes. Le 17 juillet, des pétitionnaires se rendent au Champ-de-Mars et réclament la république. La garde nationale fait feu, sans qu'il soit clairement établi si elle agit sur ordre de La Fayette ou sous l'effet de la tension. Il y a au moins une cinquantaine de morts. Entre ceux qui veulent terminer la Révolution (La Fayette, Barnave, Lameth, qui fondent le club des Feuillants) et l'opposition démocrate qui se renforce autour de Robespierre, Pétion, Danton (club des Jacobins ou, plus à gauche, des Cordeliers), la rupture est consommée.

Le 27 août, l'empereur Léopold II d'Autriche et le roi de Prusse confirment l'opinion populaire en signant la déclaration de Pillnitz, dans laquelle ils menacent les révolutionnaires d'une intervention militaire.

Vivre libre ou mourir !

Mot d'ordre de la Révolution française, prononcé pour la première fois le 19 janvier 1790 par la jeunesse de Pontivy.

L'arbre de la liberté ne saurait croître s'il n'était arrosé du sang des rois.

Barère de Vieuzac, président de la Convention, au procès de Louis XVI.

LES CLUBS RÉVOLUTIONNAIRES DANS LES COUVENTS !

Les clubs, fondés d'après les académies de province sur le modèle anglo-saxon, sont au cœur du débat politique.
À Paris, les clubs se réunissent dans les locaux de couvents désaffectés : les patriotes utilisent le réfectoire des Jacobins, d'où leur nom. Très vite, les Jacobins ont des correspondants en province qui appuient leurs résolutions. Après Varennes, les partisans de la monarchie constitutionnelle fondent un nouveau club au couvent des Feuillants. Ce sont ces Feuillants et leurs partisans qui formeront la droite de l'Assemblée législative.
Dans la plupart des clubs, les séances sont publiques, mais le tarif des cotisations reflète les clivages sociaux. Le moins cher est la Société des amis des droits de l'homme et du citoyen, animée par Marat et Danton à l'origine, et qui se réunit au couvent des Cordeliers. Le club des Cordeliers sera la courroie de transmission entre le peuple de Paris et les révolutionnaires lorsqu'ils voudront faire un coup de force.

LA CONSTITUTION DE 1791

La Constitution, promulguée le 14 septembre 1791, instaure une monarchie constitutionnelle, fondée sur la séparation des pouvoirs. Le pouvoir judiciaire appartient à des juges élus. L'exécutif revient au « roi des Français », qui a le droit de refuser une loi votée par l'Assemblée. Le législatif est le fait d'une assemblée, élue pour deux ans, de 745 membres, élus à deux degrés par les seuls « citoyens actifs ». En effet, le suffrage est censitaire : pour voter, il faut entre autres payer une contribution directe au moins égale à la valeur de trois journées de travail. Les constituants rejettent donc un quart des hommes en âge de voter (on les appelle des « citoyens passifs ») hors de l'exercice de la souveraineté nationale. Cette assemblée a l'initiative des lois et vote le budget, mais compose avec un roi nommant le gouvernement, conservant une part de ses prérogatives en matière de politique extérieure et détenant un droit de veto suspensif sur les décrets de l'Assemblée.

Ouverte le 1er octobre 1791, cette nouvelle chambre est sans expérience puisque la Constituante a décidé qu'aucun député sortant ne pourrait s'y faire élire ; elle comprend 250 députés « Feuillants », plutôt favorables au roi et défenseurs de la nouvelle Constitution, 136 Jacobins, favorables eux à la poursuite de la Révolution, et environ 350 députés qui constituent le « marais » centriste. Elle doit agir illégalement, en exerçant une partie du pouvoir exécutif, car Louis XVI, qui refuse d'assumer ses fonctions, utilise systématiquement son droit de veto.

CONTRE L'EUROPE DES ROIS ?

Le débat sur la guerre précipite les événements. Les Jacobins sont partisans d'une intervention militaire contre l'Europe des rois. Brissot croit aux vertus d'une guerre pour créer une dynamique nationale qui mette fin aux divisions intérieures. Louis XVI veut également l'affrontement, car il croit que les Français, vaincus, reviendront à lui. Malgré les avertissements de Robespierre, seul à pressentir les risques d'une aventure militaire nourrissant les affrontements intérieurs, l'Assemblée déclare la guerre à l'Autriche, à la Hongrie et à la Bohême, le 20 avril 1792. Rapidement, les défaites s'accumulent, des généraux passent du côté des étrangers et des émigrés ; le roi et la reine agissent secrètement en faveur des monarchies européennes. Le 11 juillet, l'Assemblée décrète « la Patrie en danger ».

UN ÉTÉ BRÛLANT

Une grande agitation règne à Paris et les députés sont soumis à de fortes pressions. Un mouvement politique indépendant de l'Assemblée joue un rôle essentiel : il s'agit des sans-culottes, dont les revendications sont sociales, patriotiques et populaires. Ils demandent des mesures d'urgence : la taxation contre la hausse des prix, l'arrestation des contre-révolutionnaires et des curés réfractaires. Le 20 juin, le peuple envahit les Tuileries, oblige Louis XVI à coiffer le bonnet rouge et à boire à la santé de la Révolution. Le 1er août, le manifeste du duc de Brunswick enflamme la capitale : la déclaration menace Paris, en cas d'agression contre le roi, d'être livrée « à une exécution militaire et à une subversion totale ». Le 10 août, les sans-culottes donnent l'assaut aux Tuileries. La farouche résistance des gardes suisses, défenseurs de la famille royale, ne suffit pas : cette dernière se réfugie tout d'abord auprès de l'Assemblée, avant d'être incarcérée au Temple, le 13 août. Le roi est suspendu. La France, alors menacée de toutes parts, doit se doter de nouvelles institutions.

MINORITÉS ET RÉVOLUTION

De nouvelles lois améliorent le statut des minorités religieuses, dont le sort, néanmoins, reste souvent peu enviable. Les Juifs de France appartiennent à deux communautés : 5 000 Séfarades font partie de la grande bourgeoisie bordelaise, depuis les lettres patentes accordées par Louis XVI en 1776. Électeurs aux états généraux, ils obtiennent la nationalité française dès le 28 janvier 1790. Les 30 000 Ashkénazes de l'Est, eux, ne peuvent participer aux élections et sont émancipés seulement le 27 septembre 1791 ; ils seront victimes de l'antisémitisme des royalistes, comme de celui des Jacobins les plus ardents. Quant aux protestants, ils sont environ un million en 1789. Bourgeois instruits pour la plupart, ils adhèrent aux idéaux révolutionnaires, et quinze d'entre eux sont députés à la Constituante. Les biens confisqués en 1685, lors de la révocation de l'édit de Nantes, leur sont restitués en 1790 et ne seront pas inclus dans les biens nationaux.

La Terreur

De la mort de Louis XVI à la mort de Robespierre

LES ROMÉO ET JULIETTE DE LA RÉVOLUTION

Camille Desmoulins est un obscur avocat picard, gêné par son bégaiement, quand il rencontre Lucile Duplessis, à la veille de la Révolution. Le jeune homme, monté sur une table au Palais-Royal, enflamme la foule le 12 juillet 1789 ; il participe à la prise de la Bastille, publie de brillants pamphlets et fait paraître un journal, *les Révolutions de France et de Brabant*. Le 29 décembre 1790, il épouse Lucile : Robespierre, camarade de collège du marié, et Danton assistent à la noce. Député montagnard à la Convention, Desmoulins s'inquiète pourtant, lors de l'élimination des Girondins, de la violence qu'engendre la Révolution. Il lance alors un nouveau journal, le *Vieux Cordelier*, où il attaque les hébertistes et soutient les « Indulgents », la faction de Danton. Il est exécuté en même temps que ce dernier. Lucile, qui a vainement tenté de fléchir Robespierre, est guillotinée huit jours après Camille, le 13 avril 1794.

Terreur et démocratie sociale, dictature du Comité de salut public et politisation extrême des citoyens, violence et révolution culturelle, la période qui s'étend de la mort du roi à celle de Robespierre a donné lieu à des interprétations divergentes. La montée des périls, intérieurs comme extérieurs, conduit à une politique d'exception. La prise du pouvoir par les Montagnards et la mise en place de la Terreur coïncident avec la tentative la plus radicale pour mettre en œuvre la régénération promise depuis 1789.

Après la chute du roi, la situation de la Révolution est dramatique : l'Europe presque entière est en guerre contre la France, les défaites militaires s'accumulent, près de la moitié des départements sont le théâtre de rébellions et la pénurie menace. La crainte légitime de l'invasion attise la peur larvée du complot mené par les contre-révolutionnaires. Sous la pression du peuple parisien et de la Commune insurrectionnelle qui s'est substituée à la municipalité légale le 10 août 1792, les députés mettent en place des mesures exceptionnelles contre les ennemis de la Révolution : comités de surveillance, tribunal extraordinaire, arrestation de suspects (les prêtres réfractaires notamment), interdiction de journaux. À Paris, dans la surexcitation et la panique, la foule envahit les prisons et s'en prend aux détenus, essentiellement des prêtres réfractaires et des aristocrates, accusés de complicité avec l'ennemi. On compte

1 200 à 1 400 victimes, soit un prisonnier parisien sur deux.

ENTRE GIRONDINS ET MONTAGNARDS…

C'est dans ce contexte que la nouvelle assemblée constituante, la Convention, est élue, au suffrage universel (masculin) pour la première fois. Par un hasard heureux, la première session de la Chambre, au cours de laquelle la royauté est abolie et la république proclamée, coïncide avec la première victoire révolutionnaire : le 20 septembre 1792, à Valmy, aux cris de « Vive la Nation ! » et en chantant *la Marseillaise*, les armées françaises repoussent les troupes prussiennes. Dans l'euphorie (politique et militaire), on proclame, le 22 septembre, le commencement de l'an I de la République. La Convention est divisée politiquement entre Girondins et Montagnards. Les premiers, à la droite de l'Assemblée, sont des modérés qui veulent arrêter le processus révolutionnaire. Les seconds, plus radicaux, doivent leur nom aux bancs élevés qu'ils occupent à la Convention. De fortes personnalités émergent parmi eux : Robespierre, Danton, Marat, Saint-Just. Entre les deux, un centre appelé « le Marais » ou « la Plaine ».

Le premier affrontement à la Convention est provoqué par une question fondamentale : quel sort réserver à Louis XVI ? Les Girondins proposent l'emprisonnement, voire le bannissement ; les Montagnards réclament la peine capitale pour celui qu'ils jugent traître à la patrie. Ils sont conscients, également, qu'un tel geste signifie la rupture irrémédiable avec l'ordre ancien. À l'issue d'un rapide procès, le « citoyen Louis Capet » est condamné à mort par une voix de majorité. L'exécution a lieu place de la Révolution (aujourd'hui, place de la Concorde), le 21 janvier 1793. La rupture avec l'Ancien Régime a pris là une dimension nouvelle, les révolutionnaires ont osé l'acte purificateur suprême. Si l'exécution n'a provoqué ni exaltation joyeuse, ni mouvement de protestation, elle ne tarde pas à donner un second souffle à la contre-révolution qui dispose désormais d'un martyr.

LA GUERRE ET L'INSURRECTION VENDÉENNE

Au printemps de 1793, la Convention est confrontée à une situation catastrophique : les défaites militaires se succèdent, l'Angleterre a désormais rejoint les ennemis de la France, les troupes étrangères sont renforcées par la contre-révolution, des généraux trahissent (notamment le vainqueur de Valmy, Dumouriez, qui passe à l'ennemi). Alors que la Révolution fait figure d'une « forteresse assiégée » (Barère), des mesures énergiques, comme la levée de 300 000 hommes, sont bientôt prises. C'est cette décision qui, à partir du 10 mars 1793, suscite la révolte de

Ô liberté, que de crimes on commet en ton nom !

Mme Roland,
sur l'échafaud le
9 novembre 1793.

L'OMBRE DE LA GUILLOTINE

Quel a été au juste le nombre des victimes de la Terreur ? Une comptabilité sinistre est nécessaire pour éviter les outrances polémiques. Depuis le 5 juin 1791, la loi stipule que « tout condamné à mort aura la tête tranchée ». Avec la guillotine, symbole de la violence révolutionnaire, c'en est fini des supplices atroces, différents selon le crime et le rang social du condamné. L'invention du docteur Guillotin, perfectionnée par Antoine Louis (d'où son premier surnom de « Louison ») commence son service en place de Grève, le 25 avril 1792. Les armées révolutionnaires sont également suivies de leur guillotine, et chaque chef-lieu d'arrondissement a la sienne. Sur environ 500 000 suspects, 17 000 furent condamnés à mort, et plus de 20 000 exécutés sommairement. Les victimes de la guerre civile (on avance le chiffre de 200 000 vendéens morts) doivent également être prises en compte, bien qu'il ne s'agisse pas à proprement parler de victimes de la Terreur.

l'ouest de la France, en commençant par la Vendée. Il s'agit là de l'insurrection la plus grave, la plus longue, la plus dramatique aussi contre la politique de la Convention. En mai 1793, des troupes révolutionnaires sont envoyées en renfort contre l'« armée vendéenne », qui se nomme elle-même « catholique et royale ». Jusqu'en octobre, ces paysans tiendront leurs ennemis en échec.

L'aggravation de la situation tend à radicaliser le mouvement populaire, d'autant que la dépréciation de l'assignat et le ravitaillement aux armées pèsent sur le prix des subsistances. À Paris, les « Enragés », les plus revendicatifs des sans-culottes, attaquent des boulangeries et exigent que les marchandises soient taxées.

LA DICTATURE DU SALUT PUBLIC

La gravité de la situation incite la majorité de la Convention à soutenir les Montagnards, partisans d'une politique d'exception. « Soyons terribles pour dispenser le peuple de l'être », affirme Danton : il s'agit d'avoir recours à la violence légale pour bien réserver son usage aux détenteurs de la puissance publique. L'appareil répressif déjà en place depuis août 1792 est renforcé. En mars 1793, un Tribunal révolutionnaire, qui juge sans appel, est créé. Des comités de surveillance révolutionnaires sont mis en place dans les départements. Des « cartes civiques » sont distribuées aux bons citoyens, des suspects sont arrêtés. En avril, un Comité de salut public est institué pour un an : composé de neuf membres élus par la Convention et renouvelable, il se substitue aux ministres. À la Convention, l'affrontement politique est féroce entre Girondins et Montagnards et devient une lutte pour l'élimination de l'autre : aux termes de deux mois de discours violents, d'accusations réciproques, et de pressions exercées par la rue, la bataille s'achève le 2 juin par l'arrestation des Girondins. Les Montagnards, qui s'appuient ouvertement sur les sans-culottes, sont les maîtres de l'État. Mais plusieurs départements sont soulevés par les Girondins (la révolte est qualifiée de « fédéraliste »), cependant que Marat est assassiné le 13 juillet par une jeune Girondine, Charlotte Corday.

DES MESURES IMPITOYABLES !

Les Montagnards disposent désormais de la majorité à la Convention. Le Comité de salut public dirige le pays de façon dictatoriale. Robespierre y entre le 17 juillet 1793. En réalité, les Montagnards ne peuvent agir de manière autonome, car ils sont liés au mouvement sans-culotte, qui les soutient et dont ils doivent satisfaire les revendications. La nouvelle Constitution (juin 1793), d'inspiration montagnarde, est d'orientation très démocratique. Après une Déclaration des droits de l'homme qui va plus loin que celle de 1789, affirmant notamment les droits sociaux (au travail, à l'instruction, à l'assistance) et le droit à l'insurrection, le texte fait reposer la souveraineté sur une assemblée unique, toute puissante, élue au suffrage universel. En matière économique, le dirigisme se manifeste par le cours forcé de l'assignat, la loi du maximum sur le prix des grains et des farines, et, le 20 mai, par un emprunt obligatoire d'un milliard sur les riches. Une politique agraire favorable aux petits propriétaires est mise en place et des mesures d'assistance sont adoptées. En 1794, l'esclavage est aboli dans les colonies. Face à la montée des périls extérieurs et intérieurs, la levée en masse est décrétée, cependant que l'application de la Constitution est repoussée aux temps de paix. La Terreur est renforcée par la « loi des suspects » (17 septembre) qui permet d'arrêter toute personne soupçonnée

DÉCADES « SANS-CULOTTIDES »

Pour marquer une ère nouvelle, il faut un calendrier rationnel, universel et purgé de toutes références chrétiennes. Le 24 novembre 1793, la Convention adopte le projet d'une équipe de poètes et de savants. L'année commence à l'équinoxe d'automne et compte douze mois de trente jours, complétés par cinq journées supplémentaires, les « sans-culottides ». Chaque mois comprend trois tranches de dix jours, dont le dernier, le décadi, est férié. La dénomination des mois s'inspire poétiquement de la nature : brumaire, germinal ou fructidor. Ce calendrier est censé être scientifique et universel, mais les noms des mois sont absurdes hors d'Europe. Il ne sera jamais vraiment accepté par le peuple, attaché à ses saints et furieux de ne plus se reposer que tous les dix jours, au lieu de tous les sept jours ! Le calendrier grégorien est rétabli le 1er janvier 1806.

Le supplice que j'ai inventé est si doux qu'il n'y a vraiment que l'idée de la mort qui puisse le rendre désagréable. Aussi, si l'on ne s'attendait pas à mourir, on croirait n'avoir senti sur le cou qu'une légère et agréable fraîcheur.

Joseph Ignace Guillotin, inventeur de la célèbre guillotine.

Tu montreras ma tête au peuple, elle en vaut bien la peine.

Georges Danton au bourreau qui va le guillotiner, le 5 avril 1794.

AUX ARMES PAYSANS !

Le 10 mars 1793, jour du tirage au sort des conscrits à Saint-Florent-le-Vieil, le tocsin sonne : les paysans s'arment.

Longtemps assimilée à la contre-révolution, la guerre de Vendée fut érigée par les adversaires de la Révolution en « juste » croisade pour défendre la religion et le roi. La levée des hommes renforce une hostilité déjà présente contre la Révolution. Derrière les curés réfractaires, les « Blancs » forment une armée dont les effectifs diminuent au moment de la moisson et augmentent la veille des grandes batailles. Après les roturiers Cathelineau et Stofflet, ce sont des hobereaux, Bonchamps, Charrette puis La Rochejaquelein, que les paysans mettent à leur tête. En juin 1793, les Blancs tiennent le sud de la Loire entre Angers et l'Atlantique. La Convention envoie l'armée. Vaincus le 17 octobre à Cholet, les Blancs passent la Loire. La « virée de Galerne » conduit une horde épuisée jusqu'à Granville et la ramène à Savenay pour une ultime défaite, le 23 décembre. On avance le chiffre de 200 000 morts, victimes de la misère plus encore que des combats.

d'activités contre-révolutionnaires. En octobre, Marie-Antoinette puis vingt et un députés girondins (Brissot, Vergniaud, Mme Roland...) sont exécutés.

Parallèlement, la régénération est accélérée. La lente laïcisation de la France, amorcée depuis 1789 et renforcée en 1792 par l'instauration de l'état civil, du mariage civil et l'autorisation du divorce, cède la place à une brutale flambée de déchristianisation. Le mouvement, spontané autant qu'officiel, détruit – acte iconoclaste contre les statues, autodafé de livres saints, cortèges grotesques pour ridiculiser les clercs –, mais il est aussi fondateur. Un nouveau calendrier est adopté en octobre 1793 : plus de dimanche mais des décadis (tous les dix jours), les noms des mois et des jours sont inspirés de la nature. Les députés qui déplorent le mauvais goût des mascarades populaires et redoutent les progrès de l'athéisme substituent une nouvelle religiosité : un décret reconnaît en mai « l'existence de l'Être suprême et l'immortalité de l'âme ». Mais la Terreur porte ses fruits à la fin de l'année 1793 : galvanisées par les envoyés de la Convention, les armées françaises s'opposent avec succès à l'avance ennemie, et la France cesse d'être une forteresse assiégée. Sur le front intérieur, l'insurrection fédéraliste est étouffée, et la Vendée est vaincue à Savenay, le 23 décembre.

« LA RÉVOLUTION EST GLACÉE » (SAINT-JUST)

En dépit de ces succès, les Montagnards se divisent sur la suite à donner à la Révolution : Hébert, chef de file des « Enragés » (que l'on appelle désormais les « Exagérés »), appelle à l'insurrection pour prolonger les mesures révolutionnaires. Saint-Just le fait arrêter puis exécuter ainsi que dix-huit de ses amis, le 24 mars 1794. À ce coup de semonce à gauche, contre les « Exagérés », succède une attaque lancée à droite contre les « Indulgents », qui réclament la fin de la Terreur, le retour des libertés individuelles et « l'économie du sang des hommes » (Danton). Leur procès (sous prétexte de vénalité) a lieu à huis clos, car on redoute les dons de tribun de Danton. Ce dernier sera exécuté le 5 avril 1794, ainsi que treize « Indulgents », dont Camille Desmoulins. Le paroxysme révolutionnaire atteint son ultime palier. Les lois de prairial an II (juin 1794) instaurent la Grande Terreur ; les suspects sont passibles du tribunal sur simple dénonciation, et une seule peine est prévue : la mort. 1 400 personnes sont exécutées à Paris dans les six semaines suivant la loi, soit plus que dans les quatorze mois précédents. Comment expliquer que la Terreur ne faiblisse pas quand le péril s'écarte ? Désormais, la lutte politique, durcie dans les épreuves, nourrie de la hantise du complot contre-révolutionnaire, ne semble pouvoir se solder que par l'élimination, y compris physique, de l'adversaire.

LA CHUTE DE ROBESPIERRE

Robespierre commence alors à susciter contre lui une opposition qui gagne, au fil du temps, en audace et en vigueur. Elle regroupe ceux qui, de plus en plus nombreux, demandent la fin de la Terreur, car la situation militaire a cessé de la justifier. Mais les sans-culottes ont retiré leur soutien au gouvernement après l'élimination des « Exagérés ». Enfin, la tension est permanente et chacun craint pour sa tête. La fête de l'Être suprême, le 8 juin, semble marquer l'apothéose de Robespierre : c'est un chant du cygne pour celui qui apparaît de plus en plus comme un « tyran ».

Le 9 thermidor (27 juillet), les robespierristes sont arrêtés puis libérés. Ils se rendent à l'Hôtel de Ville, où ils espèrent trouver des partisans, mais les sans-culottes ne les soutiennent pas. Repris quelques heures plus tard, Robespierre, Saint-Just et dix-neuf de leurs compagnons sont guillotinés dès le lendemain. La dynamique de Thermidor, qui aurait pu conduire à une nouvelle radicalisation révolutionnaire, est au contraire récupérée par ceux qui souhaitent la fin de la Terreur et un retour aux principes libéraux de 1789.

LE SAVIEZ-VOUS ?

Austère et digne, Maximilien de Robespierre, qu'on surnomme l'« Incorruptible », est la parfaite antithèse de Danton, bon vivant et orateur-né...

Les dernières heures de la Révolution

Et les premiers succès du général Bonaparte

INC'OYABLES ET ME'VEILLEUSES !

Après les sombres jours de la Terreur, la jeunesse dorée s'étourdit dans les plaisirs et l'extravagance. En réaction contre le négligé des sans-culottes, la société élégante du Directoire, généralement d'opinion royaliste, met à la mode l'excentricité dans tous les domaines. Les hommes, vêtus de redingotes serrées sur lesquelles ils nouent de larges cravates, portent les cheveux longs sur les épaules, en « oreilles de chien », et ne se déplacent jamais sans leur bâton noueux. Les robes à l'antique, en mousseline et décolletées, avec la taille sous la poitrine, cachent à peine le corps des femmes les plus célèbres, Mme Tallien, Mme Hamelin, Mme Récamier et Marie-Josèphe Tascher de La Pagerie, veuve d'Alexandre de Beauharnais, devenue la générale Bonaparte en mars 1796. Il est de bon ton de supprimer les « r » en parlant, ce qui permet de donner à ces jeunes extravagants les surnoms d'« inc'oyables » et de « me'veilleuses ».

Contre la Terreur mais aussi contre les royalistes, les « Thermidoriens » souhaitent terminer la Révolution en installant une république conservatrice. Le Directoire, miné par les contestations et l'instabilité, s'achèvera par le coup d'État du général Bonaparte.

Lassés des exécutions en masse de la Terreur, les Français accueillent avec soulagement la mort de Robespierre et de ses compagnons. Les députés du centre de la Convention, Sieyès, Cambacérès, Boissy d'Anglas, entre autres, auxquels on donne le nom de « Thermidoriens », deviennent les maîtres de la situation ; le mot d'ordre « ni 1791 [la monarchie constitutionnelle], ni 1793 [la Terreur] » s'impose. Ils font le choix d'une république conservatrice pour enraciner les acquis de 1789.

LA RÉACTION THERMIDORIENNE

À l'Assemblée (que l'on nomme toujours la Convention), les modérés, hostiles à la Terreur, mais très attachés à la république, ont la majorité. La réaction qui suit la chute de Robespierre se traduit par l'abandon de la Terreur, l'ouverture des prisons, le retour des Girondins à l'Assemblée, le règlement pacifique de l'agitation des vendéens, pour lesquels l'amnistie est déclarée. Les députés suppriment la Constitution de l'an I et préparent un nouveau texte. La Constitution de l'an III (août 1795) est précédée d'une Déclaration des droits et des devoirs qui marque un net recul par rapport à celle de 1793 : les droits sociaux en sont absents. Pour conjurer tout à la fois la crainte du pouvoir populaire, l'omnipotence d'une assemblée unique ou la dictature d'un homme, les constituants ont rétabli le suffrage censitaire et divisé les pouvoirs. Le législatif est divisé en deux chambres (le Conseil des Anciens et celui des Cinq-Cents) et l'exécutif est collégial (cinq directeurs). La forte séparation des pouvoirs, conçue comme une garantie, se révèle un facteur de blocage.

Le Directoire ne revient pas sur la laïcisation impulsée depuis 1792. Convaincu de la collusion entre l'Église et la contre-révolution, il campe sur la restriction de la liberté des cultes, à laquelle résistent clandestinement la population rurale et le clergé réfractaire. En septembre 1795, le Directoire proclame la séparation de l'Église et de l'État.

Sur le plan économique, le maximum est aboli, ce qui précipite la crise économique à son niveau le plus grave depuis le début de la Révolution. Dans les campagnes, les pillages ponctuels font place à des bandes de brigands armés. En ville, le fossé se creuse entre une minorité, une certaine jeunesse dorée qui mène une vie luxueuse et ostentatoire, et la majorité du peuple, en grande détresse. Si le Directoire amorce une politique d'assainissement financier (en réformant l'impôt notamment et en recourant à l'emprunt) et cherche à promouvoir la production nationale (concours, exposition, société d'agriculture pour « exciter l'émulation des producteurs »), les résultats ne sont pas immédiats – ses successeurs en récolteront les fruits...

Enfin, la guerre continue, mais désormais les succès militaires s'enchaînent. D'assiégée la République devient conquérante : elle avance ses pions sur l'échiquier européen, et inaugure, au mépris du droit des peuples, la politique des États satellites. L'armée française, qu'aucun appel n'est venu renouveler depuis 1793, tend à se transformer en armée de métier, entièrement soumise à ses chefs, et cherchant à compenser par des exactions sur le terrain la faiblesse des revenus que lui verse la République. Si le péril semble écarté, la paix n'est pas encore proche.

DES SIGNES ET SYMBOLES QUI DURENT

Dès juillet 1789, les Français, en remplaçant le drapeau blanc par les trois couleurs, montrent leur désir de changer les symboles nationaux. C'est ainsi que le patriote Palloy fait fortune en vendant dans tout le pays des modèles réduits de la Bastille, sculptés dans la pierre de la forteresse. En 1793, la volonté de manifester l'ordre nouveau se fait plus radicale encore. Les noms de lieu perdent leur caractère catholique et royal : Nogent-le-Roi devient Nogent-la-Haute-Marne ; Saint-Flour, dans le Cantal, s'appelle... Pompidou, etc. Les rois des jeux de cartes sont remplacés par des philosophes, les valets par des sans-culottes ; les jeux de l'oie sont « révolutionnarisés ». Le triangle et l'œil de la Raison ornent les monuments publics. et les ateliers, devenus civiques, produisent tout un bric-à-brac inspiré par les idées nouvelles.

CONTESTATIONS ET DÉFECTIONS

La république conservatrice semble perpétuellement menacée, sur sa gauche par les regains révolutionnaires,

Pourvu que ça dure !

Laetizia Bonaparte, mère de Napoléon Iᵉʳ, à propos des victoires de son fils.

BABEUF ET LA CONJURATION DES ÉGAUX

Au nom du « bonheur commun », Gracchus Babeuf veut imposer une société idéale sans propriété privée.

S'étant donné le prénom de « Gracchus » en référence à deux célèbres hommes politiques romains, le révolutionnaire François Noël Babeuf préconise une réforme radicale de la société, qui, en abolissant la propriété privée, doit rendre tous les Français égaux. Il se réfère aux origines de l'homme, époque où, selon lui, la propriété n'existait pas. Babeuf et ses amis dénoncent les privilégiés qui tirent profit de la Révolution ; pour permettre la réalisation de leur idéal communiste, ils se donnent pour but de renverser le Directoire. Mais la « conjuration des Égaux » est dénoncée à la police, et Carnot fait arrêter les conspirateurs en mai 1796. La plupart de ces derniers sont fusillés, et Babeuf lui-même est guillotiné en mai 1797.

l'agitation sociale et les revendications jacobines, sur sa droite par la poussée royaliste. À Paris, dans un contexte de famine, la salle de la Convention est envahie à deux reprises par la foule réclamant « du pain et la Constitution de l'an I ! » (journées de germinal et de prairial an III). Les Jacobins voient dans ces manifestations l'occasion de renverser le régime et tentent un coup de force, mais l'intervention de la Garde nationale sauve la situation. Une sévère répression est alors lancée contre les Jacobins, la Convention interdit les clubs et les sociétés populaires.

Ce sont ensuite les partisans de la monarchie qui s'en prennent ouvertement à la république, au cours de ce même printemps 1795. Organisés en bandes armées, les royalistes engagent de sanglantes représailles contre les anciens partisans de Robespierre : c'est la Terreur blanche, qui ravage surtout le Sud-Est. L'annonce de la mort du fils de Louis XVI dans la prison du Temple (juin 1795) et la décision du comte de Provence, oncle du Dauphin, de se proclamer roi sous le titre de Louis XVIII renforcent le péril royaliste. Pour parer à une éventuelle victoire des monarchistes aux élections des deux nouvelles Chambres, la Convention décide que deux tiers des nouveaux élus seront choisis parmi ses membres, et un tiers seulement à l'extérieur. Le message est clair pour les royalistes qui, ne voulant pas s'avouer vaincus, prennent les armes. À l'issue de deux journées de combat, l'armée, sous les ordres des généraux Barras et Bonaparte, mitraille les insurgés sur les marches de l'église Saint-Roch (12 et

13 vendémiaire an IV/4 et 5 octobre 1795). En mai 1796, la menace est à nouveau jacobine. Mais la « conjuration des Égaux » de Gracchus Babeuf, qui prônait la souveraineté du peuple et un idéal communiste, est déjouée.

Le pire est à venir pour la république. Les élections d'avril 1797 portent dans les Conseils une majorité monarchiste : le régime est en passe de s'autodétruire. Face au risque, les directeurs se résolvent au coup d'État contre les chambres, légalement élues. Dans la nuit du 17 au 18 fructidor (3 au 4 septembre 1797), l'armée envahit la capitale et arrête tous les dirigeants non républicains. Des mesures d'exception sont prises (interdiction de journaux, proscription des réfractaires et des émigrés, arrestations, condamnations...). La république est sauvée, mais à quel prix ? La force est à nouveau le moteur de la vie politique, et l'armée devient le partenaire nécessaire du pouvoir civil. La nécessité de recourir au coup d'État révèle la faiblesse de la légitimité du régime et l'étroitesse de sa base sociale. La faiblesse de la participation électorale et la désertion des fêtes civiques – les fêtes anniversaires des grandes dates révolutionnaires, ou les fêtes en l'honneur des valeurs nouvelles, encadrées par les autorités et conviant le peuple à communier dans l'enthousiasme du changement politique –, autrefois si populaires, témoignent de la désaffection des citoyens.

Tandis que le pouvoir va et vient d'une faction à l'autre, à coups d'intimidation, d'épuration administrative, de conflit de personnes et de détournement des lois, il apparaît que rien n'attache solidement la majorité des Français à la république, préoccupés seulement d'éviter le retour à l'Ancien Régime.

LA GLOIRE NAISSANTE DE BONAPARTE

Pendant que le Directoire se débat dans des difficultés à la fois politiques et économiques, la guerre continue. Alors que la coalition européenne se disloque en 1795 et que l'Espagne, la Prusse et la Hollande signent avec la France des accords de paix, Carnot, l'un des cinq Directeurs, décide de renforcer la lutte contre l'Autriche, devenue plus vulnérable par la perte de ses alliés. Les meilleures troupes françaises sont envoyées vers Vienne sous la direction des généraux Moreau et Jourdan, tandis qu'une armée, conduite par le général Bonaparte, se dirige vers l'Italie. Si Moreau et Jourdan échouent dans leurs tentatives contre Vienne, la campagne d'Italie révèle le génie militaire du jeune général corse.

Après avoir traversé les Alpes en avril 1796, Bonaparte vole de victoire en victoire : les Autrichiens

Les hommes de génie sont des météores destinés à brûler pour éclairer leur siècle.

Prononcés lors d'un discours à Lyon en 1791, ces mots sont les premiers que l'on a retenus de ce capitaine d'artillerie âgé de 22 ans...

Il sait tout, peut tout et veut tout.

Disait Sieyès de Napoléon.

« SOLDATS, SONGEZ QUE DU HAUT DE CES PYRAMIDES... »

En dépit de quelques victoires, la campagne d'Égypte est un désastre. Mais Napoléon a su habilement jouer de la propagande pour détourner à son profit l'échec.

Pour affaiblir l'Angleterre en touchant sa puissance commerciale, Bonaparte a convaincu les directeurs, satisfaits au demeurant d'éloigner de Paris ce général trop populaire, d'entamer la campagne d'Égypte. Après une traversée difficile et une victoire à Alexandrie, Bonaparte fait traverser le désert à ses troupes. L'enfer de l'expédition s'achève sur une victoire complète au pied des Pyramides. Prisonnier de sa conquête par la défaite de sa flotte, Bonaparte organise le pays et crée notamment un Institut d'Égypte, formé de savants. Il abandonne son armée et rentre à Paris, auréolé de quelques victoires en Syrie (à Jaffa notamment) ou contre l'armée turque, écrasée en juillet, et récupérant à son profit, le prestige des découvertes scientifiques.

évacuent le Milanais et, après la capitulation de Mantoue, abandonnent le nord de l'Italie. La paix, signée avec le roi de Piémont-Sardaigne, donne Nice et la Savoie à la France. Se dirigeant alors vers l'est pour arriver à moins de 100 km de Vienne, Bonaparte contraint les Autrichiens à signer le traité de Campoformio (octobre 1797), par lequel les Pays-Bas espagnols et le Milanais sont cédés à la France.

L'ennemi officiel demeure l'Angleterre. Bonaparte renonce à un possible débarquement, mais propose de frapper les Anglais à un point névralgique, sur la route des Indes, en Égypte.

Accompagnés d'une importante équipe de savants et d'artistes, qui vont profiter de l'expédition pour étudier les vestiges archéologiques du pays (la découverte de la pierre de Rosette par Champollion permettra de déchiffrer les hiéroglyphes), 40 000 hommes venus de Toulon débarquent à Aboukir en 1798. Après s'être emparés d'Alexandrie, les Français affrontent les Mamelouks à la bataille des Pyramides (21 juillet 1798) : c'est une victoire éclatante pour l'armée de Bonaparte, qui rentre en triomphateur au Caire. Mais la flotte anglaise de l'amiral Nelson détruit les vaisseaux français restés dans la rade d'Aboukir (1ᵉʳ août 1798), rendant tout retour en France impossible. L'armée française est prisonnière de sa conquête. La situation devient difficile quand une épidémie de peste s'abat sur les soldats.

NAPOLÉON BONAPARTE EN 1798

C'est un jeune général corse de 28 ans, jacobin, qui rentre auréolé de gloire après la campagne d'Italie.

Né en Corse le 15 août 1769, Napoléon Bonaparte fait des études militaires. Le jeune lieutenant est aussi un enfant des Lumières, très influencé par les idées de Rousseau. Dès 1789, il conçoit un fort attachement aux idées de la Révolution, qu'il défend contre la coalition étrangère. Proche de Robespierre, il est arrêté et incarcéré après Thermidor, puis libéré grâce à ses relations. Il se range alors derrière le Directoire, qu'il défend tout à la fois contre ses ennemis de l'intérieur et ceux de l'extérieur. À la veille de la campagne d'Italie, on commençait déjà à parler de ce jeune général. Son retour est triomphal. Mais il sent que la situation n'est pas encore mûre pour les projets de coup d'État que déjà il nourrit.

Je suis tout à l'Égypte, elle est tout pour moi.

Jean-François Champollion.

Bonaparte quitte le pays pour revenir en France, laissant l'armée aux ordres de Kléber.

Au même moment, la politique d'expansion continue : en 1798, Rome est occupée (et pillée) par l'armée française, la Suisse est envahie et transformée en république (cependant que Genève est annexée), ainsi que Naples au début de 1799. Une nouvelle coalition (Angleterre, souverains de Naples, Russie, Turquie et Autriche) est formée contre la France en mars 1799. Les troupes françaises accumulent des revers sur tous les fronts.

LE COUP D'ÉTAT DU 18 BRUMAIRE

Au moment où Bonaparte revient en France, la situation intérieure et extérieure du Directoire est donc dramatique. Le peuple, affamé, aspirant à la paix, espère la venue d'un sauveur providentiel. Auréolé de gloire, Bonaparte, à qui sa participation à la répression contre les royalistes en vendémiaire an IV donne l'aura d'un général républicain, profite de son avantage pour prendre le pouvoir. Alors que le Directoire se trouve confronté à la contestation de factions rivales, il s'entend avec son propre frère Lucien, président des Cinq-Cents, et Sieyès, directeur, pour renverser le régime. Le 18 brumaire (10 novembre 1799), il entre en force dans la salle de réunion du Conseil des Cinq-Cents et impose la révision de la Constitution.

Le projet de Bonaparte ne diffère pas de celui des Thermidoriens, ou des hommes du Directoire : il s'agit toujours de clore la Révolution française. Mais, seul au pouvoir, il va pouvoir réaliser ce projet.

Napoléon au pouvoir

La France du Consulat à l'Empire

LA MACHINE INFERNALE DE LA RUE SAINT-NICAISE

Bonaparte redoute les complots. Non sans raison : en 1800, il échappe de justesse à un attentat à la bombe.
Les succès des armées consulaires ne peuvent qu'exaspérer tous ceux qui espéraient rétablir un jour la monarchie. Le 24 décembre 1800, une bombe explose à Paris, rue Saint-Nicaise, sur le passage de Bonaparte, qui se rend à l'Opéra. Le Premier consul échappe à l'attentat, mais il y a près d'une vingtaine de morts et une cinquantaine de blessés. Malgré l'avis de Fouché, ministre de la Police, qui sait que les instigateurs du forfait sont des chouans, Bonaparte fait retomber la responsabilité du drame sur les Jacobins. Cent trente-deux d'entre eux sont déportés aux Seychelles. Ainsi, le Premier consul se débarrasse, une fois pour toutes, de l'opposition républicaine.

De 1799 à 1814, si deux régimes se succèdent, le Consulat (1799-1804) puis l'Empire (1804-1814), un seul homme est à la tête de la France : Napoléon Bonaparte. Il met fin à la Révolution, en pérennise certains acquis et imprègne la France de sa marque durable.

Avec le Consulat, la république demeurait et ses symboles persistaient : drapeau tricolore, calendrier révolutionnaire et *Marseillaise*. En 1804, l'instauration de l'Empire met fin à l'équivoque. Il y a cependant une continuité, une cohérence entre ces deux régimes. Tous deux sont taillés à la mesure des conceptions et de l'ambition d'un homme qui concentre les pouvoirs : Napoléon Bonaparte. Il fonde un pouvoir neuf, règle le legs de la Révolution française, entre liquidation et héritage, apaise la société française et la remodèle en profondeur.

UN POUVOIR NEUF

L'objectif de Bonaparte est de mettre fin à l'instabilité qui caractérise la décennie révolutionnaire tout en concentrant en ses mains l'essentiel du pouvoir. Il y parvient en plusieurs étapes. Au lendemain du coup d'État du 18 Brumaire, il impose ses vues dans la Constitution de l'an VIII (qui donne naissance au Consulat, avatar de la république), qu'il renforce à son profit dans les années suivantes. En 1802 il se désigne consul à vie, puis en 1804 il s'institue empereur héréditaire (l'héritier voit le jour en 1811) et achève ainsi sa conquête du pouvoir.

Le régime, consulaire comme impérial, a les apparences de la démocratie. Bonaparte a rétabli le suffrage universel que le Directoire avait supprimé. Deux assemblées législatives (le Tribunat et le Corps législatif) sont issues du vote populaire. Il soumet également au plébiscite certaines décisions constitutionnelles (notamment l'instauration de l'Empire), leur conférant une légitimité populaire. Sous le Consulat, l'exécutif est collégial, partagé entre trois consuls, numérotés par ordre alphabétique, semblant écarter le spectre de la dictature d'un seul homme. Mais il ne s'agit que d'une fiction démocratique, car la réalité est celle du pouvoir personnel.

Bonaparte, Premier consul par le – heureux ! – hasard de l'ordre alphabétique, concentre en fait tous les pouvoirs : les autres consuls et les ministres sont de plus en plus réduits à un rôle de figuration. En cela, l'instauration de l'Empire ne fait qu'avaliser une tendance dictatoriale déjà présente. La cérémonie du sacre, le 2 décembre 1804, accuse la coloration monarchique du pouvoir, mais l'Empereur en marque la nouveauté par le choix de Notre-Dame de Paris au lieu de Reims, et par un rituel qui ne reprend pas celui des rois de l'Ancien Régime. Napoléon détient l'exécutif et une partie du législatif puisque l'initiative des lois lui incombe. Le législatif, divisé en quatre assemblées, est paralysé : le Conseil d'État, dans les mains du consul (puis de l'Empereur), rédige les projets de loi, le Tribunat les discute sans les voter, le Corps législatif les vote sans débats (« là des manchots, ici des muets », disait-on pour plaisanter), et le Sénat, contrôlé lui aussi, vérifie la constitutionnalité des textes, permettant dans la pratique à Napoléon de les modifier à son gré. En 1807, l'Empereur supprimera même le Tribunat, marquant bien son mépris du parlementarisme. Napoléon s'affranchit de toute façon de ces assemblées en légiférant directement par décret ou sénatus-consulte. Le suffrage universel est vidé de son sens : non seulement les assemblées qu'il désigne sont sans pouvoir, mais il se dissout dans une pyramide de collèges électoraux. Qui plus est, on n'élit plus, on propose aux pouvoirs publics des candidats parmi lesquels le gouvernement fait son choix. En plus de cela, les consultations sont bien souvent manipulées. Cependant, bien que sans prise sur le pouvoir, les élections permettent aux Français de se familiariser à l'exercice du droit de vote, à ses principes, à ses modalités, à ses rites, à ses accessoires. La suppression des libertés fondamentales empêche l'existence d'une vie politique. La presse, comme toute production écrite, est désormais censurée, ainsi que les spectacles. Le Consulat et, plus encore, l'Empire sont des régimes policiers. Avec la répression systématique des

Citoyens, la Révolution est fixée aux principes qui l'ont commencée. Elle est finie.

Préambule de la Constitution de l'An VIII (15 décembre 1799), rédigé par Bonaparte.

COUP DE FOUDRE ET PETITS INTÉRÊTS

Quand en octobre 1795 Joséphine de Beauharnais rencontre Napoléon Bonaparte, simple général corse, c'est le coup de foudre. En 1796 leur mariage est célébré, Joséphine deviendra successivement femme du consul puis impératrice. Cependant, il faut remarquer que l'union est également intéressée : la jeune aristocrate apporte au militaire ses relations, le brillant et prometteur général apporte à Joséphine une position convenable dans la société.

oppositions et la surveillance de l'opinion publique et de la société, on est bien loin de la démocratie.

Napoléon conforte son pouvoir par la centralisation administrative et la création des préfets (en 1800). Ceux-ci apparaissent comme la cheville ouvrière de l'entreprise napoléonienne de domination. Ils relaient, dans les départements, le pouvoir central et le renseignent sur l'état de l'opinion publique. Nommés et contrôlés par l'État, ils lui sont entièrement soumis. Sous-préfet et maire (alors nommés) achèvent de placer le pays sous la tutelle administrative et le contrôle politique.

Enfin, le « verbe » est, dès le début, un procédé de gouvernement : Bonaparte sait la force des mots (et des images) pour conquérir l'opinion publique. S'il censure les écrits de ses opposants, il utilise à son profit tous les vecteurs de la propagande. Peintres, artistes dramatiques, journalistes sont mis au service de la gloire de l'Aigle. David peint le *Sacre de l'Empereur* et la *Distribution des Aigles* ; Gros (*les Pestiférés de Jaffa*) et Géricault sont chargés de la peinture militaire. L'Empereur passe commande pour les Salons annuels qui exaltent le régime. Il fait aussi de Paris une capitale à la mesure de sa gloire, avec l'érection de la colonne Vendôme, la construction de l'arc de triomphe (achevé sous la monarchie de Juillet), de la Madeleine (temple de la gloire), de la Bourse. Le 15 août, jour de naissance de l'Empereur, est la nouvelle fête officielle.

APAISER LES CONFLITS ...

Pour se maintenir au pouvoir, Napoléon ne saurait compter que sur la répression. Il lui faut répondre aux attentes de la population, qui espère d'abord la paix puis l'ordre. Il commence par signer une « paix des braves » avec les chefs de la chouannerie (décembre 1799). Il accorde également une amnistie aux émigrés qui acceptent de se soumettre au nouveau pouvoir. Mais il sait qu'il lui faut surtout mettre fin aux querelles religieuses.

Napoléon prend le catholicisme comme un fait sociologique (c'est la religion de la majorité des Français) ayant une utilité sociale. La religion répond à un besoin de rituel, de croyance, socialement reconnu et apparaît comme la seule source de morale. Or l'Église de France est affaiblie, divisée entre une Église constitutionnelle moribonde et une Église réfractaire, foyer d'une opposition à la république. Elle est séparée à la fois de l'État et de Rome. Les croyants sont en souffrance, privés de sacrements, ne sachant quel curé suivre. Le pape, qui désire reconstruire l'Église de France et rétablir sur elle son pouvoir, a tout intérêt à trouver un compromis avec le Premier consul.

Le 15 juillet 1801, un Concordat est signé. Il traduit le triomphe de trois influences : celle de la Révolution tout d'abord, celle du pape, mais surtout celle de Bonaparte. Les biens du clergé, nationalisés en 1789 et largement vendus depuis, ne seront pas rendus à l'Église. L'état civil reste laïque, ainsi qu'il en avait été décidé en 1791. La perte d'Avignon et des légations est entérinée. Le Concordat sanctionne bien la rupture avec l'Ancien Régime en mettant fin à l'état théocratique. Le catholicisme n'est plus religion d'État, tout au plus est-il la religion du Premier consul. Il n'est pas question non plus de revenir sur la liberté de croyance et la pluralité des cultes. Mais le projet révolutionnaire de bâtir une nouvelle Église gallicane, indépendante de Rome, et où l'on reconnaîtrait plus de pouvoir aux laïques (comme celui d'élire les évêques) est écarté, sous l'influence du pape, qui retrouve une partie de son contrôle. Il sera finalement réalisé de fait par la Constitution civile du clergé. Aussi, le Concordat répond-il aux attentes pontificales : l'Église de France, réunifiée, repasse sous le double contrôle de son clergé puis du Saint-Siège. Reste que le Concordat est avant tout l'œuvre de Napoléon. Le clergé est fonctionnarisé, salarié par l'État (ce qui maintient l'Église dans sa dépendance). Les évêques sont nommés par le pouvoir civil avant de recevoir l'investiture pontificale. Le Premier consul parvient même à faire voter les Articles organiques. Addition au Concordat, ceux-ci n'ont pas fait l'objet d'une négociation avec le pape. Ils permettent au pouvoir de contrôler plus encore l'Église française : les évêques ont besoin d'une autorisation gouvernementale pour quitter leur diocèse, publier un texte pontifical, créer un chapitre, un séminaire, une nouvelle paroisse, organiser une procession, construire une église... Ces Articles sont une véritable police des cultes, violemment dénoncés – mais en vain – par le Saint-Siège.

Napoléon négocie également avec les protestants : le culte est organisé en consistoires régionaux dirigés par un consistoire central, contrôlé par le pouvoir ; l'État reconnaît également le salariat des pasteurs. En 1806, l'empereur se charge enfin de reconnaître un statut légal au culte israélite, avant tout dans un souci d'ordre public étant donné le contexte de violence antijuive qui sévit dans l'est de la France. Les paysans, qui s'étaient endettés auprès des juifs pour acheter des biens nationaux, entretiennent en effet un climat de violence. Le culte est organisé sur le modèle protestant, en consistoire. Mais Napoléon ne concède pas le salariat des rabbins (ce qui sera fait sous la monarchie de Juillet). Les juifs sont soumis à la loi civile : primauté du mariage civil, interdiction de la polygamie, francisation de certains noms de famille (Raphaël Dreÿfuss, grand-père

NAPOLÉON II

En 1811, Napoléon a enfin un fils. Cet événement est plus qu'une joie familiale, c'est aussi une victoire politique.

Napoléon donne à son fils le titre de roi de Rome pour signifier à l'Europe que le futur monarque, Napoléon II, maître de l'Occident, sera le successeur des empereurs romains. Le baptême du petit garçon, en juin 1811, dépasse en splendeur toutes les autres fêtes impériales. Adoré par son père, l'enfant ne connaît que trois ans de bonheur. En janvier 1814, avant d'entamer la campagne de France, Napoléon confie son fils à la Garde nationale. Lorsqu'il abdique, il demande que le roi de Rome lui succède. Mais l'Aiglon a déjà quitté la France avec sa mère. C'est en Autriche qu'il sera élevé, à la cour de son grand-père, l'empereur François de Habsbourg. Devenu duc de Reichstadt, le roi de Rome y recevra l'éducation d'un archiduc autrichien. Il mourra de tuberculose à 21 ans.

Ma vraie gloire [...]; ce que rien n'effacera, ce qui vivra éternellement, c'est mon Code civil.

Napoléon.

du fameux capitaine, francise alors son nom en Dreyfus). Les juifs de France, en l'échange de la reconnaissance de leur statut de citoyen et de la liberté de culte, renoncent à des pans entiers de leurs particularismes. Le « décret infâme » les oblige également à renoncer à certaines créances qu'ils avaient sur des non-juifs, ce qui met fin aux agitations.

LES « MASSES DE GRANIT »

Napoléon souhaite également reconstruire la société. Il utilise la métaphore d'une société détruite par la Révolution, composée d'individus isolés comme autant de grains de sable dispersé par le vent. Pour les fixer, il fallait « jeter sur le sol quelques masses de granit ».

L'Empereur s'attache pour cela à créer et à enrégimenter des élites nouvelles, tout en s'assurant de leur dévouement. Formation et récompense sont les deux volets de sa politique. En 1802, il crée les lycées, établissements d'enseignement secondaire, destinés aux enfants des notables et assurant la formation des futurs cadres de la nation. Le corps enseignant qui forme l'Université (fondée en 1808) est fermement contrôlé. La Légion d'honneur, créée en 1802, doit récompenser les civils ou les militaires qui servent le bien commun. Pour une bourgeoisie avide depuis la fin de l'Ancien Régime de voir reconnaître ses talents, la légion d'honneur doit fonctionner comme autant de « hochets de la vanité » (Napoléon). En 1808, une nouvelle étape est franchie avec la création d'une « noblesse impériale », essentiellement honorifique puisqu'elle n'est assortie d'aucun privilège.

Napoléon cherche également à fixer le droit, civil puis pénal. Le Code civil de 1804 est son grand œuvre. Pour la première fois, il y a en France un code unique de lois. Il emprunte au droit romain comme aux coutumes françaises, opère la synthèse entre la législation monarchique et les acquis révolutionnaires (liberté individuelle et égalité civile), et a pour objectif de régler le corps social en réaffirmant la propriété et l'autorité. En matière familiale, le Code civil réaffirme le pouvoir du paterfamilias sur ses enfants et son épouse (réduite à un statut de mineur), mais maintient le divorce. Les ouvriers sont traités en classe dangereuse, soumis à l'obligation du livret, interdits de toute coalition perçue comme une entrave à la liberté de l'entrepreneur. Le Code pénal et la création de nouvelles magistratures (justice de paix, prud'homme) parachèvent l'œuvre judiciaire.

Ces réformes de la société trouvent leur place dans un souci plus large de réorganisation de la nation, de modernisation de la France et d'enracinement de l'œuvre révolutionnaire. Bonaparte entend intervenir également dans les domaines économique, fiscal, culturel, administratif et judiciaire. Il crée ainsi la Banque de France en 1800, dotant le pays – un siècle après l'Angleterre – d'une banque centrale dont on espère qu'elle soutiendra les entreprises commerciales et industrielles. L'instauration en 1803 du franc germinal règle le problème de la monnaie qui, pour un siècle, devient stable. Pour la première fois, les Français ont dans la main une pièce qui indique sa valeur ; plus besoin de poids, de balances, d'opérations arithmétiques compliquées, un franc est un franc. Napoléon parvient à liquider les dettes de l'État (au détriment des créanciers) et équilibre le budget en assurant les rentrées fiscales. Il fait construire des routes, signe des traités de commerce, encourage l'émulation en organisant de grandes expositions industrielles. Pour les arts, il restaure la Comédie-Française et réorganise l'Institut de France.

UNE DÉMOCRATIE DE FAÇADE ?

La stabilité du pouvoir après des années de changement et de violence politiques est le produit d'une répression sévère et d'un contrôle de l'opinion publique, mais également d'un soutien réel de la majorité de la population. Avides d'ordre intérieur (l'omniprésence policière a mis fin aux nombreux brigandages), de paix, de gloire militaire aussi, les Français veulent jouir paisiblement des acquis de la Révolution française : égalité civile, liberté individuelle et propriété. Pourtant tous les Français ne communient pas au culte de l'Empereur : contestations et oppo-

LA COLONNE VENDÔME

Napoléon se met à l'école des empereurs romains. Comme eux, il se glorifie en rappelant les hauts faits de ses armées sur les monuments de sa capitale.
Inaugurée le 15 août 1810 par l'Empereur, la colonne Vendôme, érigée à l'endroit où se trouvait avant la Révolution une statue équestre de Louis XIV, est dédiée à la Grande Armée. Les deux architectes, Gondouin et Lepère, se sont inspirés de l'antique colonne Trajane, à Rome. Les 1 200 canons pris à l'ennemi lors de la campagne de 1805 ont fourni le bronze du revêtement, et les faits d'armes glorieux des troupes napoléoniennes sont rappelés par la frise de bas-reliefs qui s'élève en spirale jusqu'au sommet de l'édifice, à plus de 43 mètres du sol. Une statue de Napoléon en empereur romain couronne le tout.

Impossible n'est pas français.

La phrase est célèbre, mais il n'existe aucune source fiable, sinon une lettre de 1813 de Napoléon au général Lemarois : « *Ce n'est pas possible, m'écrivez-vous ; cela n'est pas français.* »

NAPOLÉON RESTAURE LA COMÉDIE-FRANÇAISE

En septembre 1812, la Grande Armée entre dans Moscou. En octobre, c'est la retraite. À ce moment, pourtant, Napoléon s'occupe de théâtre.

L'Empereur veut montrer aux Français qu'il peut continuer à trancher des questions intérieures tout en étant fort éloigné de la capitale et en s'occupant de conquête et de gloire. Quatre jours avant l'évacuation de Moscou, le 15 octobre 1812, il signe l'acte officiel de la constitution de la Comédie-Française. Celle-ci a été fondée en 1680, par la fusion de la troupe de Molière et des comédiens de l'Hôtel de Bourgogne, leurs rivaux. Mais elle a été dissoute en 1792, et Napoléon, en la dotant d'un règlement, lui rend son existence. Il donne à la troupe nationale ce statut, unique en France, qui permet aux comédiens-français de se charger eux-mêmes du recrutement des acteurs ainsi que du choix des spectacles, et leur confie la mission de sauvegarder le patrimoine théâtral du pays.

sitions s'expriment de plus en plus sûrement. Dans la pratique, le projet d'enrégimenter les élites échoue : les notables, dans leur majorité, envoient leurs enfants dans des établissements privés et confessionnels plutôt que dans les lycées publics et dédaignent la légion d'honneur qui récompense surtout des militaires et quelques fonctionnaires. Cependant, la bureaucratisation de l'État fait de l'administration une filière attrayante, propre à susciter quelques ralliements au régime. La population marque son hostilité à la démocratie de façade en boudant les consultations électorales. Le mécontentement croît au fur et à mesure du règne. Les défaites militaires qui s'accumulent, le poids de la conscription dans les campagnes (Napoléon est présenté comme l'« Ogre » avide de chair humaine à sacrifier sur les champs de bataille) et la crise économique à partir de 1810 entament fortement la popularité de l'Empereur. L'attitude de Napoléon envers le pape dresse contre lui les catholiques : pour avoir annexé Rome et fait enlever le pape, l'Empereur est excommunié en 1809 par le souverain pontife, qui fait alors figure de martyr.

La nature policière du régime empêche l'expression d'une opposition politique (libérale essentiellement, mais comportant également quelques Jacobins ou des nostalgiques de l'Ancien Régime) et les mouvements populaires (en cela la Révolution est bien finie). C'est plutôt une époque d'attentats et de complots. Derrière Mme de Staël et Benjamin Constant, la bourgeoisie libérale, qui a largement fait la Révolution, se rapproche de l'idée d'une monarchie constitutionnelle et libérale.

LA CHUTE DE NAPOLÉON

Depuis 1810, les défaites s'accumulent, et la campagne de Russie est un désastre. Napoléon abdique en avril 1814 et part pour l'île d'Elbe. Le rapprochement des oppositions libérale et monarchique, au détriment des démocrates républicains, permet aux royalistes de tirer avantage du renversement de l'Empereur. Si l'Empire meurt de la défaite militaire, le retour des Bourbons sur le trône, souhaité par les Alliés, est facilité par l'accueil d'une société lassée de la guerre et de l'inquisition policière. S'ils garantissent les libertés et la paix, les frères du roi peuvent revenir sur le trône de France. Mais si Louis XVIII octroie une charte constitutionnelle fort libérale (le 4 juin 1814), plusieurs maladresses sont commises : alors que les émigrés et l'Église exigent la restitution de leurs biens sinon de leurs privilèges, que les officiers napoléoniens sont mis à la retraite d'office avec une demi-solde, les Bourbons ne semblent pas donner les garanties nécessaires.

Aussi, lorsque Napoléon débarque de l'île d'Elbe (le 1er mars 1815) et monte sur Paris (le 20 mars) pour y reprendre le pouvoir, l'accueil est-il enthousiaste. Le retour des Bourbons a fait craindre celui d'un Ancien Régime honni. De retour au pouvoir, Napoléon perçoit qu'un changement de nature du régime est nécessaire. Il tente de fonder un nouveau bonapartisme plus populaire, plus libéral, et charge Benjamin Constant de rédiger une nouvelle constitution. Pourtant le sort de l'expérience ne se joue pas à Paris, mais dans la plaine belge. La guerre a immédiatement repris, et à Waterloo (18 juin 1815) la défaite de l'Empereur scelle définitivement celle de l'Empire. Au terme des Cent-Jours, Napoléon est exilé à Sainte-Hélène (où il mourra en 1821). Les frères du roi sont, une deuxième fois, rétablis sur le trône par les Alliés. Ulcérés par les trahisons et les parjures des Cent-Jours, ils sont prêts à moins de concessions qu'en 1814.

Si Napoléon a pérennisé quelques acquis de la Révolution française, ses années de pouvoir ont aussi étouffé la vie politique en France. Il laisse un large héritage (État centralisé, appareil administratif efficace, contrôle de l'Église, Code civil, cadres de formation des élites...), autant d'institutions qui, si elles ont été créées à la mesure de ses ambitions, serviront aux pouvoirs suivants.

Les années 1800-1814 fondent également en France la troisième référence majeure de la vie politique : le bonapartisme. S'ajoutant au royalisme et au républicanisme, ni de droite, ni de gauche, celui-ci repose sur un nom, une « certaine idée de la France » et le mélange d'ingrédients apparemment incompatibles, alliance de démocratie (passive) et d'autorité. Reste que l'axe du système, ce qui permet de faire taire les oppositions, d'obtenir le soutien des masses et de compenser la perte des libertés politique, est la gloire militaire.

LE SAVIEZ-VOUS ?

Si les régimes qui succèdent à Napoléon, qu'ils soient royalistes ou républicains, assimilent souvent Napoléon à un dictateur, ils n'oseront pas toutefois remettre en cause ses principaux legs, et en premier lieu le Code civil.

Grandeur et décadence du Grand Empire

De l'empereur conquérant à l'empereur en guenilles

Pendant tout le règne napoléonien (Consulat puis Empire), la France vit au rythme du fracas des armes, des levées d'hommes, de l'épopée militaire, avant de sombrer dans la défaite et l'humiliation.

La guerre a fait Napoléon Bonaparte avant de le défaire. Sa popularité repose sur les victoires militaires qui flattent l'orgueil national. Mais le temps des défaites marquera l'érosion de sa légitimité. Les guerres de l'Empire, qui prolongent celles de la Révolution, opposent la France à des coalitions successives de ses ennemis européens, Angleterre, Autriche, Prusse et Russie.

LE TEMPS DES VICTOIRES

Lorsqu'il arrive au pouvoir, en 1799, Napoléon hérite d'une situation difficile. La France est à nouveau attaquée de toute part. Bonaparte commence par traverser le Rhin, marche sur Vienne et inflige en décembre 1800 une défaite sévère aux Autrichiens (Hohenlinden). Il prend alors le chemin de l'Italie, et, surprenant toute l'Europe en renouvelant l'exploit d'Hannibal, il franchit les Alpes au col du Grand-Saint-Bernard : son armée processionne tout entière sur les chemins montagneux, les canons démontés, hissés à dos d'hommes. Bien que desservi par la faiblesse de ses effectifs, il remporte la bataille de Marengo, en juin 1800. L'Autriche est

BREDOUILLE !

C'est en vainqueur que Napoléon entre dans Moscou. Mais la ville lui échappe car les Russes préfèrent y mettre le feu.

À l'annonce de l'approche de la Grande Armée, le gouverneur de Moscou, Rostopchine, fait évacuer la ville. Des matières combustibles sont entassées dans différents quartiers et des détenus, mis en liberté, sont chargés d'y mettre le feu à l'arrivée des Français. Rostopchine lui-même quitte Moscou le 14 septembre, en emportant avec lui les pompes à incendie. C'est dans une ville déserte que défilent les troupes napoléoniennes. Dans la nuit du 15 au 16 septembre, des foyers s'allument simultanément et, attisé par un vent violent, l'incendie fait rage pendant quatre jours. Seul le Kremlin et environ 2 000 demeures échappent aux flammes. Cet incendie a sans doute sauvé la Russie, mais il a été violemment reproché à Rostopchine. En 1823, dans un libelle, celui-ci niera en avoir été l'organisateur.

contrainte d'accepter la paix de Luneville, fort avantageuse pour la France puisqu'elle lui reconnaît la possession de la Belgique et de la rive gauche du Rhin. L'Angleterre, désormais isolée, doit accepter en 1802 la paix d'Amiens, dans laquelle elle promet d'évacuer l'Égypte et Malte, et de rendre à la France ses colonies. L'allégresse est générale. L'Europe semble avoir retrouvé la paix, et les Français, la gloire. C'est à la faveur de cette tranquillité que Napoléon, qui tire profit tout à la fois des victoires militaires et des paix signées, peut mener en France sa politique de transformation de la société et de renforcement de son propre pouvoir. Mais Bonaparte, qui ne croit pas à une paix durable avec l'Angleterre, renforce le glacis de pays satellisés pour protéger la France. Il prend ainsi la tête d'une vaste « République italienne », qu'il transforme en royaume en mars 1805, englobant toute l'Italie du Nord. Il réorganise également les États allemands, les soustrait à la domination autrichienne pour mieux les soumettre à son propre pouvoir. Il s'installe également en Suisse. Au-delà des mers, il affirme la présence française en Louisiane, et rétablit l'ordre dans les Antilles françaises. Cette politique ne pouvait qu'inquiéter les Anglais qui, en mai 1803, rompent la paix d'Amiens en refusant d'évacuer Malte. Napoléon rassemble sa flotte et projette un débarquement. Mais l'escadre de Toulon qui se dirige vers la Manche est vaincue à Trafalgar par l'amiral Nelson. Au même moment, sur le continent, l'Autriche et la Russie, auxquelles se joignent les royaumes de Naples et de Suède, constituent la troisième coalition : il s'agit de contraindre Napoléon à évacuer l'Italie. Sur terre, l'Empereur est victorieux. Il surprend les coalisés en concentrant rapidement sur le Rhin les troupes qu'il avait d'abord massées vers Boulogne (contre l'Angleterre). La victoire d'Elchingen (14 octobre 1805) et la reddition d'Ulm (20 octobre) préparent l'éclatant succès de la bataille d'Austerlitz (2 décembre). La campagne n'aura duré que trois mois. Elle se solde par le traité de Presbourg, qui concède à la France la Vénétie, la Dalmatie, le royaume de Naples et l'Istrie.

LE GRAND EMPIRE

Napoléon semble alors avoir constitué son « Grand Empire », ressuscitant celui de Charlemagne. Il couvre, en plus de la France, l'Italie, la Hollande et l'Allemagne du Sud. L'Empereur règne sur 130 départements, de nombreux États vassaux et près de 44 millions d'habitants. Pour s'en assurer le contrôle, il nomme à la tête des États vassaux les membres de sa famille. Joseph est roi de Naples (puis d'Espagne), Jérôme roi de Westphalie, Louis roi de Hollande, Élisa grande duchesse de Toscane, Caroline reine de Naples et Pauline princesse de Guastalla. La paix de

Soldats, je suis content de vous.

Phrase lancée à ses soldats le soir de la victoire d'Austerlitz, le 2 décembre 1805.

Il vous suffira de dire : j'étais à la bataille d'Austerlitz, pour que l'on vous réponde : voilà un brave !

Ce sont les derniers mots de la proclamation publiée dans le *Moniteur* du 16 décembre 1805.

LES ADIEUX DE FONTAINEBLEAU

1814 : Napoléon est vaincu. Ses derniers fidèles – cette Vieille Garde qui mourra pour lui à Waterloo – le regardent pleurer.

Lorsque Napoléon signe son abdication en faveur de son fils, en avril 1814, à Fontainebleau, il est déjà abandonné de tous les siens. L'impératrice et son fils sont entre les mains des Alliés ; Talleyrand et certains maréchaux commencent à se rallier aux Bourbons. Seule la Vieille Garde lui est restée fidèle. Aussi, lorsqu'au matin du 30 avril l'Empereur s'apprête à prendre le chemin de l'exil, c'est à elle qu'il réserve ses adieux. Dans la cour du Cheval blanc, au château de Fontainebleau, dans le roulement des tambours, Napoléon adresse à ses soldats éplorés ses derniers remerciements. Il embrasse leur chef, le général Petit, puis, prenant leur drapeau dans ses mains, il y dépose un baiser. Sans regarder personne, l'ex-souverain marche alors rapidement vers le carrosse qui va le conduire vers l'île d'Elbe.

Presbourg est pourtant de courte durée. Pendant l'été 1806, une quatrième coalition est constituée. Le roi de Prusse adresse à l'Empereur un ultimatum exigeant l'évacuation de l'Allemagne. Napoléon réagit immédiatement et, par deux victoires éclatantes, à Iéna puis à Auerstedt, il écrase la Prusse. Les batailles d'Eylau et de Friedland obligent le tsar à céder à son tour. En juin 1807, l'accord entre l'Empereur et le tsar prive la Prusse de toutes ses possessions à l'ouest de l'Elbe et de ses deux provinces polonaises – ce qui confère à Napoléon l'aura de libérateur de la Pologne. Seule l'Angleterre continue donc à menacer Napoléon, qui met en place un blocus continental destiné à l'asphyxier économiquement. La mesure est maladroite car, loin de gêner véritablement l'Angleterre (qui réoriente son commerce vers le Levant, la Méditerranée et l'Amérique), c'est surtout l'Europe qu'elle prive de ses marchés traditionnels et qu'elle précipite dans la crise économique.

LA GRANDE ARMÉE

En 1805, le terme de « Grande Armée » apparaît pour la première fois pour désigner les troupes de Napoléon. Le recrutement se fait selon la loi Jourdan (1798), qui a institué le service militaire obligatoire pour les hommes de 20 à 25 ans. Cependant, tous les conscrits ne sont pas incorporés : le choix se fait par tirage au sort, et ceux qui n'ont pas « tiré un bon numéro » peuvent s'acheter un remplaçant. En outre, les hommes mariés et les séminaristes sont exemptés. Mais face à la succession des guerres, les besoins en hommes ne cessent de croître. Cette armée, nationale au début, s'ouvre au cours de l'Empire à des étrangers venus des pays vassaux (d'où son surnom d'« armée des vingt nations »). Ceux qui étaient auparavant dispensés de service sont incorporés ; de plus, les soldats restent souvent sous les drapeaux bien au-delà des cinq ans réglementaires. Le nombre de conscrits ne cesse d'augmenter : de 160 000 hommes en 1806 à un million en 1815 (au total, 37 % des mobilisables, soit 7 % de la population totale, furent incorporés, ce qui relativise la proportion humaine de l'armée napoléonienne).

La Garde impériale, élément de prestige de l'armée napoléonienne, comprend la Jeune Garde (les conscrits) et la Vieille Garde, composée de militaires de réserve ayant déjà accompli quatre campagnes ou une action d'éclat. En 1807, lors de son avancée éclair en Pologne, Napoléon donne à ces derniers le surnom de « grognards », terme bien trouvé pour ces soldats dévoués corps et âme au « Petit Caporal », qu'ils vénèrent tout en récriminant contre ses ordres (et les longues marches rapides qu'il impose !). L'Empereur entretient habilement le fanatisme que lui vouent ses hommes, et il n'est pas rare de le voir partager leur repas au bivouac.

LE CHANT DU CYGNE

Pour appliquer strictement le blocus continental, Napoléon fait occuper les ports de Brême, de Hambourg et de Lübeck, annexe les États pontificaux et envoie les troupes du général Junot s'installer au Portugal. Lourde de conséquences, l'invasion du Portugal entraîne l'Empereur dans la désastreuse guerre d'Espagne. Profitant du discrédit de la famille royale espagnole, Murat entre en Espagne avec 50 000 hommes. Ayant obtenu l'abdication du roi Charles IV et de son fils Ferdinand, Napoléon donne le trône à son frère Joseph, déjà roi de Naples.

Alors que l'Empereur se réjouit d'avoir aussi facilement remporté la partie, la révolte éclate de toute part en Espagne, où le patriotisme est exacerbé par l'affront français. Des juntes insurrectionnelles se forment dans plusieurs villes. Des hommes, sans distinction de classes, se regroupent pour mener contre les Français une lutte farouche sous forme de guérilla, en les harcelant. En juillet, le général Dupont et son armée capitulent à Bailén, et le roi Joseph s'enfuit de Madrid. Grâce à une série de victoires, Napoléon et la Grande Armée obligent les Espagnols à capituler. Ney et Soult sont chargés de la pacification. Mais la guerre d'Espagne est loin d'être terminée. Elle va se poursuivre jusqu'en 1814, grâce aux guérilleros qui s'organisent de façon méthodique.

LE NATIONALISME PRUSSIEN

Puissance en déclin après la mort de Frédéric II le Grand en 1786, la Prusse retrouve sa splendeur lors des guerres napoléoniennes.

En 1797, Frédéric-Guillaume III accède au trône. D'abord séduit par les avantages que lui concède Napoléon, le souverain cède à la vague de nationalisme qui, au moment des conquêtes napoléoniennes, submerge le pays et s'incarne dans la personne de la reine Louise. L'image de la reine essayant sans succès d'attendrir Napoléon au moment du traité de Tilsit est l'une des plus populaires dans l'Allemagne du XIXe siècle. À Berlin, le philosophe Johann Gottlieb Fichte entretient la flamme du patriotisme en publiant, sous le titre de *Discours à la nation allemande*, le texte de 154 conférences prononcées entre décembre 1807 et mars 1808. Fichte y prône le recours à des valeurs nouvelles : le patriotisme et l'amour divin, qui ne seront accessibles qu'à un individu neuf, façonné dès l'enfance par un système éducatif entièrement réformé, fondement même de la puissance prussienne à partir de 1815.

La violence de la répression, le courage du peuple espagnol dressé pour son indépendance éclatent dans les toiles et les dessins de Goya – notamment le célèbre *Dos de Mayo* (2 mai 1808) qui célèbre la résistance des Madrilènes.

En dépit des difficultés en Espagne, l'Empereur semble en 1809 au sommet de sa gloire. Il écrase la cinquième coalition en battant l'Autriche à Essling et à Wagram (1809). Du détroit de Gibraltar à la Vistule, il règne sur l'Europe. En témoigne son prestigieux mariage avec la fille de l'empereur d'Autriche, Marie-Louise. C'est ainsi qu'un caporal corse, conduit au pouvoir par une révolution antimonarchiste, devient le gendre d'un Habsbourg, le neveu par alliance de Marie-Antoinette. Son fils, qui naît en 1811, sera fait roi de Rome. Pourtant, l'édifice est fragile. Parmi les peuples annexés, les nationalismes, signes annonciateurs d'une crise grave, commencent à s'éveiller.

LE RÉVEIL DES NATIONALISMES

En Espagne, mais également partout en Europe, Napoléon est en train de dresser contre lui non seulement les rois, mais aussi les peuples. Ce sont des mouvements nationalistes naissants qui menacent la domination impériale. Il faut voir que les armées napoléoniennes ont diffusé en Europe les idées de la Révolution française, notamment les principes des droits de l'homme, soit celui du droit des peuples à disposer d'eux-mêmes. Mais les pays que Napoléon a libérés de leurs anciens souverains (roi de Prusse, tsar de Russie ou empereur d'Autriche) ne le voient guère appliquer les beaux principes de 1789. C'est une nouvelle soumission qu'ils subissent, celle de la France et du clan Bonaparte. Le nationalisme des peuples européens retourne donc contre la France les idées qu'elle a diffusées.

Soutenu par l'Autriche, le Tyrolien Hofer tente de libérer son pays ; l'écrivain Fichte réveille le patriotisme germanique par ses *Discours à la nation allemande* ; en octobre 1809, un jeune étudiant saxon,

Friedrich Staps, tente de tuer Napoléon à Schönbrunn. En Italie, une société secrète, les *carbonari*, se constitue pour lutter contre la domination napoléonienne.

Quant aux Français, jadis si prompts à admirer le génie militaire de leur empereur, ils se lassent des guerres perpétuelles, des levées d'hommes. Les désertions sont de plus en plus nombreuses. Les industriels et les commerçants récriminent contre le blocus continental qui paralyse l'économie. Mais l'Empereur refuse de modifier sa ligne de conduite.

PIÉGÉS PAR L'HIVER RUSSE

En 1812, le tsar reprend les hostilités contre la France, exigeant que celle-ci évacue la Prusse et la Poméranie suédoise. Napoléon riposte par les armes : la Grande Armée part en Russie. Mais, en se retirant devant les troupes françaises, en refusant le combat tout en pratiquant une politique de la terre brûlée pour priver les Français de vivres, les Russes contraignent les Français à une longue marche, épuisante. Quand l'Empereur entre dans Moscou en septembre 1812, il trouve une ville déserte, dévastée par un gigantesque incendie. Napoléon est vainqueur, mais le tsar ne lui fait aucune proposition de négociation : il a pour lui deux alliés, le temps et l'espace. Napoléon ne pouvait songer à conquérir toute la Russie, et il avait tout à craindre de l'hiver qui s'approchait. Où et comment nourrir l'armée dans un pays hostile et bientôt recouvert par la neige ? L'Empereur choisit de prendre ses quartiers d'hiver en Pologne et ordonne la retraite, qui se déroule dans des conditions effroyables. Par - 20 °C, parfois - 30 °C, l'armée en guenilles et le ventre creux, harcelée par des unités de cosaques, détrousse les cadavres pour empiler les uniformes et dépèce ses chevaux. Quand elle parvient enfin à franchir la Berezina, elle a perdu plus de 400 000 hommes.

Voilà qui réveille tous les pays sous domination française : l'Italie, les Pays-Bas, la Belgique, l'Espagne, la Suisse se soulèvent. La Prusse déclare la guerre. La campagne est difficile : victorieux en mai 1813, l'Empereur est défait en octobre, puis à nouveau il accumule les victoires et semble pouvoir préserver la France de l'invasion (février 1814). Mais il ne parvient pas à empêcher les Alliés d'entrer dans Paris le 31 mars. Napoléon, contraint d'abdiquer, s'exile sur l'île d'Elbe. Les Bourbons restaurés signent la paix.

L'Empereur débarque au golfe Juan (mars 1815) et revient au pouvoir, ce qui réveille immédiatement la guerre. Il part en Belgique à la rencontre des armées anglaise (de Wellington) et prussienne (de Blücher) : le 18 juin, le combat s'engage dans la plaine de Waterloo. La déroute est totale. Napoléon, à nouveau, abdique, et doit se rendre aux Anglais, qui le déportent à Sainte-Hélène.

LE SAVIEZ-VOUS ?

Un véritable mythe du héros, vengeur des peuples, combattant en martyr de la liberté, naît et se répand après la mort de l'ex-Empereur, en 1821.

La Restauration

Entre ultraroyalistes et libéraux

En revenant sur le trône de France à la faveur de la défaite de Napoléon, les frères de Louis XVI, Louis XVIII puis Charles X, espèrent restaurer l'Ancien Régime. Mais ils comprennent vite que les acquis de la Révolution sont solidement ancrés dans la classe politique comme dans la majorité de la population. C'est une monarchie constitutionnelle et libérale qui se met alors en place.

LOUIS XVIII ET CHARLES X

Les deux frères de Louis XVI se succèdent sur le trône, Louis XVIII, de 1814 à 1824, et Charles X, de 1824 à 1830.

Dès la mort du jeune Louis XVII, l'enfant du Temple, en 1795, le comte de Provence, frère cadet de Louis XVI, agit en roi. Il a 59 ans en 1814, quand il revient en France. Il mesure alors le caractère inéluctable de la Révolution et sait faire preuve d'habileté politique. Mais le roi est usé par la maladie, presque impotent. Il doit bientôt se tenir à l'écart de la vie politique. Son frère, de deux ans son cadet, est au contraire svelte et séduisant. Devenu veuf, cet ancien libertin s'est converti en dévot. Moins pragmatique, moins habile que son frère, il veut restaurer l'Ancien Régime. Sa politique sera plus conservatrice, et moins populaire. Il mourra en exil, alors que son frère fut le dernier roi à mourir sur le trône.

La Charte constitutionnelle de 1814 et la pratique politique des deux frères au pouvoir (Louis XVIII, de 1814 à sa mort en 1824, puis Charles X, de 1824 à 1830) témoignent des compromis nécessaires, mais aussi du rapport de force permanent entre les deux France.

LE RETOUR DES FRÈRES DU ROI

Les comtes de Provence et d'Artois avaient quitté la France dès le début de la Révolution (en 1789 pour le comte d'Artois, en 1791 pour le comte de Provence), se plaçant immédiatement à la tête des émigrés. Depuis la mort du Dauphin, en 1795, le comte de Provence est « devenu » roi, sous le titre de Louis XVIII. Les déclarations qu'il fait alors sont sans ambiguïté sur son désir de restaurer l'Ancien Régime. À la défaite de l'Empereur, les Alliés le remettent naturellement sur le trône. Sur le chemin qui le ramène à Paris, le roi multiplie les gages de compromis : à Saint-Ouen, le 2 mai 1814, il renonce officiellement à la monarchie absolue, s'engage à doter la France d'un régime représentatif et d'une constitution, promet l'amnistie pour les révolutionnaires et admet la propriété des Biens nationaux. Il est accueilli avec enthousiasme par la population parisienne. Après avoir signé la paix, il s'occupe de la rédaction d'une charte (nom qu'il a préféré à celui, trop révolutionnaire, de constitution). Rédigé à la hâte, le texte est promulgué le 4 juin. Précédé d'un préambule qui apparaît, par le ton, le vocabulaire et les principes, comme une résurgence de l'Ancien Régime (le roi, de légitimité divine, seul souverain, fait « octroi » à ses « sujets » du texte qu'il date de sa dix-huitième année de règne), la Charte est pourtant un texte très libéral, qui rétablit en France la vie politique et les libertés fondamentales. Réfugié à Gand pendant les Cent-Jours, le roi revient à nouveau après Waterloo, « dans les fourgons de l'étranger » comme le lui reprocheront ses détracteurs.

QUE RESTAURE LA RESTAURATION ?

Certes, la Restauration « restaure » les Bourbons aînés sur le trône : ils y sont rois de France, comme Louis XVI avant 1789. Ils concentrent en leurs mains l'exécutif, le législatif et le judiciaire. L'article 14 de la Charte semble même leur permettre d'exercer les pleins pouvoirs. Le suffrage universel fait place à un suffrage censitaire : le vote est désormais réservé à une minorité fortunée. Les Français, de « citoyens » redeviennent « sujets », et Louis XVIII leur fait l'« octroi » de la Charte constitutionnelle. La cour est également restaurée, mais l'on évite la maladresse d'un retour à Versailles. Si Louis XVIII ne se fait pas sacrer (faute d'une santé suffisante, mais également par habilité politique), Charles X, qui lui succède en 1824, se rend à Reims et se prête à une cérémonie d'un autre âge. L'alliance du trône et de l'autel est éclatante : la religion catholique est à nouveau religion d'État. Pendant que le pouvoir et l'Église communient dans l'expiation des crimes révolutionnaires et dans l'entretien de la mémoire du roi défunt, les contre-révolutionnaires se livrent à une véritable « terreur blanche » : des massacres de populations civiles ou militaires, connues pour leur sympathie révolutionnaire ou bonapartiste, secouent la France, et principalement le Midi. La terreur légale sévit également : le maréchal Ney, exécuté en décembre 1815, en est la victime exemplaire. Le drapeau tricolore est abandonné au profit du drapeau blanc, et il est désormais interdit de chanter *la Marseillaise*, ou de célébrer le 14 Juillet.

UNE MONARCHIE LIBÉRALE ?

La Restauration est cependant aussi une monarchie constitutionnelle et libérale, qui consacre les grands

Dépêchons-nous, Charles attend.

Louis XVIII, qui ne manquait pas d'esprit ni d'humour, aurait prononcé ces mots peu avant de mourir. Charles, c'est bien sûr son frère appelé à lui succéder, Charles X.

LE SAVIEZ-VOUS ?

La chambre des députés est élue pour 5 ans, à un suffrage très restreint : seuls votent les plus fortunés, âgés de plus de 30 ans, soit 100 000 électeurs.

L'ALLIANCE DU TRÔNE ET DE L'AUTEL

Après le schisme révolutionnaire et les conflits de l'Empire, l'Église catholique se réconcilie avec l'État.
Avec la Restauration, Elle fait en effet son retour dans la vie politique. Elle prend en charge l'enseignement, l'Université ; elle obtient en 1815 la suppression du divorce et, en 1824, le vote d'une loi punissant de mort le sacrilège. Des membres du clergé sont représentés au gouvernement, et l'Église semble à certains capable de guider la politique du roi dévot Charles X. Missions, processions, jubilés, cérémonies expiatoires, prédications et publications : l'Église occupe le terrain, soutenue par les autorités. L'opinion publique, assez voltairienne, ne suit guère cette dévotion démonstrative.

acquis de la Révolution. Les droits de l'homme sont réaffirmés, les libertés fondamentales sont timidement restaurées après avoir été bridées sous l'Empire et permettent la formation d'une opinion publique. La noblesse ne retrouve que ses titres, aucun de ses privilèges. Les Biens nationaux ne seront pas récupérés, les émigrés bénéficiant cependant d'une indemnisation en 1824 par la loi dite « du milliard » – mesure fort impopulaire au demeurant. Mais surtout, face au roi, la Charte a institué deux chambres. Une Chambre haute, la Chambre des pairs, que le roi contrôle puisqu'il en nomme les membres, et la Chambre basse, la Chambre des députés, élue au suffrage censitaire, mais que le roi peut dissoudre. Ces chambres votent la loi et le budget, et limitent le pouvoir du monarque. Rien n'oblige cependant le roi à choisir son gouvernement dans la majorité à la Chambre.

ULTRAS ET LIBÉRAUX

Dès lors, la vie politique sous la Restauration va être marquée par l'alternance au pouvoir des « ultras », ultraroyalistes favorables à un durcissement contre-révolutionnaire du régime, et des libéraux, attachés aux acquis de 1789 et au respect de la Charte. L'opposition, républicaine ou bonapartiste, est rigoureusement réprimée. Au pouvoir en 1815, les ultras mènent la terreur légale, peu goûtée par Louis XVIII, qui dissout la Chambre. Les libéraux gouvernent la France jusqu'à ce que la mort du prétendant au trône, le duc de Berry, permette

LES QUATRE SERGENTS MEMBRES D'UNE SOCIÉTÉ SECRÈTE

L'arrivée au pouvoir des ultraroyalistes fait de 1822 l'année de tous les complots.

La Charbonnerie était une société secrète où s'affiliait la jeunesse patriote, libérale ou bonapartiste. Son projet était de renverser les Bourbons ; son emblème, le drapeau tricolore ; son moyen d'action, l'insurrection. Entre 1821 et 1822, plusieurs complots éclatent, mais tous échouent. La répression s'abat sur la Charbonnerie, et les plus célèbres victimes restent les quatre sergents de La Rochelle : quatre jeunes gens, bonapartistes, accusés d'adhésion à la société, et exécutés en place de Grève à Paris. L'un deux, Bories, cria à la foule silencieuse : « Rappelez-vous que c'est le sang de vos fils qu'on fait couler aujourd'hui », ce qui tiendra ensuite lieu de mot d'ordre pour les bonapartistes. Leur patriotisme, leur héroïsme, leur jeunesse soulevèrent une grande émotion. Une tour porte leur nom dans le port de la ville.

aux ultras de revenir au pouvoir – ce qu'ils marquent par un retour de la censure de la presse et une politique cléricale. Villèle, président du Conseil, incarne cette politique réactionnaire qui ne fait que s'accroître sous le règne de Charles X. Mais les élections de 1827 ramènent une majorité libérale à la Chambre. Dans un premier temps, le roi semble accepter la règle parlementaire et nomme un cabinet libéral, dirigé par Martignac. Cependant, dès 1829, le roi le remplace par un de ses proches, l'ultraroyaliste Polignac. Entre la chambre libérale et le gouvernement, l'affrontement est ouvert. En mars 1830, les parlementaires rédigent une adresse (dite des 221) pour signifier leur désaccord et demander au roi un changement de ministre. Charles X riposte par la dissolution. Mais, en juillet 1830, une majorité libérale renforcée sort des urnes. En application de l'article 14, Charles X promulgue le 25 juillet quatre ordonnances par lesquelles il dissout à nouveau la Chambre, instaure une censure sévère de la presse et modifie la loi électorale pour exclure du vote la bourgeoisie. Publiées, les ordonnances déclenchent l'émeute à Paris.

Faites-moi de la bonne politique, et je vous ferai de bonnes finances.

Le baron Louis, ministre des Finances, aurait eu ce mot lors d'un conseil des ministres en 1830. Le même baron Louis disait un jour à Napoléon : « Un État qui veut avoir du crédit doit tout payer, y compris ses bêtises. »

La révolution de 1830

Sur les pas d'une nouvelle monarchie républicaine ?

LES BARRICADES

Dès le 28 juillet, le peuple parisien érige des barricades dans Paris. De défensif, cet élément est appelé à devenir le symbole de la révolution.

Surprenante est l'apparition de barricades dans le Paris insurgé des Trois Glorieuses. Il n'y en avait pas eu depuis la Fronde. Faites de bric et de broc, de pavés, de tonneaux et de meubles, elles doivent freiner l'avancée des forces de l'ordre qui, bloquées, essuient le feu nourri des combattants et une pluie d'objets lancés des fenêtres alentour. Dans l'iconographie glorifiant les journées révolutionnaires, les barricades symbolisent bientôt la révolution triomphante. Lors des mouvements suivants, en 1832, 1834, lors de la révolution de 1848, en juin de la même année, contre le coup d'État de 1851, à l'occasion de la Commune, ou encore à la Libération de Paris ou en mai 1968, le peuple reprendra l'érection de barricades.

Les 27, 28 et 29 juillet 1830, le peuple parisien, debout sur ses barricades, renverse le roi Charles X. Aux cris de « Vive la liberté ! », la révolution est porteuse de promesses libérales et d'espoirs démocratiques.

Les trois journées révolutionnaires, bientôt appelées les Trois Glorieuses, renversent la Restauration et réaffirment haut et fort les acquis de 1789. Pourtant, le mouvement qui était porteur d'espoirs républicains débouche sur l'instauration d'une nouvelle monarchie, donnant aux combattants le goût amer d'une révolution détournée.

LES COMBATS DE PARIS

Les premiers actes de violence éclatent le 26 juillet 1830, quand sont connues les ordonnances de Charles X. La foule, assemblée pour les lire, s'agite, brise les lanternes et lance des pierres au cri de « À bas les ministres ! » ou de « Vive la Charte ! » Rien qui soit de nature à inquiéter les autorités ; le calme est rétabli à minuit. Le 27 juillet, une foule se presse devant les ministères, aux sièges des journaux de l'opposition, qui publient une protestation contre les ordonnances. Les premières barricades sont érigées. À quatre heures de l'après-midi, la garde royale fait feu sur la foule : les premières victimes de la révolution sont promenées dans la rue pour inciter à la révolte. Les affrontements se multiplient entre les forces de l'ordre et les combattants, en majorité des ouvriers, mais aussi des étudiants et d'anciens soldats des armées impériales, ce monde du Paris populaire, révolutionnaire, qui ne s'était pas exprimé dans la rue depuis l'an III. Au matin du 28, la physionomie de la révolution a changé. Des bandes d'insurgés attaquent les postes de garde, les magasins d'armement, et se portent sur les lieux de pouvoir : l'Hôtel de Ville est pris, le drapeau tricolore apparaît sur les tours de Notre-Dame. Le 29 juillet, c'est au tour du Louvre et des Tuileries. Le gouvernement et l'armée quittent Paris.

La révolution fit à Paris environ 800 victimes et de nombreux blessés. Les corps de 504 d'entre eux furent déposés sous la colonne de Juillet coiffée d'un génie ailé, érigée place de la Bastille en leur mémoire en 1840.

LA COURSE AU POUVOIR

Alors que les combats font rage, les députés libéraux se sont rassemblés chez l'un des leurs, le banquier Laffitte. Satisfaits du renversement de Charles X, ils redoutent cependant que les républicains ne s'emparent du pouvoir vacant. Nourris des souvenirs de la Terreur, ils ne voient dans la république que violence. Le maintien de la monarchie est possible à condition de changer de roi. Assortie de garanties libérales, cette solution satisfait le plus grand nombre. Or le duc d'Orléans, cousin du roi déchu, mais libéral reconnu, ancien Jacobin, fils de Philippe Égalité et combattant à Valmy, se révèle le candidat idéal. Alors qu'une proclamation affichée sur les murs de la ville vante ses mérites, Louis-Philippe d'Orléans accepte de prendre la lieutenance générale du royaume. Le 31 juillet, La Fayette l'accompagne à l'Hôtel de Ville : au balcon, dans les plis d'un drapeau tricolore, ils reçoivent l'acclamation populaire qui sanctionne la révolution de palais.

Essentiellement parisienne, la révolution n'a que peu de prolongement en province. En Europe, les monarchies apprennent avec inquiétude la révolution, mais finissent par admettre que la solution orléaniste est un moindre mal. Les peuples manifestent leur joie et la révolution semble faire tache d'huile : les États allemands, italiens connaissent des mouvements libéraux et nationaux ; la Belgique proclame son indépendance et un soulèvement éclate à Varsovie contre le tsar. Ces mouvements seront rapidement réprimés.

« LA MEILLEURE DES RÉPUBLIQUES » !

La première semaine d'août, les députés travaillent à la révision de la Charte. Ils font du lieutenant général le nouveau roi des Français, sous le titre de Louis-Philippe Ier. Celui-ci prête serment de fidélité à la Charte le 9 août. Le texte révisé maintient donc un roi, mais il est porteur de promesses libérales. Le nouveau régime doit maintenant faire les lois qui seules fixeront l'importance du changement issu de la révolution. En attendant, le consensus semble se faire autour du nouveau roi, et La Fayette se félicite de cette monarchie qui serait « la meilleure des républiques ».

LA FAYETTE ET LA GARDE NATIONALE

À la faveur de la révolution de 1830, le général de La Fayette fait un retour triomphant dans la vie politique française.

Effacé sous la Restauration et compromis dans une tentative de complot, La Fayette est en 1830 sur le devant de la scène révolutionnaire. Le « Héros des Deux Mondes », combattant de l'indépendance américaine et acteur de la Révolution française, se retrouve à la tête de la Garde nationale, qu'il avait lui-même créée le 13 juillet 1789. La milice citoyenne, qui avait été dissoute par Charles X en 1827, est en effet réapparue spontanément pendant les journées révolutionnaires, puis a été officiellement réorganisée. Elle a reçu le droit d'élire ses officiers, ce qui était une des revendications libérales. La Fayette et ses soldats citoyens sont éminemment populaires dans la France de 1830, qui se réjouit du retour de 1789.

La monarchie de Juillet

Crises économiques et politiques

Issue d'une révolution, la monarchie de Juillet s'est progressivement éloignée des promesses libérales et, plus encore, démocratiques que portaient les Trois Glorieuses.
Les contestations, de plus en plus réprimées, n'empêchent pas la dérive conservatrice du régime.

PETIT-FILS LÉGITIME ET FILLE ILLÉGITIME !

Aux yeux d'une grande partie de la noblesse, Louis-Philippe n'est qu'un usurpateur et seul le petit-fils de Charles X a légitimement droit à la couronne. Marie-Caroline de Bourbon a épousé le duc de Berry, fils de Charles X. En 1820, son mari est assassiné, mais elle donne naissance sept mois plus tard à un enfant, le duc de Bordeaux, qui devient l'héritier de la couronne de France. En 1830, la duchesse de Berry suit Charles X en exil et prend la tête du parti légitimiste, qui réclame le retour des Bourbons aînés sur le trône. Elle tente vainement en 1832 de soulever la Provence puis la Vendée. Arrêtée à Nantes, elle accouche en captivité d'une fille dont elle attribue la paternité à un comte italien épousé en secret. L'événement fait scandale : la duchesse de Berry y perd tout crédit moral.

Les journées révolutionnaires ont été en partie animées par l'espoir républicain, mais c'est à Louis-Philippe, duc d'Orléans, qu'elles ont finalement profité. Celui-ci monte en effet sur le trône de France pour la plus grande satisfaction des libéraux, qui ne veulent ni d'une monarchie d'Ancien Régime ni de la sanglante république de 1793. Une monarchie constitutionnelle, qui garantit les libertés fondamentales et l'égalité civile, comble leurs vœux. La pratique conservatrice du pouvoir en décevra certains.

LE ROI BOURGEOIS

L'avènement de Louis-Philippe ne change pas fondamentalement le régime politique instauré par la Restauration. La Charte de 1814 est faiblement révisée : cependant l'article 14 est supprimé, les chambres recouvrent l'initiative des lois, qu'elles partagent avec le roi. Si la responsabilité politique des ministres n'est pas reconnue constitutionnellement, le roi respectera cependant tout au long de son règne la règle du régime parlementaire. Le cens électoral est abaissé, ce qui double le corps électoral, sans élargir cependant de façon significative le pays légal. Voilà qui déçoit les libéraux de gauche et les républicains. Mais les conseils municipaux sont désormais élus, et, dans les campagnes, la nouvelle loi ouvre le vote municipal à une frange populaire. Le nouveau pouvoir est aussi soucieux de prendre un certain nombre de mesures symboliques, censées réconcilier les Français autour des principes de modération. Louis-Philippe a consenti à porter le titre de « roi des Français » (et non « de France ») que la Constitution de 1791 avait attribué à Louis XVI. Il a adopté le drapeau tricolore, supprimé la censure et accepté que le catholicisme cesse d'être religion d'État. Le roi a également soin de cultiver une simplicité qui le rend populaire. Bon mari et bon père de famille, il fait disparaître l'étiquette solennelle de la cour, se promène bourgeoisement dans les rues de Paris son parapluie à la main et salue les passants avec affabilité. Cette bonhomie apparente cache une réelle ambition politique qui va le pousser à intervenir dans les décisions de ses gouvernements. Le roi bourgeois n'entend pas que le trône demeure « un fauteuil vide ».

DE LA LIBERTÉ À LA RÉPRESSION

Au début du règne, un certain nombre de personnalités libérales, comme La Fayette ou le banquier Laffitte, prennent la tête du pays.

Formant le parti du « Mouvement », ils espèrent que la révolution marque le début de plus amples mesures libérales et veulent faire progresser la France sur le chemin de la démocratie. La permanence d'une agitation politique et sociale les fragilise pourtant. À la fin de 1830, le procès des ministres de Charles X (quatre anciens ministres étaient jugés pour la répression de Juillet) provoque de violentes manifestations : alors que le peuple réclame la peine de mort, les pairs s'y refusent. En février 1831, l'archevêché de Paris est mis à sac après que les légitimistes ont voulu y tenir un service funèbre à la mémoire du duc de Berry.

Cette agitation populaire, en partie républicaine, inquiète le nouveau régime, et le roi décide, en mars 1831, de se séparer des hommes du Mouvement. Il leur préfère le parti de « la Résistance », qui souhaite refermer la parenthèse de la révolution de 1830 et s'en tenir aux premières mesures. Ennemi des réformes, ce parti s'est fait le champion d'une politique ferme et autoritaire. Louis-Philippe choisit en son sein le nouveau président du Conseil, Casimir Perier. Face à l'émeute, Perier choisit la répression. En novembre 1831, les canuts de Lyon, ouvriers de l'industrie de la soie, se soulèvent pour réclamer une augmentation de salaire. Le gouvernement réagit immédiatement par la violence et charge l'armée de rétablir l'ordre. La mort de Casimir Perier, victime du choléra en 1832, ne met pas fin à cette politique, et le parti de la Résistance devient peu à peu l'inspirateur unique des gouvernements de Louis-Philippe.

Enrichissez-vous par le travail, l'épargne et la probité !

François Guizot, à la Chambre des députés, 1843. La phrase est souvent citée pour résumer – et critiquer – les conceptions politiques de la monarchie de Juillet.

Vivre en travaillant ou mourir en combattant.

Devise des canuts en 1831, émeutiers des quartiers ouvriers de Lyon.

LA NAISSANCE DE L'ÉCOLE PRIMAIRE

En obligeant les communes à ouvrir une école primaire de garçons, le ministre François Guizot pose la première pierre de l'instruction populaire.

Si la Révolution française avait proclamé le droit pour tous à l'instruction, dans les faits, l'école primaire avait été laissée aux mains du clergé, plus préoccupé d'instruction religieuse que des savoirs élémentaires. C'est sous la monarchie de Juillet que François Guizot, alors ministre de l'Instruction publique, se soucie à nouveau de l'instruction du peuple. Par sa loi de 1833, il oblige chaque commune à ouvrir une école et à entretenir un maître. L'école doit être gratuite pour les indigents. Les élèves reçoivent toujours une éducation religieuse, mais apprennent aussi à lire, écrire et compter. Ces premières classes, surchargées, tenues dans des locaux impropres, sont suivies de manière chaotique par les enfants, qui les désertent lors des travaux agricoles, ou les abandonnent vers 6 ans pour trouver un travail. Néanmoins, l'alphabétisation commence alors à progresser en France.

OPPOSANTS LÉGITIMES ?

Le régime subit alors les feux de trois groupes d'opposants, ce qui donne paradoxalement à « la Résistance » l'occasion de renforcer son pouvoir. Tandis que, rangés derrière la duchesse de Berry, les légitimistes récusent le titre royal de Louis-Philippe, les bonapartistes soutiennent le neveu de l'empereur, Louis Napoléon Bonaparte (le futur Napoléon III). À deux reprises, ce dernier tente, sans succès, de renverser le régime : une première fois en 1836, il essaie de soulever la garnison de Strasbourg, ce qui lui vaut l'exil au Brésil ; en 1840, il tente un débarquement à Boulogne, mais il est arrêté et incarcéré. L'opposition républicaine est plus dangereuse, car elle profite d'une forte agitation sociale. En juin 1832, les funérailles du général républicain Lamarque donnent lieu à de violentes émeutes. Le 15 avril 1834, une insurrection se solde par le massacre de tous les habitants de la maison d'un insurgé, dans la rue Transnonain, à Paris. Le roi fait aussi l'objet de sept tentatives d'attentat, notamment en juillet 1835, lors de la grande revue de l'anniversaire des Glorieuses : il est miraculeusement épargné au milieu de 18 victimes. Le gouvernement profite de l'occasion et de l'émotion suscitée pour faire voter des lois qui répriment sévèrement les délits de presse.

LE TRIOMPHE DE L'ORDRE

À partir de 1836, la politique de répression semble porter ses fruits. Les prisons politiques sont pleines et les oppositions éteintes. À partir du mois d'octobre 1840, et jusqu'à la fin du règne, Guizot dirige le ministère. Contre l'aile gauche de « la Résistance », dirigée par Thiers et favorable à un effacement du pouvoir royal, Guizot laisse le roi gouverner. Il se fait le défenseur des intérêts de la bourgeoisie, à laquelle il propose de « s'enrichir par le travail et par l'épargne » pour assurer la prospérité du pays et oppose une fin de non-recevoir aux libéraux de progrès et aux républicains unis en 1840 pour réclamer la réforme électorale (non pas le suffrage universel, mais une ouverture significative du droit de vote).

LA « PEUR BLEUE »

L'épidémie de choléra de 1832 frappe douloureusement une France qui se croyait débarrassée des grandes épidémies des siècles passés.

Venu d'Asie, décimant l'Europe, le choléra Morbus touche la France en 1832 et arrive à Paris en plein carnaval, au mois de mars. Il entraîne une mort impressionnante : le moribond prend une teinte bleutée (l'expression « peur bleue » vient de là) avant que le masque de la mort s'imprime sur sa face. Touchant particulièrement les quartiers populaires, les classes misérables, l'épidémie crée un véritable état de psychose, cependant que des rumeurs d'empoisonnement débouchent sur quelques scènes de mise à mort d'individus jugés « suspects ». Au total, plus de 100 000 personnes mourront du choléra, dont environ 20 000 à Paris. Casimir Perier et le général Lamarque en sont les plus célèbres victimes.

VERS LA RÉVOLUTION DE 1848

Pendant plusieurs années, la France est effectivement calme et prospère. Mais une grave crise économique frappe le pays à partir de l'automne 1846 et donne à l'opposition républicaine l'occasion de se manifester de nouveau. En 1847, celle-ci organise dans toute la France une série de banquets au cours desquels les orateurs réclament de nombreuses réformes, dont à nouveau la réforme électorale, mais cette fois en allant jusqu'au suffrage universel. Cette campagne est un succès, mais le pouvoir n'en perçoit pas le danger. Or, le 22 février 1848, à Paris, une manifestation réclame le renvoi de Guizot. Le 23 février, la troupe tire sur la foule boulevard des Capucines et tue 16 personnes. Les insurgés entassent les cadavres sur un chariot et les promènent dans Paris. Le 24 février, des barricades se dressent dans la capitale, le peuple occupe l'Hôtel de Ville. Louis-Philippe, d'abord indécis, finit par abdiquer en faveur de son petit-fils, qui n'a que 9 ans. Le très populaire fils de Louis-Philippe, le duc d'Orléans, était en effet mort en 1842. Le 25 février 1848, la république est proclamée sur la place de l'Hôtel-de-Ville, à Paris, et Louis-Philippe, le dernier homme à avoir porté, en France, le titre de roi, s'exile en Angleterre, où il mourra en 1850.

La révolution industrielle

D'une France paysanne à une France de l'industrialisation

DES PAYSANS DE ROMAN

La réalité quotidienne du paysan échappe en grande partie aux écrivains du XIXe siècle qui cherchent à en rendre compte. Les livres de George Sand dépeignent des propriétaires aisés ; ceux des romanciers régionalistes cévenol et quercynois, Ferdinand Fabre et Léon Cladel, mettent en scène des hommes bons, attachés à leur lopin de terre et durs au travail. Cette apologie de la vie rurale s'accompagne d'un refus du changement et d'un rejet de la ville. Pour beaucoup, l'ordre rural devient le modèle idéal d'un monde sans convulsions, en harmonie avec les seules transformations admises, celles de la nature. Mais *la Terre*, de Zola, montre au contraire l'âpreté de paysans prêts au crime pour augmenter leurs lopins.

Au lendemain de la Révolution française, la France, encore majoritairement rurale et artisanale, s'engage lentement dans la voie de l'industrialisation.
La révolution industrielle en Angleterre, déjà très avancée, va servir d'exemple à la France. Mais, celle-ci va cependant choisir une voie différente, qui s'appuie sur la petite industrie artisanale au détriment des grandes industries.

Au sortir de la Révolution, la France semble dépassée par l'Angleterre, bien engagée dans sa révolution industrielle. Les guerres révolutionnaires ont appauvri le pays, surtout dans les domaines commercial et industriel. Mais les transformations structurelles, sociales et économiques (libéralisme, fin des corporations) qu'a produites la Révolution permettent d'aborder plus sereinement la marche vers la modernisation. La France va cependant suivre une voie qui lui est propre, en maintenant aux côtés d'un secteur moderne, mécanisé et prolétarien, une industrie rurale et artisanale.

LA FRANCE DES PAYSANS

La Révolution a été plutôt favorable au monde rural. La mort de la féodalité a libéré les paysans d'un bon nombre de prélèvements et de contraintes et l'inflation monétaire s'est révélée intéressante pour eux : ils ont payé les impôts en assignats, acheté des terres en assignats, mais thésaurisé en numéraire ! Ils ont pu devenir propriétaires des terres qui appartenaient à leur seigneur, ou acquérir des Biens nationaux (même si c'est la bourgeoisie qui a été la principale bénéficiaire de la vente). La conséquence négative est l'important morcellement des propriétés agricoles en France, qui s'accroît au cours du siècle. Enfin, la levée en masse et la ponction démographique ont augmenté les salaires des ouvriers agricoles. Mais l'augmentation du niveau de vie paysan contribue essentiellement à améliorer l'alimentation, ou est systématiquement réinvestie dans l'achat foncier, grevant toute modernisation de l'équipement. La lente introduction des machines et des engrais se fait d'abord exclusivement dans les grandes propriétés des plaines céréalières. Elle permet néanmoins d'écarter définitivement, dès le début du siècle, le spectre de la famine.

La France rurale du lendemain de la Révolution est ainsi une France de petits paysans, souvent propriétaires (ou aspirant à le devenir), viscéralement attachés à leur terre, incapables financièrement d'une modernisation. Pour augmenter leurs revenus, trouver le numéraire nécessaire au paiement des impôts ou à l'augmentation de la propriété, ils vont aller chercher du travail industriel.

La première stratégie est de partir en ville quand la terre se repose, en hiver. Maçons, scieurs de long, ramoneurs quittent ainsi leur village pour travailler dans la ville la plus proche, allant parfois jusqu'à Paris. Martin Nadaud a ainsi laissé un très beau récit de ces migrations saisonnières, où l'on part en groupe sur les routes de France, pour se retrouver à Paris entre compatriotes, dans de sordides hôtels garnis (*Léonard, maçon de la Creuse*). L'autre solution est de se doter d'un métier à tisser, et de faire, à la ferme, une petite production textile – c'est le travail des femmes, des enfants, des plus vieux. On trouve également des paysans travaillant le bois, le métal...

L'ARRIVÉE DE LA RÉVOLUTION INDUSTRIELLE

La révolution industrielle en Angleterre va servir d'exemple à la France. Dans le Nord, le Massif central, les gisements de charbon commencent à être exploités à une grande échelle, cependant qu'apparaissent les premières industries lourdes. Les frères Schneider développent ainsi sous la monarchie de Juillet l'usine du Creusot, symbole de la modernisation industrielle. C'est dans leurs ateliers de plus de 10 000 ouvriers que sont fabriqués la première locomotive à vapeur (1839) et le premier bateau à vapeur. Le chemin de fer,

> *« [...] la terre, après des siècles de ce tourment de concupiscence, obtenue enfin, conquise, devenue sa chose, sa jouissance, l'unique source de sa vie. »*
>
> Zola, *la Terre*.

CATASTROPHE FERROVIAIRE

Le 8 mai 1842, près de Paris, le déraillement d'un train fait 55 victimes.

Parti dans l'après-midi de la capitale, un convoi de dix-sept voitures, remorquées par deux locomotives, transporte des voyageurs allant admirer les grandes eaux de Versailles. Près de la gare de Meudon-Bellevue, un essieu de la locomotive de tête se rompt, l'avant du train sort de la voie et les charbons ardents de la locomotive, en s'éparpillant, mettent le feu aux voitures dont les portes sont fermées à clé par mesure de sécurité. Sur les 750 voyageurs emprisonnés dans le brasier, 55 meurent carbonisés, sous les yeux d'une foule accourue sur place. Parmi eux se trouve l'amiral Dumont d'Urville, célèbre pour les deux expéditions qu'il a menées autour du monde. Cette catastrophe soulève une émotion considérable et relance la polémique sur les dangers des chemins de fer.

apparu en Angleterre en 1804, n'est développé en France que sous le règne de Louis-Philippe. Après la première ligne Paris-Saint-Germain, inaugurée en 1834, le réseau se développe tout doucement en étoile autour de Paris.

Cette modernisation s'accompagne de la naissance d'un prolétariat ouvrier (on appelle « prolétaire » l'ouvrier privé de la possession des moyens de production, ne possédant plus que sa force de travail rétribuée par un salaire). Les conditions de vie de ces ouvriers, souvent venus de la campagne, sont dramatiques, d'autant qu'ils ne sont protégés par aucune législation sociale. Les ouvriers ne disposent pour s'organiser et se défendre ni du droit de grève, ni de celui de se syndiquer. Chaque ouvrier doit posséder un « livret » sur lequel sont consignés non seulement ses emplois, mais également les incidents qui ont pu avoir lieu. Le livret permet de contrôler les travailleurs et d'obtenir leur « docilité ». La journée de travail est longue (autour de quatorze, quinze heures), pour des salaires très faibles. Un chômage, un accident de travail, une maladie, et c'est la misère. Les logements sont insalubres (Villermé, médecin qui a effectué à la fin des années 1830 une vaste enquête sur les conditions de vie ouvrière, décrit les taudis ouvriers, dans les caves ou les greniers de la rue des Étaques à Lille), l'alimentation très insuffisante. La famille ne peut subsister que si tous ses membres travaillent : aussi est-il fréquent que les enfants de 6 ans suivent leurs parents à l'usine. Environ 15 % de la main-d'œuvre ouvrière est composée d'enfants. L'importance du travail des enfants et ses conséquences sanitaires (quand ils ne sont pas handicapés à vie par un accident de travail, les enfants connaissent un développement insuffisant et souffrent de fragilité pulmonaire ou de surdité) finissent par alerter le monde médical, mais également les milieux militaires qui constatent le mauvais état des conscrits issus de la classe ouvrière. Dans un souci de santé publique et d'instruction du peuple (on craint que le défaut d'instruction ne soit source de délinquance), la monarchie de Juillet promulgue la première loi sociale en France : une loi de 1841 interdit le travail des moins de 8 ans et limite à douze heures la journée de travail des enfants de 8 à 12 ans. La loi, qui ne s'applique qu'aux entreprises de plus de 20 employés, sera de toute façon peu appliquée faute d'un dispositif de contrôle.

Mais ce secteur moderne reste très marginal (seul 5 % des ouvriers travaillent dans la grande industrie mécanisée en 1851), et l'on est loin encore de l'industrialisation sur le modèle anglais, celui des usines, de l'exode rural et du prolétariat dominant. Subsiste en effet une petite industrie artisanale, sous-mécanisée. La voie française de l'industrialisation, loin de faire disparaître comme outre-Manche ce secteur archaïque, va au contraire s'appuyer dessus.

INDUSTRIES-MAISONS & COMPAGNONNAGE

Dans les secteurs du textile, de la petite métallurgie, les petites productions artisanales et familiales à domicile (en milieu rural essentiellement, mais également en milieu urbain) sont désormais organisées en vastes nébuleuses industrielles, spécialisées, pour un marché national – voire extérieur. Dans une région, tous les ateliers familiaux font la même production pour une élite de négociants, qui se charge de fixer les normes de fabrication et conserve, après avoir fait une tournée de ramassage des productions domestiques, le monopole de la commercialisation. Ainsi, en Haute-Normandie, 188 000 personnes (sur une population totale de 590 000 personnes) participent à la production des *siamoises*, toiles de lin et de coton vendues à l'étranger. Autour de Cholais, ce sont 20 000 fileuses disséminées dans les villages environnants qui produisent les célèbres mouchoirs. La soie lyonnaise est produite dans les milliers d'ateliers urbains et ruraux des célèbres canuts (près de 10 000 métiers en 1815, 60 000 en 1847).

Ce système, auquel on donne le nom de proto-industrialisation, satisfait le désir de pluriactivité des paysans ; il résout les difficultés économiques des familles paysannes, en évitant l'exode rural et la prolétarisation. En ville, il donne du travail aux innombrables petites entreprises familiales qui sont nées de la suppression des corporations sous la Révolution. Ces nouveaux ouvriers-patrons travaillent à domicile, en famille, avec tout au plus quelques compagnons pour les aider. Leurs conditions de vie sont souvent fort modestes, mais ils sont fortement attachés à leur savoir-faire et à la possession des outils de production, et la prolétarisation qu'implique la révolution industrielle est pour eux un véritable repoussoir. Beaucoup d'ouvriers restent également attachés au système du compagnonnage, qui persiste en

CHARLES FOURIER

C'est Charles Fourier qui va le plus loin dans la théorisation de la critique du système économique, imaginant une société idéale qui retrouverait l'harmonie universelle.

Né à Besançon, en 1772, dans une famille aisée, Charles Fourier perd tous ses biens pendant la Révolution. Devenu commis voyageur, il parcourt tout le pays et publie ses projets de réforme sociale. En 1808, dans la *Théorie des quatre mouvements et des destinées générales*, il analyse avec férocité la société bourgeoise et expose sa « loi de l'attraction personnelle », qui régit les relations entre les êtres. Dans une œuvre considérable (dont *le Nouveau Monde industriel*), Fourier se fait le héraut d'une société idéale, constituée de phalanges regroupant 1 600 individus dans des phalanstères, ou unités architecturales, sociales et productives autonomes. Chaque membre est actionnaire du phalanstère, dont la direction est élue ; les bénéfices sont répartis entre le capital, le talent et le travail. L'organisation de l'humanité en phalanstères aurait pour résultat « l'harmonie universelle ».

dépit de l'interdiction des corporations depuis la Révolution française et qui connaît même son âge d'or entre 1815 et 1848. Les compagnons, organisés par profession, sont des ouvriers qualifiés, aux antipodes du prolétaire déqualifié de la grande industrie. Ils suivent une formation professionnelle qui les conduit à faire un « tour de France » et qu'ils achèvent par la réalisation d'un « chef-d'œuvre ». Ils profitent de la forte solidarité corporative pour trouver du travail et faire aboutir quelques-unes de leurs revendications.

La proto-industrialisation offre enfin aux bourgeoisies capitalistes négociantes de notables avantages. Pour elles, peu d'investissement immobilier ou matériel, une main-d'œuvre au coût faible, mais aussi docile puisque isolée et pouvant plus difficilement s'organiser pour protester contre le prix des pièces ou les conditions de travail, enfin une souplesse d'adaptation à la conjoncture. Il faut également faire la part des mentalités collectives pour expliquer cette voie française de l'industrialisation. On oppose généralement à l'image négative d'une urbanité industrielle et insalubre, d'un prolétariat criminel, démoralisé et immoral, la figure positive d'une campagne traditionnelle et du travail en famille, refuge des valeurs morales. L'Angleterre et son prolétariat urbain sont un modèle repoussoir dont on craint en France l'apparition.

UN SYSTÈME FAIBLE

Mais il y a un revers à la médaille : la productivité est très faible, la qualité de la production médiocre, ce qui rend les produits français peu compétitifs sur le marché européen. Surtout, la proto-industrialisation maintient des conditions de travail et des niveaux de rémunérations de plus en plus dénoncés, et bien pires que dans le secteur moderne. Les salaires à la pièce sont très faibles et obligent à d'interminables journées de travail (17 heures, parfois plus). Le travail est souvent effectué par des enfants en bas âge, et la législation de 1841 ne s'applique pas pour les petits ateliers. L'hygiène est déplorable : alors que les manufactures mécanisées ont un souci minimal d'aération et d'éclairage, les ateliers familiaux sont humides, sombres, et la famille vit toute la journée dans l'air vicié par les poussières de textile.

Pour ces raisons, la proto-industrialisation peut se révéler un système conflictuel : mauvaise qualité des produits, baisse de la production lors des travaux agricoles, abandons inopinés quand la terre suffit à faire vivre, autant de griefs des négociants ; refus d'achat en cas de baisse de la demande, insuffisance des salaires alors que loyer, chauffage et entretien du métier sont à la charge du travailleur, tels sont les motifs de mécontentement des ouvriers. La première grande insurrection sociale marquant, en France, la naissance du mouvement ouvrier a lieu ainsi à Lyon, dans un système proto-industriel puisque la soie lyonnaise est fabriquée dans une kyrielle d'ateliers domestiques disséminés en milieu urbain (à la Croix-Rousse ou à la Guillotière) et en milieu rural. En novembre 1831, les canuts à qui les négociants ont refusé une augmentation du prix de la pièce de soie se révoltent aux cris de « Vivre en travaillant ou mourir en combattant » et prennent possession de la ville. La répression sera particulièrement dure.

REMORDS ET PEUR

La révolte des canuts oblige les pouvoirs publics et l'opinion à prendre conscience de la grande misère de la classe ouvrière, celle des usines comme celle des ateliers. De nombreuses enquêtes (la plus célèbre étant celle du docteur Villermé à la fin des années 1830), souvent commandées par les autorités, mettent en évidence la naissance d'une nouvelle pauvreté, celle du travailleur. Cela nourrit tout à la fois un remords social, fondé sur une critique du libéralisme, mais également une peur sociale : les classes laborieuses sont perçues par beaucoup comme des classes dangereuses, portées à la violence (délinquance ou insurrection), à l'immoralité. Quelques intellectuels, soucieux de justice sociale, épris d'égalité, précisent leur critique de la société industrielle naissante, et proposent une réorganisation de la société et de l'économie qui puisse être soit impulsée par l'État, soit menée par les travailleurs organisés. Apparaissent ainsi les premières idées socialistes, derrière les personnalités de Saint-Simon, de Proudhon ou de Fourier. Leurs projets de sociétés idéales, communautaires, ont été qualifiés d'utopistes : elles marqueront longtemps le socialisme français. À la différence de l'industrialisation à l'anglaise, la proto-industrialisation à la française atomise donc la production sans le moindre souci de rationalisation, avec une mécanisation limitée et un capitalisme essentiellement négociant. Ces structures productives s'accompagnent d'archaïsmes sociaux dont le monde du compagnonnage est l'un des meilleurs réservoirs, et l'enchâssement du travail industriel dans le monde rural, la meilleure garantie. Ce maintien des archaïsmes s'explique par l'étroitesse du marché intérieur et par la faiblesse des investissements de la part d'une bourgeoisie plus préoccupée de thésaurisation ou d'achats de terres que d'innovation technique, cependant que la faiblesse de l'organisation bancaire et l'étroitesse du crédit paralysent les initiatives. L'État enfin, fidèle à une doctrine libérale, n'impulse aucune modernité et se contente de protéger derrière des barrières douanières ces survivances de l'ancien régime économique, qui l'inquiètent moins que les luttes sociales produites par la révolution industrielle. Il faudra attendre le second Empire pour que la France connaisse enfin le grand bond en avant du capitalisme.

LE SAVIEZ-VOUS ?

Le livret ouvrier créé en 1781 afin « d'entretenir la subordination parmi les ouvriers des pays manufacturiers », est rendu obligatoire en 1803. Étendu aux ouvriers des établissements industriels et aux domestiques en 1854, il est finalement supprimé sous la IIIe République.

La politique extérieure

L'Europe de Vienne ou l'Europe des peuples ?

EUROPE DES PRINCES OU EUROPE DES PEUPLES ?

Le congrès de Vienne, en novembre 1815, redessine la carte de l'Europe au bénéfice des vainqueurs. Les peuples d'Europe, qui avaient pu espérer faire valoir leur droit à disposer d'eux-mêmes, se retrouvent sous le joug de leurs anciens maîtres : de nombreux États d'Italie et d'Allemagne retournent sous domination autrichienne et voient s'envoler leur rêve d'unification, la Pologne est morcelée entre Russie, Prusse et Autriche, la Finlande est annexée par la Russie. Voilà qui nourrira, pendant tout le siècle, de profondes et violentes aspirations nationalistes. Car si l'Europe de Vienne a effacé les traces de l'Europe des peuples, elle n'a pu annuler les aspirations de ces derniers.

Avec les traités qui mettent fin à la domination napoléonienne, la France obtient la paix, mais également l'humiliation. Les monarques s'appliqueront à restaurer l'honneur national sans tomber dans la guerre.

Si l'opinion publique accueille avec joie la paix, le retour des soldats et la fin des levées d'hommes, elle reçoit comme une humiliation cuisante les dispositions du second traité de Paris et l'isolement diplomatique. Les souvenirs des gloires impériales, de la grande Nation, le mythe des frontières naturelles de la France (du Rhin principalement) nourriront largement la légende napoléonienne ; la dénonciation des traités est une donnée constante de la vie politique des monarchies constitutionnelles.

LA FRANCE HUMILIÉE

Le premier traité de Paris (30 mai 1814), habilement négocié par Talleyrand, n'était pas trop défavorable à la France, qui se trouvait réduite aux frontières de 1792, ce qui lui assurait une population et une superficie supérieures à celles de 1789. Par contre, l'Angleterre gardait deux des Antilles françaises (Tobago et Sainte-Lucie) et prenait l'île Maurice dans l'océan Indien, l'Espagne récupérant la partie française de Saint-Domingue.

Le second traité de Paris, signé après l'épisode des Cent-Jours (le 20 novembre 1815), est bien plus humiliant. La France retrouve ses limites géographiques de 1790, conserve les terres pontificales du Sud, mais perd la Savoie ainsi que cinq places fortes du Nord-Est. Talleyrand, décidément habile négociateur, parvient toutefois à modérer les appétits prussiens et autrichiens qui voulaient en plus la Flandre, les Ardennes, l'Alsace et la Lorraine. La France doit, en outre, payer de lourdes réparations (700 millions de francs, payables en cinq ans), et subir une occupation militaire de son territoire qui laissera un souvenir durable de pillage et de brutalités.

En septembre 1815, le roi de Prusse, l'empereur d'Autriche et le tsar de Russie signent une « Sainte-Alliance » des puissances chrétiennes et réactionnaires d'Europe, complétée, le 20 novembre, par la « Quadruple-Alliance » qui allie diplomatiquement la libérale Angleterre à ces souverains conservateurs, et qui est explicitement dirigée contre la France. Ce système a pour objectif de garantir la paix en Europe, et d'écarter le « péril révolutionnaire » dont la France est considérée comme le berceau.

Les monarques et les gouvernements qui se succèdent en France auront à cœur de sortir celle-ci de sa position d'isolement et de lui redonner un peu de grandeur, sans pour autant risquer de compromettre la paix avec les grandes puissances européennes. Il leur faut également jouer avec l'opinion publique, fort susceptible sur les questions de politique étrangère. Si les campagnes militaires suscitent généralement une fièvre patriotique qui profite au régime, l'opinion publique et, plus encore, l'opposition libérale et républicaine sont toujours prêtes à dénoncer la politique frileuse des souverains.

L'ORIENTALISME

Depuis la Campagne d'Égypte, l'Orient fascine les artistes français qui en font une de leur principale source d'inspiration. Les Européens semblent avoir envie d'ailleurs, d'exotisme : on rêve de climats chauds et de... harems. Ingres, Delacroix et Hugo fantasment sur les mœurs et pratiques qui y sont admises. Le poète évoque ainsi une jeune femme observée : « Reste ici caché : demeure ! / Dans une heure, / D'un œil ardent tu verras / Sortir du bain l'ingénue, / Toute nue, / Croisant ses mains sur ses bras. » « Sara la baigneuse », in *les Orientales*, V. Hugo.

Voilà le commencement de la fin.

C'est le jugement – éclairé – de Talleyrand après la désastreuse retraite de Russie en 1812.

LE SAVIEZ-VOUS ?

Jacques Laffitte, fils d'un charpentier de Bayonne, est propulsé à 21 ans dans la haute banque parisienne. Menant un train de vie fastueux, il aime à se donner le titre de « roi des banquiers et banquier des rois ». Mais sa carrière est interrompue par la faillite de sa propre banque.

LA FRANCE SORT DE SON ISOLEMENT

Le ministre de Louis XVIII, le duc de Richelieu, s'emploie d'abord à libérer le territoire de l'occupation humiliante des troupes étrangères. Au prix d'une politique budgétaire austère, et en empruntant massivement, il parvient à régler les réparations de guerre et à alléger l'occupation dès le 1er avril 1817. Le bénéfice auprès de l'opinion publique est cependant largement diminué par le mécontentement suscité par la pression fiscale. Au congrès d'Aix-la-Chapelle, en septembre 1817, le duc de Richelieu obtient non seulement la fin de l'occupation étrangère, mais réintègre la France dans le concert des Nations : celle-ci entre, à égalité avec les Alliés, au sein d'un directoire chargé de discuter des grands intérêts de l'Europe.

La France cherche ensuite à s'illustrer sur des terrains périphériques, n'entrant jamais en conflit avec ses Alliés.

En 1822, les libéraux espagnols se soulèvent contre le roi absolutiste. La révolution échoue, mais le roi est maintenu prisonnier. La France parvient à imposer aux puissances européennes d'intervenir seule au secours du roi. Après une rapide campagne qui tient davantage de la « promenade » militaire, mais dont la propagande sait tirer profit, le roi est remis sur son trône et la France sort grandie sur la scène internationale. Mais les libéraux français se sont opposés à l'aide apportée à un souverain absolutiste : à la chambre, le député Manuel est expulsé pour avoir signifié avec vigueur son désaccord – il devient dès lors une des figures de l'opposition libérale –, cependant que de nombreux libéraux s'engagent volontairement dans les milices libérales espagnoles. Une fois de plus, le bénéfice en termes de popularité du régime est ambigu.

Si la cause du souverain espagnol n'a guère suscité l'enthousiasme populaire, il en va autrement de celle du peuple grec, soulevé depuis 1822 contre l'Empire ottoman pour obtenir son indépendance. En France, mais également en Angleterre, un vaste mouvement témoigne de la faveur des opinions publiques et de l'engagement des artistes (on retiendra plusieurs toiles de Delacroix, le recueil des *Orientales* de Victor Hugo, et la mort de Byron à Missolonghi, en Grèce).

Aussi l'engagement de la France au côté des Grecs en 1827 est-il fort populaire, d'autant qu'il permet, au terme d'un combat naval victorieux et de négociations diplomatiques habilement menées, d'assurer à la Grèce son indépendance, et à la France une position morale au Proche-Orient comme en Europe.

Quand Charles X se porte, en 1828, au secours du souverain portugais renversé par son frère, le bénéfice est

L'ULTIME RETOUR DE L'AIGLE

En 1840, les cendres de l'empereur sont rapatriées en France pour être déposées sous le dôme des Invalides.

En accord avec le roi qui espérait des retombées positives pour la popularité du régime, Thiers négocie avec l'Angleterre le retour des cendres de Napoléon. C'est le troisième fils du roi, le prince de Joinville, qui s'embarque sur la *Belle-Poule* pour Sainte-Hélène. L'opinion publique est enchantée, et la légende napoléonienne bat son plein. À Paris, le 15 décembre, la cérémonie est grandiose. Malgré le froid, la foule est immense pour acclamer le char. Mais le retour de Napoléon réveille les aspirations nationalistes et les sentiments d'humiliation patriotique entretenus par la politique irénique de Louis-Philippe, particulièrement ressentie après la démission de Thiers et l'abandon de l'Égypte. Aux cris de « Vive l'empereur ! » se mêlent, nombreux, des « À bas les Traités ! » ou « À bas les traîtres ! » C'est un camouflet pour le régime.

là aussi multiple. L'intervention a été menée conjointement par la France et l'Angleterre, ce qui rapproche les deux pays. L'armée française s'est à nouveau correctement illustrée, ce qui flatte l'orgueil national. Il s'agissait cette fois d'un souverain libéral renversé par un coup d'État absolutiste, et les libéraux ne peuvent que se réjouir de l'opération !

Enfin, pour le roi, déstabilisé en 1830 par une opposition montante, l'intervention en Algérie est pensée comme une opération de prestige intérieur dont il escompte quelques retombées électorales. Il fallait un prétexte pour attaquer l'Algérie. On en trouva plusieurs : un vieux différend commercial, des pirates à éliminer, la lutte contre l'hérétique, un coup d'éventail donné par le dey d'Alger sur le nez du consul de France trois ans auparavant... Alger est prise par les forces françaises le 5 juillet 1830. L'expédition soulève une fièvre patriotique, mais elle n'empêche pas la défaite électorale (voir pp. 476-477).

UN PIÈTRE « NAPOLÉON DE LA PAIX »

La position de Louis-Philippe se révèle plus difficile. Tout au long de son règne, il est poussé par une opinion publique et une opposition nationaliste et facilement belliqueuse dans des conflits qui l'opposeraient de front aux

LA CIBLE DES CARICATURES

« C'est plaisant, j'avale Alger et je rends Paris », dit l'une à propos de Charles X, quand l'autre qualifie Louis-Philippe de « M. Chose, premier saltimbanque d'Europe ».

TAHITI, UN NOUVEAU PARADIS

En 1842, l'île de Tahiti devient un protectorat, affirmant la présence française dans l'océan Pacifique.

En 1841, Guizot charge l'amiral Dupetit-Thouars de s'emparer des Marquises. Mais l'amiral, outrepassant les ordres, prend également possession de Tahiti et de ses dépendances. Embarrassé, le gouvernement finit par accepter d'établir un protectorat sur l'île (1842). Or, l'année suivante, les autorités françaises expulsent le consul britannique, Pritchard, accusé de pousser les indigènes à la révolte contre la France. L'Angleterre exige excuses et réparations. De part et d'autre de la Manche, ce ne sont que torrents d'injures dans une presse déchaînée, avec pour seule conséquence un refroidissement durable entre les deux pays.

grandes puissances européennes. Entre la popularité et la paix, il choisit la paix, et tente, sans grand succès, de détourner le patriotisme de l'opinion sur l'aventure coloniale.

La question de l'attitude de Louis-Philippe est posée dès son arrivée sur le trône. La révolution de 1830 a fait tache d'huile : les Polonais, les Italiens, les Belges se soulèvent contre leurs souverains. Dans l'enthousiasme révolutionnaire et en souvenir de 1792, les Français exhortent le nouveau régime à se porter au secours des peuples opprimés, au prix d'un conflit ouvert avec la Russie, la Prusse et l'Autriche. De novembre 1830 à mars 1831, d'incessantes manifestations ont lieu en faveur de la Pologne et fragilisent le pouvoir (conduisant à la démission du président du Conseil, Jacques Laffitte). Louis-Philippe ne cède pas, et se contente de porter main-forte aux Belges soulevés contre le souverain des Pays-Bas (mais après s'être assuré de l'accord des puissances européennes). Sa fille, Louise, sera la nouvelle reine de Belgique (piètre consolation pour les patriotes français).

Depuis 1832, l'Égypte cherche à s'émanciper du joug ottoman. La France la soutient (le pacha Méhémet-Ali offre l'obélisque de Louxor en remerciement), mais les autres puissances européennes sont opposées à un affaiblissement supplémentaire de l'« homme malade de l'Europe », qui bouleverserait l'équilibre du continent. Sans avoir convoqué la France, les grandes puissances signent un traité pour contraindre l'Égypte à se soumettre au sultan (juillet

1840). L'annonce du traité à Paris fait l'effet d'une bombe ; la France, tenue à l'écart, est humiliée. Thiers, alors ministre, semble favorable à une guerre pour défendre l'Égypte, suivi par une opinion publique tout entière gagnée par la fièvre patriotique. Le roi, à nouveau, fait le choix de la paix, et Thiers démissionne (octobre).

Pour préserver la paix, mais sortir la France de sa nouvelle position d'isolement, le nouveau ministre, Guizot, cherche à se rapprocher de l'Angleterre. Rares sont pourtant en France les partisans d'une entente avec « la perfide Albion », moins encore au moment où le pays communie tout entier dans la ferveur impériale du retour des cendres de l'Aigle. En 1843, la jeune reine Victoria est le premier souverain anglais à fouler le sol français depuis 1815. Mais il ne s'agit que d'une entente cordiale, qu'aucun traité ne vient concrétiser, et qui se révèle fragile à plusieurs reprises.

LA NAISSANCE D'UN EMPIRE COLONIAL

L'aventure coloniale peut être un moyen de redorer le blason terni du roi irénique et de satisfaire l'opinion publique.

Sous la pression des officiers qui rêvent de gloire militaire, et d'un « parti colonialiste » qui prend de l'ampleur, Louis-Philippe poursuit à partir de 1834 la colonisation algérienne. La conquête se révèle difficile, face à l'opposition acharnée de l'émir Abd el-Kader. En 1840, après avoir un temps envisagé une occupation limitée aux côtes, laissant l'intérieur à l'émir, Louis-Philippe engage la conquête totale, à la recherche de prestige et de popularité. Les fils du roi s'illustrent dans la campagne militaire menée par Bugeaud et relayée par une vaste propagande. La conquête est achevée en 1847, et l'Algérie, divisée en trois provinces, est confiée à un gouverneur général qui y exerce tous les pouvoirs. Seule la Kabylie échappe à la domination française (elle sera conquise sous le second Empire).

Des implantations de colons ont lieu en Afrique noire, au Gabon notamment et en Côte d'Ivoire. En 1840, la France est devancée par l'Angleterre en Nouvelle-Zélande, mais l'amiral Dumont d'Urville s'empare de la terre Adélie. À partir de 1841, la présence française s'affirme dans l'océan Pacifique avec la conquête des îles de Tahiti, des Marquises, de Wallis-et-Futuna. La propagande se charge de faire rêver les Français de ces terres lointaines, mais l'opinion publique se satisfait plus des rivalités que cela occasionne avec l'Angleterre que des gravures de palmiers.

LE SAVIEZ-VOUS ?

Méhémet-Ali, pour remercier la France qui lui vint en aide contre les Ottomans, lui offre l'obélisque de Louxor, qui sera installé sur la place de la Concorde en octobre 1836. C'est un véritable exploit technique que de le hisser jusqu'au centre de la place car il pèse 230 tonnes et mesure 23 m de hauteur !

1848 et la IIe République

Le suffrage universel, prétexte ou fondement démocratique ?

LES ATELIERS NATIONAUX

La classe ouvrière française souffre du chômage. La nouvelle république, qui veut être un gouvernement social, tente de résoudre ce problème.

À Paris, après la révolution de février 1848, la pression des émeutiers contraint le gouvernement provisoire à proclamer solennellement le « droit au travail ». C'est alors que naît l'idée de créer des « Ateliers nationaux », dans lesquels les très nombreux chômeurs français pourront être employés à des travaux dits d'utilité publique. Il est prévu d'embaucher 15 000 hommes et de les payer 2 F la journée. Or, en juin, 130 000 chômeurs se sont déjà inscrits. L'État est incapable de les occuper tous, si bien que certains d'entre eux sont employés à des tâches inutiles, pavant et dépavant les rues, et leur paie passe de 2 F à 1 F. Les Ateliers nationaux sont finalement fermés, ce qui provoquera les émeutes du mois de juin 1848.

La révolution de février 1848 met fin à la monarchie de Juillet, mais la république sociale et démocratique qu'elle instaure est bientôt remplacée par une république conservatrice, plus soucieuse d'ordre public que de démocratie. Cependant, le suffrage universel est instauré et ne sera plus jamais remis en cause.

Même si, de 1848 à 1851, il n'y a qu'un seul et même régime, la IIe République, il ne faut pas considérer ces quatre années comme un bloc homogène. La république pour laquelle les Parisiens se sont battus en février, celle qui sort des urnes à l'issue des premières élections au suffrage universel, celle qui est définie par la Constitution, celle qui est présidée par Louis Napoléon Bonaparte et celle qui sombre face au coup d'État du 2 décembre ne sauraient être considérées comme une seule et même république. Ce ne sont pas les mêmes hommes au pouvoir, pas les mêmes projets, ni les mêmes valeurs, ni les mêmes symboles. Ceux qui étaient à la tête de la révolution de 1848 sont en prison ou en exil quelques années plus tard ; ceux que l'on voulait renverser en février sont ceux-là mêmes qui détiennent le pouvoir en 1850.

L'ILLUSION LYRIQUE

Les deux journées de révolution, les 23 et 24 février 1848 ont renversé sans effusion de sang majeure la monarchie de Juillet. Non programmée, la révolution s'inscrit dans un contexte politique d'aspirations démocratiques, et dans un contexte de crise économique et sociale. La fusillade du boulevard des Capucines (le 23 au soir) a transformé la protestation contre le ministère en révolution contre la monarchie. Alors que l'alliance de 1830 se renoue sur les barricades entre ouvriers, étudiants et bourgeois de la Garde nationale, le roi choisit d'éviter l'affrontement et abdique. La solution d'une régence est rapidement écartée : c'est la république qui est proclamée, cependant qu'en place de Grève on brûle le trône de France.

L'atmosphère, dans les jours qui suivent, est à la liesse. Partout on discute, on propose ; ouvriers, bourgeois, hommes et femmes, Montagnards héritiers de 1793 ou modérés, monarchistes ou socialistes, tous s'expriment. Des journaux apparaissent, feuilles à un sou que le peuple peut s'offrir ; des clubs s'ouvrent. On plante des arbres de la Liberté que des prêtres bénissent, car la religion semble se réconcilier avec la révolution. Quelques formes de violence ont lieu à la campagne : incendies de châteaux ou de filatures, saccage de bureaux d'octroi (impôts indirects) ou bris de machine… Ces troubles, isolés, inquiètent pourtant la bourgeoisie.

Pour combler la vacance du pouvoir, un gouvernement provisoire doit être nommé. Deux forces s'affrontent : les chefs de la révolution, républicains radicaux et porte-parole du mouvement ouvrier, réclament une démocratie politique et sociale ; les républicains modérés, inquiets de la tournure des événements, sont attachés aux libertés publiques mais timides dans les réformes sociales. La tension se cristallise autour de la question du drapeau. Pour les radicaux, il faut le drapeau rouge, mais les modérés parviennent à imposer la conservation du drapeau tricolore. La composition définitive du gouvernement provisoire est également une victoire des modérés. Si les socialistes Louis Blanc, Flocon et l'ouvrier Albert sont présents, ils n'ont pas de portefeuille ministériel.

AUX URNES CITOYENS !

Le 5 mars, le suffrage universel masculin est proclamé. Il y a désormais en France 9 millions d'électeurs. Les libertés publiques sont toutes rétablies, la peine de mort en matière politique est abolie. À l'ouverture des prisons politiques correspond l'épuration de l'administration et de la magistrature. Le 27 avril, l'esclavage est aboli dans les colonies (décret que l'on doit à Victor Schœlcher).

Des mesures économiques et sociales tentent de répondre à la situation de crise, aggravée par la fête républicaine et les troubles qui perturbent la production, cependant que la bourgeoisie capitaliste, inquiète, change son papier-monnaie

Républicains : Les républicains ne sont pas tous des voleurs, mais les voleurs sont tous républicains.

Flaubert, *Dictionnaire des Idées Reçues.*

LE PRINTEMPS DES PEUPLES

En 1848, une série de révolutions, attisées par la crise économique et l'exemple français, embrasent la plupart des États d'Europe.

L'Europe de 1848 est encore telle que le congrès de Vienne l'a façonnée en 1815. À l'exception de la naissance des États belge, serbe et grec, elle reste encore très morcelée, et partout éclatent des mouvements nationaux. Les peuples qui sont opprimés par une puissance étrangère se révoltent contre celle-ci. Ainsi les Hongrois, Tchèques, Croates, Slovaques et Vénitiens se rebellent contre l'Autriche, et les Polonais, contre la Russie. En Italie et en Allemagne, les intellectuels aspirent à l'unification en un État de leurs patries divisées. Quant aux peuples qui subissent des régimes autoritaires, ils se révoltent aussi pour réclamer la fin de l'oppression et la garantie des libertés individuelles. À Vienne, à Naples, à Rome, à Berlin, les trônes vacillent. Partout cependant, la répression vient à bout de tous les espoirs populaires : « l'Internationale de la peur » se met en route, l'armée de la Prusse restaure le pouvoir de Frédéric-Guillaume IV, celle de l'Autriche affermit le jeune François-Joseph, tandis que la République française, devenue bourgeoise, renvoie le pape dans ses États ; et c'est le tsar qui, une fois les Polonais battus, aide l'Autriche à écraser les Hongrois...

en pièces d'or et évacue ses capitaux vers l'Angleterre, ajoutant à la crise économique une catastrophe bancaire. Le gouvernement lance une politique de grands travaux pour juguler le chômage. Dans le prolongement de la proclamation, le 25 février, du droit au travail, des Ateliers nationaux sont créés le 26 pour procurer des emplois aux 184 000 chômeurs parisiens. Le modèle, suivi en province, est conçu comme un secours d'urgence, pour éviter une explosion sociale. Le temps de travail est par ailleurs limité à 10 heures à Paris et à 12 en province. L'échec d'un emprunt patriotique oblige les républicains à augmenter les impôts directs de 45 %, mesure qui leur aliène une partie du peuple, notamment les paysans. Mais il faut donner une constitution à la nouvelle république, et l'on procède pour se faire à l'élection d'une assemblée constituante.

LA CONSTITUTION DE LA IIe RÉPUBLIQUE

La campagne électorale se déroule dans une grande liberté, sans que les pouvoirs publics ne fassent pression en faveur des candidats républicains. La profusion des listes est à la mesure de l'effervescence politique. Toutes les familles politiques sont en lice. Quelques légitimistes se cachent sous des professions de foi très populistes, cependant que les orléanistes cherchent à faire figure de républicains modérés. Ceux-là mêmes, notables installés, font campagne pour la république, les libertés, la paix des nations, mais contre le socialisme. Les républicains radicaux, d'origine sociale plus modeste, demandent la république sociale, le droit au travail, le soutien aux peuples opprimés d'Europe. Le scrutin a lieu le 23 avril, dans le calme, avec une participation de 83,6 % des inscrits. La république semble sortir victorieuse, avec 500 élus sur 880 représentants du peuple. Mais beaucoup sont des « républicains du lendemain », opportunistes ralliés. Ils sont proches des monarchistes affichés, qui ont tout de même près de 300 sièges. Au sein des républicains, l'élection confirme la mise à l'écart des radicaux : ils n'ont que 60 sièges. L'assemblée est dominée par les notables ruraux ; on compte une petite vingtaine de représentants des classes populaires et aucun paysan. La masse des constituants entend bien faire comprendre que la république ne sera pas rouge, démocratique et sociale, mais tricolore, modérée et conservatrice. Leur Constitution, fortement inspirée du modèle républicain, instaure une assemblée législative unique et un président de la République aux pouvoirs étendus – sorte de monarque républicain – tous deux élus au suffrage universel direct.

UNE LIBERTÉ OPPRIMÉE

L'affrontement entre républicains radicaux et modérés va se jouer d'abord sur les questions de politique extérieure. 1848 est un phénomène européen, un « Printemps des peuples », qui, de Vienne à Varsovie, de Rome à Berlin, pousse les peuples à se révolter au nom d'idéaux libéraux et nationalistes. Dans une tradition messianique héritée de la Révolution française, les républicains radicaux voudraient se porter au secours des peuples opprimés. Mais les modérés ont fait le choix de la paix. Le 15 mai 1848, une manifestation en faveur des Polonais semble dégénérer en insurrection. Le prétexte est saisi pour arrêter la plupart des chefs de l'extrême gauche et la discréditer aux yeux de l'opinion publique.

Mais la rupture a lieu en juin. Le 21 juin, un décret ferme les Ateliers nationaux. Les ouvriers ripostent immédiatement par la manifestation puis l'émeute : Paris se hérisse de barricades ; forces de l'ordre et émeutiers fraternisent. Mais la répression, confiée au général Cavaignac, est implacable et sanglante : au terme de deux jours de combats, les 25 et 26 juin 1848, 3 000 insurgés sont morts, beaucoup exécutés sommairement, et près de 10 000 ont été arrêtés. Des mesures d'exception sont prises : la liberté de la presse est restreinte, les chefs de l'opposition sont incarcérés ou en fuite, la journée de travail est à nouveau portée à 12 heures à Paris. La république sociale est morte.

LA RÉPUBLIQUE DU PARTI DE L'ORDRE...

En décembre a lieu l'élection du président de la République. Les républicains s'y présentent divisés : de droite à gauche, Cavaignac, Lamartine, Ledru-Rollin et Raspail (qui pourtant est en prison depuis le 15 mai). Le

La république a bien de la chance ! Elle peut tirer sur le peuple.

Mot de Louis-Philippe, renversé par la IIe République et réfugié en Angleterre, lors de la répression sanglante d'une insurrection par le général Louis-Eugène Cavaignac en juin 1848.

AUX URNES !

Le 23 avril 1848, des millions de Français votent pour la première fois. Le scrutin est un succès, mais il porte à la chambre une république modérée, menacée par les monarchistes.

On vote le 23 avril, dimanche de Pâques, ainsi que le lendemain, compte tenu de la lenteur des opérations. Le matin du dimanche, après la grand-messe, tout le village se réunit autour du curé, du maire, des notables. Le cortège s'ébroue en direction du chef-lieu de canton, musique en tête, portant drapeaux. Quelques hommes restent au village pour le défendre contre d'éventuels brigands. Comme le craignaient les républicains radicaux, l'encadrement des notables joue un rôle majeur : en tête du cortège, s'arrêtant pour faire un discours à mi-parcours, ils mènent « leurs » paysans aux urnes. Rien de surprenant à ce que le scrutin les conforte : ils dominent sociologiquement une chambre politiquement très modérée.

« parti de l'ordre », qui rassemble autour d'idées conservatrices les monarchistes et les républicains les plus modérés, n'aligne qu'un candidat, et non des moindres : le neveu de l'Empereur, Louis Napoléon Bonaparte. Sur le prestige de son nom, sur un programme « attrape tout » (on défendra les pauvres, les riches, la religion comme la liberté de croyance, les paysans comme les ouvriers), c'est ce dernier qui l'emporte avec 74,2 % des suffrages. Les conservateurs groupés derrière Thiers sont satisfaits : « c'est un crétin qu'on mènera », pensent-ils. À tort.

L'Assemblée législative élue en mai 1849 conforte ce tournant conservateur. Les républicains modérés (que l'on appelle « les bleus ») sont les grands perdants du scrutin : 100 sièges, contre les 400 qu'ils détenaient à la Constituante. Les radicaux (« les rouges ») se renforcent : les quartiers ouvriers des grandes villes et quelques départements ruraux pauvres en ont porté 200 sur les bancs de l'Assemblée. Mais la victoire est acquise pour les conservateurs du parti de l'ordre (« les blancs ») avec 450 sièges. Une nouvelle manifestation de soutien aux peuples d'Europe (les Romains sont révoltés contre le pape qu'une expédition française remet au pouvoir) est le nouveau prétexte saisi pour éliminer définitivement la gauche républicaine (13 juin 1849). Symboliquement, les arbres de la Liberté, plantés en 1848, sont arrachés et une loi interdit les clubs et les réunions publiques.

L'œuvre législative témoigne également de l'orientation conservatrice. La loi Falloux (1850) réaffirme le contrôle de l'Église sur l'enseignement primaire et secondaire. Une loi de mai 1850 restreint le suffrage universel : en instaurant des conditions de domicile pour son exercice (il faut prouver trois ans de domicile), les conservateurs éloignent des urnes un tiers de l'électorat, essentiellement la classe ouvrière (contrainte à de fréquents déménagements).

Cette politique est menée de front par le président et l'Assemblée. Mais l'alliance entre Louis Napoléon et le parti de l'ordre est plus stratégique que de conviction. Elle repose sur la nécessité de museler l'opposition des rouges. Chose faite, le président, dont l'ambition est de se maintenir au pouvoir au-delà des quatre années de son mandat, entre en conflit ouvert avec la Chambre.

LA FIN DE LA RÉPUBLIQUE

Louis Napoléon Bonaparte, habile manœuvrier, conforte sa popularité. Pour plaire aux militaires, il multiplie les revues. Il rassure les bourgeois en se présentant comme un garant de l'ordre, mais s'assure également d'un soutien populaire en dénonçant la loi de mai 1850 et en se posant en défenseur du suffrage universel. Il subventionne des journaux qui diffusent sa propagande, nomme des préfets qui lui sont dévoués, s'attache les citoyens par de nombreux voyages présidentiels.

Il cherche tout d'abord à obtenir légalement une révision constitutionnelle qui lui permette de se faire réélire en 1852. Mais devant le refus des députés, il se résout au coup d'État. Préparé dans le secret pendant l'été sous le nom d'opération Rubicond, celui-ci a lieu le 2 décembre 1851, jour anniversaire du couronnement de l'illustre oncle et de la victoire d'Austerlitz. Au petit matin, deux décrets sont placardés : le premier dissout l'Assemblée et proclame l'état de siège, le second rétablit le suffrage universel, prétexte démocratique pour une restauration autoritaire. La préparation du complot réduit les résistances : les meneurs potentiels ont été préventivement arrêtés, les imprimeries de presse occupées et on a déployé des troupes dans la capitale. Certes, quelques députés tentent une résistance légale, Victor Hugo et Victor Schœlcher, ceints de l'écharpe tricolore, cherchent à inciter le peuple à la révolte. Mais la résistance est faible à Paris : les ouvriers ne sont pas prêts à mourir pour la république qui les a fusillés en juin. C'est en province que les troubles sont les plus importants, surtout dans les campagnes et les petites villes du Midi rouge ou du Centre. Mais la répression est sans appel. 26 000 arrestations, une justice expéditive, et, de janvier à avril, un ballet de bateaux partant de Marseille pour conduire en Algérie les déportés politiques. Hugo s'exile dans les îles Anglo-Normandes. Conforté par un plébiscite du 21 décembre (appelés à se prononcer tout à la fois sur le coup d'État et le rétablissement du suffrage, 91 % des inscrits votent oui), Louis Napoléon Bonaparte prend une année pour s'installer au pouvoir et proclamer l'Empire (2 décembre 1852).

LOUIS NAPOLÉON BONAPARTE

« C'est un crétin qu'on mènera », dit de Louis Napoléon Bonaparte le chef du parti de l'ordre. Le neveu de l'Empereur n'inquiète pas encore en 1848.

À la mort du fils de l'Empereur, c'est ce dernier qui devient le prétendant bonapartiste. Ce jeune homme, élevé en exil, nourri des idéaux de 1789 et de l'épopée impériale, tente à deux reprises un coup de force contre le régime orléaniste. Mais les deux complots de 1836 et 1840 sombrent dans le ridicule et lui collent l'image d'un comploteur de comédie. Exilé en Angleterre, après une évasion rocambolesque, Louis Napoléon se laisse séduire par les idées de Saint-Simon. À la faveur de 1848, il cherche à revenir dans la vie politique française, financièrement soutenu par une demi-mondaine, qu'il a séduite à Londres, et par les bonapartistes. Il n'entre pas à l'Assemblée le 23 avril, mais en juin, à la faveur d'une élection partielle. Monté à la tribune, il y bafouille quelque chose, puis se tait et redescend. Au lendemain de son élection à la présidence, il suscite donc plus la dérision que l'inquiétude. Il se montrera plus habile et dangereux qu'on ne s'y attendait.

Le second Empire

Un empire entre contraintes et libertés...

L'IMPÉRATRICE EUGÉNIE

On disait d'elle qu'elle était une des plus belles femmes du monde. L'impératrice Eugénie marqua le règne de Napoléon III.

En 1852, l'empereur, toujours sans descendance, cherchait une épouse. Mais les grandes familles européennes lui refusent la main de leurs princesses. Aussi doit-il se rabattre sur une simple comtesse espagnole : Eugénie de Montijo. Pour masquer l'humiliation de ce mariage peu prestigieux, la propagande joue sur le mariage d'amour et la beauté de la mariée : « J'ai préféré une femme que j'aime et que je respecte à une femme inconnue dont l'alliance aurait eu des avantages », dira l'empereur qui offrait chaque matin à sa promise un bouquet de violettes. Les fêtes des noces sont fastueuses. Un héritier, Eugène Louis, voit le jour en 1856. Mais la belle impératrice se rend vite impopulaire par ses excès de cléricalisme et ses positions politiquement conservatrices.

En 1852, Louis Napoléon Bonaparte instaure un empire qui, sous une façade démocratique, est un régime autoritaire. Fortifié un temps par les succès de l'économie et de la politique extérieure, il sera cependant contraint à le libéraliser dans la seconde moitié de son règne.Le régime sera finalement emporté par la défaite de 1870.

Après avoir pris le pouvoir au terme du coup d'État du 2 décembre 1851, Louis Napoléon Bonaparte prépare le rétablissement de l'Empire. Petit à petit, les aigles impériaux refont leur apparition sur les drapeaux de l'armée, cependant que l'on retire la devise républicaine du fronton des mairies. Au cours d'une grande tournée en Province, à l'automne 1852, Louis Napoléon multiplie les discours annonçant une ère d'ordre, de progrès, et martelant, pour écarter les mauvais souvenirs des guerres napoléoniennes, « L'Empire, c'est la paix ! ». Le rétablissement de l'Empire (7 novembre 1852) ne surprend personne. Un plébiscite favorable (7,8 millions de « oui » contre 250 000 « non ») vient lui conférer un baptême démocratique. Le prince président prend le titre de Napoléon III, empereur héréditaire.

L'EMPIRE AUTORITAIRE

L'organisation des pouvoirs, fixée par la Constitution de janvier 1852, donne au régime une apparence démocratique. Elle se réclame des principes de 1789 et le suffrage universel est réaffirmé. Mais il ne s'agit que d'une démocratie de façade. Louis Napoléon détient tout le pouvoir exécutif et a l'initiative des lois. Les ministres ne sont responsables que devant lui et se révèlent entièrement soumis. Le Corps législatif (on ne parle plus d'Assemblée), élu au suffrage universel pour six ans, n'a, en réalité, que peu de pouvoirs : privé du droit d'interpellation des ministres, ne siégeant que trois mois par an, il tient plus de la chambre d'enregistrement des lois que d'un véritable espace de délibérations politiques. Les députés doivent, de toute façon, prêter un serment de fidélité à l'empereur. Un Sénat, entièrement dans les mains de Napoléon, a le pouvoir d'annuler les lois. Enfin, les élections au Corps législatif sont largement manipulées, et tout atteste, en plus des pressions exercées sur les électeurs, de la pratique de trucage des résultats. L'opposition est muselée par une forte censure de la presse et menacée d'arrestations. Les libertés publiques sont supprimées, les fonctionnaires sont mis au pas. L'enseignement est contrôlé : les agrégations de philosophie et d'histoire, matières jugées séditieuses, sont supprimées. La surveillance policière se renforce. En 1858, une loi dite « de sûreté générale » permet d'incarcérer et de déporter sans jugement les hommes considérés comme « suspects ». L'opposition ne peut alors se maintenir que dans la clandestinité ou l'exil. Mais les idées républicaines résistent, notamment dans les grandes villes. L'opposition libérale, qui vise plus la nature autoritaire du régime que sa forme monarchique, a plus de latitude pour se faire entendre. Elle rassemble quelques orléanistes libéraux, comme Thiers et Rémusat, ou d'anciens républicains ralliés au bonapartisme libéral, comme Émile Ollivier.

UNE POLITIQUE AMBITIEUSE

L'empereur, fort de son pouvoir, entame une politique économique ambitieuse qui impulse, enfin, le décollage industriel. De grands travaux d'équipement favorisent les échanges intérieurs et extérieurs. Des aménagements agricoles agrandissent la surface cultivable du pays. Le développement industriel est encouragé par une réforme du crédit et du système bancaire. Les résultats sont importants : essor de la production industrielle, du commerce, développement d'un secteur moderne. La France parvient finalement à rattraper son retard. D'autre part, l'empereur entend faire de Paris un écrin à la mesure de son prestige. Il charge le baron Haussmann – qu'il supervise de près – de moderniser la ville, de l'assainir de ses quartiers insalubres, de l'aérer et de l'embellir.

Enfin, l'empereur s'attache à redonner à la France le statut de

L'empire, c'est la paix !

Louis Napoléon Bonaparte, le 9 octobre 1852, quelques semaines avant le plébiscite à l'issu duquel il sera proclamé empereur.

J'y suis, j'y reste !

Mac-Mahon, refusant d'abandonner aux Russes le fort de Malakoff lors de la guerre de Crimée (1855).

NAPOLÉON III ET LES NATIONALITÉS

En 1859, Napoléon III aide les Italiens à battre l'Autriche et à amorcer l'unification italienne. L'empereur apparaît alors comme le champion des nationalités opprimées d'Europe. De fait, il a toujours défendu le droit des peuples à disposer d'eux-mêmes. Au pouvoir, en plus de l'aide apportée aux Italiens (voir p. 434), il facilite l'autonomie du Monténégro, de la Serbie, de la future Roumanie, et tente, en vain, d'organiser un congrès européen pour régler le problème polonais.

Cette politique généreuse, héritée du messianisme de la Révolution française et de l'épopée napoléonienne, a cependant pour but ultime d'affirmer la puissance française en Europe et le prestige de l'empereur. Elle n'interdit pas quelques bénéfices directs, comme le rattachement de Nice et de la Savoie au terme de la campagne d'Italie.

Le bilan est finalement mitigé, tant pour les nationalités que Napoléon III voulait défendre – puisque l'Italie devra attendre 1870 pour achever son unification, et que le cas polonais reste entier – que pour le prestige de la France. Ironie de l'histoire, c'est au service de l'unification allemande que Bismarck déclare la guerre à la France, conflit qui conduira à sa perte le « champion des nationalités » !

puissance internationale qu'elle avait perdu. En 1854, il s'engage dans la guerre de Crimée. La politique expansionniste du tsar contre l'Empire ottoman et la menace que celui-ci ferait peser sur les lieux saints de Palestine sont des prétextes pour déclarer, avec l'Angleterre, la guerre à la Russie, brisant les alliances de 1815 au profit du rapprochement franco-anglais. L'expédition est hasardeuse et très meurtrière ; les soldats français meurent surtout de maladie (typhus, scorbut et choléra). Si l'expédition militaire ne saurait être un réel succès, en revanche, le congrès de la Paix, organisé à Paris en 1856, atteste de la montée en puissance de la diplomatie française et apparaît à l'opinion publique patriote comme une revanche sur le congrès de 1815. Napoléon entend ensuite se poser en défenseur des nationalités européennes, et en premier lieu des Italiens. En effet, dans une Italie morcelée en huit États et en partie sous domination autrichienne, les aspirations nationalistes et unitaires sont puissantes. Une alliance militaire entre le Piémont-Sardaigne et la France permet au petit royaume italien de battre les armées autrichiennes en 1859 et d'amorcer l'unification de l'Italie. En compensation de son aide, Napoléon III récupère Nice et la Savoie, rattachée à la France après un plébiscite (voir pp. 440-441).

À LA CONQUÊTE DES COLONIES

Mais l'ambition de Napoléon III est mondiale. Il engage fermement la France dans une entreprise coloniale. Les objectifs de l'empereur sont multiples : contrebalancer en tout point du globe l'influence anglaise, s'assurer de la mainmise sur des matières premières agricoles ou industrielles, donner du prestige à la France. En 1853, il annexe la Nouvelle-Calédonie, mettant à disposition de la France ses gisements de nickel. La fondation du port de Dakar, la nomination d'un gouverneur général français du Sénégal (1854), le développement de la culture et du commerce de l'arachide, la création du corps des tirailleurs sénégalais (1857), l'acquisition de la côte du Gabon (1862) marquent les étapes de la pénétration française en Afrique de l'Ouest. En 1862, l'empereur fait occuper le territoire d'Obok, face à Djibouti, pour contrôler le débouché de la mer Rouge. En Algérie, la Kabylie est soumise en 1857, achevant la conquête. L'empereur envisage alors une politique généreuse qui rendrait leurs terres aux musulmans, leur laisserait le libre choix de la citoyenneté française et leur reconnaîtrait des droits politiques et sociaux. Mais cette politique se heurte au double refus des militaires et des colons, conduisant à son abandon. L'influence économique et militaire française s'accroît également en Tunisie et en Chine. La France s'empare de Saigon en 1859, jetant les bases d'un empire d'Indochine que la conquête de la Cochinchine (1862-1867) et le protectorat sur le Cambodge (1867) viennent compléter.

Napoléon projette également un empire latin d'Amérique du Sud qui permettrait de fédérer, sous l'égide de la France, les ambitions des autres pays européens. L'Angleterre, l'Espagne, mais aussi l'Autriche (avec laquelle l'empereur cherche à se réconcilier après la campagne italienne) sont de la partie. L'affaiblissement des États-Unis, empêtrés dans la guerre de Sécession à partir de 1861, offre une occasion exceptionnelle d'agir. En novembre 1861, Français, Espagnols et Britanniques débarquent à Veracruz. L'expédition est mal engagée, le général ne dispose même pas d'une carte du pays ! Espagnols et Britanniques se retirent en 1862, laissant les Français mener quelques victoires et établir un empire mexicain, dont la couronne, diplomatie

Chez les Français, tout est pose, grandiloquence, parade. Leur coq ne supporte pas qu'on chante plus fort que lui dans la basse-cour européenne.

Bismarck.

Attendu que Baudelaire, Poulet-Malassis et De Broise ont commis le délit d'outrage à la morale publique et aux bonnes mœurs [...]

Extrait de la condamnation de Baudelaire et de ses éditeurs.

LA MORALE OUTRÉE !

Deux grands écrivains sont poursuivis par la justice impériale pour outrage à la morale publique.

La même année, en 1857, le même procureur prononce deux réquisitoires contre deux des plus grands chefs-d'œuvre de la littérature française. Baudelaire est attaqué pour ses *Fleurs du Mal*, Flaubert pour *Madame Bovary*, tous deux pour outrage à la morale publique, immoralité et irréligion. Flaubert est acquitté ; Baudelaire, condamné à une amende et au retrait de six poèmes. Les accusateurs reprochent aux ouvrages certains passages jugés licencieux et sur lesquels toute l'attention du public et des tribunaux s'est focalisée. Pourtant, il s'agit bien plus que de simples extraits, car les deux livres sont, à leur manière, une condamnation sans appel du monde que la bourgeoisie du second Empire est en train de construire. L'une des œuvres appelle à l'ivresse, à la fuite et à la révolte, l'autre montre la médiocrité et les dangers d'une existence conforme aux stéréotypes du siècle.

européenne oblige, est confiée au frère de l'empereur d'Autriche, Maximilien. Mais la situation se révèle rapidement intenable, d'autant que la fin de la guerre de Sécession permet aux Américains d'apporter une aide décisive à la résistance mexicaine. En 1867, la France décide le retrait de ses troupes (dont elle a besoin qui plus est dans un contexte de tension sur le Rhin), laissant seul l'empereur Maximilien, qui sera submergé par la résistance mexicaine et fusillé.

Au total, sous le second Empire, la superficie du domaine colonial a triplé, atteignant un million de kilomètres carrés et regroupant plus de cinq millions d'individus.

PROPAGANDE ET DIPLOMATIE

L'empire autoritaire ne manque pourtant pas de soutiens. Les notables conservateurs sont rassurés par le maintien de l'ordre, cependant que les milieux d'affaires se réjouissent de la politique de modernisation et de décollage économique impulsée par l'empereur. L'Église se satisfait de la nouvelle alliance du trône et de l'autel qui se dessine : Napoléon III associe en effet le clergé à toutes les cérémonies publiques, augmente le budget des cultes et subventionne la construction d'édifices religieux. Une majorité de paysans, majoritairement catholiques, soucieux d'ordre public, soutient également l'empereur, d'autant que la conjoncture est à la prospérité agricole. Les succès militaires de la politique extérieure ambitieuse bercent un temps les nostalgiques de l'épopée napoléonienne. Ces soutiens sont entretenus et mis en scène par une propagande active et maîtrisée : grandes fêtes, tournées en province sont organisées pour exalter le régime. Mais, à partir de 1860, ce dernier perd une partie de ses soutiens. Les catholiques sont mécontents de l'intervention française en Italie : ils reprochent à Napoléon III d'avoir favorisé l'unité italienne qui menace directement les intérêts du pape. Les milieux d'affaires sont eux hostiles à la politique de libre-échange que l'empereur a entamée en signant un traité de commerce avec l'Angleterre en 1860. La politique extérieure qui s'enlise est critiquée comme hasardeuse et coûteuse. Pour trouver de nouveaux soutiens, le régime va devoir se libéraliser.

L'EMPIRE LIBÉRAL

Les concessions libérales ont pour objectif de donner au pouvoir de nouveaux appuis populaires. Les pouvoirs du Corps législatif sont progressivement étendus : celui-ci recouvre le droit d'adresse (droit de répondre au discours annuel fait par l'empereur) en 1860, celui d'interpellation (droit pour les députés de demander à un ministre de s'expliquer sur sa politique) en 1867 ; il obtient l'initiative des lois en 1869, cependant qu'en 1870 est établie la double responsabilité des ministres devant l'empereur et les députés. Les libertés publiques sont grossièrement rétablies : allégement de la censure, autorisation des réunions publiques, abrogation de la loi de sûreté générale. Les ouvriers obtiennent en 1864 le droit de grève. Ces concessions, jugées excessives par les conservateurs, restent insuffisantes aux yeux de l'opposition.

Mais cette libéralisation, loin de conforter le régime, le menace. Elle permet la naissance d'une opposition active, libérale mais aussi républicaine, qui désormais s'exprime et peut espérer emporter les suffrages, cependant que le mouvement ouvrier se réveille. Aux élections législatives de 1869 le débat est passionné, et les résultats sont défavorables au régime : aux côtés d'une centaine de bonapartistes autoritaires (les « mamelouks »), la majorité appartient à une nouvelle opposition bonapartiste mais libérale, le « tiers parti », et l'extrême gauche républicaine obtient une trentaine de sièges. L'empereur, appliquant la règle du régime parlementaire qu'il a instauré, nomme le chef du « tiers parti », Émile Ollivier, chef du gouvernement.

Napoléon III, déstabilisé, tente de recourir au plébiscite pour refonder son pouvoir. Le 8 mai 1870, le peuple est

La France contient, dit l'Almanach impérial, trente-six millions de sujets, sans compter les sujets de mécontentement.

Henri Rochefort, dans le 1er numéro de *la Lanterne*, mai 1868.

Et je ne fais que traduire les sentiments intimes du peuple de France en disant du cléricalisme ce qu'en disait un jour mon ami Peyrat : Le cléricalisme ? voilà l'ennemi !

Léon Gambetta, à la Chambre des députés, le 4 mai 1877.

LE ROMANCIER-JOURNALISTE

Émile Zola donne dans son œuvre une description précise de la façon dont les gens vivent sous le second Empire. Il se comporte comme un romancier-journaliste, qui part en reportage dans différents milieux et rapporte son expérience : *Germinal* aborde la vie des mineurs, *l'Assommoir* présente la misère ouvrière et *Au bonheur des dames* décrit la création et l'essor d'un grand magasin parisien. Le cycle des Rougons-Macquart dépeint ainsi l'état de la société mais aussi ses mutations politiques et sociales, et fait de l'écrivain un historien, témoin de son temps.

fort habilement appelé à se prononcer tout à la fois sur la libéralisation du régime et l'appui à l'empereur. C'est un succès pour Napoléon III, qui peut se targuer de 7,3 millions de oui.

LA CHUTE DE L'EMPIRE

Ce n'est pourtant qu'un feu de paille. Les résultats du plébiscite témoignent autant du soutien apporté aux réformes libérales qu'à l'empereur. C'est finalement la guerre franco-prussienne qui entraîne la chute du régime. Bismarck, chancelier du roi de Prusse, pousse l'empereur à la guerre : il s'agit pour lui de souder les États allemands par un sentiment nationaliste antifrançais afin d'achever l'unité nationale allemande. Napoléon n'exclut pas lui non plus de ressouder derrière lui l'opinion publique en s'appuyant sur l'exaltation patriotique. Mais la guerre, déclarée le 19 juillet 1870, se révèle un désastre militaire. Le 1er septembre, l'armée française est encerclée, et l'empereur fait prisonnier à Sedan. À cette nouvelle, le 4 septembre, les républicains envahissent le Corps législatif et proclament, sans effusion de sang, la république. C'est un régime moribond qui meurt dans la défaite.

Un gouvernement provisoire se charge alors de continuer la guerre, car les conditions allemandes à la paix sont inacceptables (annexion de l'Alsace et de la Lorraine). Or la situation militaire s'aggrave. Le siège de Paris, qui débute en septembre 1870, se révèle particulièrement difficile pour les Parisiens affamés (ils mangent les chats, les chiens, même les animaux du jardin des Plantes !). Gambetta, membre du gouvernement, quitte Paris en ballon et cherche à organiser la guerre à outrance. Mais en dépit d'un gros effort de mobilisation et de quelques succès militaires, l'armistice est signé le 28 janvier 1871. Pour éviter toute remise en cause des futurs accords de paix,

« ET S'IL N'EN RESTE QU'UN, JE SERAI CELUI-LÀ »

Exilé pour s'être opposé au coup d'État, Victor Hugo lance contre Napoléon III les imprécations des *Châtiments*.

Avec les députés républicains, Hugo a tenté en vain de soulever les ouvriers parisiens contre Louis Napoléon. Le 11 décembre, il quitte la France en secret et part d'abord pour Bruxelles avant de s'installer dans les îles Anglo-Normandes. Chef de la petite colonie de proscrits, Hugo utilise la poésie comme une redoutable machine de guerre contre le régime impérial. Après la parution d'un pamphlet en prose, *Napoléon le Petit*, c'est en effet la publication clandestine, en novembre 1853, d'un recueil de 6 000 vers, *les Châtiments*. Reprenant ironiquement pour titres des proclamations de l'ex-prince président (« la société est sauvée », « l'ordre est rétabli »...), les sept chants de l'œuvre mêlent l'indignation et le mépris, l'émotion et la raillerie. Intransigeant, le poète refuse l'amnistie des proscrits, prononcée en 1859, et ne rentre en France qu'en 1870, après dix-neuf ans d'exil.

Pensons-y toujours, n'en parlons jamais.

Léon Gambetta, juin 1871, à propos de l'Alsace et de la Lorraine, annexées par les Allemands.

Bismarck ne veut négocier qu'avec des pouvoirs légitimes et définitifs. Le gouvernement provisoire organise donc en février des élections pour une assemblée constituante, alors que le pays est occupé et qu'une partie des hommes est sous les drapeaux. La campagne électorale ne se fait pas sur la nature du régime, mais sur la question de la paix. Si les monarchistes, les conservateurs et les plus modérés des républicains sont pour la paix, les radicaux prônent la guerre à outrance. L'assemblée qui sort des urnes est dominée par les monarchistes, élus sur leur programme irénique. Le pouvoir exécutif est confié à Thiers, orléaniste libéral. La paix, signée le 10 mai, est désastreuse pour la France, qui perd l'Alsace et deux départements de Lorraine, et doit payer une indemnité de cinq milliards de francs. 1870 est ainsi bien plus la fin de l'Empire que le début de la république. Le régime est certes proclamé, mais il faudra encore cinq ans avant qu'il se dote d'une constitution, et neuf ans avant que des républicains se retrouvent au pouvoir. Avec une assemblée monarchiste (qui, ô symbole, siège à Versailles !) et Thiers à la tête de l'État, la république semblait en effet bien mal engagée.

Le grand bond en avant du capitalisme

Du décollage économique à la nouvelle société industrielle

LA NAISSANCE DES GRANDS MAGASINS

Depuis le Moyen Âge, la vente au détail n'a guère évolué. Jusqu'à ce que, en 1852, le Bon Marché ouvre à Paris, appliquant des méthodes de vente révolutionnaires. Son fondateur, Aristide Boucicaut, profite de l'importante surface dont il dispose pour réduire ses marges bénéficiaires et attirer ainsi plus d'acheteurs. Autre nouveauté, les prix sont fixés une fois pour toutes et il n'est plus question de marchandage. Les clients peuvent entrer librement dans le vaste magasin, flâner de rayon en rayon et trouver une très grande variété d'articles, ce qui est impensable ailleurs. Le Bon Marché livre les achats à domicile et propose également à ses clientes provinciales une vente par catalogue, faisant ainsi concurrence aux boutiquiers de la France entière. Le succès commercial du Bon Marché est immédiat et d'autres grands magasins ne tardent pas à lui emboîter le pas. Ainsi naissent le Louvre, la Samaritaine et le Printemps.

L'entrée de la France dans la modernité industrielle se fait pendant le second Empire et sous l'impulsion de l'empereur. Commencé sous les signes de l'autoritarisme, ce régime évolue vers le libéralisme et représente une période d'essor économique et de mutation sociale : c'est une société nouvelle, avec une bourgeoisie capitaliste et un prolétariat, qui voit alors le jour.

La société et l'économie françaises de la première moitié du siècle étaient encore archaïques, surtout au regard de l'Angleterre qui avait effectué sa révolution industrielle. L'expansion économique est l'un des objectifs privilégiés de Napoléon III. Il entend profiter de la conjoncture économique mondiale favorable (grâce à la découverte d'or en Californie et en Australie) et prône une modernisation de fond en comble des structures économiques françaises.

DÉCOLLAGE ÉCONOMIQUE

Napoléon III souhaite engager la France sur la voie de la révolution industrielle, persuadé que seuls les progrès économiques permettront l'amélioration du sort de la classe ouvrière. Il escompte aussi s'attirer, par la prospérité économique, un large soutien politique, et rêve du prestige qu'il retirera de la modernisation du pays. Influencé par les idées de Saint-Simon, il est convaincu que seul l'État peut impulser l'activité économique. Il rompt donc avec le libéralisme dominant des régimes précédents, sans pour autant appliquer les théories socialistes : l'État doit diriger, orienter, favoriser le décollage industriel, mais il ne saurait être question de nationalisation.

L'État crée ainsi les conditions légales et matérielles du décollage économique. Il facilite le drainage de l'épargne dormante par la création de banques nouvelles (banques de dépôt comme le Crédit Lyonnais en 1863 ou la Société générale en 1864 ; banques d'affaires comme le Crédit foncier ou le Crédit mobilier) et incite à la création des sociétés anonymes. La France fait l'apprentissage d'un système bancaire moderne, ce dont témoigne la diffusion du papier-monnaie et du chèque. Pour couvrir le territoire national, désenclaver de nombreuses régions et unifier le marché, Napoléon III impulse la politique d'aménagement ferroviaire, entamée sous la monarchie de Juillet (on passe de 3 000 km de lignes en 1850 à 17 500 en 1870, soit la moitié du réseau actuel). L'amélioration des routes, par l'utilisation du procédé McAdam, fait du réseau français le meilleur du monde. Dans un souci d'accroissement du commerce extérieur, l'empereur mène des politiques d'aménagements portuaires (construction de Saint-Nazaire, aménagement de Marseille et du Havre) et encourage la création de puissantes sociétés maritimes. Enfin, l'agriculture n'est pas oubliée : de grands travaux d'aménagement contribuent à accroître la surface productive (assèchement des Landes, de la Sologne, des Dombes ; irrigation de la Provence). De grandes expositions universelles sont organisées à Paris, pour favoriser tout à la fois l'échange et l'émulation industrielle entre entrepreneurs français et européens. Enfin, en 1860, l'empereur fait le choix – et le pari – du libre-échange, en signant un traité avec l'Angleterre. Dénoncé comme un « coup d'État douanier » par les industriels français, le traité a causé de nombreuses faillites, mais il a obligé les entreprises à se moderniser cependant que le volume du commerce extérieur était multiplié par trois.

LE GRAND BOND EN AVANT

Le développement ferroviaire a un effet d'entraînement sur le reste de l'économie : en amont, modernisation du crédit et essor de la métallurgie, et, en aval, développement des communications, unification du territoire, début de spécialisation agricole. Les commerces intérieur et extérieur sont stimulés, et les premiers grands magasins font leur apparition : le Bon Marché en 1852, le Printemps en 1855 ou la Samaritaine en 1869.

Mais, surtout, la France entre dans la révolution industrielle, avec le développement des premières concentrations industrielles d'hommes, de

C'était un développement qui lui semblait sans fin, dans la fuite de la perspective, avec les étalages du rez-de-chaussée et les glaces sans tain de l'entresol, derrière lesquelles on voyait toute la vie intérieure des comptoirs.

Description du grand magasin « Au bonheur des dames » dans le livre éponyme de Zola.

LE SAVIEZ-VOUS ?

C'est au Creusot, au Puits Saint-Pierre, que la première grève des mineurs a lieu, le 13 mars 1848 ! Les travailleurs voudraient en effet que leurs salaires augmentent, que leur temps de travail diminue et que des garanties contre le chômage leurs soient données.

BIARRITZ ET VICHY

Honorées de la visite du couple impérial, les villes d'eaux deviennent très à la mode et accueillent la meilleure société.

C'est l'impératrice Eugénie qui, en 1854, fait découvrir à son époux un petit village de pêcheurs où elle a séjourné jeune fille, chaque année, avec sa mère. À son tour, Napoléon III est séduit par la beauté du site et la douceur du climat : Biarritz est lancée. Le couple impérial s'y fait même construire une résidence, la villa Eugénie, qui abrite, en octobre 1865, les vacances diplomatiques de Bismarck, venu rencontrer Napoléon III. Vichy, quant à elle, doit d'abord sa célébrité à ses eaux et à ses sels, commercialisés avec succès dans toute la France : 25 tonnes de sel et deux millions de bouteilles sont vendues en 1864. Mais, à l'exemple de l'empereur, de nombreux mondains – jusqu'à 20 000 par an – se découvrent une vocation de curistes. Il est vrai que la vie sociale est fort brillante et les soupers très peu inspirés par la diététique... Vichy gardera son titre de « reine des villes d'eaux » jusqu'en 1914.

machines et de capitaux. L'essor des industries minières (la production de charbon quadruple), et plus encore sidérurgiques, est spectaculaire. Une nouvelle géographie industrielle se dessine, autour des bassins houillers ou sur les lieux de concentration de la main-d'œuvre : industrialisation commence alors à rimer avec urbanisation, cependant qu'apparaissent les premières banlieues ouvrières et usinières.

D'ailleurs les villes se modernisent. Paris surtout, mais aussi celles de province s'équipent en gare, en égouts, en éclairage moderne ; elles s'assainissent et favorisent la circulation dans les rues.

Ce bilan positif doit pourtant faire l'objet d'un bémol. La France demeure encore majoritairement rurale et les petites entreprises y dominent. Le morcellement des propriétés agricoles freine toujours la modernisation, cependant que la consommation intérieure reste insuffisante, faute d'une hausse du niveau de vie des classes populaires, paysannes et, plus encore, ouvrières.

UNE NOUVELLE SOCIÉTÉ INDUSTRIELLE

La modernisation économique a d'importantes répercussions sociales. Elle permet la naissance d'une nouvelle bourgeoisie capitaliste qui s'enrichit de façon foudroyante. Le nombre des millionnaires double entre 1850 et 1870 – tout en restant une infime minorité. C'est aussi le temps nouveau des boursicoteurs, et Alexandre Dumas décrit la Bourse, construite en ces années, comme la nouvelle cathédrale des temps modernes.

La nouveauté tient surtout au fait que cette nouvelle bourgeoisie n'a plus honte de sa richesse. Les bourgeois de Zola ne sont plus ceux de Balzac ! Une minorité de privilégiés mène, à Paris surtout, le grand train d'une vie de plaisirs : bals, soirées mondaines, sorties à l'Opéra, promenades au bois de Boulogne où les équipages et les tenues de ces dames font assaut d'élégance. L'été, la mode est aux stations balnéaires de Biarritz ou de Deauville. Cette fête impériale sera dénoncée par les républicains comme la preuve d'un esprit superficiel : on ne voit là qu'orgie immorale et femmes faciles en crinoline. La bourgeoisie se ferme de plus en plus aux couches inférieures, ce que traduit la ségrégation urbaine qui tend à rejeter les ouvriers en périphérie des villes.

La révolution industrielle favorise également la naissance d'un prolétariat moderne. L'usine impose aux ouvriers une discipline nouvelle et rigoureuse, et la mécanisation multiplie les risques d'accident du travail. L'essor économique n'a que peu profité à la classe ouvrière. Certes, les salaires ont légèrement augmenté : l'ouvrier du second Empire consomme plus de viande, d'œufs, de produits laitiers que ses grands-parents. Mais les conditions de travail ne s'améliorent guère, et aucune législation sociale ne vient protéger le travailleur contre la vieillesse, la maladie, la grossesse. Mais dans ce contexte de concentration et de prolétarisation accrues, les ouvriers confortent leur conscience de classe. Le monde ouvrier s'organise, en dépit de l'interdiction légale de former des syndicats. Avec l'autorisation du droit de grève en 1864, c'est une agitation sociale permanente que connaît le second Empire.

LES GUEULES NOIRES

La mine et les mineurs sont une réalité de la seconde moitié du siècle, dans ses splendeurs comme dans ses misères. Le charbon est la matière première de la révolution industrielle, tout à la fois pour faire de la vapeur, mais également pour fabriquer l'acier. Les gisements français font l'objet d'une exploitation intensive à partir du second Empire. Alors qu'il y avait 30 000 mineurs en 1850, ils sont près de 100 000 en 1870. La production de houille triple. C'est la naissance du paysage minier avec son carreau, son puits de mine, ses terrils, ses tristes corons. Le mineur devient l'image du paria de la révolution industrielle : soumises à d'insupportables conditions de travail, menacées par le coup de grisou, agonisant de silicose, les gueules noires semblent alors porter les stigmates de la condition ouvrière. Mais elles incarnent aussi la force de la lutte sociale.

Les derniers feux de la religion

De l'apparition du Concordat à la mort de Dieu

En dépit du réveil religieux dans la France post-révolutionnaire, l'Église résiste mal aux attaques de la science et peine à trouver sa place dans le monde moderne.

Au sortir de la révolution, l'Église est affaiblie. Dans les paroisses, vacantes, les ouailles ont été privées de messes, de sacrements et de catéchisme. La pratique est inexistante, la croyance en déclin, la culture religieuse en berne.

LE RÉVEIL RELIGIEUX

L'Église parvient à se ressaisir, d'abord grâce au Concordat : la carrière religieuse, qui assure désormais un salaire sûr et confortable, suscite des vocations nouvelles, et bientôt toutes les paroisses ont un curé. Plus encore, la Restauration, qui renoue l'alliance du trône et de l'autel, profite à la religion catholique. De nombreuses missions sont organisées avec la complicité des autorités locales. Les érections de croix de missions, en guise d'expiation des crimes révolutionnaires, clôturent d'amples processions auxquelles est conviée la foule. Chacun est invité à se faire baptiser, à communier, à se confesser et à faire pénitence. Tout concourt à susciter, à réveiller,

LES MINORITÉS RELIGIEUSES

Protestants et juifs ont profité de la Révolution française, mais connaissent les mêmes difficultés que l'Église catholique.

Avec la Révolution, protestants et juifs ont obtenu le droit à la citoyenneté française et la liberté de croyance et de culte. Comme la religion catholique, les cultes minoritaires profitent au début du siècle d'un réveil religieux : de splendides temples et synagogues sont érigés. Pasteurs et rabbins bénéficient également du salariat des clercs. Si les bastions du protestantisme restent inchangés (Midi gardois, languedocien, Est de la France), la géographie du judaïsme évolue : rural sous l'Ancien Régime car interdit dans les villes, le judaïsme est désormais massivement urbain, et principalement parisien. Mais ces religions sont elles aussi touchées par l'indifférence religieuse et la baisse de la pratique, en dépit de leur attitude plus conciliatrice à l'égard de la modernité scientifique.

mais aussi à mettre en scène la ferveur retrouvée de la population.
Tout au long du siècle, le clergé se renforce, clergé séculier on l'a vu, mais aussi clergé régulier : le XIXe siècle est le siècle des couvents, des congrégations (surtout féminines), et de leur rôle éducatif ou hospitalier, avant que les ordres missionnaires se lancent dans l'évangélisation du monde. Ce nouveau clergé, jeune, dynamique, est aussi de mieux en mieux formé pour reconstruire l'Église. Il est plus proche du peuple par ses origines sociales, mais également plus au contact de la population dans ses pratiques.

Pour ramener des fidèles, ou les conserver en son sein, l'Église fait évoluer sa pastorale. Elle abandonne la religion austère des siècles précédents, prêche l'amour de Dieu plus que sa crainte. Se développe également une piété nouvelle, centrée autour des dévotions mariale et christique. Le culte marial s'intensifie avec la proclamation du dogme de l'Immaculée Conception en 1864. Le pape fait également l'objet d'un culte nouveau, surtout depuis que l'attitude de Napoléon lui a conféré l'aura d'un martyr, ce que la perte de ses États et l'isolement au Vatican renforcent. La piété est plus démonstrative, plus festive également. Les processions de la Fête Dieu, les grands pèlerinages, mais également les réjouissances familiales de la communion solennelle confortent la religion. Le clergé encourage la pratique de la communion fréquente, de la confession régulière – où il se montre tolérant et compréhensif – ce qui ravive la foi.

Au lieu de condamner sévèrement les formes de dévotions populaires, les multiples superstitions, le nouveau clergé s'y adapte et cherche à les christianiser : à la peau de serpent que l'on nouait sur le ventre de la parturiente en travail succède l'écharpe de Marie, cependant qu'aux pierres magiques se substituent les médailles miraculeuses. En ce siècle rationaliste, la religion ne répugne pas à répondre à la soif de surnaturel des populations. Le XIXe siècle est ainsi celui des apparitions de la Vierge (à Lourdes, en 1858, pour la plus connue). La France de l'époque connaît ainsi ses « terres de catholicité » : Bretagne et Grand Ouest, Pays basque, sud-est du Massif central, France du Nord, des Flandres et de l'Est. Certaines professions – métiers à risques le plus souvent – restent également très pratiquantes, comme les marins ou les mineurs.

LES CONTESTATIONS SCIENTIFIQUES DU DOGME

Au XIXe siècle, l'Église fait l'objet de contestations nouvelles au nom de la science, qui se développe. La zoologie, la géologie, la paléontologie s'opposent au dogme de l'origine du monde, et il n'est plus possible après

BERNADETTE SOUBIROUS

En février 1858, Bernadette Soubirous, jeune fille issue d'une famille pauvre déclare qu'elle a des apparitions dans une grotte près de la ville de Lourdes. La petite fille apparaissant ne serait autre que… la Vierge Marie ! La foule se rassemble alors en grand nombre et des guérisons miraculeuses commencent. Une crypte est fondée, Lourdes devient le lieu de pèlerinage le plus important de la région.

LA « PREMIÈRE COMMUNION »

La « première communion », inconnue des chrétiens jusqu'au XVIIIe siècle, connaît son apogée au XIXe siècle. Le « plus beau jour de la vie » est célébré lorsque l'enfant, vers 12 ou 13 ans, est jugé assez mûr pour comprendre le sens du sacrement. Ce rite de passage donne lieu à une grande fête communautaire et à des festivités familiales. Le jour de la cérémonie, les enfants défilent solennellement dans l'église, les garçons portant pour la première fois un costume d'homme, les fillettes vêtues en « petites mariées » avec leur robe longue et leur voile, tous deux blancs. Les communiants distribuent des images pieuses portant au verso leur nom et la date du grand jour et reçoivent des cadeaux de leurs parents et amis. En 1910, le pape Pie X décide, afin de supprimer ces coutumes trop mondaines, de fixer par décret l'âge de la première communion à 7 ans. Les églises vont alors distinguer deux cérémonies : la première communion, ou « communion privée », pour les enfants de 7 ans et la « communion solennelle » pour ceux de 13 ans.

Darwin (*l'Origine des espèces*, paru en 1859) de soutenir la thèse de la création. Les recherches archéologiques, philologiques (études des manuscrits et de leurs variantes) et historiques sont tout aussi destructrices pour l'Église : elles montrent que la Bible est une production humaine (et non un texte révélé) et oppose un Jésus historique au Christ de la Bible (Ernest Renan fait paraître en 1863 *la Vie de Jésus*, véritable best-seller condamné par l'Église puisqu'il fait de Jésus un homme, exceptionnel certes, mais juste un homme). Les découvertes médicales déstabilisent aussi le dogme : alors que la maladie était vue comme un châtiment de Dieu ou la preuve de la présence du diable, les découvertes médicales obligent à une révision. On retiendra aussi les démentis que la psychiatrie naissante inflige aux théories de la possession ou de l'expérience mystique.

La philosophie s'attaque, elle, de front au religieux : Nietzsche proclame la « mort de Dieu » (soit le désenchantement du monde du fait de l'absence de sens de l'existence). Certes, Marx restitue à la religion un rôle historique, mais en l'affligeant des pires vices : la religion est pour lui l'« opium du peuple ».

L'ÉGLISE CONTRE LA MODERNITÉ

À la différence des Églises protestantes, plus portées à accompagner la modernité et à développer une science chrétienne, l'Église catholique se drape dans une attitude intransigeante. On doit cela surtout aux papes : en 1864, le *Syllabus* de Pie IX est une condamnation de toutes les formes de modernité. En 1898, l'encyclique *Providentissimus Deus* prône la lecture littérale de la Bible et n'admet aucune discussion scientifique sur sa nature ou son contenu. Les Églises nationales relaient globalement l'intransigeance pontificale, comme en témoigne l'attitude de l'Église de France à la publication de *la Vie de Jésus* de Renan : le livre est rapidement mis à l'Index ; le clergé interdit aux fidèles de le lire et fait réciter des prières en réparation ; à Marseille, l'évêque fait même sonner le glas.

Les quelques tentatives individuelles de modernisation de l'Église et de constitution d'une « science catholique », dans un double objectif scientifique et apologétique (comme celle menée par les deux frères Lamennais, Félicité et Jean-Marie, à la fin de la Restauration, ou derrière Loisy et Duchesne, à la fin du siècle), sont irrémédiablement condamnées par Rome. L'Église se contente dès lors d'accompagner les effets sociaux de la modernité économique, en se penchant sur le sort des populations ouvrières. Dans sa lutte contre la science, l'Église reçoit, jusque sous le second Empire, l'aide de l'État. En 1864, Renan est ainsi déchu par le ministre de l'Instruction publique, Duruy, de la chaire qu'il venait d'obtenir au Collège de France. Il faudra attendre la république pour que l'État défende la science contre une Église jugée obscurantiste et confie aux médecins le soin des malades et aux laïques la formation des enfants – Renan retrouvera alors sa chaire !

UNE DÉCHRISTIANISATION DE LA SOCIÉTÉ FRANÇAISE

Plus que l'affrontement frontal avec la science, c'est l'affaissement de la pratique religieuse qui affaiblit l'Église. Les indices d'une déchristianisation vont croissant au cours du siècle. Le clergé déplore la baisse des sacrements. Si le baptême est quasi général, la communion se fait de plus en plus tard, parfois jamais chez les jeunes garçons ; le passage devant Monsieur le maire suffit à de plus en plus de mariés, les communions se raréfient. La peur devant la mort ramène cependant quelques brebis égarées, et l'extrême-onction reste encore de rigueur. Le dimanche, les églises se vident peu à peu. Diverses pratiques témoignent aussi de l'affaissement des interdits religieux : le nombre de concubinages augmente ainsi que celui des naissances illégitimes ; l'inexorable érosion du taux de natalité en France est liée à la pratique de la contraception répandue dans toutes les couches sociales. Certains vont plus loin en pratiquant ostensiblement une culture anticléricale : ces « libres penseurs » mangent de la viande le vendredi, refusent l'enterrement religieux et réclament l'autorisation de la crémation en France. La baisse de la pratique est surtout attestée en milieu urbain et ouvrier, mais il y a aussi des terres rurales déchristianisées, et bien plus chez les hommes que chez les femmes. Si la république parvient à imposer sa politique laïque contre l'Église, c'est en partie parce que la société française est déjà largement sécularisée.

Dieu est mort ! Dieu reste mort ! Et c'est nous qui l'avons tué ! [...]

Nietzsche,
Le Gai Savoir.

La Commune de Paris

Le crépuscule des révolutions populaires

De mars à mai 1871, le Paris populaire se soulève contre le nouveau régime dirigé par Adolphe Thiers et contre l'Assemblée de Bordeaux. Expérience unique et douloureuse, la Commune entre dans la mythologie de la classe ouvrière. Elle souligne aussi l'incompréhension entre Paris et le reste de la France, et illustre les difficiles débuts d'une IIIe République qui tait encore son nom.

GUSTAVE COURBET

Profondément anticonformiste, cet artiste engagé chercha notamment à s'inspirer des événements contemporains et à rendre compte de la réalité sociale.

Le chef de file de l'école réaliste – représentée également par Daumier et Millet – présente son *Enterrement à Ornans* au salon de 1850. Pourfendeur de l'académisme, auteur de la scandaleuse *Origine du monde*, Gustave Courbet (1819-1879) ne fait pas mystère de ses convictions socialistes et de son admiration pour Proudhon. Membre de la Commune, il tente d'engager une politique de libéralisation de l'art. Courbet est également à l'origine du décret qui ordonne la destruction de la colonne Vendôme. Il est pour ce motif jugé par un conseil de guerre, condamné à faire six mois de prison et à financer les frais de rétablissement de celle-ci. Incapable de payer, il se voit alors contraint de s'exiler en Suisse, où il meurt.

La genèse de la Commune est indissociable de l'atmosphère patriotique qui règne dans le Paris assiégé par les troupes prussiennes. Belliciste, le peuple parisien s'est révolté à plusieurs reprises contre un gouvernement provisoire jugé trop tiède, refusant la « sortie torrentielle » à Buzenval, le 20 janvier 1871, contre l'envahisseur. Il est abasourdi par la capitulation décidée par le gouvernement provisoire le 28 janvier. La population reçoit avec amertume la nouvelle de la ratification des préliminaires du traité de paix à Bordeaux le 1er mars et le défilé des troupes prussiennes victorieuses dans les rues de la capitale finissent d'humilier les défenseurs. Ceux-ci sont à bout de forces, affaiblis physiquement par les privations : ils restent cependant toujours en proie à la fièvre obsidionale, cette sorte de psychose collective provoquée par le siège.

L'INSURRECTION PARISIENNE

Dans ce contexte, les décisions maladroites de l'Assemblée attisent le mécontentement. La suppression de la solde des gardes nationaux, qui est bien souvent la seule source de revenus pour de nombreux foyers, et l'abolition du moratoire sur les loyers et les dettes sont durement ressenties. Suprême humiliation, l'Assemblée préfère s'installer à Versailles plutôt qu'à Paris : « Comme si Paris n'était pas la capitale nécessaire de la France ! » s'indigne le socialiste Louis Blanc. Mais c'est la décision de Thiers de reprendre les canons de la Garde nationale entreposés à Belleville et à Montmartre qui met le feu aux poudres. Entreprise le 18 mars à l'aube, l'opération est conduite maladroitement. Avertie, la foule gagne les hauteurs de Montmartre, fraternise avec la troupe, qui refuse de tirer, et passe par les armes deux généraux, Lecomte et Clément Thomas. Le Comité central de la Garde nationale, formé le 3 mars, prend la direction de cette insurrection spontanée. Dès le 23 mars, les insurgés sont maîtres de Paris : Thiers et les ministres ont quitté la capitale pour Versailles. Les efforts de certains maires d'arrondissement pour trouver un terrain d'entente se heurtent au refus de négocier de part et d'autre. Entre les Parisiens et le gouvernement de Versailles, il n'existe dès lors plus d'autre issue que la confrontation armée.

À CHACUN SA COMMUNE !

Peu d'événements ont été autant relus *a posteriori* que la Commune de Paris.

La tradition marxiste en fait un « gouvernement ouvrier », le premier exemple de dictature du prolétariat. Son échec, pour Marx puis Lénine, est le résultat conjugué de la faiblesse du prolétariat français, de l'inexistence d'un parti révolutionnaire fort et préparé, du défaut d'application d'une théorie scientifique de la révolution. Cette version est fortement contestée par les anarchistes qui, à l'exemple de Bakounine, valorisent l'aspect antiétatique et fédératif. Les deux interprétations éludent soigneusement le caractère patriotique de l'insurrection, qui la place dans la lignée de 1793 : élan du peuple en armes, la Commune serait une nouvelle étape de la Révolution engagée contre l'Ancien Régime quelque quatre-vingts années plus tôt. Cette conception n'apporte certes rien à la cause prolétarienne, mais semble renvoyer à une réalité éprouvée par les communards eux-mêmes.

LES DIRIGEANTS

Le premier soin du Comité central de la Garde nationale est de transmettre le pouvoir à une Commune élue. Les élections du 26 mars voient une majorité révolutionnaire l'emporter : seule la moitié du corps électoral parisien a participé au scrutin, soit 230 000 votants. Les habitants des beaux quartiers ont quitté Paris ou se sont abstenus. Les 19 conseillers municipaux modérés élus refusent de siéger, ce qui conduit à de nouvelles élections le 26 avril. Au sein de la majorité, diverses tendances sont représentées. Les Jacobins sont les plus nombreux, à l'exemple de Charles Delescluze qui, après avoir pris part aux révolutions de 1830 et 1848, a alterné les périodes d'activisme, les condamnations et l'exil. Malgré l'emprisonnement de

LOUISE MICHEL

La « Vierge rouge » de la Commune incarne la légende dorée de l'insurrection.

Fille naturelle d'un châtelain de la Haute-Marne, Louise Michel (1830-1905) passe ses diplômes d'institutrice et ouvre à Paris un cours libre rue Oudot. Grande admiratrice de Victor Hugo, elle se lance dans l'action politique, militant à la fin du second Empire à la Société de revendication du droit des femmes et à la Société démocratique de moralisation. Elle rencontre alors Vallès et Rigault. Pendant la Commune, elle œuvre comme infirmière puis fait le coup de feu. Louise Michel parvient miraculeusement à échapper au massacre, mais se livre finalement aux « Versaillais » qui ont arrêté sa mère. Déportée en Nouvelle-Calédonie, elle revient à sa vocation première d'institutrice tout en soutenant les revendications canaques. Louise Michel refuse sa remise de peine en janvier 1880. De retour à Paris après l'amnistie générale, elle est accueillie par une foule en liesse. Elle reprend la lutte sociale, ce qui lui vaudra trois nouveaux séjours en prison. Ses funérailles sont l'occasion d'un hommage appuyé du peuple parisien.

leur chef, les partisans d'Auguste Blanqui sont également bien représentés, notamment avec Raoul Rigault et Gustave Flourens. Jacobins et blanquistes sont avant tout des « politiques ». Ce n'est pas le cas d'une minorité composite d'internationalistes et de socialistes, défiants vis-à-vis de l'autoritarisme supposé des précédents, qui se démarque en privilégiant l'adoption de réformes sociales. Leurs représentants les plus en vue sont l'ouvrier relieur Eugène Varlin et Édouard Vaillant, tous deux membres de l'Association internationale des travailleurs (AIT). Quelques isolés comme l'écrivain Jules Vallès, rédacteur du journal *le Cri du peuple*, complètent ce contre-gouvernement dont la présentation à la foule sur la place de l'Hôtel de Ville le 28 mars est l'occasion d'une grande fête populaire. Le mouvement parisien se proclame fédéraliste et décentralisateur et appelle à la formation de communes en province. Il ne sera pas suivi : les tentatives entreprises à Lyon, à Marseille, à Saint-Étienne sont rapidement étouffées, ce qui renforce chez les communards parisiens le sentiment que la capitale « comme d'habitude, œuvre et souffre pour la France tout entière » (Déclaration au peuple français du 19 avril).

« LA SOCIALE » AU POUVOIR !

Organisé en commissions, l'exécutif de la Commune va déployer en dix semaines une importante activité législatrice. Certaines décisions sont liées au contexte d'urgence : ainsi, le moratoire sur les dettes et les loyers est immédiatement rétabli. L'adoption du drapeau rouge, le retour au calendrier révolutionnaire, l'abolition de la conscription et des armées permanentes remplacées par des milices populaires, sont autant de mesures symboliques chargées de références révolutionnaires. Si le programme social ne reste, pour une grande part, qu'à l'état d'ébauche, il est mené par une commission du travail dominée par les socialistes : à la remise en route des entreprises municipales s'ajoute l'organisation de coopératives autogérées par les ouvriers à partir des ateliers abandonnés par leurs patrons. La Commune se montre également préoccupée par la mise en place d'une éducation laïque, gratuite et obligatoire. Dans ce domaine comme dans d'autres, sa politique revêt une dimension ouvertement antireligieuse : comme au temps de la Terreur, les églises sont désaffectées ou transformées en lieux de réunion populaire. Enfin, le peuple parisien est à la fois l'acteur et le spectateur d'événements à forte charge émotionnelle : l'hôtel particulier de Thiers est rasé et ses biens confisqués ; la colonne Vendôme, « symbole de force brute et de fausse gloire » et « affirmation du militarisme », est mise à bas.

LA RÉPRESSION VERSAILLAISE

L'incapacité des communards à organiser efficacement la défense de la capitale va précipiter leur fin. L'inorganisation règne dans les rangs de la Garde nationale et les tentatives de l'officier Louis Rossel pour y ramener un semblant de discipline échouent : elles se heurtent à la nonchalance des volontaires, confiants dans les vertus de la « ruée révolutionnaire ». Rossel est destitué et remplacé par Delescluze, qui démontre de piètres qualités de stratège. Depuis le début du mois d'avril, des engagements limités ont eu lieu entre fédérés et « Versaillais ». Le 21 mai, c'est sans coup férir que ces derniers rentrent dans Paris par le bastion du Point-du-Jour, laissé sans surveillance, et investissent les quartiers de l'Ouest : la « Semaine sanglante » s'ouvre. Les lignards commandés par le maréchal de Mac-Mahon avancent prudemment mais inexorablement vers les bastions communards de l'Est. Des combats acharnés ont lieu rue Royale, faubourg Saint-Honoré. Les barricades dressées avec plus ou moins de préparation tombent les unes après les autres, malgré le courage d'un Dombrowski ou d'un Maxime Lisbonne. Des femmes, les « pétroleuses », incendient les bâtiments symboles du Paris bourgeois : les Tuileries, l'Hôtel de Ville, la Cour des comptes. Faits prisonniers, les « partageux » sont fusillés en masse par des soldats le plus souvent issus de la province ou libérés par Bismarck, méconnaissant la situation et endurcis par les combats de rue. C'est un quart de la population ouvrière parisienne qui disparaît entre le 21 et le 28 mai, soit de 20 000 à 30 000 personnes. La Commune répond à cette répression sauvage par la mise en application de son décret des otages du 2 avril : celui-ci prévoyait l'exécution de trois « Versaillais » pour tout communard fusillé. Monseigneur Darboy, l'archevêque de Paris arrêté alors qu'il était entré dans la capitale pour porter secours aux nécessiteux, est exécuté avec d'autres ecclésiastiques dans la cour de la prison de la Roquette. Les ultimes combats ont lieu à Montmartre, à Belleville, aux Buttes-Chaumont et, enfin, dans le cimetière du Père-Lachaise. Les derniers communards sont fusillés devant ce qui deviendra le mur des Fédérés. Les principaux dirigeants de la Commune – Varlin, Rigault, Delescluze – sont morts sur les barricades. 7 500 communards sont jugés et déportés. Jules Vallès et Édouard Vaillant réussissent à fuir à l'étranger.

Dernier soulèvement populaire parisien, dans la lignée des révolutions de 1830 et de 1848, la Commune porte en elle une résonance crépusculaire. Le peuple parisien ne redeviendra plus par la suite l'acteur politique incontournable qu'il était depuis la Révolution française.

LE SAVIEZ-VOUS ?

À l'époque de la Commune de Paris, la photographie n'était pas encore assez développée pour que les photographes et les reporters puissent prendre des instantanés. Aucun mouvement n'est donc enregistré dans les images… *a priori* ! En effet, si certains ont choisi de montrer des ruines, d'autres ont préféré faire des photographies truquées ! Eugène Appert est célèbre pour avoir pris en photo de fausses exécutions, mises en scène.

Naissance du mouvement ouvrier

De la division du socialisme au développement de l'anarchie

LES FEMMES ET LE MOUVEMENT OUVRIER

Alors que de nombreuses femmes sont obligées de travailler pour faire vivre leurs familles, elles restent la « prolétaire du prolétaire ».

En dépit de quelques figures, comme les Françaises Flora Tristan et Louise Michel, la sociale-démocrate allemande Clara Zetkin, ralliée à Lénine après 1917, ou la révolutionnaire germano-polonaise Rosa Luxemburg, qui se sont particulièrement distinguées par leur ténacité et leur fougue, les femmes sont considérées de la même manière par les socialistes que par le reste de la société : destinées à la reproduction de l'espèce, sorte d'incapables majeures, elles doivent s'occuper du foyer. Ce n'est qu'en 1881 que le social-démocrate allemand August Bebel écrit *la Femme et le Socialisme* pour que les aspirations politiques et sociales des femmes soient prises en considération par le mouvement socialiste.

La Ire Internationale, ou Association internationale des travailleurs (AIT), ne survit pas à la répression de la Commune de Paris et, surtout, à ses propres divisions. Dissoute en 1876, elle est remplacée en 1891 par la IIe Internationale, au sein de laquelle triomphent les idées de Marx. La fragmentation du socialisme français fait écho aux débats houleux qui se déroulent lors des congrès internationaux.

En 1880, les nations développées d'Europe et d'Amérique sont toutes entrées dans l'ère industrielle. En France, même si les 3 300 000 salariés travaillant dans le secteur industriel sont caractérisés par une extrême hétérogénéité, et qu'il est impossible de parler d'une réelle « conscience de classe », la question sociale prend une place de plus en plus importante dans les préoccupations des intellectuels. Tout concourt à une montée en puissance des idées socialistes. Il faut cependant un peu plus de dix ans, après l'échec de la Commune, pour que la volonté « internationaliste » des nombreux mouvements ouvriers et socialistes reprenne quelque vigueur.

SYNDICATS OU PARTIS ?

La maturation de l'idée socialiste au XIXe siècle est marquée par la coexistence et la fréquente confrontation de deux traditions, de deux méthodes. D'un côté, les tenants de l'action politique préconisent la prise du pouvoir comme préalable nécessaire au changement social. Ils donnent logiquement la priorité à l'organisation politique, au parti. À cette tradition se rattachent Marx et Engels. De l'autre côté, les partisans de l'action « économique » privilégient les initiatives ouvrières de terrain : ils s'expriment par le biais des organisations professionnelles, syndicats ou Bourses du travail, et sont imprégnés par les idées de Proudhon. Souvent, les organes syndicaux voient d'un mauvais œil la constitution de partis d'obédience socialiste, dont les militants ne sont pas tous des ouvriers et qui souhaitent diriger la lutte émancipatrice du prolétariat. Cette concurrence est plus ou moins prononcée selon les pays : si les syndicalistes et les sociaux-démocrates allemands travaillent de concert, les syndicats français et britanniques, en revanche, observent une réserve farouche à l'égard des partis.

LE SOCIALISME DIVISÉ

Peut-être plus que dans les autres pays européens, les socialistes français font l'épreuve de la division. Décapité et affaibli après la répression de la Commune, le mouvement socialiste se reconstitue dans le courant des années 1880. En 1881, le poète Clovis Hugues est l'unique député socialiste siégeant à la Chambre. En 1893, 50 députés sont élus. Mais l'éparpillement persiste. La tentative de Jules Guesde de créer, lors du congrès de Marseille en 1879, une Fédération du parti des travailleurs socialistes de France (FPTSF) fait long feu. Les blanquistes – qui restent fidèles au modèle socialiste insurrectionnel, c'est-à-dire à la prise du pouvoir par une minorité d'activistes – restent groupés au sein du Comité central révolutionnaire (CRC) d'Édouard Vaillant. La FPTSF elle-même implose au congrès de Saint-Étienne en 1882 : Guesde fonde le Parti ouvrier français (POF), se conformant aux thèses marxistes. La majorité suit les thèses « possibilistes » de Paul Brousse, qui n'exclut pas de faire avancer la cause ouvrière par étapes plutôt que d'attendre un hypothétique « grand soir ». Le recul enregistré lors des élections de 1889 illustre cette période délicate. La division culmine en 1890, avec l'apparition d'un quatrième parti, le POSR (Parti ouvrier socialiste révolutionnaire) de Jean Allemane, qui privilégie les actions des travailleurs et préconise une propagande socialiste dans le cadre des syndicats.

LA IIe INTERNATIONALE

À l'échelle européenne, la gestation d'une nouvelle Internationale s'avère difficile : la fusion à opérer entre les traditions nationales et les différentes écoles de pensée est ardue. Aussi la IIe Internationale naît-elle dans une certaine confusion : en 1889, deux courants organisent leur propre congrès à Paris. Le premier, allemand et social-démocrate, est relayé par les guesdistes du POF ; le second est piloté par les possibilistes de la FPTSF. La IIe Internationale se reconnaît dans le premier

Ni Dieu ni maître.

Titre du journal fondé par Auguste Blanqui, théoricien du Socialisme, en 1880.

JULES GUESDE ET LE PARTI OUVRIER

Bien que décimé par la répression de la Commune en 1871, le mouvement ouvrier refait surface et les thèses de Karl Marx sont introduites en France.

Exilé en Suisse puis en Italie après la chute de la Commune, le journaliste Jules Guesde – de son vrai nom Jules Bazire – passe par diverses tendances de l'anarchisme et du socialisme utopique avant d'être séduit par l'idéologie marxiste. Il préconise la stricte application de cette dernière en 1879 au congrès de Marseille, où pour la première fois des socialistes et des délégués d'associations ouvrières sont réunis. Guesde n'est pas suivi par les « possibilistes », ni par les anarchistes ni les blanquistes. Il regroupe alors les partisans de ses thèses collectivistes dans le Parti ouvrier français, dont il fait une structure disciplinée et bien organisée. Élu député de Roubaix en 1893, puis de Lille à partir de 1906, il perd ensuite de son influence du fait de son intransigeance doctrinale. Rallié à la SFIO, il joue à nouveau les premiers rôles après la mort de Jaurès en entrant dans le gouvernement d'Union sacrée.

courant. Il faut deux ans d'âpres discussions pour que les familles socialistes se réunissent presque toutes à Bruxelles, du 18 au 23 août 1891, avec en toile de fond la victoire des marxistes. Cette nouvelle Internationale n'est pas un parti internationaliste des ouvriers – elle refuse la centralisation de l'ancienne AIT – et ce n'est pas non plus une structure permanente. Il s'agit d'une fédération de partis autonomes, qui se rencontrent tous les trois ans, pour comparer leurs réflexions sur l'évolution du mouvement et de la société. Les congrès évitent d'intervenir dans les affaires intérieures des partis, si bien que l'Internationale est plus un « parlement » qu'un « exécutif ». Après une dizaine d'années d'exercice, le congrès de Paris décide en 1900 la création d'un Bureau socialiste international, composé de deux délégués par pays et d'un secrétariat permanent à Bruxelles.

L'ANARCHO-SYNDICALISME À LA FRANÇAISE

Parallèlement, la reconnaissance des syndicats par la loi Waldeck-Rousseau, en 1884, permet aux ouvriers français de se fédérer et de s'organiser. C'est sous l'impulsion de l'anarchiste Fernand Pelloutier que les Bourses du travail se développent à partir de 1887. Elles tendent à constituer un « État dans l'État » en monopolisant l'assistance aux ouvriers, et proposent à leurs adhérents des services mutualistes tels que retraites, soins médicaux, bibliothèques et cours professionnels. Elles se groupent en 1892 dans une Fédération, qui devient la matrice du « syndicalisme révolutionnaire » : Pelloutier est un des théoriciens de la grève générale. À ce modèle d'organisation local et interprofessionnel s'oppose un modèle syndical à base professionnelle. Une Fédération nationale des syndicats voit le jour en 1886 ; elle entretient des liens étroits avec le POF jusqu'en 1894, date à laquelle les guesdistes sont mis en minorité. L'année suivante, elle prend le nom de Confédération générale du travail (CGT). L'union avec les Bourses du travail est réalisée en 1902. Fondateur, le Congrès d'Amiens proclame en 1906 l'indépendance syndicale et les voies proprement ouvrières de la révolution sociale : l'histoire du socialisme français conserve et renforce même sa dualité. 65 000 en 1880, les syndiqués français sont au nombre de 836 000 en 1906. Les manifestations auxquelles donnent lieu la célébration du 1er Mai à partir de 1890 et les trois mois de grève des mineurs de Carmaux en 1892 témoignent de cette montée en puissance. Le syndicalisme en France reste cependant le fait d'une minorité : il fait pâle figure en comparaison des *trade-unions* britanniques et des puissants syndicats allemands.

L'INTERNATIONALE DIVISÉE

Aucun mouvement socialiste national ne ressemble à un autre. Les principales

L'ANARCHISME

Opposés par principe à la centralisation, les anarchistes refusent aussi bien de se plier à l'autorité de l'État que de suivre les consignes d'un parti. L'anarchisme des années 1880 regroupe environ 2 500 militants et quelques milliers de sympathisants, au nombre desquels comptent le géographe Élisée Reclus ou l'ancien officier russe Kropotkine. Ils ont des hebdomadaires, dont *le Libertaire* et *l'Anarchie*, et fondent des écoles, des coopératives et des dispensaires. Une minorité d'entre eux se fait remarquer par ses actes de violence. Partisans de la « propagande par le fait », ils se lancent dans des actions illégales et spectaculaires : Vaillant, Ravachol, Émile Henry commettent des attentats terroristes dont le plus retentissant est l'assassinat par Caserio du président de la République, Sadi Carnot en 1895. Pour réussir la révolution sociale, quelques-uns d'entre eux décident de pratiquer la « requise individuelle » et de s'emparer des biens des possédants. C'est en proclamant cette intention que les membres de la « bande à Bonnot », conduite par Jules-Joseph Bonnot, effectuent leurs premiers hold-up.

Vive l'anarchie !

Ravachol devient martyr de la cause anarchiste par cette réponse à l'annonce de sa condamnation à mort pour cinq meurtres en juin 1892.

divergences ont trait aux relations entre syndicats et partis ouvriers, au maintien ou non d'un courant anarchiste, à la résistance au marxisme – pays méditerranéens, Suisse romande –, voire au choix des intitulés des groupes politiques : en Allemagne, le parti est « social-démocrate », non socialiste. À ces divisions purement structurelles s'ajoutent de vifs débats idéologiques : peut-on envisager une participation à des gouvernements « bourgeois » ? Faut-il soutenir la révolution russe de 1905 ? La IIe Internationale voit cependant se réaliser l'unité des socialistes français : le Parti socialiste français – issu de la fusion en 1902 du POSR, de la FPTSF et du ralliement des « indépendants » comme Jaurès et Viviani – et le PSDF – né de l'alliance en 1901 des anciens blanquistes du CRC et des guesdistes – donnent naissance à la SFIO (Section française de l'Internationale ouvrière) après le congrès d'Amsterdam de 1904.

L'épreuve cruciale de la crise d'août 1914 va cependant révéler l'impuissance collective des partis ouvriers et socialistes à maintenir la paix : les sociaux-démocrates allemands votent au Reichstag les crédits de guerre, tandis que les socialistes français se rallient à l'Union sacrée après l'assassinat de Jaurès. Durant le conflit, les congrès des partis seront également incapables de préconiser une solution de paix générale.

Le début de la IIIe République

Des balbutiements difficiles à l'affirmation du régime...

LE 14 JUILLET 1880, FÊTE NATIONALE

La victoire finale des républicains en 1879 leur permet de prendre plusieurs mesures symboliques pour glorifier le régime, dont l'instauration d'un jour anniversaire. Cette journée grandiose est la première célébration d'une fête nationale depuis 1871, « l'année terrible », et révèle une ferveur patriotique incomparable. Entouré des grands corps de l'État et des principales personnalités politiques, le président Jules Grévy assiste à une revue militaire au cours de laquelle il remet à tous les chefs de corps de l'armée française les nouveaux drapeaux et étendards de leurs régiments. Dans toutes les villes et villages du pays, le 14 Juillet est fêté aux accents de *la Marseillaise*, devenue hymne national en 1879. Désormais, chaque festivité du 14 Juillet rassemble tous les Français, à l'exception des adversaires de la république, qui ferment leurs volets pour ne pas pavoiser en l'honneur d'un régime détesté.

Les lois constitutionnelles de 1875 marquent « l'entrée furtive » de la France en république. La génération des « pères fondateurs » lutte pendant le dernier quart du XIXe siècle pour enraciner le régime et l'imprégner de leurs valeurs. Les crises graves se succèdent, mais l'attachement des Français à la république progresse de manière continue.

Monarchiste, l'Assemblée élue en 1871 est peu pressée de rédiger une constitution républicaine et espère gagner du temps. Après avoir écarté le péril communard, le président de l'exécutif, Adolphe Thiers, met en pratique le compromis établi avec l'Assemblée : la question des institutions est repoussée. Les divisions entre royalistes légitimistes et orléanistes persistent, compromettant une éventuelle restauration ; surtout, rien ne semble pouvoir arrêter la montée en puissance des républicains lors des élections partielles, puis des municipales de 1874.

DE L'ORDRE MORAL À LA RÉPUBLIQUE « PLEINE ET ENTIÈRE »

Soupçonné – à juste titre – de favoriser l'établissement d'un régime républicain, Thiers est renversé en mai 1873 par une coalition conservatrice. Élu président de l'exécutif pour sept ans, le maréchal de Mac-Mahon appelle l'orléaniste de Broglie à la présidence du Conseil. C'est le temps de la « République des Ducs » (les deux hommes portent ce titre) et de la politique d'« ordre moral » qui limite la liberté d'expression et réprime les manifestations républicaines. Mais les monarchistes doivent lâcher du lest sur le terrain des institutions. Le 30 janvier 1875, le député Henri Wallon dépose un amendement ainsi libellé : « Le président de la République est élu à la majorité absolue des suffrages par le Sénat et la Chambre des députés [...]. Il est nommé pour sept ans : il est rééligible. » Ce texte capital, voté à une voix de majorité, fonde la république en la nommant ; les espoirs d'une restauration s'amenuisent encore. Trois autres lois, adoptées en février et juillet 1875, consacrent l'établissement d'un régime parlementaire bicaméral et forment ce qu'on appelle imparfaitement la Constitution de 1875. Le président de la République détient le pouvoir exécutif ; le pouvoir législatif est exercé par les députés, élus au suffrage universel direct, et par les sénateurs, élus au suffrage indirect par des collèges départementaux.

L'Assemblée constituante se sépare le 31 décembre 1875. Trois mois plus tard, de nouvelles élections amènent à la Chambre une majorité de 360 républicains contre 170 monarchistes. Mac-Mahon souhaite poursuivre une politique conservatrice ; le 16 mai 1877, il provoque la démission du président du Conseil, Jules Simon. Désavoué par un ordre du jour de l'Assemblée, Mac-Mahon dissout la Chambre des députés. Unis et disciplinés, les républicains remportent de nouveau la majorité, et Mac-Mahon se soumet. Ce précédent marque le fonctionnement institutionnel du régime. Jamais plus un président de la IIIe République ne se risquera à dissoudre la Chambre des députés. En janvier 1879, Mac-Mahon démissionne,

LA MORT DU PRINCE IMPÉRIAL

La mort du fils de Napoléon III en 1879, lors d'une expédition britannique contre les Zoulous, met fin à tout espoir d'une restauration bonapartiste en France.

Né en 1856, le petit Louis Napoléon, filleul du pape Pie IX, est accueilli dans l'allégresse générale : on voit en lui la dynastie consolidée. Mais, à la chute du second Empire, il doit quitter la France pour se réfugier en Angleterre. Il reçoit une instruction militaire à l'école de Woolwich, et le décès de Napoléon III, en 1873, fait de lui un prétendant au trône. Un groupe parlementaire bonapartiste le soutient. Mais il est tué lors d'une reconnaissance de l'armée britannique contre les Zoulous. Ses partisans se divisent alors entre le prince Jérôme, cousin de Napoléon III, et son fils, le prince Victor, puis perdent peu à peu leur crédibilité. Ils disparaissent alors bientôt de la vie politique, absorbés par d'autres partis de droite.

La République sera conservatrice ou elle ne sera pas.

La formule est d'Adolphe Thiers dans son *Message à l'Assemblée nationale* le 18 novembre 1872. La IIIe République n'a alors que deux ans, l'Assemblée est dominée par les royalistes et craint plus que tous les excès d'une nouvelle révolution quelques mois après les tragiques événements de la « semaine sanglante » qui mit fin à la Commune de Paris.

Quand la France aura fait entendre sa voix souveraine [...] il faudra se soumettre ou se démettre.

Léon Gambetta, en août 1877, à l'adresse du président de la République Mac-Mahon.

remplacé par Jules Grévy, farouche partisan du régime parlementaire. La république est désormais aux mains des républicains.

UNE RÉPUBLIQUE AU CARACTÈRE RÉPUBLICAIN

Deux tendances se dégagent parmi les républicains : les « opportunistes » et les radicaux. Les premiers sont membres de l'Union républicaine de Gambetta, de la Gauche républicaine de Jules Ferry, du centre gauche. Ces trois groupes ont en commun leur volonté de consolider progressivement le régime, d'où ce terme d'« opportunistes » forgé par leurs adversaires radicaux. Menés par Clemenceau et Camille Pelletan, ceux-ci apparaissent à l'inverse comme des « républicains impatients », violemment anticléricaux, qui réclament un renforcement du pouvoir du Parlement par une révision constitutionnelle. Refusant de se couper des couches les plus modestes, les radicaux n'excluent pas de leurs discours – à la différence des opportunistes – la question sociale.

Les opportunistes, en adoptant des symboles issus du passé révolutionnaire, veulent affirmer le caractère républicain du régime. *La Marseillaise* devient dès lors hymne officiel et le 14 Juillet est institué fête nationale : sa première célébration a lieu en 1880. Installées à Versailles depuis 1871, les chambres reviennent à Paris, qui retrouve son statut de capitale politique. Avec les années, les exigences laïques républicaines prévalent par plusieurs lois, qui suppriment les prières publiques à l'ouverture des sessions parlementaires, abolissent le caractère confessionnel des cimetières et l'obligation du repos dominical, parfois considéré comme un vestige du « cléricalisme ». Interdit par la Restauration en 1816, le divorce est rétabli en 1884.

JOURNAUX EN FLEUR ...

Les progrès techniques du XIXe siècle, surtout l'apparition simultanée, en Europe et dans le Nouveau Monde, des rotatives, qui utilisent le papier en bobines, favorisent l'essor de la presse. De plus, la vulgarisation de la lithographie permet la reproduction à bon marché des illustrations, dont plusieurs publications font leur spécialité. La loi sur la liberté de la presse est votée le 29 juillet 1881 : le cautionnement, l'autorisation préalable et la censure appartiennent dès lors à un passé révolu.

Ce libéralisme exceptionnel fait naître de nombreux quotidiens d'opinions politiques diverses : *la République française*, organe de Gambetta, *le Rappel* et *l'Intransigeant* où écrit l'ancien communard Rochefort, *la Justice* puis *l'Aurore* de Clemenceau et le *Gil Blas* sont les principaux organes de la gauche. *Le Temps, le*

Journal des débats et *le Figaro* rallient les suffrages du centre et de la droite modérée. Indépendant, *l'Éclair* évolue ensuite vers le conservatisme. Les bonapartistes lisent *l'Autorité* de Paul de Cassagnac, et les monarchistes, *le Gaulois* d'Arthur Meyer. Feuilles apolitiques, *le Matin*, *le Journal*, *l'Écho de Paris* tirent chacun à plus de 500 000 exemplaires, tout comme *le Petit Journal* et *le Petit Parisien*, au lectorat plus populaire, passionné par les faits divers et les interminables romans-feuilletons très en vogue. Hebdomadaires, *l'Illustration* et *le Monde illustré* ont un public d'abonnés qui retrouvent dans leurs pages les grandes péripéties du monde. Des périodiques féminins comme *la Mode* ou *le Petit Écho de la mode* offrent dessins, patrons, modèles de broderies ou tapisseries et conseils pratiques à leurs lectrices. Enfin, il ne faut pas oublier la presse régionale, devenue très dynamique à la fin du siècle.

UN ENSEIGNEMENT RÉNOVÉ

Par l'intermédiaire de réformes scolaires, les républicains vont appliquer les grands principes hérités de la Révolution française. Mais ces questions d'enseignement créent un clivage durable chez les Français, car Jules Ferry, ministre de l'Instruction publique puis président du Conseil, entre en lutte contre le monopole scolaire des ordres religieux. Au nom de la laïcité, il croise le fer avec les congrégations enseignantes : l'école est le plus sûr moyen de soustraire les nouvelles générations à l'influence de l'Église, et surtout de former des républicains convaincus. Aidé de Camille Sée, Ferdinand Buisson, Jean Macé et Paul Bert, Jules Ferry achève l'œuvre ébauchée par Guizot sous la monarchie de Juillet et poursuivie par Victor Duruy sous le second Empire. En 1881-1882, l'enseignement primaire devient laïque, gratuit et obligatoire de 6 à 13 ans. Les instituteurs, formés dans les écoles normales, alpha-

LE TOUR DE LA FRANCE PAR DEUX ENFANTS

Un manuel scolaire devient un succès de librairie : trois millions d'exemplaires sont vendus en dix ans.

Épouse du philosophe Alfred Fouillée, Augustine Fouillée publie plusieurs ouvrages éducatifs sous le pseudonyme de G. Bruno. L'un d'eux, *le Tour de la France par deux enfants, devoir et patrie*, paraît en 1877 et obtient un succès considérable. Récit didactique illustré de gravures, il raconte le périple de deux orphelins partis de la ville de Phalsbourg, en Lorraine annexée, pour visiter toutes les régions de France, et qui achèvent leur voyage dans l'Orléanais. Les soixante et onze chapitres exposent toutes les activités du pays, agricoles, industrielles, artisanales ou commerciales, évoquent les grands hommes et les faits glorieux de l'histoire de France et distillent une morale républicaine qui prône le travail, l'épargne et la docilité sociale. Outre sa vocation pédagogique, ce livre éveille le patriotisme de ses jeunes lecteurs et pérennise le souvenir des provinces perdues.

VICTOR HUGO, LE GRAND-PÈRE DE LA RÉPUBLIQUE

La république se donne une figure tutélaire en la personne de Victor Hugo, l'adversaire inlassable de Napoléon III.

Revenu de son long exil dès la chute de l'empire, élu député de Paris à l'Assemblée, Victor Hugo incarne le « grand-père » spirituel de la république. Sénateur inamovible en 1876, l'un des premiers à réclamer l'amnistie pour les proscrits de la Commune, patriarche des lettres françaises, le vieux poète est couvert d'honneurs. Lorsqu'il entre dans sa quatre-vingtième année, le peuple de Paris vient l'acclamer, et l'avenue d'Eylau, où il réside, est rebaptisée avenue Victor-Hugo. Lorsqu'il meurt en 1885, ses funérailles sont une apothéose : plus de un million de personnes défilent devant le catafalque exposé sous l'Arc de triomphe, pour un dernier hommage à l'auteur le plus fécond du siècle.

bétisent les petits Français et forgent leur patriotisme. Ils sont les « hussards noirs de la République ». Camille Sée crée les lycées de jeunes filles dès 1879, ainsi qu'un corps professoral féminin. Enfin, l'État se réserve l'exclusivité de la collation des grades universitaires, mais l'article 7 du projet, qui interdit la direction d'établissements scolaires aux congrégations religieuses non autorisées, soulève de virulentes polémiques. Ferry tourne la difficulté : deux décrets de 1880 amènent la dissolution de l'ordre des Jésuites et imposent aux autres congrégations une autorisation officielle pour enseigner. Cinq mille religieux qui ne répondent pas à ces critères sont alors expulsés de leurs couvents, non sans tumulte.

LIBERTÉS GARANTIES

Les républicains opportunistes complètent l'arsenal des libertés publiques trop souvent remises en question par les régimes précédents. Outre la liberté de la presse, la liberté de réunion est reconnue par une loi de 1881. La promulgation de la liberté d'association est ajournée, car elle concerne surtout les congrégations religieuses : on hésite à les autoriser après les avoir partiellement dissoutes. En revanche, les syndicats professionnels voient leur existence légalisée par la loi Waldeck-Rousseau (ministre de l'Intérieur), votée en 1884 : ils peuvent à présent se former sans autorisation préalable du gouvernement. D'autres dispositions améliorent le fonctionnement de la justice et accordent une plus grande autonomie aux conseils municipaux. En 1884 toujours, une révision partielle des lois constitutionnelles renforce le caractère républicain du régime : l'éligibilité à la présidence de la République est interdite aux membres des familles ayant régné en France, l'inamovibilité sénatoriale est supprimée, et le mode d'élection des sénateurs, modifié. Surtout, la loi du 14 août 1884 proclame que « la forme républicaine du gouvernement ne peut faire l'objet d'une proposition de révision ».

BOULANGER, L'HOMME DE LA REVANCHE ?

En 1885, le ministère Ferry chute sur une question de politique coloniale. Les opportunistes perdent les élections législatives d'octobre 1885 et sont alors contraints de s'appuyer sur les radicaux, qui constituent des alliés peu sûrs. L'instabilité ministérielle qui se renforce déconsidère le régime, malgré les progrès indéniables et la politique de grands travaux menée par Freycinet. L'opinion, très critique envers le régime parlementaire, semble aspirer à un gouvernement fort. Dans ce contexte, le général Boulanger, ministre de la Guerre en 1886, tire parti d'une soudaine et extraordinaire popularité. D'abord soutenu par les radicaux, il s'improvise homme de la revanche contre l'Allemagne et profite de la démission du président Jules Grévy, causée par un scandale familial, pour grouper autour de lui un parti hétéroclite de mécontents : radicaux dissidents, patriotes exaltés, bonapartistes, monarchistes qui espèrent faire de Boulanger un homme de paille, et même d'anciens communards, comme Cluseret ou Rochefort. Mis à la retraite anticipée, l'ex-ministre voit son nom plébiscité à toutes les élections législatives partielles, grâce au jeu des candidatures multiples autorisées par la loi.

Triomphalement élu à Paris en janvier 1889, Boulanger, resté légaliste, n'ose pas marcher sur l'Élysée, malgré les conseils de ses amis. Les républicains se ressaisissent : quelques mesures habiles ont raison du mouvement. Le général se réfugie en Belgique avant de se suicider en 1891. Cependant, l'alerte a été chaude et témoigne de la fragilité comme de la dérive des institutions de la IIIe République.

L'ADOPTION DE LA RÉPUBLIQUE

La dernière décennie du siècle semble donc s'ouvrir sur une victoire définitive des républicains. Sans doute, certains opposants restent extrêmement virulents, mais ils ne peuvent envisager la conquête du pouvoir : quelle autre alternative de régime proposer ? En outre, la politique de ralliement à la république prônée par Léon XIII cesse de faire des catholiques les adver-

À l'heure qu'il est, chaque soldat partage avec un mineur sa soupe et sa ration de pain.

Le général Boulanger.

LE FORT CHABROL

Les développements de l'affaire Dreyfus provoquent des émeutes antisémites. À cette occasion, le mythe de la prise du pouvoir par la force refait surface.
En 1899, les nationalistes et les antisémites tiennent la rue. La mort du président de la République Félix Faure inspire à Déroulède, président de la Ligue des patriotes, une tentative de coup d'État. Le gouvernement réagit en faisant arrêter plusieurs responsables des mouvements nationalistes. Pour échapper à la police, le chef de la Ligue antisémite se barricade alors avec ses amis au siège de son mouvement, rue Chabrol, à Paris. Jules Guérin résiste pendant trente-huit jours contre les forces de l'ordre avant de se rendre, le 20 septembre. Les assiégés s'alimentent grâce aux pains et aux jambons que les Parisiens leur lancent du haut des toits. Ce siège burlesque met en joie le public et devient la cible des chansonniers.

saires obligés du gouvernement. Le pape est secondé dans cette voie par l'archevêque d'Alger, le cardinal Lavigerie : en novembre 1890, devant un parterre d'officiers de la flotte, celui-ci appelle à une « adhésion sans arrière-pensée à cette forme de gouvernement [la république] ». Deux ans plus tard, l'encyclique *Au milieu des sollicitudes* enjoint officiellement les catholiques à ne plus remettre en cause le régime, mais à l'adapter de l'intérieur aux principes du catholicisme. Enfin, de son côté, la gauche républicaine se fait plus modérée : les radicaux abandonnent notamment l'essentiel de leurs critiques en ce qui concerne la forme institutionnelle du régime.

LE SCANDALE DE PANAMÁ

Pourtant, la vie politique continue à être traversée par des soubresauts qui entretiennent un climat tendu. L'affaire de Panamá affaiblit ainsi, en les déconsidérant, les hommes au pouvoir. Ferdinand de Lesseps, qui a déjà dirigé les travaux de Suez, a sous-estimé ceux que nécessite le creusement du canal de Panamá. Il a besoin d'argent et veut émettre un emprunt. Pour cela, il obtient du Parlement une autorisation en 1888, qui ne suffit d'ailleurs pas à renflouer les caisses. Mais il s'avère que de nombreux députés, et même des ministres, se sont laissé corrompre par Lesseps, qui aurait ainsi « acheté » la loi dont il avait besoin. En 1892, le scandale éclate ; plusieurs ministres et députés « chéquards » démissionnent. C'est avant tout le centre gauche qui est atteint. Cela contribue au renouvellement partiel de la classe politique, mais donne aussi au polémiste antisémite Édouard Drumont l'occasion de dénoncer la « finance juive » au travers des deux principales personnalités mises en cause, Herz et Reinach.

De plus, après 1890, l'Europe et la France sont frappées par une crise économique qui accentue les difficultés de la classe ouvrière, permettant au syndicalisme de se développer et au socialisme de se relever de la saignée qu'il a subie à l'issue de la Commune. Les gouvernements qui se succèdent ne proposent aucune réponse aux difficultés sociales. Les élections législatives de 1893 sont donc un succès pour le parti socialiste, qui envoie 50 députés au Parlement. Liés à la question sociale, les attentats anarchistes affolent l'opinion : en décembre 1893, Auguste Vaillant lance une bombe en pleine séance de l'Assemblée nationale. Vaillant arrêté, c'est un autre anarchiste, Ravachol, qui sème la terreur. Malgré le vote des lois dites « scélérates » qui répriment les actes de violence, la psychose de l'attentat culmine en juin 1894 avec l'assassinat du président de la République Sadi Carnot. Si le régime n'est plus contesté, la société française reste traversée par de profondes tensions.

UN TRAÎTRE CONDAMNÉ

C'est une simple affaire d'espionnage qui va plonger la France dans la plus grave crise qu'ait connue la IIIe République avant la Première Guerre mondiale. Tout commence par la découverte d'un bordereau récupéré dans une des corbeilles à papier de l'ambassade d'Allemagne par une femme de ménage agissant pour le compte du Service des renseignements. Ce document manuscrit donne les plans d'un canon français réputé secret. Parce que son écriture présente une

LES ROMANS-FEUILLETONS

La presse populaire participe à l'homogénéisation culturelle de la société française. Devenus produits de consommation courante du fait de l'abaissement de leurs coûts, les journaux ouvrent leurs rez-de-chaussée à de prolifiques écrivains : un bon roman-feuilleton peut doper les ventes. Le précurseur en la matière est Eugène Sue (*les Mystères de Paris ; le Juif errant*), sous la monarchie de Juillet. Le roman-feuilleton obéit à des règles simples : une opposition manichéenne entre « bons » et « méchants », et surtout une intrigue laissant une large place à des situations « rocambolesques » (du nom du héros de Ponson du Terrail, Rocambole, dont les aventures paraissent dans les années 1850), propres à tenir en haleine le lectorat. En 1904, le magazine *Je sais tout* lance Arsène Lupin, assurant ainsi la notoriété à son auteur Maurice Leblanc. Autre « empereur du crime », Fantômas, le personnage de Marcel Allain et Pierre Souvestre, voit ses aventures publiées de 1911 à 1914 au rythme de 450 pages par mois !

L'aventure ce n'est pas de dire « toujours » mais de dire « tout de suite ».

Maurice Leblanc.

La vérité est en marche ; rien ne peut plus l'arrêter.

Émile Zola, dans *le Figaro* du 25 novembre 1897, à propos de l'affaire Dreyfus et de la demande en révision du procès.

ressemblance avec celle du bordereau, un officier de l'état-major, le capitaine Alfred Dreyfus, est déclaré coupable d'espionnage au profit de l'Allemagne. Dégradé publiquement dans la cour des Invalides le 5 janvier 1895, il est envoyé en détention perpétuelle à l'île du Diable, en Guyane. Cette condamnation fait alors l'unanimité, et certains de ses plus ardents défenseurs par la suite – Jaurès, Clemenceau – n'ont pas de mots assez durs pour le « traître ». Le fait que Dreyfus soit d'origine juive déchaîne une nouvelle fois les passions antisémites, attisées par Édouard Drumont. Celles-ci s'apaisent alors que le pays oublie le « traître » reclus sur son île du Diable.

LA FRANCE COUPÉE EN DEUX

Pourtant, en 1896, le nouveau chef du Service des renseignements, Georges Picquart, a remarqué que l'écriture du bordereau ressemble étrangement à celle d'un autre officier nommé Esterházy. Les supérieurs de Picquart ont étouffé son embarrassante découverte. Pour Méline, le chef du gouvernement, « il n'y a pas d'affaire Dreyfus ». Cette affirmation, reprise par les plus hautes autorités de l'État, rend d'autant plus difficile la tâche du petit groupe persuadé de l'innocence du capitaine. Les proches de Dreyfus, soutenus par le sénateur Scheurer-Kestner, réussissent cependant à faire ouvrir une instruction contre Esterházy, qui est triomphalement acquitté le 10 janvier 1898. Trois jours plus tard, Émile Zola publie un texte virulent dans *l'Aurore*, le journal de Clemenceau. Ce long article au titre retentissant, « J'accuse », dénonce toutes les manipulations et falsifications de documents auxquelles se sont livrés les officiers pour charger Dreyfus et innocenter Esterházy. Un mois plus tard, c'est au tour de Zola d'être condamné à un an de prison pour diffamation.

Dès lors, portée à nouveau au-devant de la scène, « l'Affaire » cesse d'être strictement judiciaire. La France se coupe en deux. Les antidreyfusards défendent l'honneur de l'armée, la crédibilité des institutions. Vient se greffer sur ces motivations l'hystérie antisémite, qui s'étale notamment dans les colonnes du journal de Drumont *la Libre Parole*. Face à eux, les dreyfusards militent pour que justice soit rendue à un innocent. Les deux camps ont leurs journaux et leurs ténors. À la tête de la Ligue de la patrie française, Barrès attaque violemment les « intellectuels » – un mot qui restera – défendant Dreyfus. Aux côtés de Zola, les anciens élèves de l'École normale fournissent en effet les gros bataillons de la Ligue des droits de l'homme, fondée en 1898 par un sénateur, Ludovic Trarieux.

DREYFUS INNOCENTÉ

C'est dans ce climat passionnel qu'en août 1898 un autre officier, le colonel Henry, avoue avoir fabriqué un faux pour faire condamner Dreyfus. Mais les antidreyfusards refusent toujours une révision qui serait une humiliation. Pour eux, Henry n'a fait qu'aider à la justice et au salut de sa patrie. En revanche, les amis de Dreyfus reprennent la lutte et obtiennent, au vu de ce nouvel élément, la révision du procès. « La vérité est en marche, écrit Zola, et rien ne l'arrêtera. » Il se trompe. Le second procès se déroule à Rennes en 1899. Là, un autre conseil de guerre déclare Dreyfus coupable, mais avec de mystérieuses « circonstances atténuantes ». Dix jours plus tard, le président de la République gracie le capitaine. Dreyfus retrouve la liberté, mais l'armée sort blanchie de cette affaire. Ce n'est qu'en juillet 1906, plus de dix ans après l'infamante séance de la cour des Invalides, que la cour de Cassation acquitte Alfred Dreyfus et ordonne sa réintégration dans l'armée.

La France est durablement marquée par ces événements. L'affaire Dreyfus a surtout engendré une redéfinition du paysage politique français, et réactivé la cassure gauche-droite. L'année 1899 voit les débuts de la « République radicale » : les radicaux deviennent le pivot d'une majorité regroupant d'anciens modérés et une partie de la gauche socialiste ; certains anciens républicains de gouvernement refusent cette alliance et glissent dans l'opposition conservatrice. Les catholiques sont discrédités par leur maintien dans le camp antidreyfusard. Les changements de discours sont nombreux : les socialistes rompent définitivement avec le discours antisémite, qui n'était pas jusque-là l'apanage de l'extrême droite. Jusqu'en 1914, la cassure que l'affaire Dreyfus a provoquée entre les Français orientera une grande partie de leurs choix politiques.

LES BAGNES DE CAYENNE...

Incarcéré à l'île du Diable, Dreyfus subit le même sort que les condamnés de droit commun, déportés à Cayenne. Les établissements français de Guyane, situés dans une zone tropicale malsaine, n'attirent guère les colons. Lorsque la Convention cherche un lieu inhospitalier pour déporter les prêtres réfractaires, elle choisit la Guyane. À partir de 1854, le bagne de Cayenne accueille les récidivistes puis les condamnés aux travaux forcés et, enfin, dès 1895, les condamnés politiques. La loi de 1885 condamne les récidivistes à passer le reste de leurs jours en Guyane. Pour les héberger, de nouveaux bagnes sont créés. Ils méritent bien leur nom de « guillotine sèche » : les châtiments inhumains, la malaria, les mauvais traitements, la « dépravation » font des ravages. Sur 17 000 hommes envoyés à Cayenne entre 1854 et 1867, il n'y a que 7 000 survivants. Le bagne est fermé en 1937.

Savants, ingénieurs, industriels

De la France à bicyclette à la France vaccinée

LES GRANDS PATRONS

Le milieu patronal français connaît un renouvellement constant. Celui-ci peut s'expliquer par la loi maintes fois vérifiée des « trois générations » : la première crée, la seconde développe, la troisième ruine. Les entrepreneurs de la fin du XIXe siècle sont issus de trois types de milieux qui s'interpénètrent. Le premier est celui de la famille à tradition entrepreneuriale à l'exemple de Breguet, pionnier de l'aéronautique qui descend d'une famille d'horlogers. Le second est celui de l'artisanat, propice à la créativité et dont la distinction avec le milieu industriel est encore vague. Enfin, à partir de 1900, les patrons sont de plus en plus issus des grandes écoles, telles que Centrale et surtout Polytechnique (de 10 à 15 % des grands patrons). Le développement de nouveaux secteurs renforce les exigences de formation : dès 1914, plus de la moitié des dirigeants ont suivi des études supérieures.

La France se situe à l'avant-garde des innovations scientifiques et industrielles du siècle. Elle reste cependant, à la veille de la Première Guerre mondiale, un pays essentiellement rural, conjuguant à la fois des éléments d'archaïsme et de modernité. En 1914, distancée par l'Allemagne et les États-Unis, elle se place au quatrième rang des puissances économiques mondiales.

L'écart entre la France et ses grandes rivales se creuse malgré le dynamisme de ses chercheurs et de ses inventeurs. Souvent, l'exploitation industrielle des découvertes est trop lente, quand elle n'est pas le fait des concurrents : la France pâtit de l'archaïsme de ses structures capitalistes et de la frilosité de ses élites économiques.

DE BONS SAVANTS

La France joue un rôle majeur dans les progrès du XIXe siècle. Les conditions de développement de la science évoluent grâce à la spécialisation de plus en plus grande de ses différentes branches et à la collaboration internationale des chercheurs. Beaucoup de découvertes françaises sont dues aux efforts conjugués des chimistes et des physiciens. L'ingénieur Sainte-Claire-Deville, en combinant l'application de l'énergie électrique et la bauxite, minerai inconnu découvert près des Baux-de-Provence, isole en 1854 l'aluminium, destiné à remplacer le cuivre. La chimie organique prend son essor grâce aux travaux de Marcellin Berthelot, qui permettent d'obtenir la synthèse de toutes les espèces chimiques à partir des corps minéraux.

En empruntant aux sciences physiques la méthode expérimentale, Claude Bernard renouvelle la biologie. Chimiste de formation, Louis Pasteur découvre le rôle des microbes dans le développement des maladies infectieuses ; en vaccinant en 1885 un petit berger atteint de la rage, il révolutionne la médecine. Il est d'ailleurs élevé par la République au rang de « vainqueur de la maladie et de la mort », et son exemple est largement diffusé par les images d'Épinal.

Il est vrai que l'entrée dans l'ère pastorienne n'est pas étrangère à la baisse de la mortalité : après une longue période de stabilité, son taux entame une spectaculaire plongée, de 20,6 ‰ en 1896-1900 à 18,3 à la veille de la guerre. Certaines maladies – la typhoïde, le choléra – reculent ; l'identification du tréponème, l'agent responsable de la syphilis, permet son traitement à partir de 1905. La montée des préoccupations hygiénistes accélère l'équipement en adduction d'eau et en « tout-à-l'égout », mais ce dernier reste le privilège des Parisiens. Les habitants des grandes villes peuvent également recourir plus facilement à la médecine libérale du fait de l'augmentation du nombre de praticiens. D'une manière générale, la figure du « bon savant » s'est imposée et la confiance dans le progrès, portée par le positivisme ambiant, est devenue la norme à l'aube du XXe siècle.

LA « SECONDE RÉVOLUTION INDUSTRIELLE »

Tout au long du siècle, les applications d'un certain nombre d'inventions au domaine industriel participent au développement économique. La « seconde révolution industrielle » – ou « seconde industrialisation » – correspond à une période de transformations affectant à la fois les espaces industriels, les produits et les procédés. Ce phénomène concerne les principaux pays occidentaux : les États-Unis, l'Allemagne, les Pays-Bas, la France, l'Italie, la Belgique. La Grande-Bretagne, qui a mené la première révolution industrielle, n'occupe pas cette fois la place de leader : paradoxalement, son avance technologique acquise dans la première moitié du siècle freine la diffusion des innovations. D'un point de vue conjoncturel, l'économie mondiale a été affectée par le phénomène de la « Grande Dépression » à partir des années 1873-1874. La baisse générale des prix (- 35 % entre 1870 et 1890) et le ralentissement de la croissance grèvent les profits et freinent les investissements. Ce n'est qu'en 1896 que les prix entament leur remontée. Mais dès les années 1880, le système technique fondé sur l'utilisation du charbon et de la vapeur commence à être remis en question. Le nouveau système repose sur l'utilisation d'énergies se substituant en partie au charbon : l'électricité et le pétrole. De nouvelles filières sont à présent à la pointe de l'innovation : l'industrie électrique, la chimie organique,

Le microbe n'est rien. Le terrain est tout.

Louis Pasteur.

LA BICYCLETTE

Inventée dans les années 1860, la bicyclette est la nouvelle « petite reine » de la route.

En 1861, un serrurier, Pierre Michaux, équipe une draisienne d'une pédale fixée à l'axe de la roue avant. La bicyclette est née. En 1869, le vainqueur de la première course, le Paris-Rouen, parcourt 123 kilomètres en dix heures et trente-quatre minutes... Ajouts nécessaires, la chaîne et le pédalier apparaissent en 1880 ; Dunlop crée les bandeaux pneumatiques en 1888. Néanmoins, la bicyclette est encore loin de remporter toutes les adhésions : les hygiénistes en pourfendent la dangerosité ; les défenseurs de la morale s'alarment de la possibilité donnée aux femmes de pratiquer cet exercice. Son usage se popularise pourtant : en 1898, 375 000 machines ont été mises sur le marché. Les fabricants de cycles sont à la pointe de l'activité industrielle : la production donne lieu à des essais de standardisation destinés à faire baisser les coûts ; la firme parisienne de Gustave Clément compte 2 000 ouvriers en 1904. Symbole de ce succès, le premier Tour de France qui est remporté par Garin en 1903.

les applications du moteur à explosion. L'acier prend le pas sur le fer et la fonte, permettant un développement sans précédent des constructions mécaniques. Bénéficiant de la conjoncture de sortie de crise, portée par le dynamisme de ces nouveaux secteurs, la croissance repart : c'est l'entrée dans la Belle Époque.

RÉUSSITES FRANÇAISES !

L'industrie sidérurgique, même si elle reste loin derrière ses concurrentes allemande et britannique, met à profit des innovations comme le procédé Thomas-Gilchrist (1878) qui rend utilisable des minerais de fer phosphoreux et abaisse les coûts de production. La sidérurgie française connaît alors des taux de croissance de l'ordre de 10 % : c'est le triomphe de la Lorraine. La firme Schneider du Creusot domine le secteur de l'armement, Saint-Gobain, celui de l'industrie chimique. Le pays, qui n'avait pas réellement connu le *take off* (« décollage » rapide de l'activité industrielle) de la première révolution industrielle, se montre plus à son avantage dans les activités innovantes. Pionnier de la traction mécanique, Édouard Delamare expérimente dès 1884 un moteur à pétrole sur châssis mobile. L'ingénieur Émile Levassor pour la firme Panhard et les frères Peugeot mettent au point les premiers modèles commerciaux. La France occupe même de manière éphémère la première place mondiale pour la production automobile en 1904, avant d'être dépassée par les États-Unis à la veille de la Première Guerre mondiale. Autre secteur de pointe, une première « industrie » aéronautique voit le jour, avec Breguet et Voisin. Les deux secteurs restent néanmoins largement dominés par les petites entreprises et par la production en ateliers. Il faudra attendre la guerre pour que les capacités de production décollent, du fait de l'imposition de nouvelles organisations du travail, notamment par l'introduction du taylorisme.

LES VILLES BOULEVERSÉES...

Tout au long de la seconde moitié du XIXe siècle, les espaces urbains portent les signes des bouleversements techniques. Bâtiments emblématiques du siècle, les gares ont imprimé leur marque dans les centres-villes. Le palais de l'Industrie, élevé par Barrault pour l'Exposition universelle de 1855, avait marqué les débuts de l'architecture métallique, que l'on retrouve dans les Halles construites par Baltard ou dans l'étonnante salle de lecture de la Bibliothèque nationale, imaginée par Henri Labrouste. La hardiesse de ces conceptions modernes trouve son apothéose dans la tour, haute de trois cents mètres, dressée par l'ingénieur Gustave Eiffel pour l'Exposition universelle de 1889, et dotée à cette occasion d'un éclairage électrique. Les grandes villes sont le premier marché des applications de cette énergie, par le développement des transports urbains ou l'éclairage public. À la fin du siècle, la diffusion des tramways et la première ligne du métropolitain qui est inaugurée en 1900 à Paris font entrer les transports dans une nouvelle époque. Ils facilitent la naissance des banlieues par l'étalement des villes au-delà des anciennes fortifications : repoussée par l'augmentation des loyers, la population ouvrière investit ainsi les communes maraîchères de Bobigny et de Montreuil.

Entre Paris, qui cumule les avancées du siècle, et les autres villes, qui suivent avec retard le modèle parisien, les disparités sont la règle. Ces dernières sont encore plus affirmées à l'échelle du pays car cette France urbaine reste bien minoritaire.

UNE FRANCE ENCORE ESSENTIELLEMENT RURALE

Les paysans représentent encore 44 % de la population active française en 1914, et la France est un pays encore peuplé majoritairement de ruraux. Ce monde paysan connaît une seconde moitié de siècle difficile : la majeure partie du vignoble français est détruite par le phylloxéra à partir des années 1860. Surtout, les importations de produits agricoles étrangers – blé canadien, vins espagnols, italiens ou algériens, laine de l'hémisphère Sud – entrent en concurrence avec les produits français et entraînent un effondrement des prix agricoles. La réponse de l'État est le rétablissement d'une politique protectionniste à partir des années 1880. Cette politique est amplifiée en 1892 – c'est le « tarif Méline », du nom du président du Conseil – puis en 1898. Sauvant une partie de la paysannerie française, elle ralentit néanmoins la nécessaire adaptation aux lois du marché. Le siècle a pourtant vu l'agriculture française se moderniser. Les rendements ont augmenté, grâce à l'utilisation croissante des engrais – phosphates et potasse – dont la consommation double entre 1890 et 1910. Les progrès de la mécanisation sont visibles du fait de la baisse du prix des machines. La France souffre cependant d'un retard de productivité vis-à-vis de ses voisins européens. Les exploitations restent de petite taille : en 1910, celles de moins de 10 hectares représentent 84 % de l'ensemble. En outre, certaines régions agricoles comme le Massif central, le Centre, le Sud-Ouest, sont à la remorque du progrès. Le monde rural s'ouvre tout de même à la culture urbaine, notamment par le biais de la scolarisation et le développement de la presse, et par la lente constitution d'un marché national favorisé par l'extension des réseaux de transport. Ce processus s'effectue au détriment des identités régionales même si l'unification linguistique ne devient une réalité qu'au lendemain du premier conflit mondial.

À la fin
tu es las
de ce monde
ancien /
Bergère
ô tour Eiffel
le troupeau
des ponts
bêle ce matin

Apollinaire, *Zone.*

L'empire colonial

De conquête en conquête, le territoire s'agrandit...

COLONS ET MUSULMANS

En 1848, l'Algérie est décrétée sol français, mais il faut attendre 1865 pour qu'un sénatus-consulte envisage la naturalisation des étrangers vivant en Algérie. En 1869, l'accession à la nationalité française de tous les étrangers européens est facilitée. La loi Crémieux du 24 octobre 1870 accorde la citoyenneté à tous les juifs d'Algérie. Les musulmans, quant à eux, restent régis par un statut particulier défini par le Code de l'« indigénat », un panachage de droit coranique traditionnel et de droit français. La politique des « rattachements », inaugurée en 1881, place une part croissante du territoire sous l'autorité des ministères parisiens ; de fait, elle donne carte blanche aux pouvoirs locaux qui sont aux mains des colons. La société musulmane s'écroule ; l'élite se disperse, les paysans sont écrasés par les impôts. Mais, parallèlement, naît un sentiment national algérien qui pousse certains jeunes à se tourner vers de nouveaux leaders.

Commencée avec la conquête de l'Algérie sous la monarchie de Juillet, l'aventure coloniale française vit ses heures de gloire pendant le dernier quart du XIXe siècle. À la veille de la Première Guerre mondiale, la France est devenue la seconde puissance coloniale : cette réussite nourrit la fierté patriotique et le prestige du pays sur la scène internationale.

En 1830, les Antilles, la Guyane, l'île Bourbon, Saint-Pierre-et-Miquelon, quelques établissements côtiers au Sénégal et à Madagascar et les cinq comptoirs de l'Inde (Chandernagor, Pondichéry, Karikal, Yanaon et Mahé) constituent les vestiges des possessions françaises du XVIIIe siècle. Ils représentent une superficie de 6 000 à 7 000 km^2, comprenant environ un million d'habitants. En s'engageant dans la conquête de l'Algérie, la monarchie de Juillet enclenche un processus d'expansion impérialiste qui va amener la France à étendre sa domination sur des territoires considérables.

L'INSTALLATION DES FRANÇAIS EN ALGÉRIE

C'est à la fin du règne de Charles X que les Français prennent pied en Algérie. Sous un prétexte futile – le dey d'Alger, lors de négociations, a frappé de son chasse-mouches le consul de France –, un corps expéditionnaire français s'empare d'Alger en juillet 1830. Charles X désirait surtout trouver un dérivatif aux critiques de son opposition. Son successeur, Louis-Philippe, se contente de maintenir une occupation militaire dans plusieurs villes de la côte, Oran, Bône et Bougie. Dans l'intérieur du pays, le pouvoir est laissé aux mains des chefs indigènes. En 1832, l'un d'eux, le jeune émir Abd el-Kader, réputé pour sa bravoure et sa grande piété, proclame le *jihad* (« guerre sainte ») contre les Français. Ses succès militaires sont tels que la France lui reconnaît la souveraineté sur la moitié du pays. Maître d'un véritable royaume, Abd el-Kader déclare de nouveau la guerre à la France en octobre 1839 et occupe la plaine de la Mitidja. Le gouvernement français se décide alors à entreprendre la conquête de l'ensemble du territoire algérien et confie la direction des opérations au général Bugeaud. À la tête de plus de 100 000 hommes, celui-ci adapte l'équipement du soldat au climat algérien et divise ses troupes en colonnes mobiles qui empruntent à l'ennemi ses tactiques de guérilla. Le 16 mai 1843, une troupe dirigée par le duc d'Aumale, fils de Louis-Philippe, prend par surprise la *smala* (« campement ») d'Abd el-Kader. L'émir perd ce jour-là toutes les richesses qui faisaient sa puissance. Réfugié un temps au Maroc, il continuera la lutte pendant quelques années jusqu'à sa reddition, en 1847. L'Algérie est alors divisée en trois provinces : Alger, Oran et Constantine. Un système de concessions de terrains, offerts ou proposés à bas prix, attire vers le pays des colons venus de différents pays d'Europe (France, Espagne, Italie, Malte). À la différence des autres possessions françaises, l'Algérie sera une colonie de peuplement. Dès 1847, 110 000 colons, dont 48 000 Français, cohabitent avec une population musulmane libre de deux millions d'Algériens.

GAMBETTA DYNAMISE LA POLITIQUE COLONIALE

Pendant le second Empire, les Français, soit par l'intermédiaire d'explorateurs indépendants, soit par des expéditions envoyées par les gouvernements, poursuivent leur expansion territoriale. Cependant, les interventions de la France dans les conflits extérieurs (guerres de Crimée, d'Italie, du Mexique) limitent les conquêtes coloniales. En 1853, la France prend possession en Océanie de la Nouvelle-Calédonie, qui, jusqu'à la fin du siècle, sert de colonie pénitentiaire. Nommé en 1854 gouverneur du Sénégal, le colonel Faidherbe mène simultanément la mise en valeur économique du pays, en particulier par l'extension de la culture de l'arachide, et la pacification intérieure en luttant contre les menaces des nomades maures et du peuple toucouleur. En Asie, après l'annexion de la Cochinchine (1862-1867) et le protectorat imposé en 1863 au royaume du Cambodge par le colonel Doudart de Lagrée, la mission d'exploration du cours du Mékong, confiée

As-tu vu
la casquette,
la casquette,
As-tu vu
la casquette
au père
Bugeaud ?
Elle est faite
la casquette,
la casquette,
Elle est faite
avec du poil
de chameau.

Très populaire auprès de ses soldats, le maréchal Bugeaud était gouverneur de l'Algérie en 1840. Après une attaque nocturne, les soldats font par leurs rires comprendre au maréchal qu'il ne porte pas sa casquette habituelle mais… son bonnet de nuit en coton ! La chanson naît après la marche.

en 1866 à ce dernier et au lieutenant Francis Garnier, n'apporte pas de résultats positifs, mais elle prépare l'annexion du Tonkin. Au moment de la chute du second Empire, les colonies d'outre-mer représentent 700 000 km² de superficie et comptent près de sept millions d'habitants. La défaite de 1871 ouvre une période de « recueillement » dans la politique extérieure de la France. Les expéditions coloniales semblent trop incertaines et coûteuses pour un pays qui se remet difficilement du désastre de la guerre contre la Prusse. De plus, la reconquête des « provinces perdues », l'Alsace et la Lorraine, est pour beaucoup un objectif prioritaire qui doit rassembler toutes les énergies du pays.

L'arrivée de nouveaux hommes au pouvoir après 1875 relance toutefois l'idée coloniale. Léon Gambetta est l'initiateur de cette politique expansionniste. Jules Ferry sera l'exécutant de ce grand dessein patriotique malgré les critiques de la droite royaliste et de la gauche radicale menée par Clemenceau. Les promoteurs du projet colonial en font valoir les avantages économiques : de nouveaux marchés offerts aux produits de la métropole et l'apport des matières premières tropicales donneront aux Français les moyens d'être compétitifs face à leur grande rivale, la Grande-Bretagne. Ils avancent aussi des arguments militaires : la marine française disposera de bases stratégiques et les pays colonisés fourniront à l'armée des effectifs d'auxiliaires indigènes. Enfin, le souci du prestige de la France joue également un rôle certain. Lors de sa première présidence du Conseil en 1881, Jules Ferry décide d'intervenir en Tunisie pour protéger la frontière algérienne des incursions des Kroumirs ; la signature du traité du Bardo impose le protectorat français au bey de Tunis. Sous le second ministère Ferry (1883-1885), le traité de paix avec Makoko, le roi des Batéké, permet à la France d'établir son protectorat sur le Congo : le principal mérite en revient à Savorgnan de Brazza, qui a exploré une vaste contrée au nord du fleuve Congo. C'est également sous ce ministère qu'un résident français s'installe à Madagascar (1885), et que l'Annam et le Tonkin sont conquis. Cependant, la nouvelle erronée d'un « désastre » militaire français à Lang Son, au Tonkin, provoque en mars 1885 la démission du gouvernement Ferry.

LE « PARTI COLONIAL »

La chute de Jules Ferry ne remet pas vraiment en cause l'expansion impérialiste de la France et, dès 1892, se forme un « parti colonial » : il s'agit à l'origine d'un groupe parlementaire de quarante-deux députés. L'année suivante, ils sont cent treize de toutes tendances politiques. Appuyé

LES REINES SOUVERAINES

Dès le XVIIIe siècle, les Français ont établi des comptoirs commerciaux sur la côte orientale de Madagascar.

En 1845, la reine du peuple merina (ou hova), Ranavalona Ire, chasse les Européens de l'île, à l'exception d'un industriel gascon, Jean Laborde. Lorsqu'en 1878 la reine Ranavalona II réclame l'héritage de Laborde, les Français tentent une intervention navale de faible envergure, sans efficacité. En 1885, un traité reconnaît la souveraineté de la reine Ranavalona III sur l'ensemble de l'île, en échange de la cession de la baie de Diégo-Suarez à la France et de l'installation d'un résident français à Tananarive. Pendant dix ans, des incidents éclatent à plusieurs reprises et, en 1894, une expédition française débarque à Tamatave, sur la côte est. À la tête d'une colonne légère, le général Duchesne prend sans combat Tananarive et le protectorat français est imposé à l'ensemble de Madagascar en 1895, puis il est transformé en annexion. Nommé gouverneur de la nouvelle colonie en 1896, le général Gallieni pacifie énergiquement l'ensemble de l'île. Il se consacre ensuite à l'organisation administrative et économique de Madagascar.

Je ne permettrai pas que les hommes viennent changer quoi que ce soit à ce que j'ai reçu de mes ancêtres (...).

Ranavalona Ire.

par les hommes d'affaires et soutenu par l'opinion publique travaillée par d'actives campagnes de propagande, le parti colonial est présidé par Eugène Étienne, personnage clef de la IIIe République. Député de l'Oranie, il épaule les nombreux comités civils – à l'exemple du Comité de l'Afrique française – qui se font les zélateurs de l'idée coloniale auprès de l'élite politique. De son côté, l'État donne au colonialisme les moyens nécessaires à son développement : en 1889 est créée l'École coloniale, destinée à former les futurs administrateurs des pays d'outre-mer. La France se dote en 1900 d'une armée coloniale de métier. Le rythme de l'expansion s'accélère dans les années 1890. En 1893, l'explorateur Pavie rattache le Laos à l'Union indochinoise (future Indochine française), composée de l'Annam, du Tonkin, de la Cochinchine, du Cambodge et du Laos ; le gouverneur Paul Doumer, de 1896 à 1901, y entreprend de grands travaux (irrigation, construction de ports, de routes, du premier chemin de fer indochinois). En Afrique occidentale, la conquête de la Côte d'Ivoire

L'AFFAIRE DE FACHODA

La rivalité franco-britannique en Afrique atteint son point culminant en 1898 dans le petit village de Fachoda, situé dans une boucle du Nil.

Envoyée par le gouvernement français pour occuper la haute vallée du Nil, une mission de 150 hommes commandée par le capitaine Marchand part du Congo et, au prix de mille difficultés, atteint en juillet 1898 Fachoda, au Soudan. Deux mois plus tard, le commandant britannique lord Kitchener, à la tête d'une flotte anglo-égyptienne, arrive à son tour devant Fachoda. Marchand refuse de se retirer malgré le déséquilibre des forces en présence. En France et en Grande-Bretagne, de violentes campagnes de presse attisent les passions et la guerre semble inévitable. Le ministre français des Affaires étrangères, Delcassé, donne finalement l'ordre à Marchand d'évacuer Fachoda. Cette affaire provoque en France une vague de xénophobie contre la « perfide Albion ». Marchand, quant à lui, est accueilli à son retour en héros national.

(1889), du Dahomey (1892), du Niger (1898), de la Guinée (1899), la pénétration en Mauritanie conduisent à la création d'un ensemble de territoires ayant Dakar pour capitale et désigné, dès 1899, sous le nom d'Afrique-Occidentale française (A-OF). Quelques années plus tard, en 1910, les colonies du Tchad, du Congo, du Gabon et de l'Oubangui-Chari constituent l'Afrique-Équatoriale française (AEF), avec Brazzaville pour capitale. En 1896, Madagascar a été annexée et, en 1899, les possessions françaises en Océanie deviennent les Établissements français d'Océanie. En 1884, la France, qui a annexé des petits sultanats situés sur le golfe d'Aden, y crée le port de Djibouti ; en 1896, elle fait de ce territoire la colonie de la Côte française des Somalis. Dans sa conquête des pays d'outre-mer, elle doit compter avec les campagnes d'annexion menées par d'autres grandes puissances européennes. Plusieurs crises l'opposent à la Grande-Bretagne à la fin du XIXe siècle, la plus grave étant l'incident de Fachoda en 1898. Le protectorat finalement établi sur le Maroc en 1912 mènera, quant à lui, la France et l'Allemagne à deux doigts de la guerre. Face à la constitution de cet empire colonial, les critiques en France sont surtout le fait de certains intellectuels, comme Anatole France, et des socialistes (Jules Guesde, Jean

SAVORGNAN DE BRAZZA

Ce célèbre explorateur français d'origine italienne a ouvert la voie à la colonisation française en Afrique centrale. Il a laissé son nom à la capitale de la république du Congo, Brazzaville, qu'il fonde à son arrivée en 1880. Les compagnies coloniales ont obtenu qu'il soit démis de ses fonctions en 1898. Mais en 1905, peu avant sa mort, il est chargé d'une mission d'enquête sur le sort des Africains : travail forcé, portage, violences et mauvais traitements.

Il vaudrait mieux sacrifier les colonies qu'un principe.

Discours à l'Assemblée constituante, 13 mai 1791. Citation de Pierre Samuel Dupont de Nemours.

Jaurès), qui reprochent au colonialisme de porter atteinte à la liberté des peuples d'outre-mer.

ASSIMILATIONS, PROTECTORAT, ETC.

En 1914, l'empire colonial français, qui a atteint 11 millions de km^2, est peuplé par 50 millions d'habitants. Les modes d'administration de ces territoires sont très variables, allant de l'« assimilation » (l'Algérie) au protectorat (la Tunisie, le Maroc). En 1894, la création d'un ministère des Colonies vise à donner plus de cohérence à l'ensemble, mais les résultats ne sont pas encore sensibles en 1914. Dans la pratique, la tendance est au renforcement de l'autorité française. Les colons « blancs » ne représentent guère plus d'un million d'individus, dont la plupart sont installés en Afrique du Nord. Hormis en Algérie, il s'agit essentiellement de fonctionnaires, de soldats, de missionnaires catholiques ou protestants qui, outre leurs activités d'évangélisation, dispensent de premiers rudiments d'instruction et des soins médicaux. Mais les rapports entre colons et indigènes restent marqués par la domination brutale ou paternaliste des premiers, par la méfiance soumise des seconds. Privées de moyens financiers conséquents et d'équipements modernes, les colonies d'outre-mer restent pour les Français de métropole des territoires pittoresques. Les images qu'ils en reçoivent tiennent de la caricature : les mœurs de leurs habitants sont tournées en ridicule, dénoncées comme barbares, et le plus souvent déformées par un exotisme superficiel.

L'exposition coloniale de 1931 célébrera avec faste ce qui est alors considéré comme la réalisation majeure de la IIIe République, l'expansion coloniale, et propagera auprès d'un large public la vision du monde de ses promoteurs. Comme l'apprenaient dans leur manuel les écoliers de cette époque : « La colonisation, couronnement et chef-d'œuvre de la République. »

La marche à la guerre

Enjeux diplomatiques et jeux d'alliances

Si les relations franco-allemandes restent tendues depuis la guerre de 1870, la politique prudente des dirigeants de la IIIe République réussit à écarter les risques de confrontation. Le regain de rivalité entre les deux puissances au début du siècle et l'édification de systèmes d'alliances concurrents vont pourtant conduire la France et l'Allemagne à se déclarer une guerre impitoyable.

L'AFFAIRE SCHNÆBELÉ

Alors que la tension est déjà forte entre la France et l'Allemagne, un banal incident menace de déclencher les hostilités. Le 20 avril 1887, un commissaire de police de Pagny-sur-Moselle, Guillaume Schnæbelé, vient à la frontière lorraine rencontrer un collègue allemand, Gautsch, commissaire d'Ars-sur-Moselle pour régler une affaire de service. Alors qu'il se trouve au poteau frontière, il est arrêté par deux gendarmes allemands puis emprisonné à Metz sous l'inculpation d'espionnage. L'affaire provoque une grande émotion en France. Le général Boulanger, alors ministre de la Guerre, demande l'envoi d'un ultimatum à l'Allemagne, mais le président de la République Jules Grévy renonce à cette démarche, et un règlement pacifique intervient par l'intermédiaire du ministre des Affaires étrangères. Schnæbelé est libéré et fait un retour triomphal à Paris.

Les conditions du traité de Francfort, imposé par Bismarck en 1871, ont infligé à la France des blessures à la fois économiques et morales. Grâce à l'accélération du paiement de la dette de guerre, le territoire français est libéré de l'occupation allemande, en 1873, par anticipation. Les Français, s'ils portent toujours le deuil de l'Alsace et de la Lorraine, se préoccupent surtout des enjeux de politique intérieure.

DÉSIRS DE REVANCHE

De son côté, Bismarck est persuadé que la France ne pense qu'à la revanche et s'inquiète d'incidents mineurs : les critiques formulées en 1874 par les évêques français contre la politique du *Kulturkampf* menée par le chancelier contre les catholiques allemands, la loi militaire votée en 1875 par les députés français pour augmenter le nombre des officiers, l'incident Schnæbelé (voir encadré) à la frontière lorraine en 1887 représentent pour Bismarck des menaces contre la paix, désamorcées par l'attitude diplomatique modérée des Français. Il est vrai que le désir de revanche ne disparaît pas complètement. En 1882 est fondée la Ligue des patriotes, dominée par la personnalité de Paul Déroulède, à la fois chantre de la reconquête des provinces perdues et nationaliste acharné à combattre les partis politiques en place. Déroulède et ses compagnons sont les artisans de la folle aventure boulangiste, et la popularité de Boulanger tient en grande partie à l'espoir mis dans le « général Revanche » pour reconquérir l'Alsace et la Lorraine. L'échec du boulangisme puis la focalisation de l'opinion sur l'affaire Dreyfus contribuent par la suite à un déclin temporaire du nationalisme de revanche en France.

ENTENTES CORDIALES...

Bismarck, dans son désir d'isoler la France en Europe pour garantir la sécurité de l'Allemagne, s'attache à nouer des alliances avec les grandes nations (Autriche, Russie, Italie, Grande-Bretagne), mais son système se révèle fragile à l'occasion des conflits qui éclatent dans les Balkans et en Égypte. En effet, ce sont des terrains d'affrontement entre pays européens rivaux, mais qui ont en commun d'être alliés de l'Allemagne : ainsi, la Russie et l'Autriche-Hongrie dans les Balkans. Le départ de Bismarck en 1890 et l'effondrement de son programme d'alliances permettent à la France de sortir de son isolement et de rechercher des appuis. Les négociations avec la Russie commencent en 1890, aboutissant à l'alliance militaire franco-russe, définitivement conclue en 1893. Dans l'intervalle, en 1891, la flotte française a fait une visite triomphale dans la rade navale de Kronstadt et, en 1893, l'escadre russe reçoit à son tour un accueil délirant en France. Après avoir conclu en 1898 un traité commercial, la France et l'Italie signent en 1902 un accord politique garantissant la neutralité italienne en cas de conflit franco-allemand. Le rapprochement diplomatique le plus spectaculaire est l'Entente cordiale, signée en 1904 avec la Grande-Bretagne, « ennemie héréditaire » de la France et sa grande rivale dans la conquête des colonies. Le roi Édouard VII, beaucoup plus francophile que sa mère, Victoria, et le ministre français des Affaires étrangères Delcassé réussissent à régler à l'amiable les différends existant entre leurs pays. La première crise marocaine accélère le ballet diplomatique : voulant interdire à la France de s'installer au Maroc, le Kaiser Guillaume II débarque à Tanger en 1905, ce qui conduit à la conférence internationale d'Algésiras, reconnaissant les droits de la France sur le Maroc. C'est à la suite de celle-ci que, en 1907, la France, la Grande-Bretagne et la Russie signent la Triple-Entente.

NATIONALISTES ET PACIFISTES

Le contexte international contribue au renouveau d'un nationalisme belliciste, notamment parmi les élites françaises. De grands écrivains, tels Maurice Barrès

Les grandes questions de notre temps ne sont pas tranchées par des discours et des motions majoritaires..., mais par le fer et par le sang.

Bismarck.

La mobilisation n'est pas la guerre.

Proclamation du 1er août 1914, accompagnant l'ordre de mobilisation générale. Citation de Raymond Poincaré.

JAURÈS ASSASSINÉ !

Le dernier jour de paix en France est marqué par l'assassinat du grand tribun Jean Jaurès, dernier espoir des pacifistes.

Pendant la journée du vendredi 31 juillet, Jaurès a tenté, d'abord à la Chambre des députés puis au ministère des Affaires étrangères, de stopper le déclenchement des hostilités. À la fin de l'après-midi, il se rend à son journal, *l'Humanité*, pour rédiger un article qu'il conçoit comme un nouveau « J'accuse ». Avant la nuit de travail qui s'annonce, il descend avec ses collaborateurs dîner au café du Croissant, rue Montmartre ; vers 21 h 30, un déséquilibré nationaliste, Raoul Villain, tire deux coups de feu par la fenêtre ouverte du café et abat Jaurès à bout portant.
L'assassinat de l'apôtre de la paix illustre tragiquement la vanité des efforts de ceux qui ont cru jusqu'au bout à l'impossibilité de la guerre.

– qui, en 1912, remplace Déroulède à la tête de la Ligue des patriotes –, Charles Péguy et Charles Maurras, fondateur de *l'Action française*, exaltent les valeurs patriotiques et appellent de leurs vœux la guerre de revanche. En 1913, une enquête d'Henri Massis et Alfred de Tarde, publiée sous le pseudonyme d'Agathon et intitulée « Les jeunes gens d'aujourd'hui », montre l'avènement d'une nouvelle génération nationaliste. Celle-ci célèbre « l'instinct national » et les « vertus belliqueuses ». Cette attitude reste cependant le fait de certaines élites. Face à elles, le pacifisme des socialistes et des syndicats ouvriers reste fragile, malgré la vigoureuse action de l'apôtre de la paix, Jaurès. Pour le mouvement socialiste, récemment unifié (1905), les rivalités nationales sont la conséquence du système capitaliste, assoiffé de profits. Au contraire, tous les ouvriers ont les mêmes intérêts, au-delà des frontières. Condamnés comme de « mauvais Français » traîtres à leur patrie, les partisans du maintien de la paix à tout prix sont l'objet de violentes attaques de la part de l'opinion publique et des intellectuels nationalistes.

VERS LA DÉCLARATION DE GUERRE...

En 1911, les relations entre la France et l'Allemagne se dégradent à nouveau. En juillet, la canonnière allemande « Panther » jette l'ancre dans le port marocain d'Agadir. Allemands et Français parviennent difficilement à un accord, mais l'antagonisme entre les deux nations est ravivé par le « coup d'Agadir ».

L'ALSACE DE HANSI

L'Alsacien Hansi (de son vrai nom Jean-Jacques Waltz), né en 1873 à Colmar, devint célèbre par ses albums illustrés consacrés à son pays natal.

L'Histoire d'Alsace racontée aux petits enfants par l'oncle Hansi (1912) et *Mon village* (1913), très populaires chez les enfants, exaltent l'identité française des Alsaciens par des dessins d'une grande qualité artistique. Dans les rues pittoresques d'un village alsacien, hommes et femmes en costume traditionnel considèrent ironiquement les occupants allemands, bouffis, arrogants et ridicules. Les enfants allemands eux-mêmes, marchant au pas de l'oie pour se rendre à l'école et habillés de façon grotesque, n'échappent pas au coup de crayon satirique de Hansi, tandis que les petits Alsaciens s'en vont aux champs cueillir coquelicots, bleuets et marguerites pour composer un bouquet aux couleurs du drapeau français. La cigogne elle-même, dans son nid sur le clocher de l'église, semble par ses mimiques manifester son dégoût pour les « Boches ».

UNE GUERRE PRÉPARÉE ?

Qui vis pacem para bellum (Qui veut la paix prépare la guerre) disaient les Latins…
Il semble que cette expression corresponde à la situation en Europe à la fin du XIXe siècle. En effet, alors que les diplomates par leurs jeux d'alliances séparent le continent en deux entités, les gouvernements se consacrent à la course aux armements ! Dans la Nièvre, l'aciérie de Fourchambault produit de l'artillerie lourde dès 1894.

Les opinions publiques se familiarisent avec l'idée d'une guerre possible – voire probable. De part et d'autre, les préparatifs s'accélèrent. Les effectifs de l'armée allemande sont portés à 760 000 hommes en juillet 1913. Pour maintenir l'équilibre, la France, dont les effectifs sont inférieurs, vote en août une loi rétablissant le service militaire de trois ans. Ce sont finalement le conflit des Balkans, véritable poudrière où les nationalismes locaux sont attisés par les grandes puissances rivales, et l'attentat de Sarajevo, perpétré par un étudiant bosniaque contre l'archiduc autrichien François-Ferdinand, qui entraînent la déclaration de guerre, le 1er août 1914.

Par le jeu des alliances – Triple-Alliance (Allemagne, Autriche-Hongrie, Italie) contre Triple-Entente (France, Grande-Bretagne, Russie) –, la France se trouve impliquée dans un conflit international. Le président de la République, Raymond Poincaré, appelle solennellement ses compatriotes à l'« Union sacrée » devant l'ennemi, au-delà des antagonismes politiques ou sociaux. Loin de faire preuve d'un enthousiasme unanime, les Français mobilisés rejoignent leurs affectations dans un état d'esprit plus résolu que confiant. Ils ignorent cependant que la guerre qui débute déjouera par sa longueur et sa brutalité les pronostics les plus pessimistes.

Les expériences de guerre

Batailles et paroles de la «Der des Der»

ALBERT THOMAS

Nommé sous-secrétaire d'État à l'Artillerie à partir de mai 1915, Albert Thomas devient ministre de l'Armement et des Fabrications de guerre en décembre 1916. Cet itinéraire est pour le moins surprenant pour un ancien proche de Jaurès. L'image du ministre haranguant les salariés de l'armement juché sur des tas d'obus lui attire d'ailleurs quelques critiques au sein de la SFIO. Mais l'homme s'est toujours montré opposé au refus de participer aux gouvernements bourgeois ; il est surtout animé par la volonté d'organiser l'économie de guerre. À ses yeux, le conflit doit permettre la rénovation économique et sociale du pays, par la modernisation du capitalisme, l'intervention de l'État et l'intégration de la classe ouvrière. En 1917, il aide au règlement de la crise sociale en imposant des minima salariaux et une procédure d'arbitrage obligatoire en cas de litige, mais il doit quitter son poste à regret en septembre : son départ du gouvernement marque la fin de l'Union sacrée.

Guerre nouvelle, guerre industrielle, guerre totale, la Première Guerre mondiale revêt une dimension de triste modernité. Elle est très durement vécue par les soldats qui la font : jamais un conflit n'avait atteint un tel degré de brutalité. Mais à l'arrière, les enfants, les femmes, les hommes qui restent souffrent et participent aussi, de manières diverses, à l'effort de guerre.

Après l'assassinat de François-Ferdinand le 23 juin et le rejet par la Serbie de l'ultimatum autrichien le 28 juillet, le jeu des alliances s'emballe : diplomates et gouvernants – autrichiens et allemands notamment – n'ont pas cru, ou pas voulu croire, que le mouvement irait à son terme. Mais les puissances de l'Entente honorent leurs engagements respectifs : le 2 août, les troupes allemandes entrent en Belgique sans déclaration de guerre préalable. Le lendemain, l'Allemagne déclare la guerre à la France. Le 4, la Grande-Bretagne se range aux côtés de la France, en réponse à la violation de la neutralité belge. Seule l'Italie, malgré son appartenance à la Triplice, reste neutre. En moins d'une semaine, l'Europe tout entière s'embrase.

LES COMMUNAUTÉS NATIONALES FACE À LA GUERRE

Bien loin de l'image longtemps entretenue d'une entrée en guerre enthousiaste et de troupes partant « la fleur au fusil », l'état d'esprit des populations est plutôt dominé par la résignation. Si certaines démonstrations patriotiques – notamment à Berlin ou à Paris – sont exploitées par la propagande, la majeure partie des mobilisés rejoint ses unités dans le calme, voire la tristesse. Cela n'est pas incompatible avec la résolution patriotique. Le mois d'août 1914 met en relief la force de l'idée nationale : les forces politiques, la presse, les intellectuels et la population dans son ensemble font bloc. La mobilisation se déroule sans accroc : 3 600 000 hommes sont appelés sous les drapeaux en France, 4 millions en Allemagne – pour respectivement 1,3 et 1,5 million de combattants, les « non-combattants » étant les soldats maintenus en dépôt et les « territoriaux » (les hommes exemptés par leur âge ou leur situation familiale de prendre part aux combats). Les voix discordantes sont extrêmement rares : Romain Rolland, qui s'exile en Suisse et publie des articles opposés à la guerre – rassemblés en 1915 dans le recueil *Au-dessus de la mêlée* –, fait figure d'exception. En France, il n'est même pas nécessaire de procéder aux arrestations prévues de militants pacifistes.

LE « MIRACLE DE LA MARNE »

En arrêtant l'offensive allemande sur la Marne, les troupes franco-britanniques écartent la menace d'un écrasement rapide.

Après l'échec des offensives françaises d'août, c'est le plan allemand – plan Schlieffen – qui manque son objectif en septembre. Les troupes alliées ont reculé en bon ordre sous la pression allemande. Alors que le gouverneur militaire de Paris, le général Gallieni, met la ville en état de défense, Joffre donne l'ordre de la contre-offensive : celle-ci commence dans la vallée de l'Ourcq. Des combats furieux se déroulent dans les marais de Saint-Gond. Le 9, le commandement allemand donne l'ordre de repli. C'est Maurice Barrès qui emploie, en décembre 1914, le mot de « miracle » à propos de cette bataille. Il est vrai que les Alliés ont su renverser une situation critique, mais ils ont été incapables de l'exploiter jusqu'au bout.

Cette première victoire marque aussi la fin des illusions : la guerre sera longue.

Je trouve la guerre haïssable mais bien plus ceux qui la chantent sans la faire.

Romain Rolland, extrait d'*Inter arma caritas*.

L'ATTENTAT DE SARAJEVO

Illustration de la dangerosité de la poudrière balkanique, l'assassinat de l'héritier autrichien est le détonateur du conflit.

Le 28 juin 1914, un jeune Bosniaque, Gavrilo Princip, tue François-Ferdinand et son épouse Sophie, alors que l'héritier du trône autrichien effectue une visite d'inspection à Sarajevo. Le meurtrier est membre de l'organisation nationaliste Jeune Bosnie, composée d'intellectuels et d'étudiants hostiles à l'occupation autrichienne, qui bénéficie de l'aide d'une organisation terroriste serbe, la Main noire. Le 28 juin marque d'ailleurs l'anniversaire de la bataille de Kosovo Polje (28 juin 1389), moment fort de la résistance serbe contre l'envahisseur ottoman. Le gouvernement autrichien décide de mater la Serbie, jugée responsable du complot. Ce pays cherche en outre à unifier autour de lui les Slaves du Sud, dont beaucoup sont des sujets austro-hongrois. S'étant assurée du soutien allemand, l'Autriche-Hongrie adresse à la Serbie un ultimatum le 23 juillet. Devant le rejet de celui-ci, elle lui déclare la guerre le 28. La Russie, liée à la Serbie, mobilise le 30 ; l'Allemagne et la France, le 4. Plus que les haines nationalistes, ce sont les alliances nouées entre les puissances qui ont précipité ces dernières dans le piège de la guerre.

Les socialistes, en France comme en Allemagne, votent les crédits de guerre et participent aux gouvernements d'Union sacrée. Même si le temps des illusions n'est pas levé et que personne, chez les belligérants, n'envisage un conflit long, cette cohésion nationale résistera au moins jusqu'en 1917.

L'INVASION DE L'ÉTÉ 1914

La croyance en une guerre courte n'était pas absurde : le conflit aurait pu se conclure en deux mois par la victoire allemande. Mais les plans mis au point par les états-majors échouent. Côté français, l'application du plan XVII, prévoyant une attaque entre les Vosges et les Ardennes, est un fiasco. En Alsace, Mulhouse est libérée le 7 août, pour être presque instantanément reperdue. Le plan allemand surprend en revanche les militaires français : élaboré par le général von Schlieffen dès 1905, il doit amener les troupes allemandes à violer la neutralité de la Belgique pour opérer un vaste mouvement tournant par le nord, dans le but de contourner Paris au sud et de prendre les divisions françaises dans la nasse. L'opération doit être achevée en six semaines. Von Moltke, qui commande sur le front occidental, réussit parfaitement la première partie de la manœuvre. Débordés, les Français doivent effectuer une retraite épuisante. Les Allemands parviennent à 25 kilomètres de Paris : déjà, le gouvernement français s'installe à Bordeaux. Mais l'aile droite allemande a trop incurvé sa marche : le général Joffre décide de lancer la contre-offensive sur le flanc exposé, et stoppe la progression allemande sur la Marne entre le 6 et le 13 septembre. Ce « miracle de la Marne » fait durer la guerre, mais sonne également la fin des illusions quant à la capacité de l'un des deux camps de faire la décision de manière rapide. Et déjà, la course à la mer qui se joue vers le nord, tentative pour chacun des camps de déborder l'autre, ne voit aucun des deux belligérants l'emporter. Les Allemands choisissent de solides positions défensives et s'enterrent. De par leur instruction militaire, ils sont plus préparés à manier la terre que les Français. Les attaques des Alliés pour les en déloger sont vaines. Fin novembre, le front se stabilise de la mer du Nord à la Suisse : c'est la fin de la guerre de mouvement. Un nouveau type d'affrontement, tenant davantage du siège en rase campagne, fait son apparition. La guerre de tranchées se prolongera durant trois années pleines.

L'EXPÉRIENCE DU FEU...

Dès l'été 1914, l'ampleur des pertes révèle une rupture avec les conflits antérieurs. Pendant le conflit, 900 Français et 1 300 Allemands – qui se battent sur deux fronts – meurent en moyenne chaque jour. Le début de la guerre est, à cet égard, un désastre démographique. L'année 1914 est la plus meurtrière, avec 492 000 morts pour cinq mois de combats. En Lorraine, les attaques d'août sur Morhange et Sarrebourg voient ainsi 40 000 hommes tomber en trois jours. On peut mettre en cause le caractère désuet de l'équipement des fantassins : la casquette, le pantalon rouge garance, un paquetage lourd et mal conçu. En comparaison, l'uniforme *feldgrau* (vert-de-gris) des Allemands est bien mieux adapté aux exigences de camouflage de la guerre moderne. Le retard sera progressivement rattrapé à partir de 1915 avec la dotation d'un nouvel uniforme « bleu horizon » et du casque Adrian. Surtout, les chefs français vouent un véritable culte à l'offensive et sousévaluent d'une manière dramatique la puissance du feu ennemi. Or cette dernière est dévastatrice. Les blessures sont également plus graves. Les éclats d'obus, les balles coniques détruisent les chairs, défigurent les visages (les fameuses « gueules cassées »), imposent souvent la nécessité de l'amputation. Les souffrances

L'ARMÉE COLONIALE

Guerre mondiale, la guerre de 1914-1918 se déroule sur plusieurs continents, et voit les métropoles puiser dans les ressources humaines de leurs colonies.

Les démocraties occidentales tentent de tirer parti de leurs immenses empires coloniaux. Les dominions anglais (Australie, Nouvelle-Zélande, Afrique du Sud, Canada) fournissent ainsi 1 200 000 hommes. Côté français, 600 000 soldats des colonies participent à la guerre. La « force noire » du général Mangin en est l'illustration principale : elle fut utilisée comme troupe de choc. Pour l'essentiel, les autres troupes issues de l'empire – Annamites, Nord-Africains – sont cantonnées à l'arrière. Contrairement à l'idée reçue, les coloniaux ont proportionnellement subi moins de pertes que les soldats métropolitains. L'utilisation de soldats noirs est vivement dénoncée par l'Allemagne, qui la considère comme une preuve de barbarie et de non-respect des lois de la guerre. Cela ne l'empêche pas d'enrôler des soldats indigènes dans les combats qui l'opposent aux Anglais dans le Sud-Est africain.

L'APPARITION DE L'ARME BLINDÉE

Après des débuts difficiles, les chars réussissent à s'imposer comme une arme décisive. Le char d'assaut est utilisé pour la première fois par les Britanniques en 1916. Employé sans préparation d'artillerie, c'est un échec. Défendu inlassablement par le général Estienne, il est utilisé pour la première fois par les Français à Berry-au-Bac, lors de l'offensive sur le Chemin des Dames. 60 % des chars Schneider employés sont détruits : ils sont trop lourds, trop lents, peu maniables ; leur réservoir d'essence est en outre placé à l'avant ! Les leçons seront retenues. L'essentiel des chars français employés à la fin de la guerre sont des chars Renault : plus légers, relativement rapides, ils s'avèrent décisifs lors de la contre-offensive alliée de 1918. Les Allemands ne produisent quant à eux que peu d'engins blindés. Comme le souligne Erich-Maria Remarque dans *À l'Ouest rien de nouveau*, le tank incarne le changement définitif de la nature de la guerre, à présent mécanisée et « inhumaine ».

psychologiques sont moins quantifiables. Certaines s'expriment sous la forme du « *shell shock* » (ou « obusite »). Après avoir subi le choc des combats, les soldats restent prostrés, développent des mouvements répétitifs et incontrôlés. Considérés comme un témoignage de lâcheté, voire de simulation, ces traumatismes sont maladroitement pris en compte.

LA DISPARITION DES « LOIS DE LA GUERRE »

Cette « brutalisation » va croissante au cours du conflit. Les conventions de la guerre héritées du XIXe siècle n'ont plus cours : ainsi, les traitements réservés aux prisonniers et aux blessés connaissent de profondes mutations. Il suffit de penser que, lors de la guerre de 1870, les officiers français étaient libérés contre promesse de ne plus prendre part aux combats ! À l'opposé, la Première Guerre mondiale voit la généralisation des camps de prisonniers, installés pour les 300 000 Allemands dans le sud et l'ouest de la France. Bien pire encore, les soldats qui se rendent sont souvent abattus sur place par les « nettoyeurs de tranchées », afin d'exploiter au plus vite les éventuelles percées. La trêve des brancardiers, qui permettait le secours aux blessés – voire le ramassage des cadavres –, appartient elle aussi au passé : agoniser pendant des heures sans espoir de secours dans le *no man's land* est une des principales craintes des soldats avant l'assaut. L'autre grande crainte a trait à leur intégrité corporelle. Parfois, le cadavre n'existe même plus : enfoui, démembré, ou même volatilisé par un obus qui a frappé directement sa cible humaine.

COMBATTRE !

L'arme « reine » des champs de bataille est en effet l'artillerie. Avant la guerre, les états-majors ont initié des progrès constants dans l'efficacité de celle-ci. Les Français possèdent ainsi un excellent canon pour la guerre de mouvement, le « 75 ». Mais la guerre de position impose d'autres exigences : l'artillerie de campagne, légère et tractée par les chevaux, est inadaptée. L'artillerie lourde allemande s'avère très supérieure, notamment pour les très gros calibres. La production de guerre va s'attacher à pallier les carences des parcs d'artillerie, en pourvoyant notamment les deux camps en obusiers et en mortiers dont le tir courbe convient mieux au pilonnage des tranchées. Cette évolution des types d'armes s'accompagne d'une croissance constante du nombre de pièces alignées : 1 200 canons pour les Allemands pour préparer l'offensive sur Verdun, 1 500 pour les Britanniques lors de la bataille de la Somme en 1916. Soumis à des bombardements d'une violence jusqu'alors inégalée, le soldat subit une mort

VERDUN : LE SACRIFICE DES CITOYENS SOLDATS

Dans la mémoire collective, la bataille de Verdun occupe une place unique et incarne les combats de la « Grande Guerre ».

La bataille se déroule en deux phases. Lancée le 21 février 1916, l'offensive allemande s'interrompt en juillet. Puis, jusqu'en décembre, ce sont les Allemands qui sont sur la défensive : les Français reprennent alors une partie du terrain perdu – notamment les forts de Douaumont et de Vaux. Verdun incarne avant tout l'esprit de résistance du poilu français. Les unités, quelquefois réduites à une poignée d'hommes, résistent souvent de manière autonome et spontanée, face à un déluge de feu : plus de 60 millions d'obus sont tirés en 300 jours. Les deux tiers des régiments français combattent à Verdun au cours de l'année 1916 : il s'agit d'un choix délibéré du commandement, qui préfère faire tourner les régiments plutôt que de combler les vides. Pour cette raison, Verdun illustre plus que tout autre champ de bataille le sacrifice des citoyens-soldats pour la défense du sol national. La route de Verdun à Bar-le-Duc, qui voit se déployer une noria incessante de véhicules chargés en hommes et en munitions, est d'ailleurs rapidement surnommée la « Voie sacrée » par Maurice Barrès. Certains lieux de combats entrent dans la mémoire collective : le Mort-Homme, le village fantôme de Fleury (repris 16 fois en juillet), les forts de Douaumont et de Vaux rappellent le sacrifice de plus de 160 000 Français. Les Allemands, quant à eux, ont perdu 140 000 hommes. Après la guerre, l'inauguration de l'ossuaire de Douaumont attire les foules, et le statut particulier de « commune martyre » est décerné à certains villages, comme celui de Fleury.

dépersonnalisée, donnée à distance. Contre celle-ci, l'expérience ne peut pas grand-chose, même si les hommes développent d'étonnantes capacités à reconnaître la trajectoire, le calibre, la portée des tirs d'artillerie. Sur le front occidental, 70 % des pertes de la guerre sont le fait des bombardements. Autre arme emblématique du conflit, les mitrailleuses, qui tirent de 400 à 600 coups par minute et décident du sort des assauts : les Maxims allemandes, les Hotchkiss françaises sont l'atout défensif par excellence. Lorsqu'elles n'ont pas été réduites au silence par la préparation d'artillerie,

Debout les morts !

Harangue de l'adjudant Péricard aux soldats du 95e régiment d'infanterie pour qu'ils reprennent le combat. Elle fut immortalisée en ces termes par Maurice Barrès dans *l'Écho de Paris* du 18 novembre 1915.

On les aura !

Philippe Pétain, fin de l'ordre du jour du 10 avril 1916, pendant la bataille de Verdun.

elles condamnent les tentatives des assaillants à l'échec en les fauchant dans le *no man's land*.

Mais si la guerre fait souvent du poilu une cible passive des bombardements, la mort donnée en face reste une éventualité. Les assauts, s'ils débouchent la plupart du temps sur des échecs coûteux, aboutissent quelquefois. Les coups de main, les patrouilles nocturnes en terrain découvert, le « nettoyage » des tranchées ennemies impliquent l'éventualité du combat au corps à corps. Plus que l'encombrante baïonnette – l'étroitesse des tranchées rend son emploi malaisé –, les soldats utilisent les crosses et des matraques, se battent au couteau, à la pelle, à la grenade surtout. Certains se forgent même quelquefois leurs propres armes, casse-tête ou coups-de-poing.

L'EXPÉRIENCE DE L'OCCUPATION

Au-delà de l'affrontement de deux forces militaires, la guerre implique aussi la confrontation entre soldats et civils. Le temps de l'invasion allemande est celui des « grandes peurs ». Dès août 1914, les Alliés dénoncent des actes de « barbarie » allemands, à l'exemple de la rumeur des « mains coupées », traitement que des soldats du Reich auraient infligé à des enfants belges. Ces multiples récits, ainsi que ceux des viols, des exécutions d'otages, des villages brûlés nourrissent la haine du « Boche ». Ils trouvent leur pendant dans les comptes rendus d'atrocités commises par les civils belges à l'encontre des blessés allemands, et rapportées par les journaux outre-Rhin. De fait, la peur des francs-tireurs habite les troupes d'invasion, et durcit indéniablement les représailles à la moindre tentative de résistance civile. Certains villages, voire certaines villes sont visés : la bibliothèque de l'université de Louvain est ainsi incendiée, tandis que plus de 600 habitants de Dinant sont abattus. Au total, les exécutions de civils sont estimées à 6 500 en Belgique et dans le nord de la France pendant les premiers mois de la guerre.

En France, dans les zones rurales, l'installation durable des Allemands donne lieu à une certaine normalisation des relations avec les civils, encore qu'en 1916, avec les saignées des batailles de Verdun et de la Somme, le comportement des troupes d'occupation se dégrade à nouveau. Dans les villes en revanche, les Allemands imposent d'énormes contributions financières : 184 millions de francs en quatre ans pour la seule ville de Lille. Les produits agricoles et industriels sont systématiquement réquisitionnés. Cloches et statues de bronze sont saisies. L'Allemagne cherche également à tirer parti du potentiel de travail des civils, sur place ou en les déportant.

En avril 1916, plus de 10 000 Lillois, des femmes pour l'essentiel, sont ainsi déplacés de force vers les Ardennes et l'Aisne. Ils y sont soumis à des travaux forcés. Enfin, les autorités d'occupation entendent briser la résistance morale des civils. Plusieurs vagues de déportations vers l'Allemagne frappent des centaines de civils lillois. Lors de la libération de la ville, les journalistes alliés se feront l'écho de la découverte d'une « cité de spectres » épuisés par les privations.

L'ÉCONOMIE DE GUERRE...

La Première Guerre mondiale est aussi la première guerre « totale », qui implique la mobilisation de l'ensemble des énergies de la nation vers un but unique : sortir vainqueur de l'affrontement. On peut à cet égard parler de « fronts intérieurs ». Devant la durée du conflit et les besoins en matériels, les économies doivent se reconvertir. Les États doivent intervenir directement dans l'économie, en obligeant à la reconversion de pans entiers des industries nationales. Aucun plan n'a été prévu pour répondre aux besoins d'un conflit long : or

La France et l'Allemagne sont les deux ailes de l'Occident. Qui brise l'une empêche l'autre de voler.

Romain Rolland.

LA BATAILLE DE LA SOMME

Longtemps occultée du côté français par Verdun, la bataille de la Somme est l'autre grande tragédie de l'année 1916.

Elle a, en revanche, durablement marqué les esprits anglais et allemands. Engagée le 1er juillet 1916, elle constitue un désastre sans précédent pour les Britanniques. « L'armée Kitchener » – du nom de son commandant – est en grande partie composée d'engagés volontaires, les « Pals ». Ce sont ces hommes, issus des mêmes quartiers et des mêmes entreprises, pour la plupart totalement inexpérimentés, qui sont fauchés au cours de l'été 1916 : le deuil des familles en est rendu d'autant plus douloureux. Trop confiant en la préparation d'artillerie, le commandement britannique a donné pour instruction de progresser en marchant dans le *no man's land*... Mais les défenses allemandes, bien enterrées, n'ont pas été anéanties. En définitive, l'offensive n'aboutit qu'à de médiocres gains de terrain, au prix de pertes hallucinantes : 60 000 Britanniques sont mis hors de combat le premier jour. Au total, 620 000 Alliés, 500 000 Allemands sont tués, blessés ou faits prisonniers lors de cette tragédie.

LA GUERRE DES TRANCHÉES (FIN 1914-PRINTEMPS 1918)

À partir de la fin de l'année 1914, les belligérants conçoivent progressivement un réseau complexe de tranchées afin de rendre la percée ennemie plus difficile, et les bombardements moins dévastateurs. Entre les deux lignes ennemies, protégées par des barbelés, s'étale sur des dizaines ou des centaines de mètres le *no man's land* : espace de désolation retourné par les cratères d'obus. Dans la tranchée, le soldat endure la boue et l'absence d'hygiène (« rats de cadavres » et poux prolifèrent), et le ravitaillement s'effectue difficilement. Confrontés à ces conditions de survie inouïes, les « poilus » font en outre l'expérience d'un conflit dont la dangerosité du feu n'a jamais connu d'équivalent. Comment, dans ces conditions, ont-ils trouvé la force de tenir ? Sans doute par le sentiment de défendre les leurs et la forte solidarité qui unit les soldats. La volonté de ne pas abandonner les « copains » a indéniablement pesé sur le consentement des poilus, organisés en cercles réduits au sein desquels la vie au front s'organise. S'il y eut des périodes de désespoir et de rejet de la guerre, la lecture approfondie des témoignages montre la persistance d'une très forte hostilité à l'égard de l'adversaire.

l'armée demande 100 000 obus par jour, soit dix fois plus que les prévisions. De plus, la France a perdu 14 % de sa main-d'œuvre industrielle – sans compter les mines et les infrastructures – en abandonnant les régions du Nord à l'envahisseur. Pour coordonner la production, quelques expériences de planification sont menées. Le gouvernement répartit les industries en groupes régionaux, et leur fixe les objectifs à atteindre. Renault devient ainsi un producteur d'obus. Pour les grandes entreprises, la guerre correspond à une intense période de modernisation, facilitée par les investissements massifs et les commandes de l'État. La production à vocation militaire obéit en effet à des exigences redoublées de rationalisation et de standardisation. Début 1918, la France est devenue le premier pays producteur d'armement du camp allié : 1 000 canons par mois, 260 000 obus par jour sortent des usines.

Guerre industrielle, le conflit mobilise les compétences et les énergies de la population civile. Le départ de trois millions d'hommes en août 1914 a mis la France des usines au ralenti. Pour faire face aux besoins, les ouvriers qualifiés sont rapidement retirés du front. Mais devant la pénurie de main-d'œuvre, les étrangers et les indigènes des colonies sont également sollicités par les services du ministère de l'Armement. Les femmes, qui étaient plus de 7 millions à travailler avant la guerre dans l'industrie – notamment dans le textile et les conserveries –, investissent de nouveaux secteurs d'activités. Elles forment le quart de l'effectif des usines d'armement en 1918, soit 400 000 ouvrières. Même si l'encadrement demeure essentiellement masculin, ces « munitionnettes » se voient confier plus de responsabilités, et occupent des postes plus qualifiés.

À la campagne, les femmes prennent la place des chefs de famille, et ce dès l'été 1914 avec les moissons. Ces changements dans le rôle social des femmes sont considérés comme des parenthèses : dans l'esprit de tous, la fin de la guerre marquera « le retour à la normale ».

« L'OR COMBAT POUR LA VICTOIRE ! »

L'arrière est également invité à contribuer à la victoire en « donnant son or », répondant en cela au sacrifice des soldats qui « donnent leur sang ». Les États ont en effet recours aux emprunts nationaux pour financer l'effort de guerre. Plus populaires que les augmentations d'impôts, ceux-ci sont couronnés de succès.

Il est vrai que les taux proposés sont avantageux. Les États belligérants empruntent également à l'étranger : les États-Unis deviennent ainsi les principaux créanciers de la Grande-Bretagne et de la France. Les gouvernements font aussi fonctionner la planche à billets, avec pour effet pervers le renforcement de l'inflation et une très forte baisse du pouvoir d'achat, qui accroît les privations des civils. La situation des populations des empires centraux est à cet égard la plus dramatique : asphyxiés par le blocus naval allié, les marchés intérieurs sont désorganisés et la pénurie s'installe.

Dans les dernières années de la guerre, on meurt littéralement de faim dans les rues des grandes villes allemandes. La surmortalité liée aux privations alimentaires y est estimée à un million de décès. Comme ses adversaires, l'Allemagne croyait pouvoir trouver une issue rapide au conflit. La guerre qui s'éternise sur les deux fronts la pénalise. Pourtant, les initiatives prises en 1915 pour tenter de remporter la décision sont essentiellement le fait des Alliés.

LE GOUVERNEMENT FRANÇAIS DANS LA GUERRE

Durant le conflit, la France tente de maintenir l'équilibre entre le respect des institutions et les exigences dictées par la conduite des opérations militaires.

Répondant à l'appel à « l'Union sacrée » du président Poincaré lancé le 4 août, les partis politiques français mettent entre parenthèses leurs différends. Les crédits de mobilisation proposés par le président du conseil Viviani sont votés à l'unanimité. Le gouvernement qui se constitue le 26 août voit d'ailleurs deux socialistes entrer dans le cabinet : Jules Guesde, en tant que ministre d'État sans portefeuille, et Marcel Sembat, aux Travaux publics. Jusqu'en décembre 1914, le pouvoir civil s'efface : Joffre, au grand quartier général (GQG) de Chantilly, mène les opérations sans aucun contrôle parlementaire. La relative stabilisation de la situation permet à la vie politique de reprendre une partie de ses droits. Le gouvernement Viviani, critiqué après l'échec des Dardanelles, laisse place au cabinet Briand en octobre 1915, qui élargit encore l'Union sacrée sur sa droite. Quatre gouvernements se succèdent en 1917, qui marque la fin de l'Union sacrée : les socialistes quittent le gouvernement en septembre. Poincaré n'a plus qu'une alternative : appeler Clemenceau, qui n'a occupé aucun ministère depuis 1914 et s'est illustré dans la critique des cabinets précédents.

ROMPRE LE FRONT OU USER DE LA « STRATÉGIE PÉRIPHÉRIQUE » ?

Dès la fin de 1914, lorsque s'impose un front stabilisé, certains membres du haut commandement allié ont la volonté de débloquer la situation en imposant un autre terrain d'opérations plus propice à la guerre de mouvement. L'effondrement des empires centraux ne viendra pas de l'Est. Le « rouleau-compresseur russe » a été taillé en pièces par les Allemands à Tannenberg en août 1914.

En 1915, pendant que Joffre s'obstine à faire attaquer ses troupes en Artois, puis en Champagne – « je les grignote » –, est montée l'opération des Dardanelles, conçue par Winston Churchill, alors Premier lord de l'Amirauté : le but est de faire sauter le bouchon des détroits fermés par les Turcs, alliés des empires centraux, pour rétablir les communications avec l'Empire russe. Cette opération se solde par un échec sanglant. Débarqués sur la presqu'île de Gallipoli le 25 avril, les Britanniques, les Français et les troupes de l'ANZAC (*Australian New-Zeland Army Corp*) sont cloués sur place par la défensive turque. Les Alliés s'épuisent en assauts stériles et souffrent de la soif. En octobre, les troupes rembarquées ouvrent un nouveau front dans les Balkans, en attaquant à partir de Salonique la Bulgarie alliée de l'Allemagne. Là aussi, l'opération s'enlise rapidement.

L'Italie, entrée en guerre le 23 mai 1915 aux côtés des Alliés – qui ont promis de mettre la main sur les terres irrédentes (le Trentin et l'Istrie) –, immobilise des troupes autrichiennes dans la vallée de l'Isonzo mais ne peut emporter la décision. Les stratégies périphériques n'apportent donc pas de changements notables sur la poursuite de la guerre.

À l'exemple des opérations en Afrique ou au Proche-Orient, elles amènent au contraire à fixer des troupes loin des champs d'action principaux : les Allemands opposent ainsi aux Alliés une résistance farouche au Cameroun et dans le Sud-Est africain. Il est vrai que les tentatives effectuées de part et d'autre pour percer le front occidental en 1916 ne sont pas davantage couronnées de succès.

1916 : MOURIR À VERDUN, PÉRIR DANS LA SOMME

Les Allemands attaquent en février à Verdun, dans le but de « saigner à blanc » l'armée française. Les Alliés, eux, lancent une offensive en juillet en Picardie, notamment pour soulager Verdun. Dans les deux cas, les pertes sont catastrophiques : au premier jour de l'offensive de la Somme, les Britanniques comptent 60 000 hommes hors de combat, dont 20 000 morts. Pour les deux camps, ces batailles possèdent une forte portée défensive : pour les Allemands, la résistance sur la Somme est identifiée à la garde sur le Rhin (« *Wacht an der Somme* »).

La débauche de munitions atteint des sommets : plus d'un million d'obus sont lancés par les Allemands sur les lignes françaises le jour de l'attaque sur Verdun, le 21 février. Mais malgré les moyens engagés, les pertes des attaquants et des défenseurs s'équilibrent, et les fronts tiennent : 1916 n'a pas été l'année décisive tant attendue. Pour autant, le moral des soldats et des civils ne semble pas profondément atteint. Mais les souffrances endurées, les sacrifices consentis commencent à peser.

L'année 1917 va cristalliser les désillusions et montrer que la confiance placée dans les armes subit un processus d'usure.

Mon centre cède, ma droite recule. Situation excellente, j'attaque.

Cette audace tactique est signée du maréchal Foch dans les premiers mois de la Grande Guerre, sur le front de la Marne. Le même Foch s'était montré moins inspiré quand il déclarait, alors qu'il enseignait la stratégie à l'École supérieure de Guerre : « Les avions sont des jouets intéressants mais n'ont aucune utilité militaire. »

Une issue difficile...

Mobilisations, usures et sorties de guerre

LES ÉGLISES DANS LA GUERRE

Les Églises répondent à l'appel des croyants, chez qui le discours patriotique se colore logiquement d'une supplique religieuse. La crainte de la mort pousse à s'assurer la protection divine : sur le front comme à l'arrière, des dévotions particulières – au Sacré-Cœur, à la Vierge (Notre-Dame de Lorette), à sainte Thérèse – bénéficient d'un regain de ferveur. Au-delà, chaque camp se présente comme le peuple juste, élu par Dieu. Côté français, on remet à l'honneur le statut de la France « fille aînée de l'Église ». L'Église catholique est également à l'initiative d'une véritable mobilisation par la prière. L'exemple de la « croisade des enfants » est, à cet égard, étonnant : chaque petit participant se voit confier la responsabilité de prier pour la protection d'une portion du front. Les ecclésiastiques français paient aussi le prix du sang : 4 500 prêtres, 13 000 séminaristes meurent au front pendant le conflit.

Si la Grande Guerre bouleverse profondément les stratégies militaires, elle laisse aussi son empreinte dans les pratiques culturelles des Français. En 1917 et 1918, le sort balance avant de donner la victoire aux Alliés. Même si la France est dans le camp des vainqueurs, elle sort du conflit durablement marquée, comme l'ensemble des pays du Vieux Continent.

La population ne se contente pas de subir le conflit. Les civils vivent intensément la guerre. L'engagement des Français prend ainsi des formes extrêmement variées, du soutien des « marraines de guerre » aux échanges de courrier entre le front et l'arrière, en passant par le travail des instituteurs ou les premières amorces du culte du souvenir. En conséquence, la Première Guerre mondiale voit s'élaborer une « culture de guerre » qui irrigue l'ensemble des composantes de la société.

« CULTURES DE GUERRE »

L'unité nationale est la condition première à la formation de cette culture. Chaque camp a la conviction qu'il défend le bon droit et qu'il est le détenteur d'un ensemble de valeurs menacées par l'ennemi. En ce sens, la Grande Guerre est aussi une guerre morale. Pour justifier leur cause, Français, Allemands, Britanniques font appel à un ensemble de traditions et de représentations. En France, on invoque la tradition humaniste et républicaine, la défense des libertés. L'invasion du territoire national impose les références à 1792 et à la guerre révolutionnaire. L'idéalisation du combat patriotique va de pair avec la détestation de l'ennemi. Le terme de « Boche », très péjoratif, s'impose rapidement. Le *Franzmann* allemand ne témoigne pas d'une telle radicalité. Cette haine de l'ennemi se nourrit des rumeurs d'atrocités commises pendant l'invasion. Représentés sous la forme de porcs, de monstres hybrides et sanguinaires, les Allemands sont systématiquement déshumanisés. Chez les Allemands, on parle aussi de défense de la *Kultur* ; on dénonce l'emploi par les Alliés de troupes coloniales. On répond aux accusations d'atrocités en publiant en mai 1915 un rapport sur les agissements de « francs-tireurs » en Belgique. Le blocus maritime allié, qui affame la population des empires centraux, est également exploité pour attiser la détestation de la Grande-Bretagne, résumée par l'invocation *Gott strafe England* (« Que Dieu châtie l'Angleterre »), que l'on retrouve sur les tasses, les assiettes ou les cartes postales...

LE CHEMIN DES DAMES

L'offensive menée en Picardie a été soigneusement préparée : le général Nivelle prévoit « une splendide moisson de gloire pour les armées britanniques et françaises »...

Le 11 mars, les Allemands effectuent un repli stratégique sur des positions soigneusement préparées entre Arras et Soissons. Les Alliés attaqueront dans l'inconnu. Nivelle a fait de la surprise la clef de la réussite : la préparation d'artillerie est donc réduite ; l'emploi des chars doit accroître la déroute des Allemands. Le 16 avril, l'attaque est déclenchée sur le Chemin des Dames, une crête tenue par les Allemands, qui surplombe la vallée de l'Aisne. Nivelle avait prévu une avance de 100 mètres toutes les trois minutes... À la fin de la première journée, les Français en ont gagné 500, au lieu des dix kilomètres prévus, mais le commandement français s'entête à poursuivre l'attaque. Les Français comptent 40 000 tués en moins de quinze jours... Le 15 mai, l'offensive cesse. Nivelle est relevé de son commandement et remplacé par Pétain, qui doit s'employer à relever le moral catastrophique des troupes.

BOURRAGE DE CRÂNE ET PROPAGANDE...

Élément liberticide mais caractéristique du temps de guerre, la censure s'abat dès les premiers jours du conflit sur la presse. « Anastasie » – le surnom donné à la censure – a retenu les leçons de la guerre de 1870, lorsque les Prussiens, en lisant l'édition du soir, étaient entretenus des détails de l'offensive du lendemain. La proclamation de l'état de siège le 5 août s'accompagne de l'interdiction de publication de toute information militaire non officielle. Dans les mois qui suivent, la censure est renforcée par le gouvernement Viviani, qui étend le contrôle de la presse aux critiques purement politiques. Ces interdictions vont de pair avec le développement de l'aspect le plus caricatural de la propagande : le « bourrage de crâne ». Celui-ci conduit certains journaux à publier des descriptions totalement fantaisistes du front : en août, *l'Intransigeant* peut ainsi affirmer que les « balles allemandes ne tuent pas ». Très rapidement confronté à la réalité du terrain, ce type de discours ne passe plus, surtout auprès des soldats. Les outrances reculent, mais la propagande continue à soutenir le moral de l'arrière, en exaltant le sentiment national.

ÉLITES ET INTELLECTUELS SOUS LES DRAPEAUX

Les États peuvent compter sur le soutien massif et indéfectible des intellectuels. Ceux-ci participent à la guerre et ne sont pas épargnés. Figures déjà reconnues par le public, Péguy, Alain-Fournier tombent sous le feu allemand. Les peintres cubistes mettent leurs compétences au service du camouflage.

LES MUTINERIES DE 1917

Suite à l'offensive du Chemin des Dames, entre 30 000 et 40 000 soldats français manifestent leur ras-le-bol en se mutinant.

Le 17 avril 1917, les premiers mouvements de désobéissance collective apparaissent dans l'armée française : la plupart du temps, les soldats refusent de remonter en première ligne. La propagande révolutionnaire ou pacifiste, bien qu'incriminée par les généraux français, n'est pas à l'origine de ces mouvements spontanés. Il s'agit plus d'une grève des soldats citoyens que d'une révolte : après la multiplication des échecs sanglants, les poilus refusent de consentir à de nouveaux sacrifices inutiles. Le pacte tacite est momentanément rompu entre le commandement et les soldats. Le général Pétain, successeur de Nivelle, gère la crise. Il alterne habilement la répression – les 554 condamnations à mort prononcées donneront lieu à 49 exécutions – et les mesures destinées à remonter le moral des troupes. Il réforme ainsi le système des permissions et s'attache à améliorer l'ordinaire des soldats. En renouant le lien entre le commandement et la troupe, il s'attire une très importante popularité auprès des combattants.

Les intellectuels alimentent également la culture de guerre en lui fournissant des armes idéologiques. Barrès et Anatole France dénoncent la barbarie allemande et exaltent le sacrifice des soldats français. Les milieux universitaires, loin de contester le bien-fondé du conflit, s'engagent en publiant des brochures patriotiques et en créant des comités qui croisent le fer avec leurs homologues allemands.

Toutes les grandes institutions du pays participent sans note discordante à la mobilisation patriotique : les Églises, notamment, s'y impliquent avec force. C'est le moyen, notamment pour les catholiques ou les juifs, de prouver définitivement leur appartenance à la communauté nationale.

LA GUERRE DES ENFANTS

Les enfants sont en effet un public particulièrement perméable à l'atmosphère de ferveur patriotique. Le personnel scolaire a reçu des instructions pour que la guerre investisse l'école. « S'il est un maître dont je me refuse à concevoir un instant l'idée, ce serait l'éducateur français pour qui la guerre n'existerait pas, qui [...] n'adresserait à ses élèves en ses heures décisives que des paroles inchangées », dit une circulaire de 1915 du ministre de l'Éducation, Albert Sarraut. L'histoire, la géographie, l'éducation civique et morale, les sujets de rédaction et même d'examens sont des supports de choix pour l'imprégnation patriotique. Au-delà de la pression institutionnelle, dans les familles, l'ampleur des mobilisations rend les absences des pères, des frères, des oncles particulièrement prégnantes.

L'ensemble de l'univers enfantin se militarise. Bécassine et les Pieds Nickelés mènent leur guerre contre les Allemands ; les jouets guerriers triomphent. Les enfants sont également sollicités pour contribuer à la victoire : ils participent ainsi aux travaux agricoles et à des collectes de soutien aux combattants. Enfin, des histoires édifiantes d'enfants-héros, quelquefois réelles, souvent déformées ou inventées, sont abondamment reprises et diffusées : ainsi celle du jeune Émile Desprès, qui refuse d'abattre un prisonnier français et retourne l'arme contre un officier allemand, avant d'être lui-même exécuté. Ou celle de Corentin Carré, qui s'engage à 15 ans en trichant sur son âge, et multiplie les faits d'armes. D'ailleurs, ce dernier qui a fait ses débuts dans l'infanterie, finit la guerre dans l'aviation. Les représentations évoluent, en effet, avec les progrès techniques.

LES VISAGES DE LA GUERRE MODERNE

La poursuite du conflit voit en effet le développement rapide de nouveaux types d'armement, qui changent considérablement le visage de la guerre. L'usage des gaz de combat, interdit par la convention de La Haye de 1899, se généralise dans les deux camps. Les premiers à l'employer sont les Allemands, au cours de la bataille d'Ypres, en avril 1915. Sous la forme d'obus asphyxiant, l'« ypérite » (ou « gaz moutarde ») et la « vincennite » française deviennent d'emploi courant. Le nombre de victimes directes des gaz paraît relativement modeste : 95 000 morts, soit 1 % des pertes. Mais les soldats touchés ont une espérance de vie raccourcie. Le recours aux masques à gaz, qui isolent un peu plus les soldats en empêchant toute communication et toute reconnaissance de l'autre, déshumanise un peu plus le conflit.

L'aviation s'impose également comme un élément incontournable de l'arsenal militaire. D'abord employée pour l'observation et pour faciliter le réglage des tirs d'artillerie, elle commence à devenir un outil de chasse et de bombardement. En 1918, l'aviation française est la première d'Europe : elle aligne 7 000 appareils contre 4 500 chez les Allemands. Les exploits des pilotes – Guynemer ou Nungesser pour les Français, von Richtofen (le « baron Rouge ») pour les Allemands – illustrent un type d'affrontement qui a gardé quelques-uns des anciens codes chevaleresques. Mais l'épopée des « As » n'est qu'un aspect de la guerre aérienne : la fin

Il y a mille petits sapins brisés par les éclats d'obus autour de moi / Il y a un fantassin qui passe aveuglé par les gaz asphyxiants.

Apollinaire.

LA GÉNÉRATION PERDUE

La Première Guerre mondiale représente une catastrophe démographique sans précédent en Europe, et particulièrement en France.

Entre 9 millions et 10 millions de combattants sont morts pendant la Première Guerre mondiale. Il faut multiplier les chiffres par trois pour obtenir le nombre de blessés (3 millions en France). Parmi ces derniers, un nombre important d'amputés (60 000), de gazés, de blessés de la face (15 000) ne pourront se réinsérer véritablement dans la société. Proportionnellement, la France est le pays le plus touché avec la perte de 16 % de ses mobilisés (28 % des combattants), soit 1,4 million de morts. L'Allemagne compte plus de 2 millions de morts. Les pertes sont lourdes pour les élites de tous les pays belligérants, qui ont souvent formé l'encadrement des troupes : en France, 25 % des officiers ne reviennent pas de la guerre. Enfin, la guerre accélère le déclin démographique du Vieux Continent, du fait de l'apparition des « classes creuses » : on estime le déficit des naissances pendant le conflit à 1,6 million en France.

de la Grande Guerre voit également apparaître les premiers bombardements de villes. Les Gothas allemands effectuent des raids contre Londres et Paris. Même si le nombre de victimes peut sembler dérisoire – 1 400 morts à Londres, 520 à Paris, en cumulant les raids aériens et les bombardements de l'artillerie à longue portée –, un pas est franchi dans l'imposition de la violence aux populations civiles.

Autre stratégie d'avenir, l'imposition par les Allemands de la guerre sous-marine « à outrance » relève d'une stratégie désespérée qui vise à briser le blocus naval. Ce choix témoigne des améliorations techniques apportées aux U-Boot. Lancée au début de l'année 1917, l'offensive obtient des résultats rapides : pour le seul mois d'avril, 874 000 tonnes de navires alliés sont coulées. Les Alliés prennent des contre-mesures, en organisant des convois protégés. Cette stratégie a un effet pervers pour les Allemands : l'entrée en guerre des États-Unis. Déjà, en mai 1915, le torpillage du paquebot *Lusitania*, qui a entraîné la mort de 1 198 passagers, dont 128 Américains, a bouleversé l'opinion et poussé l'Allemagne à suspendre ses opérations sous-marines. La reprise de celles-ci contribue à la déclaration de guerre américaine le 2 avril 1917. Les premiers « Sammies » (le surnom des soldats américains, à l'instar des « Tommies » anglais) débarquent à Saint-Nazaire en juin 1917, mais les divisions américaines n'apparaîtront sur le front qu'à partir d'avril 1918... Entre-temps, les Alliés auront à affronter « l'année terrible ».

LES CRISES DE 1917

Année maudite pour les Alliées, 1917 se signale tout d'abord par l'ampleur des désastres militaires. La tentative menée au printemps par le général Nivelle sur le Chemin des Dames, dans l'Aisne, est un échec sanglant. L'armée italienne lâche pied à Caporetto en octobre : les Franco-Britanniques doivent acheminer des contingents pour aider à rétablir le front sur la Piave. Mais surtout, la fin de l'année voit l'effondrement définitif du front de l'Est. La Russie tsariste s'écroule après la révolution de février 1917. Le gouvernement provisoire mené par Kerenski est cependant favorable à la poursuite du conflit : il devient très rapidement impopulaire. Sur le front, les soldats se mutinent et désertent en masse. En octobre 1917, les bolcheviques menés par Lénine prennent le pouvoir et signent dès décembre un armistice avec l'Allemagne, qui reprend cependant les hostilités pour alourdir les conditions de paix. Celle-ci est finalement signée à Brest-Litovsk le 3 mars 1918. L'Allemagne peut ainsi rapatrier ses divisions vers le front occidental, et mettre au point sa « grande offensive » du printemps 1918. Pour la première fois depuis le début de la guerre, elle peut concentrer ses efforts sur un front unique.

À l'arrière, la cohésion sociale donne des signes de faiblesse : en France, des grèves éclatent dès le début de l'année à l'initiative des femmes et des ouvriers non mobilisés. La dégradation des conditions de vie du fait de l'augmentation des prix motive des revendications salariales. Une nouvelle vague de grèves – qui touchent notamment les usines d'armement – secoue la France au printemps : des mots d'ordre pacifistes font leur apparition. En septembre 1917, socialistes et syndicalistes quittent l'Union sacrée, sanctionnant le glissement de celle-ci vers la droite. Mais cette rupture de la formule politique adoptée depuis août 1914 ne marque pas pour autant la fin du consensus national. L'arrivée de Clemenceau au gouvernement va stabiliser la situation politique.

LE DERNIER QUART D'HEURE

L'état-major allemand lance sa grande offensive sur le front occidental en mars 1918. Les troupes de choc allemandes (les *Stosstruppen*) y font la démonstration de leur supériorité en terme d'initiative et de maniabilité. Les progrès sont foudroyants : en Picardie, Ludendorff disloque les divisions anglaises qui lui sont opposées.

LE SOLDAT INCONNU

La disparition des corps rend le travail de deuil encore plus difficile aux familles.
L'idée de choisir une dépouille représentant tous les disparus fait son chemin.

Le 10 novembre 1920, huit cercueils contenant les dépouilles non identifiées de soldats sont installés dans la citadelle de Verdun. L'un d'entre eux est choisi par un orphelin de guerre et ramené à Paris. Escorté par un cortège de mutilés, et par une famille fictive composée d'une veuve, d'un orphelin et de parents ayant perdu leur fils, le corps est déposé brièvement au Panthéon. Il est ensuite exposé solennellement le 11 novembre sous l'arc de triomphe de l'Étoile, avant d'y être définitivement inhumé en janvier 1921. Les parlementaires veulent, par ce geste, honorer le sacrifice des combattants en un lieu exceptionnel. L'exemple français n'est pas isolé : l'Angleterre dans l'abbaye de Westminster, l'Italie sur la place de Venise, à Rome, rendent également hommage à leurs disparus en inhumant un des leurs.

LES MONUMENTS AUX MORTS

Après la guerre, la France rend hommage à ceux qui ne sont pas revenus.

La guerre de 1870 avait déjà donné lieu à l'édification de monuments commémoratifs. L'idée fait à nouveau son apparition pendant la guerre, avec une différence dans l'ampleur des constructions. 36 000 monuments sont élevés. Un grand nombre d'entre eux sont placés au centre de l'espace public près de l'église ou de la mairie. Les inscriptions les plus courantes sont patriotiques : « Morts pour la France », « Morts pour la Patrie », « À nos enfants »... Ceux du Nord font une large part à la dénonciation des souffrances endurées sous l'Occupation. Plus rares sont les inscriptions antimilitaristes, à exemple du « Que maudite soit la guerre » ornant le monument d'Équeurdreville, dans la Manche. Tous ont en commun de perpétuer le regret et de rendre le deuil visible.

Devant le danger, un commandement stratégique unique est enfin mis en place par les Alliés : il est confié au général Foch, qui reçoit le titre de « commandant en chef des armées alliées en France ». Le 27 mai, Ludendorff déclenche une nouvelle offensive en Champagne : trente divisions allemandes bousculent les sept divisions françaises qui lui font face. Trois jours plus tard, les Allemands atteignent la Marne : ils ont fait 50 000 prisonniers. La panique envahit les Parisiens lorsque la « Grosse Bertha », un canon géant mis en batterie dans la forêt de Compiègne, parvient à portée de tir de la capitale. Difficilement stoppées, les troupes allemandes ont cependant vu fondre leurs réserves. Une nouvelle offensive en Champagne se brise sur la seconde ligne française. Pétain y montre ses capacités dans l'organisation défensive. Entre-temps, la contre-attaque s'organise : le 18 juillet, les Allemands doivent refluer sur l'Aisne sous la pression française. De plus, les Américains entrent enfin en ligne : à cette date, leur corps expéditionnaire comprend plus d'un million d'hommes. Les Alliés ont définitivement pris l'initiative. Le 8 août, « jour de deuil de l'armée allemande » (Ludendorff), Foch lance une nouvelle offensive en Picardie. De nombreux soldats allemands montrent pour la première fois des signes de défaillance en mettant bas les armes.

Le moral allemand est définitivement brisé entre le 26 et le 29 septembre, lorsque Foch fait attaquer ses troupes de la Flandre à Verdun. Ludendorff informe le gouvernement allemand qu'il faut envisager la conclusion d'un armistice. Dès le 14, l'Autriche-Hongrie aux abois a publié une note proposant l'ouverture de négociations de paix : en un mois, l'empire implose. Le 30 septembre, la Bulgarie capitule. L'Allemagne est à présent isolée et ses troupes, privées de ravitaillement, reculent pas à pas sur l'ensemble du front occidental. Les négociations d'armistice sont engagées à partir du mois d'octobre. Le Reich entre en déliquescence : devant la révolution qui éclate à Berlin, Guillaume II abdique le 9 novembre.

LA VICTOIRE ENDEUILLÉE DE 1918 ET LA DÉMOBILISATION

Signé le 11 novembre 1918 à cinq heures du matin à Rethondes, l'armistice entre en vigueur à 11 heures. Son annonce suscite une joie délirante dans les grandes villes : la foule envahit les boulevards et les places. Dans chaque village, les cloches sonnent à toute volée. On chante, on danse, on ovationne soldats et chefs alliés. Clemenceau, « le Père la Victoire », est acclamé à la Chambre des députés. Mais, très rapidement, les célébrations de la victoire font place à la poursuite du travail de deuil. Sur le front, les soldats montrent moins d'effusions. Pour eux, l'attente de la démobilisation commence. Elle sera longue. Le retour des 5 millions de soldats – dont 500 000 prisonniers – est une entreprise complexe. Les autorités françaises choisissent d'y procéder selon l'ancienneté du service. La démobilisation de la classe 1918 n'intervient ainsi qu'à partir de mai 1920 : le mouvement a été interrompu pour faire pression sur l'Allemagne, qui renâcle à signer le traité de Versailles. De plus, le retour à la discipline de paix est rudement ressenti par les anciens poilus. C'est dans ce contexte de frustrations et de douleur que les gouvernements doivent convenir des conditions du retour à la paix.

LA CONSTRUCTION DE LA PAIX ET LES MÉMOIRES DE LA GUERRE

De formidables pressions pèsent sur les acteurs de la conférence de la paix qui s'ouvre le 19 janvier 1919 à Versailles. Les opinions publiques en attendent châtiments et justes compensations. Le rôle clef y est exercé par le « conseil suprême », composé de Clemenceau pour la France, de Wilson pour les États-Unis, de Lloyd George pour la Grande-Bretagne et d'Orlando pour l'Italie. Les discussions devaient être menées sur la base des « 14 points » proposés en janvier 1918 par le président Wilson, qui affirment le principe des nationalités. Il n'en est rien : loin d'adhérer au projet d'un nouvel ordre européen, chacun des belligérants tente de faire aboutir ses buts de guerre et d'assurer sa sécurité. Fait sans précédent lors de la conclusion d'un traité de paix, l'Allemagne n'est pas invitée aux discussions. Elle se voit infliger des sanctions très lourdes : elle perd ainsi 13 % de son territoire ; son armée est réduite à 100 000 hommes et le service militaire est aboli ; sa souveraineté est amputée par la démilitarisation de la rive gauche du Rhin ; jugée responsable de la guerre et des dommages en découlant, elle devra en outre payer des réparations. Immédiatement, le traité est dénoncé par l'Allemagne comme une paix imposée : ce « diktat » – et son application difficile – empoisonnera les relations entre puissances européennes pendant les années 1920 et sera largement exploité outre-Rhin par les nationalistes – au premier rang desquels Hitler.

Comme les autres nations engagées dans le conflit, la France de l'après-guerre est avant tout un pays en deuil, gagné par la fièvre commémorative. Le défilé de la Victoire, le 14 juillet 1919, attire une foule immense : en tête du cortège, les mutilés. Le 11 novembre ne deviendra férié qu'à partir de 1922, donnant lieu à 11 heures – heure de l'entrée en vigueur de l'armistice – à un rassemblement autour du monument aux morts. Les quatre années de guerre ont profondément modifié le pays, qui effectue sous de douloureux auspices son entrée véritable dans le XXe siècle.

En définitive, les victimes des guerres sont mortes pour rien. Seulement, elles sont mortes pour nous.

Discours de paix de Clemenceau, 1919.

Petite chronologie du XVIIIe au XIXe siècle

1789-1799 — La Révolution

POLITIQUE	ÉCONOMIE, SOCIÉTÉ, RELIGION, CULTURE
1789, 5 mai : Séance inaugurale des États généraux ; 17 juin : Le tiers état se constitue en Assemblée nationale ; 20 juin : Serment du Jeu de Paume ; 27 juin : Le roi demande au clergé et à la noblesse de se réunir au tiers état ; 11 juillet : Louis XVI renvoie Necker, rappelé le 16 ; 14 juillet : Prise de la Bastille ; mi-juillet-fin août : la Grande Peur ; nuit du 4 août : Abolition des privilèges ; 26 août : Déclaration des droits de l'homme et du citoyen ; 5-6 octobre : Le peuple parisien se rend à Versailles et ramène le roi à Paris.	**1789, 19 décembre :** Vente des biens du clergé ; 22 décembre : Décret créant les 83 départements, qui remplacent les anciennes provinces.
1790, 14 juillet : Fête de la Fédération.	**1790, 12 juillet :** L'Assemblée établit la Constitution civile du clergé ; 27 novembre : Le clergé doit prêter serment à la constitution.
1791, 30 octobre : Loi contre les émigrés ; 21 juin : Fuite et arrestation du roi à Varennes ; 17 juillet : Manifestation au Champ-de-Mars, pour réclamer la République ; 14 septembre : Promulgation de la nouvelle Constitution.	**1791, juin :** Loi Le Chapelier qui interdit tout groupement professionnel.
1792, 20 avril : Déclaration de guerre à l'Autriche, à la Hongrie et à la Bohême ; 20 juin : Le peuple envahit les Tuileries et force le roi à porter le bonnet rouge ; 1er août : Manifeste du duc de Brunswick ; 10 août : Les sans-culottes donnent l'assaut aux Tuileries ; 13 août : La famille royale est incarcérée à la prison du Temple ; 20 septembre : Victoire de Valmy ; 22 septembre : An I de la République.	**1792, 20 septembre :** Loi sur le mariage civil et laïcisation de l'état civil.
1793, 21 janvier : Exécution de Louis XVI ; 10 mars : Début de l'insurrection vendéenne et création d'un Tribunal révolutionnaire ; 6 avril : Formation du Comité de salut public ; 24 juin : Vote de la Constitution de l'an I ; 17 juillet : Robespierre entre au Comité de salut public ; 23 décembre : Défaite des chouans à Savenay.	**1793, 24 novembre :** Adoption du calendrier révolutionnaire.
1794, 4 février : Abolition de l'esclavage dans les colonies ; 24 mars : Hébert et ses amis sont guillotinés ; 10 juin : Lois instaurant la Grande Terreur ; 27 juillet : Chute de Robespierre qui est exécuté le lendemain.	
1795, 22 août : Adoption de la Constitution de l'an III ; avril-mai : Émeutes populaires de germinal et de prairial ; 8 juin : Mort de Louis XVII ; 4-5 octobre : Bonaparte réprime une insurrection royaliste.	
1796, mars-avril : « Conjuration des Égaux » ; Victoires de Bonaparte en Italie.	
1797, 4 septembre : Coup d'État antiroyaliste ; 17 octobre : Traité de Campoformio avec les Autrichiens.	
1798, 11 février : Les Français occupent Rome ; 1er juillet : Les Français débarquent à Alexandrie, début de la campagne d'Égypte ; 21 juillet : Bataille des Pyramides ; 1er août : Défaite d'Aboukir.	
1799, mars : Création de la IIe coalition européenne contre la France ; 10 novembre : Coup d'État du 18 brumaire.	

	POLITIQUE	ÉCONOMIE, SOCIÉTÉ, RELIGION, CULTURE
1799-1814 Le Consulat et l'Empire	**1800, 17 février :** Création des préfets ; 14 juin : Victoire de Marengo ; 24 décembre : Attentat de la rue Saint-Nicaise contre Napoléon.	**1800, 13 février :** Création de la Banque de France.
	1801, 9 février : Paix de Lunéville avec l'Autriche.	**1801, 15 juillet :** Concordat avec le pape.
	1802, 25 mars : Paix d'Amiens avec l'Angleterre.	**1802, 19 mai :** Création de la Légion d'honneur.
	1803, mai : L'Angleterre rompt la paix.	**1803, 28 mars :** Instauration du franc germinal.
	1804, 18 mai : Instauration de l'Empire ; 2 décembre : Sacre de Napoléon.	**1804, 21 mars :** Le Code civil est promulgué.
	1805, 2 décembre : Victoire d'Austerlitz.	**1806, 1er janvier :** Le calendrier grégorien remplace le calendrier révolutionnaire.
	1807, 7-8 février : Bataille d'Eylau.	
	1808, 1er mars : Instauration d'une noblesse d'Empire ; avril-mai : Intervention française en Espagne ; 2-3 mai : Soulèvement madrilène contre les Français.	**1808, 17 mars :** Création de l'Université.
	1811, 20 mars : Naissance du roi de Rome.	
	1812, 25 juin-5 décembre : Campagne et retraite de Russie.	
	1814, 6 avril : Napoléon abdique et part pour Sainte-Hélène.	
1814-1848 Les monarchies constitutionnelles	**1814, 4 juin :** Promulgation de la Charte par Louis XVIII.	**Première moitié du XIXe siècle :** Début de la révolution industrielle en France ; Le romantisme.
	1815, 1er mars : Napoléon débarque au golfe Juan ; 18 juin : Défaite de Waterloo ; 22 juin : Fin des Cent-Jours et départ de Napoléon pour l'île d'Elbe ; novembre : Fin du congrès de Vienne.	
	1822 : Quatre sergents de La Rochelle, accusés de complot sont exécutés.	
	1824, Charles X succède à Louis XVIII.	**1824 :** Loi dite « du milliard », qui indemnise les émigrés.
	1830, 16 mars : Adresse de méfiance des députés contre le ministère ultra ; 5 juillet : Prise d'Alger par les Français ; juillet : Victoire des libéraux lors des élections ; 25 juillet : Promulgation par Charles X des quatre ordonnances qui provoquent l'émeute à Paris ; 27-29 juillet : Les Trois Glorieuses.	**1831, 21-24 novembre :** Révolte des canuts à Lyon ; Une deuxième révolte a lieu en 1834.
		1831 : La liberté guidant le peuple d'Eugène Delacroix.
	1832, 5-6 juin : Émeutes lors de l'enterrement du général Lamarque.	**1833, 28 juin :** Instauration par Guizot de l'école primaire.
	1834, 15 avril : Massacre de la rue Transnonain.	**1834 :** Inauguration de la première ligne de chemin de fer Paris-Saint-Germain.
	1840, 29 octobre : Guizot dirige le ministère.	**1841 :** Loi interdisant le travail des enfants de moins de 8 ans.
	1843 : Prise de la smala d'Abd el-Kader par le duc d'Aumale.	**1842, 8 mai :** La première catastrophe ferroviaire près de la gare Meudon-Bellevue.
	1847, 23 décembre : Abd el-Kader se rend aux Français.	**1846, automne :** Début d'une grave crise économique.

Petite chronologie du XVIIIe au XIXe siècle

	POLITIQUE	ÉCONOMIE, SOCIÉTÉ, RELIGION, CULTURE
1848-1870 La IIe République et le second Empire	**1848, 23-24 :** Révolution à Paris ; 25 février : Proclamation de la République ; 5 mars : Le suffrage universel masculin est proclamé ; 23 avril : Élections législatives ; 27 avril : L'esclavage est aboli ; 15 mai : Manifestation parisienne qui dégénère en émeute ; 23-26 juin : Soulèvement ouvrier à Paris, écrasé par le général Cavaignac ; 10 décembre : Louis-Napoléon est élu président de la République.	**1848, 26 février :** Création des Ateliers nationaux ; 13 mars : Première grève des mineurs au Creusot.
	1849, 13 juin : Élimination de la gauche républicaine après l'échec d'une manifestation.	**Seconde moitié du XIXe siècle :** Transformation de Paris par Haussmann.
	1851, 2 décembre : Coup d'État de Louis-Napoléon.	**1850-1870 :** Politique d'aménagement ferroviaire ; Développement de l'exploitation des mines.
	1852, 2 décembre : Le second Empire est proclamé.	**1850, 15 mars :** Adoption de la loi Falloux sur la liberté de l'enseignement ; Gustave Courbet présente son *Enterrement à Ornans* au Salon.
	1854-1856 : Guerre de Crimée.	**1852 :** Ouverture du Bon Marché, le Printemps ouvre en 1855 et la Samaritaine en 1869.
	1858, 19 février : Adoption d'une loi de Sûreté générale.	**1858 :** Apparition de la Vierge à Lourdes.
	1859 : Napoléon III aide les Italiens à battre l'Autriche.	**Années 1860 :** Crise du phylloxéra, qui détruira la majeure partie du vignoble français.
	1859-1862 : Conquête de la Cochinchine.	
	1860, avril : Nice et la Savoie deviennent françaises.	**1860, 12 janvier :** Traité de libre-échange avec l'Angleterre.
	1862 : Échec de l'expédition au Mexique.	**1863 :** La *Vie de Jésus* d'Ernest Renan, condamnée par l'Église.
	1867 : Protectorat sur le Cambodge.	**1864, 25 mai :** Loi autorisant le droit de grève.
	1870, 19 juillet : La France déclare la guerre à la Prusse ; 1er septembre : L'empereur est fait prisonnier à Sedan ; 4 septembre : Proclamation de la République.	
1870-1914 Le début de la IIIe République	**1871, 28 janvier :** Capitulation de Paris ; 18 mars : Début de la Commune ; 10 mai : La paix est signée avec la Prusse ; 21-28 mai : Semaine sanglante.	
	1873, mai : Mac-Mahon est élu président de l'exécutif.	
	1875, 30 janvier : Henri Wallon dépose un amendement qui fonde la république.	
	1876, février-mars : Élections qui amènent une majorité de républicains à la Chambre .	**1877 :** Le Tour de la France par deux enfants, devoir et patrie.
	1879, janvier : Mac-Mahon démissionne, remplacé par Jules Grévy.	**1879 :** La Marseillaise est confirmé comme hymne national.
	Années 1880 : Le mouvement socialiste se reconstitue.	**1880, 29 juillet** : Loi sur la liberté de la presse ; Loi reconnaissant la liberté de réunion ; Création des lycées de jeunes filles par Camille Sée.
	1880, 14 juillet : Première célébration d'une fête nationale depuis 1871.	**1881-1882 :** L'enseignement primaire devient laïque, gratuit et obligatoire de 6 à 13 ans.
	1881 : Traité du Bardo instaurant un protectorat sur la Tunisie.	
	1885, 28 mars : Défaite de Lang Son qui fait tomber le cabinet Ferry ; Grandes funérailles républicaines pour Victor Hugo.	**1884 :** Le divorce est rétabli ; Loi Waldeck-Rousseau qui légalise les syndicats.
	1887 : Affaire Schnæbelé.	**1885 :** Louis Pasteur met au point son vaccin contre la rage.

Période	POLITIQUE	ÉCONOMIE, SOCIÉTÉ, RELIGION, CULTURE
1870-1914 Le début de la IIIe République	**1889, janvier :** Le général Boulanger est élu à Paris.	**1886 :** Création d'une Fédération nationale des syndicats ouvriers, qui prend le nom de Confédération générale du travail (CGT) en 1895.
		1889 : Premiers modèles automobiles commerciaux.
	1890, novembre : Le cardinal Lavigerie invite les catholiques à se rallier à la République.	
	1892 : Conquête du Dahomey ; Le scandale de Panamá éclate.	**Années 1890 :** Crise économique en France.
	1893, décembre : Auguste Vaillant lance une bombe à l'Assemblée nationale ; Alliance franco-russe.	**1889 :** Inauguration de la tour Eiffel, pour l'Exposition universelle.
	1894, juin : Assassinat du président de la République Sadi Carnot.	**1892 :** Grève des mineurs de Carmeaux ; Instauration du « tarif Méline », tarifs douaniers destinés à protéger l'économie française des importations.
	1895-1906 : Affaire Dreyfus.	
	1896 : Madagascar est annexée.	
	1898 : Conquête du Niger ; 7 novembre : Incident de Fachoda.	**1898 :** Fondation de la Ligue des droits de l'homme par Ludovic Trarieux.
	1899 : Débuts de la « République radicale », où les radicaux tiennent un rôle pivot.	**1900 :** Première ligne du métropolitain à Paris.
		1903 : Premier Tour de France, remporté par Garin.
	1904 : Entente cordiale avec la Grande-Bretagne.	**1904 :** *Arsène Lupin* de Maurice Leblanc.
	1905 : Crise de Tanger.	**1906 :** Congrès de la CGT à Amiens qui proclame l'indépendance syndicale.
	1911 : « Coup d'Agadir ».	**1911-1914 :** Publication des aventures de *Fantômas*.
	1912 : Protectorat sur le Maroc.	
	1914, 31 juillet : Assassinat de Jaurès.	
1914-1918 La Première Guerre mondiale	**1914, 3 août :** Déclaration de guerre de l'Allemagne à la France ; 6-13 septembre : « Miracle » de la Marne ; Course à la mer et débuts de la guerre de tranchées.	
	1915, 22 avril : Offensive allemande sur Ypres et première utilisation des gaz de combat ; Offensives de Joffre en Artois et en Champagne ; Expédition des Dardanelles.	
	1916, 21 février-15 décembre : Bataille de Verdun ; 1er juillet-28 novembre : Bataille de la Somme.	
	1917, 16 avril-15 mai : Offensive du Chemin des Dames ; avril-mai : Mutineries dans l'armée française ; 26 juin : Arrivée des premiers soldats américains à Saint-Nazaire ; septembre : Les socialistes quittent l'Union sacrée ; 16 novembre : Clemenceau devient président du Conseil.	
	1918, mars-juillet : Offensive allemande en Champagne ; juillet-août : Contre-offensive française ; 11 novembre : Armistice.	

Que reste-t-il du XVIIIe et du XIXe siècle ?

Siècle « long », siècle fleuve, le XIXe siècle suit à la fois le rythme des soubresauts politiques et celui, moins trépidant, des mutations socio-économiques. Ces bouleversements profonds, ces révolutions multiformes ont bien souvent été développés, et quelquefois rejetés, au XXe siècle. Il n'empêche que la période 1789-1914 est bien davantage qu'un moment transitoire ou abâtardi.

La civilisation industrielle

Siècle foisonnant de découvertes et d'inventions, le XIXe siècle nous a légué une multitude d'objets quotidiens : des conquêtes aussi diverses que la locomotive, l'électricité ou la bicyclette illustrent l'accélération de la civilisation industrielle. Ces avancées technologiques ne bouleversent pas systématiquement la vie des masses : l'automobile reste ainsi, et pour longtemps, un bien de luxe. Mais leur apparition est un prélude à leur diffusion massive qui sera l'apanage de la société de consommation du XXe siècle.

Les innovations techniques ne sont que la partie immergée de la civilisation industrielle. Celle-ci apporte également une modification profonde des rapports sociaux, en renforçant la position dominante des bourgeoisies. Le développement du capitalisme moderne a pour préalable la maîtrise des circuits de l'argent, par l'essor de l'épargne et la levée de fonds en bourse. Rien de surprenant dans ces conditions qu'apparaissent les figures modernes du financier, de l'entrepreneur, du rentier actionnaire. Elles ne doivent pas occulter la montée en puissance des « classes moyennes », indépendantes (professions libérales et boutiquiers) ou salariées (fonctionnaires et employés). Parallèlement, le monde ouvrier prend progressivement conscience de son poids et de sa spécificité au sein d'une société française qui reste très majoritairement rurale. En ce sens, l'appartenance au groupe est fortement affirmée, que ce soit par les ouvriers en lutte, par les classes moyennes qui aspirent au mode de vie bourgeois, ou par les bourgeoisies, qui se définissent essentiellement par leurs marqueurs sociaux. Ces mutations ne sont pas sans conséquences sur les enjeux politiques. Le XIXe siècle accouche des idéologies modernes : le socialisme, le communisme de Marx, l'anarchisme offrent des alternatives radicales à l'ordre établi.

La ville moderne

Tout naturellement, les répercussions des révolutions industrielles sur les paysages urbains sont conséquentes. Le siècle voit exploser les limites des *walking cities* médiévales : les anciennes fortifications qui enserraient les villes sont abattues et remplacées par de grands boulevards ; le développement des transports urbains – le tramway, le métropolitain – permet la naissance des banlieues.

Les égouts et le système d'adduction d'eau assainissent la ville. L'agrément et les loisirs progressent par l'édification de « poumons verts », tels les parcs de Montceau et de Monsouris à Paris. Les centres-villes se monumentalisent. Surtout, la grande ville devient plus que jamais un lieu ouvert : par l'attraction qu'elle exerce sur le monde rural et sur « la province », elle concentre et redistribue modes et nouveautés.

La nation

Le siècle voit se forger l'idée de nation : à savoir l'existence de communautés d'êtres vivant sur le même territoire, soumis aux mêmes lois, unis par des liens indissolubles. La nature de ces liens est très différente selon les pays : pour les Français, il s'agit d'un « vouloir vivre ensemble », d'un consentement renouvelé. Ernest Renan parle « d'un plébiscite de chaque jour ». Pour les Allemands, les liens sont avant tout culturels : ils procèdent de la langue, de la culture commune, du sang. La nation préexistait avant le XIXe siècle, mais elle est à présent revendiquée comme un idéal à rechercher pour toute communauté en devenir. Quelles que soient les divergences de contenu, l'idée nationale s'impose et culmine à la charnière du XIXe siècle et du XXe siècle, dans l'affrontement de 1914-1918. Elle ne s'efface pas par la suite. Critiquée pour son archaïsme et ses dérives haineuses, elle reste néanmoins une référence, un point d'ancrage rassurant auquel on s'amarre en temps de troubles.

Le cadre républicain

Le legs du XIXe siècle le plus prégnant est sans doute le cadre politique. Face au choix d'un régime, les Français semblent tâtonner. À cette question maintes fois posée, les réponses par la négative ont été nombreuses : la monarchie constitutionnelle, l'empire autoritaire, la république sociale sont successivement rejetés. La grande acceptation politique du siècle, c'est la république. Progressivement, les Français s'attachent de manière définitive à cette forme de gouvernement. En son sein se fixent les grands repères qui continuent aujourd'hui à structurer la vie politique française : « progrès » et « réaction », gauche et droite. La république établit ses valeurs et en invente de nouvelles : ainsi la laïcité, qui est définitivement imposée en 1905 avec la séparation de l'Église et de l'État. L'école gratuite et obligatoire, le système de concours pour sélectionner les cadres de la fonction publique doivent faire fonctionner « l'ascenseur social ». Signe que le consensus autour du régime progresse, les symboles républicains – Marianne, *la Marseillaise*, les trois couleurs – sont de moins en moins objets de débats au tournant du siècle.

L'âge d'or de l'Europe

Les États européens, de par leur domination maritime sans partage et leur avance militaire et technologique, sont les superpuissances du temps : la tentation de l'impérialisme est irrésistible. À la différence des précédentes vagues de colonisation, celle-ci est souhaitée, pensée, justifiée – c'est « le fardeau de l'homme blanc », selon Kipling. Les traces en sont nombreuses : les liens particuliers qui unissent les anciennes métropoles et les États issus de la vague de décolonisation sont le fruit de cette histoire commune. Les contours de la francophonie actuelle épousent peu ou prou ceux de l'ancien empire. Les prétentions d'une puissance « moyenne » comme la France à peser encore sur les grandes décisions du monde contemporain ne sont-elles pas des réminiscences de cet âge d'or ?

LA PÉRIODE CONTEMPORAINE

De 1918 à nos jours

Depuis les années 1960, les historiens livrent une nouvelle lecture de la France contemporaine, prenant racine à l'issue de la Grande Guerre. Exploitant notamment de précieuses archives, au regard de nouvelles problématiques, ils analysent à présent les événements les plus saillants des XXe et XXIe siècles – pas exclusivement politiques d'ailleurs –, non plus au seul prisme national, mais à l'aune de l'évolution de la conjoncture internationale.

Histoire immédiate et devoir de mémoire

L'Histoire contemporaine s'ouvre à la société française et au monde. Elle ne peut se cantonner à prendre en compte les seuls événements politiques et militaires hexagonaux, mais doit éclairer le passé par une mise en perspective beaucoup plus large. Cette mission constitue d'ailleurs un assez beau défi, à l'heure où la construction européenne, la chute du mur de Berlin et la mondialisation bousculent progressivement schémas et repères. Le souvenir et l'indispensable devoir de mémoire doivent, eux aussi, impérativement, trouver place dans la nouvelle approche.

Le premier conflit mondial propulse 40 millions de Français dans la modernité avec une violence inouïe. La puissance du traumatisme collectif se mesure à l'évocation de l'insouciante « Belle Époque » qui a précédé ce drame international. L'entre-deux-guerres s'évertue à panser les plaies. Chaque 11 novembre, la patrie tout entière rend hommage à ses « Grands Morts », tombés sur les champs de bataille. La société se reconstruit dans le culte du souvenir, du soldat inconnu et dans l'illusoire rempart que constitue la ligne Maginot.

Au terme de celle que, bien imprudemment, on baptise « Der des Ders », la France affronte une grave crise économique et sociale, payant l'hécatombe au prix fort. L'espoir de voir l'Allemagne régler son exorbitant tribut (130 milliards de marks), fixé lors du fâcheux Traité de Versailles, est si vain…

D'une guerre à l'autre

Les nuages s'amoncellent sur fond de crise parlementaire. La Grande Dépression de 1929 n'arrange rien. Suivent le Front populaire, en 1936, et les Accords de Munich, deux ans plus tard, révélant l'essoufflement de la IIIe République et préludant une nouvelle catastrophe planétaire.

Le deuxième conflit mondial éclate en septembre 1939, suivi de neuf mois assez surréalistes de « drôle de guerre » où rien ne se passe ou presque. Les Alliés laissent la Pologne tomber entre les griffes acérées des nazis et des Soviétiques qui ont uni leurs efforts. Pour les Français, le réveil de mai 1940 est des plus brutaux, tant pour les militaires que pour une société civile médusée par un tel degré d'incompétence et d'inorganisation. L'offensive éclair, menée par les chars allemands, la « Blitzkrieg », ruine en quelques semaines les ambitions françaises. Il faudrait un héros de Verdun pour redresser une situation bien compromise. La nation trouve un maréchal, mais il a mal vieilli. Ses idées n'arborent pas les stigmates de la démocratie, loin s'en faut. Philippe Pétain profite du chaos pour imposer sa

Révolution nationale d'un autre âge, portant un coup ultime à une IIIe République moribonde et prenant en main le destin national ; bien triste destin…

« Ici Londres… Les Français parlent aux Français… »

Un appel, le 18 juin 1940, prononcé avec audace à la radio de Londres par le général de Gaulle, résonne comme une courageuse alternative à l'humiliante collaboration. Les années de conflits égrènent leur chapelet d'horreurs, de crimes infâmes contre l'humanité, de la torture à la Shoah. À la Libération, l'héroïsme des Français libres et des résistants de l'intérieur, à juste titre assimilé à celui des poilus, est la valeur sûre sur laquelle il devient possible de restructurer l'honneur perdu de la patrie et la souveraineté nationale.

La fierté retrouvée, la France s'attèle à la rénovation sociale et institutionnelle. La Charte du Conseil national de la Résistance fonde un nouveau pacte républicain, davantage inspiré de l'esprit de 1936 que de celui de 1918. Il s'organise autour d'un État providence à la française, notamment symbolisé par la Sécurité sociale. La tâche de la Ve République naissante s'annonce néanmoins périlleuse. Elle ne peut, en effet, se prévaloir ni d'une franche adhésion populaire ni de l'unanimité de la galaxie résistante, puisque Charles de Gaulle tourne les talons.

À l'ombre des Trente Glorieuses

La France n'oublie pourtant pas ses ambitions internationales. Son adhésion à la construction européenne s'inscrit dans cette perspective. La décolonisation refusée, retardée, puis enfin concédée de guerre lasse, illustre la tension historique mal supportée. Revenu au pouvoir en 1958, le général de Gaulle orchestre une « politique de grandeur et d'indépendance nationale » qui sonne juste pour une majorité de Français. De nouvelles institutions, la dissuasion nucléaire, une mystique de l'État fort et un hymne au progrès matériel pour tous légitiment son action. Le projet gaullien ne résiste pourtant pas à l'explosion sociale de 1968. L'année suivante, Georges Pompidou recentre le gaullisme, fait le tri dans l'héritage et parie sur l'Europe. Les Trente Glorieuses (1945-1973) s'achèvent sur le premier choc pétrolier, sans que les Français réalisent véritablement l'ampleur des progrès économiques et sociaux – croissance euphorique, plein emploi… – enregistrés par le pays

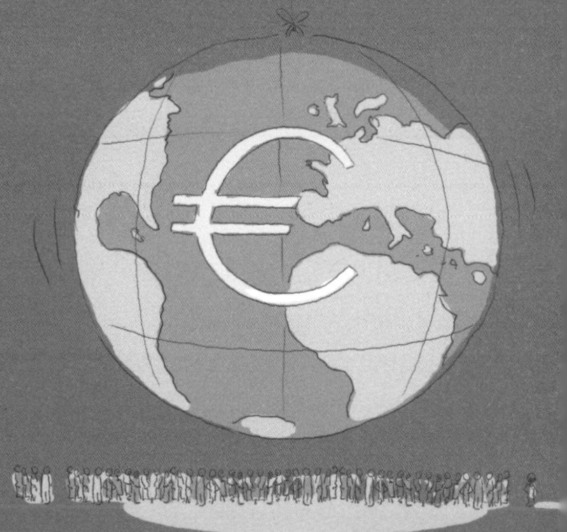

depuis la Libération. L'opulente société de consommation prend soudain conscience de sa fragilité. Les présidents qui se succèdent, Valéry Giscard d'Estaing, François Mitterrand, Jacques Chirac et Nicolas Sarkozy affrontent les affres grandissantes de la mondialisation, avec son lot d'incertitudes économiques. Au gré des délocalisations massives et de l'insidieuse financiarisation planétaire, l'État providence se montre incapable de réduire notablement la fracture sociale. La dette et les déficits publics récurrents sont les seules réelles mesures des gouvernements successifs, au point de mettre en péril l'avenir économique du pays. Déboussolés, désorientés, les Français se réfugient toujours derrière « l'exception nationale », signe précurseur d'une véritable crise d'identité.

L'après-guerre

Des années folles à la crise des années 1930

« VIVE LE ROI »

Le mouvement nationaliste et monarchiste de Charles Maurras flétrit la République, accusée de trahir la France éternelle et de lui faire oublier ce qui a fait sa grandeur. « Quarante rois ont fait la France, répète le quotidien *l'Action française*, elle se défait sans roi. » La monarchie et le catholicisme, fondements traditionnels de la France, doivent être défendus contre les attaques de la « juiverie internationale » ; la « Gueuse », la République, doit être abattue à tout prix. Pourtant, le culte de la force amène les sympathisants du mouvement à nier les valeurs chrétiennes d'humilité et de justice sociale. En 1926, le Saint-Siège condamne l'Action française, dont les membres, excommuniés, sont désormais exclus des sacrements. Cela semble stimuler l'ardeur des partisans les plus jeunes, les Camelots du roi, dirigés par Maurice Pujo, qui n'hésitent pas à faire le coup de poing contre leurs homologues communistes.

« L'Allemagne paiera », disent les Français. Ils pensent retrouver la Belle Époque une fois les ruines de la guerre relevées, mais vont de déception en désillusion. Mal remis de cinq ans de guerre, sûrs de leur bon droit et de leurs valeurs, les Français refusent de voir que le monde a changé. La relative prospérité du pays ainsi que le choc des modes nouvelles masquent une certaine stagnation.

Le souvenir de la Grande Guerre imprègne la société française des années 1920. Il est visible dans le noir des habits des veuves ; il est évoqué avec force lors des commémorations officielles. Surtout, la génération combattante qui a survécu à l'enfer des tranchées revendique et occupe une place à part dans la vie du pays.

LES ILLUSIONS DE LA VICTOIRE …

Blessés, gazés, traumatisés, les poilus ont le sentiment d'avoir vécu une expérience impossible à faire partager. Dès leur retour, ils se regroupent en associations d'anciens combattants. Chaque commune, chaque famille politique a la sienne, où les hommes tentent de retrouver la fraternité du front. Le sentiment que rien ne pourra jamais les dédommager pour ces années d'horreur renforce leur haine des « embusqués » et des profiteurs de guerre. Et le regard désabusé qu'ils portent sur les mutations de la société n'est pas sans conséquences sur la frilosité et l'immobilisme français. La seule consolation des anciens combattants est la victoire, qui leur vaut la reconnaissance de la patrie.

Mais si Barrès peut s'écrier le 14 juillet 1919 que « Foch commande à toutes les armées du monde », le prix à payer s'avère extrêmement lourd : 60 000 kilomètres de routes ont été détruits, une grande partie des voies ferrées est inutilisable, de nombreuses villes du Nord et de l'Est sont en ruine, les mines du Pas-de-Calais sont inondées. Les rentiers ont perdu la moitié de leurs placements à l'étranger, l'inflation menace le franc. La population, saignée par la mort de près de 1 400 000 hommes jeunes, stagne ; les élites ont été décimées. Les fêtes de Montparnasse, les recherches surréalistes et les échos du jazz parviennent à cette France en deuil comme les échos d'une planète lointaine et scandaleuse. Raymond Radiguet suscite l'indignation lorsqu'il ose conter, dans *le Diable au corps* (1923), les amours d'un très jeune homme et d'une femme dont le mari est au front. Grâce à leur rôle essentiel dans les industries d'armement, les ouvriers ont enfin obtenu la journée de huit heures, votée en 1919. Mais les années 1919 et 1920 sont malgré tout marquées par une importante agitation syndicale. Les autorités sévissent contre tous les fauteurs de troubles, répriment les grèves, mobilisent les élèves des grandes écoles pour remettre en route les tramways. La peur du bolchevisme explique pour une part le succès électoral du « Bloc national » en novembre 1919. Coalition allant d'une frange du parti radical à la droite républicaine et conservatrice, celui-ci incarne encore un peu de la défunte Union sacrée. D'ailleurs, la nouvelle Chambre, composée d'un grand nombre d'anciens combattants, est appelée la « Chambre bleu horizon ». Clemenceau, « le Père la Victoire », n'est cependant pas élu président de la République en 1920 : en dépit de son prestige, on redoute son autoritarisme et son anticléricalisme. Le Congrès lui préfère le modéré Paul Deschanel, dont la santé mentale se révélera chancelante.

DU BLOC NATIONAL AU CARTEL DES GAUCHES

C'est dans ce contexte que se tient le congrès de Tours, durant lequel la section française de l'Internationale ouvrière doit définir sa position par rapport à la révolution bolchevique. La IIIe Internationale communique 21 conditions aux partis qui veulent adhérer : entre autres, une discipline de fer, la condamnation du réformisme, l'obligation de faire de la propagande. Réunis à Tours du 25 au 30 décembre 1920, les socialistes français se divisent définitivement : le centre, mené par Longuet, le gendre de Marx, hésite ; Blum et les réformistes veulent continuer d'adhérer à la IIe Internationale et « garder la vieille maison » ; mais la majorité (68 % des mandats), derrière Frossard et Cachin, décide d'adhérer au Komintern. Le nouveau parti prend le nom de Section française de l'Internationale communiste (SFIC). Il conserve le journal fondé par Jaurès, *l'Humanité*, et entraîne dans le schisme une partie

Ami, avec ce bel entrain plus ne direz / Aux enfants brûlant de gloire désespérée, / Ce mensonge de toujours : Dulce et decorum est / Pro patria mori. (Il est doux et honorable de mourir pour sa patrie.)

Wilfried Owen, *« Dulce et decorum est pro patria mori ».*

L'OUVERTURE CATHOLIQUE

Malgré l'anticléricalisme militant du Cartel, le catholicisme se réconcilie avec les valeurs républicaines.

L'Union sacrée et l'unanimité patriotique ont mis fin en 1914 aux divisions entre l'Église et l'État. Le Vatican montre sa bonne volonté envers la France en canonisant Jeanne d'Arc en 1920, le curé d'Ars et Thérèse de Lisieux en 1925. La crise éphémère provoquée par le Cartel des gauches se résout très vite, et le gouvernement de la République entretient des relations diplomatiques avec le Vatican. Des catholiques s'engagent dans le syndicalisme : en 1919 est fondée la CFTC (Confédération française des travailleurs chrétiens). Les mouvements d'action catholique s'ouvrent aux ouvriers ; Francisque Gay, journaliste et chef de file de la démocratie chrétienne, fonde en 1924 *la Vie catholique*, destinée aux familles populaires. Un des porte-parole de cette évolution est le philosophe Jacques Maritain : converti par Léon Bloy, promoteur d'une relecture de saint Thomas, il influence nombre de catholiques engagés.

Non seulement l'état d'esprit démocratique vient de l'inspiration évangélique, mais il ne peut pas subsister sans elle.

Jacques Maritain, *Christianisme et démocratie*.

de la CGT, qui devient la CGTU. La SFIC devient un parti de révolutionnaires professionnels au sein duquel la discipline s'effectue à coups d'exclusion. Ses effectifs fondent d'ailleurs très vite. En dépit de ses divisions, la gauche remporte les élections législatives de 1924 grâce à une coalition électorale fragile dominée par les radicaux, qui, dit-on, sont « comme des radis : rouges à l'extérieur, mais blancs à l'intérieur ». Le nouveau président du Conseil Édouard Herriot, tribun convaincant et chaleureux, mène une politique opposée à celle du gouvernement précédent : alors que le Bloc national avait fait placer au Panthéon le cœur de Gambetta, héraut de la Défense nationale, le Cartel organise en grande pompe le transfert des cendres de Jaurès, le 23 novembre 1924. La harangue de Marcel Cachin est applaudie par 50 000 militants, qui effraient les beaux quartiers en chantant *l'Internationale*. Herriot combat pour l'élargissement de l'enseignement secondaire, fait réintégrer les cheminots grévistes licenciés, reconnaît les droits syndicaux des fonctionnaires et tente, en vain, de faire appliquer en Alsace-Lorraine la loi de séparation entre l'Église et l'État au nom de la laïcité de l'enseignement.

Mais la politique d'Herriot, plus symbolique que réellement

réformatrice, suscite des oppositions redoutables sans pour autant rallier les couches populaires.

LE « MUR D'ARGENT »

Herriot ignore les mécanismes économiques et ne s'intéresse guère qu'aux finances ; il effraie les possédants, qui redoutent un impôt sur le capital, après l'impôt sur le revenu institué en 1917. Le crédit de l'État s'effondre du fait de réactions de crainte, dont on a souvent dit qu'elles étaient orchestrées par les milieux de la haute finance. Comme les radicaux eux-mêmes, de nombreux petits porteurs ont « le cœur à gauche, mais le portefeuille à droite ». Échaudés par les dévaluations précédentes, ils demandent le remboursement immédiat de leurs créances, que l'État parvient à honorer en émettant toujours davantage de papier-monnaie, dépassant ainsi le plafond légal du nombre de billets que la Banque de France a le droit d'émettre. Or, celle-ci est encore un organisme privé, dirigé par 200 actionnaires cooptés, appartenant aux grandes familles de l'industrie et de la haute finance. Quand les régents de la Banque de France veulent en finir avec le gouvernement Herriot, il leur suffit de publier leur bilan pour que le président du Conseil démissionne, le 10 avril 1925. Désormais, la gauche accusera rituellement les « deux cents familles » d'étrangler les gouvernements favorables aux réformes. Le Cartel survit un an encore, mais le franc ne cesse de baisser par rapport à la livre, qui vaut 200 francs en 1925 puis 240 en 1926. Le « sauveur du franc » est Raymond Poincaré, président de la République de 1913 à 1920. Hostile à tout nouvel impôt, il rassure la droite. Dès qu'il accède à nouveau au pouvoir, en juillet 1926, la confiance revient, les capitaux rentrent, le franc remonte, le budget de l'État est équilibré. En 1928, après avoir remporté les législatives, Poincaré fixe définitivement la parité or du franc au cinquième de sa valeur de 1914. Cette véritable dévaluation lèse les rentiers et certains épargnants, mais elle allège la dette intérieure et obtient l'accord des industriels, car la faiblesse relative de la monnaie française facilite les exportations. La stabilité du « franc Poincaré » symbolise pour les Français la prospérité retrouvée.

UN ÎLOT DE PROSPÉRITÉ ?

La France des années 1920 est fière de son industrie : elle est, entre autres, le deuxième producteur mondial d'automobiles. André Citroën, adepte des méthodes de production mises au point par l'Américain Ford, fait traverser à ses automobiles l'Asie, puis l'Afrique (Croisière jaune et Croisière noire) ; il illumine la tour Eiffel, gigantesque panneau publicitaire, proche de ses usines du quai de Javel. Il est talonné par Berliet à Lyon, par Peugeot à Sochaux et

JACQUES DORIOT

Exclu du parti communiste pour avoir trop tôt préconisé la lutte antifasciste, l'ancien ouvrier-ajusteur rejoint les rangs de l'extrême droite fascisante. Secrétaire général des Jeunesses communistes en 1923, Jacques Doriot entre au Comité central dès l'année suivante. Il en est cependant exclu en juin 1934 pour avoir participé à un « front commun contre le fascisme » à Saint-Denis. Exprimée dans *La France ne sera pas un pays d'esclaves* (1936), sa rancœur le pousse à créer le Parti populaire français (PPF) en juin 1936. Il s'agit surtout d'un outil de combat contre le Front populaire. Mobilisé en 1939, Doriot fonde après l'armistice le journal *le Cri du peuple*, dans lequel il s'affirme le partisan de la collaboration avec l'Allemagne. Il s'engage en juillet 1941 dans la Légion des volontaires français contre le bolchevisme (LVF), qu'il a contribué à créer. En 1945, il fonde en Allemagne le « Comité français de libération », et trouve finalement la mort dans le mitraillage de sa voiture. Le nom de Doriot évoque non seulement la trahison des valeurs de la gauche française, mais aussi la collaboration poussée à son paroxysme.

Il importe essentiellement en politique internationale de ne jamais démunir son pays des moyens dont il peut avoir besoin, non pas seulement pour lui mais pour la communauté des nations solidaires.

Aristide Briand, à la Chambre des députés, 1929.

par Renault, installé à Billancourt. Les découvertes des chimistes français font le succès des firmes Ugine et Pechiney ; l'Air Liquide s'allie à Saint-Gobain.

La distribution de masse progresse grâce aux établissements à succursales multiples, les consommateurs affluent dans les magasins « à prix unique » où les produits sont rangés non par catégories mais par prix. Les industriels rêvent de diriger le monde : Étienne Mercier, magnat de l'électricité, fonde le mouvement du Redressement français, qui prône l'instauration d'un gouvernement technocratique, capable de réglementer la production et les rapports sociaux. L'Exposition des arts décoratifs, en 1925, est un succès éclatant. Cependant, malgré de spectaculaires réussites industrielles, malgré la concentration des entreprises, les structures de production restent traditionnelles. Seules 40 entreprises comptent plus de 5 000 salariés. Toutes les autres sont de type artisanal, dans la tradition de la « belle ouvrage » (ébénisterie, passementerie, sellerie, orfèvrerie, haute couture, mécanique de précision) ; manquant de capitaux et réticentes par prudence à l'égard du crédit, elles n'ont pas les moyens

JOSÉPHINE ET LA GARÇONNE

Sur la scène et dans les livres, la nouvelle image de la femme, émancipée et provocante, fait scandale.

Le rôle économique et social croissant des femmes déconcerte les Français, étonnés de les voir montrer leurs jambes et revendiquer le droit de vote. Veuves de guerre devenues chefs de famille, femmes d'affaires, ouvrières, paysannes, les femmes sont nombreuses à gagner leur vie, mais deux d'entre elles défraient la chronique. Paru en 1922, le livre de Victor Margueritte, *la Garçonne*, décrit l'évolution d'une jeune femme, Monique, qui porte jupe et cheveux courts, et qui mène sa vie sentimentale sans souci des convenances, dans le Paris de l'après-guerre. Cependant, la fin du roman est « morale » : l'héroïne se marie avec un homme compréhensif, après de multiples expériences. Le succès et le scandale sont tels que l'auteur est radié de l'ordre de la Légion d'honneur. Trois ans plus tard, les Parisiens ne parlent que d'une autre femme : Joséphine Baker, vedette de la Revue nègre, qui se déhanche, sur la scène du Casino de Paris, avec pour tout vêtement une ceinture de bananes. Mais l'exotisme excuse tout, et le scandale est bien moindre.

d'investir. La société est très rurale : la loi Loucheur fonde en 1928 les premiers HLM, mais le nombre des citadins ne dépasse celui des ruraux qu'en 1931, la France restant un grand pays agricole, où des paysans produisent de façon archaïque à l'abri de solides barrières douanières. Enfin, et les hommes politiques s'en inquiètent, la France est un pays vieillissant : la natalité française est la plus basse d'Europe (16,5 ‰ pour un taux de mortalité de 15 ‰). En 1920, la Chambre bleu horizon vote une loi réprimant sévèrement la contraception et prévoyant la peine de mort pour ceux qui pratiquent l'avortement. Mais, contrairement aux autres États, la France n'a jamais comblé les pertes de la Première Guerre mondiale. Si le nombre des Français passe de 39,2 millions à 41,8 millions entre 1919 et 1939, c'est grâce à l'immigration polonaise, russe, italienne, espagnole, juive d'Europe centrale, contre laquelle le gouvernement Tardieu prend des mesures en 1932 : elles imposent aux immigrés d'avoir un contrat de travail avant d'entrer en France. En revanche, la même année, une autre loi instaure les allocations familiales.

LA FRANCE ET LE MONDE

En 1919, la politique étrangère de la France est tournée vers un but unique : assurer sa sécurité en parant à un éventuel désir de revanche de l'Allemagne. C'est la raison qui la pousse à se constituer un système d'alliance de revers, par la conclusion d'accords avec les pays d'Europe centrale (Pologne, Tchécoslovaquie, Yougoslavie et Roumanie). Mais, rapidement, les anciens alliés se divisent : Britanniques et Américains veulent maintenir l'Allemagne à flot pour équilibrer la nouvelle Europe. Ils se heurtent aux revendications françaises concernant l'établissement sur le Rhin d'une frontière stratégique, le statut de la région sarroise, les modalités des réparations financières. De plus en plus isolée, la France se trouve bientôt dans l'obligation de rompre avec une politique de puissance qu'elle n'a pas les moyens d'assumer. Sous le gouvernement Herriot, les relations avec l'Allemagne évoluent donc vers une nécessaire détente. Aristide Briand, ministre des Affaires étrangères, futur président du Conseil, initie une politique de « sécurité collective » concrétisée par les accords de Locarno, signés en octobre 1925 : l'Allemagne reconnaît ses frontières avec la France et la Belgique et la démilitarisation de la Rhénanie contre un siège à la Société des Nations (SDN). Le retour de Poincaré aux affaires ne change pas cette nouvelle orientation, et la signature du pacte Briand-Kellog en 1928 voit l'apogée de la pacification franco-allemande. Par cet acte solennel, les quinze puissances signataires s'engagent à exclure le recours

La colonisation n'est plus pour la France une opération à caractère mercantile, elle est essentiellement une création d'humanité [...].

Albert Sarraut,
Discours à Constantine,
23 avril 1927.

aux armes en cas de crise. L'autre enjeu des relations internationales est la question soviétique. Le gouvernement Herriot reconnaît l'URSS en 1924. Mais la tactique de l'opposition systématique « classe contre classe » imposée par Moscou aux partis communistes européens maintient le gouvernement français dans une méfiance renouvelée à l'égard de l'URSS. En outre, l'idéologie marxiste commence à séduire un certain nombre de leaders indépendantistes, à une époque où la légitimité de la colonisation fait de moins en moins débat en France.

L'EMPIRE COLONIAL, FIERTÉ NATIONALE

La participation des troupes indigènes à la guerre a balayé, en métropole, les oppositions à la colonisation. Dès lors débute « l'âge d'or » des colons. Les motivations politiques jouent un rôle certain dans le processus colonial, témoin de la puissance française dans le monde, mais le facteur économique est le plus important. Il revêt souvent un aspect généreux : la France se reconnaît un devoir de civilisation qui passe par la « mise en valeur des colonies », selon le titre d'un livre d'Albert Sarraut – gouverneur de l'Indochine et plusieurs fois ministre des Colonies –, pour transmettre les valeurs du progrès aux peuples « non civilisés ». Mais ces territoires doivent « rendre l'or et le sang » que leurs conquêtes ont coûtés. Leurs richesses sont multiples : des sols fertiles permettent la culture de l'arachide, du café, du thé ou du coton ; les forêts regorgent d'essences utiles comme l'okoumé, l'hévéa, les bois exotiques ou le palmier à huile ; les mines d'or, de cuivre ou de pierres précieuses sont exploitées. En Algérie, les colons accaparent les meilleures terres pour les mettre en valeur : la culture du blé, de la vigne et du tabac enrichit la Mitidja, plaine au sud d'Alger. Toutefois, avec les années, la colonisation devient citadine. Les grandes propriétés algériennes ressemblent peu à celles des planteurs de l'Afrique noire, presque aussi rudimentaires que les villages indigènes. En Indochine, les champs d'hévéas assurent la prospérité de la colonie au fur et à mesure que se développe l'industrie automobile et pneumatique dans le monde. La péninsule est aussi exportatrice de riz et de canne à sucre.

DÉVELOPPEMENT ? EXPLOITATION ? PILLAGE ?

Le plus difficile est de convaincre les populations locales du bien-fondé d'un fonctionnement économique issu de la révolution industrielle, et qui rompt avec leurs modes d'échange traditionnels. L'introduction du système monétaire français et de l'impôt permet certes aux colonies de contribuer directement à leur mise en valeur, mais elle contraint surtout les populations à renoncer à leurs cultures vivrières au profit des denrées achetées par les négociants de la métropole. Le recours au travail forcé pour la construction d'équipements collectifs et d'infrastructures représente une forme d'esclavage. Il est notamment pratiqué en Afrique équatoriale et consiste à rafler de nombreux hommes valides pour les faire participer à des travaux dont ils ne comprennent guère l'objectif. Commencée en 1920, la construction de la ligne ferroviaire Congo-Océan est emblématique. Pour tracer les quelque 500 kilomètres de la voie, le chantier dure quatorze ans, tant le parcours est semé d'obstacles. Sur 127 000 hommes recrutés de force pour le travail, 20 000 meurent d'épuisement, à tel point qu'à la suite d'Albert Londres la presse de métropole s'en fait l'écho. Si la période de 1919 à 1939 voit aussi l'édification d'hôpitaux dans les villes et de dispensaires dans les gros villages, l'essentiel des équipements est destiné à faciliter l'exploitation économique des territoires comme en témoignent les ports, les routes carrossables et les voies ferrées tournées vers la mer et, au-delà, vers la métropole.

LA COLONISATION SOUS TOUTES SES FORMES

En termes d'administration coloniale, la France a opté pour l'association, qui respecte les spécificités des sociétés conquises ; en réalité, elle confine celles-ci dans un statut d'infériorité. Les 70 millions d'hommes soumis à la France sont considérés comme sujets français, mais non comme citoyens, à l'exception des habitants des Antilles, de la Réunion, des comptoirs de l'Inde ou des « quatre communes » du Sénégal. Ces derniers élisent des députés à la Chambre, mais vivent toutefois sous un régime d'exception. L'Algérie est administrée par un gouverneur général, possède une structure départementale et bénéficie d'une représentation parlementaire à la Chambre et au Sénat. Seuls les juifs ont obtenu la nationalité française, par le décret Crémieux, en 1870, ainsi que quelques milliers d'anciens combattants. En 1936, le projet Blum-Violette, qui prévoit l'intégration de tous les Algériens, se heurte au refus des colons européens. L'Indochine a aussi un statut particulier et non unifié : la Cochinchine est une colonie ; le Tonkin, l'Annam, le Cambodge et le Laos sont des protectorats. Les notables indochinois ont un rôle politique variable selon les territoires dont ils sont issus.

COLONS ET ADMINISTRATEURS

Les problèmes sanitaires et médicaux demeurent une constante préoccupation pour les colons. En revanche, les conditions de vie sont agréables : les demeures sont vastes, pourvues en domesticité. Les colons se retrouvent dans des cercles de jeu ou des dîners mondains. Nombre d'entre eux, d'origine modeste, jouissent pleinement de leur nouveau statut social. Le missionnaire, le médecin et l'instituteur gardent un statut particulier : beaucoup sont des idéalistes soucieux d'apporter la « civilisation ». Les missionnaires propagent la foi chrétienne et alphabétisent les villageois, et sont à l'occasion ethnologues et linguistes. Ils forment un

Assimiler sans être assimilé.

Léopold Senghor.

clergé autochtone, conformément aux vœux des papes Benoît XV et Pie XI, et adaptent le rite aux cultures locales : en Afrique, l'animisme recule, mais l'islam ne se laisse guère entamer. L'Indochine, elle, abrite une forte minorité catholique. Les médecins coloniaux luttent contre les principales maladies tropicales – paludisme et maladie du sommeil –, enseignent des règles d'hygiène souvent contraires aux habitudes ou aux croyances locales. Le médecin Albert Schweitzer incarne cet aspect de la colonisation désintéressée et idéaliste : son action dans le dispensaire de Lambaréné, au Gabon, suscite les vocations. Mais en dehors de ces archétypes, la société coloniale se caractérise souvent par son manque de curiosité intellectuelle à l'endroit des peuples qu'elle côtoie et qu'elle juge trop souvent « inférieurs ». Seule une petite élite brillante, qui appartient au cercle restreint de la haute administration, est à l'origine d'heureuses initiatives culturelles : gouverneur de l'Indochine, Paul Doumer fonde ainsi l'École française d'Extrême-Orient en 1898, qui gère notamment la Conservation d'Angkor.

LES PREMIERS SOUBRESAUTS NATIONALISTES

Lors de la période de l'entre-deux-guerres se manifestent les premiers refus de la domination coloniale. Difficilement soumises au début du siècle, les montagnes berbères, entre Maroc français et Maroc espagnol, se soulèvent sous la conduite d'un nationaliste rebelle, Abd el-Krim : celui-ci rêve de s'y tailler une principauté indépendante. En 1925, la France doit envoyer le maréchal Pétain et 160 000 hommes qui coordonnent leur action avec celle des Espagnols. Le 27 mai 1926, Abd el-Krim se rend, mais la pacification du Rif ne sera achevée qu'en 1927. La Tunisie s'agite également. Le parti du Destour réclame la fin du protectorat et la promulgation d'une constitution sur des bases islamiques ; il fomente des troubles dès 1920. Repris en main par le jeune Habib Bourguiba, il s'oriente vers la laïcisation et la démocratisation de la Tunisie. Ce Néo-Destour désire l'indépendance du pays, mais se prononce en faveur d'une collaboration économique avec la France. Malgré cela, Bourguiba est arrêté à plusieurs reprises. L'Algérien Messali Hadj dirige l'Étoile nord-africaine à partir de 1927 : cette association de travailleurs nord-africains de métropole devient le Parti populaire algérien en 1937 et réclame l'indépendance. Le modéré Ferhat Abbas, qui désire au contraire l'intégration, rallie à ses thèses de nombreux Algériens dès les années 1930.

Mais les symptômes les plus graves apparaissent en Indochine : en 1918, Albert Sarraut crée l'université indochinoise et souhaite ouvertement associer les indigènes aux responsabilités ; les nationalistes surenchérissent, provoquant chez les colons une hostilité à toute réforme. Une presse vietnamienne d'opposition voit le jour ; les nouvelles formations politiques se radicalisent sous l'influence de la révolution russe et du nationalisme chinois tout proche. En 1930, la révolte de Yên Bay, durement réprimée, et la fondation du Parti communiste indochinois augurent des difficultés qui attendent les Français. Dans l'ensemble, l'empire français reste cependant fidèle malgré ces poussées de fièvre. Il en ira tout autrement après la Seconde Guerre mondiale.

LA FRANCE ET LA CRISE

Restée à l'écart du marché mondial, la France est tout d'abord épargnée par la crise financière puis économique qui ébranle les États-Unis, et dont le révélateur est le krach de Wall Street en 1929. Mais quand, en septembre 1931, les exportations

ÉCOLES ET ÉLITES

Dans les colonies, la scolarisation se développe sur le modèle français pour alphabétiser les populations, mais les progrès demeurent assez lents.

Vers 1930, la scolarisation indigène atteint à peine 10 % en Algérie et 20 % en Indochine. En revanche, cette instruction touche les élites locales : Léopold Senghor est agrégé de grammaire ; Félix Houphouët-Boigny, médecin ; Vô Nguyên Giap, licencié en histoire ; Ferhat Abbas, pharmacien ; Habib Bourguiba, juriste et diplômé de sciences politiques. En Afrique occidentale, l'école des fils de chefs suscite la méfiance des pères, qui expédient un esclave à la place de leur fils, pour ne pas « pervertir » ce dernier : il faut des mois à l'administration pour découvrir la supercherie (au point que cette école est surnommée « l'école des otages », par analogie avec la Rome antique). Les Français forment aussi des techniciens, des agents de l'administration, des employés de commerce. Assez vite, cette élite moderne cherche sa place au sein d'une société coloniale blanche marquée par les préjugés ; par ailleurs, elle se heurte aussi aux notables africains, chefs politiques ou religieux, qui voient son ascension d'un mauvais œil. Dans bien des cas, ce double rejet provoque des frustrations lourdes de conséquences pour l'avenir.

LES TENSIONS FRANCO-ALLEMANDES

L'article 231 du traité de Versailles proclamant que « l'Allemagne et ses alliés sont responsables [...] de toutes les pertes et les dommages » légitime le paiement des « réparations ». L'Allemagne s'oppose à l'application du « diktat ». En 1923, le président du Conseil Poincaré fait constater le manquement de l'Allemagne au paiement des réparations, dont le montant a été fixé en 1921 à 132 milliards de marks-or payables en trente annuités. Le 11 janvier, l'armée française franchit le Rhin et occupe la Ruhr : à défaut de paiement, la France compte exploiter la principale région industrielle d'Europe. Le gouvernement allemand appelle à la résistance passive, mais celle-ci s'essouffle et, à l'automne, Berlin se dit prêt à négocier. L'opération est néanmoins un échec diplomatique, car la France est isolée sur la scène internationale. En 1924, sous la pression anglo-saxonne, elle accepte le plan Dawes, qui prévoit une limitation et un échelonnement des versements. L'arrivée au pouvoir du Cartel des gauches met définitivement fin à la « politique d'application ».

L'EXPOSITION COLONIALE : UN SUCCÈS POPULAIRE

Derniers feux avant la récession : des millions de visiteurs se pressent à Vincennes, du 6 mai au 11 novembre 1931.

Prévue depuis 1918, cette prestigieuse manifestation marque l'apogée de l'empire colonial français. Elle présente des civilisations souvent méconnues, ainsi que les réalisations de la colonisation. Aucun domaine n'échappe au dynamisme du maréchal Lyautey, commissaire général de l'Exposition : reportages cinématographiques, conférences culturelles, exposés scientifiques ou économiques, reconstitutions de monuments, dont le célèbre temple d'Angkor Vat grandeur nature, défilés militaires, fantasias folkloriques pour la plus grande joie du public. Le Portugal, la Belgique, les Pays-Bas participent à cette fête grandiose, dont la publicité est assurée par 4 millions de dépliants et 5 millions de cartes postales éditées en 15 langues ! Énorme succès populaire – 33 millions d'entrées en 6 mois ! – l'exposition coloniale reste cependant prisonnière des préjugés raciaux et des médiocres raccourcis, à l'exemple du scandale des Canaques de Nouvelle-Calédonie présentés comme des « cannibales » à une foule en mal d'émotions fortes.

françaises sont touchées par la chute de la livre sterling, le retard accumulé par l'économie française devient évident. Il est impossible de résister aux importations, malgré les barrières douanières ; agriculteurs et industriels ne peuvent écouler leurs excédents ; l'excellente récolte de 1933 accélère la chute des prix agricoles et fait baisser la consommation paysanne, alors que la dévaluation de la livre diminue les possibilités d'exportation. Le chômage partiel augmente. Face à la crise qui s'installe, le pouvoir politique est inerte.

En 1932, la majorité de droite a été battue aux élections législatives. Herriot, le radical, a succédé à Poincaré, sans rien faire pour apaiser les mécontents. En effet, la majorité répugne à prendre des mesures économiques qui, changeant l'ordre établi, ne peuvent qu'être impopulaires. Les ministères tombent les uns après les autres. Profitant de l'inefficacité des gouvernements, les extrêmes progressent. Les communistes vantent l'exemple de l'URSS, pays épargné par la crise, puisque isolé des circuits capitalistes. À l'extrême droite, l'antiparlementarisme et l'antibolchevisme alimentent le succès croissant des ligues : les transformations de la société, la rancœur des anciens combattants, la xénophobie ont favorisé leur développement dès le début des années 1920. Ainsi, la ligue de la République, formée d'anciens combattants, est fondée en 1920 ; Ybarnegaray et Pierre Taittinger parrainent en 1924 les Jeunesses patriotes. Georges Valois lance le Faisceau, sur le modèle mussolinien, qui aura plus de 20 000 adhérents en 1926. En 1927 est créée l'association des Croix-de-Feu, anciens combattants décorés au combat ; sous l'impulsion du colonel de La Rocque, le mouvement élargit considérablement son recrutement après 1930. Les ligues, en exploitant sans pitié toutes les failles du régime, contribuent à plonger la France dans la crise politique.

LES SCANDALES...

Pendant les années 1920, la spéculation, encouragée par la croissance, s'est développée. Or, en décembre 1928, deux scandales éclatent dans les milieux boursiers. En 1930, on découvre qu'une aventurière, Marthe Hanau, a mis en circulation des millions de titres sans valeur ; un ancien ministre, Klotz, est lui aussi compromis dans une affaire d'escroquerie. L'instruction judiciaire révèle qu'ils ont bénéficié de tout un réseau de complaisances et de passe-droits. En 1930, la faillite du financier Oustric cause la chute du ministère Tardieu, mais les modérés restent au pouvoir, ce qui indigne les Français. Tout Paris applaudit *Topaze*, une pièce de théâtre de Marcel Pagnol qui donne une peinture bien noire de ce monde frelaté. Mais le pire scandale est celui qui, alors que les radicaux sont revenus au pouvoir, concerne « le Beau Serge » : le 28 décembre 1933, la presse annonce la faillite frauduleuse du crédit municipal de Bayonne. Son directeur, Serge Stavisky, menait grand train, se vantait de ses amitiés politiques et proposait à ses clients de s'enrichir grâce aux intérêts versés par sa banque. Il semble qu'il ait émis, avant de faire faillite, 240 millions de faux bons. Or Stavisky est juif, d'origine ukrainienne : n'est-il pas l'archétype du « métèque » honni par les ligues ? Au début de l'année 1934, Stavisky se suicide dans un chalet près de Chamonix : qui l'y a poussé ? Ne l'a-t-on pas liquidé ? La presse d'extrême droite concentre ses attaques sur le président du Conseil, le radical Camille Chautemps, un franc-maçon. Le 27 janvier 1934, Chautemps démissionne. L'usure des institutions et les scandales sapent dangereusement le crédit de la République, alors que les effets de la crise économique se font plus durement sentir.

LE SAVIEZ-VOUS ?

Durant les années 1930, les soupes populaires se développent dans les banlieues. En effet, le nombre de chômeurs augmente et les ouvriers sont les personnes les plus touchées par ce phénomène. L'évolution est stupéfiante : on compte 10 chômeurs à Ivry en 1930 contre 3 000 en 1935...

Du front populaire à la guerre

Réforme nationale et bouleversement international

LÉON BLUM

L'affaire Dreyfus et le prestige de Jean Jaurès décident de l'engagement politique de ce normalien brillant et raffiné, issu d'une famille juive alsacienne. Conseiller d'État, chef de cabinet du ministre socialiste Marcel Sembat en 1914, hostile à l'Internationale communiste, artisan du Cartel des gauches, il accroît l'audience électorale de la SFIO jusqu'à en faire le premier parti de France en 1936. Généreux, idéaliste, le nouveau président du Conseil est un réformiste qui cherche à concilier justice sociale et économie libérale. Blum méconnaît cependant les règles du marché et se heurte à un patronat rendu frileux par les difficultés de l'après-guerre. Bouc émissaire du gouvernement de Vichy, il est traduit devant la cour de Riom en février 1942, mais se défend si bien que le procès ridiculise le régime. Déporté en Allemagne après l'invasion de la zone libre, Léon Blum préside un cabinet éphémère de décembre 1946 à janvier 1947, puis se retire de la vie politique.

Touchée plus tardivement mais plus longuement par la crise mondiale, la France pâtit également du discrédit qui frappe le régime républicain. Enfin unie, la gauche prend le pouvoir et s'efforce de promouvoir un nouvel ordre social et économique, non sans rencontrer de graves oppositions. Parallèlement, les « bruits de botte » s'amplifient sur la scène internationale.

Depuis 1932, l'économie française continue à fléchir avec régularité ; en 1935, la production industrielle atteint 75 % du chiffre de 1929, et les chômeurs, du reste peu secourus, sont officiellement 465 000. La classique politique de déflation et les baisses autoritaires des traitements ou des prix (décrets-lois Laval de 1935) accroissent le malaise social. L'affaire Stavisky, suivie par la mutation du préfet Jean Chiappe, jugé favorable aux ligues, exaspère l'extrême droite. Les Camelots du roi (l'Action française) chantent « Nous aurons au printemps, en dépit de Chautemps, des Juifs et des Allemands, restauré le roi Jean ».

LA NAISSANCE DU FRONT POPULAIRE

Les ligues descendent dans la rue le 6 février, jour de l'investiture du gouvernement Daladier, pour manifester « contre les voleurs et les pourris ». Il n'y a cependant pas de projet préétabli de coup d'État. Plusieurs cortèges se forment : les Croix-de-Feu manifestent dans le calme ; l'Union nationale des combattants montre plus d'agressivité envers les forces de l'ordre ; enfin, l'Action française et les Jeunesses patriotes ont l'intention d'en découdre en marchant sur le Palais-Bourbon. L'affrontement recherché se produit place de la Concorde : les policiers, bombardés de projectiles, font feu. On relève 17 morts et plus de 2 000 blessés. Par souci d'apaisement, Daladier, pourtant soutenu par la Chambre, se retire, remplacé par Doumergue. Ces graves incidents aboutissent toutefois à une prise de conscience des partis de gauche.

L'impulsion vient de la « base » : le 12 février, les cortèges socialiste et communiste fraternisent lors d'un défilé protestataire. Cet événement rompt avec la profonde hostilité réciproque qui perdure depuis 1920, et qui a été renforcée par la stratégie « classe contre classe » dictée par Moscou. Échaudé par la situation allemande, le Komintern impose alors au parti communiste la politique de la « main tendue ». En juin 1934, Maurice Thorez suggère ainsi un pacte d'unité d'action à la SFIO, qui l'accepte le mois suivant ; le 13 novembre, il étend sa proposition aux radicaux, avec l'idée d'un « Front populaire du travail, de la liberté et de la paix ». Les revers électoraux du parti radical en 1934 et la fougue de ses « jeunes-turcs » – Cot, Mendès France et Zay – poussent cette formation à participer à une journée d'action commune avec la SFIO et le Parti communiste, le 14 juillet 1935. Le « Rassemblement populaire » est né.

LA GRÈVE « SUR LE TAS »

Mouvement spontané et bon enfant, les grèves de mai et de juin 1936 déconcertent jusqu'au gouvernement. Pour la première fois, la grève prend un caractère souriant. Nouveauté, les usines et les ateliers sont occupés et deviennent un lieu de fête populaire : les grévistes jouent à la belote ou à la pétanque, dansent au son de l'accordéon et sont ravitaillés par leurs familles. Cet enthousiasme tout pacifique va imprégner les mémoires. Il surprend les formations politiques et même les centrales syndicales, car les grèves n'affectent paradoxalement pas les secteurs les plus syndiqués. Ordonnées – les violences sont rarissimes –, plutôt modérées dans leurs revendications, ces grèves modifient le climat des entreprises ; un patron favorable au Front populaire parle de « cure psychanalytique de la France ».

VICTOIRE ÉLECTORALE !

La manifestation est un succès qui prélude aux alliances des partis et des syndicats de gauche en vue des élections de 1936. Publié au mois de janvier, le programme de gouvernement comporte trois volets : défense des libertés contre les ligues factieuses, lutte contre la crise économique et sociale, sécurité collective, que résume la formule « paix, pain, liberté ». La droite conduit une campagne défensive sur le thème du péril bolchevique. Une agression des Camelots du roi contre

Il faut savoir terminer une grève dès que satisfaction a été obtenue.

Maurice Thorez, dirigeant du Parti communiste français, le 11 juin 1936. La phrase est trop souvent réduite à sa première partie.

LES « QUARANTE HEURES » !

Principale revendication de la Confédération générale du travail (CGT), la semaine de quarante heures est votée le 12 juin 1936. La crise économique popularise l'idée d'une diminution du temps de travail de quarante-huit à quarante heures hebdomadaires, avec maintien du salaire. Les syndicats prévoient l'amélioration de la productivité et la possibilité de résorber le chômage, mais les milieux économiques, au contraire, émettent de sérieuses réserves. Les décrets d'application promulgués d'octobre 1936 au printemps 1937 manquent de souplesse. Trop vite appliquées, les « quarante heures » produisent peu d'effets sur la reprise économique ; les patrons sont réticents à intégrer cette loi. Du reste, les entreprises ne peuvent remplacer leurs personnels qualifiés par des travailleurs inexpérimentés et doivent supporter un important surcoût salarial, malvenu en période de récession. En novembre 1938, Paul Reynaud remet en cause cette loi, qu'il juge responsable de l'échec économique du Front populaire.

Léon Blum à l'occasion des obsèques de Jacques Bainville, la remilitarisation de la Rhénanie par Hitler – ce dont la France prend acte –, la victoire du *Frente popular* espagnol pèsent sur les dernières semaines précédant le scrutin. La veille du premier tour, *l'Humanité* tente de rassurer l'électorat des classes moyennes en titrant : « Pour l'ordre, votez communiste ! » En dépit d'un taux de participation record, le premier tour n'est pas un raz de marée : la gauche ne totalise que 300 000 voix de plus qu'au scrutin de 1932, et les ballottages sont très nombreux. Mais la discipline de vote en faveur du candidat le mieux placé assure une nette majorité au Front populaire à l'issue du second tour : celui-ci obtient 378 sièges sur 598. Deux surprises : d'une part, distancés pour la première fois par les socialistes, les radicaux perdent 49 sièges ; d'autre part, les communistes multiplient le nombre de leurs élus par sept. Plus que l'électorat, le monde politique glisse à gauche. Vainqueur de la coalition, Léon Blum devient président du Conseil lors de la rentrée des Chambres, le 4 juin 1936. Première entorse, les communistes déclinent toute participation gouvernementale ; la pression de Moscou les maintient à l'écart des responsabilités, pour les laisser libres d'exercer du dehors « une sorte de ministère des masses », selon le mot de Paul Vaillant-Couturier qui dirige *l'Humanité*. Les socialistes occupent les portefeuilles économiques et sociaux, les radicaux héritent des postes plus politiques. Ce dosage prudent innove par certains aspects, parmi lesquels la nomination de trois femmes secrétaires d'État – alors qu'elles n'ont pas le droit de vote –, et par un rajeunissement manifeste. De plus, Blum a la sagesse de ne pas cumuler la présidence du Conseil avec un autre ministère.

UNE KERMESSE PRINTANIÈRE...

Une semaine après la victoire du Front populaire, des grèves spontanées éclatent et submergent les organisations syndicales traditionnelles. Le mouvement débute le 12 mai au Havre, atteint Paris le 14, puis gagne le reste de la province. Le 10 juin, 3 millions de grévistes occupent leurs lieux de travail dans une ambiance souvent bon enfant. Joie de la victoire électorale, crainte diffuse de ne pas en récolter les fruits, mais aussi espoir d'une amélioration des conditions de la vie quotidienne et sentiment d'une dignité acquise sont les principaux caractères de ces grèves, ni révolutionnaires ni même agressives. Léon Blum, pris lui-même au dépourvu, calme ce défoulement collectif par une série de décisions spectaculaires qui dépassent son programme électoral : les 11 et 12 juin 1936, des lois instituent la semaine de quarante heures, quinze jours de congés payés par an pour l'ensemble des salariés et des conventions collectives dans toutes les branches professionnelles. De plus, la Confédération générale du patronat français négocie avec la CGT de Jouhaux sous l'arbitrage du gouvernement : les « accords Matignon » du 7 juin revalorisent les salaires de 7 à 15 %, garantissent la liberté syndicale, établissent les contrats collectifs de travail ainsi que les délégués du personnel. Les grèves refluent lentement, tandis que les « billets Lagrange », à tarifs préférentiels, facilitent les premières vacances pour des millions de Français. La volonté de justice sociale, liée à une relance de la machine économique, conduit le gouvernement Blum à une intense activité législative au cours de l'été 1936 : les usines d'armements et l'industrie aéronautique sont nationalisées, les statuts de la Banque de France (organisme privé) sont réformés, la scolarité obligatoire est prolongée jusqu'à 14 ans, une nette impulsion est donnée aux loisirs et à la culture. De grands travaux sont programmés pour résorber le chômage. Enfin, la création de l'Office du blé est destinée à rehausser les tarifs agricoles amputés par la crise.

LA FIN D'UNE ILLUSION

L'euphorie est de courte durée. Le Front populaire se heurte très vite aux amères réalités de la politique étrangère et de l'économie. La guerre civile

L'éducation, résolument orientée vers la paix, doit être au cœur de notre action.

Léon Blum.

espagnole, qui éclate le 18 juillet 1936, provoque les premières lézardes au sein de la coalition gouvernementale : hostiles à tout soutien aux républicains espagnols, alors que les socialistes s'y montrent favorables, les radicaux menacent de démissionner. Blum cède, mais la non-intervention de la France provoque la stupeur des « antifascistes » et annonce la prochaine rupture avec les communistes, partisans acharnés du soutien. La conclusion de l'axe Rome-Berlin bouleverse les alliances et oblige la France à accroître ses crédits militaires, ce qui grève le budget. L'activité économique reste morose : les prix ont augmenté pour compenser les concessions accordées en juin. Homme de droite lucide, Pierre Gaxotte souligne « cette vilaine habitude des patrons de se laisser arracher ce qu'ils pourraient accorder de bonne grâce ». Les chefs d'entreprise refusent d'investir, certains jouent même contre le franc ; ces réformes ont coûté cher, sans donner les résultats escomptés : la généralisation des « quarante heures » n'a pas dégagé d'emplois. Le ministre des Finances Vincent Auriol dévalue le franc de 25 % le 28 septembre 1936. « Trop tard et trop peu », juge Paul Reynaud. La vie politique intérieure est empoisonnée par les attaques haineuses de l'extrême droite, dont les calomnies poussent le ministre de l'Intérieur Roger Salengro au suicide. Dissoutes au mois de juin, les ligues se reconstituent en partis politiques et dénoncent « la soviétisation de la France ». La presse modérée fait chorus. Le malaise grandit au sein du Front populaire : les radicaux s'inquiètent de l'inefficacité des réformes ; les communistes réclament au contraire des mesures plus dirigistes, comme le contrôle des changes. L'électorat est déconcerté par la hausse des prix et par la dévaluation, qui amputent les avantages salariaux ; dès l'automne, des grèves sporadiques reprennent dans tous les secteurs. La confiance dans le gouvernement s'effiloche : la fuite des capitaux s'aggrave, le déficit budgétaire et l'inflation aussi.

LA FIN DU FRONT POPULAIRE

Confronté à une situation délicate, Léon Blum annonce en février 1937 la suspension des réformes, ce qui ne calme pas l'agitation sociale. Désabusé, le président du Conseil s'exprime ainsi lors de l'inauguration de l'Exposition internationale de 1937 : « Les travailleurs ne doivent pas confondre liberté et licence. » Quelques semaines plus tôt, la « fusillade de Clichy », lors de laquelle les forces de l'ordre ont tiré sur des manifestants communistes (5 morts, 500 blessés), a aggravé les tensions au sein de la coalition gouvernementale. Les communistes attaquent très violemment le gouvernement, tandis que la majorité modérée et radicale du Sénat refuse à Blum les pleins pouvoirs qui lui permettraient de combattre la spéculation. Le 21 juin 1937, le président du Conseil préfère démissionner : « Je suis résolu à tout affronter sauf une chose : une mésintelligence avec le parti ou avec l'ensemble de la classe ouvrière. » Quatre gouvernements prolongent l'agonie du Front populaire, peu à peu abandonné par les radicaux. Le cabinet Chautemps, le 102e de la IIIe République, qui compte encore des socialistes, nationalise les compagnies ferroviaires déficitaires. La persistance des grèves, appuyées par les communistes, empêche la reprise, mais les socialistes démissionnent lorsque Chautemps remet en cause le principe des quarante heures. Un second cabinet Blum ne dure que quelques jours. Le 10 avril 1938, Daladier forme un gouvernement radical et de centre droit ; les décrets-lois de novembre 1938, qui suppriment la semaine des quarante heures, mettent un point final à l'expérience du Front populaire.

LES FRANÇAIS ET LA GUERRE D'ESPAGNE

Le conflit espagnol agite l'opinion publique française en ravivant puis en bouleversant les clivages traditionnels. À gauche, le coup d'État nationaliste du 18 juillet 1936 réveille l'antifascisme. Certains intellectuels, comme André Malraux, s'engagent au sein des brigades internationales. À droite, la guerre mobilise les personnalités conservatrices qui dénoncent les persécutions religieuses. Le cœur du débat est la question du soutien du gouvernement au Frente Popular espagnol. La décision de Blum, sous la pression des radicaux, de stopper l'appui militaire au camp républicain pèsera lourd dans l'implosion future du Front populaire. Parmi les intellectuels, des reclassements s'opèrent rapidement. Les catholiques libéraux sont déchirés entre leur fidélité à l'Église et leur exigence de justice sociale : face à Paul Claudel, qui soutient la cause nationaliste, François Mauriac dénonce dès août 1936 « l'extermination de l'adversaire ». Le journal *la Croix*, puis la revue *Esprit* le suivent. Des critiques s'élèvent également parmi les prorépublicains contre la répression de l'insurrection anarchiste par les communistes en mai 1937. Par les prises de position qu'il a suscitées, le conflit espagnol fait figure de répétition générale avant la Seconde Guerre mondiale.

UN MYTHE POLITIQUE

Premier exercice du pouvoir par une majorité socialiste réformiste, le Front populaire n'a pas résisté à la conjonction d'un contexte international tendu et de l'hostilité des milieux d'affaires. La surenchère communiste, les erreurs de gestion, la mauvaise application de théories économiques – notamment celles de Keynes, qui préconise des mesures favorisant la relance de la consommation – réduisent encore sa portée pratique. Paul Reynaud professe : « Lorsqu'on viole les lois économiques, elles se vengent. » Mais l'héritage social engage l'avenir et fait du Front populaire un mythe pour la gauche et la classe ouvrière françaises.

MUNICH, UN TOURNANT POUR L'OPINION

L'attitude des Français face à la montée des périls a été beaucoup plus nuancée qu'on ne le pense généralement. En 1938 est fondé par Jean Stoetzel le premier institut de sondage en France, l'Institut français d'opinion publique, l'IFOP. Ses premières enquêtes, au lendemain des accords de Munich, montrent que, si l'opinion publique reste pacifiste, sans toutefois se faire d'illusions, elle n'est pas unanimement défaitiste : 37 % des réponses désapprouvent les accords de Munich. Dans les mois qui suivent, la fermeté et la résistance semblent gagner des points. En juillet 1939, 76 % des sondés estiment qu'une intervention est souhaitable en cas d'attaque des Allemands contre Dantzig. Ces chiffres, malgré les difficultés d'interprétation, mettent un terme au mythe de la passivité de l'opinion.

LA MARCHE À LA GUERRE

Cependant, plus que les difficultés économiques et sociales, c'est la conjoncture internationale qui pèse sur la fin des années 1930. La crise a disloqué les fondements fragiles de la « paix de Versailles » et ruiné les rêves d'une sécurité collective en Europe. Le marasme économique et les tensions sociales renforcent les nationalismes et favorisent les dictatures. En 1935, les démocraties ont cru avoir réussi l'encerclement de l'Allemagne : le « front de Stresa », constitué par la France, l'Italie et la Grande-Bretagne en avril, qui réaffirme la fidélité aux accords de Locarno et proteste contre la dénonciation unilatérale des traités par Hitler, et le pacte franco-soviétique de mai paraissaient pouvoir contenir la puissance allemande. Mais l'union contre le Reich ne dure que quelques semaines. En 1935, l'Italie attaque l'Éthiopie dont l'empereur, Hailé Sélassié, proteste devant la SDN sans que l'opinion internationale s'émeuve. L'immobilisme prévaut encore lorsque, en mars 1936, le Reich occupe la zone démilitarisée de la Rhénanie, violant impunément le traité de Versailles ; en octobre, l'Allemagne et l'Italie signent un pacte antibolchevique, que Mussolini appelle « l'Axe Rome-Berlin », auquel s'agrégeront très vite l'Espagne et le Japon. Le premier fruit de l'alliance est l'intervention des dictatures aux côtés du franquisme espagnol, tandis que les radicaux français refusent tout soutien aux républicains. L'aide française reste une initiative des associations privées, des partis et, en premier lieu, des communistes, qui s'intègrent aux brigades internationales. Au contraire, Mussolini envoie 70 000 hommes, des chars et des camions, Hitler, des armes et des techniciens. 1937 marque un répit trompeur : dès novembre, Hitler réunit ses généraux et ses ministres pour leur faire part de ses visées à long terme. La première étape de l'édification du « Reich de mille ans » passe par l'Anschluss, le rattachement de l'Autriche à l'Allemagne. Sous la pression de l'extrême droite, le chancelier autrichien Schuschnigg est contraint de démissionner le 11 mars 1938 au profit du nazi Seyss-Inquart. Dès le lendemain, l'Autriche est occupée ; la population des deux pays plébiscite l'Anschluss. Une nouvelle fois, Hitler a pu mener à bien ses projets en piétinant allègrement les protestations de pure forme des démocraties occidentales.

LE « LÂCHE SOULAGEMENT » DE MUNICH

Fort de ce succès, le Führer s'en prend à la Tchécoslovaquie. À l'ouest de cet État multinational, né en 1919, vivent 3 millions de germanophones : Hitler revendique violemment le rattachement de leur territoire, les Sudètes, au Reich. La guerre semble imminente. Au dernier moment, Chamberlain, le Premier ministre britannique, obtient la réunion d'une conférence internationale. Le 29 septembre 1938, Hitler, Mussolini, Daladier et Chamberlain se retrouvent à Munich alors que ni l'URSS ni la Tchécoslovaquie n'ont été conviées. Pour éviter la guerre, Daladier et Chamberlain accordent à Hitler tous les territoires revendiqués. À Paris comme à Londres, un immense enthousiasme populaire salue le retour des négociateurs, tandis que Léon Blum avoue être partagé « entre un lâche soulagement et la honte ». Prophétique, Churchill déclare : « Vous aviez le choix entre la guerre et le déshonneur. Vous avez choisi le déshonneur et vous aurez la guerre. » En effet, l'incorporation des Sudètes n'est qu'un prélude : dès le lendemain de la conférence commence le dépeçage de l'État tchécoslovaque : la Pologne et la Hongrie participent à la curée et procèdent à quelques annexions. La Slovaquie de Mgr Tiso, alliée du Reich, proclame son indépendance et l'Allemagne fonde un « protectorat de Bohême-Moravie ». La Tchécoslovaquie n'existe plus.

LE SURSAUT TARDIF DES DÉMOCRATIES...

Bien tardivement, les gouvernements français et britannique commencent à changer d'attitude vis-à-vis de l'Allemagne et abandonnent leur catastrophique politique d'apaisement. En mars 1939, lorsque Hitler menace la Pologne, « le bâtard de l'Europe », la France et la Grande-Bretagne font savoir au Führer que, en cas d'agression contre celle-ci, elles répliqueront aussitôt ; en août est d'ailleurs conclue une alliance anglo-polonaise. Enhardi par ses succès précédents, Hitler ne tient pas compte des mises en garde. L'Europe s'achemine vers un conflit que les démocraties n'ont pas voulu mais que, aveugles et passives, elles n'ont pas su prévenir.

Mourir pour Dantzig ?

Marcel Déat, dans *l'Œuvre*, le 4 mai 1939. L'opinion de beaucoup inclinait à laisser à Hitler les mains libres en Pologne plutôt que de déclencher un nouveau conflit.

La drôle de guerre

Un combat sans ennemi

L'AFFAIRE NIZAN

Écrivain brillant et communiste militant, Nizan quitte le Parti communiste au moment du pacte germano-soviétique.

Né en 1905 à Tours, Paul Nizan est à l'École normale supérieure le condisciple de Jean-Paul Sartre. Après un voyage à Aden, il entreprend de dénoncer le capitalisme et la bourgeoisie dans un pamphlet violent et lyrique, *Aden Arabie* (1931). Communiste depuis 1927, il poursuit une double carrière d'enseignant et de journaliste. Il dirige à Paris la Librairie de l'Humanité, voyage beaucoup et collabore à plusieurs publications du parti. Son œuvre romanesque, très diverse *(Antoine Bloyé, les Chiens de garde, la Conspiration)*, lui vaut le prix Interallié en 1938. Il rompt avec le Parti communiste en 1939, à cause du pacte avec l'URSS, alors que les communistes sont arrêtés et que Thorez déserte. Accomplissant son devoir militaire, Nizan est tué près de Dunkerque en 1940.

En septembre 1939 éclate la Seconde Guerre mondiale, aboutissement ultime des agressions nazies. En déclarant la guerre à l'Allemagne, les démocraties sortent enfin de leur immobilisme. Mais pendant que Hitler et Staline liquident la Pologne et les pays scandinaves, les soldats français attendent huit mois, l'arme au pied, un ennemi qui ne vient pas.

Le recul des démocraties à Munich a désorganisé les alliances, et ruiné le crédit de la France et de la Grande-Bretagne auprès des petits États de l'Europe centrale. La Roumanie et la Hongrie resserrent leurs liens économiques et diplomatiques avec l'Allemagne. Ailleurs, les alliés traditionnels que sont la Belgique ou les Pays-Bas prennent leurs distances, la Grèce refuse de soutenir l'Angleterre. Le 22 mai 1939, l'Italie a signé avec l'Allemagne le « pacte d'Acier », une alliance militaire à but offensif. L'arbitre du jeu est désormais l'URSS.

UNE ALLIANCE CONTRE-NATURE

Courtisée par la France et la Grande-Bretagne, celle-ci signe pourtant le 23 août 1939 avec l'Allemagne un pacte de non-agression qui comporte une clause secrète prévoyant le partage futur de la Pologne et qui délimite les zones d'influence des deux puissances en Europe centrale. L'opinion internationale est médusée devant cette alliance contre-nature, mais Staline obtient ainsi un délai pour remanier l'Armée rouge désorganisée par les purges et les procès ; il a aussi l'espoir de récupérer les territoires perdus en 1921 à l'issue de la guerre contre la Pologne. Dès octobre 1938, Hitler avait revendiqué le retour de Dantzig, ville libre, à l'Allemagne. Le 15 mars 1939, il durcit encore le ton. Une provocation frontalière, montée de toutes pièces, fournit à Hitler le prétexte pour intervenir. Le 1er septembre 1939, il lance contre la Pologne l'essentiel de ses forces, soit 63 divisions appuyées par 2 000 avions. Cette fois, les démocraties réagissent. Assumant enfin leurs obligations envers leurs alliés, la France et le Royaume-Uni déclarent la guerre à l'Allemagne le 3 septembre. Mais il est déjà trop tard pour la Pologne : en sept jours de « guerre-éclair » (*Blitzkrieg*), l'armée allemande est devant Varsovie. Assiégée, bombardée, la capitale dépose les armes le 27 septembre. Débarrassé du problème de la Pologne, Hitler souhaite profiter de l'apathie des démocraties pour lancer sur-le-champ un assaut à l'ouest. Seule la rigueur de l'hiver 1939-1940 diffère l'invasion. Pendant ce temps, l'URSS s'est à son tour engagée dans une politique d'annexion sur ses frontières occidentales.

L'ÉNORME APPÉTIT SOVIÉTIQUE

Le 18 septembre 1939, l'URSS, honorant ainsi les clauses secrètes du pacte germano-soviétique, attaque à son tour la Pologne pour s'emparer des territoires situés en Biélorussie et en Ukraine, jusqu'à la ligne Curzon. En juin et juillet, Staline s'empare de la Lituanie, puis de la Lettonie et de l'Estonie, avant de conquérir la Moldavie roumaine et la Bucovine. En moins d'un an, Staline a réussi à augmenter de 23 millions d'habitants la population de l'Union, à renforcer son glacis défensif et à effacer les conséquences de la Première Guerre mondiale sur les frontières occidentales de l'URSS. Confrontée aux mêmes exigences que les pays Baltes, la Finlande est la première à refuser de céder. Le 28 novembre 1939, l'URSS dénonce le traité de non-agression qu'elle avait signé avec la Finlande en 1932. Le surlendemain, l'Armée rouge passe à l'offensive. Mais, à la stupéfaction générale, l'offensive soviétique lancée dans l'isthme de Carélie se brise sur la ligne Mannerheim, tenue par l'armée finlandaise. Les attaques lancées par Staline, plus au nord, connaissent le même sort. Les rigueurs de l'hiver et l'âpre résistance intérieure prolongent de trois mois les hostilités. La Finlande ne capitule que le 12 mars 1940, et ce conflit a le mérite de placer la Scandinavie sur le devant de la scène militaire et de sortir enfin les Alliés de leur torpeur.

UNE VIE POLITIQUE AU RALENTI...

Jusqu'alors ces derniers, obsédés par les tueries de 1914, se sont abstenus de toute offensive. La vie politique française elle-même semble tourner

LE SAVIEZ-VOUS ?

La France, en 1939, manque de centraux téléphoniques à la campagne. Pour communiquer, les soldats utilisent donc des... pigeons voyageurs ! Il existe même un service colombophile !

Nous vaincrons parce que nous sommes les plus forts.

Paul Reynaud, président du Conseil, à la radio le 10 septembre 1939.

au ralenti, dans un pays profondément divisé. Daladier, président du Conseil depuis 1938, gouverne au centre droit ; les socialistes, qui disent soutenir le gouvernement, refusent d'y participer ; les communistes y sont nettement hostiles. Ceux-ci acceptent cependant de voter les crédits de guerre puis, après le pacte germano-soviétique, le Komintern leur enjoint de soutenir l'Allemagne. Considérés comme des traîtres à partir de septembre 1939, plusieurs milliers de responsables communistes, dont 44 députés, sont emprisonnés. Maurice Thorez, mobilisé, déserte pour s'enfuir en URSS. La France a répondu à l'invasion de la Pologne par une opération de « nettoyage » dans la Sarre, au cours de la première quinzaine de septembre. Mais le retour de plusieurs divisions allemandes, dégagées du front oriental, empêche les Alliés de mener plus avant cette initiative. De plus, ces derniers sont persuadés d'avoir le dessus pour peu que l'Allemagne retarde son offensive. Il est vrai que le rapport des forces potentielles est nettement favorable aux Alliés, qui disposent des matières premières de leurs vastes colonies, de la maîtrise des mers et, depuis novembre 1939, d'un nouvel allié, le Canada. En outre, le vote aux États-Unis d'un amendement à la loi de neutralité, la clause « *cash and carry* », favorise les démocraties. Commence alors la « drôle de guerre », celle que l'on ne fait pas. Elle est caractérisée par le désœuvrement des soldats français, occupés à des travaux agricoles ou de fortification. Le rappel du front des ouvriers spécialisés, la hausse des prix, les exercices de défense passive, la désertion de Maurice Thorez passionnent plus que les opérations à l'est, alors que l'instabilité politique se manifeste à nouveau : Daladier démissionne du gouvernement en mars 1940, remplacé par Paul Reynaud. Le moral de l'armée souffre de cette situation insidieuse, même si les unités acquièrent une certaine cohésion. Aux avant-postes, les escarmouches de « corps francs » contre les *Stosstruppen* allemandes alimentent les communiqués. Les Français veulent tenir jusqu'en octobre pour combler leur retard matériel ; leurs usines d'armements tournent désormais à plein régime. Les Allemands le savent et, malgré leur victoire sur la Pologne, ils redoutent l'armée française, considérée comme la meilleure du monde depuis 1918. Seules l'intuition démoniaque et l'autorité illimitée du Führer les décideront à lancer le « coup de faux » de l'été 1940.

L'AFFAIRE SCANDINAVE

Lors de l'invasion de la Finlande, Anglais et Français envisagent l'envoi d'un corps expéditionnaire et un raid de l'aviation française, stationnée

PROPAGANDE, DÉSINFORMATION ET GUERRE DES NERFS

Le contrôle de l'information et du moral de la population est devenu un élément stratégique primordial.

Terrés dans leurs fortins, les soldats français sont la proie de la propagande allemande. Des compagnies spéciales de la Wehrmacht cherchent à les démoraliser. C'est la guerre des tracts, des affiches et des slogans. Les gouvernements tentent de contrôler les rumeurs qui se propagent. En Grande-Bretagne est lancée, en février 1940, une campagne nationale de sensibilisation au danger des conversations imprudentes. « Silence... l'ennemi guette vos confidences », lit-on sur les murs de France. Jean Giraudoux est nommé commissaire général à l'Information. Joséphine Baker, Maurice Chevalier ou Coco Chanel tentent à la radio ou au front, de remonter le moral de la population et des troupes.

en Syrie, contre les puits de pétrole soviétiques du Caucase. Churchill préconise l'installation d'un barrage de mines dans les eaux norvégiennes pour couper les voies de livraison du minerai de fer suédois à l'Allemagne. En février 1940, les Alliés adoptent même un plan plus audacieux encore : envoyer des renforts à la Finlande par le port norvégien de Narvik et contrôler ainsi les gisements de fer. Mais Hitler prend de vitesse les fragiles projets des Alliés. Le 9 avril, il lance une offensive foudroyante sur Oslo et sur cinq autres ports norvégiens. Dans le même temps, et toujours sans déclaration de guerre préalable, le Danemark est lui aussi attaqué et vaincu. Le corps expéditionnaire franco-anglo-polonais envoyé à Narvik ne parvient pas à retourner la situation, au moment même où éclate la nouvelle de l'offensive hitlérienne sur les Pays-Bas et la Belgique. Quinze jours à peine après avoir débarqué, la force d'intervention alliée doit reprendre la mer et abandonner la Norvège au Reich pour rejoindre le nouveau front. Le fiasco scandinave met en relief l'improvisation brouillonne et tragiquement inefficace des Alliés, et souligne l'efficacité de la tactique allemande. Hitler, les mains libres à l'est et disposant de nouveaux points d'appui au nord, peut à présent engager la campagne de France.

La campagne de France

De la débâcle à l'armistice

RETHONDES, 22 JUIN 1940

Hitler exulte : tout, dans l'organisation de la négociation de l'armistice, est prévu pour effacer l'humiliation de 1918.

Les Allemands profitent du désarroi français pour pénétrer le plus loin possible et imposent la signature de l'armistice à Rethondes, lieu symbolique de leur défaite en 1918. Les conditions, non négociables, sont à la hauteur du désastre : occupation du nord et de l'ouest du pays, plus le littoral atlantique, indemnités et entretien des troupes à la charge du vaincu – et selon un barème exorbitant –, livraisons du matériel militaire, armée française limitée à 100 000 hommes en zone libre, et même une clause déshonorante, la livraison d'émigrés antinazis. Pourtant, Hitler ne veut pas écraser la France : il ne touche ni à la flotte de guerre ni à l'empire colonial. Ainsi qu'il l'explique au Duce, il préfère un gouvernement français piégé par des clauses supportables et incité de cette manière à la docilité et non à la résistance.

La défaite militaire française de juin 1940 marque l'effondrement d'un pays à la population vieillissante, figé dans des conceptions politiques et stratégiques surannées. Cette débâcle, qui surprend l'opinion internationale, laisse les Français en état de choc. Les institutions de la République se sont volatilisées face aux coups de boutoir allemands.

La mobilisation française réunit cinq millions d'hommes sous les drapeaux dans un calme résigné. Le souvenir des hécatombes de la Grande Guerre et la persistance de certains doutes sur les buts du nouveau conflit justifient ce peu d'enthousiasme. Faut-il « mourir pour Dantzig » et l'autoritaire Pologne, alors que la démocrate Tchécoslovaquie a été « lâchée » sans coup férir un an plus tôt, avec la signature des accords de Munich ? Pas plus que leurs dirigeants, les Français n'ont lu *Mein Kampf*, et ils ignorent la véritable nature du régime nazi. Cependant, après la conférence de Munich, l'opinion publique a connu un certain réveil patriotique. Les Français continuent à faire confiance à leur armée, qui jouit d'une bonne réputation, et sont rassurés par l'alliance britannique. « Nous vaincrons parce que nous sommes les plus forts » : si le slogan, placardé sur les bâtiments officiels et répété à l'envi, semble tenir de la rodomontade guerrière, il n'est pas sans résonance parmi la population. En tout cas, rien ne prépare le peuple français à la catastrophe militaire qui s'annonce.

LE 10 MAI 1940

La soudaine attaque allemande du 10 mai 1940 contre la Belgique et les Pays-Bas persuade les Alliés que tout va se dérouler comme en 1914. Ils pénètrent alors en territoire belge pour former un front continu de Breda au Luxembourg. Le 14 mai, coup de théâtre : les divisions blindées de Guderian pulvérisent le faible dispositif français des Ardennes, dont les unités fuient, aggravant la panique marquée par l'exode de millions de civils.

Les Allemands foncent vers la mer, qu'ils atteignent le 20, coupent les Français de leurs approvisionnements, refoulent l'armée franco-britannique autour de Dunkerque. Plus de 300 000 hommes sont évacués vers l'Angleterre avant la reddition du secteur et la capitulation belge. Gamelin, qui commandait les forces franco-anglaises, est limogé au profit de Weygand. Le dispositif français, rompu, ne laisse plus en présence que 50 divisions opposées à 140 allemandes. Les Britanniques retirent leurs troupes, et Churchill refuse le concours de la RAF à ses alliés. Sur la Somme, l'Aisne et le canal de l'Ailette, les Français livrent des combats acharnés, mais ce front constitué en hâte le 5 juin est brisé le 10. Noyée au milieu des civils, l'armée reflue.

POURQUOI LA DÉBÂCLE ?

La rapidité stupéfiante de l'avancée allemande s'explique par les conceptions tactiques de l'état-major du Reich. Sur

LES COMBATS DE LA CAMPAGNE DE FRANCE

Contrairement aux idées reçues, les soldats français se sont battus en 1940 !

120 000 morts : les pertes militaires françaises jusqu'à l'armistice du 22 juin sont équivalentes à celles des six premiers mois de combats de la Première Guerre mondiale. L'aviation française a abattu 927 appareils allemands, qui feront cruellement défaut à la Luftwaffe lors de la bataille d'Angleterre. Les rares divisions blindées françaises se sont illustrées en livrant des combats désespérés pour contenir la poussée allemande : à Montcornet le 17 mai, c'est avant tout le manque de soutien logistique qui stoppe la progression des chars du colonel de Gaulle. Le 10 juin, c'est la supériorité numérique qui fait plier la 3e division cuirassée du général Buisson : elle a fait reculer à la Retourne les panzers de Guderian. Que dire encore du sacrifice des 2 200 cadets de l'école de Saumur, qui livrent un combat perdu d'avance sur la Loire du 19 au 21 juin et retardent ainsi la progression allemande ?

Je fais à la France le don de ma personne pour atténuer son malheur.

Philippe Pétain, lors de sa première allocution radiodiffusée, le 17 juin 1940.

LE SAVIEZ-VOUS ?

Les Français, en 1940, font le choix de l'exode. Ce sont en effet 10 millions de civils qui prennent la route avec leurs affaires…

L'ÉTRANGE DÉFAITE DE MARC BLOCH

Fidèle à une démarche « d'histoire immédiate », l'historien Marc Bloch se penche sur les causes de la débâcle française.

« Le triomphe des Allemands fut essentiellement une victoire intellectuelle », écrit Marc Bloch. L'historien, fondateur des *Annales d'histoire économique et sociale* avec Lucien Febvre, rédige son ouvrage « à chaud », de juillet à septembre 1940. Dans son analyse, il épingle « l'incapacité du commandement ». Mais il se livre aussi à un « examen de conscience du Français », qui le conduit à relever avec une grande acuité les responsabilités du régime, du pacifisme, et globalement, du repli sur soi qu'a connu la société française dans l'entre-deux-guerres. Dans les dernières pages de cette analyse, Marc Bloch espère « que nous ayons encore du sang à verser ». Refusant la défaite, il s'engage en résistance au sein des mouvements Combat puis Franc-Tireur. Arrêté par la Gestapo le 8 mars 1944, torturé, le grand historien est fusillé dans un champ à Saint-Didier-de-Formans, le 16 juin 1944.

le terrain, 109 divisions françaises, 22 belges et 10 britanniques affrontent 114 divisions allemandes : il n'y a pas de supériorité numérique, dans l'un ou l'autre camp. La France et l'Allemagne disposent d'un nombre équivalent de chars. Les 2 900 chars de la Wehrmacht sont plus autonomes et maniables que les 3 000 chars français, en revanche mieux protégés et souvent mieux armés. Mais, alors que les armées alliées dispersent leurs chars sur l'ensemble du front en les subordonnant à l'infanterie – à l'exception d'un nombre limité d'unités –, les stratèges allemands concentrent leurs divisions, les Panzerdivizionen, pour annihiler en un point précis le dispositif défensif ennemi. La percée faite, les divisions d'infanterie s'engouffrent au cœur du territoire convoité. Cette force de pénétration est en outre soutenue par la Luftwaffe (l'armée de l'air allemande), employée comme « artillerie volante ». Là encore, c'est avant tout l'utilisation du potentiel de l'armement et de sa complémentarité, plus que le nombre ou la qualité de celui-ci, qui a fait la différence. Si les bombardiers allemands sont plus nombreux et plus modernes, les chasseurs sont équivalents en nombre et en qualité. Enfin, sur mer, les flottes britannique et française surclassent de beaucoup la petite Kriegsmarine. L'infériorité des Alliés est donc avant tout d'ordre stratégique : leurs états-majors croient encore à une guerre de position sur le modèle du conflit de 1914-1918. Conçue pour parer à toute attaque brusquée et mobiliser en toute sécurité, la ligne Maginot répond à ces deux objectifs. Mais l'état-major pervertit cette idée : il table sur l'invulnérabilité de celle-ci pour livrer une guerre d'usure, compléter la préparation matérielle et asphyxier l'ennemi par le blocus maritime. Les novateurs qui préconisent une stratégie de mouvement sont minoritaires. En France, les idées du colonel de Gaulle, exposées dès 1934 dans l'ouvrage *Vers l'armée de métier*, puis reprises en janvier 1940 dans *l'Avènement de la force mécanique*, se heurtent aux conceptions purement défensives de ses supérieurs. L'Anglais Liddell Hart n'a guère plus de succès outre-Manche.

LA LIGNE MAGINOT

Après la Première Guerre mondiale, les Français entreprennent de construire un « bouclier de l'Est ». Dès 1928, les régions de Metz et de la Lauter sont défendues par une véritable forteresse souterraine : la ligne Maginot. Symbole de l'inviolabilité du territoire dans l'imaginaire français, cette construction qui a eu un coût considérable est en réalité une erreur stratégique. Elle ne sera en effet que rarement attaquée de front et son aménagement se fait au détriment du nord du pays et des Ardennes.

VERS L'ARMISTICE...

Mussolini, profitant de l'occasion, déclare à son tour la guerre à la France le 10 juin. « Le coup de poignard dans le dos » italien est néanmoins contenu par l'armée des Alpes. Replié à Bordeaux, le gouvernement français hésite : Paul Reynaud se prononce pour une capitulation militaire en métropole afin de continuer la lutte dans l'empire. Le général Weygand réclame l'armistice pour sauver l'armée d'une capture totale. Désavoué par ses ministres, Paul Reynaud démissionne le 16 juin, malgré une proposition d'union franco-britannique. Alors que les manœuvres de couloir se succèdent, le président Lebrun appelle le vieux maréchal Pétain au gouvernement. Celui-ci a été appelé le 18 mai dans le gouvernement Reynaud pour galvaniser l'armée et la population : à l'inverse, il n'a cessé d'œuvrer pour mettre fin à une guerre qu'il estime perdue. Une fois président du Conseil, Pétain sollicite immédiatement l'armistice, accordé par les Allemands le 22 juin à de dures conditions. Pour la majorité des Français, cela importe moins que la fin du cauchemar : 120 000 morts, 200 000 blessés, 1,9 million de prisonniers, 10 millions de civils sur les routes, des villes en ruine, l'État balayé par le désastre. Le traumatisme est profond. Seule une poignée d'hommes à Londres refuse d'emblée la défaite.

La France sous l'Occupation

Régime de Vichy et système D

« NUIT ET BROUILLARD »

La collaboration de la France avec l'ennemi n'a jamais été aussi efficace qu'à propos de l'élimination des Juifs. Les persécutions antisémites des nazis se superposent à la politique d'exclusion de Vichy. Dès juillet 1940, un décret « dénaturalise » les Juifs d'origine étrangère ; le premier statut des Juifs, du 3 octobre 1940, est renforcé par celui du 2 juin 1941. Ces textes donnent des Juifs une définition plus stricte encore que celle des nazis, et font d'eux des Français « à part ». Devant les exigences allemandes, le régime a d'abord livré les Juifs étrangers. Il participe à l'action des nazis : port de l'étoile jaune, établissement de listes, rafles, internement au camp de Drancy. Après l'invasion de la zone libre, en 1942, les nazis appliqueront dans toute sa rigueur l'opération « Nuit et Brouillard » : l'arrestation et la déportation des Juifs d'Europe, et les autorités françaises participeront à la Solution finale, décidée lors de la conférence de Wannsee. (20 janvier 1942).

Écrasée en moins de deux mois au printemps 1940, la France traumatisée pense s'être trouvée un homme providentiel en la personne du maréchal Pétain. Mais le régime de Vichy qu'il instaure choisit la voie de la collaboration avec l'Allemagne nazie, faisant ainsi de la période 1940-1944 la plus sombre de l'histoire française du XXe siècle.

L'armistice du 22 juin 1940 divise le pays en deux zones séparées par une ligne de démarcation. En zone occupée, les Allemands règnent en maîtres et annexent l'Alsace et la Moselle. En zone libre, le maréchal Pétain préside un nouveau régime : « l'État français » succède à la IIIe République. Personne, ou presque, n'a entendu l'appel à la résistance lancé le 18 juin à la BBC par le général de Gaulle.

L'ÉTAT FRANÇAIS

L'État français naît à Vichy, le 10 juillet 1940, à un moment où la défaite anesthésie totalement les Français jetés sur les routes de l'exode. Ceux-ci sont rassurés par la personnalité incontestable du vainqueur de Verdun, octogénaire couvert de tous les honneurs républicains. Le discrédit qui frappe le régime et les parlementaires depuis les années 1930, et, surtout, le traumatisme de la débâcle expliquent le peu d'intérêt qui entoure la chute de la République. Maréchalistes, les Français saluent en Pétain le substitut aux « palabreurs », le rempart contre l'occupant, l'espoir pour des centaines de milliers de soldats prisonniers en

Allemagne. Pierre Laval, ancien président du Conseil tombé dans l'oubli politique après 1936, a manœuvré ce qui reste des élus du Front populaire pour les rallier à la solution Pétain. Dès le 11 juillet, le maréchal signe les actes officiels de la formule régalienne « Nous, Philippe Pétain... ». De fait, c'est un régime autoritaire qui se met en place. Le 14 juillet, il se fait accorder les pleins pouvoirs par le Parlement : seuls quatre-vingts députés et sénateurs s'y opposent. Pétain prend alors le titre de « Chef de l'État » français. Les élections et les institutions représentatives sont supprimées. Même s'il a été reconnu dès le 28 juin comme le « chef de tous les Français » par Winston Churchill, le général de Gaulle est bien seul à Londres et ne dispose d'aucune légitimité populaire. En outre, le bombardement de la flotte française par les Britanniques à Mers el-Kébir, le 3 juillet, ravive l'anglophobie hexagonale. Elle sera durablement exploitée par le régime de Vichy.

LES HOMMES DE VICHY

Autour du maréchal, pas de parti organisé. Dans son entourage gravitent des éléments disparates et rivaux : membres des ligues, notables traditionalistes, agrariens, techniciens « apolitiques » soucieux avant tout d'efficacité. Leur point commun est l'hostilité à la démocratie. À Vichy, capitale provisoire dans l'attente d'un hypothétique retour à Paris, on croise de nombreux militaires et officiers de marine, dont l'amiral Darlan, dauphin du maréchal. On trouve également dans les couloirs de l'hôtel du Parc, où logent Pétain et ses services, d'anciens fidèles de Paul Reynaud, des idéologues fascistes, comme Benoist-Méchin, séduit depuis toujours par l'idéologie de Doriot, des technocrates ambitieux, comme Lehideux, et même des hommes qui furent de gauche, comme Bergery. Les plus proches du maréchal sont, en revanche, des tenants de la droite antirépublicaine : ainsi son chef de cabinet, Du Moulin de La Barthète, Raphaël Alibert, son conseiller personnel, et son médecin, Ménétrel, sans doute un des hommes les plus puissants du régime. La propagande de Vichy instaure un véritable culte du maréchal : père bienveillant, il est aussi la « nouvelle Jeanne d'Arc » qui, ayant fait « don de sa personne » à la patrie, doit en mener le redressement moral.

LA RÉVOLUTION NATIONALE

Les nouveaux gouvernants appellent à une « révolution nationale », expression empruntée au vocabulaire de l'extrême droite. Il s'agit pour l'essentiel de promouvoir des valeurs réactionnaires résumées par la devise « Travail, Famille, Patrie » qui se substitue au « Liberté, Égalité, Fraternité »

Tous les Français fiers de la France, la France fière de chaque Français, tel est l'ordre que nous voulons instaurer. Nous y consacrons nos forces.

Philippe Pétain, le 11 Juillet 1940.

LE SYSTÈME CONCENTRATIONNAIRE

Les camps de concentration, enfer minutieusement organisé, sont un fait majeur de la Seconde Guerre mondiale.

En 1940, la France voit s'ériger sur son sol un camp de concentration : celui du Struthof, en Alsace. Comme Dachau ou Buchenwald, c'est un camp « de la mort lente » où les déportés soumis à l'arbitraire des « kapos » subissent le travail forcé, les privations alimentaires, les brutalités et les épidémies. On y envoie les résistants et les communistes, repérables au triangle rouge des « politiques », des détenus de droit commun (triangle vert), des homosexuels (triangle rose), des témoins de Jéhovah (triangle violet) et des « asociaux » (triangle noir). Les « quartiers spéciaux » sont destinés aux Juifs et aux Tziganes. Pour mettre à exécution la Solution finale, six camps d'extermination sont créés en Pologne. Le plus important est celui d'Auschwitz, où 72 000 Juifs français seront déportés ; moins de trois mille en reviendront.

Je souhaite la victoire de l'Allemagne parce que, sans elle, le bolchevisme demain s'installerait partout.

Pierre Laval,
le 22 juin 1941.

républicain. Glorifiant le travail artisanal, se défiant des grandes villes et de l'industrie, le Maréchal invite au retour à la terre, qui, « elle, ne ment pas ». La souffrance des Français doit contribuer à leur rédemption, car, selon Pétain, la défaite est due au fait qu'« on a revendiqué plus qu'on n'a travaillé » et que « l'esprit de jouissance l'a emporté sur l'esprit de sacrifice », allusion claire à la politique menée par le Front populaire. Les instituteurs sont surveillés, les jeunes gens sont formés à l'école « rude et saine » des Chantiers de la jeunesse. Des corporations regroupent ouvriers et patronat, se substituant aux syndicats et soustrayant les employés aux tentations de la lutte des classes. Pour assurer le lien entre le gouvernement et l'opinion et promouvoir la révolution nationale, Pétain crée la Légion française des combattants. Celle-ci rassemble les vétérans de 14-18 et les mobilisés de 1940. Le programme de Vichy se fonde également sur une politique d'exclusion : il faut mettre les représentants de « l'Anti-France » hors d'état de nuire. Alors que les Allemands n'ont encore fait part d'aucune demande de ce type, un Statut des Juifs est adopté en octobre 1940. Comme les francs-maçons et les communistes, ceux-ci sont exclus de la fonction publique ; en outre, l'exercice d'un grand nombre de professions libérales et de postes à responsabilités leur est interdit.

VICHY ET LA FAMILLE

En quête d'appuis, Vichy recherche le soutien de l'Église catholique. La morale religieuse est restaurée, le catéchisme enseigné à l'école pendant les heures de classe. La famille, « cellule de la vie française », est exaltée dans ce qu'elle a de plus traditionnel. Le modèle est celui de la famille rurale, supposée saine, pratiquante et prolifique : les technocrates se préoccupent de la chute de la natalité, qui se poursuit depuis le début du siècle. Le régime avantage les pères de famille nombreuse, les célibataires étant contraints à accepter n'importe quel poste. Pour célébrer les mères, pourvu qu'elles aient de nombreux enfants et se consacrent à leur foyer, on instaure un jour de fête officiel, le dernier dimanche de mai.

La loi du 2 avril 1941 limite le divorce, interdit durant les trois premières années de mariage. Enfin, la loi de 1920, réprimant l'avortement, est appliquée dans toute sa rigueur : la dernière femme à être guillotinée en France est une « faiseuse d'anges ».

LA COLLABORATION D'ÉTAT

À Montoire, le 24 octobre 1940, le maréchal rencontre Hitler : leur poignée de main est aussitôt immortalisée par les photographes. Longtemps, une partie de l'opinion fera porter sur le seul Laval, que Pétain déteste, la responsabilité de la collaboration avec l'Allemagne. Pétain aime se présenter comme « un bouclier » contre les abus de l'Occupation. Laval, quant à lui, affirme bien haut sa volonté d'intégrer la France dans l'ordre nazi et de faire d'elle le brillant second du Reich dans l'Europe nouvelle. De fait, inlassablement, il propose une collaboration toujours plus étroite avec les nazis, devance les souhaits de Hitler pour en obtenir d'infimes avantages et maintenir une souveraineté fictive. D'ailleurs, les Allemands ne s'y trompent pas, qui exigent son rappel en avril 1942, alors que Pétain l'avait fait arrêter en décembre 1940. L'intermède assuré par l'amiral Darlan, aux commandes de février 1941 à avril 1942, ne change pas la donne. Quant aux fascistes français (Doriot, Déat) restés à Paris, ils se mettent au service de l'occupant par conviction, et critiquent la réserve supposée du régime pétainiste dont la collaboration prend pourtant de multiples formes. Économique, celle-ci passe par la livraison de produits agricoles et industriels. Culturelle, elle associe à la propagande allemande artistes et intellectuels. Administrative, elle fait coopérer les autorités des deux zones aux directives de l'occupant. Avec la caution du Maréchal, la police et l'administration françaises prennent ainsi une très large part à la déportation des Juifs étrangers, puis français. La collaboration concerne aussi les colonies : les autorités françaises ne

LES VICTOIRES DE L'AXE

Pendant que l'État français s'enfonce dans la collaboration, les forces de l'Axe ne cessent de gagner du terrain, et la guerre devient mondiale.

En Méditerranée, l'Italie a attaqué l'Égypte en septembre 1940, mais elle en est chassée par les Britanniques. Hitler envoie alors l'Afrikakorps de Rommel, qui repousse ces derniers, tandis que les Français libres prennent la Syrie (juin-juillet 1941). Dans les Balkans, Mussolini attaque la Grèce en décembre 1940, mais l'envoi d'un corps expéditionnaire britannique suscite l'intervention de Hitler. La Yougoslavie, qui avait refusé le passage aux Allemands, est envahie du 6 au 17 avril 1941. La guerre devient mondiale avec l'opération « Barbarossa », c'est-à-dire l'invasion de l'URSS, qui commence le 22 juin 1941 et amène la Wehrmacht à 25 kilomètres de Moscou, le 19 septembre. Staline galvanise alors toutes les énergies du pays, appelant à la « Grande Guerre patriotique ». C'est enfin le Japon qui contraint les États-Unis à entrer en guerre en bombardant leur flotte de Pearl Harbor, le 7 décembre 1941.

LA COLLABORATION PARISIENNE

En France, dans la zone occupée, qui couvre les deux tiers du pays, les Allemands exercent directement le pouvoir. À Paris, des partis issus des mouvements qui, même avant la guerre, admiraient le fascisme, rivalisent de servilité envers l'occupant : Parti populaire français de Doriot, Rassemblement national populaire de Déat, Parti franciste de Bucard. Grâce à leur presse, très virulente, ils ont une certaine audience, en dépit du faible nombre de leurs adhérents (quelques dizaines de milliers). *Je suis partout, Gringoire, le Pilori* appellent les Français à la haine raciale et à la délation. Dans leurs colonnes s'expriment des intellectuels, tels Pierre Drieu la Rochelle, Robert Brasillach, Céline, qui donnent une large place à la collaboration « mondaine » : exposition grandiose, en mai 1942, du sculpteur nazi Arno Breker ; voyages en Allemagne de vedettes de la chanson, du théâtre et du cinéma français.

résistent pas aux Japonais, alliés des Allemands, qui s'installent en Indochine en juillet 1941.

LA FRANCE SOUS LA BOTTE

Les territoires conquis par le IIIe Reich sont méthodiquement exploités selon deux principes : pillage économique et colonisation de « l'espace vital ». Toute la production des pays occupés, organisée par Speer, ministre de l'Armement et de la Production de guerre, est mise au service de l'Allemagne. Berlin perçoit des « indemnités » astronomiques au titre de l'entretien des troupes d'occupation, pratique les réquisitions (20 % des récoltes françaises) ou les exportations forcées, avec un taux de change très favorable au mark. En 1943, 40 % des besoins du Reich proviennent de ces « revenus spéciaux ». En France, c'est Bichelonne qui est chargé par le gouvernement de Vichy de superviser réquisitions et livraisons. Dans la zone libre comme dans la zone occupée, la pénurie règne. Pour les Français occupés, la question cruciale n'est pas « résister ou collaborer ? », mais « comment survivre ? ». Les tickets de ravitaillement sont instaurés dès 1940, la ration hebdomadaire de viande tombe à 360 grammes par personne en février 1941, et la ration quotidienne de pain, à 175 grammes en avril 1941. Commence alors le temps de la débrouillardise, le « système D » : on mange des rutabagas et des topinambours, on élève des lapins dans des garde-manger, on fait pousser des tomates sur les balcons, et éventuellement on recourt au marché noir. Les Français qui le peuvent s'y procurent des surplus sans tickets, à la campagne ou chez des commerçants complaisants. Cette activité parallèle désorganise les circuits commerciaux, qui ne peuvent même plus fournir les produits prévus par les services du ravitaillement. Les citadins les moins favorisés sont les premiers à en souffrir : leurs enfants connaissent la faim dès 1942. L'extrême dégradation des conditions de vie accélère le détachement des Français vis-à-vis de Vichy. S'ils gardent encore un certain respect pour Pétain, ils ne font plus confiance à un régime incapable de mettre un terme aux restrictions. Quand, en novembre 1942, les Allemands envahissent la zone libre, en réponse au débarquement allié en Algérie, la fiction de la souveraineté nationale s'effondre. Les premiers revers de l'Axe poussent aussi la majorité des Français à ne plus considérer le gouvernement de Vichy comme leur unique rempart.

LA RÉSISTANCE, UNE AVENTURE INCERTAINE

À contre-courant du fatalisme pétainiste, les résistants de la première heure ne sont qu'une infime minorité. Le refus de la défaite, l'humiliation entretenue par l'omniprésence des uniformes vert-de-gris amènent des hommes de tendances diverses, de la droite nationaliste à l'extrême gauche (même si les communistes ne s'engagent officiellement dans la lutte qu'à partir de la rupture du pacte germano-soviétique, en juin 1941), à « résister ». Une résistance passive s'exprime par le boycott des consignes de l'ennemi et par l'écoute discrète de la radio de Londres. De manière symbolique, quelque 3 000 étudiants bravent l'occupant en célébrant le 11 novembre 1940 à Paris. Progressivement, l'action secrète s'organise. Les premiers groupes, tel celui du Musée de l'Homme constitué à l'automne 1940, cherchent essentiellement à agir sur l'opinion publique, en dénonçant les mensonges de Vichy et la véritable nature de l'occupation allemande : des premiers graffitis et des tracts manuscrits, on passe à la mise sur pied d'une véritable presse clandestine. Dans ces premiers temps, où dominent l'éparpillement et l'improvisation, l'action armée se limite à des sabotages et à des attentats contre les nazis et les collaborateurs.

Outre-Manche, les Français de Londres qui prennent le nom de FFL (Forces françaises libres) ne sont encore qu'une poignée. Quelques centaines d'hommes répondent spontanément à l'appel du général de Gaulle (18 juin 1940). Les effectifs progressent cependant avec le ralliement progressif de l'empire colonial, notamment celui de l'Afrique-Équatoriale française à la fin août 1940. Mais la faiblesse de la France libre est encore flagrante : en septembre 1940, les troupes fidèles à Vichy repoussent une tentative de débarquement à Dakar. Surtout, Français de Londres et résistants de l'intérieur éprouvent de grandes difficultés à entrer en contact : les problèmes de communication sont réels, et la méconnaissance mutuelle, voire la méfiance réciproque, perdure. Ce n'est qu'en 1943 que, grâce à l'action de Jean Moulin, une réelle coordination peut voir le jour.

LE SAVIEZ-VOUS ?

Les produits vendus au marché noir atteignent des prix incroyablement élevés. En effet le kilo de beurre légalement vendu à 77 F se vend entre… 450 et 600 F.

Collaboration et résistance

France libre *versus* France occupée

UNE FEMME CONTRE LE NAZISME

Comme de nombreuses Françaises, Berthie Albrecht s'engage, dès 1940, de façon active dans la Résistance. Le 11 juin 1940, alors gestionnaire d'une usine, elle est repliée avec son entreprise à Vierzon, à proximité de la ligne de démarcation. Dans les mois qui suivent, cette femme exceptionnelle, fidèle à ses convictions communistes, multiplie les actes de résistance : elle organise le passage de la frontière, aide les prisonniers évadés, devient agent de renseignements. Le 31 décembre 1940, elle quitte Vierzon pour Lyon, en zone libre, et crée avec Henri Frenay le réseau clandestin Combat, qui se donne comme moyen d'expression le journal du même nom. Mais, si prudente soit-elle, son activité est bientôt connue par la police : elle est arrêtée le 26 mai 1943 à Mâcon. Transférée à la prison de Fresnes et torturée, elle meurt le 28 mai dans des circonstances inconnues.

Entre 1942 et 1944, tandis que le gouvernement de Vichy s'engage toujours plus loin dans la voie de la collaboration, la France libre participe à la défaite de l'Axe. Les Français, dont les conditions de vie se dégradent notablement, passent progressivement de la résignation, au lendemain de la défaite, à l'attente impatiente d'une prochaine libération.

Sans doute l'année 1942 est la plus « noire » de la guerre. Une victoire finale des Alliés semble peu envisageable tant l'avancée des forces de l'Axe paraît irrésistible : l'armée japonaise occupe les Philippines, la Malaisie, la Birmanie, l'Indonésie, une partie de la Nouvelle-Guinée, les archipels du Pacifique (Marianne, Guam, Salomon), Hongkong et Singapour. L'Inde et l'Australie sont désormais menacées. Sur le front de l'Est, la Wehrmacht reprend l'offensive en Russie, occupe la Crimée, et, en septembre 1942, entre dans les faubourgs de Stalingrad, sur la Volga. En Afrique, l'Afrikakorps de Rommel progresse vers Suez.

LE TOURNANT DE LA GUERRE

Face à l'Axe, les États-Unis de Roosevelt, le Royaume-Uni de Churchill et l'URSS de Staline forment la Grande Alliance en signant le 1er janvier 1942 la Déclaration des Nations unies. Mais les résultats sur le terrain se font attendre. Le 27 mars, un débarquement anglais échoue à Dieppe. Une autre action anglo-canadienne connaît le même sort à

Saint-Nazaire en août. Si ces opérations sont riches d'enseignements en vue de tentatives futures, elles démontrent le caractère inexpugnable des ports du littoral français et permettent à la propagande allemande de triompher. Quant à la population, elle subit, au sortir d'un hiver rigoureux, les bombardements alliés qui frappent les centres industriels ; celui de Boulogne-Billancourt, le 4 mars, prouve aux Parisiens que les côtes de la Manche ne sont plus la seule zone visée. Les frappes aériennes se font de plus en plus meurtrières avec la mise en service des « forteresses volantes », qui peuvent transporter 10 tonnes de bombes à 5 000 kilomètres ; elles feront 500 000 victimes en Allemagne pendant la durée de la guerre.

Le conflit s'éternisant, il n'est plus question de « *Blitzkrieg* » mais de guerre totale : chaque belligérant mobilise dans un effort de longue haleine tous ses moyens en hommes et en matériel. La recherche et l'industrie des Alliés sont totalement engagées dans la lutte : en janvier 1942, le *Victory Program* américain accélère la construction de navires ; le projet Manhattan vise à développer l'arme atomique. En Europe, l'Allemagne compte tirer le maximum de profit de la main-d'œuvre des pays occupés, ce qui contribue à alourdir le poids de l'occupation.

RÉPRESSION ET COLLABORATION

En zone occupée, les Allemands renforcent la surveillance et la répression. Auprès de chaque Kommandantur militaire est attachée une unité de la Gestapo (*Geheime Staats Polizei*, police secrète d'État) ; Reinhardt Heydrich se rend à Paris pour y installer le général SS Karl-Albrecht Oberg, responsable de la sécurité pour la France, qui signe un accord de coopération

PIERRE LAVAL

Ancien député socialiste d'Aubervilliers, Pierre Laval a glissé à droite dans l'entre-deux-guerres. Fin manœuvrier, l'ancien président du Conseil négocie la démission des Chambres le 10 juillet 1940.

Seul homme politique d'envergure proche du maréchal, considéré par celui-ci comme trop complaisant envers l'Allemagne, Laval est écarté du pouvoir dès le 13 décembre 1940 et même placé quelques jours en résidence surveillée. Rappelé sous la pression des Allemands en avril 1942, il succède à Darlan. Par anticommunisme, par haine de l'Angleterre, et surtout en suivant ce qu'il pense être du réalisme politique, il déclare souhaiter la victoire allemande. Laval donne d'importants gages de sa bonne volonté : il participe à la déportation des Juifs et dirige le combat contre la Résistance. L'expédient de la « Relève » ayant échoué, il met en place le STO. Vilipendé par les « ultras » de la collaboration (« Laval enjuivé »), Laval cherche à maintenir la France hors de la guerre alors que les Alliés débarquent le 6 juin 1944. Les Allemands l'assignent à résidence à Sigmaringen. Réfugié en Espagne, puis rapatrié en France, il est condamné à mort après un procès houleux, et fusillé en octobre 1945 à la prison de Fresnes.

Il y a un pacte vingt fois séculaire entre la grandeur de la France et la liberté du monde.

Discours prononcé par le général de Gaulle à la « Réunion des Français de Grande-Bretagne », à Londres, le 1er mars 1941.

avec René Bousquet, chef de la police de Vichy. Dans la zone dite « libre », la marge de manœuvre du gouvernement diminue : le 16 avril, Pétain est contraint de rappeler Laval. Dans un discours retentissant, le 22 juin, celui-ci affirme qu'il « souhaite la victoire de l'Allemagne ». La conséquence la plus visible de son retour aux affaires est l'envoi progressif en Allemagne de milliers de travailleurs français. Fritz Sauckel, le « négrier de l'Europe », réclame dès le mois de mai 1942 la réquisition de 250 000 hommes. Devant ces exigences, Laval met en place « la Relève », qui prétend faire revenir d'Allemagne un prisonnier français en échange de trois ouvriers. Mais les volontaires demeurent rares : loin de l'objectif fixé de 150 000 travailleurs, seuls 17 000 ouvriers répondent à l'appel. Le gouvernement français use alors de la contrainte : les lois de septembre 1942 puis de février 1943 instaurent le Service du travail obligatoire (STO), aussitôt dénoncé et combattu par la Résistance. Le renforcement de la collaboration se traduit aussi par l'aggravation du sort des Juifs : en zone occupée, les arrestations et les rafles se multiplient avec le concours de la police française. La plus dramatique est celle du Vel' d'Hiv : les 16 et 17 juillet 1942, 3 031 hommes, 5 802 femmes et 4 051 enfants sont arrêtés et parqués dans l'enceinte du Vélodrome d'Hiver, à Paris. 33 000 personnes sont ainsi déportées entre juillet et août, faisant de 1942 « l'année terrible » des Juifs de France avec 42 655 déportés, sur un total de 75 721 pour l'ensemble de la guerre.

LA MONTÉE EN PUISSANCE DE LA RÉSISTANCE

Plus que la réprobation devant la situation des Juifs, le refus du STO renforce les effectifs de la Résistance. Plusieurs milliers de réfractaires rejoignent l'action clandestine dans des maquis qui se structurent progressivement.

Les FTP (Franc-tireurs et partisans) communistes, créés début 1942, y jouent un rôle croissant. Les principaux mouvements en zone libre sont Combat, dirigé par Henri Frenay et Bertie Albrecht, Libération (Emmanuel d'Astier de La Vigerie) et Franc-Tireur (J.-P. Lévy). En zone occupée, de nombreux groupes de résistance politique ont rapidement été décapités, comme celui du Musée de l'Homme. La coloration politique de leurs successeurs est très diverse : Libération Nord, animé par Christian Pineau, comprend des syndicalistes, alors que CDL (Ceux de la Libération) et CDR (Ceux de la Résistance) sont formés de gens de droite, et que le Front national – présent dans les deux zones – est communiste. Ces mouvements renforcent leur coopération grâce notamment à l'action du colonel Passy, envoyé de Londres.

En janvier 1942, Jean Moulin – dit « Rex » ou « Max » – est chargé par de Gaulle de parachever l'unification des différentes tendances sous son unique autorité.

Progressivement, la France libre acquiert une reconnaissance aux yeux des Alliés. Les résistants apportent une aide précieuse au SOE anglais (*Special Operations Executives*). L'engagement des Forces françaises libres (FFL) sur les champs de bataille est également apprécié : Leclerc est ainsi vainqueur des Italiens à Koufra et les troupes de Koenig ralentissent l'avancée de Rommel à Bir Hakeim, en Libye, contribuant indirectement à la victoire décisive de Montgomery à El-Alamein en novembre 1942.

LE REFLUX

À partir de la fin 1942, les Alliés portent une série de coups d'arrêt à l'expansion des forces de l'Axe. Dans le Pacifique, les États-Unis remportent les batailles aéronavales de la mer de Corail et de Midway (juin) grâce à leurs porte-avions. L'avance japonaise est stoppée. À l'ouest, la bataille de l'Atlantique est gagnée grâce aux sonars et aux radars alliés. Un tiers de la flotte allemande est coulée en mai 1943, ce qui pousse l'amiral Doenitz à mettre fin à la guerre sous-marine. En Afrique du Nord, Rommel, battu par les Britanniques à El-Alamein, est menacé à l'ouest par le débarquement en Algérie et au Maroc (opération *Torch*) des Anglo-Américains. En mai 1943, Allemands et Italiens sont finalement chassés de Tunisie. Les forces franco-marocaines du général Juin participent en juillet au débarquement allié en Sicile. Mais les nouvelles les plus graves pour Hitler proviennent du front de l'Est : à Stalingrad, l'armée de von Paulus qui assiège la ville est encerclée par les Soviétiques et endure des souffrances inouïes lors de l'hiver. Malgré les ordres de Hitler, le maréchal allemand capitule le 2 février 1943. Les Russes stoppent en juillet 1943 une importante contre-offensive des chars nazis à Koursk. Les mois qui suivent voient s'amorcer le reflux allemand. L'Armée rouge entame une progression qui la mènera jusqu'à Berlin.

LA FIN DE L'ÉTAT FRANÇAIS

Le 11 novembre 1942, pour répondre au débarquement allié en Algérie, la Wehrmacht franchit la ligne de démarcation. Le même jour, les Italiens occupent la Corse. Refusant de tomber entre les mains des nazis comme de rallier la France libre, la flotte française se saborde à Toulon. Von Renthe-Finck, représentant de l'Allemagne à Vichy, devient le gardien du vieux maréchal, progressivement abandonné par ses partisans, dont certains choisissent opportunément le camp de la Résistance, tandis que

« ICI, LONDRES » : LA GUERRE DES ONDES

Arme des nazis comme des résistants, la propagande passe d'abord par la radio.

Dès le 18 juin 1940, la BBC donne la parole à la France libre ; elle diffuse chaque jour vingt bulletins en français, dont la célèbre émission « les Français parlent aux Français », dont la vedette est le chansonnier Pierre Dac. Maurice Schumann, quant à lui, rédige et anime l'« Éditorial de la France combattante ». De nombreux messages codés sont destinés aux résistants ; les Allemands tentent de brouiller toutes les émissions, et le fait de les écouter est passible de déportation.

Radio-Alger, Radio-Brazzaville seront, elles aussi, des voix de la France libre. En face, la collaboration parisienne s'exprime à Radio-Paris, dont la vedette est Jean Hérold-Paquis, qui se targue d'avoir porté l'uniforme des SS ; violemment antisémite, il surnomme de Gaulle « le général Micro, fourrier des Juifs ». Vichy dispose aussi de sa radio, où Philippe Henriot, milicien notoire, rend compte des activités du Maréchal. Il sera abattu par des résistants en 1944.

LE SAVIEZ-VOUS ?

Durant la guerre, les imprimeries fonctionnent au ralenti… En effet, la résistance doit faire face aux restrictions de papier et beaucoup de journaux sont imprimés dans la clandestinité.

d'autres, indociles, sont déportés en Allemagne, tels Borotra ou le colonel de La Rocque. Pourtant, alors que l'issue du conflit fait de moins en moins de doute et que Vichy a perdu les atouts qu'étaient la flotte et l'empire colonial, la politique de collaboration s'accélère : Laval décrète la mobilisation des classes 1940, 1941 et 1942 pour accroître la main-d'œuvre envoyée en Allemagne, le port tunisien de Bizerte est cédé à Hitler, le pillage de la production est organisé rationnellement par l'organisation Todt. La collaboration en matière de répression se renforce elle aussi. À partir de janvier 1944, la Milice se déploie en zone sud où elle contrôle la propagande, la police et les prisons. Fondée en 1943, cette organisation paramilitaire est un avatar du service d'ordre de la Légion des combattants, le SOL. À partir de ce moment, elle devient une véritable police parallèle aux excès redoutables et impunis, intégrée à l'appareil d'État avec la bénédiction du Maréchal, et luttant aux côtés de la Gestapo contre les « terroristes » de la Résistance. Elle est à l'origine du meurtre du responsable de la Ligue des droits de l'homme, Victor Basch, et de sa femme, âgés de plus de 80 ans ; c'est elle aussi qui, après le Débarquement, assassinera les anciens ministres Jean Zay et Georges Mandel. Le régime connaît ainsi une dérive extrémiste, motivée en partie par la crainte de la « subversion communiste » : cette dernière conduit certains Français à intégrer des unités de la Waffen-SS. En janvier 1944, les collaborateurs parisiens entrent

LA LIBÉRATION DE LA CORSE

En 1943, l'île de Beauté a été le premier territoire libéré de la métropole. Épargnée par l'Occupation jusqu'en 1943, la Corse est occupée par les Italiens en novembre 1942. Lorsque le 8 septembre 1943, les Alliés débarquent en Italie, le Front national, mouvement de résistance communiste, lance une insurrection. Mal renseigné, le général Giraud, prétendant américain à Alger, leur fait passer des armes. Les Italiens se battent peu, mais les résistants peuvent en découdre avec les troupes allemandes d'Italie qui se replient *via* la Corse de leurs postes de Sardaigne ou de Sicile. Le 24 septembre, les partisans s'emparent de Bastia et libèrent l'île, où ils prétendent instaurer un pouvoir communiste, exercé par des comités populaires. Ce précédent renforce la crainte de tous ceux qui pensent que la Libération sera propice à une prise de pouvoir bolchevique, et discrédite Giraud auprès des Américains.

au gouvernement : Darnand, chef de la Milice, devient secrétaire d'État au Maintien de l'ordre ; Philippe Henriot devient secrétaire d'État à l'Information ; en mars, Marcel Déat est ministre du Travail ; Jacques Doriot, « le Führer français », fait aussi partie du gouvernement. Ils appelleront les Français à la neutralité lors du débarquement américain et partiront dans les fourgons de l'occupant.

LA FRANCE LIBRE SUR LA VOIE DE L'UNIFICATION

La Résistance, quant à elle, a surmonté ses divisions. À l'intérieur, les mouvements s'unissent pour constituer le Conseil national de la Résistance (CNR), qui se réunit pour la première fois le 27 mai 1943 sous la présidence de Jean Moulin. Y participent les représentants des mouvements, ainsi que des délégués des anciens partis de la gauche et du centre et de différents syndicats, reconstitués dans la clandestinité. Après l'arrestation et la mort de Jean Moulin, en juin 1943, le CNR est présidé par un démocrate-chrétien, Georges Bidault. Sous son égide, il parviendra même à publier en mars 1944 un programme d'action pour l'après-guerre.

À l'extérieur, de Gaulle a fort à faire pour imposer son autorité. Les Américains le soupçonnent de sympathies communistes et cherchent à trouver des interlocuteurs plus malléables. À Alger, ils approchent successivement l'amiral Darlan, qui tente de prendre ses distances avec Vichy, et le général Giraud, évadé d'Allemagne. Le 24 décembre 1942, Darlan est assassiné par un jeune royaliste, ce qui lève l'équivoque. Reste Giraud, qui refuse de rompre avec la législation vichyssoise : il refuse ainsi de rendre aux Juifs d'Afrique du Nord la nationalité française et maintient en détention les élus communistes. De son côté, de Gaulle bénéficie de l'appui des troupes de Leclerc, pièce maîtresse des Forces françaises libres, et, surtout, de ses liens avec la résistance intérieure. Convoqué avec Giraud à la conférence d'Anfa, près de Tunis, il accepte de s'entendre avec ce dernier, sans rien céder sur les principes. Grâce à la médiation de Jean Monnet, de Gaulle gagne Alger, où est fondé, le 3 juin 1943, le Comité français de libération nationale (CFLN), véritable gouvernement de la France libre. Le 3 novembre, une assemblée se réunit pour décider des institutions de la France républicaine à reconstruire. Giraud s'efface, des représentants du parti communiste entrent au CFLN en avril 1944. En juin 1944, le CFLN devient le GPRF, Gouvernement provisoire de la République française.

Ami entends-tu
Le vol noir des corbeaux
Sur nos plaines.
Ami entends-tu
Les cris sourds du pays
Qu'on enchaîne
[...].

Le Chant des partisans.

La Libération

Des soulèvements français à la reddition allemande

LES CIVILS SOUS LES BOMBES

Violences et exactions de toutes sortes pèsent sur les populations des pays occupés, mais les civils allemands paient aussi un lourd tribut.

La bataille de Normandie a pour corollaire la destruction de nombreuses villes : Caen, Saint-Lô, Le Havre, Rouen sont les cibles de l'aviation ou de l'artillerie alliées. Les victimes civiles de ces bombardements se comptent par milliers au cours de l'été 1944. Les exactions allemandes se multiplient. La division blindée *Das Reich* massacre toute la population d'Oradour-sur-Glane, le 10 juin 1944 : les hommes sont fusillés dans des granges, les femmes et les enfants brûlés vifs dans l'église. 642 personnes sont tuées. L'Allemagne n'est pas épargnée : les 13 et 14 février 1945, la RAF largue 1 500 tonnes de bombes explosives et 1 000 tonnes de bombes incendiaires sur Dresde – qui n'a pourtant aucun intérêt stratégique – faisant 35 000 morts.

Reprenant l'initiative, les Alliés repoussent les forces de l'Axe. Chassée d'Afrique en mai 1943, la Wehrmacht doit lutter en Europe sur deux fronts à partir de juin 1944 : l'Allemagne est acculée à la défaite en moins d'un an. Libérée, la France connaît l'ivresse de la victoire et commence à mesurer l'ampleur de la tâche de reconstruction.

Lors de la conférence de Téhéran, fin novembre 1943, les Alliés modifient leurs projets et abandonnent la stratégie « périphérique » chère à Churchill en décidant d'ouvrir un nouveau front en Europe occidentale. Les applications de la tactique du débarquement amphibie prennent en Normandie puis en Provence une ampleur inégalée.

OPÉRATION « OVERLORD »

Le 4 juin 1944, les Alliés libèrent Rome grâce à la percée des troupes françaises du général Juin sur le Garigliano. La progression dans la péninsule est extrêmement lente. Mais deux jours plus tard, à l'aube du 6 juin, a lieu sur la côte normande un gigantesque débarquement mobilisant 722 navires de guerre et 4 200 péniches. Bénéficiant d'une totale maîtrise de l'air, Britanniques et Canadiens prennent pied sur Gold, Juno et Sword Beach, entre Arromanches et Merville. Plus à l'ouest, si les opérations se déroulent à peu près sans accrocs à Utah Beach dans le Cotentin, les GI affrontent un déluge de feu sur « Omaha la sanglante » devant Saint-Laurent-sur-Mer. Le soir venu, 176 000 hommes ont débarqué. Moins de 5 000 sont tombés sur les plages, ce qui est bien inférieur aux prévisions les plus optimistes. Le parachutage nocturne de la 6e division britannique et des 82e et 101e divisions américaines, le pilonnage des défenses côtières ont facilité la submersion du premier échelon ennemi. Abusés par le contre-espionnage allié, les Allemands continuent à attendre un débarquement dans le Pas-de-Calais. Hitler paie aussi sa trop grande confiance en l'invulnérabilité du « mur de l'Atlantique », constitué de 12 000 ouvrages bétonnés. En outre, son état-major est divisé quant à la stratégie à adopter : le général von Rundstedt veut attirer l'ennemi à l'intérieur des terres pour mieux le détruire ; Rommel préconise de livrer bataille sur les côtes. Sûr de son génie militaire, Hitler prend des décisions incohérentes, que son entourage n'ose pas contester.

LA SECONDE CAMPAGNE DE FRANCE

Le 10 juin, la tête de pont alliée s'étale sur 56 kilomètres de large et 15 de profondeur. Première ville française libérée, Bayeux acclame le général de Gaulle le 14 juin. Immédiatement, ce dernier s'attache à restaurer la légalité républicaine : sur les pas des libérateurs, une administration civile française succède sans heurts notables aux fonctionnaires de Vichy. Le pays est ainsi préservé d'une occupation militaire anglo-américaine, condition essentielle aux yeux du chef de la France libre pour figurer parmi les vainqueurs et retrouver son rang.

L'heure reste cependant aux opérations militaires. La logistique alliée s'appuie sur la construction de ports artificiels, d'où débarquent 30 000 hommes par jour. Quatre oléoducs sous-marins acheminent le carburant depuis la Grande-Bretagne. Les Allemands s'accrochent au bocage, propice à la défensive : la bataille de Normandie est meurtrière pour l'infanterie. Avec l'appui de la Résistance et grâce à la supériorité aérienne alliée, Carentan et Cherbourg sont pourtant libérées avant la fin juin. Un mois plus tard, la percée des blindés du général Patton à Avranches débloque la situation : les Américains foncent vers le Sud et la Bretagne, puis remontent la Loire tandis qu'Anglais et Canadiens longent le littoral de la Manche. À la nouvelle de cette avancée, Paris se soulève le 19 août. Le général Leclerc, à la tête de la 2e division blindée, reçoit la reddition allemande dans une indescriptible liesse populaire. Pendant ce temps, les Anglo-Canadiens pénètrent en Belgique et libèrent Anvers le 6 septembre.

OPÉRATION « ANVIL DRAGOON »

Le 15 août, un second débarquement a lieu sur les côtes de Provence, entre Cavalaire et Agay. L'opération « Anvil Dragoon » regroupe 300 000 Français,

Paris ! Paris outragé ! Paris brisé ! Paris martyrisé ! mais Paris libéré !

Le général de Gaulle, le 25 août 1944.

Sur la santé revenue
Sur le risque disparu
Sur l'espoir sans souvenir
J'écris ton nom
Et par le pouvoir d'un mot
Je recommence ma vie
Je suis né pour te connaître
Pour te nommer
Liberté.

Paul Éluard.

100 000 Américains, 2 000 bateaux et autant d'avions. La surprise est totale : au soir du 15, deux têtes de pont sont établies de part et d'autre de la vallée de l'Argens, au prix de pertes limitées (320 morts). Le 16, Fréjus et Saint-Raphaël tombent ; dès le 17, les Américains franchissent les Maures et l'Estérel et se dirigent vers Grenoble. Après de brefs mais durs combats, les Français libèrent Toulon et Marseille, remontent la vallée du Rhône et atteignent Lyon le 3 septembre 1944, avec soixante-dix jours d'avance sur les prévisions. Le 12, le général de Lattre fait sa jonction en Bourgogne avec les armées venues de Normandie. Les Forces françaises de l'intérieur (FFI) prennent part à la libération. Dès l'annonce du débarquement, sabotages et harcèlements se multiplient. Cette guérilla exaspère l'occupant : les représailles sauvages d'Oradour-sur-Glane, les pendaisons de Tulle ou la réduction sanglante du maquis du Vercors en témoignent. En Bretagne, les maquisards libèrent de nombreuses localités avant l'arrivée des Américains et assurent des missions de garde ou de « nettoyage ». Le reflux allemand se poursuit. Le 15 septembre 1944, seules l'Alsace-Lorraine et quelques poches sur l'Atlantique – Lorient, Saint-Nazaire, La Rochelle, Royan – sont encore occupées. Les Alliés marquent le pas car leurs lignes de ravitaillement s'étirent. Ils prennent cependant Metz et Strasbourg au mois de novembre.

Jusqu'au bout, Hitler refuse de reconnaître le caractère inéluctable de la défaite : adolescents et hommes âgés

V1 ET V2

En juin 1944, les premières bombes volantes touchent Londres. Leur puissance et leur souffle tuent 1 600 personnes en deux semaines.

Le V1, ou *Vergeltungswaffen*, ressemble à un petit avion à ailes courtes. Propulsé par un réacteur il atteint 600 km/h et vole à basse altitude, ce qui en fait une proie facile pour l'aviation de chasse ou l'artillerie antiaérienne. Les Allemands essaient de paralyser les approvisionnements alliés et envoient 5 700 V1 contre le port d'Anvers de novembre 1944 à mars 1945 : l'opération n'obtient aucun succès de nature à entraver le trafic maritime. En revanche, il n'existe pas de parade à la nouvelle arme allemande lancée le 8 septembre : la fusée V2 porte une tonne d'explosifs dans son ogive et vole à 5 000 km/h. Cette rapidité empêche toute alerte. Mais ces progrès technologiques sont trop tardifs pour sauver le Reich du désastre.

sont enrôlés dans la Wehrmacht, tandis qu'il évoque de mystérieuses « armes nouvelles » susceptibles de modifier le cours du conflit. Le 16 décembre 1944, il lance sa dernière grande offensive dans les Ardennes, visant à tronçonner les forces alliées et à atteindre le port d'Anvers. Les mauvaises conditions météorologiques interdisent à l'aviation américaine de voler et 8 divisions alliées sont surprises par 29 divisions allemandes, dont 12 blindées. La résistance héroïque des Américains à Bastogne, la promptitude de la contre-attaque alliée, l'objectif trop ambitieux de l'offensive et le défaut de réserves allemandes font échouer l'opération. À la mi-janvier, les Alliés l'emportent au prix de 75 000 tués, blessés et prisonniers. Pendant que les Occidentaux piétinent, l'Armée rouge poursuit son inexorable marche à l'est.

OPÉRATION « FORTITUDE »

Afin de surprendre et de paralyser la défense allemande, les Alliés mettent au point une spectaculaire opération de duperie.

Tout est mis en œuvre pour faire croire à l'état-major suprême de la Wehrmacht que les Alliés s'apprêtent à débarquer sur les côtes du Pas-de-Calais. L'OKW (commandement en chef des forces allemandes) dispose ainsi le gros de ses forces loin du théâtre d'opérations choisi, et les Alliés entretiennent la confusion : jusqu'au 4 juin, les bombardements sont plus nombreux au nord qu'au sud de la Seine. Le général Patton commande une armée fantôme, composée de chars en baudruche, stationnée face à Boulogne ; le Ier groupe d'armées américain et la XIIe armée britannique, censés manœuvrer dans le Yorkshire et le Norfolk, n'existent pas ! Cette intoxication audacieuse réussit au-delà des espérances du général Eisenhower : jusqu'à la fin juin, les Allemands restent fermement convaincus que les opérations menées en Normandie ne sont qu'une diversion à une puissante offensive ennemie vers le nord de la France.

La guerre touche à présent le territoire du Reich. Les Américains franchissent le Rhin à Remagen, le 7 mars 1945. Les bombardements aériens paralysent le trafic ferroviaire allemand, détruisent les usines et terrorisent les populations civiles. Les Français descendent vers la Bavière et les Américains atteignent l'Elbe : le 25 avril 1945, ils font leur jonction avec les Soviétiques à Torgau. Le même jour, Berlin est encerclée par l'Armée rouge. Le 30 avril 1945, alors que les soldats soviétiques campent à quelques centaines de mètres du bunker de la chancellerie, Hitler se suicide. Berlin tombe deux jours plus tard. La capitulation sans conditions du Reich est signée le 7 mai à Reims par le général Jodl et le 8 mai à Berlin par le maréchal Keitel. « Dans toute notre histoire, déclare alors Winston Churchill, nous n'avons jamais connu un aussi grand jour que celui-ci. »

Le bilan de la guerre

Réorganiser le monde, réorganiser la France, réorganiser la vie

DE GAULLE ET YALTA

Le général de Gaulle, ulcéré de n'être pas convié à Yalta, exprime ses réserves quant à l'avenir des relations internationales.

Le chef de la France libre évoque la rencontre dès le 21 janvier 1945 : « Figurez-vous que nous avons entendu dire qu'il y aurait une réunion de plusieurs chefs de gouvernement [...]. La France n'est pas invitée à participer à cette réunion. » Dans *le Salut*, troisième volume de ses *Mémoires de guerre*, publié en 1959, il ajoute : « Quoi que MM. Roosevelt, Staline et Churchill pussent décider à propos de l'Allemagne et de l'Italie, ils seraient, pour l'appliquer, amenés à demander l'accord du général de Gaulle. Quant à la Vistule, au Danube, aux Balkans, l'Amérique et l'Angleterre les abandonneraient sans doute à la discrétion des Soviets. Mais alors le monde constaterait qu'il y avait corrélation entre l'absence de la France et le nouveau déchirement de l'Europe. »

L'extension géographique du conflit et l'utilisation d'armements sophistiqués, à la puissance destructrice accrue, font de la Seconde Guerre mondiale la plus meurtrière de l'histoire. Celle-ci donne naissance à un monde nouveau. La guerre a mis fin à un ordre international européen vieux de plusieurs siècles, laissant la place à un système bipolaire où deux « superpuissances » que tout oppose s'affrontent désormais.

Au moins cinquante millions d'hommes sont morts entre 1939 et 1945, chiffre cinq fois supérieur à celui de la Grande Guerre – considérée pourtant comme une tuerie exceptionnelle – auquel il faut ajouter un nombre très important de blessés. La guerre a une fois de plus bouleversé l'Europe. Prolongée de manière inégale en Méditerranée, en Asie du Sud-Est et en Océanie, elle a épargné en revanche le continent américain ainsi que la majeure partie de l'Afrique.

LA NOUVELLE DONNE

Au début de 1945, alors que le gouvernement provisoire de la République française célèbre la libération du territoire, la guerre n'est pas finie ; des Français continuent à se battre en Allemagne, le Japon ne capitulera qu'en septembre, la guerre civile fait rage en Chine. À Yalta, du 4 au 11 février 1945, Roosevelt et Churchill rencontrent Staline. Il ne s'agit pas d'un « partage du monde ». L'Europe est en ruines, ses anciennes puissances sont déjà à genoux, à la merci des géants américain et soviétique. Les Alliés prennent un certain nombre de décisions : ils coordonnent les opérations militaires pour venir à bout du Reich, prévoient l'organisation d'élections libres en Pologne – ce qui sera par la suite allègrement bafoué par les Soviétiques – et le châtiment des criminels de guerre. En fait, Staline, qui est en position de force du fait de l'avancée de l'Armée rouge, se préoccupe surtout de se constituer un glacis défensif à l'ouest. Roosevelt, quant à lui, se soucie de la future Organisation des Nations unies ; il souhaite aussi obtenir l'entrée en guerre de l'URSS contre le Japon. Grâce à Churchill, la France est imposée au sein du futur Directoire européen souhaité par Roosevelt.

Les Grands se rencontrent une nouvelle fois à Potsdam, du 17 juillet au 2 août 1945. La conférence se déroule aux environs de Berlin, après la capitulation de l'Allemagne, dans une ambiance tendue. Churchill, battu aux élections, est remplacé au cours des entretiens par le travailliste Clément Attlee. Harry Truman représente les États-Unis après la mort de Roosevelt le 12 avril 1945. Les participants décident du montant et de la répartition des réparations dont l'Allemagne, dénazifiée et décartellisée, devra s'acquitter ; celle-ci est partagée, de même que Berlin située au cœur de la zone soviétique, en quatre secteurs d'occupation administrés par les Alliés, dont la France. Si ces mesures contribuent à organiser l'immédiate après-guerre, les plaies ouvertes par le conflit restent béantes.

UN DRAME HUMAIN

Pour la première fois, les civils sont plus touchés que les militaires : 75 % des victimes sont des non-combattants. Déportations, massacres délibérés, bombardements et épidémies causent d'effroyables pertes.

Entre 5 100 000 et 5 400 000 Juifs ont été exterminés durant la guerre ; plus de 200 000 tziganes ont été assassinés ; la plupart ont péri dans les camps de la mort. L'URSS compte près de 26 millions de victimes. Les Allemands ont eu 6 millions de tués, dont au moins 2 millions de civils. Environ 540 000 Français sont morts, dont plus de 300 000 civils. En comparaison, les États-Unis sont beaucoup moins touchés avec les plus faibles pertes de tous les belligérants : un peu plus de 300 000 hommes, soit 0,2 % de la population. Les privations imposées par un rationnement généralisé multiplient les cas de tuberculose ou de rachitisme chez les enfants. Autrement marqués dans leur corps et leur esprit sont les rescapés des stalags, des oflags, des camps de prisonniers et, surtout, des camps de concentration. Le conflit a en outre provoqué le déplacement de trente millions d'Européens.

Et je suis revenue
Ainsi vous ne saviez pas,
vous,
qu'on revient de là-bas
On revient de là-bas
et même de plus loin [...].

Charlotte Delbo, *Une connaissance Inutile.*

HIROSHIMA ET NAGASAKI

Les bombardements atomiques des villes japonaises font entrer l'humanité dans l'ère de la peur nucléaire.

Si la guerre s'achève en mai 1945 en Europe, elle s'éternise en Asie-Pacifique. Échaudés par les combats sanglants d'Okinawa et d'Iwo Jima, les Américains veulent à tout prix éviter un débarquement au Japon : ils évaluent les pertes potentielles à un million d'hommes. Justifiant son choix par le souci d'économiser des vies, le président Truman décide de l'emploi de l'arme atomique. Un premier essai couronné de succès a eu lieu le 16 juillet 1945 à Alamogordo. Le 6 août 1945, à 8 h 15, le bombardier *Enola Gay* largue sur la ville d'Hiroshima une bombe atomique, baptisée ironiquement *Little Boy* : elle tue immédiatement 75 000 Japonais. Le 9 août, une seconde bombe frappe Nagasaki. En décembre 1945, au moins 190 000 personnes ont déjà succombé, mortes sur le coup ou décédées des suites de l'irradiation. L'opinion publique est stupéfaite devant l'étendue des ravages, même si la satisfaction de voir se finir la guerre l'emporte chez les commentateurs. Beaucoup plus critique, Albert Camus lance dans les colonnes du journal *Combat* : « La civilisation mécanique vient de parvenir à son dernier degré de sauvagerie. »

RUINES, DESTRUCTIONS ET ÉCONOMIES EFFONDRÉES

Les progrès des armes à long rayon d'action telles que l'aviation, les fusées ou les roquettes, ont infligé des dommages bien au-delà des lignes de front. Bombardés jour et nuit, certains ports et villes de France ont payé cher les combats libérateurs : Rouen, Le Havre, Saint-Lô, Caen, Brest, Dunkerque, Toulon sont détruits à 80 %. Les infrastructures – ports, canaux, ponts, tunnels, routes, voies ferrées et installations électriques – sont endommagées par les bombardements et les sabotages : le réseau ferroviaire français a ainsi perdu 4 900 kilomètres, 14 500 de ses 17 500 locomotives.

La guerre a mobilisé tout l'appareil productif, qui doit se reconvertir d'urgence. Les objets de première nécessité, les produits alimentaires manquent ou ne peuvent être acheminés vers les villes, faute de moyens de transport. La France a versé plus de 700 milliards de francs à l'Allemagne au titre des frais d'occupation et ses prix de détail ont triplé, voire quadruplé, depuis 1939.

La guerre a donc fait chuter le niveau de vie des populations. Cette baisse est néanmoins très inégale : la Pologne ou l'Allemagne sont ravagées, tandis que les États-Unis et le Canada, préservés des destructions, sortent de la guerre plus prospères qu'ils n'y étaient entrés. Les fabriques d'armements y ont totalement résorbé le chômage issu de la crise de 1929.

L'économie française cumule les handicaps : le coût de la reconstruction est estimé à 4 900 milliards en 1946, soit plus de deux années du revenu national de 1939 ; 3 millions d'hectares de terres cultivées ont été ravagés ou abandonnés ; les tensions sociales entre citadins affamés et ruraux relativement favorisés, entre « profiteurs » et petites gens aiguisent aigreur et ressentiments. De nombreux Français ne comprennent pas pourquoi le retour de la paix n'est pas accompagné de celui de l'abondance. Encore la France est-elle relativement privilégiée par rapport à certains États.

LES TRIBUNAUX DE L'HISTOIRE

Après des années de souffrances sous la botte, les pays libérés font l'objet d'une épuration qui prend souvent dans un premier temps un caractère incontrôlé, surtout en l'absence d'unités régulières. En France, c'est le cas dans les régions méridionales : ainsi à Nîmes, des « tribunaux populaires » condamnent de manière expéditive les collaborateurs réels ou supposés sur la foi de dénonciations. Un peu partout en France, certains « résistants de la dernière heure » s'offrent des brevets de patriotisme en tondant les femmes qui ont fréquenté les occupants. Le Gouvernement provisoire tente de prendre le contrôle de ces défoulements incontrôlés, en organisant une épuration légale.

La transgression de règles morales que tous croyaient intangibles mine un peu plus la civilisation européenne encore traumatisée par le souvenir de 1914-1918. Cette dernière découvre, lorsque les armées alliées libèrent les camps de la mort, l'ampleur des atrocités perpétrées par les nazis. Dès 1941, alors que les Allemands n'avaient pas encore programmé la « solution finale », les Alliés avaient manifesté l'intention de juger les responsables hitlériens coupables de massacres en Pologne et en Russie. En octobre 1942, une commission d'enquête interalliée sur les crimes de guerre est formée, avant que ne soit décidée un an plus tard, à Moscou, la création d'un Tribunal militaire international. Vingt-deux responsables politiques, militaires et économiques du Reich comparaissent au procès de Nuremberg en novembre 1945, sous trois chefs d'inculpation : crimes contre la paix (préparation et direction d'une guerre d'agression), crimes de guerre (violation des lois de guerre) et crime contre l'humanité (génocide). Ce dernier est une innovation en droit international, promise à un bel avenir... Douze condamnations à mort, sept peines de prison à perpétuité ou à temps et trois acquittements sont prononcés. Hormis Göring, qui se suicide, et Bormann, en fuite, condamné par contumace, les condamnés à mort sont pendus le 16 octobre 1946. Le Japon voit également s'ouvrir un procès à Tokyo en avril 1946, à l'issue duquel le général Tojo et six autres accusés sont exécutés.

Si, pour l'opinion publique internationale, les bombardements atomiques de Hiroshima et de Nagasaki ne tombent pas – ou pas encore – sous le coup d'une accusation criminelle, leur bien-fondé interroge certains contemporains. La science a contribué

LE PROCÈS DE NUREMBERG

Le premier tribunal pénal international condamne les principaux hiérarques nazis à diverses peines.

« Le châtiment de ces crimes doit être un des objectifs de cette guerre », déclare Churchill le 25 octobre 1941. L'idée d'un procès est acquise, pour lequel il faut établir une procédure et des chefs d'inculpation. Si les crimes contre la paix et les crimes de guerre existent déjà en droit international, le « crime contre l'humanité » est une nouveauté : imprescriptible, il recouvre les persécutions raciales d'avant 1939. Pour Edgar Faure, membre de la délégation française du ministère public, ce procès marque « un élargissement de la conscience collective de l'humanité ». Outre les condamnations de personnes, le tribunal interdit les organisations nazies – NSDAP, SS, SD, Gestapo. Trois prévenus sont acquittés : Franz von Papen, le financier Schacht, Fritsch. Le choix de la ville est symbolique : Nuremberg fut le principal théâtre des manifestations du nazisme triomphant.

La Charte des Nations unies que vous venez de signer constitue une base solide sur laquelle nous pourrons édifier un monde meilleur.

Harry Truman.

LA CHARTE DE SAN FRANCISCO

Pour « préserver les générations futures du fléau de la guerre », la Charte du 26 juin 1945 fonde une organisation d'un type nouveau.

Document long et complexe, la Charte des Nations unies, inspirée de la charte de l'Atlantique, fixe les nouveaux principes d'organisation de la société internationale, crée les différentes institutions de l'ONU (Assemblée générale, Conseil de sécurité) et établit les procédures à suivre en vue du « règlement pacifique des différends » ou « en cas de menace contre la paix, de rupture de la paix et d'acte d'agression ». La coopération économique et sociale constitue un autre grand volet d'action prévu par la Charte de l'ONU. Cette dernière innove avec l'adoption du principe de vote majoritaire : la SDN prenait ses décisions à l'unanimité, procédure lourde qui restreignait le nombre de résolutions adoptées. Enfin, un droit de veto est accordé aux pays membres permanents du Conseil de sécurité : États-Unis, France, Royaume-Uni, URSS et Chine.

de manière décisive à l'accroissement du potentiel de destruction : Einstein, qui avait attiré l'attention de Roosevelt sur les dangers de la recherche nucléaire allemande, en est bouleversé et s'investit dans le combat pacifiste. Il est vrai qu'avec l'apparition de la menace atomique, jamais le recours à la guerre n'a semblé impliquer autant de dangers pour les populations.

UNE NOUVELLE GÉOPOLITIQUE

Avec 35 millions de morts, l'Europe, exsangue, est en déclin. Couverte de ruines, elle doit renoncer à sa primauté économique ; la Grande-Bretagne, pourtant auréolée de sa résistance glorieuse et dont les armées occupent le Reich, est devenue débitrice des États-Unis ; si la France appartient au camp des vainqueurs, sa dure défaite de 1940 et le discrédit de Vichy lui occasionnent une perte de prestige dont elle a beaucoup de mal à se relever.
Le recul de la France et de la Grande-Bretagne devant les Japonais leur ont fait perdre la face en Extrême-Orient. Les peuples colonisés fournissent un réservoir d'hommes très important au cours de la libération : l'armée française de 1944 est surtout constituée des populations de l'Afrique du Nord. Discrètement soutenues par les Américains et les Soviétiques, les colonies affichent un net désir de réformes politiques internes. Le jour de la capitula-

tion allemande, des émeutes très violemment réprimées éclatent en Algérie à Sétif, dans le Constantinois ; à la nouvelle de la défaite japonaise, Hô Chi Minh proclame l'indépendance du Viêt Nam.

Le Vieux Continent est dépassé par le jeu des forces qui l'occupent et le divisent : les Soviétiques installent en Europe de l'Est des gouvernements communistes étroitement inféodés à Moscou. Attirée par les États-Unis, la partie occidentale renoue avec ses traditions démocratiques et l'économie libérale. La guerre a mis fin à un ordre international européen vieux de plusieurs siècles, laissant la place à un système bipolaire où deux « superpuissances », aux ressources inépuisables, aux modèles idéologiques et économiques radicalement opposés et aux réseaux d'alliances parallèles, s'affrontent désormais.

Les États-Unis contrôlent les trois quarts de l'or mondial et occupent le premier rang planétaire dans tous les secteurs de la production ; à Bretton Woods, dès juillet 1944, ils ont réorganisé à leur profit le système financier international, et ne tarderont pas à contrôler le Fonds monétaire international (FMI) et la Banque mondiale. Durant plusieurs années, soutenus par les nations qu'ils ont libérées, où leur prestige est immense, les États-Unis jouissent d'une large majorité à l'Organisation des Nations unies (ONU). Ils sont aussi les seuls à posséder la bombe atomique, qui leur donne une suprématie militaire incontestée. La France, libérée par les GI's, ravitaillée par les navires américains, fascinée par le be bop, le chewing-gum et les bas Nylon, ne peut échapper à l'attraction atlantiste. L'URSS, ruinée, qui doit en partie sa victoire à l'aide américaine, fait pâle figure en comparaison, mais elle est la seule puissance continentale à avoir résisté aux nazis. Le communisme a le vent en poupe : grâce à son activisme au sein de la résistance, le « parti des fusillés » rallie plus d'un quart des Français en 1945.

LA SÉCURITÉ COLLECTIVE

La guerre a consacré l'impuissance de la Société des Nations (SDN). En juin 1945, la France fait partie des 53 États qui signent la Charte de l'Organisation des Nations unies pour « maintenir la paix et la sécurité mondiales » et résoudre « les problèmes internationaux d'ordre économique, social, intellectuel ou humanitaire, en développant et en encourageant le respect des droits de l'homme ». Née de la guerre, l'ONU doit ainsi s'efforcer de conjurer celle-ci pour prévenir un nouveau déchaînement de violence.

Les débuts de la IVe république

Un entrée difficile et une fin précoce...

LA RECETTE « PINAY CONFIANCE »

Au tournant de 1950, Antoine Pinay symbolise le retour en grâce républicaine de la droite classique. Notable de la Loire ayant voté les pleins pouvoirs à Pétain en 1940, il accepte les responsabilités gouvernementales dans une conjoncture intérieure difficile. Atlantiste et pro-européen, il anime le Centre national des indépendants et paysans (CNIP). Son anticommunisme, son libéralisme modéré, son discours efficace (« De l'or qui rapporte ») et son statut de chef d'entreprise inspirent confiance. Antoine Pinay rétablit les comptes de la nation en 1952, s'assurant ainsi une solide réputation de rigueur financière. Pinay est le président du Conseil le plus populaire de la IVe République, avec Pierre Mendès France. Il exerce une dernière responsabilité ministérielle sous de Gaulle entre 1958 et 1960, puis distille des conseils économiques avisés aux Premiers ministres de droite comme de gauche jusque dans les années 1990.

La IVe République naît officiellement en octobre 1946. Moins de douze ans plus tard, le régime disparaît sans résister, victime de ses contradictions internes et de ses faiblesses externes. Éphémère, la IVe République est pourtant une période charnière, fille de la guerre et mère de l'expansion des années 1960.

D'abord entravé par les conséquences de la guerre, le nouveau régime surmonte les tensions nationales et internationales jusqu'au début des années 1950. Fondé le 3 juin 1944, le Gouvernement provisoire de la République française (GPRF) est présidé par de Gaulle jusqu'au début de l'année 1946. Celui-ci a fait la synthèse des courants engagés contre l'occupant et Vichy, et réunit les grandes figures issues des vieux partis républicains et du refus de la défaite : Jean-Marcel Jeanneney, Pierre Mendès France, René Pleven, Robert Lacoste, Georges Bidault, Charles Tillon... Pendant deux ans, le gouvernement provisoire gère la sortie de guerre en engageant les batailles militaires et politiques de la Libération.

LA BATAILLE DE LA SOUVERAINETÉ NATIONALE

En mai 1945, la France reçoit la capitulation allemande aux côtés des Alliés. De Gaulle a refusé l'administration directe alliée (AMGOT). Dix-sept commissaires de la République, comme Michel Debré en Anjou, ont été nommés dès juin. La reconnaissance du GPRF par les Alliés n'a lieu qu'en octobre 1944.

Les visites du Général en province triomphent de la réticence des comités départementaux de Libération (CDL) et des « milices patriotiques » communistes. « Le parti des 75 000 fusillés » de Thorez fait peur, mais il choisit la prudence.

La représentation collective d'une Libération joyeuse et festive a longtemps prévalu. Or, l'épuration prouve que les « beaux jours » de 1944 ont été troublés et vengeurs.

DE L'ÉPURATION DÉCHAÎNÉE À L'ÉPURATION LÉGALISÉE...

Le rétablissement de la légitimité républicaine s'accompagne d'une épuration dont le déroulement n'a été ni rapide ni conforme au projet régénérateur initial.

Dans les six premiers mois de la Libération, une « justice » punitive et expéditive s'inspire plus du règlement de compte que de la règle de droit : tontes de femmes, exécutions sommaires et lynchages font près de 9 000 victimes.

À l'automne 1944, les autorités substituent une épuration légale à « l'épuration sauvage » qui a profité du retrait de l'occupant pour sévir. Cours de justice spéciales, chambres civiques, tribunaux militaires et Haute Cour examinent 310 000 dossiers : 127 000 condamnations sont prononcées, dont 1 500 condamnations à mort appliquées sur 7 000 requises. Les crimes de nature antisémite n'ont alors pas fait l'objet de délit spécifique. Laval et Darnand sont exécutés, mais le maréchal Pétain, condamné à mort le 15 août, est gracié par de Gaulle et sa peine commuée en détention à vie sur l'île d'Yeu.

Au total, l'épuration a fait 10 500 morts et a concerné 1 % des Français. Les lois d'amnistie de 1951-1953 parient sur le refoulement des années noires pour rassembler la nation.

1945, ANNÉE ZÉRO

Les prélèvements allemands et les combats de la Libération ont ruiné la France. La production nationale atteint les deux tiers de celle de 1938. On déplore 580 000 morts dont 50 % de civils. Le retour de plus de deux millions de prisonniers, déportés et requis du STO est mal vécu.

L'espoir d'un avenir meilleur est placé dans le programme du Conseil national de la Résistance (CNR) de mars 1944, inspiré par la gauche. Rompant avec la tradition libérale, l'État garantit la solidarité nationale. De 1944 à 1946, le GPRF décide des nationalisations et généralise la Sécurité sociale. Le modèle de l'État providence à la française crée une économie mixte où les secteurs publics sont moteurs. Fin 1945, de Gaulle charge Jean Monnet de conduire « l'ardente obligation du plan » pour gagner la reconstruction. L'École nationale d'administration (ENA) forme les hauts fonctionnaires

En ce temps-là, pour ne pas châtier les coupables, on maltraitait des filles. On allait même jusqu'à les tondre.

Paul Éluard, « Comprenne qui voudra ».

[…] la révolution qui veut permettre un nouvel épanouissement de notre civilisation, et une nouvelle renaissance, cette révolution a commencé avec la Communauté européenne du charbon et de l'acier.

Jean Monnet.

RENAULT : FLEURON INDUSTRIEL NATIONALISÉ

Entreprise publique en 1945, Renault symbolise la modernisation française et la classe ouvrière tout entière.

Louis Renault, entrepreneur de génie mais personnage emblématique de la collaboration industrielle, meurt en prison avant son jugement ; ses usines, où les ouvriers communistes sont prépondérants, sont nationalisées en 1945 et dirigées par Lefaucheux, ingénieur résistant. Produite en 1,1 million d'exemplaires entre 1946 et 1961, accessible aux foyers modestes, fiable et robuste, la 4 CV est le modèle mythique de la Régie. Renault est le laboratoire et la vitrine du progrès social de l'État employeur : ses ouvriers bénéficient d'avantages sociaux et d'améliorations des conditions de travail. Le principal site de production, l'île Séguin à Billancourt, est la forteresse de la CGT et un haut lieu des combats de la classe ouvrière. Jusqu'à la « privatisation » de Renault en 1995, les gouvernements sauront combien « il ne faut pas désespérer Billancourt » (Sartre) pour garantir la paix sociale au pays.

d'un État technocratique qui émerge depuis les années 1930.

REFONDER LA RÉPUBLIQUE

Consulté en octobre 1945, le peuple français souhaite à 96 % que l'Assemblée élue soit constituante. Trois forces politiques concentrent 75 % des suffrages et s'entendent. Le tripartisme associe le Parti communiste, les socialistes et le Mouvement républicain populaire des démocrates chrétiens (MRP). Entre de Gaulle et l'Assemblée, les tensions s'accroissent rapidement. Il démissionne le 20 janvier 1946. À Bayeux, le 16 juin, il défend la primauté de l'exécutif. La rencontre entre de Gaulle et les Français est ajournée pour douze ans.

Deux autres référendums et une nouvelle Assemblée constituante sont nécessaires pour accoucher au forceps d'une république parlementaire en octobre 1946. Mais elle n'est approuvée que par un tiers des Français ! L'Assemblée nationale élue pour cinq ans est permanente et domine le système. Elle vote seule les lois et investit le gouvernement.

Le préambule de la Constitution de 1946 répond aux attentes : « Les droits politiques, sociaux et économiques font un bon en avant démocratique. »

RUPTURE ET TOURNANT EN 1947

Avec la proclamation de la IVe République, le provisoire cesse, mais le contexte international, puis colonial, va peser sur les institutions et précipiter le retour de la droite modérée au pouvoir. Le 5 mai 1947, le socialiste Paul Ramadier exige la démission des cinq ministres communistes qui refusent de voter des crédits pour la guerre en Indochine. C'est la fin du tripartisme.

Les partis de gouvernement sont aussi attaqués sur leur droite par le Rassemblement du peuple français (RPF), créé le 7 avril 1947 par de Gaulle. Trois ans après la Libération, les salariés supportent mal le rationnement et l'inflation. À gauche, les communistes exploitent le désarroi des travailleurs. Les « grèves Molotov », massives et violentes, organisées par la CGT entre l'automne 1947 et la fin 1948, profitent au gaullisme, alors perçu comme un rempart face au risque révolutionnaire réactivé par la guerre froide.

NOUVELLE COALITION PARLEMENTAIRE

Minoritaires et coincés entre les forces gaulliste et communiste, les socialistes et le MRP trouvent du renfort auprès des radicaux et des libéraux du Centre national des indépendants et paysans (CNIP) d'Antoine Pinay. Cette recomposition se nomme la Troisième Force.

CHANGEMENT DE VIE !

Sous la IVe République, le colportage revient au goût du jour... l'exode rural entraîne en effet la fermeture des petits commerces. Ainsi des épiceries ambulantes, motorisées, sillonnent les routes de France ! Un autre changement notable est celui qui touche les habitudes vestimentaires : on évolue vers plus de simplicité et d'hygiène, mais la séduction reste la même comme l'évoque la publicité. Enfin, la 4 CV, petite berline à quatre portes, connaît un vif succès en raison de son prix modique. La France s'ouvre à la consommation de masse !

Pour défendre la république, elle vote, en vue des élections générales de juin 1951, la loi des apparentements. Celle-ci favorise la coalition législative au détriment des partis communiste et gaulliste, isolés dans leur opposition frontale au régime.

Avec la mort de Pétain, l'amnistie des fautes commises sous l'Occupation et l'entrée dans la Communauté européenne du charbon et de l'acier (CECA), l'année 1951 veut tourner la page des années noires.

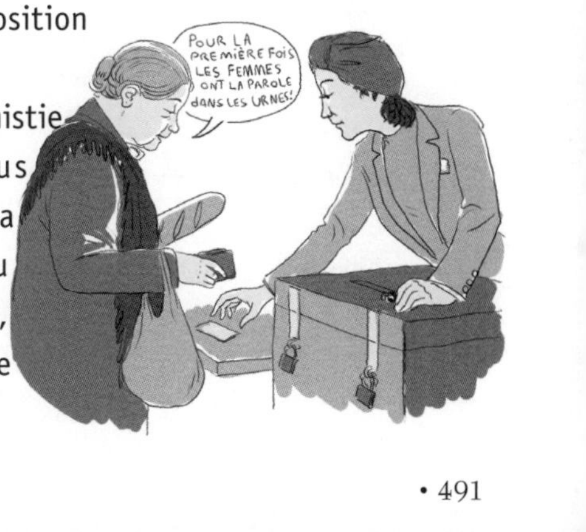

La fin de la IVe République

Discrédit et chute du système

Durant les années 1950, la situation de la France est paradoxale. Alors que son économie est en expansion et qu'une nouvelle société émerge, le régime s'enlise dans l'impopularité et l'impuissance. Les forces politiques s'affrontent sur les questions extérieures. Les rares hommes d'État qui tentent de redonner du crédit au régime sont vite désavoués par des partis qui confisquent à leur profit le système parlementaire.

LE POUJADISME

La dissolution de l'Assemblée, fin 1955, sert de tremplin politique à la contestation d'origine catégorielle impulsée en 1953 par Pierre Poujade. Patron d'une imprimerie, Poujade fonde fin 1953 l'Union des commerçants et artisans du Lot à Cahors. L'Union condamne les contrôles fiscaux et décide la grève de l'impôt. La TVA, créée en 1954, attise le mouvement de grogne. En janvier 1956, l'UDCA obtient 2,5 millions de voix (12 %) et 52 candidats dont 3 d'extrême droite. Son argumentaire antiparlementaire, xénophobe, hostile aux élites parisiennes et avocat des petits, ne visait en fait qu'à « sortir les sortants ». Sans projet cohérent, Poujade tire sur la corde populiste et dirige une force du refus agrégeant les frustrés de la modernisation, les perdants de l'exode rural et les adversaires de la IVe République. La démagogie et l'outrance sont les recettes du poujadisme. Inquiets, les républicains diabolisent « pujadolf ».

Le renouvellement de l'Assemblée nationale aux élections de 1951 a permis aux partis apparentés favorables au régime de limiter les oppositions communiste et gaulliste. Forts de 48 % des voix, celles-ci ne possèdent qu'une centaine de députés chacune. Or, ces opposants savent jouer des divergences idéologiques de la coalition majoritaire. La Troisième Force se brise sur la question scolaire et laïque ravivée par les gaullistes. MRP catholique et SFIO se divisent sur le vote des lois Marie et Barangé favorables aux écoles libres. Le point de gravité majoritaire glisse vers le centre-droit, permettant aux radicaux et à la droite républicaine d'arbitrer le jeu parlementaire.

EXÉCUTIF SOUS CONTRÔLE

Deux personnalités charismatiques se distinguent dans la première moitié des années 1950 : le libéral Antoine Pinay et le radical Pierre Mendès France, qui donnent de l'éclat à l'exécutif. Bénéficiant d'une belle popularité dans l'opinion, ils

HIVER 1954, L'APPEL DE L'ABBÉ PIERRE

Né en 1908, Henri Grouès, dit « l'abbé Pierre », devient le porte-parole charismatique des plus démunis.

Fondateur d'Emmaüs International, association de communautés de « chiffonniers » qui abritent les plus démunis, l'abbé Pierre est une figure déjà connue : résistant, député de 1945 à 1951, il transforme son bureau de l'Assemblée en atelier de menuiserie et réserve son indemnité parlementaire à l'achat et l'entretien d'une maison pour les pauvres ! Doté d'une forte personnalité, ce « saint Vincent de Paul du XXe siècle » alerte les Français sur les questions de la précarité et du logement, en particulier au cours de l'hiver 1954. Bien des familles s'entassent dans des bidonvilles à Nanterre ou à Saint-Denis. Il réquisitionne un hôtel, un central téléphonique : les dons et paquets affluent de tout le pays, triés, empaquetés et acheminés par des volontaires. Son action caritative décide les pouvoirs publics à accorder les crédits nécessaires pour élargir le parc immobilier. Un demi-siècle plus tard, la compagnie d'Emmaüs fait toujours partie du paysage caritatif français.

n'effectuent qu'un passage éphémère à Matignon.

Pinay est président du Conseil de mars à décembre 1952. Avec lui, la droite disqualifiée cinq ans plus tôt revient aux affaires. Elle montre sa capacité à gouverner en redressant les comptes de la nation, surtout dégradés par la guerre d'Indochine, qui absorbe 30 % du budget.

En juin 1954, Pierre Mendès France donne confiance à une opinion désemparée par la capitulation de Diên Bien Phu du 7 mai 1954. Il conduit les négociations de Genève qui liquide l'Indochine française. Snobant l'Assemblée, Mendès France s'adresse directement à l'opinion par la radio ou dans l'hebdomadaire *L'Express*. La méthode « PMF » inspire un formidable espoir de rénovation chez les classes moyennes urbaines, les cadres, les intellectuels et les étudiants. Une coalition hétéroclite ne lui pardonne ni sa popularité, ni l'abandon de la CED (Communauté européenne de défense), ni l'adhésion à un processus de décolonisation pacifique, et le renverse début 1955.

Entre la fiscalité et la confiance, j'ai choisi la confiance dans l'épargne française.

Antoine Pinay.

Mes amis, au secours... Une femme vient de mourir gelée, cette nuit à trois heures, sur le trottoir du boulevard Sébastopol, serrant sur elle le papier par lequel, avant hier, on l'avait expulsée...

Appel de l'Abbé Pierre, 1954.

LES VICES « DU RÉGIME DES PARTIS »

Les institutions et leur pratique consacrent la primauté d'une Assemblée aux mains des partis. Le mode de scrutin proportionnel interdit tout bipartisme à l'anglo-saxonne, mais favorise un multipartisme incohérent. Jalouse de sa souveraineté, la Chambre entretient l'instabilité gouvernementale : 24 gouvernements se succèdent ainsi de janvier 1946 à 1958 ! La Chambre indomptable n'est dissoute qu'une seule fois le 2 décembre 1955.

Si les portefeuilles sont souvent occupés par les mêmes ministres, « une méthode de gouvernement à secousses » (Edgar Faure) discrédite le régime. La faiblesse du système dénoncée par de Gaulle depuis 1946 est exploitée à partir de 1953 par Pierre Poujade. Le « poujadisme » forme un front du refus antiparlementaire, colonialiste, xénophobe, conservateur et populiste.

PROGRÈS DE LA MODERNITÉ

L'inertie politique contraste avec un étonnant dynamisme social et économique.

Depuis 1945, la France est entrée insensiblement dans sa période de plus forte croissance économique et démographique (20 ‰) du XXe siècle. Son industrie retrouve des couleurs avec, par exemple, le succès de la Caravelle en 1955. Elle répond aux besoins d'une société de consommation de masse en essor. Urbains et salariés adoptent progressivement un mode de vie à l'américaine et s'adonnent aux loisirs.

Mais le progrès fabrique ses perdants. Le retard en matière d'équipements collectifs et de logements (pourtant 240 000 sont programmés en 1953) et l'inadaptation du petit monde rural apportent des ombres au tableau. Malgré la persistance des comportements d'avant-guerre, les pratiques culturelles et religieuses traditionnelles tremblent sur leurs bases.

LE BOURBIER ALGÉRIEN

Si le régime est gangrené depuis longtemps par des maux internes, la crise algérienne précipite sa chute en déstabilisant la vie politique, en pesant sur la conjoncture économique et en divisant l'opinion (voir pp. 586-589).

Les élections anticipées de janvier 1956 débouchent sur la victoire d'un Front républicain. La coalition socialo-radicale constituée pour barrer la route à la menace poujadiste et dirigée par Guy Mollet, secrétaire de la SFIO, promet des réformes sociales (troisième semaine de congés payés) et la paix en Algérie. Or, dès le mois de mars, le gouvernement demande les pouvoirs spéciaux et mobilise le contingent

LA CULTURE POPULAIRE DES ANNÉES 1950

Après 1945, la conjonction de la croissance du niveau de vie, des progrès techniques de diffusion, des modes de vie urbains, des goûts culturels, du développement des temps libres, favorise une augmentation de la consommation des biens culturels. Un processus accéléré de massification à l'américaine s'observe, encadrant, diluant ou limitant les pratiques culturelles collectives d'avant la guerre. Premier vecteur du divertissement populaire avec le sport, le cinéma vit son apogée avec 380 millions de billets vendus par an. La presse quotidienne recule cependant de moitié entre 1946 et 1952. Sur le modèle anglo-saxon, le périodique innove avec les magazines : *Elle* en 1945, *Paris-Match* en 1949, *l'Express* en 1953. Le Livre de poche bon marché lancé en 1953, la bande dessinée et le genre policier séduisent le lectorat populaire. Mais ce sont les médias audiovisuels qui s'imposent, accentuant du même coup l'individualisation des pratiques culturelles : par millions, radios puis téléviseurs investissent les foyers. Les émetteurs périphériques comme Europe n° 1 concurrencent la radio nationale en offrant au jeune public en 1959 l'émission « Salut les copains » qui programme jazz et rock. Depuis 1946, l'État se veut quant à lui le garant du droit à la culture pour tous. Il se donne pour mission de démocratiser l'accès à la culture en mariant culture savante et culture populaire. Jean Vilar, à la tête depuis 1951 du Théâtre national populaire, incarne le mieux avec Gérard Philipe cette ambition élitaire.

Nationalisation du cinéma, création des bibliothèques de prêts, lecture pour tous, protection de la création culturelle nationale contre les risques de l'américanisation participent de cette mission au service d'une culture nationale partagée par le plus grand nombre.

pour pacifier l'Algérie par la force. Les partisans de « l'Algérie française » l'ont emporté, mais le régime est entré dans une escalade fatale.

Face au dilemme « raidissement ou abandon », les partis esquivent leurs responsabilités sur fond de sale guerre et de crise de régime latente. Le 13 mai 1958, à l'annonce de la nomination de Pflimlin, partisan de la négociation avec les nationalistes algériens, une émeute insurrectionnelle éclate à Alger. La république parlementaire, incapable de faire preuve d'autorité face à la menace de guerre civile, s'en remet alors au général de Gaulle, disponible. Celui-ci ramasse le pouvoir tombé en déshérence le 1er juin 1958 puis obtient les pleins pouvoirs constituants le lendemain.

La crise de mai 1958 a été l'acte de mort de la IVe République. Le régime disparaît dans une notable indifférence. Jetée dans l'ombre d'une république gaullienne flamboyante, une légende noire colle à cette république pourtant loin d'avoir démérité en toute chose.

La fin de l'empire colonial

Le rétrécissement du territoire français...

CHEIKH ANTA DIOP

Un physicien sénégalais exerce une profonde influence sur les élites noires américaines de l'après-guerre. En 1955, il publie son œuvre la plus célèbre, *Nations nègres et culture*, qui cherche à prouver les origines noires des premiers pharaons de l'ancienne Égypte. Cette révélation fait l'effet d'une bombe, car elle procure aux Africains la fierté commune d'un passé prestigieux et leur offre la perspective d'une unité. Diop développe ce thème en 1960 dans *les Fondements culturels, techniques et industriels d'un futur État fédéral d'Afrique noire*. Bien que ses thèses sur l'Égypte ancienne aient été remises en cause par la suite, il influence les Afro-Américains ou les Antillais à la recherche de leur identité. Le poète martiniquais Aimé Césaire, comme le psychiatre Franz Fanon, rallié au FLN algérien, sont représentatifs de ce courant. Militant anticolonialiste actif, homme politique, Cheikh Anta Diop a également fondé le Bloc des masses sénégalaises, puis le Front national sénégalais.

En 1945, la France aspire à retrouver son rang international. Le consensus impérial sort renforcé de la guerre et l'idée coloniale atteint alors son apogée. Pourtant, en moins de vingt ans, une vague de décolonisation balaie les possessions françaises depuis l'Asie jusqu'en Afrique.

L'accession des colonies à l'indépendance ressemble à la chronique d'une mort annoncée. De Gaulle le pressentait en 1944 : « Comme toujours la guerre elle-même précipite l'évolution. »

L'IMPOSSIBLE ÉQUATION COLONIALE

La perte de l'empire est impensable aux yeux d'autorités civiles et militaires françaises obnubilées par le déclin et hantées par l'affront de 1940. Les colonies sont un gage de puissance mondiale. Sauf rares exceptions, les Français comprennent mal la revendication légitime des peuples colonisés à l'indépendance. La violence des affrontements et des débats que cette revendication engendre reflète un aveuglement collectif.

Le célèbre discours de Brazzaville, prononcé par le général de Gaulle le 30 janvier 1944, livre une position ambiguë sur l'avenir du domaine colonial. Celui-ci envisage la participation des Africains aux progrès réalisés sur leur sol, mais exclut encore « toute idée d'autonomie, toute possibilité d'évolution hors du bloc français de l'empire ». De Gaulle ne remet pas en cause l'essentiel. Dès lors, la décolonisation s'annonce difficile.

FERMENTS ÉMANCIPATEURS

Les élites cultivées ont intégré les principes égalitaires du colonisateur. Des intellectuels font prendre conscience de la dignité des colonisés, tels les paysans algériens ou indochinois marginalisés et exploités. Ainsi Aimé Césaire élabore le concept de « négritude »... Syndicats, partis et associations comme le Mouvement Jeunes Gabonais popularisent le combat anticolonial. La maturation politique diffère d'une colonie à l'autre et les mouvements n'ont qu'une audience limitée.

L'anticolonialisme s'étoffe aussi en métropole. L'économiste Jacques Rueff démontre le coût financier croissant des colonies. La préférence pour « la Corrèze avant le Zambèze » du journaliste Raymond Cartier justifie en 1956, dans *Paris-Match*, l'abandon de l'empire. Le « carriérisme » est né. Le parti communiste et les intellectuels engagés comme Sartre dénoncent le colonialisme.

LES EFFETS ACCÉLÉRATEURS DE LA GUERRE...

La mort de la République en 1940 et le jeu trouble de Vichy avec l'occupant dégradent l'image et la puissance de la métropole aux yeux des populations autochtones. Le Japon détruit le mythe de la supériorité de la race blanche en Asie. Les nazis attisent les ambitions indépendantistes en Afrique. En 1941, Hô Chi Minh crée le Viêt-minh. En 1943, Ferhat Abbas revendique l'indépendance de l'Algérie dans *le Manifeste du peuple algérien*. L'Istiqlal marocain réclame l'indépendance en 1943.

À l'heure de la victoire, Paris ne mesure pas le loyalisme et les sacrifices des colonisés alors que la reconquête et la restauration de la République ont été réalisées depuis l'Afrique. Dès 1940, l'Afrique noire française suit la France libre et les troupes levées en Afrique (50 % de

LE RASSEMBLEMENT DÉMOCRATIQUE AFRICAIN

Médecin et planteur, député d'Afrique-Occidentale française, Félix Houphouët-Boigny crée en 1944 un syndicat agricole, base politique du futur RDA.

D'abord implanté en Côte d'Ivoire, le RDA espère mener les colonies françaises vers l'indépendance, par-delà les clivages qui divisent l'Afrique. Il fonctionne comme une fédération de partis et chaque colonie a sa propre section : le Parti démocratique de la Côte d'Ivoire est issu de la section ivoirienne du RDA. La force de celui-ci est d'affirmer son autonomie vis-à-vis des partis de la métropole, mais aussi de pratiquer d'habiles alliances : quoique non marxiste, le RDA est apparenté au parti communiste, avec lequel il rompt en 1951. Il progresse alors en Guinée, en Haute-Volta et en Afrique-Équatoriale française. Au congrès de Bamako, en 1957, il se prononce pour le maintien de l'Afrique noire dans l'Union française ; Houphouët-Boigny ne peut alors empêcher l'éclatement du RDA en 1958.

HÔ CHI MINH

Leader de la lutte révolutionnaire et anticolonialiste, Hô Chi Minh est le père fondateur du Viêt Nam moderne.

Nguyen Tat Thanh gagne la France dans les années 1910 pour fuir le milieu mandarinal déclassé dans lequel il est né vers 1890. En métropole, il adhère au Parti communiste en 1920. Son anticolonialisme est défini dans *le Procès de la colonisation française* (1926). Fondateur du Parti communiste indochinois en 1930, il dirige le Viêt-minh (Ligue pour l'indépendance du Viêt Nam) en 1941.

Devenu Hô Chi Minh, « Celui qui éclaire », il applique les principes de la guerre révolutionnaire subversive théorisée par les marxistes-léninistes. Nationalisme de libération et communisme vont de pair chez lui. Hô Chi Minh devient le président de la République démocratique du Viêt Nam en 1954. Il meurt à Hanoi en 1969 sans pouvoir assister à la réunification du Viêt Nam (1976). Saigon, la puissante métropole du Sud, porte son nom. Vision politique et charisme ont fait de « l'oncle Hô » un mythe national.

l'armée de Lattre) participent à la Libération. Instaurée à l'été 1946, « l'Union française » confirme la « souveraineté impériale » sans répondre aux aspirations des peuples colonisés. La fin du travail forcé et l'octroi de la citoyenneté, votés en avril et mai 1946, ne suffisent pas. Le régime se discrédite par des répressions brutales de « maintien de l'ordre » à Sétif en Algérie en mai 1945, à Haiphong au Tonkin en 1946 et à Madagascar en 1947 (150 000 victimes au total).

La guerre froide et l'ONU imposent de nouvelles règles. Dès 1946, la France perd ses mandats sur le Liban et la Syrie. Son recul dans l'affaire de Suez en 1956 sous la pression des deux Grands, soviétique et américain, et la vitalité des solidarités afro-asiatique et arabe illustrent ses faiblesses. L'ONU devient une tribune pour le tiers-monde. Les principes de la Charte de 1945 et ceux de la Déclaration universelle des droits de l'homme de 1948 légitiment l'émancipation tout en condamnant le colonisateur.

LA PERTE DE L'INDOCHINE

L'Indochine est une colonie d'exploitation de 740 000 km^2, regroupant les royaumes du Viêt Nam, du Laos et du Cambodge ; l'occupation japonaise et les exemples indonésien et indien précipitent le processus de décolonisation. Le 2 septembre 1945, dès le départ des Japonais, Hô Chi Minh proclame la République démocratique du Viêt Nam (RDV) à Hanoi. Par les accords Sainteny-Hô Chi Minh, la France reconnaît le Viêt Nam comme « un État libre dans le cadre de l'Union française », mais refuse l'indépendance vietnamienne portant atteinte à ses intérêts. 1946 est l'année des occasions manquées.

Ni l'opinion publique française ni l'armée et l'État républicain ne se résignent encore à l'abandon de l'Indochine. Le haut-commissaire d'Argenlieu recourt à la force en bombardant le port d'Haiphong en novembre (6 000 morts). Le Viêt-minh communiste massacre 200 Européens à Hanoi. La logique de guerre l'a emporté et le conflit indochinois s'internationalise dès 1947.

Encouragée financièrement par les États-Unis, la France poursuit sur la voie militaire pour endiguer le communisme. L'URSS et la Chine populaire soutiennent « la guerre de résistance » décrétée par Hô Chi Minh. Instruit des méthodes de la guerre populaire maoïste, le général Giap choisit « une stratégie de longue haleine », basée sur une guérilla efficace contrôlant les zones rurales de la péninsule. Le Viêt-minh oppose 400 000 soldats au corps expéditionnaire de l'Union française, fort de 450 000 hommes.

L'annonce de l'ouverture des négociations sous l'égide des Grands au début de l'année 1954 précipite les événements. Chaque belligérant veut négocier en position de force. En plaçant 16 000 hommes aguerris à Diên Bien Phu, le général Navarre coupe la route du Laos et escompte une victoire décisive au cœur du dispositif adverse. En deux mois, Giap jette contre le camp retranché pas moins de 110 000 hommes.

La capitulation de Diên Bien Phu, le 7 mai 1954, fait l'effet d'une bombe. Le désastre est politique autant que militaire. Pierre Mendès France, désigné en juin 1954, signe les accords de Genève le 20 juillet et entérine la fin de l'Indochine française.

INDÉPENDANCE PACIFIQUE DE L'AFRIQUE NOIRE

L'indépendance de l'Afrique francophone s'opère progressivement et pacifiquement. Dans ces colonies d'exploitation à administration directe, les Européens sont peu nombreux. Les leaders modérés de l'Afrique-Occidentale française, Félix Houphouët-Boigny ou Léopold Sédar Senghor, sont régulièrement ministres de la IVe République. Favorables à un « fédéralisme républicain », ils gagnent la métropole à l'octroi gradué de l'indépendance africaine. Cette décolonisation ne s'est pas faite contre la métropole.

En 1956, la loi-cadre Defferre instaure un exécutif local. À partir de 1958, le prestige de De Gaulle permet une maîtrise du processus de décolonisation avec la « Communauté française » et, à l'exception de la Guinée de Sékou Touré, toute l'Afrique noire y adhère, bénéficiant d'une large autonomie administrative. Dès 1959, l'article 86 de la Constitution est révisé, permettant aux populations de se prononcer massivement en 1960 par voie référendaire sur leur destin national. L'émancipation est relative, car ces jeunes nations conservent des liens étroits avec la France dans le cadre de traités bilatéraux.

[...] Que celui qui a un fusil se serve de son fusil, que celui qui a une épée se serve de son épée. Que chacun combatte le colonialisme.

Hô Chi Minh.

Que vienne la paix des braves, et je suis sûr que les haines iront en s'effaçant.

Charles de Gaulle, à la conférence de presse du 23 octobre 1958, alors que la lutte engagée par l'OAS est à son comble.

INDÉPENDANCE CONCÉDÉE AUX PROTECTORATS DU MAGHREB

Aussitôt réglé le problème indochinois, Mendès France, Edgar Faure puis Antoine Pinay se trouvent confrontés à celui du Maghreb. La situation est si troublée que l'ONU condamne régulièrement la France. Les tensions s'aggravent en Tunisie et au Maroc au début des années 1950 : grèves, émeutes, manifestations, attentats. Face à cette crise d'allégeance, la France ouvre des négociations en 1954 pour la Tunisie et en 1955 pour le Maroc : l'indépendance leur est concédée en mars 1956.

En Tunisie, Habib Bourguiba, le chef charismatique du Néo-Destour, s'impose logiquement. Au Maroc, le sultan Ben Youssef, déporté à Madagascar en 1952, opère un retour triomphal en 1955 et prend le titre de Muhammad V à l'indépendance.

« TOUSSAINT ROUGE » EN ALGÉRIE

L'Algérie est une colonie de peuplement divisée en trois départements rattachés au ministère de l'Intérieur. Un nouveau statut voté en septembre 1947 ne remet pas en cause l'administration directe de la métropole. Il n'offre pas l'égalité politique entre Européens et Algériens, puisque seulement 65 000 parmi ces derniers deviennent électeurs, et que l'assemblée élue de 120 membres sans réel pouvoir n'est pas représentative. Le discours des nationalistes modérés tel Ferhat Abbas (Union démocratique du manifeste algérien, UDMA) est disqualifié. Les révolutionnaires autour de Messali Hadj, le chef historique du Parti populaire algérien (PPA en 1937), affaiblis après l'échec désastreux de l'insurrection du 8 mai 1945 dans le Constantinois (entre 10 000 et 35 000 morts), restent influents.

La situation algérienne est figée quand les « événements d'Algérie » éclatent le 1er novembre 1954 (« la Toussaint rouge »). Un tract-manifeste signé du Front de libération nationale (FLN) justifie les 70 attentats qui sont alors perpétrés par les nationalistes : « l'État algérien souverain, démocratique et social, dans le cadre des principes islamiques. » La création du FLN au Caire, en octobre 1954, radicalise le mouvement nationaliste algérien.

Produit d'une scission du Mouvement national algérien (MNA), vitrine politique du PPA interdit, il est constitué par une jeune génération révolutionnaire membre de l'Organisation spéciale (structure militaire du MNA). Le soutien de Nasser, la victoire indochinoise et l'exemple des fellagas tunisiens et marocains conduisent les Ben Bella, Boudiaf et autre Aït-Ahmed à prôner l'action violente immédiate.

FAIRE LA GUERRE

Jusqu'en 1960, les autorités françaises tentent de maintenir militairement la colonie dans le giron français. La victoire militaire est un préalable à l'ouverture de toute négociation.

L'insurrection n'a cessé de s'étendre depuis 1954. Un seuil supplémentaire est franchi par les assassinats d'Européens pendant l'été 1955. En août 1956, au congrès de la Soummam, le mouvement de libération algérien définit les bases d'une organisation politique et militaire qui deviendra en 1958 le Gouvernement provisoire de la république algérienne (GPRA). La guérilla terroriste gagne les villes en 1957. Les effectifs insurgés passent d'un millier de fellagas en 1954 à 60 000 à la fin de l'année 1958, dont 20 000 combattants. Vainqueur des élections de 1956, Guy Mollet obtient le vote des « pouvoirs spéciaux » en mars 1956. C'est l'escalade : Robert Lacoste, nouveau ministre résident, doit « pacifier l'Algérie ». L'engagement militaire se renforce avec l'envoi des appelés du contingent, portant les forces françaises de 100 000 hommes à 450 000, auxquelles s'ajoutent 180 000 musulmans.

L'Armée de libération nationale (ALN) perd la bataille d'Alger à la fin de l'année 1957, mais l'insurrection n'est pas abattue. L'internationalisation croissante et les condamnations à répétition de l'ONU font craindre à l'armée et aux pieds-noirs l'abandon de

LA TORTURE EN ALGÉRIE

La transgression des lois de la guerre reste attachée à la guerre d'Algérie.

Les « pouvoirs spéciaux » votés en 1956 légitiment les pratiques expéditives contre les fellagas. Déjà pratiqués en Indochine, les interrogatoires musclés se banalisent durant la bataille d'Alger. Les premiers témoignages de soldats sur la torture sont publiés en 1957 dans *Esprit*, *l'Express*, *Témoignage chrétien* ou *l'Humanité*. Déjà en 1956, l'historien Marrou s'indigne dans *le Monde* des « moyens infects » employés par « le pays de la Révolution française ». Les intellectuels, de Sartre à Mauriac, dénoncent les « corvées de bois » (exécutions sommaires). Des parlementaires interpellent le pouvoir qui couvre l'armée et censure « les mensonges de la presse ». En 1958, *la Question* du communiste Henri Alleg et *l'Affaire Audin* de Vidal-Naquet relancent les polémiques. Ces réquisitoires sont interdits, mais ils montrent que la conscience démocratique en temps de guerre ne s'était pas résignée à accepter l'inacceptable.

Est-il besoin d'insister sur ce que deviendrait la France sans l'Algérie et l'Algérie sans la France ?

Guy Mollet, Discours d'investiture, le 31 janvier 1956.

l'Algérie par Paris. La crise du 13 mai 1958, qui emporte la IVe République, est symptomatique de l'impasse politique dans laquelle la logique de guerre a conduit la métropole. Les militaires ont pris le dessus sur le pouvoir civil. De retour au pouvoir, le général de Gaulle se rend en Algérie où il lance à la foule qui exulte : « Je vous ai compris » (le 4 juin), laissant croire qu'il est résolu à conserver l'Algérie française. Le 23 octobre, il propose la « paix des braves » au GPRA, qui la refuse.

Le plan de Constantine (octobre 1958) et le plan Challe (1959) combinent la modernisation économique et la victoire militaire. Fin 1959, le pari gaullien est gagné. Ayant démontré sa détermination, de Gaulle obtient l'ouverture des négociations. La solution politique peut enfin prévaloir.

LES GUERRES DANS LA GUERRE

À la différence de l'Indochine, le conflit algérien compte des guerres dans la guerre. Le mouvement nationaliste algérien n'a jamais formé un bloc uni. L'apparition du FLN en accentue l'éclatement. La guerre est l'occasion de terribles luttes internes. Les rivalités se manifestent par des massacres fratricides, comme celui des militants du MNA du douar de Melouza en mai 1957. Sur les neuf chefs historiques du FLN, trois sont tués au combat, mais quatre sont assassinés par des compatriotes pendant et après le conflit.

« L'Algérie, c'est la France », martelait François Mitterrand, ministre de l'Intérieur, en novembre 1954. D'abord favorable à l'Algérie française, la métropole se lasse très vite de cette « sale guerre ». L'opinion française se déchire sur les méthodes de guerre, le pouvoir de l'armée, la gestion politique du conflit, l'envoi des appelés. Les accès de fièvre

L'OAS

Les partisans de l'Algérie française créent dans les dernières heures de la guerre une organisation du désespoir, chargée d'empêcher l'inévitable.

L'Organisation armée secrète est née en janvier 1961 du référendum approuvant l'autodétermination de l'Algérie par 75 % des voix. Elle est dirigée par le général Salan, secondé par de haut gradés comme Jouhaud, Gardy et Argoud qui refusent la décolonisation de l'Algérie. L'échec du putsch d'avril 1961 renforce la détermination de l'organisation. Dans l'hiver 1961-1962, l'OAS pratique un terrorisme aveugle et multiplie les assassinats. 500 000 manifestants la condamnent le 8 février à Paris. Au printemps 1962, l'OAS choisit la tactique suicidaire de la terre brûlée : incendie de la bibliothèque de la faculté d'Alger, sabotage d'installations pétrolières, meurtres de fonctionnaires. Les violences perpétrées par l'OAS, ajoutées à celles de l'ALN, rendent inapplicables les accords d'Évian. L'échec de l'attentat du Petit-Clamart contre de Gaulle en août 1962 achève le combat perdu de l'Algérie française.

des pieds-noirs d'Alger, les discours jusqu'au-boutistes des partisans de « l'Algérie française » (Jacques Soustelle ou Georges Bidault) et le terrorisme de l'Organisation armée secrète (OAS) illustrent le refus radical du compromis. La dénonciation est morale et politique. Le FLN bénéficie d'un soutien financier comme le montre l'action des « porteurs de valises » du réseau Jeanson, démantelé en 1960 et condamné. Le « manifeste des 121 » justifiant le droit à l'insoumission renforce encore l'hostilité à la guerre à la fin 1960.

FINIR LA GUERRE

De Gaulle déplace le conflit sur le terrain politique sans pouvoir dépassionner le débat. En dépit de l'armée et des Européens d'Algérie, il se prononce pour l'autodétermination en septembre 1959. Fin 1960, il évoque la « République algérienne » et, en avril 1961, il est acquis à l'indépendance. Chaque étape du processus d'abandon suscite en Algérie de très vives ripostes.

Manifestations et contre-manifestations se succèdent dans un climat d'extrême violence : en février 1960, Semaine des barricades à Alger ; en avril 1961, avortement du putsch d'« un quarteron de généraux en retraite », dira de Gaulle ; en octobre 1961, répression policière brutale dirigée par le préfet Papon contre une manifestation d'Algériens organisée par le FLN à Paris, qui scandalise toute la presse (plusieurs dizaines de morts) ; le 8 février 1962, charge de police, lors d'une autre manifestation hostile à l'OAS, tuant huit communistes (écrasés contre les grilles du métro Charonne).

Les accords d'Évian sont signés le 18 mars 1962 avec le GPRA, après dix-huit mois de discussions et de concessions mutuelles. Une flambée de violence gêne leur application et achève tragiquement l'histoire coloniale en Algérie. Après l'acceptation de 90 % de Français en avril, les Algériens approuvent l'indépendance par 97,7 % le 1er juillet 1962. N'ayant le choix qu'entre « la valise ou le cercueil », près d'un million de rapatriés et quelque 40 000 harkis s'exilent vers la métropole dans des conditions improvisées.

Délestée de son empire en 1962, la France n'en a pas pour autant fini avec son passé colonial. Vestiges de son immense domaine outre-mer, quelques « confettis » clairsemés lui assurent encore une présence planétaire. La politique de coopération et la francophonie sont les héritières du passé colonial. Mais les plaies ont mis cinquante ans à se cicatriser avec le Viêt Nam et l'Algérie. La mémoire de la décolonisation est encore au travail. Repliés sur l'Hexagone, les Français regardent vers l'horizon européen.

La république gaullienne

Du général qui unit au président de la rupture

JEAN MOULIN AU PANTHÉON

Hanté par le penchant français pour la division, de Gaulle veut rassembler.

Dans le but de rassembler les Français, de Gaulle mobilise autour de l'idée d'une Résistance unie et héroïque face aux nazis et à Vichy. Construit pendant la guerre, le mythe « résistancialiste » gaulliste atteint son apogée le 19 décembre 1964 avec le transfert des cendres de Jean Moulin au Panthéon, décidé par un décret présidentiel. Le gaullisme salue en Moulin le martyr de la Résistance, tout en réaffirmant la grandeur du refus exprimé le 18 juin 1940. Par son fameux « entre ici Jean Moulin, avec ton terrible cortège », André Malraux glorifie la France résistante unie derrière de Gaulle et occulte les dissensions internes. Bientôt, comédies, drames et documentaires (*la Grande Vadrouille* de Gérard Oury en 1966, *le Chagrin et la Pitié* de Max Ophuls en 1969) désacralisent la France dans la guerre et provoquent une réévaluation du passé.

De Gaulle, revenu aux affaires, fait approuver une Constitution qui dote la France de la stabilité politique. La fin des guerres coloniales, le retour de la paix civile et la stabilisation du pouvoir politique favorisent le développement économique. Mais la mauvaise répartition des « fruits de la croissance », l'autoritarisme du pouvoir et l'arrivée à l'âge adulte des classes d'âge nées après la guerre provoquent l'explosion de 1968.

Revenu au pouvoir en sauveur le 1er juin 1958, le général de Gaulle forme un gouvernement d'unité nationale et, le lendemain, il obtient de l'Assemblée nationale les pleins pouvoirs constituants pour six mois.

Pendant quatre ans, un large consensus s'établit entre de Gaulle et le peuple français, qui lui est reconnaissant d'avoir liquidé l'empire tout en assurant le redressement et l'indépendance du pays. La popularité du président se dégrade ensuite progressivement. Au milieu des années 1960, la dissonance cède le pas à la discordance, puis à la contestation violente. La crise de mai-juin 1968 montre le fossé entre les aspirations populaires et « une certaine idée » que de Gaulle se faisait de la France.

NAISSANCE D'UNE « NOUVELLE RÉPUBLIQUE »

Une Constitution, inspirée du projet exposé à Bayeux en juin 1946, est rédigée rapidement par une commission conduite par Michel Debré. Le 28 septembre 1958, les Français l'approuvent par 80 % des voix. En réaction à la tradition institutionnelle de la République et à la pratique parlementariste disqualifiée par la crise algérienne, la constitution renforce le pouvoir de l'exécutif et modernise la démocratie française en la rationalisant.

Le président de la République, élu pour sept ans par 80 000 notables, a des pouvoirs étendus : il peut demander un référendum et dissoudre l'Assemblée nationale ; en cas de crise, l'article 16 lui donne les pleins pouvoirs et il peut alors légiférer par ordonnances ; il possède le droit de grâce et commande les armées. Il garde la haute main sur un « domaine réservé » concernant les affaires étrangères et la défense. Il désigne le Premier ministre, nomme les membres du gouvernement et préside le Conseil des ministres. Les députés, élus pour cinq ans, ne peuvent renverser le gouvernement que si ce dernier engage sa responsabilité en recourant à l'article 49-3, ou si les députés déposent une motion de censure qui recueille la majorité absolue. L'ordre du jour de l'Assemblée est fixé par le gouvernement. Un Conseil constitutionnel, formé de neuf membres désignés pour neuf ans, décide de la constitutionnalité des lois.

REDRESSER LA FRANCE

En décembre 1958, 78 % des suffrages des « grands électeurs » désignent le général de Gaulle comme premier président de la Ve République. Il charge aussitôt Michel Debré de former un gouvernement où dominent les ministres gaullistes de l'UNR (Union pour la Nouvelle République), et qui comprend des MRP et un indépendant, Antoine Pinay.

Outre le traitement du « cancer algérien » (et la mise en œuvre d'une politique de grandeur nationale, la situation économique du pays préoccupe de Gaulle. Les finances publiques et le franc sont en effet dégradés par le coût de la guerre en Algérie. L'inflation pèse sur la monnaie et le pouvoir d'achat. La France doit honorer sa signature du traité de Rome. Il y a urgence à imposer des solutions énergiques. Antoine Pinay, ministre des Finances, engage sur les conseils de l'économiste Jacques Rueff un plan d'assainissement fin 1958 : hausse des impôts, réduction des dépenses publiques, dévaluation du franc de 17,5 % et création d'un nouveau franc valant 100 anciens francs. La cure est sévère, mais efficace.

Parallèlement, pour moderniser l'Hexagone, de Gaulle renoue avec « l'ardente obligation du plan » qu'il avait institué en janvier 1946 sur les conseils de Jean Monnet. Les IIIe, IVe et V^{e} plans préparés par le Commissariat général au plan sont la marque du volontarisme d'État. De grands commis de l'État, comme Olivier Guichard ou Paul Delouvrier,

Je m'adresse à la France. Eh bien, mon cher et vieux pays, nous voici donc ensemble encore une fois, face à une nouvelle épreuve.

Charles de Gaulle, conférence de presse du 29 janvier 1960, après « la semaine des barricades » à Alger.

LE SAVIEZ-VOUS ?

Jean-Claude Killy, triple champion olympique a été victime d'un canular durant les jeux Olympiques de Grenoble... Marielle Goitschel, gagnante de la médaille d'or du slalom annonce en effet après sa victoire qu'elle se fiance avec le champion ! Celui-ci n'était évidemment pas au courant...

GRENOBLE, VILLE OLYMPIQUE !

Le 6 février 1968, les jeux Olympiques d'hiver s'ouvrent à Grenoble. Pendant deux semaines, la capitale du Dauphiné symbolise la France qui gagne.

Dès l'annonce en 1964 de la sélection de Grenoble pour la future olympiade, les pouvoirs publics prennent en main l'essentiel des travaux. L'État assure 80 % des financements. Les infrastructures de transport, devant permettre un désenclavement de la ville olympique et des sites de Villars-de-Lans et de l'Alpe-d'Huez, sont achevées en moins de deux ans. L'État aménageur équipe la métropole grenobloise : nouvelle gare, palais des sports de 12 000 places, rectorat, maison de la Culture dessinée par Wogenscky. Le sculpteur César réalise la vasque olympique. Grenoble devient une vitrine urbanistique et architecturale inspirée par la modernité de Le Corbusier. Le 18 février, les jeux s'achèvent sur un succès sportif : 9 médailles, dont 4 d'or pour Jean-Claude Killy et Marielle Goitschel, fêtés en héros. Mais les JO de Grenoble démontrent surtout que la France est entrée de plain-pied dans le second XXe siècle.

pilotent des programmes d'équipement. La Délégation à l'aménagement du territoire et à l'action régionale (DATAR), créée en 1963, lance de grands aménagements littoraux, urbains (les villes nouvelles, en 1965), comme les infrastructures pour accueillir les jeux Olympiques en 1968 en Isère.

1962, CONSÉCRATION DU « SOUVERAIN RÉPUBLICAIN »...

Ayant échappé de peu le 22 août 1962 à l'attentat du Petit-Clamart préparé par Bastien Thiry « soldat perdu » de l'OAS, exécuté en 1963, de Gaulle décide de modifier le mode d'élection du président de la République. Il ressent la nécessité d'assurer la longévité à la nouvelle république en renforçant la légitimité présidentielle. Selon lui, le président, garant du régime, ne peut émaner que du peuple français, qui doit l'élire au suffrage universel direct. Jusqu'alors le seul président de la République élu de la sorte avait été Louis Napoléon Bonaparte en 1848. L'expérience n'avait pas été concluante, puisque ce dernier avait aboli la république. Cette décision est à l'origine d'une grave crise politique. L'immense majorité des partis politiques refuse catégoriquement que le président recoure au référendum aux dépens du Parlement (article 89). Les partis traditionnels craignent ce que François Mitterrand qualifie, dans son célèbre pamphlet, de *Coup d'État permanent* (1964). Le gouvernement Pompidou est renversé par une motion de censure déposée par Reynaud, la seule jamais votée sous la Ve République.

Aussitôt, de Gaulle dissout l'Assemblée, et, en dépit des avertissements d'un « cartel des non » hétérogène, organise un référendum le 28 octobre sur la question : « Le président doit-il être désormais élu au suffrage universel ? » Le « oui » l'emporte avec 62 % des suffrages exprimés (46,5 % des inscrits). Dans la foulée, l'UNR gagne les législatives en novembre en obtenant 233 sièges sur 482. De Gaulle est conforté : il a vaincu le vieux système des partis et consacre la suprématie présidentielle. Pompidou, nommé en avril 1962 pour administrer la France post-coloniale, est reconduit dans ses fonctions.

L'État gaullien brille alors de tous ses feux. Voyages présidentiels en province, interventions à la télévision, conférences de presse étincelantes visent à souder le président avec l'opinion. Dans le cadre d'une République semi-présidentielle, le pouvoir se personnalise. Exploitant les atouts du scrutin de circonscription majoritaire à deux tours, le chef de

BABY-BOOM ET BABY-KRACH

Suscitant des besoins accrus en matière de logement, d'équipement des ménages et d'infrastructures d'accueil, le baby-boom stimule la croissance.

Entre 1945 et le début des années 1960, la plupart des pays occidentaux voient leur natalité exploser. C'est le baby-boom. En France, le nombre des naissances annuelles, qui avoisinait 550 000 avant la guerre, s'établit à 800 000 pendant vingt-huit années consécutives. De 1946 à 1970, la population augmente de 10 millions et se rajeunit nettement. Les enfants du baby-boom arrivent en masse sur le marché du travail vers la fin des années 1950. Mais la hausse de la productivité a déjà entraîné un ralentissement des créations d'emplois. Les problèmes d'insertion qui s'ensuivent expliquent en partie le malaise étudiant, qui culminera en 1968. En outre, depuis 1963, dans les pays développés, la courbe des naissances a nettement fléchi. Le « baby-krach » succède au baby-boom, ce qui pose à terme le problème du financement du système de retraite.

Il existe dans notre pays une solide permanence du bonapartisme, où se rencontrent la vocation de la grandeur nationale, tradition monarchique, et la passion de l'unité nationale, tradition jacobine.

François Mitterrand, dans *le Coup d'État permanent* (1964), s'attaque à l'image du général de Gaulle et à la Ve République.

l'État parvient à la fois à marginaliser les partis traditionnels et à s'attacher partisans et alliés.

L'APOGÉE DES « TRENTE GLORIEUSES »

La « révolution invisible des Trente Glorieuses » montrée par l'économiste Jean Fourastié transforme radicalement l'Hexagone. La croissance s'établit en moyenne à 5 % par an. Le niveau d'investissement dans l'industrie progresse de plus de 7 % chaque année. Comme tous les pays à économie de marché, la France des années 1960 est à l'apogée d'une période de forte croissance inégalée jusqu'alors.

C'est une nation prospère qui affirme son rang de puissance industrielle comme en témoignent la technologie nucléaire, l'aéronautique, le paquebot *France*... L'industrie, moteur essentiel de la croissance (automobile, électroménager, électronique grand public), absorbe la majorité des investissements et attire un nombre croissant d'actifs.

Mais, dès le début des années 1960, les secteurs traditionnels souffrent de l'âpreté croissante de la concurrence étrangère. Le monde agricole achève sa « révolution silencieuse ». Grâce à l'aide de l'État, à la Politique agricole commune (PAC) engagée en 1962 et à l'ardeur des jeunes agriculteurs, les campagnes intègrent l'économie de marché. La motorisation et les intrants chimiques permettent de tripler les rendements. Mais le productivisme a ses revers : concentration des exploitations, exode rural, endettement, surproduction et baisse des prix. En 1965, la France conserve 3 de ses 7,5 millions de paysans de 1946. Le secteur tertiaire prédomine : employés et cadres – les « cols blancs » – sont largement majoritaires. L'emploi se féminise. L'amélioration du niveau de vie favorise les activités de loisirs, le tourisme, la culture, mais elle entraîne aussi l'explosion des dépenses de santé, d'instruction, de logement. La publicité, le crédit et la grande distribution stimulent une consommation massifiée. Le premier supermarché, Carrefour, est ouvert dans la banlieue parisienne en 1963. Vers le milieu des années 1960, près de la moitié des Français possèdent un téléviseur et une automobile. Grâce aux médias, et surtout à la télévision, une culture commune se diffuse, celle d'une société urbaine, opulente et du temps libre. Globalement, les Français s'enrichissent et accèdent aux délices du progrès. Mais la forte croissance a ses ratés. Les solidarités rurales sont détruites. Les mineurs, inquiets du plan « tout pétrole » lancé en 1960, font une grève dure en 1963. L'inflation pèse sur le pouvoir d'achat des ouvriers. Soumis aux nouvelles

LES FRANÇAIS EN VACANCES !

À mesure que le niveau de vie général s'élève, l'état d'esprit des Français change : à partir des années 1960, les activités de loisirs sont nettement valorisées.

Durant la décennie 1960-1970, le tourisme de masse explose véritablement en France. Les salariés ont gagné une troisième semaine de congés payés en 1956, et la quatrième commence à être instituée. Un peu plus de la moitié des Français partent en vacances chaque été. Bien sûr, les différences régionales et sociales sont encore sensibles. Le Club Méditerranée, fondé en 1950, connaît un succès foudroyant et démocratise l'exotisme. Mais un tourisme populaire de proximité se développe aussi : les colonies de vacances se généralisent et le nombre des terrains de camping augmente considérablement. Les pouvoirs publics mènent d'ailleurs une politique active en la matière et mettent notamment en valeur le littoral languedocien autour de la station futuriste de La Grande-Motte. Les vacances d'été font dorénavant figure de rite, de passage obligé dans le calendrier social.

La grève des mineurs fut l'affaire du peuple tout entier.

Achille Blondeau.

cadences du système industriel – conséquences de la rationalisation de la production imaginée par Ford au début du XXe siècle –, ces derniers s'estiment les laissés-pour-compte de la croissance.

1965, LA DÉCHIRURE

En 1965, la courbe de la natalité s'infléchit, mais le baby-boom de l'après-guerre a déjà produit une « planète jeune » provocante, avide de liberté et de plaisirs. L'essor des médias et leur internationalisation offrent à la jeunesse de nouveaux modèles d'identification socioculturelle. C'est le triomphe des Beatles, des cheveux longs, des minijupes, du jean. Une culture contestataire et anticonformiste importée d'outre-Atlantique émerge dans toutes les capitales d'Europe occidentale. Depuis les campus américains comme celui de Berkeley en 1964, et ce, bien avant l'agitation étudiante parisienne de 1968, les étudiants adhèrent aux idées du philosophe Herbert Marcuse condamnant la société d'abondance et les structures traditionnelles répressives de la famille, de l'entreprise et des normes établies. Malgré l'adoption de la loi Neuwirth légalisant la contraception en 1967, le régime gaulliste apparaît comme l'archétype du conservatisme politique, social et moral.

La réforme, oui, la chienlit, non !

Charles de Gaulle lors d'un conseil restreint des ministres, le 19 mai 1968.

Les élections présidentielles de 1965 sont un signe de l'usure du système gaullien. Pour la première fois, le président est élu au suffrage universel direct pour sept ans. Contre toute attente, à l'issue du premier tour de scrutin, de Gaulle se trouve mis en ballottage par François Mitterrand, candidat de centre gauche. Le président sortant remporte les élections au second tour avec 55 % des voix, mais le scrutin a viré au camouflet. L'érosion de sa popularité dans l'opinion se répète en 1967. Aux élections législatives de mars, la gauche talonne la droite gaulliste, qui a impérativement besoin des républicains indépendants de Valéry Giscard d'Estaing pour gouverner. Âgé de 77 ans, de Gaulle incarne désormais le passé, notamment pour la jeunesse. Se refusant à prendre en considération le malaise social engendré par les effets de la forte croissance, le président de la République se coupe du monde du travail.

Le peuple éprouve le sentiment qu'il exerce le pouvoir en solitaire et s'intéresse plutôt aux questions mondiales qu'aux problèmes de ses concitoyens. Une dynamique s'est rompue.

MAI 68, LA RUPTURE

Rien ne laissait vraiment présager l'explosion du printemps 1968 : « La France s'ennuie », assure *le Monde* ! Des tensions existaient, mais personne ne soupçonnait l'imminence d'une crise générale. Partis des universités où le nombre d'étudiants a quintuplé en vingt ans, les événements mobilisent le monde du travail puis réveillent l'opposition politique au régime.

En butte au règlement de l'université de Nanterre ouverte en 1965, des étudiants conduits par l'anarchiste Daniel Cohn-Bendit lancent le « mouvement du 22 mars » et occupent les bâtiments administratifs jusqu'au 2 mai. L'agitation étudiante gagne le Quartier latin. L'évacuation musclée de la Sorbonne le 3 entraîne une explosion de violence jusqu'à la nuit paroxystique des barricades des 10 et 11 mai.

Le 13, le conflit prend une tonalité sociale. Une grève générale est décidée en solidarité avec les victimes des brutalités policières. Elle devient une manifestation contre le régime : « Dix ans, ça suffit ! » Le pays est paralysé par 10 millions de grévistes occupant les usines. De Gaulle, qui a condamné « la chienlit », est la cible des affiches éditées par les étudiants des Beaux-Arts. La France manque d'essence, on craint une « révolution ». Les négociations présidées par Pompidou aboutissent aux accords de Grenelle du 27 mai. Ceux-ci offrent une hausse des salaires de 10 à 15 % et plus de droits aux salariés pour désamorcer la crise sociale, mais les syndicats sont désavoués par leur base. Fin mai, la crise est dans l'impasse.

Le 30 mai, de Gaulle, longtemps absent, ouvre le dernier acte politique de la crise. Il annonce des élections législatives, et appelle à défendre le régime menacé par « une entreprise totalitaire ». Plus de 500 000 personnes défilent le soir même sur les Champs-Élysées. Le succès de l'UDR aux élections de juin (75 % des sièges) soulage le sommet de l'État. L'été et les départs en vacances ouvrent une phase de retour à l'ordre que de Gaulle saisit pour renvoyer Georges Pompidou malgré son action salutaire au plus fort des émeutes. Le 11 juillet, le ministre des Affaires étrangères, Maurice Couve de Murville, gaulliste orthodoxe et fidèle exécutant, devient le troisième Premier ministre d'un président en sursis.

LA BIPOLARISATION DE LA VIE POLITIQUE

Le scrutin de circonscription majoritaire à deux tours défavorise les extrêmes et les petits partis, qui atteignent rarement 10 % des voix.

À droite, les gaullistes forment un nouveau parti, l'UNR (Union pour la Nouvelle République), qui prendra ensuite le nom de UD-Ve, puis, après 1968, celui de UDR (Union pour la défense de la République). Les indépendants se diviseront en Républicains indépendants, ralliés au gaullisme jusqu'en 1967, et Indépendants et Paysans, d'extrême droite. L'extrême droite poujadiste disparaît de l'Assemblée ; au centre, le MRP survit jusqu'en 1963, où il rallie les radicaux, les démocrates-chrétiens et les Républicains indépendants. À gauche, le parti communiste recueille toujours 20 % des voix, tandis que la gauche non communiste commence à se rassembler à partir de 1965 avec la FGDS (Fédération de la gauche démocrate et socialiste).

1969, LE DÉPART

Un moment désemparé, le général de Gaulle veut détruire les germes d'une « crise de civilisation ». L'ORTF est reprise en main. La loi d'orientation de l'enseignement supérieur, préparée par Edgar Faure, satisfait les universités, qui bénéficient d'une autonomie de gestion assurée par des conseils élus. Pour évaluer sa légitimité, le président souhaite organiser un référendum sur la régionalisation et le Sénat, qui lui est traditionnellement hostile. Cette réforme prévoit la disparition de la chambre haute au profit d'une assemblée économique et sociale sans pouvoirs réels. Elle suscite de fortes oppositions. Malgré les réticences de ses conseillers, de Gaulle maintient son projet et avertit de son intention de démissionner en cas d'échec. Le 25 avril 1969, le « non » obtient 52 % des suffrages. Le 28, le général de Gaulle annonce par un communiqué laconique qu'il cesse d'exercer ses fonctions à midi. Le départ du chef de l'État prend de court l'opinion. La République gaullienne disparaît dans la stupeur générale. Comme le veut la Constitution, Alain Poher, président du Sénat, assure l'intérim. Les Français sont appelés à élire un nouveau président dans les cinquante jours. Après le temps des fondateurs, celui des héritiers.

La république libérale des années 1970

De la libéralisation à la crise

LA LOI VEIL

La loi présentée par Simone Veil, ministre de la Santé du gouvernement Chirac, autorise sous certaines conditions l'interruption volontaire de grossesse.

Votée pour cinq ans, et entérinée depuis, la loi répond à l'une des revendications de 1968 réclamant la libéralisation des mœurs. Elle correspond surtout aux souhaits des mouvements féministes qui dénonçaient l'hypocrisie de la société française et militaient pour l'abolition de la loi anti-avortement de 1920. L'ORTF retransmet pendant trois jours les vifs débats à l'Assemblée. Grand sujet de société, l'IVG n'a été acquise qu'avec l'appui de l'opposition de gauche le 20 décembre 1974. La loi s'est heurtée à une vive résistance des autorités religieuses. La partie la plus conservatrice de l'UDR, organisée autour de Jean Foyer, ancien ministre de la Justice, vote contre le projet et en appelle même au Conseil constitutionnel. Ce dernier valide la loi en janvier 1975.

À partir de 1969, la Ve République poursuit son histoire sans de Gaulle. Les droites gaulliste et non gaulliste se disputent les sommets de l'État. Déstabilisée par Mai 68, l'opposition se réorganise, mais n'accède pas au pouvoir avant mai 1981. Cet « entre-deux-mai » est une époque charnière. Par étapes, l'Hexagone glisse du gaullisme vers le socialisme.

La démission inattendue du fondateur de la Ve République entraîne la candidature de son héritier présomptif, Georges Pompidou. Les atouts de celui-ci sont exceptionnels. Collaborateur du général de Gaulle depuis la Libération, il a été pendant six ans, de 1962 à 1968, son Premier ministre. Son habileté lors de la crise de 1968, en particulier dans la négociation des accords de Grenelle, lui donne une stature d'homme d'État. Le 15 juin 1969, dans un contexte électoral peu mobilisateur et de division à gauche, il est élu président de la République avec près de 58 % des suffrages, contre 42 % au centriste Alain Poher, président du Sénat et candidat du passé.

DU GAULLISME SANS DE GAULLE... À L'APRÈS GAULLISME

Pendant son « quinquennat », Georges Pompidou s'appuie sur une majorité tripartite dominée par les gaullistes de l'UDR (Union pour la défense de la République), complétée par les centristes de Jacques Duhamel et les républicains indépendants de Valéry Giscard d'Estaing.

Pompidou choisit pour Matignon d'abord Jacques Chaban-Delmas, gaulliste historique et progressiste, président de l'Assemblée nationale entre 1958 et 1969. En juillet 1972, inquiet du renforcement de l'opposition en vue des législatives de 1973, Pompidou opte pour un gaulliste orthodoxe, Pierre Messmer.

La mort de Pompidou le 2 avril 1974, s'il elle était attendue, donne lieu à une surprise politique. L'héritier gaulliste « officiel » de Pompidou, Jacques Chaban-Delmas, est battu par un jeune loup, Valéry Giscard d'Estaing. Celui-ci a obtenu le ralliement d'une partie du mouvement gaulliste, dirigée par le jeune Jacques Chirac, qui lance son « appel des 43 » (ministres et parlementaires gaullistes) en faveur de Giscard. Ce que craignent en effet ces gaullistes, ce sont les tendances sociales-démocrates qu'incarne à leurs yeux Chaban-Delmas.

Avec l'accès de Valéry Giscard d'Estaing à l'Élysée, l'exécutif n'est plus monopolisé par le gaullisme. Victorieux au second tour des élections présidentielles en mai 1974, avec seulement 400 000 voix d'avance sur François Mitterrand pour 30 millions de suffrages exprimés, VGE installe la « droite libérale, centriste et européenne » aux commandes du pays. Il nomme d'abord chef du gouvernement Jacques Chirac. Les rapports entre les deux têtes de l'exécutif sont très vite difficiles. Chirac démissionne avec éclat en août 1976, ébranlant la majorité présidentielle. L'universitaire Raymond Barre, ancien membre de la Commission de Bruxelles, présenté comme « le meilleur économiste français », lui succède. Il conserve la confiance du président jusqu'en 1981. La majorité présidentielle repose sur deux partis : l'Union pour la démocratie française (UDF) créée en 1978, parti giscardien, et le Rassemblement pour la République (RPR), parti néogaulliste construit sur mesure pour Jacques Chirac en décembre 1976. La campagne électorale pour la mairie de Paris en 1977, opposant le chef du RPR à Michel d'Ornano, fidèle du président, illustre la violence des rivalités au sein de la droite gouvernementale.

LA GAUCHE, DES GAUCHES

Pendant la décennie 1970, la gauche occupe un terrain politique, social et culturel croissant. Comparée aux autres démocraties occidentales, la vie politique française est fragmentée. La poussée contestataire de 68 suscite la crainte de l'électorat et renforce dans un premier temps la division à gauche. La victoire écrasante de Pompidou en 1969, laissant face à face au second tour deux candidats de droite, provoque une prise de conscience. En 1971, au congrès d'Épinay, François Mitterrand fonde le Parti socialiste. L'année suivante, en vue des élections législatives de 1973, un « programme commun de gouvernement » est signé entre les communistes, les socialistes et les radicaux de gauche, prônant les nationalisations. L'Union des gauches est née.

Il ne suffit pas d'être un grand homme, il faut l'être au bon moment.

Georges Pompidou.

Cette entente marginalise l'extrême gauche et consacre une bipolarisation des forces politiques que le mode de scrutin majoritaire à deux tours encourage. Mais celle-ci est de courte durée. Pour Georges Marchais, chef du PCF, l'accord profite trop aux socialistes, qui enregistrent des progrès électoraux en 1973, 1974 et 1977. En vue des élections législatives de 1978, la surenchère communiste provoque la rupture de l'Union durant l'été 1977. La manœuvre favorise électoralement l'UDF.

MODERNISATION DE LA PRÉSIDENCE

Dans les années 1970, l'Élysée est occupé par les deux plus jeunes présidents de la Ve République. Georges Pompidou est élu à 58 ans en juin 1969, et Valéry Giscard d'Estaing, à l'âge de 48 ans, en mai 1974. Issus d'une plus jeune génération, ils comprennent mieux les ressorts de la crise de Mai 68 et les mécanismes de la vie démocratique moderne centrée sur les médias (70 % des ménages possèdent une télévision en 1970, ils seront 90 % en 1980). Ils veulent moderniser l'image et la fonction présidentielles et éviter les dangers d'un exercice lointain du pouvoir.

Pompidou innove timidement en allégeant le protocole interne du palais de l'Élysée. Il associe son épouse aux vernissages des expositions culturelles. Il affecte d'être à l'écoute du peuple et se dévoile en homme ordinaire et en famille, portant le col roulé à la manière des personnages des films de Sautet.

Souhaitant « inaugurer une nouvelle ère de la politique française », Valéry Giscard d'Estaing accentue la tendance. Il adopte un style présidentiel rajeuni et décontracté, inspiré des démocraties anglo-saxonnes : au lendemain de son élection, il remonte à pied les Champs-Élysées. Il refuse le lourd collier de grand-croix de la Légion d'honneur pour la photo officielle. Le président s'invite à la table des Français, reçoit des éboueurs et convie ses concitoyens à visiter « le Château » sous sa conduite.

PRÉSIDENTIALISATION DU RÉGIME

La démocratisation de l'image présidentielle renforce paradoxalement la primauté institutionnelle et politique du président sans désacraliser la fonction. L'essentiel de la sphère privée des présidents reste confidentiel. Le secret de la maladie de Pompidou est jalousement gardé. L'engagement de transparence de Giscard n'est pas tenu. Le pouvoir se concentre dans les mains du président, chef d'une « majorité présidentielle » attentif au rapport des forces politiques et au baromètre de l'opinion. Dans la continuité de

L'OMBRE PORTÉE DU GÉNÉRAL...

Un an et demi après sa démission d'avril 1969, de Gaulle est emporté par une attaque à Colombey-les-Deux-Églises le 9 novembre 1970. Après une inhumation dans la modestie selon ses volontés de 1952, le président Pompidou organise une cérémonie solennelle à Notre-Dame de Paris pour rendre hommage à l'homme du 18 juin. Orphelins, les « barons gaullistes » organisent un culte du souvenir sacralisant leur chef historique. La transmission de la mémoire passe par l'Institut Charles de Gaulle, la revue *Espoir*, la publication des *Mémoires d'Espoir*, notes et carnets du général. Une immense croix de Lorraine est érigée à Colombey, lieu de pèlerinage des gaullistes et néogaullistes. Pompidou et Chirac inscrivent leur politique dans la filiation de l'œuvre gaullienne, mais la captation de l'héritage est disputée. Controversé de son vivant, le général bénéficie d'un consensus posthume mesurable dans les sondages. Refuge nostalgique et calcul politique entretiennent le mythe gaullien. Aujourd'hui encore, beaucoup saluent de Gaulle pour légitimer leur action.

De Gaulle, Pompidou et Giscard assument à plein leur « domaine réservé » pour les questions de défense et de diplomatie. Le contexte de la crise économique et la fragilité de la majorité parlementaire conduisent nécessairement à une concentration du pouvoir présidentiel sous le septennat giscardien. VGE fixe les objectifs gouvernementaux au Premier ministre, s'entoure de technocrates compétents et multiplie les conseils ministériels restreints. Celui qui dénonçait en 1967 « l'exercice solitaire du pouvoir » de De Gaulle va devoir s'acquitter en 1981 du coût électoral de la personnalisation du pouvoir et des affaires d'État.

PACIFIER LA SOCIÉTÉ

Pour transformer une « société bloquée » décrite par le sociologue Michel Crozier, Jacques Chaban-Delmas, qui qualifiait la France de « pays de castes », engage en 1969 un projet de « nouvelle société ». Celui-ci consiste à moderniser les relations sociales, professionnelles et publiques par la concertation, la contractualisation, la décentralisation. SMIC, formation professionnelle et suppression du ministère de l'Information illustrent la volonté de changement. En réalité, la « nouvelle société » inquiète une partie de la majorité. Le président Pompidou l'abandonne en 1972. L'expérience autogestionnaire des salariés de Lip à

De ce jour date une ère nouvelle de la politique française, celle du rajeunissement, et du changement de la France.

Valéry Giscard d'Estaing.

Quand le franc s'enfièvre, c'est la France qui est malade.

François Mitterrand, *L'Abeille et l'Architecte* (1978).

LES DIAMANTS DE BOKASSA

Des trois affaires qui ébranlent le septennat de Valéry Giscard d'Estaing, l'« affaire des diamants » produit les plus fortes secousses. L'assassinat de Jean de Broglie, député de l'Eure et membre de la majorité, survient en 1976. En 1979, Robert Boulin, ministre du Travail, mêlé à une affaire immobilière, est retrouvé mort dans des circonstances troubles. Ces deux drames n'atteignent pas directement le président, mais dégradent son image. En octobre 1979, au lendemain d'une intervention militaire qui renverse Jean Bédel Bokassa, dictateur sanguinaire de la République centrafricaine, le *Canard enchaîné* prétend que Giscard a reçu des diamants en 1973, du temps où il était ministre des Finances. Le scandale d'État a un retentissement international. Outre le fait qu'il met au grand jour les collusions de la France avec les jeunes États africains, il touche pour la première fois un président dans sa personne comme dans sa fonction. L'affaire des diamants accroît l'impopularité de VGE et pèse dans la défaite électorale de 1981.

Besançon et la fièvre manifestante des Français seront les dernières répliques du mouvement de mai 68.

LA « SOCIÉTÉ LIBÉRALE AVANCÉE »

Le projet giscardien est plus abouti. Souhaitant décrisper la vie politique française fondée sur un « divorce idéologique » stérile et archaïque, Valéry Giscard d'Estaing entend promouvoir une « société libérale avancée » sur le modèle consensuel des démocraties anglo-saxonnes. En 1974, il inaugure son septennat par des réformes institutionnelles (saisine du Conseil constitutionnel par les parlementaires), politiques (fin du monopole de l'ORTF et abaissement de la majorité électorale et civile de 21 ans à 18 ans pour 2,5 millions de jeunes électeurs), sociales (reconnaissance du divorce par consentement mutuel, légalisation de l'interruption volontaire de grossesse et création d'un secrétariat à la Condition féminine, confié à Françoise Giroud). L'année suivante est votée la « réforme Haby » démocratisant le système éducatif : la scolarisation est divisée en trois niveaux (école, collège et lycée) ; le collège unique est créé sur la base des classes de niveau indifférenciées. L'école a pour objectif d'élever le niveau moyen des qualifications, afin d'adapter les populations aux nécessités de la société technicienne moderne. La volonté réformatrice de VGE se heurte vite à la dégradation du climat économique et social.

LA FIN DES « TRENTE GLORIEUSES »

La France profite des derniers feux de la croissance sous la présidence Pompidou. Moins de deux mois après son élection, celui-ci décide une dévaluation du franc (rejetée par de Gaulle en 1968), afin de relancer la machine économique grippée depuis 1967. Cette option satisfait les milieux d'affaires. La dévaluation de 12,5 % efface l'inflation des années précédentes, dope les exportations et entraîne le retour des capitaux réfugiés à l'étranger depuis la crise de Mai 68. Le VIe plan, lancé en 1970, accélère l'industrialisation. Le record de croissance est atteint en 1972 avec 6 %. Mais le choc pétrolier survenu à l'automne 1973 brise l'élan modernisateur impulsé par l'État. Le brusque quadruplement du prix des hydrocarbures remet en cause le modèle productiviste « à la japonaise ». « La question de l'emploi sera désormais un problème permanent », prévient le président.

FAIRE FACE À LA CRISE ÉCONOMIQUE

Au milieu des années 1970, le cycle de la forte croissance s'achève. Dès 1974, le déficit commercial se creuse, l'inflation passe à deux chiffres ; en 1978, la France compte un million de chômeurs, la croissance ralentit à 3 % l'an ; en 1980, la barre du million et demi de chômeurs est franchie et la précarité se développe en dépit du parapluie de l'État providence. La fermeture des mines, des aciéries comme l'échec du *France* et du Concorde témoignent de la fin d'une époque. Après les hésitations du gouvernement Chirac optant pour le freinage en 1974, puis pour la relance en 1975, Valéry Giscard d'Estaing fait le choix de la rigueur monétaire et budgétaire. Raymond Barre conduit plusieurs plans d'austérité visant à maîtriser l'inflation, à reconstituer les profits des entreprises en limitant les salaires, à restaurer le commerce extérieur. Il augmente les impôts et les cotisations sociales et devient vite impopulaire. Le second choc pétrolier en 1979 (triplement du prix du baril) annihile en grande partie les résultats obtenus et les efforts consentis. Socialement la crise est coûteuse, politiquement, elle est désastreuse pour le président en exercice.

Le 10 mai 1981, les Français rejettent le « libéralisme avancé » au profit d'une gauche écartée du pouvoir depuis vingt-trois ans. François Mitterrand, candidat de la Gauche unie, séduit 51,75 % des électeurs autour des « 110 propositions » pour le changement. L'aggravation de la crise et les affaires ont décrédibilisé un président sortant qui de plus, est pénalisé par la désunion à droite. L'heure de l'alternance a sonné.

La république d'un siècle à l'autre

Cohabitation politique et alternance des partis

L'ÉCOLOGIE POLITIQUE

L'introduction dans la Constitution d'une Charte de l'environnement en 2005 valide une prise de conscience écologiste, alors qu'aucun parti ne s'est imposé. L'écologie politique est issue des combats pour la défense de l'environnement des années 1960 et 1970. L'agronome René Dumont n'obtient que 1,5 % des voix en mai 1974. L'audience des écologistes souffre des divisions entre écologies de gauche et de droite. En vue des législatives de 1993, les Verts et Génération écologie forment une Entente écologiste éphémère. En 1997, le parti des Verts n'obtient que 8 députés et participe au gouvernement de la « gauche plurielle » jusqu'en juin 2002. En mai, Noël Mamère, candidat des Verts à l'Élysée, ne comptabilisait que 5,25 % des voix. Partisans du Traité constitutionnel européen, les Verts essuient une nouvelle défaite en 2005. Véritable nébuleuse, l'écologie politique est aujourd'hui menacée par la surenchère croissante des altermondialistes.

La dernière séquence du XXe siècle est inaugurée en 1981 par l'entrée inédite d'un président socialiste à l'Élysée qui annonce une « ère de changement », rapidement illusoire. Jacques Chirac succède à François Mitterrand en 1995 sur fond de désenchantement démocratique croissant.

Les 30 ans qui séparent l'arrivée de François Mitterrand au pouvoir de la présidentielle de 2012 prouvent qu'aucune solution « anticrise » n'emporte réellement l'adhésion populaire. Les effets de la mondialisation dramatisent les enjeux et estompent progressivement les repères. Mis à l'épreuve, les gouvernements successifs adaptent les institutions et poursuivent la modernisation de l'hexagone et son acclimatation à la nouvelle donne sociale et économique. Mais ces grandes orientations politiques entraînent une défiance grandissante des Français envers leurs dirigeants.

1981 : LE SOUFFLE DE L'ALTERNANCE

La victoire historique du 10 mai est spontanément fêtée par une foule immense place de la Bastille. Soucieux de frapper l'opinion par une symbolique de rupture, François Mitterrand se rend au Panthéon le 21 mai pour y déposer une rose rouge sur les tombeaux de Jaurès, de Moulin et de Schoelcher, trois figures consensuelles du progrès, de la justice et de la liberté. Après son élection à la présidence en mai, une « vague rose » emporte la France. Les élections législatives du mois de juin offrent une majorité absolue au président socialiste. Un gouvernement d'union de la gauche est dirigé par le socialiste Pierre Mauroy, appuyé par les proches du président comme Gaston Defferre à l'Intérieur, Robert Badinter à la Justice, Jacques Delors à l'Économie, Claude Cheysson aux Relations extérieures, Jack Lang à la Culture. Grande première depuis 1947, quatre ministres communistes y participent. Seul le Sénat reste à droite, mais le chaos annoncé par Giscard n'a pas eu lieu. La démocratie française est bel et bien entrée dans l'âge mûr.

ÉCONOMIE DANS L'IMPASSE

Profitant d'un état de grâce, la gauche engage une importante série de réformes économiques et sociales : nationalisations (5 groupes industriels et 39 banques), semaine des 39 heures, limitation des loyers et défense des locataires, impôt de solidarité sur les grandes fortunes, relèvement du SMIC, retraite à 60 ans et cinquième semaine de congés payés. Mais, dès 1982, le gouvernement Mauroy subit le contrecoup financier et politique des réformes keynésiennes basées sur une politique de relance de la demande par le déficit budgétaire. La correction devenant indispensable, François Mitterrand opte pour une cure d'austérité douloureuse. Pour stopper l'inflation et consolider le franc déprécié, la consommation est freinée par le blocage des prix, l'accès au crédit est restreint et les impôts sont augmentés. Loin d'être comprimé par la politique de « rigueur », le nombre de chômeurs dépasse les deux millions à la fin de l'année 1983.

REVERS POLITIQUE

Aux yeux de François Mitterrand, la société française, comparée aux autres sociétés occidentales, souffre d'un déficit démocratique. Son gouvernement engage rapidement une série de réformes novatrices : mode de scrutin proportionnel, abolition de la peine de mort, radios libres, Haute Autorité de la communication audiovisuelle, dépénalisation de l'homosexualité, élargissement des droits des salariés en entreprise par les lois Auroux, amélioration de la condition économique des femmes ou encore la décentralisation, votée en 1982-1983, permettant l'élection des conseils régionaux.

Le grand chantier de la démocratisation projette aussi la laïcisation d'un service unifié de l'éducation nationale. La vieille querelle scolaire est relancée. La droite et les institutions catholiques condamnent

Le développement durable est en soi une contradiction, car on ne peut pas développer sans consommer davantage de biens et d'énergie.

René Dumont.

LA RÉPUBLIQUE FACE AUX AFFAIRES

Depuis la fin des années 1980, un tourbillon d'affaires et de procès aux effets dévastateurs dans l'opinion discrédite le système politique, les élus et le régime.

Faute de loi sur le financement politique à une époque où les besoins sont énormes, tous les partis recourent depuis longtemps aux emplois fictifs ou aux commissions occultes prélevées sur les marchés publics pour payer leurs campagnes et alimenter leurs caisses. Parti socialiste, RPR, Parti communiste, UDF ou encore Parti républicain... aucune grande organisation ne passe à côté de son affaire de corruption. Quand le PS est piégé dans l'affaire URBA, le parti chiraquien est touché par les HLM de la Ville de Paris. Des personnalités de tout bord sont mises en examen, comme Bernard Tapie, ancien ministre de la Ville condamné à la prison en 1995. Pire, des scandales d'État éclatent au sujet de ventes d'armes vers l'Iran ou Taïwan, d'écoutes téléphoniques opérées depuis l'Élysée ou de la mise en circulation en 1985 de sang contaminé par le virus du sida. Les médias alimentent le feuilleton quotidien des affaires politico-judiciaires qui empoisonnent la vie politique. Les gouvernants ripostent par les lois de 1991 et 1995 prohibant les dons d'entreprise aux partis. Et malgré l'interdiction du cumul des mandats, l'opinion reste dubitative sur les tentatives de moralisation de la vie politique.

« l'intolérance laïque » du pouvoir et activent leurs réseaux. Fin juin 1984, un million de Français attachés au libre choix scolaire battent le pavé parisien contre le projet défendu par le ministre de l'Éducation nationale, Alain Savary. Contraint au retrait du texte, le gouvernement Mauroy a vécu. Le 17 juillet 1984, Mitterrand espère rebondir en nommant un jeune Premier ministre socialiste de 40 ans pour diriger un gouvernement sans ministre communiste. Sa mission est de regagner la confiance des électeurs en vue des législatives de 1986 et de réconcilier la gauche avec l'entreprise. Mais il n'y aura pas d'« effet Fabius ».

Tous les signaux politiques sont au rouge : la droite modérée a obtenu la majorité aux élections municipales du printemps 1983 et, unie derrière Simone Veil, aux élections européennes de l'année suivante. En réaction à l'interventionnisme socialiste qui suscite une impopularité croissante depuis 1982, l'UDF et le RPR préconisent, à rebours des solutions socialistes de 1981, la privatisation contre la nationalisation, la déréglementation contre l'intervention. Sur son programme « Vivement demain », l'opposition remporte les législatives de 1986 d'une courte avance. Le mode de scrutin proportionnel restreint la majorité des droites classiques et permet l'entrée à l'Assemblée nationale de 35 députés du Front national, soit autant que le groupe communiste. La droite gagne également les premières élections au suffrage universel des conseils régionaux (20 régions sur 22).

L'INVENTION DE LA COHABITATION...

Resté au pouvoir, Mitterrand est contraint de désigner en mars 1986

Jacques Chirac comme Premier ministre, car le RPR est arrivé en tête au sein de la coalition. Une expérience inédite commence alors, celle d'une « cohabitation » entre un président de gauche et un Premier ministre de droite. Cette éventualité institutionnelle avait été envisagée en théorie, mais jamais éprouvée dans la pratique. Contraire à l'esprit de la Constitution gaullienne, la cohabitation n'est pas interdite par les textes. Le président se recentre sur son domaine réservé. Investi par le Parlement, le gouvernement entreprend un programme néolibéral contre lequel le président formule de vives réserves. À l'automne, des sociétés nationalisées en 1945 ou en 1981-1982 (Rhône-Poulenc, Paribas, Thomson, Société générale...) sont privatisées. L'impôt sur les grandes fortunes (IGF) est supprimé. Pour favoriser l'activité économique, la réglementation administrative est assouplie. Cependant, l'impact de ces mesures tarde à se faire sentir et le chômage poursuit sa progression. Des problèmes intérieurs et extérieurs fragilisent l'assise du Premier ministre. À la fin de l'année 1986, la réforme Devaquet sur l'enseignement supérieur est refusée par les étudiants. La violence de la répression policière, illustrée par la mort d'un jeune homme, précipite la démission du ministre. Signe de l'essor d'une nouvelle menace, une première vague d'attentats terroristes, planifiée depuis le Proche-Orient, ensanglante Paris en septembre 1986. La crise financière mondiale d'octobre 1987 plombe la Bourse. L'expérience néolibérale n'a pas convaincu et le président socialiste a su tirer parti du contexte défavorable à la droite.

HYPOTHÈQUE DURABLE DU « NI-NI »

En 1988, la bataille électorale pour la présidence de la République oppose au second tour les sortants des deux pôles de l'exécutif : François Mitterrand et Jacques Chirac. Sept ans après la « Force tranquille », le président en exercice expose dans une « Lettre aux Français » le bien-fondé d'un *statu quo* consensuel : ni nationalisation, ni privatisation. De son côté, le chef du gouvernement promet de marier un libéralisme tempéré avec la solidarité nationale. Le consensus minimal et artificiel né de la période de cohabitation est lourd de conséquences pour l'avenir. Si Mitterrand l'emporte largement avec 54 % des suffrages, c'est moins sur son programme que par rejet de la politique chiraquienne. La portée de la réélection du Président est encore amoindrie par la victoire étriquée du parti socialiste aux législatives de juin. Michel Rocard, socialiste atypique longtemps adversaire de l'hôte de l'Élysée, entre à Matignon. Il parie sur une stratégie « d'ouverture » vers la société civile et le centre pour tenter de reconstituer une cohésion nationale dégradée et réconcilier

Il est plus facile de céder son siège à une femme dans l'autobus qu'à l'Assemblée nationale.

Laurent Fabius, 1997.

les Français avec la politique. Ainsi, son gouvernement se compose de quelques personnalités apolitiques, tel l'historien Alain Decaux à la Francophonie, ou centristes, comme l'ex-giscardien Jean-Pierre Soissons au Travail. Réformateur prudent, Rocard profite d'une courte reprise économique pour relancer le dialogue social et allouer un revenu d'insertion aux victimes de la crise. Il réconcilie les communautés de Nouvelle-Calédonie en proie à la guerre civile. En mai 1988, la tragédie d'Ouvéa a endeuillé un territoire qui revendique son indépendance depuis 1979. Le 6 novembre 1988, les Français approuvent par référendum une amnistie générale et un vote d'autodétermination prévu en 1998. En mai 1991, François Mitterrand décide de nommer Édith Cresson à Matignon, première femme chef du gouvernement en France.

INSTABILITÉ MAJORITAIRE

En 1988, les Français ont donc opté à nouveau pour la gauche. La récurrence des alternances politiques est symptomatique d'une crise de confiance générale. Depuis 1978, aucune législature n'a réussi à se succéder à elle-même. Or les changements de majorité parlementaire – en moyenne tous les trois ans et demi depuis 1981 – trahissent un désarroi profond de l'électeur français soucieux d'exprimer un vote de rejet plutôt qu'un vote d'adhésion. Une assemblée de gauche succède en 1988 à celle de droite élue en 1986. En 1993, les Français donnent une écrasante majorité absolue aux droites classiques (449 sièges). Marqué notamment par l'effondrement électoral de sa majorité (68 sièges seulement), Pierre Bérégovoy, dernier Premier ministre socialiste de François Mitterrand, se suicide. Édouard Balladur, membre du RPR, devient chef de gouvernement d'une seconde cohabitation. Il est candidat à l'Élysée en 1995, mais les Français lui préfèrent Jacques Chirac promettant la « France pour tous ». Ce dernier l'emporte au second tour face à Lionel Jospin, candidat socialiste. Le pouvoir est vite plongé dans de grandes difficultés. Une seconde vague d'attentats perpétrés par les Groupes islamiques armés (GIA) algériens frappe l'Hexagone entre juillet et octobre 1995, puis un Airbus d'Air France est détourné à Noël 1996. La rigueur fiscale, les projets de réforme de la sécurité sociale et du régime des retraites lancés par le gouvernement Juppé entraînent un blocage du pays à la fin de l'année 1995. Soucieux de désamorcer l'impopularité, Jacques Chirac dissout l'Assemblée nationale en 1997. Le corps électoral saisit l'occasion de reconduire la gauche au pouvoir. Le président gaulliste est contraint de cohabiter pendant toute une législature (cinq ans) avec Lionel Jospin. Ce dernier dirige une coalition de « gauche plurielle » associant des communistes, des radicaux de gauche et des écologistes aux socialistes majoritaires. L'action réformatrice du gouvernement Jospin est importante : réduction du temps de travail à 35 heures, pacte civil de solidarité (PACS), parité élective, quinquennat... Mais aux yeux de l'opinion, il a échoué sur le chômage et l'insécurité. Aussi, en 2002, lors des élections présidentielle et législatives, les électeurs optent à nouveau pour la droite ! Jacques Chirac conserve l'Élysée et l'Union pour la majorité présidentielle (UMP) obtient une confortable majorité absolue (369 sièges). Il nomme à Matignon un Premier ministre consensuel, Jean-Pierre Raffarin. La conquête par les gauches de 20 régions sur 22 au printemps 2004 aux dépens de la droite, puis le désaveu adressé le 29 mai 2005 au président Chirac lors du référendum sur le traité constitutionnel de l'Union européenne démontrent à leur manière encore une fois la fragilité des majorités gouvernementales. Cet échec entraîne un changement de Premier ministre : Dominique de Villepin, alors ministre de l'Intérieur, forme un nouveau gouvernement le 2 juin pour gagner la « bataille du chômage ».

DÉSENCHANTEMENT SYNDICAL

La France montre une sous-représentativité croissante des syndicats, alors que paradoxalement les Français éprouvent de la sympathie pour l'action syndicale.

Au tournant du siècle, seulement 8 % des salariés français adhèrent à un syndicat, soit trois fois moins qu'en 1970. Les syndiqués de moins de 25 ans sont très minoritaires (7 %). Les femmes y sont aussi sous-représentées. Moins de 1 % des chômeurs est syndiqué alors qu'ils représentent 10 % de la population active ! Les effets de la crise et les échecs de son traitement social depuis trente ans expliquent cette désaffection syndicale. Toutefois, les facteurs structurels jouent un rôle important en France comparativement aux autres pays industrialisés. Une « sous-syndicalisation » ancienne y est imputable au morcellement syndical. Pas moins de quatre fédérations se concurrencent : CGT, CFDT, FO et CFTC. Les centrales syndicales sont politisées et surtout implantées dans le secteur public. Elles s'affrontent pour contrôler les caisses de retraite ou d'assurance maladie. Depuis les années 1990, des coordinations et organisations catégorielles plus virulentes bousculent le paysage syndical. La crise de l'engagement syndical, comme celle du politique, reflète le fléchissement de la citoyenneté et la montée de l'individualisme.

POUSSÉE CONTESTATAIRE

Au total, en moins d'un quart de siècle, il y a eu six changements de majorité à l'Assemblée nationale, qui ont provoqué trois cohabitations. Dans l'histoire de la Ve République, ce constat est unique. Pire, chaque élection présidentielle depuis 1981 enregistre un recul du nombre de voix captées par les deux candidats arrivés en tête au premier tour : 36,6 % en 2002 contre 75,8 % en 1974. Pas moins de seize candidats se présentent à l'Élysée en 2002. L'abstention progresse régulièrement, signe d'une désaffection pour le système démocratique et d'un

« BLACK, BLANC, BEUR », L'INTÉGRATION EN TROMPE-L'ŒIL

La France est une vieille terre d'accueil : un tiers de sa population a un grand-parent né hors de France. Ses flux migratoires sont de plus en plus mondialisés. Les étrangers sont environ 3,5 millions et représentent environ 6 % de la population. En 1974, la France a fermé ses frontières à l'immigration salariée. Ralenti, le courant migratoire n'a pas cessé pour autant et l'immigration clandestine persiste. En 1981, François Mitterrand doit régulariser 300 000 clandestins. Cette décision a servi de tremplin à la xénophobie du Front national à Dreux, en 1983. Les difficultés d'intégration des populations d'origine étrangère entretiennent des tensions. En 1985, le mouvement SOS Racisme lance le slogan « Touche pas à mon pote ! », repris par toute la « jeune génération beur » issue de l'immigration. La réussite et la popularité d'idoles de la scène ou des stades, tel l'emblématique Zidane, masquent la permanence des discriminations, violences ou replis communautaires. Pour le Haut Conseil à l'Intégration, le défi est immense.

recul de l'esprit civique républicain notamment chez les jeunes. D'autres données comme la croissance du vote extrémiste permettent de mesurer la prégnance d'un mécontentement endémique. Au tournant des années 1980, le vote en faveur des extrêmes est encore ultra-minoritaire. Entre 1981 et 2002, les partis d'extrême gauche et d'extrême droite ont multiplié leur nombre de voix par quinze. Au premier tour des présidentielles de 2002, leur total frôle les 30 %.

Les années 1980 correspondent à l'émergence de l'extrême droite du Front national, présidé par Jean-Marie Le Pen. Le FN fait une percée remarquée aux élections municipales de 1983, aux législatives et aux régionales de 1986. Désormais, l'extrême droite est installée sur la scène politico-médiatique française. En 1988, Le Pen obtient près de 15 % des suffrages sur un programme protectionniste, xénophobe et aux relents poujadistes. En 2002, il crée la sensation en arrivant en deuxième position à la présidentielle devant Lionel Jospin. Les scores du FN sont néanmoins toujours inférieurs à ceux enregistrés par son chef charismatique. À compter du milieu des années 1990, c'est au tour de l'extrême gauche de renforcer son audience, principalement avec Lutte ouvrière d'Arlette Laguiller et la Ligue communiste révolutionnaire codirigée par Alain Krivine et Olivier Besancenot. Laguiller obtient près de 6 % des voix en 2002. L'ultragauche trotskiste totalise 10,5 % des suffrages à la présidentielle de 2002. Le Parti communiste français est le grand perdant du progrès des extrêmes auprès de l'électorat populaire. Il peine à réunir 5 % des voix aux législatives de 2002, quand Robert Hue, son candidat à l'Élysée, convainc moins de 3,5 % des Français. De son côté, l'écologie politique stagne depuis vingt ans.

Le progrès des extrêmes entraîne une recomposition de l'échiquier politique français aux dépens des grands partis de gouvernement et de leurs alliés.

IMPUISSANCE ÉCONOMIQUE

Trois décennies de crise expliquent l'ébranlement actuel de la société française. Les coalitions gouvernementales n'ont pas su répondre aux aspirations des Français, ni établir les conditions socio-économiques favorables à la croissance. Respectueuses d'une économie ouverte de marché de plus en plus réprouvée par l'opinion, la gauche socialiste et la droite modérée ont épuisé leur crédit de confiance. Les groupements extrémistes ont construit leur succès sur le charisme de leur leader, mais surtout sur l'exploitation des frustrations économiques, des insatisfactions collectives et des peurs sociales ancrées chez des citoyens de plus en plus désemparés.

Trente ans après le premier choc pétrolier, la France n'a pas renoué – sauf à de brèves périodes (1988-1990 et 1998-2000) – avec une croissance élevée. Ses bases structurelles demeurent fragiles, en particulier dans le domaine industriel. Face à la concurrence mondiale, trop d'entreprises françaises souffrent d'un déficit de spécialisation, d'innovation et de compétitivité. Après une grosse décennie d'excédents, la balance commerciale française est repassée dans le rouge. Hors des marchés européen et africain, la capacité exportatrice est limitée. La part du secteur public marchand et non marchand reste encore bien supérieure à celle des autres économies développées. En France, un actif sur cinq exerce un emploi dans ce secteur. Le système de protection sociale pèse de plus en plus sur les comptes de la nation en raison du vieillissement de la population et du chômage. Les marges de manœuvre de l'État se restreignent à mesure que le poids de sa dette s'alourdit (17 000 euros par Français en 2004). Le taux des prélèvements obligatoires oscille entre 43 et 45 % depuis 1980. Le taux d'activité étant en recul constant, les charges pesant sur les actifs au travail s'accroissent. La France compte enfin six millions de smicards au faible pouvoir d'achat.

LE CANCER DU CHÔMAGE

Le chômage de masse se maintient à un niveau particulièrement élevé malgré des mesures de traitement social toujours plus sophistiquées et la réduction du temps de travail à 35 heures (loi Aubry de 1998). 10 % de la population active est sans emploi à la fin de l'année 2004. En outre, le chômage de longue durée persiste, privant les seniors, les femmes et les jeunes sous-qualifiés d'une chance de réinsertion. Parallèlement, le recours au travail précaire – intérimaire ou temps partiel – connaît un essor considérable, notamment chez les femmes et les jeunes d'origine étrangère. Une spirale impitoyable s'abat sur les plus démunis. Le phénomène est sensible dans les grandes aires urbaines et les vieilles régions industrielles en reconversion. À l'aube du XXIe siècle, on estime à plus de six millions les Français vivant dans une situation d'extrême précarité et d'exclusion en matière de logement, de nourriture, de santé et d'emploi, dont un million d'enfants et environ 300 000 sans domicile fixe (SDF). La cascade des mesures sociales traduit l'aggravation de la « fracture sociale » française : Restos du cœur en 1985, revenu minimum d'insertion (RMI) en 1988, contribution sociale généralisée (CSG) en 1990, contribution

COLUCHE

Michel Colucci, dit Coluche, est un acteur et un chansonnier qui fonde en 1985 les Restaurants du cœur. Il s'insurge contre le gaspillage de nourriture existant en France : il décide de récupérer les surplus agricoles et d'« [essayer] de faire une grande cantine pour donner à manger à tous ceux qui ont faim ». L'association créée est nationale et comprend 117 restaurants.

L'histoire s'écrit désormais sous la pression des mémoires collectives [qui cherchent à] compenser le déracinement historique du social et l'angoisse de l'avenir par la valorisation d'un passé qui n'était pas jusque-là vécu comme tel.

Pierre Nora,
la Nouvelle Histoire.

L'AFFAIRE CORSE

L'indépendantisme corse est un « dommage collatéral » de la décolonisation. Après 1962, l'arrivée de 15 000 rapatriés dans l'île de Beauté rompt un équilibre fragile. Le plasticage commence en Corse en 1967, mais l'évacuation brutale de la cave Depeille à Aléria, occupée en août 1975 par un groupe d'autonomistes, est l'acte de naissance du séparatisme corse contemporain. Celui-ci puise sa légitimité dans un particularisme culturel et le souvenir du combat de Pascal Paoli, « le père de la nation », au XVIIIe siècle. L'année suivante, le Front de libération nationale de la Corse (FLNC) est fondé, préconisant l'émancipation par la lutte armée. En 1982, la décentralisation accorde un statut particulier à la Corse et des aides financières pour développer l'île. Interdit, le FLNC entre dans la clandestinité. Le mouvement se divise, hésite entre action politique ou terroriste et pratique la « vendetta ». L'absence d'unité explique une surenchère dans la violence contre les intérêts de l'État, les investisseurs continentaux et les communautés immigrées. Le paroxysme est atteint en 1998, par l'assassinat du préfet Claude Érignac. L'État, qui oscille depuis trente ans entre répression, dialogue et concession, se discrédite en 1999 lorsque, sur ordre du préfet Bonnet, la destruction de la paillote « Chez Francis » est maquillée en attentat. En 2003, les Corses refusent par référendum interne de gagner en autonomie régionale, rendue possible par la réforme constitutionnelle. Les sympathies à l'endroit des nationalistes et du terrorisme ne rallient aujourd'hui que 10 % de l'opinion insulaire.

au remboursement de la dette sociale (CRDS) en 1996 et couverture maladie universelle (CMU) adoptée en 1999.

TEMPS DE DISLOCATION

Le bicentenaire de la Révolution française en 1989 et la victoire de la France lors de la Coupe du monde de football organisée dans l'Hexagone en 1998 sont les rares moments de communion nationale pendant cette période. L'étiolement du sentiment d'appartenance nationale est un fait inquiétant. Il s'explique par une série de facteurs, dont font partie évidemment les effets destructeurs de la crise. Le sentiment d'insécurité sociale, la violence urbaine et la marginalisation des populations déshéritées des banlieues sont des phénomènes en progression constante. Le malaise collectif qui en découle se mesure par l'affaiblissement de l'esprit civique et les relents contestataires de l'électorat. Également à l'œuvre, l'achèvement dans le courant des années 1980 d'un patient processus de transformation en profondeur de la société française, engagé au cours des années 1960. Ces « Vingt décisives », pour reprendre la formule du sociologue Henri Mendras, ont agi comme une lame de fond. La consécration de l'individu, la décomposition du modèle familial traditionnel, l'émancipation des femmes et des jeunes comme la libération des mœurs ont contribué à redessiner les contours culturels de la société française. Si les principes républicains d'égalité et de solidarité gardent tout leur sens, la liberté individuelle est devenue la valeur cardinale. Cette évolution propre à toutes les démocraties occidentales a une résonance particulière en France en raison du rôle central dévolu depuis toujours au collectif et à l'État. Enfin, le développement du communautarisme d'origine ethnique, religieux, voire régionaliste, suscite des récriminations et des inquiétudes en tout genre. En réponse à ce phénomène jugé dangereux, les gouvernements cherchent à préserver le modèle unitaire républicain tout en reconnaissant la singularité des particularismes. L'instauration d'un conseil national du culte musulman va dans ce sens. Le statut spécifique accordé à la Corse a pour but de disqualifier les agissements terroristes de la nébuleuse nationaliste insulaire. Enfin, la société française souffre d'un processus de décomposition d'une mémoire nationale édifiée en 1945 et d'une fragmentation identitaire. Les mémoires résistante, juive, algérienne, africaine, arménienne, voire régionaliste, concurrencent une mémoire officielle de plus en plus contestée... Face aux troubles mémoriels, les gouvernements mesurent les dangers de discorde au sein de la communauté nationale. Garant de l'intégrité territoriale et de l'unité nationale, l'État cherche à fabriquer une nouvelle mémoire, gage de réconciliation et de rassemblement. Il contrôle les actes commémoratifs pour parer tout risque de concurrence entre les victimes. Il reconnaît ses fautes passées à l'égard des mutins de 1917, des déportés ou des harkis. Il accorde une grande vigilance au respect des valeurs de la république. C'est dans cette perspective qu'il faut resituer la réaffirmation du principe laïque par le vote de la loi du 15 mars 2004 interdisant « le port de signes religieux ostensibles ». Tout en respectant les itinéraires historiques et les identités culturelles de chacun, la République française exige en retour la stricte observance de ses idéaux fondateurs.

Le double choc des scrutins de mai 2002 et de mai 2005 a montré l'ampleur d'une triple tentation : la colère, le repli sur soi et le doute. Résoudre les blocages qui minent la société et renouer avec les vertus civiques et démocratiques sont les enjeux posés à la République française en ce début de XXIe siècle.

La France en Europe et dans le monde

Francophonie, vocations européennes et eurosceptiques

LE TANDEM FRANCO-ALLEMAND

La réconciliation franco-allemande est au cœur du processus de la construction européenne. Un coup de froid entre les deux États, et c'est l'Europe qui éternue. Seulement cinq ans après la fin de la Seconde Guerre mondiale, Robert Schuman tend la main à « l'ennemi héréditaire » dans son fameux discours du 9 mai 1950. Le général de Gaulle et le chancelier Konrad Adenauer scellent définitivement l'amitié entre la France et l'Allemagne par le traité de 1963. Des duos analogues incarnent un partenariat politique, militaire, économique et culturel moteur de l'union de l'Europe : Giscard-Schmidt, Mitterrand-Kohl, Chirac-Schröder, Sarkozy-Merkel et Hollande-Merkel. En 1984, dans la nécropole de Verdun, Mitterrand et Kohl, main dans la main, consacrent l'entente fraternelle pour la postérité. Si les relations n'ont pas toujours été sans nuage, la puissance et la sincérité des liens entretenus de part et d'autre du Rhin pérennisent le socle intégrateur de l'Union européenne.

Si la France détient encore des atouts, à la fois politiques, militaires et économiques, ceux-ci sont aujourd'hui moins performants face à la mondialisation et à l'émergence des BRICS – acronyme désignant le Brésil, la Russie, l'Inde, la Chine et l'Afrique du Sud –, comblant progressivement leur retard sur les États-Unis qui affirment toujours leur leadership.

Le recul de sa position mondiale se mesure dans la seconde partie du XXe siècle par la perte de l'empire colonial et l'affrontement américano-soviétique. La détermination de De Gaulle a permis à l'Hexagone de préserver sa vocation mondiale en puisant dans le capital symbolique, politique et culturel de la République française. Mais c'est surtout l'engagement européen, entériné à la fin des années 1950, qui compense la crise de suprématie internationale de la France.

ÊTRE « AU PREMIER RANG » !

En 1945, de Gaulle rétablit la souveraineté nationale et le rang de la France dans le monde. Il désamorce la remise en cause de la puissance française en obtenant un siège parmi les cinq membres permanents du Conseil de sécurité de l'ONU et le droit de veto. Il reconstitue une armée française à partir des Forces françaises libres nées du refus de la défaite. Suivi par l'immense majorité des Français, il place les colonies dans le cadre d'une Union française progressiste, gage de puissance pour la métropole.

De retour au pouvoir en 1958, de Gaulle fait le procès de la politique extérieure et coloniale de la IVe République. Selon lui, le régime a ruiné la position internationale de la France et porté atteinte à l'indépendance du pays : la perte de l'Indochine en 1954, les concessions au Maghreb en 1956, le camouflet de l'affaire de Suez de 1956, la conduite désastreuse de la guerre en Algérie depuis 1954 concourent au rabaissement de la France.

GRANDEUR ET INDÉPENDANCE NATIONALES

Pour de Gaulle, la place de la France ne peut être qu'« au premier rang ». Son dessein, fait d'audace et d'orgueil mêlés, nécessite de s'affranchir de toute tutelle étrangère, d'où une prise de distance calculée avec les États-Unis d'Amérique, puissance amie et rivale à la fois. Le nationalisme gaullien sert à rassembler les Français autour d'un grand projet mobilisateur, capable d'exorciser l'abandon de 1940 et la fin du rêve impérial. En 1960, la France signe son entrée dans le club fermé des détenteurs de la dissuasion nucléaire et peut assumer seule sa défense. De Gaulle décide de quitter le commandement intégré de l'Organisation du traité de l'Atlantique Nord, contraignant les Américains à abandonner leur quartier général, basé à Saint-Germain-en-Laye, en 1966. La France n'est plus une alliée inconditionnelle. Se dégageant de la logique bipolaire, de Gaulle noue des relations en direction de l'aire communiste durant la guerre froide. En 1964, la France reconnaît la Chine populaire de Mao bien avant les États-Unis. La paix, le développement et le respect du droit de chaque peuple à disposer de lui-même forment le triptyque de la politique extérieure de De Gaulle, perpétué depuis par tous ses successeurs, gaullistes ou non. Le discours de Mexico prononcé par François Mitterrand en 1981 est un hymne à l'indépendance nationale et au développement. Au milieu des années 1990, la diplomatie française invente le droit d'ingérence humanitaire. Au nom des principes pacifiques onusiens, Jacques Chirac et son ministre Dominique de Villepin s'opposent en 2003 à la seconde guerre d'Iraq et dénoncent l'unilatéralisme

À tous, la France dit : Courage, la liberté vaincra. Et si elle le dit depuis la capitale du Mexique, c'est qu'ici ces mots possèdent tout leur sens.

François Mitterrand, Discours de Mexico.

Oui, c'est l'Europe, depuis l'Atlantique jusqu'à l'Oural, c'est l'Europe, c'est toute l'Europe, [...] qui décidera du destin du monde !

Charles de Gaulle, Strasbourg, novembre 1959.

belliciste des États-Unis. Mais rejouer le « complexe d'Astérix » gaullien est à double tranchant. Ainsi la reprise d'une campagne d'essais nucléaires décidée par le président Chirac en 1995 a exposé la France à une violente désapprobation internationale.

LE « GRAND LARGE » MALGRÉ TOUT...

La politique de grandeur et d'indépendance nationale n'a jamais véritablement remis en cause l'alliance occidentale. La France entretient des liens séculaires d'amitié avec les États-Unis et l'Angleterre. L'adhésion à l'OTAN en 1949 est une donnée fondamentale de la solidarité atlantique. L'atlantisme des dirigeants de la IVe République dans un contexte d'apogée de la guerre froide n'est plus partagé par ceux de la Ve République. Pourtant, lors des crises internationales majeures, la France a toujours honoré son alliance. En 1962, de Gaulle condamne le jeu dangereux de l'URSS à Cuba. En 1983-1984, Mitterrand appuie le déploiement des fusées Pershing américaines en Europe occidentale, décidé par le président américain Ronald Reagan pour contrer la menace soviétique. Depuis la fin de la guerre froide, la France fait corps avec ses alliés pour la défense des principes de la charte des Nations unies ou la riposte à la menace terroriste globale. Elle manifeste sa solidarité atlantique lors des interventions en Iraq en 1991, en ex-Yougoslavie en 1999 et en Afghanistan fin 2001 après les attentats du 11 septembre. Mais sa vaine opposition à la seconde guerre du Golfe en 2003 montre que la France n'est pas toujours capable d'influer sur la politique mondiale. Au moins le pays des droits de l'homme a-t-il conservé un certain prestige. Cette crise rappelle le rôle particulier que les Français tiennent dans les affaires du monde et toute l'ambiguïté des rapports qu'ils entretiennent avec leurs alliés historiques.

VOCATION ET DESTINÉE EUROPÉENNES

L'Europe est la constante principale de la politique extérieure de la France depuis la fin de la Seconde Guerre mondiale. Jean Monnet et Robert Schuman en sont les deux « pères fondateurs ». Soucieux d'écarter tout risque de conflit en Europe, ils veulent mettre les ardeurs en commun pour reconstruire un Vieux Continent en ruine, dépendant et placé au cœur de la rivalité Est-Ouest. Le discours de Schuman du 9 mai 1950 ouvre la porte de l'indispensable réconciliation franco-allemande et fixe les grands axes d'un projet unique en son genre. À partir de 1958, ni de Gaulle ni ses successeurs ne remettent en cause l'entreprise européenne initiée sous le régime précédent. Les présidents de la Ve République jouent l'intégration

UN DEVOIR D'INGÉRENCE HUMANITAIRE ?

L'aide humanitaire et le secours international sont depuis quarante ans des domaines où excellent les initiatives françaises privées ou publiques.

Lors de la guerre du Biafra (1967-1970), les *French doctors* ont suscité la création d'ONG (organisations non gouvernementales) comme Médecins sans frontières ou Médecins du monde. Premier pays à créer un secrétariat d'État à l'Action humanitaire en 1988, la France a aussi œuvré pour faire reconnaître un principe d'assistance en faveur des victimes de guerres civiles, de persécutions, de génocides ou de catastrophes naturelles. Entre 1988 et 1991, l'ONU a effectivement voté trois résolutions destinées à secourir les victimes du tremblement de terre en Arménie, les populations kurdes d'Iraq et les ressortissants de l'ex-Yougoslavie, menacés par la « purification ethnique ». Le droit d'ingérence humanitaire, inventé par Bernard Kouchner pendant la crise des Balkans (1991-1999), se heurte à la charte des Nations unies, qui affirme la souveraineté des États-nations, et à la méfiance des pays du tiers-monde, qui y voient un relent néocolonial remettant en cause leur indépendance.

communautaire et sont souvent à l'origine de la relance d'un processus freiné par la réticence de leurs partenaires, notamment les Allemands au sujet de la monnaie unique. Pour les dirigeants français, l'Europe est un moyen de servir l'influence et l'ambition mondiales de leur pays. La France est au rendez-vous des grandes étapes de la construction communautaire. En 1951, elle s'engage dans la Communauté européenne du charbon et de l'acier (CECA) initiée par Schuman. En 1957, elle signe l'adhésion à la Communauté économique européenne (CEE) des Six, définie par le traité de Rome.

À la fin des années 1970, Valéry Giscard d'Estaing, appuyé par le chancelier Helmut Schmidt, relance une construction européenne ankylosée par les effets de la crise mondiale en instaurant l'élection au suffrage universel du Parlement européen – dont Simone Veil devient la présidente de 1979 à 1982. La même année, le système monétaire européen (SME) est créé dans le but de maîtriser les variations monétaires des neuf États membres.

À partir du milieu des années 1980, l'Europe s'engage sur la voie d'une plus grande intégration communautaire.

Il me semble qu'à 27, à 30 ou 32 pays européens, nous pouvons avoir trois ambitions communes : un espace de paix active, un cadre pour le développement durable et une manière particulière de gérer-valoriser notre diversité culturelle.

Jacques Delors, *Mémoires* (2004).

LA FRANCOPHONIE, INSTRUMENT DU RAYONNEMENT CULTUREL

En 1970, Pompidou fait de la francophonie une organisation internationale, réalisant le vœu – émis par le président Léopold Sédar Senghor dès 1962 – d'une communauté des peuples de langue française.

Avec 140 millions de locuteurs (2,5 %), le français n'est qu'au neuvième rang mondial, très loin derrière le chinois (1 milliard), l'anglais (600 millions) ou l'espagnol (315 millions). Mais, avec l'anglais, c'est la seule langue parlée sur les 5 continents, l'une des langues officielles de l'ONU et la langue officielle utilisée par 55 États, principalement africains. La diffusion du français dans le monde est assurée par l'Alliance française, créée en 1883 et installée dans plus de 100 pays, et par des médias comme Radio France internationale (RFI). La francophonie est une politique de coopération culturelle, qui est conduite depuis 1998 par l'Organisation internationale de la francophonie (OIF). Depuis 1986, un Sommet de la francophonie réunit tous les deux ans « tous les chefs d'États ayant le français en partage ». La France y tient un rôle de premier plan veillant à défendre son patrimoine culturel d'une américanisation conquérante.

Président de la Commission européenne, Jacques Delors fait adopter l'Acte unique en 1986, dont l'objectif est de transformer le Marché commun en un grand marché unique. Le traité de Maastricht de 1992 établit l'Union européenne à la place de la CEE. La monnaie unique, l'euro, entre définitivement en circulation en janvier 2002. C'est la victoire européenne posthume du président François Mitterrand, qui appelait de ses vœux une Europe politique. Enfin, c'est VGE qui a présidé les travaux de la Convention européenne pour la rédaction du Traité constitutionnel de 2004, où la vision française de l'Europe est perceptible.

UN EUROSCEPTICISME CROISSANT

L'Europe a été un formidable atout pour la modernisation de l'économie française. Celle-ci bénéficie de l'entraînement de la machine industrielle allemande. Plus de 60 % des échanges hexagonaux sont réalisés avec les pays de l'Union, dont 20 % avec l'Allemagne. L'économie française a abandonné sa vieille tradition protectionniste et s'est ouverte aux marchés concurrents. Les politiques communautaires ont stimulé l'agriculture avec la Politique agricole commune (PAC) productiviste, décidée en 1962. Les programmes Euratome, Airbus et Ariane Espace ont enclenché des synergies industrielles. Les fonds de développement régionaux ont permis le désenclavement ou la sauvegarde de territoires fragiles.

Pourtant, depuis les années 1990, l'Europe ne fait plus rêver. La victoire étriquée au référendum de Maastricht en 1992 (50,8 % de oui) est le premier signe de désaffection de l'opinion. Le rejet massif du référendum (55 % de non) portant sur la Constitution européenne, le 29 mai 2005, confirme le cycle de défiance à l'égard de l'Europe. Le Brexit, la sortie du Royaume-Uni de l'Union européenne, en est une nouvelle illustration.

Dans le passé, l'aventure européenne avait suscité des débats difficiles, mais jamais à un tel degré. En 1954, le projet de défense commune européenne (CED, Communauté européenne de défense) est rejeté par les parlementaires. En 1965, de Gaulle, favorable à « l'Europe des Patries », joue la politique de la chaise vide pour imposer le principe de l'unanimité des décisions européennes. La France bloque l'entrée de la Grande-Bretagne dans la CEE jusqu'en 1971. Dans une Europe élargie à 28 – avant le Brexit –, aux contours moins visibles, les Français craignent aujourd'hui une dilution de leur identité et une perte de souveraineté nationale. Marqués par la crise économique et sensibles à certains arguments « souverainistes »,

Bien entendu, on peut sauter sur sa chaise comme un cabri en disant « l'Europe ! l'Europe ! l'Europe ! », mais cela n'aboutit à rien et cela ne signifie rien.

Charles de Gaulle, 14 décembre 1965.

LE TRAITÉ EUROPÉEN SIMPLIFIÉ

Après le rejet de la Constitution européenne par les Français, le 29 mai 2005, l'Europe et ses institutions sont au point mort. Dès son arrivée à l'Élysée, le président Nicolas Sarkozy redouble d'efforts pour relancer la construction européenne *via* un traité européen simplifié, groupant les mesures les plus consensuelles du texte initial soumis à référendum par Jacques Chirac. L'initiative française se concrétise par un accord signé entre les 27 chefs d'État de l'Union européenne le 23 juin 2007. Même si le traité simplifié est beaucoup moins ambitieux que la Constitution, il est porteur des avancées institutionnelles et des adaptations nécessaires au fonctionnement de l'Union européenne.

de gauche comme de droite, ils revendiquent une Europe plus sociale que libérale.

RAYONNER, FAUTE DE DOMINER

Jusqu'à la réforme du service militaire de 1996 décidant la suspension de la conscription, la France comptait plus de 500 000 hommes sous les drapeaux. La nature diffuse des menaces terroristes et la multiplication des conflits armés dans le monde depuis la chute du mur de Berlin à la fin de l'année 1989 ont nécessité une impérieuse actualisation des missions de l'armée française. La dissuasion nucléaire n'est pas apte à remplir tous les objectifs de sécurité. Déjà en 1983, une Force d'action rapide (FAR), constituée en vue des opérations en Afrique, anticipait les évolutions militaires à venir. Aujourd'hui, l'armée française a achevé sa mutation. Les soldats français assurent prioritairement des missions de défense, de protection et d'interposition en Europe et dans le monde, au nom de la France et de l'ONU. Sur quelque 209 000 militaires professionnels, environ 7 000 sont déployés en opérations extérieures – OPEX – et 12 000 en missions permanentes, hors métropole (*chiffres 2015 - ministère de la Défense*).

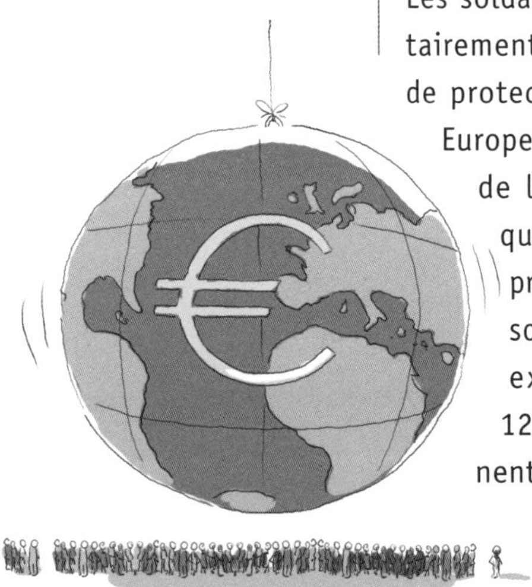

LA FIN DE LA « FRANÇAFRIQUE »

Les forces françaises interviennent régulièrement en Afrique, comme au Tchad en 1983, en Côte d'Ivoire en 2003, en Libye en 2011 (opération « Harmattan ») ou au Mali en 2013 (opération « Serval »).

Au fil des décennies, les interventions françaises en Afrique ont changé de nature. La France ne prétend plus exercer une domination par les armes. La coopération internationale et le rayonnement culturel du pays se sont progressivement substitués à la colonisation.

Lancée au lendemain du règlement de la question coloniale, la coopération permet d'entretenir des liens avec les peuples jadis dominés, sauf au Viêt Nam et en Algérie où la décolonisation a été meurtrière. En 1964, Georges Pompidou la justifiait, pour « des raisons historiques, économiques, politiques, morales et humaines ». L'aide publique au développement (APD) est le fer de lance de cette politique. Ces dépenses publiques sont consacrées aux pays en développement afin de favoriser leur essor économique et d'améliorer les conditions de vie dans les pays concernés.

Selon le Comité d'aide au développement de l'OCDE, l'ADP française a été de 8,3 milliards d'euros en 2015. La France est ainsi le cinquième bailleur mondial en volume, derrière les États-Unis, le Royaume-Uni, l'Allemagne et le Japon. L'OCDE précise par ailleurs que la mobilisation de la France pour les pays les plus pauvres est en progression. La France consacre au moins 85 % de l'effort financier en faveur du développement dans les pays d'Afrique subsaharienne et dans ceux du voisinage Sud et Est de la Méditerranée. Entre 2017 et 2019, la France s'est engagée à contribuer au Fonds mondial pour la lutte contre le sida, la tuberculose et le paludisme à hauteur de 1,08 milliard d'euros.

Même si son influence extérieure tend à décliner, la France demeure néanmoins un acteur important sur la scène internationale. Cette position privilégiée s'illustre notamment en 2008, durant la présidence française de l'Union européenne.

LA ZONE EURO MENACÉE

Une profonde crise financière, sans précédent depuis la Grande Dépression de 1929, dite des « subprimes », éclate aux États-Unis le 15 septembre 2008 et n'épargne aucun continent. Cette date symbolique correspond à la faillite de la banque américaine Lehman Brothers, sur fond de dérégulation coupable. La France, comme la plupart des États européens, vole au secours des banques et des grandes industries afin d'éviter, *in extremis*, un dramatique naufrage du système monétaire.

LE PRINTEMPS ARABE

À compter du 17 décembre 2010, des mouvements révolutionnaires nationaux secouent successivement plusieurs pays d'Afrique du Nord. C'est d'abord la Tunisie qui se révolte. Une manifestation à Sidi Bouzid se transforme en soulèvement général, contraignant le président Ben Ali à quitter le pouvoir. En Égypte, les mêmes causes produisent les mêmes effets : Hosni Moubarak est démis de ses fonctions. En Libye, les manifestations tournent rapidement à la guerre civile. Le colonel Mouammar Kadhafi lance ses avions et ses chars sur les populations civiles des villes de l'est du pays. Une partie des populations du Bahreïn, du Yémen et de la Syrie descend à son tour dans la rue, à des degrés variés et avec des fortunes diverses…
La France est directement concernée, notamment en Tunisie, à travers ses attaches historiques, et en Libye où elle milite pour une intervention armée sous mandat de l'ONU.

Le temps de la Françafrique est révolu : il y a la France, il y a l'Afrique [...] avec des relations fondées sur le respect, la clareté et la solidarité.

François Hollande.

Dans la zone euro, la Grèce est le premier État réellement confronté à la faillite. En 2010 et 2011, l'Europe, sous l'impulsion du couple franco-allemand, renfloue les finances publiques grecques pour éviter le pire. C'est la première véritable épreuve qu'affronte la monnaie unique depuis son instauration en 2002, l'euro interdisant dorénavant le recours à l'inflation et aux dévaluations qui procuraient dans le passé un bain de jouvence commode aux économies nationales.

L'aide européenne à une Grèce « sous tutelle » (de la BCE, du FMI et de la Commission européenne) reste néanmoins soumise à des conditions particulièrement drastiques (baisse des salaires, des prestations sociales, limitation des dépenses de santé, dénationalisations...) que l'opinion publique a beaucoup de mal à accepter. Les fonds européens, qui ont essentiellement vocation à honorer les intérêts de la dette abyssale, sont sans effet sur une éventuelle relance de l'activité économique du pays, unique voie de la reconstruction, et n'apportent qu'une solution transitoire au problème.

L'effet de contagion menace le Portugal, l'Espagne, l'Irlande, l'Italie... Ne pouvant assumer l'ensemble des dettes nationales, l'Europe risque une phénoménale crise financière, structurelle cette fois.

L'EUROPE À L'AUNE DU BREXIT

L'Europe et sa gouvernance deviennent les cibles des opinions publiques. Les Britanniques sont les premiers à concrétiser leur désir de quitter l'Union, au terme d'un référendum, organisé le 23 juin 2016 par le conservateur David Cameron, alors Premier ministre. Le 30 mars 2017, Theresa May, qui lui a succédé au 10 Downing Street, active l'article 50 du traité de Lisbonne, lançant ainsi la procédure de sortie du Royaume-Uni d'une Union européenne, à présent réduite à 27 États-membres.

LE CAS FRANÇAIS

Pour la France, l'adversité économique de 2008 se transforme progressivement en mutation économique et sociale, conséquence directe de la mondialisation et de la montée en puissance des pays émergents, notamment le Brésil, la Russie, l'Inde, la Chine et l'Afrique du Sud, réunis sous l'acronyme « BRICS ». Cette nouvelle donne encadre largement les ambitions réformistes des gouvernements successifs de Nicolas Sarkozy, puis de François Hollande. Pour rester en conformité relative avec le pacte de stabilité européen, la maîtrise du déficit budgétaire devient l'un des objectifs prioritaires qui instaure la rigueur. Les recettes de l'État sont également mobilisées pour endiguer la dette publique. Cette politique impacte largement la pression fiscale, le pouvoir d'achat des Français et le coût du travail. La perte de compétitivité des entreprises et des délocalisations

LE MARIAGE POUR TOUS

La loi ouvrant au mariage pour tous, notamment aux personnes de même sexe, est adoptée par l'Assemblée nationale et publiée au *Journal officiel* du 18 mai 2013, après validation par le Conseil constitutionnel. C'est l'une des 60 promesses de campagne du candidat François Hollande à la présidentielle de 2012. Ce texte ouvre par ailleurs la voie de l'adoption aux couples homosexuels.
Pendant le débat à l'Assemblée nationale, avant et après le vote sous haute tension, les opposants au projet de loi descendent massivement et à plusieurs reprises dans la rue (les « manifs pour tous »), pour crier leur réprobation. La France devient ainsi le 9e pays européen et le 14e au monde à autoriser le mariage homosexuel.

Si l'euro échoue, l'Europe échouera.

Angela Merkel.

massives ont une influence directe sur une croissance déjà atone. Les plans sociaux se multiplient, accentuant d'autant la courbe du chômage.

LA PRISE DE CONSCIENCE ENVIRONNEMENTALE

Dès le début du XXIe siècle, l'environnement devient pour les Français un sujet de préoccupation de premier plan. Informée par les organisations non gouvernementales, l'opinion publique s'alarme de l'état de la planète et s'inquiète du peu de cas qu'en font certaines nations tout à leur développement. Chacun sent confusément que les engagements consignés au protocole de Kyoto (signé le 11 décembre 1997) ne suffiront pas à dessiner un avenir serein. En 2001, Jacques Chirac initie un mouvement de fond à travers une Charte de l'environnement qui devient un engagement fort lors de la campagne présidentielle de 2002. Il faut quatre ans pour finaliser le texte de la loi constitutionnelle adoptée le 24 juin 2004 et promulguée le 1er mars 2005. Dans son article 1er, elle instaure un droit individuel « à vivre dans un environnement équilibré et respectueux de sa santé ». Apparaissent également les principes de « pollueur-payeur » et de « développement durable ». La Charte intègre parallèlement le « principe de précaution », qui se retrouve bientôt au cœur d'une polémique. Ainsi, pour l'Office parlementaire d'évaluation des choix scientifiques et technologiques, « l'interprétation du principe de précaution aboutit à la disqualification de l'expertise scientifique ». En effet, dans de nombreux dossiers comme ceux des Organismes génétiquement modifiés (OGM), des nanotechnologies ou de

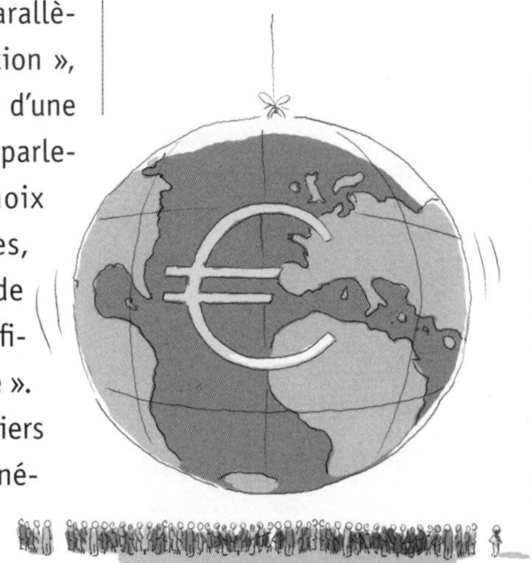

LA MENACE TERRORISTE

Le terrorisme constitue depuis longtemps une menace pour la France. Une première vague d'attentats a touché le pays dans les années 1960. Nombre de ces actions violentes étaient alors en lien avec la guerre d'Algérie et furent notamment perpétrées par l'OAS (Organisation armée secrète).

Les années 1970 et 1980 ont, elles aussi, été secouées par une vague d'assassinats et d'attentats – plus de 120 au total –, revendiqués par des factions extrémistes, notamment en lien avec l'évolution de la situation politique en Algérie et au Moyen-Orient. Certains avaient un caractère antisémite avéré – comme rue Copernic ou rue des Rosiers. Sans cesser totalement, ces actions meurtrières baissent toutefois d'intensité au début des années 1990.

La menace change profondément de nature en mars 2012 avec Mohammed Merah, qui tue trois militaires et quatre civils avant d'être abattu par le RAID, l'unité d'élite de la Police nationale. La France est ensuite durement touchée à plusieurs reprises. Le 7 janvier 2015, Chérif et Said Kouachi font irruption dans les locaux de *Charlie Hebdo* et tuent 11 personnes dont plusieurs dessinateurs du journal satirique. L'opération est revendiquée par al-Qaïda dans la péninsule arabique (AQPA). Deux jours plus tard, une prise d'otages fait cinq morts à l'Hyper Cacher de la porte de Vincennes, à Paris. Elle est revendiquée par l'État islamique (Daech), à l'instar de la série d'attaques qui a lieu le 13 novembre 2015 dans Paris, au Stade de France et au Bataclan, et qui a provoqué la mort de 130 personnes. Le 14 juillet 2016, à Nice, un individu radicalisé au volant d'un camion-bélier tue 86 personnes et en blesse plus de 450.

Selon les autorités françaises, quelque 2 000 personnes sont, de près ou de loin, impliquées dans des phénomènes de radication religieuse ou dans des filières de recrutements djihadistes.

Le Gouvernement réplique en renforçant les moyens de l'armée, des services de renseignement, de la police et de la justice. L'état d'urgence est décrété dans la nuit du 13 au 14 novembre 2015. Il sera prolongé à plusieurs reprises, notamment après l'attentat de Nice.

l'exploitation des gaz de schistes, « une confusion s'installe entre risque potentiel et risque avéré ».

En mai 2007, Nicolas Sarkozy initie le Grenelle de l'environnement. L'occasion est ainsi donnée de fixer les objectifs concrets sur la voie vertueuse du développement durable. Les lois Grenelle sont votées en 2008 et 2010.

La philosophie environnementale de la France, unilatérale, affronte portant deux écueils majeurs : des difficultés économiques qui freinent son développement (véhicules du futur, énergies renouvelables...) et surtout des États émergents peu enclins à modérer leurs ardeurs consommatrices. À l'instar des Occidentaux durant les Trente Glorieuses, leur soif de confort est immense et s'avère peu compatible avec les ultimes ressources d'une planète surexploitée.

Fin 2015, la Conférence de Paris, baptisée « COP21 » – 21e conférence de la Convention cadre des Nations unies sur les changements climatiques (CNUCC) –, relance le débat. Réunis du 30 novembre au 12 décembre au Bourget, sous l'égide de l'Organisation des Nations unies, les 195 pays participants paraphent un accord-cadre limitant notamment le réchauffement planétaire entre 1,5 et 2 °C d'ici 2100. Ce dernier doit être validé par les parlements des États signataires avant d'entrer en vigueur, à compter de 2020. Il prévoit un budget annuel pour le climat fixé à 100 milliards de dollars.

Cet accord international, qui oriente par ailleurs le monde vers un modèle de développement économe en carbone et l'abandon progressif des énergies fossiles, est toutefois jugé trop peu contraignant par de nombreux intervenants. Un accord qui se voit remis en cause par les États-Unis en juin 2017.

LA PRÉSIDENTIELLE DE 2017 CHANGE LA DONNE

Le traditionnel clivage gauche-droite et les grands partis de l'alternance volent en éclats lors de la Présidentielle de mai 2017, au profit d'une opposition entre les progressistes pro-européens, incarnés par Emmanuel Macron, et les conservateurs anti-euro, représentés par Marine Le Pen. Pour la première fois depuis 1958, un certain populisme émane des urnes, lié à une situation économique dégradée, notamment en termes d'emploi, une gestion difficile de l'immigration, un rejet massif de la classe politique et une Europe bouc émissaire, qui cristallise le mécontentement des opinions publiques de la plupart des États membres de l'Union. Au soir du second tour de l'élection, Emmanuel Macron devient le 8e président de la Ve République.

Les changements politiques, observés par ailleurs aux États-Unis avec l'arrivée de Donald Trump – incarnant un certain populisme américain – à la Maison Blanche, se doublent d'une transformation radicale de la société à l'aune de la mutation digitale qui impacte progressivement tous les secteurs de la vie économique et sociale : uberisation croissante des services, dématérialisation massive, influence des réseaux sociaux, multiplication des objets connectés, avènement des véhicules autonomes... Baptisée « disruption », cette révolution numérique en marche dessine le monde de demain, initiant de nouveaux paradigmes qui ne sont pas forcément assimilés par le plus grand nombre.

Les politiques publiques doivent promouvoir un dévelop-pement durable.

Charte de l'environnement, extrait de l'article 6.

LA CRISE MIGRATOIRE EN EUROPE

Au début des années 2010, l'Europe enregistre l'entrée d'un nombre croissant de migrants, venus principalement d'Afrique (Erythrée, Somalie, Soudan...), d'Asie centrale (Afghanistan) et du Proche-Orient (Syrie, Irak), le plus souvent à cause d'une pauvreté endémique ou des conflits armés.

En 2015, l'évolution de la situation militaire en Syrie provoque une crise majeure, avec l'afflux de plus d'un million de migrants, syriens pour la plupart, dans l'espace Schengen, demandeurs d'asile ou réfugiés. Les États de l'Union, dont certains renforcent les contrôles aux frontières – parfois en érigeant des murs –, ne parviennent pas à s'accorder sur une stratégie commune. François Hollande, pour la France, et Angela Merkel, pour l'Allemagne – qui compte accueillir 800 000 migrants –, prônent l'instauration de quotas pour répartir les réfugiés, une proposition rejetée par certains pays de l'Est de l'Europe. La France s'engage, pour sa part, à accueillir 24 000 migrants sur deux ans. Pour tenter de trouver une issue à la crise, l'Union européenne propose d'aider financièrement la Turquie pour l'inciter à garder les réfugiés sur son territoire.

Petite chronologie de la période contemporaine

	POLITIQUE	ÉCONOMIE, SOCIÉTÉ, RELIGION, CULTURE
1918-1939 La fin de la IIIe République	**1919, 16 novembre :** Victoire du « Bloc national » aux élections législatives.	**1919 :** La journée de huit heures est votée ; création de la CFTC.
	1920, 25-30 décembre : Congrès de Tours et scission entre socialistes et communistes.	**1920 :** Canonisation de Jeanne d'Arc ; Loi réprimant la contraception.
		1922 : *La Garçonne* de Victor Margueritte.
	1923 : Occupation de la Ruhr par l'armée française.	**1923 :** Raymond Radiguet publie *le Diable au corps*.
	1924, 11 mai : Le Cartel des gauches remporte les législatives ; **23 novembre :** Transfert des cendres de Jaurès ; Herriot reconnaît l'URSS.	**1924 :** *Manifeste du Surréalisme* par André Breton.
	1925, 5-16 octobre : Conférence de Locarno.	**1925 :** Exposition des arts décoratifs.
	1926 : Le Saint-Siège condamne l'Action française ; Fin du Cartel des gauches et retour au pouvoir de Poincaré.	
	1927 : Fin de la guerre du Rif ; Fondation des Croix-de-Feu, mouvement d'extrême droite.	
	1928, 22-29 avril : L'Union nationale de Poincaré remporte les élections législatives.	**1928 :** Loi Loucheur créant les premiers HLM.
	1930 : Révolte de Yên Bay.	**1930 :** Scandale « Marthe Hanau » et faillite « Oustric ».
	1932, 8 mai : La droite est battue aux élections législatives.	**1931 :** Exposition coloniale à Vincennes.
	1934, 6 février : Émeutes à Paris.	**1933-1934 :** Affaire Stavisky.
	1935, 14 juillet : Naissance du « Rassemblement populaire ».	**1935 :** Décrets-lois Laval sur la baisse des prix et des salaires.
	1936 : Doriot fonde le Parti populaire français (PPF) ; Victoire du Front populaire aux élections législatives ; Projet de loi Blum-Viollette concernant l'Algérie ; **28 septembre :** Dévaluation du franc.	**1936, mai-juin :** Vagues de grèves ; **7 juin :** Accords de Matignon.
	1937, 21 juin : Blum démissionne.	**1937 :** Exposition universelle ; Sortie du film *la Grande Illusion*.
	1938, 10 avril : Cabinet Daladier, fin du Front populaire ; **29 septembre :** Conférence de Munich.	**1938, novembre :** Décrets-lois Daladier qui suppriment la semaine de quarante heures.
1939-1945 La Seconde Guerre mondiale	**1939, 2 septembre :** La France déclare la guerre à l'Allemagne.	
	1940, 20 mars : Démission de Daladier, remplacé par Paul Reynaud ; **10 mai-22 juin :** Campagne de France et armistice ; Pétain chef du gouvernement ; **18 juin :** Appel du général de Gaulle ; **10 juillet :** Naissance de l'État français ; **3 octobre :** Statut des Juifs adopté par le gouvernement de Vichy ; **24 octobre :** Entrevue de Montoire entre Pétain et Hitler ; **11 novembre :** Manifestation des étudiants à Paris contre l'Occupant ; **13 décembre :** Pétain renvoie Laval.	
	1941, 10 février : Darlan devient le dauphin de Pétain ; **2 juin :** Nouveau statut des Juifs renforçant les mesures antisémites prises en octobre 1940 ; **juin-juillet :** Combats en Syrie entre la France libre et les troupes de Vichy ; **juillet :** Les Japonais s'installent en Indochine ; Hô Chi Minh crée le Viêt-minh.	
	1942, 4 mars : Bombardement de Boulogne-Billancourt ; **27 mars :** Débarquement anglais à Dieppe ; **20 avril :** Laval remplace Darlan ; **16-17 juillet :** Rafle du Vel' d'Hiv' ; **8 novembre :** Débarquement allié en Afrique du Nord ; **11 novembre :** Invasion de la zone libre par les Allemands ; **24 décembre :** Darlan est assassiné.	

	POLITIQUE	ÉCONOMIE, SOCIÉTÉ, RELIGION, CULTURE
1939-1945 La Seconde Guerre mondiale	**1943, 10 février :** Publication du *Manifeste du peuple algérien* de Ferhat Abbas qui revendique l'indépendance algérienne ; **17 février :** Création du STO (Service du travail obligatoire) ; **27 mai :** Création du Conseil national de la Résistance (CNR) ; **3 juin :** Création du Comité français de libération nationale (CFLN), dirigé par De Gaulle ; **24 septembre :** Libération de la Corse.	
	1944, 30 janvier : Discours de De Gaulle à Brazzaville sur l'avenir de l'empire colonial ; **3 juin :** Le CFLN devient GPRF ; **6 juin :** Débarquement en Normandie ; **15 août :** Débarquement en Provence ; **19-26 août :** Libération de Paris.	
1945-1958 La IVe République	**1945, 4-11 février :** Conférence de Yalta ; **8 mai :** Capitulation de l'Allemagne et émeutes à Sétif et Guelma ; **17 juillet-2 août :** Conférence de Potsdam ; **2 septembre :** Hô Chi Minh proclame la République démocratique du Viêt Nam ; **21 octobre :** Rejet du projet de Constitution de la IVe République par référendum.	
	1946, 20 janvier : Démission du général de Gaulle ; **19-20 avril :** La Constitution de la IVe République est adoptée ; Instauration de l'Union française qui comprend les colonies de la France ; **13 octobre :** Proclamation de la IVe République ; **20-23 novembre :** Bombardement de la baie d'Haiphong et début de la guerre d'Indochine.	**1945-1970 :** Trente Glorieuses de l'économie française. **1945 :** Création du magazine *Elle*.
	1947, 7 avril : Création du RPF par De Gaulle ; **5 mai :** Le président du Conseil Ramadier exige la démission des ministres communistes ; **20 septembre :** Adoption d'un nouveau statut pour l'Algérie.	**1949 :** Lancement de *Paris-Match*.
	1950, 9 mai : Discours de Schuman sur l'Europe.	
	1951, 18 avril : Naissance de la CECA ; **17 juin :** Élections législatives gagnées par la droite.	**1951 :** Création du Théâtre National Populaire par Jean Vilar.
	1952, 8 mars-23 décembre : Pinay, président du Conseil.	**1953 :** Premier numéro de *l'Express* et lancement du Livre de poche.
	1954, 7 mai : Défaite de Diên Biên Phu ; **19 juin :** Pierre Mendès France, président du Conseil (577) ; **20 juillet :** Accords de Genève qui marquent la fin de la guerre d'Indochine ; **1er novembre :** « Toussaint rouge » et début de la guerre d'Algérie.	**1954 :** Appel de l'Abbé Pierre.
	1955, 23 février : Chute de Mendès France.	
	1956, 2 janvier : Victoire du Front républicain aux élections législatives et percée du mouvement Poujade ; **mars :** Accession à l'indépendance du Maroc et de la Tunisie ; **12 mars :** Vote des « pouvoirs spéciaux » en Algérie ; **23 mars :** Vote de la loi-cadre Defferre sur l'évolution des territoires d'outre-mer ; **5-6 novembre :** Intervention militaire franco-anglaise à Suez.	
	1957, 25 mars : Signature du traité de Rome fondant la CEE ; Bataille d'Alger.	
	1958, 13 mai : Émeutes à Alger et retour du général de Gaulle au pouvoir ; **4 juin :** De Gaulle à Alger.	

Petite chronologie de la période contemporaine

De 1958 à nos jours — **La Ve République**

POLITIQUE	ÉCONOMIE, SOCIÉTÉ, RELIGION, CULTURE
1958, 28 septembre : La Constitution de la Ve République est adoptée par référendum ; **23 octobre :** De Gaulle propose la « paix des braves » aux nationalistes algériens ; **21 décembre :** De Gaulle, président de la République.	**1959 :** Première de l'émission « Salut les Copains ».
1960, 24 janvier-1er février : Semaine des barricades à Alger ; Accession à l'indépendance des colonies d'Afrique noire.	
1961, janvier : Naissance de l'OAS (Organisation armée secrète) ; **22-25 avril :** Putsch des généraux à Alger.	
1962, 8 février : Manifestation contre l'OAS au métro Charonne ; **18 mars :** Accords d'Évian qui marquent la fin de la guerre d'Algérie ; **14 avril :** Georges Pompidou, Premier ministre ; **22 août :** Attentat du Petit-Clamart contre De Gaulle ; **28 octobre :** Un référendum approuve l'élection du président de la République au suffrage universel ; **25 novembre :** Victoire de l'UNR (gaullistes) aux législatives.	**1962 :** Naissance de la Politique agricole commune.
	1963, 1er-18 mars : Grève des mineurs du Nord-Pas-de-Calais.
1965, 19 décembre : De Gaulle élu président de la République au second tour face à Mitterrand.	
1967, 5-12 mars : Victoire des gaullistes aux législatives.	**1967, 28 décembre :** Adoption de la loi Neuwirth légalisant la contraception.
1968, 2-30 mai : « Mai 68 » ; **23-30 juin :** Raz-de-marée gaulliste aux législatives ; **11 juillet :** Couve de Murville, Premier ministre.	
1969, 25 avril : Victoire du « non » au référendum sur la régionalisation et la réforme du Sénat ; Démission de De Gaulle ; **15 juin :** Pompidou, président de la République ; **21 juin :** Chaban-Delmas, Premier ministre.	
1971, 11-12 juin : Mitterrand prend le contrôle du PS au congrès d'Épinay.	
1972, 27 juin : Signature du « Programme commun de gouvernement » entre le PS, le PCF et le MRG (603-604) ; **5 juillet :** Messmer succède à Chaban-Delmas à Matignon.	
1973, 4-11 mars : Élections législatives remportées par les gaullistes.	**1973, octobre :** Premier « choc » pétrolier et début de la crise économique.
1974, 2 avril : Mort de Pompidou ; **19 mai :** Giscard d'Estaing, président de la République.	**1974, 20 décembre :** Adoption de la loi Veil autorisant l'avortement ; Fin du monopole de l'ORTF.
1976, 5 décembre : Chirac fonde le RPR.	**1977, 31 janvier :** Inauguration du Centre Pompidou.
1978, janvier : Création de l'UDF.	**1979 :** Second « choc » pétrolier.
1981, 10 mai : Mitterrand, président de la République.	**1980 :** 1,5 million de chômeurs.
1984, 17 juillet : Fabius, Premier ministre.	**1984, 24 juin :** Grande manifestation pour défendre l'enseignement privé ; **octobre :** Création de SOS Racisme.
	1985, 21 décembre : Ouverture du premier « Resto du cœur ».

De 1958 à nos jours

La Ve République

POLITIQUE	ÉCONOMIE, SOCIÉTÉ, RELIGION, CULTURE
1986, 16 mars : Victoire de la droite aux législatives ; **20 mars :** Chirac, Premier ministre, première cohabitation ; **4-17 septembre :** Série d'attentats terroristes à Paris ; **22 novembre-8 décembre :** Manifestations contre le projet de réforme de l'université proposé par Devaquet.	**1987, 19 octobre :** Krach boursier.
1988, 4-5 mai : Prise d'otages à Ouvéa en Nouvelle-Calédonie ; **8 mai :** Mitterrand réélu à la présidence de la République, Rocard, Premier ministre ; **6 novembre :** Référendum en faveur de l'autodétermination en Nouvelle-Calédonie.	**1988, 30 novembre :** Création du Revenu minimum d'insertion.
	1989, 29 mars : Inauguration de la pyramide du Louvre ; juillet : Inauguration de l'opéra Bastille et de la Grande Arche de la Défense.
1991, 15 mai : Édith Cresson, première femme Premier ministre.	**1990, 19 novembre :** Création de la Contribution sociale généralisée.
1992, 20 septembre : Adoption du traité de Maastricht par référendum.	
1993, 21-28 mars : Victoire écrasante de la droite aux législatives, Balladur devient Premier ministre.	
1995, 7 mai : Chirac, président de la République ; **juillet-octobre :** Attentats du GIA en France ; **décembre :** Grandes grèves contre le plan « Juppé ».	**1995, 30 mars :** François Mitterrand inaugure la Bibliothèque nationale de France.
1997, 25 mai : Victoire de la « gauche plurielle » aux législatives, après la dissolution de l'Assemblée décidée par Chirac, Jospin est nommé Premier ministre.	
1998, 6 février : Assassinat du préfet de Corse, Claude Érignac.	**1998, 12 juillet :** La France remporte la Coupe du monde de football.
	1999, 5 mai : Adoption de la loi sur la Couverture médicale universelle.
2002, 5 mai : Chirac réélu président de la République, Raffarin Premier ministre ; **9-16 juin :** Les élections législatives sont gagnées par la droite.	**2002, 1er janvier :** Entrée en vigueur de l'euro.
2003 : La France prend position contre la guerre à l'Iraq.	**2004 :** 10 % de la population active est sans emploi.
2005, 29 mai : Victoire du « non » au référendum sur le traité constitutionnel européen ; **2 juin :** Dominique de Villepin, Premier ministre.	**2005, 12 novembre :** les émeutes se multiplient dans les banlieues.
2007, 6 mai : Nicolas Sarkozy élu président de la République.	**2008, 1er janvier :** entrée en vigueur de l'interdiction de fumer dans les lieux publics.
2010, 12 juillet : Adoption de la « loi Grenelle » II. **12 novembre :** le G20, réunissant 19 pays du monde et l'Union européenne, est placé sous la présidence de la France.	**2010, 11 octobre :** promulgation de la loi interdisant « la dissimulation du visage dans l'espace public ».
2012,13 janvier : la notation financière de la France est dégradée par l'agence spécialisée Standard & Poors, passant de AAA à AA + ; **6 mai :** François Hollande élu président de la République ; **15 mai :** Jean-Marc Ayrault nommé Premier ministre.	**2011, 30 novembre :** fin de la télévision analogique. Entrée en service de la TNT (Télévision numérique terrestre). **2012, 11-19 mars :** série d'attentats meurtriers perpétrés à Toulouse et à Montauban, par Mohammed Merah ; **30 juin :** fin de service pour le Minitel.
2013, 18 mai : promulgation de la loi ouvrant au mariage pour tous.	

	POLITIQUE	ÉCONOMIE, SOCIÉTÉ, RELIGION, CULTURE
De 1958 à nos jours La Ve République	**2014, 31 mars :** Manuel Valls, Premier ministre ; **22 septembre :** premiers raids aériens français contre les positions de l'État Islamique en Irak ; **31 décembre :** la dernière unité de l'Armée française quitte l'Afghanistan.	**2014, 26 janvier :** vote de la loi sur l'égalité homme-femme.
	2015, 12 janvier : début de l'opération Sentinelle face à la menace terroriste en France ; **30 novembre :** ouverture de la Conférence sur le climat (Cop21).	**2015, 7 janvier :** attentat au journal satirique *Charlie Hebdo* ; **9 janvier :** prise d'otages à l'Hyper Cacher de la Porte de Vincennes, à Paris ; **11 janvier :** marches républicaines en hommage aux victimes ; **14 janvier :** ouverture de la Philharmonie de Paris ; **13 novembre :** attentats à Saint-Denis et à Paris faisant 130 morts.
	2016, 6 décembre : Bernard Cazeneuve, Premier ministre.	**2016, 1er janvier** : nouveau découpage des régions françaises ; **14 juillet :** attentat à Nice faisant 85 morts et plus de 400 blessés ; **18 novembre :** promulgation de la loi de modernisation de la Justice du XXIe siècle.
	2017, 7 mai : Emmanuel Macron, président de la République ; **15 mai :** Édouard Philippe nommé Premier ministre.	

PAPIER À BASE DE FIBRES CERTIFIÉES

LAROUSSE s'engage pour l'environnement en réduisant l'empreinte carbone de ses livres. Celle de cet exemplaire est de :
3,5 kg éq. CO_2
Rendez-vous sur www.larousse-durable.fr

Imprimé en Espagne par Macrolibros (Valladolid)
Dépôt légal : septembre 2017
319137/01 - 11034643 - août 2017